Die große Geschichte des Weins

Roderick Phillips ist Professor an der Carleton University, Ottawa, wo er Seminare zur französischen Sozialgeschichte und zur Geschichte des Alkohols gibt. Er hatte Gastprofessuren in verschiedenen Ländern inne und forscht zur Geschichte des Weins in Altertum und Neuzeit. Seine Bücher wurden in zahlreiche Sprachen übersetzt.

Roderick Phillips

Die große Geschichte des Weins

des Weins

Aus dem Englischen von Rita Seuß
und Thomas Wollermann

Campus Verlag
Frankfurt/New York

Die englische Originalausgabe *A Short History of Wine* erschien 2000 bei Penguin Books, Ltd.
Copyright © Rod Phillips 2000
The moral rights of the author have been asserted

Bibliografische Information der Deutschen Bibliothek

Die Deutsche Bibliothek verzeichnet diese Publikation in der
Deutschen Nationalbibliografie. Detaillierte bibliografische Daten sind
im Internet über http://dnb.ddb.de abrufbar.
ISBN 3-593-37390-4

Sonderausgabe 2003

Copyright © 2001. Alle deutschsprachigen Rechte bei Campus Verlag GmbH, Frankfurt/Main
Umschlaggestaltung: RG Hamburg
Satz: Fotosatz L. Huhn, Maintal-Bischofsheim
Druck und Bindung: Druckhaus Beltz, Hemsbach
Gedruckt auf säurefreiem und chlorfrei gebleichtem Papier.
Printed in Germany

Besuchen Sie uns im Internet: www.campus.de

Inhalt

Danksagungen

Meine Arbeit an diesem Buch begann überraschenderweise 1998 in Australien, wo ich ein Forschungsstipendium an der Historischen Fakultät der Universität Melbourne hatte und an einem völlig anderen Projekt arbeitete. Wein hat in der Lebenskultur Melbournes einen festen Platz und spielt eine ebenso große Rolle wie an den anderen Orten, an denen ich lebte. Die Bewohner besitzen erstaunlich gute Kenntnisse über Wein und Weinbau. In meiner freien Zeit besichtigte ich verschiedene Anbaugebiete in der Umgebung, trank viel (aber meistens in Maßen) und hielt mich oft in Jimmy Watson's Wine Bar auf, einer Institution der australischen Weinkultur. Während dieser angenehmen Monate brachte man mich auf die Idee, mein berufliches Interesse als Historiker mit meiner privaten Leidenschaft für den Wein zu verbinden, und herausgekommen ist dabei das vorliegende Buch.

Mit meinen Danksagungen beginne ich daher auch in Melbourne, bei meinen Kollegen und Freunden von der Historischen Fakultät: Chips Sowerwine (dessen Name in unserem Zusammenhang alles andere als vielversprechend klingt) und Peter McPhee. Neben Aude Sowerwine und Charlotte Allan waren sie mir bei meinem Aufenthalt im Jahr 1998 wie schon bei meinen früheren Besuchen in Melbourne großartige Gastgeber. Es ist eine reine Freude, mit ihnen zusammenzusitzen und ein Gläschen Wein zu trinken. Dasselbe gilt für meine Freunde Jim Hammerton und John Cashmere, die ebenfalls große Weinliebhaber sind.

Bei der Arbeit an diesem Buch bat ich zahlreiche Kollegen um Auskunft und Rat. Einige beantworteten spezielle Fragen, andere versorgten mich mit Daten und Fakten oder lasen Teile meines Manuskripts. Patrick McGovern vom University of Pennsylvania Museum of Anthropology and Archaeology teilte bereitwillig sein umfangreiches Wissen über die Geschichte des Weins in der Antike mit mir. Scott Haine gab mir wertvolle Auskünfte über das 18. und 19. Jahrhundert. Kolleen Guy gewährte mir Einblick in ihre Arbeit über den Champagner, Ian Tyrrells Kenntnisse über den Weinbau in den Vereinigten Staaten flossen in mehrere Kapitel dieses Buches ein, und Trevor Hodge von der Carleton University war mir mit nützlichen Hinweisen zum Altertum behilflich. Weitere Informationen verdanke ich Sonya Lipsett-Rivera, Carman Bickerton, Geoffrey Giles, Peter McPhee, Larry Black, José C. Curto, Valmai Hankel, Rebecca Adell und Kim Munholland. Ruth Pritchard las mit gewohnter Zuverlässigkeit Teile des Manuskripts. Für das Ergebnis bin ich freilich ganz allein verantwortlich, nicht zuletzt, weil ich nicht immer den Ratschlägen folgte, die man mir gab.

Die Anmerkungen und die Bibliografie verdeutlichen, wie sehr ich jenen zahlreichen anderen Forschern verpflichtet bin, die vor mir diesen Weinberg beackert haben. Es gibt nur wenige Publikationen zur Geschichte des Weins, und dieses Buch ist der erste Versuch, ein derart breites Themenspektrum über einen so langen zeitlichen und geografischen Rahmen hinweg zu behandeln. Ohne die neueren bahnbrechenden Arbeiten von Wissenschaftlern wie Tim Unwin und Thomas Pinney und ohne die zahlreichen Veröffentlichungen von Weinfachleuten wie Hugh Johnson und Jancis Robinson hätte dieses Buch nie geschrieben werden können.

Meine önologischen Grundkenntnisse wurden durch die Gastfreundschaft von Weinproduzenten in vielen Teilen der Welt erweitert. Ihre Zahl ist zu groß und ihr Einfluss zu vielfältig, um sie hier alle namentlich erwähnen zu können. Dennoch möchte ich sagen, dass ich bei meinen Recherchen in Burgund besonders gern mit Jean-Michel Guillon in Gevry-Chambertin zusammensaß. Jean und Janie Bart empfingen mich ein paar Kilometer weiter nördlich in Marsannay-la-Côte mit gewohnter Gastfreundschaft. Und mit Freude erinnere ich mich an die Stunden, die ich mit Jim Farr, Bob Schwartz und Marietta Clement in Dijon verbrachte.

In Ottawa wurde mein Interesse am Wein durch die Lehrer und Teilnehmer der hervorragenden Weinseminare geweckt und wach gehalten, die Vic Harradine am Algonquin College abhielt, sowie durch das Entgegenkommen meiner Kollegen in der National Capital Sommelier Guild. Ottawa ist zwar klimatisch für den Weinbau ungeeignet, aber das Angebot für Weinliebhaber in dieser Stadt wächst zunehmend, was nicht zuletzt der Professionalität des Verkaufspersonals des Liquor Control Board von Ontario zu verdanken ist. Dessen Mitarbeiter sind ein ausgezeichnetes Beispiel dafür, wie effektiv und verbraucherfreundlich auch eine staatlich geführte Institution sein kann.

Wie bei jedem Werk, dessen Entstehung sehr viel länger dauert, als man ihm ansieht, sind meine Worte des Dankes und der Anerkennung unzulänglich. Ich hoffe daher, dass alle, die wissentlich oder unwissentlich zum Gelingen dieses Buches beitrugen, durch das Ergebnis für ihre Mühe belohnt werden.

Zuletzt möchte ich mein Glas auf eine Gruppe von Freunden erheben, mit denen ich regelmäßig zum Weinverkosten zusammenkomme. Zu diesem Kreis gehören gegenwärtig Ruth Pritchard, Carter Elwood, Jill St. Germain, Sonya Lipsett-Rivera, Sergio Rivera Ayala, Ted Cohen, James Miller, Franz Szabo und Catherine Szabo. Unsere Treffen sind eine ideale Mischung aus der ernsthaften Beschäftigung mit dem Wein und dem puren Vergnügen, ihn in guter Gesellschaft zu genießen.

Einleitung

Im Oktober 1999 wurden die Pläne für einen Staatsbesuch des iranischen Präsidenten in Frankreich durchkreuzt, als es Unstimmigkeiten wegen der Getränke beim Staatsbankett gab. Unter Berufung auf das islamische Gesetz erklärte der Präsident, er könne keinen Wein trinken, und er könne auch nicht an einem Tisch sitzen, an dem Wein serviert würde. Die französischen Behörden wiederum erklärten, ein solches Bankett ohne Wein – ohne französischen Wein selbstverständlich – sei völlig undenkbar. Das festliche Essen wurde gestrichen, und weil das Protokoll verlangt, dass zu einem Staatsbesuch auch ein Staatsbankett gehört, musste man den Besuch von einem »Staatsbesuch« zu einem »offiziellen Besuch« herabstufen.

Diese Meinungsverschiedenheiten verursachten gewiss keine diplomatische Verstimmung, lenken aber unsere Aufmerksamkeit auf den Auslöser des Konflikts: auf den Wein. Verstehen können wir den Vorfall nur, wenn wir die kulturgeschichtliche Bedeutung des Weins betrachten. Auf iranischer Seite steht das Alkoholverbot, das Mohammed Anfang des 7. Jahrhunderts erließ, als er erkannte, dass Wein seine Anhänger nicht nur fröhlich und gesellig, sondern – im Übermaß genossen – auch gewalttätig und zerstörerisch machte. Die Gläubigen, so bestimmte er, dürften zwar im Paradies Wein trinken, sollten aber in ihrem irdischen Leben darauf verzichten.

Der französische Standpunkt ist dagegen Ausdruck einer ganz anderen historischen Tradition, die den Wein in einem durchaus positiven Licht sieht. Der Wein ist hier keine Gefahr, sondern ein Genussmittel, das über Jahrtausende hinweg die sozialen Beziehungen und die Gemeinschaft gefördert hat und stets zu besonderen Anlässen getrunken worden ist. Die Weigerung der Franzosen, diese Tradition außer Kraft zu setzen, spiegelt ihre besondere, im Lauf der Jahrhunderte gewachsene innige Beziehung zum Wein wider. Die Regierung eines anderen Landes hätte womöglich mit Rücksicht auf die religiösen Empfindlichkeiten des iranischen Präsidenten Wasser oder Fruchtsaft gereicht. Für die Franzosen aber ist der Wein

ein Symbol ihrer nationalen Identität. Edle französische Weiß- und Rotweine bringen das nationale Selbstbewusstsein nicht weniger zum Ausdruck als die blau-weiß-rote Landesflagge.

»Der französisch-iranische Weinkonflikt« des Jahres 1999 wird sicher nicht in die Annalen der Geschichte eingehen. Dennoch zeigt er uns, dass der Wein von allen Getränken und Speisen, die wir regelmäßig zu uns nehmen, wohl am stärksten historisch befrachtet ist und die stärkste kulturelle Symbolkraft besitzt. Alles, was wir essen und trinken, steht natürlich in einem historischen Zusammenhang. Das beweisen neuere Untersuchungen zur Geschichte von Brot und Frühstücksflocken, Bier und Kaffee. Aber nichts auf dem abendländischen Speiseplan hat eine so reiche und komplexe Vergangenheit wie der Wein. Das vorliegende Buch möchte seine Geschichte erzählen.

In mancher Hinsicht erscheint uns die Geschichte des Weins als eine einfache Sache. In vielen Regionen, die heute führende Weinbaugebiete sind, ist er schon seit langer Zeit ein bedeutender Wirtschaftsfaktor. Wein spielt als Exportgut in Ländern wie Frankreich, Italien, Spanien und Portugal eine wichtige Rolle. In Anbaugebieten wie Bordeaux und Burgund, am Douro und in Jerez bildet er die wirtschaftliche Existenzgrundlage. Und auch für Australien, Chile sowie eine Reihe osteuropäischer Länder wird Wein immer mehr zu einem wichtigen Exportartikel.

Die heute weltweite Verbreitung der Weinwirtschaft ist das Ergebnis einer komplizierten historischen Entwicklung. Bedeutende Anbaugebiete verfielen aufgrund natürlicher und sozialer Gegebenheiten, andere wiederum haben bis in die Gegenwart eine beispiellose Karriere vorzuweisen. Wie dieses Buch zeigt, ist es oftmals schwierig, in der langen Geschichte des Weins die natürlichen und die menschlichen Faktoren sauber voneinander zu trennen. Die Umweltbedingungen spielen insofern eine Rolle, als bestimmte Rebsorten nur in bestimmten Teilen der Welt gedeihen. In der Vergangenheit wurde Wein kommerziell auch in Regionen hergestellt, aus denen er heute ganz oder teilweise verschwunden ist. Dabei waren nicht immer nur die klimatischen Veränderungen ausschlaggebend. Oft lag es am sozialen, kulturellen und ökonomischen Wandel. Manche Weinbaugebiete mussten vor der preiswerteren Konkurrenz aus anderen Ländern oder Landstrichen kapitulieren. Außerdem hat sich unser Geschmack verändert. Viele Weine, die man vor zwei- oder dreihundert Jahren gern trank, würden uns heute nicht mehr akzeptabel erscheinen.

Andererseits wird heute Wein sogar in Gegenden produziert, in denen man es noch vor nicht allzu langer Zeit für unmöglich oder für wenig profitabel gehalten hätte. Kommerzielle Weingüter existieren mittlerweile in fast allen US-amerikanischen Staaten, im Osten Kanadas und im südlichsten Teil Neuseelands. Viele dieser Anbaugebiete werden von einem besonderen Mikroklima begünstigt. Doch das

Zutun des Menschen ist nicht minder wichtig. Dank neuer Anbau- und Produktionsmethoden konnten viele natürliche Hindernisse überwunden werden. Trauben kann man heutzutage klonen, um sie gegen Kälte und Krankheiten widerstandsfähiger zu machen. Bedeckungssysteme beschleunigen ihren Reifeprozess, und in vielen Regionen mit wenig Sonne wird durch den Zusatz von Zucker der Alkoholgehalt des Weins erhöht.

Solche Techniken können allerdings die klimatischen Verhältnisse nur ein Stück weit ausgleichen. Nach wie vor hängt der Weinbau in hohem Maße vom Klima und von den Bodenverhältnissen ab. Selbst wenn es gelänge, in der Wüste oder in der Arktis Reben anzubauen, es würde sich finanziell nicht lohnen. Ideale Weinbaubedingungen garantieren jedoch ebenso wenig ein gewinnbringendes Weingeschäft, denn die Produktion hängt schlicht und einfach von der Nachfrage ab. Dies wiederum bedeutet, dass der Wein ein gutes Image haben muss, damit die Verbraucher bereit sind, den Preis für die Erzeugung, den Transport und den Verkauf zu zahlen. Lange Zeit bezog der Wein seinen guten Ruf aus seiner religiösen Bedeutung, dem sozialen Prestige, dem medizinischen Nutzen und den Ernährungsgewohnheiten seiner Konsumenten.

Der Erfolg im Geschäft mit dem Wein hängt weiterhin davon ab, ob die Erzeuger in der Lage sind, ihn auf die Märkte zu bringen. Historisch gesehen spielten Hindernisse wie Zollschranken und Transportprobleme eine Schlüsselrolle. Hundertfünfzig Jahre lang, zwischen 1703 und 1860, war es für die Franzosen schwierig, den Wein auf dem gewinnbringenden englischen Markt abzusetzen, wo die portugiesische Konkurrenz durch niedrigere Einfuhrzölle im Vorteil war. Allein schon die hohen Kosten sowie die Mühe, die schweren und empfindlichen Fässer auf den holprigen Straßen ohne Schäden und Verluste zu transportieren, verhinderten, dass sich manche Regionen dem Weinbau öffneten. Abhilfe konnte im Laufe des 19. Jahrhunderts der Ausbau des Eisenbahnnetzes schaffen, das einen schnelleren und zuverlässigeren Zugang zu den größeren Städten und ihren Absatzmärkten erlaubte. Dadurch erfuhr unter anderem der Weinbau in Kalifornien und im Languedoc einen starken Aufschwung.

Der Weg des Weins von der Rebe bis ins Glas, in den Kelch, den Becher oder in ein anderes Trinkgefäß wurde stets von der Natur und vom Menschen gemeinsam bestimmt. Die Geschichte des Weins ist daher auch eine Geschichte von der Beziehung zwischen Natur und Mensch. Wenn die Winzer ihren Wein als Ergebnis des harmonischen Zusammenwirkens von eigenem Können und den besten Früchten der Natur darstellen, drücken sie damit ihren Optimismus aus, der für ihren Beruf so dringend notwendig ist. Denn Winzer und Kellermeister kämpfen auch gegen die Natur und bisweilen gegen den Menschen: Sie haben eisigen Wintern, Vulkanen, Überschwemmungen, Dürrekatastrophen, Seuchen und Krankheiten getrotzt. Und sie haben wirtschaftliche oder andere Hindernisse überwunden, die ihnen die Regierungen, die Konkurrenz oder gesellschaftliche Bewegungen wie die Temperenzler und Prohibitionisten in den Weg stellten.

Die Spannung zwischen Natur und Gesellschaft ist ein Grundzug in der Geschichte des Weins. Am Anfang steht der vergorene Traubensaft. Ein australischer Winzer hat es in entwaffnend schlichten Sätzen einmal so formuliert:

> Es ist ganz einfach. Am Anfang steht der reichhaltige fruchtbare Boden.
> Da hinein werden die Setzlinge edler Reben gepflanzt.
> Die Natur schenkt Wasser und Sonnenlicht. Die Reben tragen Früchte.
> Die Früchte werden gesammelt, zerstampft, vergoren und gelagert.
> Und dann prosit![1]

In diesen dürren Worten sind tatsächlich alle Stufen des Weinbaus und der Weinherstellung angesprochen. Sie machen sogar deutlich, dass der Wein ein Joint-Venture von Mensch und Natur ist.

Ganz einfach gesagt, ist der Wein das Ergebnis eines natürlichen Gärungsprozesses. Die chemischen Elemente des Weins sind allesamt in oder auf einer Beere vorhanden, und in diesem Sinn ist jede Beere eine eigene kleine Weinkellerei. Das Fruchtfleisch enthält Wasser, Zucker und Pektin, die Schale Tannin und Hefe sowie die Pigmente, die den Rot- und Roséweinen ihre Farbe geben. Man muss nur die Beeren pressen, damit die Hefe mit dem Zucker des Traubensafts in Kontakt kommt, und den Saft auf einer bestimmten Temperatur halten, damit die Gärung stattfinden kann. Im Laufe dieses Prozesses wird der Zucker in Alkohol und Kohlendioxid verwandelt, und aus dem Saft wird das Getränk, das wir Wein nennen. Aber die Trauben gären nicht von selbst. Der Mensch muss sie zerstampfen und die Temperatur überwachen. Später muss er den Wein vor der Luft schützen und ihn in Fässern, Tanks oder Flaschen lagern, damit er nicht zu Essig wird.

Weingewinnung in ihrer einfachsten Form besteht lediglich darin, die Bedingungen zu schaffen, unter denen sich die Gärung vollzieht. Das tun alle, die Wein herstellen: die nordamerikanischen Städter, die aus konzentriertem Traubensaft in ihrer Küche Wein bereiten, ebenso wie die Südeuropäer, die aus ihrem kleinen Weinberg Wein für den Eigenbedarf produzieren, die Winzer im Dienst der großen Weinkellereien, die Millionen Liter für den Weltmarkt herstellen, ebenso wie die paar tausend Winzer weltberühmter kleiner Weingüter in Regionen wie Burgund und Bordeaux.

Die ersten Winzer der Steinzeit haben wilde Trauben gepflückt, zerstampft, Saft, Fruchtfleisch und Schalen in einer Felsvertiefung gären lassen und die Mischung getrunken, bevor sie sauer wurde. Nie war der Eingriff des Menschen in die Weinerzeugung so gering wie damals. Das änderte sich jedoch immer mehr im Laufe der Zeit. Trauben wurden kultiviert, die geeignetsten Rebsorten wurden ausgewählt und gezüchtet. Die Gärung überwachte man genauestens. Vor, während und nach der Ernte versuchten die Winzer, besondere Geschmacksrichtungen zu erzielen. Der Mensch begnügte sich also nicht mehr nur damit, einen natürlichen Prozess in Gang zu setzen. Er bestimmte den Verlauf des Prozesses zunehmend selbst.

Heute nimmt der Mensch auf die Weinproduktion mehr Einfluss als jemals zuvor. Die Flasche Wein, die wir kaufen, ist das Ergebnis einer Vielzahl von Vorentscheidungen. Es beginnt bereits bei den Reben. Bestimmt werden der Ort, wo sie angepflanzt werden, die Rebsorten, die Bestockungsdichte, das Reben-Erziehungssystem, die Beschneidung, Bewässerung und Düngung, der Sommerschnitt (das Herausschneiden oder Herausbrechen von Blättern und Trauben), der Zeitpunkt sowie die Art und Weise der Beerenlese (maschinell oder mit der Hand, mit den Stielen oder nur die einzelnen Beeren). Der Anbau von Trauben ist ein vielschichtiger Prozess, in dem der Winzer nicht nur die beste Rebsorte für seine Region zu züchten versucht, sondern auch das Ertragsniveau, den Zuckergehalt oder die Stärke steuert, um den gesetzlichen, geschmacklichen und anderen Ansprüchen des Marktes nachzukommen.

Derartige Entscheidungen müssen im Laufe der Weinherstellung immer wieder getroffen werden: Es geht um die Gewinnung des Traubensaftes, die Gärung (mit oder ohne Schalen), die Gärungsdauer, um den Verbleib des Bodensatzes (der abgestorbenen Hefezellen) im Wein, die Hinzufügung von Zucker oder Säure, die Mischung und das Mischungsverhältnis verschiedener Rebsorten, die Verwendung von Konservierungs- oder anderen Zusatzstoffen, die Filterung des Weins, die Lagerung in Fass, Tank oder Flasche und letztlich um den Zeitpunkt der Auslieferung an den Verbraucher.

Der Anbau der Reben und die Herstellung des Weins haben ihre jeweils eigene Geschichte. Beide entwickelten sich über Jahrtausende hinweg unter dem Einfluss von äußeren Zwängen, durch die Erfahrung, die Tradition und die wissenschaftliche Forschung. Bevor der Rebenanbau am Spalier üblich wurde, zog man die Weinreben an den Bäumen. Statt die Beeren mit den Füßen zu zerstampfen, ging man fast überall allmählich zum Keltern mit Handpressen und später mit Maschinen über. Die Beerenlese per Hand wurde vielerorts durch den Einsatz von Maschinen ersetzt, und die Methoden zur Erhöhung des Alkoholgehalts reichten vom Trocknen der Trauben in der Sonne bis zur Zugabe von Zucker zum Traubensaft oder von Branntwein zum Wein.

Das Bukett des Weins hängt zwar in erster Linie von der oder den Rebsorten ab, und deren Qualität wiederum von der Bodenbeschaffenheit. Unbestreitbar ist aber auch, dass das Erscheinungsbild, das Bukett und der Geschmack von den Entscheidungen des Winzers während des Kelterns und des Gärens beeinflusst werden. Der Geschmack des Weins veränderte sich durch den Zusatz aller möglichen Substanzen (Kräuter, Gewürze, Honig, Branntwein, Blei, Baumharz) ebenso wie durch das Aroma der Eichenfässer, in denen er heute vielfach ausgebaut wird.

Für die Winzer ist es eine Binsenweisheit, dass der Wein im Weinberg gemacht wird, was nichts anderes heißt, als dass die Trauben die Qualität des Weins bestimmen. Dies ist so selbstverständlich, dass es gar nicht weiter erwähnenswert scheint. Aber wenn man sagt, der Wein sei ein Produkt der Natur und der Mensch nicht mehr als ein Handlanger in einem natürlichen Prozess, so ist das zumindest missverständlich. Die Menschen »machen« den Wein ebenso wie das Brot, und wenn wir zu einem Glas Wein ein Stück Brot essen, genießen wir zwei Produkte, die weit mehr von der Kultur als von der Natur geprägt sind. Das hört sich vielleicht nicht besonders romantisch an, ist aber historisch gesehen korrekt.

Die vorliegende Geschichte des Weins handelt nicht nur vom Anbau der Trauben und von der Herstellung des Weins, sondern auch von dem Geschäft, das sich mit ihm machen ließ und lässt. Warum machen wir überhaupt Wein? Die einfachste Antwort auf diese Frage lautet: weil es einen Markt dafür gibt. Dann kann man weiter fragen, warum die Menschen Wein trinken, warum sie manche Weinsorten bevorzugen, wann sie Wein trinken und wie viel. Wein ist mehr als nur ein Alltagsgetränk. Wir genießen ihn zu bestimmten Anlässen und Gelegenheiten. Und das war schon immer so. Die Entstehung von Absatzmärkten, die Entwicklung des Weinhandels sowie die sich wandelnden Konsumgewohnheiten sind weitere Facetten der Geschichte des Weins.

Schon in der Frühzeit war der Wein eng mit religiösen Ritualen verknüpft. Sein Genuss galt den Menschen als ein Mittel, um ihren Göttern näher zu kommen. Der Wein war das wirkmächtige Symbol für das Blut der Götter, in der altägyptischen Religion ebenso wie im Christentum. In anderen Religionen, insbesondere im Islam und in zahlreichen im 19. Jahrhundert entstandenen christlichen Sekten, war der Genuss von Wein und allen anderen alkoholischen Getränken verboten.

Auf nichtreligiöser Ebene waren es schlicht sein Geschmack und seine Wirkung, durch die der Wein in vielen Kulturen einen vorrangigen Platz erhielt. Psychotropische Gefühle des Wohlbefindens und die Erleichterung sozialer Beziehungen durch die enthemmende Wirkung des Weins zählen ebenso dazu wie seine gesundheitlichen Vorzüge. Über Jahrhunderte hinweg priesen die Ärzte den Wein als gesundes Getränk. Auch wenn einige Meinungen der damaligen Mediziner heute eher skeptisch beurteilt werden, so besteht doch kein Zweifel, dass Wein gegenüber Wasser häufig die gesundheitlich sicherere Alternative darstellte. Neuere Untersuchungen haben im 20. Jahrhundert die Bedeutung des Weins für unsere Gesundheit wieder hervorgehoben. Sie bewiesen, dass der Wein bestimmte Krankheitsrisiken deutlich mindert.

Doch das gegenteilige Argument ist gleichfalls ein Teil der Geschichte des Weins. Die Menschen erkannten bald, dass häufiger und übermäßiger Weingenuss dem Einzelnen wie auch der Gesellschaft insgesamt schadete. Manche tolerierten den maßvollen Genuss, aber es gab auch Stimmen, die forderten, die Produktion und den Konsum von Wein und Alkohol in jeglicher Form generell zu verbieten. Gesetze für den Groß- und Einzelhandel hatten fast immer das Ziel, den Weinverbrauch zu kontrollieren. Und trotzdem konnte keine Politik, auch nicht die der Prohibition in den Vereinigten Staaten, das Geschäft mit dem Wein völlig zum Erliegen bringen.

Nicht alle Weine sind gleich, und historisch gesehen gibt es für unterschiedliche Weine unterschiedliche Märkte. In Ägypten hatten manche Weine ein höheres Prestige. Die Ägypter setzten Maßstäbe für eine Kennerschaft, die sich im Lauf der vergangenen dreitausend Jahre stetig weiterentwickelte. Der Wein aus der Massenproduktion für den Massenkonsum und der Qualitätswein für eine elitäre Minderheit waren im alten Griechenland und im Mittelalter so selbstverständlich wie heute. Schon damals war der Wein ein Unterscheidungsmerkmal für den sozialen Status, die Zugehörigkeit zu einer bestimmten Schicht, einem bestimmten Geschlecht und manchmal auch einer bestimmten Altersgruppe und Religion.

Der Absatzmarkt für Wein wurde oft von kulturellen und sozialen Kriterien beeinflusst. In manchen Kulturen wie etwa im alten Ägypten war der Weinkonsum auf die Oberschicht beschränkt, während das Volk Bier trank. In Gesellschaften, in denen Wein auf allen sozialen Ebenen konsumiert wurde, gab es Unterschiede in Qualität und Preis sowie in den Trinkgewohnheiten. Männer der Oberschicht tranken im alten Griechenland süßen Wein aus verzierten Schalen bei stark ritualisierten Zusammenkünften, während die Armen dünnen, sauren Wein aus einfachen Keramikbechern zu sich nahmen. Auch die Trunkenheit hatte je nach der sozialer Schicht einen unterschiedlichen Stellenwert. Bei den Reichen wurde sie entschuldigt, ja sogar bewundert und als harmlos beurteilt, während betrunkene Arbeiter oder Mittellose für die Bessergestellten nur einen Beweis für das Tierische und potenziell Gefährliche der unteren sozialen Klassen lieferten.

Die Wertvorstellungen, die die Menschen an den Wein knüpften, waren vielfältig. Der Weingenuss förderte die soziale Kontaktaufnahme, belebte das Gespräch und die soziale Interaktion. Wein wird mit Geselligkeit, Romantik, Sinnlichkeit und geschlechtlicher Liebe in Verbindung gebracht – ein Zusammenhang, der sehr viel älter ist als das Image des prickelnden Champagners als *das* Getränk der romantisch verliebten Paare in der modernen westlichen Gesellschaft. Von Frauen erwartete man, dass sie weniger Wein tranken. Die Männer befürchteten lange Zeit, übermäßiges Trinken wirke enthemmend auf die Frauen und führe sie zu sexueller Promiskuität. Wenn Frauen Wein tranken, dann häufig andere Sorten als die Männer. Rotwein galt vielfach als männlich, daher tranken Frauen eher Weißwein. Als der Geschmack der Männer zu trockeneren Tafelweinen tendierte, wichen die Frauen auf süßere Weine aus.

Der Wein spielt in allen möglichen Bereichen der Geschichte eine Rolle. Er ist

Bestandteil der Geschichte des Ackerbaus, der Industrie, des Handels und der staatlichen Gesetzgebung, der Geschichte der Medizin, der Religionen, der Geschlechter, der Kulturgeschichte und der Geschichte der Sinne. Das vorliegende Buch stellt den Wein mitten hinein in dieses historische Spektrum Europas und der von den Europäern besiedelten Kontinente Amerika, Afrika und Australien. Dabei ist es unmöglich, allen Regionen gleichermaßen Platz einzuräumen. Manche Weinländer kommen wahrscheinlich etwas zu kurz. Innerhalb der beschränkten Vorgaben eines kurzen Buches – das meinetwegen auch sehr viel umfangreicher hätte sein dürfen – habe ich versucht, eine reiche und komplizierte Geschichte nachzuzeichnen und ihr Tiefe und Aroma zu verleihen. Hätte ich alle Regionen gleich gewichtet, wäre das Buch vielleicht in mancher Hinsicht vollständiger geworden. Es wäre aber zwangsläufig thematisch beschränkter und insgesamt oberflächlicher geblieben. Mein Ziel war kein Verzeichnis der Orte und Menschen, der Rebsorten und Weingüter, sondern eine zusammenhängende Geschichte dieses faszinierenden Getränks.

Die große Geschichte des Weins möchte die Entwicklung des Weins als Produkt, als Ware und als Symbol nachzeichnen. Im Wein, so werden wir sehen, treffen Gegensätze aufeinander: Der Wein ist sowohl ein Produkt der Natur als auch unserer Kultur. Die Armen und Obdachlosen trinken Wein ebenso wie die Reichen und Mächtigen. Wein kann man sehr billig, aber auch zu astronomischen, fast unerschwinglichen Preisen erwerben. Wein war lange Zeit gleichermaßen ein Grundnahrungsmittel und eine Luxusware. Wein galt als Geschenk der Götter und als Teufelszeug. Wein ist ein Zeichen für Kultur und Verfeinerung und kann zugleich die soziale Ordnung bedrohen. Wein ist gesundheitsfördernd, richtet aber, im Übermaß genossen, den Menschen körperlich und geistig zugrunde. Mit all diesen Facetten muss sich die Geschichte des Weins befassen, denn der Wein selbst ist ein Teil unserer Kultur, unserer Gesellschaft und unserer Geschichte.

Eins

Auf den Spuren der ersten Weine
Vom Fruchtbaren Halbmond nach Ägypten

Die Ursprünge des Weins sind so trübe, wie es wohl die ersten Weine selbst waren. Wir werden nie erfahren, welcher Mensch erstmals Traubensaft so lange gären ließ, dass Wein daraus wurde, so wenig, wie wir jemals erfahren werden, wer auf die Idee kam, Getreide zu mahlen, um daraus den ersten Laib Brot zu backen. Die Unmöglichkeit, dem allerersten Wein auf die Spur zu kommen, hat Archäologen und Historiker jedoch nicht davon abgehalten, über 7 000 Jahre weit in der Vergangenheit zu forschen. Der Wein jener Zeiten hat sich natürlich nicht erhalten. Was damals nicht getrunken wurde, ist heute längst verdunstet. Traubenreste (Kerne, Stiele und Schalen) sowie Flecken und Rückstände von Wein in Tonkrügen und anderen Gefäßen deuten darauf hin, dass sie einmal Wein enthielten. Derartige Funde aus dem Neolithikum (der Jungsteinzeit zwischen 8500 und 4000 v. Chr.) wurden an mehreren Ausgrabungsstätten im Nahen Osten gemacht.

Kerne und andere Traubenreste sind an sich allerdings noch lange kein Beweis für Wein. Krüge wurden zur Lagerung von getrockneten und flüssigen Nahrungsmitteln verwendet, und die Traubenreste könnten ebenso gut von frischen Trauben oder unvergorenem Traubensaft stammen. Doch darf man mit großer Wahrscheinlichkeit annehmen, dass in Krügen gelagerte Trauben oder Traubensaft bei den warmen Temperaturen, die in jenem Teil der Erde herrschten, rasch gärten und zu Wein wurden. Aus Schriftzeugnissen und Bilddokumenten späterer Zeit wissen wir, dass Wein tatsächlich zum Gären in Krüge gefüllt wurde und dass Schalen, Kerne und andere Traubenrückstände oftmals nicht herausgefiltert oder abgeseiht wurden.

Den überzeugendsten Nachweis einer frühen Weinherstellung liefert die chemische Analyse der archäologischen Funde.[1] An mehreren neolithischen Ausgrabungsstätten im Zagrosgebirge im heutigen westlichen Iran fanden Archäologen Krüge, die an den Innenwänden rötliche und gelbliche Ablagerungen aufwiesen. Laboruntersuchungen ergaben, dass diese Ablagerungen reich an Weinsäure und

Weinstein (Kaliumhydrogentartrat) waren. Das deutet darauf hin, dass es sich um Rückstände einer aus Trauben gewonnenen Flüssigkeit handelt, die bereits vor Jahrtausenden verdunstet ist, zählen doch Trauben zu den wenigen Früchten, bei denen Weinsäure entsteht. Zwar ist auch dies noch immer kein unmittelbarer und unanfechtbarer Beweis, aber die Tatsache, dass der Krug eine aus Trauben hergestellte Flüssigkeit enthielt, erlaubt die Vermutung, dass hier tatsächlich Wein hergestellt wurde. Denn, wie oben erwähnt, beginnt Traubensaft bei den in dieser Region herrschenden Temperaturen schon nach kurzer Zeit zu gären und sich in Wein zu verwandeln. Warum manche Ablagerungen rot, andere dagegen gelb waren, ist noch ungeklärt, aber es könnte sich durchaus um unterschiedliche Weinsorten gehandelt haben.

Die ältesten dieser neolithischen Fundstücke waren sechs Neun-Liter-Krüge, die man unter einem Gebäude aus Lehmziegeln fand. Sie stammen aus der Zeit zwischen 5400 und 5000 v. Chr. aus Hajji Firuz Tepe im nördlichen Zagrosgebirge.[2] Diese Gefäße enthielten nicht nur Rückstände von Traubensaft, sondern auch Harz. Es stammt vom Terebinthenbaum, der in dieser Region wild wächst, und war in der Antike aufgrund seiner Bakterien tötenden Wirkung ein bevorzugtes Konservierungsmittel für Wein. Baumharz (im Allgemeinen Kiefernharz) wird noch heute für den griechischen Retsinawein verwendet.

Wir dürfen davon ausgehen, dass es in Hajji Firuz bereits vor siebentausend Jahren Wein gab, aber wir wissen wenig über dessen Herkunft und Konsum. Hajji Firuz liegt in einer Gegend, wo in der Antike (und auch heute noch) Wildreben wuchsen, aber unsicher ist, ob man den Wein aus wilden oder kultivierten Trauben herstellte. Die Weinmenge, die in diesen Gefäßen aufbewahrt werden konnte – insgesamt vierundfünfzig Liter – legt den Schluss nahe, dass man Wein hier in großem Maßstab herstellte. Durch die Beimischung von Harz wurde der Wein haltbar gemacht, und in unmittelbarer Nähe der Gefäße fand man Lehmstöpsel in der Größe der Gefäßöffnung, mit denen man ihn offenbar vor Luft schützte.

Ein weiterer Beleg für die Weinherstellung stammt aus Godin Tepe, einem Handels- und Verwaltungszentrum, das gleichfalls im Zagrosgebirge liegt, wenn auch sehr viel südlicher als Hajji Firuz. Dort entdeckten Archäologen 30- und 60-Liter-Tonkrüge aus der Zeit zwischen 3500 und 3000 v.Chr., also aus dem späten Neolithikum. Die Ablagerungen in diesen Krügen enthielten Weinsäure, allerdings nur auf einer Seite und über die gesamte Länge des Kruges. Die gefüllten Krüge wurden also wahrscheinlich liegend gelagert. Die Ablagerungen blieben erhalten, auch nachdem die Flüssigkeit längst verdunstet war. Diese Krüge wurden ebenfalls mit Lehmstöpseln verschlossen. Womöglich lagerte man die Krüge ähnlich den Flaschen in modernen Weinkellern, um den Wein vor dem Sauerstoff zu schützen, der ihn in Essig verwandelt. Zu den weiteren Funden in Godin Tepe gehört ein großer Bottich, in dem vermutlich Trauben gestampft wurden, sowie ein Trichter, mit dem der Traubensaft vor oder nach der Gärung abgeseiht wurde.[3]

Durch künftige Funde wird es vielleicht möglich, den Zeitpunkt des ersten Weins noch weiter zurückzudatieren oder – was wahrscheinlicher ist – den geografischen Raum des frühen Weinbaus breiter zu fassen. Trotzdem werden wir nie erfahren, welcher Mensch unter welchen Bedingungen zum ersten Mal Wein hergestellt hat. In der Forschung gibt es dazu unterschiedliche Hypothesen. Die eine besagt, dass die altsteinzeitlichen Menschen auf der Suche nach Nahrung auch wilde Trauben in Tierhäuten oder einfachen Holzbehältern sammelten, wobei die untersten Trauben aufplatzten und der Saft austrat. Während die Trauben im Laufe der folgenden Tage nach und nach verzehrt wurden, begann der Saft zu gären. »Am Boden des ›Fasses‹ angelangt, wird unser Höhlenmensch den Trank probiert und erfreut festgestellt haben, dass er würzig schmeckte und eine leicht berauschende Wirkung hatte. Anschließend wird er selbst angefangen haben, Trauben auszupressen und zu experimentieren.«[4]

Zwei bekannte amerikanische Weinexperten verlegen die Entdeckung des Weins in neolithischer Zeit in ein Gebiet irgendwo im heutigen Nordiran. Dort, so ihre These, »blieben zerdrückte Trauben in einem Krug zurück, und wenige Tage später entdeckte die steinzeitliche Hausfrau, dass ein alkoholisches Getränk entstanden war.«[5] Die bizarre Vorstellung der steinzeitlichen »Hausfrau« einmal beiseite gelassen, erscheint ein solches Szenario in zweierlei Hinsicht plausibel: Der erste Wein wurde unabsichtlich hergestellt. Der Mensch war nur insofern beteiligt, als er die Trauben pflückte und sie unter Bedingungen liegen ließ, die eine Gärung ermöglichten. Bemerkenswert ist, dass man bei Wein im Allgemeinen von einer *Entdeckung* spricht, bei Bier und Brot dagegen von einer *Erfindung*.

Der glückliche Zufall ist auch das Grundelement einer alten Legende von der Entdeckung des Weins. Der persische König Dschemschid soll frische Trauben so sehr geschätzt haben, dass er sie in Krügen als Vorrat aufbewahrte, um sie auch außerhalb der Erntezeit essen zu können. Einmal aß Dschemschid Trauben, die nicht mehr süß schmeckten, weil sie bereits zu gären begonnen hatten, und er glaubte, sie seien vergiftet. Eine Haremsdame jedoch, die an so starken Kopfschmerzen litt, dass sie sterben wollte, trank von diesem vermeintlichen Gift, um ihrem Leiden ein Ende zu bereiten. Der Alkohol versetzte sie in einen tiefen Schlaf. Als sie aufwachte, waren die Kopfschmerzen verschwunden (und gewiss war die Dame sehr überrascht, festzustellen, dass sie noch am Leben war). Sie berichtete dem König von ihrer magischen Kur, der daraufhin Wein herstellen ließ.[6]

Obwohl Überlieferung, Mythos und Forschung darin übereinzustimmen scheinen, dass der erste Wein zufällig entstand, ist es durchaus auch denkbar, dass er planvoll produziert wurde. Die alten Kulturen des Nahen Ostens ließen zahlreiche landwirtschaftliche Produkte gären, um alkoholische Getränke daraus zu bereiten:

Getreide und Honig ebenso wie Früchte, unter anderem Datteln und Granatäpfel. Das erste alkoholische Getränk wurde wahrscheinlich aus vergorenem Honig hergestellt, und es gibt keinen Grund, warum das Verfahren nicht auch zur Herstellung von vergorenem Saft wilder Trauben angewandt wurde, lange bevor man diese kultivieren konnte.[7] Wein ist leichter zu bereiten als Bier und wurde deshalb vermutlich früher hergestellt. Um Traubensaft zum Gären zu bringen, muss man lediglich die Trauben zerdrücken, um den im Fruchtfleisch enthaltenen Zucker den natürlichen Hefepilzen der Schale auszusetzen. Bei der Herstellung von Bier aus Getreide hingegen muss Hefe hinzugefügt werden.[8]

Wie auch immer der Wein entdeckt wurde, ohne Trauben ging es nicht, und damit wird der geografische Raum seines Ursprungs auf jene Regionen der Erde begrenzt, wo Wildreben wuchsen. Wilde Reben, die Trauben trugen, aus denen man Wein machen konnte, gediehen in vielen Teilen der nördlichen Erdhalbkugel, insbesondere in Eurasien, Nordamerika und Asien. Manche wuchsen im Wald, wo sie sich den Boden entlangschlängelten und die Stämme und Äste der Bäume hinaufkletterten, während andere Arten an Flussufern oder auf Felsgestein wucherten. Wildreben gedeihen noch heute in vielen Teilen Europas und im westlichen Asien − nicht nur in dem weiträumigen Gebiet, wo die frühesten Hinweise auf Wein gefunden wurden, sondern auch in Teilen Griechenlands, Italiens, Frankreichs, Spaniens und Algeriens.[9]

Bereits die frühen Nomaden des Paläolithikums verzehrten die Trauben dieser Rebstöcke. Frische oder zu Rosinen getrocknete Trauben sind ein guter Kalorien-, Mineralien-, Vitamin- und Nährstofflieferant. Außerdem verderben Rosinen nicht so schnell und sind einfach zu transportieren. Auch wenn die frühen Kulturen Wein aus Trauben herstellten, so konnten sie dieses Getränk doch nur für eine sehr kurze Zeitspanne im Jahr trinken. Im Spätsommer oder Frühherbst reiften Trauben in ausreichendem Maße, um aus ihnen Wein zu machen (das heißt, die Trauben bildeten genügend Zucker, der sich in Alkohol verwandeln konnte), und der Saft fing in dem warmen Klima rasch an zu gären, schon nach drei bis vier Tagen. Die altsteinzeitlichen Menschen mussten den Wein schnell konsumieren, denn da es keine luftdichten Behälter gab, wurde im Handumdrehen Essig daraus. Wenn also in paläolithischer Zeit Wein getrunken wurde (wofür es keinen unmittelbaren Beweis gibt), dann nur für einen begrenzten Zeitraum im Jahr. Mit etwas Fantasie kann man sich vorstellen, dass dieser junge Wein jedes Jahr mit Spannung erwartet wurde − ein paläolithischer »Beaujolais nouveau«.

Aber auch wenn der Wein aufgrund seiner Knappheit und Kurzlebigkeit vielleicht ein besonderes Prestige hatte, so war er in vorneolithischer Zeit nicht in nennenswertem Umfang Bestandteil der täglichen Ernährung. Erst in der Jungsteinzeit entstanden die Voraussetzungen dafür, Wein regelmäßig und das ganze Jahr hindurch herzustellen und zu konsumieren. Da die Reben nur alle zwei Jahre oder noch seltener Früchte tragen – im Unterschied zu Getreide wie beispielsweise Gerste, die zwischen Aussaat und Ernte in nur wenigen Monaten reift – konnten Reben erst von sesshaften, nicht von nomadischen Gesellschaften angebaut werden. Der Anbau von Weinreben mit dem Ziel regelmäßiger und großer Ernteerträge war überdies arbeitsintensiv und erforderte das ganze Jahr hindurch Pflege.

Die beiden wesentlichen Faktoren, die zur Entwicklung einer systematischen Weinherstellung führten, waren also die Kultivierung von Reben und die Erfindung von Konservierungsmethoden, die den Wein monate-, ja jahrelang haltbar machten.

Natürlich konnte Wein aus wilden Trauben gewonnen werden, und die ersten Weine entstanden mit Sicherheit aus solchen Wildreben. Die Kultivierung von Reben begann wahrscheinlich erst, als man eine bereits vorhandene Nachfrage nach Wein befriedigen wollte und dafür gezielt solche Trauben züchtete, die für die Weinbereitung am besten geeignet waren. Größere und süßere Trauben mit relativ viel Saft im Verhältnis zu Schale und Kernen wurden wahrscheinlich gegenüber kleineren, saureren und weniger saftigen Trauben bevorzugt. Mit der Zeit selektierte man bestimmte Reben, und es entstanden domestizierte Traubensorten.

Ein Problem erschwerte die Kultivierung von Reben: Wildreben sind überwiegend getrenntgeschlechtlich. Die einzelnen Pflanzen haben entweder männliche oder weibliche Blüten, und die weiblichen Blüten tragen erst dann Früchte, wenn sie von Insekten befruchtet werden. Gezüchtete Pflanzen sind dagegen zweihäusig, das heißt, sie verfügen gleichzeitig über männliche und weibliche Blüten und werden durch den Wind befruchtet. Um einen ertragreichen Weinbau zu gewährleisten und den Zufall weitgehend auszuschalten, musste man geeignete Reben finden und züchten.

Das langfristige Ergebnis war eine Rebsorte, die gemeinhin als *vitis vinifera* bekannt ist (was soviel heißt wie »Wein tragende Rebe«) und heute weltweit überwiegend zur Weinerzeugung verwendet wird. Die meisten heute bekannten Rebsorten wie Cabernet Sauvignon, Chardonnay, Pinot Noir, Riesling, Sauvignon Blanc und Syrah (Shiraz) sind allesamt Varianten der *vitis vinifera*; in Nordamerika heimische Rebsorten wie Concord und Scuppernong sowie Hybridzüchtungen wie Müller-Thurgau und Baco Noir dagegen nicht.

In vielen Teilen der Erde, wo Weinreben wild gedeihen, wurden jedoch keine Reben gezüchtet, und aus den Wildtrauben wurde auch kein Wein hergestellt. Es gibt keine Anhaltspunkte dafür, dass die Trauben, die in weiten Teilen Europas wild wuchsen, vor der Einführung der Weinkultur durch die Griechen und Römer zur Weinherstellung verwendet wurden. Auf dem amerikanischen Kontinent stellte die Urbevölkerung aus Mais und anderen Pflanzen alkoholische Getränke her. Erst mit der Kolonisierung durch die Europäer begann man, aus wilden Trauben Wein zu bereiten. Diese Versuche schlugen allerdings fehl, was zumindest die Vermutung zulässt, dass auch die Urbevölkerung in vielen anderen Teilen der Erde vergebliche, durch Funde nicht bezeugte Anstrengungen unternommen hat, Wein zu produzieren.

Archäologische und botanische Funde von Traubenpollen und Traubenkernen legen nahe, dass Weinreben erstmals vor 4000 v. Chr. im Nahen Osten gezüchtet wurden, also zweitausend Jahre früher, als bisher angenommen. Kerne mutmaßlich gezüchteter Trauben (die sich ihrer Form nach von der wild wachsenden Sorte unterscheiden und etwa um 6000 v. Chr. datieren) fand man in Georgien, und ähnliche Funde aus der Zeit zwischen 6000 und 4000 v. Chr. gibt es auch von anderen Ausgrabungsstätten.[10] Reben kultivierten die Menschen erst in der Jungsteinzeit, als sie anfingen, neben der Jagd auf wilde Tiere auch Haustiere zu halten und nicht nur Beeren, Früchte und andere wild wachsende Pflanzen zu sammeln, sondern auch selbst anzubauen. Ackerbau und die Anpflanzung von Rebstöcken waren entscheidende Motive für eine Sesshaftigkeit. Je nachdem, wie wir die Bedeutung des Weins einschätzen, können wir ihn auch als einen Antrieb zur Entstehung von sesshaften Gesellschaften (und von Zivilisation im weitesten Sinne) und nicht nur als deren Folge betrachten.

Im Verlauf der Jungsteinzeit avancierte Wein zum Bestandteil neuer Ernährungsgewohnheiten. Zur selben Zeit begann man auch, Grundnahrungsmittel wie Brot und Bier herzustellen, sowie Nahrung durch Erhitzen und Einweichen, durch Gärung und Würzen weiterzuverarbeiten. In dem Maß, in dem Wein Teil der täglichen Ernährung wurde, zeigten sich auch seine gesundheitlichen Vorzüge. Denn Wein besitzt wie Baumharz hervorragende heilkräftige Eigenschaften. Man hat sogar behauptet, Wein trinkende Gesellschaften seien gesünder gewesen als andere und Wein trinkende Völker hätten langfristig gesehen größere Überlebenschancen gehabt.

Den jungsteinzeitlichen Gesellschaften gelang nicht nur erstmals die Kultivierung der Reben. Um 6000 v. Chr. entwickelten sie auch das ideale Medium zur Konservierung von Wein, das Tongeschirr. Die gute Formbarkeit von Lehm ermöglichte die Herstellung von Gefäßen mit einem engen Ausguss, der leichter luftdicht abgeschlossen werden konnte als eine Schale mit einem breiten Ausguss. Durch das Brennen des Lehms entstand ein undurchlässiges Material, das den Wein vor der zersetzenden Luft schützte. Stein und Holz waren weniger vielseitig verwendbar und weniger praktisch. Obwohl man Wein auch in Schläuchen aus Tierhäuten aufbewahren konnte, war dieses Material doch weniger robust und haltbar als Tongeschirr.

In vielen Teilen Westasiens und in Europa wuchsen wilde Trauben. Dennoch stammen die frühesten Zeugnisse für die Weinherstellung aus einer Region im Gebiet des so genannten Fruchtbaren Halbmonds, die vom Kaukasus zwischen dem Schwarzen und dem Kaspischen Meer, dem Taurusgebirge der Osttürkei und dem Nordteil des Zagrosgebirges im westlichen Iran begrenzt wird. Es handelt sich um das heutige Grenzgebiet zwischen Iran, Georgien und der Türkei auf der einen sowie Armenien und Aserbaidschan auf der anderen Seite. Möglicherweise bauten die Menschen hier schon um 6000 v. Chr. Weinreben an, und das früheste Zeugnis für den Weinbau in dieser Region stammt, wie wir gesehen haben, etwa aus der Zeit um 5000 v. Chr. Bis heute ist allerdings nicht bekannt, ob dieser Wein aus wilden oder aus kultivierten Trauben enstand. Da die ganze Region seit vielen Jahren ein politischer Unruheherd ist, harren viele Stätten, die ein Licht auf die Geschichte des Weins werfen könnten, noch ihrer Ausgrabung. So fehlen noch sichere Nachweise dafür, ob sich die Weinherstellung von einem bestimmten Ort aus verbreitete oder ob sie mehr oder weniger gleichzeitig an verschiedenen Orten ihren Ausgang nahm.

Die Rückführung der Weinherstellung auf einen einzigen Ort bezeichnet man bisweilen nach der Geschichte von Noah im Ersten Buch des Alten Testaments als »Noah-Hypothese«. Demnach sollen Weinbau und Weinherstellung auf dem Berg Ararat, wo die Arche Noah nach dem Zurückweichen der Sintflut landete, ihren Anfang genommen haben. Nach biblischer Darstellung war Noah der erste Weinbauer: »Noah wurde der erste Ackerbauer und pflanzte einen Weinberg. Er trank von dem Wein, wurde davon betrunken und lag entblößt in seinem Zelt.«[11] Diese Geschichte klingt plausibel, liegt doch der Berg Ararat im Taurusgebirge der Osttürkei, wo Wildreben wuchsen und wo man schon im Altertum Wein kannte. Noch heute wird am Fuß des Berges Ararat Wein angebaut. Religiöse Interpreten, die das Bild des tugendhaften, von Gott geretteten Noah mit dem Bild jenes Mannes in Einklang bringen wollen, der bis zur Bewusstlosigkeit trank und sich im Rausch die Kleider vom Leib riss, führen Noahs Trunkenheit auf seine mangelnde Erfahrung mit Wein und dessen berauschender Wirkung zurück. Diese Deutung stützt die Vorstellung, dass Noah vor der Sintflut keinen Wein anbaute.

Der Bericht von einer großen Flut, der sich nicht nur in der Bibel, sondern auch im sumerischen Gilgamesch-Epos findet, hat zwei amerikanische Wissenschaftler dazu gebracht, ein Szenario zu entwickeln, das einige Elemente der frühen Geschichte des Weins zu erklären vermag.[12] Bis etwa 5600 v. Chr. war das heutige Schwarze Meer ein Süßwassersee, der eine sehr viel kleinere Fläche als heute einnahm. Die fruchtbare Uferregion dieses Sees, eine große Oase inmitten einer überwiegend trockenen Gegend, ernährte eine zahlreiche Bevölkerung unterschiedlicher Kulturen und Sprachen. Der Süßwassersee lag tiefer als das Mittelmeer und war von diesem (genau genommen vom Marmarameer, einem Arm des Ägäischen Meeres) durch einen schmalen, etwa 30 Meter breiten Streifen Land getrennt. Etwa um 5600 v. Chr. durchbrach das Mittelmeer diesen natürlichen Damm. Eine Verbindung entstand, der Bosporus. Binnen kurzer Zeit wurde der Süßwassersee durch das einströmende Meerwasser zu einem Salzsee. Als schließlich der Wasserspiegel des neuen Sees auf das Niveau des Mittelmeeres gestiegen und so das heutige Schwarze Meer entstanden war, war das den ursprünglichen See umgebende Land völlig überschwemmt. Den flüchtenden Bewohnern muss dieses Ereignis als eine Sintflut erschienen sein.

Die Menschen, die diese Flut überlebten, so die These weiter, zogen von dem neu entstandenen Meer aus in verschiedene Richtungen. Die Bewohner der Nord- und Westufer des Sees wanderten weiter nach Europa hinein und in die Ukraine, die Bewohner des Südufers nach Anatolien und noch weiter Richtung Süden. Mit sich trugen sie die Erinnerungen an die Überschwemmung, aus der in zahlreichen Überlieferungen die Geschichte einer Sintflut wurde. Auch das Wissen vom Wein nahmen sie mit. Zuweilen wird die These vertreten, dass dieser Auszug unterschiedlicher Völker aus einer einzigen Region zu erklären vermag, warum das Wort für Wein in so vielen Sprachen gleich ist: *vino* im Russischen und Italienischen, *Wine* im Englischen, *wino* in den südkaukasischen Sprachen, *wijana* im Anatolischen, *wajnu* im Protosemitischen und *woi-no* im Indoeuropäischen.[13]

Wenn dieses Szenario auch keinen Aufschluss darüber gibt, warum die in Europa siedelnden Migranten keinen Wein herstellten, obwohl es dort bereits wild wachsende Trauben gab, so erklärt es doch den mehr oder weniger gleichzeitigen Beginn der Weinerzeugung in den Bergregionen des Fruchtbaren Halbmonds um 5000 v. Chr. Von dort, so scheint es, breitete sich das Wissen vom Wein nach Süden aus, über das Zagrosgebirge bis hinunter zum östlichen Rand des Mittelmeers. Funde von Weinrückständen in Krügen in Godin Tepe (um 3000 v. Chr.) legen den Schluss nahe, dass das Wissen der Weinbereitung auch dorthin gelangte, aber auch, dass gezüchtete Rebsorten verwendet wurden. Denn so weit im Süden wuchsen keine wilde Reben. Dies waren die ersten Stationen auf der langen Reise der Weinrebe durch die Zeit, über Länder und Meere: von einem kleinen Gebiet im Nahen Osten aus in die ganze Welt.

Zwar fehlt es uns an Belegen für eine exakte Chronologie der Ausbreitung des Weinbaus und der Weinproduktion vom Kaukasus, dem Taurus- und dem nördlichen Zagrosgebirges in andere Bereiche des Nahen Ostens und darüber hinaus. Aber wir verfügen über Zeugnisse, die den Weinbau, die Weinherstellung und den Weinkonsum in bestimmten Gebieten zu bestimmten Zeiten dokumentieren. Sie liefern uns die notwendigen Koordinaten, um eine Karte der Ausbreitung des Weins zu erstellen, wenngleich die Wege zwischen den uns heute bekannten Örtlichkeiten und die Zeit, die der Wein benötigte, um diese Strecken zurückzulegen, noch viel Raum für Spekulationen lassen. Die Detektive, die den Rätseln die-

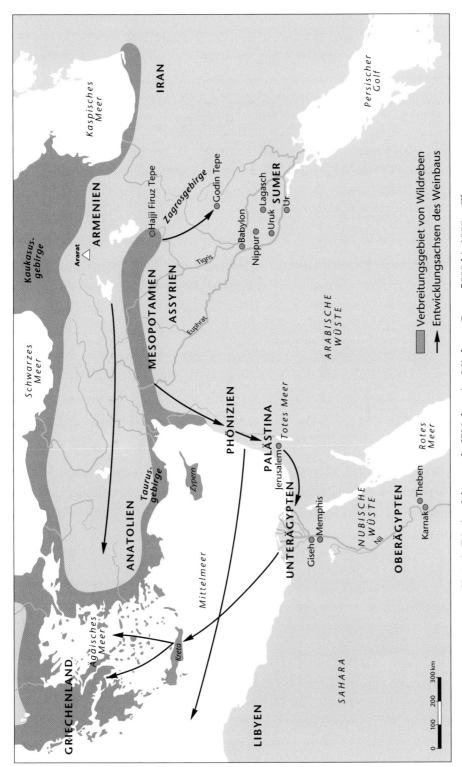

Karte 1: Die Ausdehnung des Weinbaus im Mittleren Osten, 5000 bis 1000 v. Chr.

ser Epoche auf der Spur sind – Archäologen, Historiker, Botaniker, Sprachwissen-schaftler und Chemiker – setzen immer mehr fehlende Teile des Puzzles zusam-men. Doch viele Stationen des Weges, den der Wein nahm, sind wohl unwieder-bringlich verloren.

Bevor wir die Ausbreitung des Weinbaus im Einzelnen nachzeichnen, sollten wir betonen, dass zwar die geografische *Verbreitung* von Weinreben und Weinher-stellung eine Folge des Zusammenwirkens von natürlichen Bedingungen und ge-zieltem Eingreifen des Menschen war, dass aber die geografischen *Grenzen* des Weinbaus größtenteils durch das Klima festgelegt wurden. Auch wenn dieses vor mehreren tausend Jahren in mancher Hinsicht anders war als heute (um 3000 v. Chr. war es beispielsweise sehr viel feuchter, und damit war der Weinbau in Gebie-ten möglich, die zu anderen Zeiten viel zu trocken waren), so verliefen die damali-gen Grenzen für den Weinbau ähnlich wie in der Gegenwart. Auf der Nordhalb-kugel der Erde gedeihen Weinreben lediglich auf einem schmalen Streifen zwischen dem dreißigsten und dem fünfzigsten Breitengrad. In diesen Regionen ist es in den Frühlings- und Sommermonaten zumeist ausreichend sonnig und warm, sodass Trauben mit einem genügend hohen Zuckergehalt wachsen können, woraus bei der Gärung Alkohol entsteht. Trauben der Sorte *vitis vinifera* speichern Zucker bis zu einem Anteil von drei Vierteln ihres Volumens.

Freilich müssen wir uns vor Augen halten, dass der Wein wie auch der Ge-schmack der Weinkonsumenten sich im Laufe der Zeit dramatisch veränderten. Der frühe Wein war wahrscheinlich weniger alkoholreich als heutige Weine, wes-halb Trauben mit einem geringeren Zuckergehalt (wilde Trauben haben etwa halb so viel Zucker wie gezüchtete Rebsorten) benutzt werden konnten, um Wein her-zustellen, der den damaligen Zeitgenossen akzeptabel erschien. Was den Leuten vor siebentausend Jahren schmeckte, könnte uns heute leicht als ungenießbares Gebräu anmuten. Der damalige Wein war häufig mit Kräutern und anderen Zusät-zen gewürzt und mit Honig gesüßt. Wildreben sind in kühleren klimatischen Ver-hältnissen oft widerstandsfähiger als gezüchtete Sorten. Sie gedeihen und tragen Früchte auch in Gegenden, die mit ihren klimatischen Bedingungen den Ansprü-chen der *vinifera*-Reben nicht genügen. Aus verschiedenen Gründen wurde Wein-bau damals nicht unbedingt unter den Klima- und Bodenbedingungen betrieben, die wir heute im Allgemeinen als Voraussetzungen für einen erfolgreichen Wein-bau ansehen.

Aber Klima und Bodenbeschaffenheit sind nur die geografischen Rahmenbe-dingungen. Sie bilden das *Potenzial* einer Region für den Anbau von Trauben, die zur Weinbereitung geeignet sind. Der *tatsächliche* Anbau von Trauben und die Pro-duktion von Wein waren Tätigkeiten des Menschen, in denen sich soziale, wirt-schaftliche und kulturelle Entscheidungen widerspiegelten. Diese waren ihrerseits durch den wirtschaftlichen und sozialen Stellenwert bestimmt, der dem Wein in der jeweiligen Kultur zugeschrieben wurde. Vier Hauptfaktoren beeinflussten die Ausbreitung des Rebanbaus, die Weinproduktion und den Weinkonsum im Mittelmeerraum sowie in weiten Teilen Süd- und Westeuropas im Verlauf der langen Periode zwischen den bekannten Ursprüngen des Weins um 5000 v. Chr. und dem Zusammenbruch des Römischen Reiches im Jahr 500 n. Chr.

Erstens war das Wissen vom Wein und von den Methoden des Rebbaus und der Weinbereitung Teil des Informations- und Technologietransfers zwischen den Kulturen. Reisende kehrten wahrscheinlich mit Rebschößlingen und Instruktionen für die Weinherstellung aus den Anbaugebieten nach Hause zurück. Der Ausgangspunkt für einen erfolgreichen Weinbau war fast immer der Zuzug (oder im Zuge militärischer Eroberungen die Verschleppung) von Spezialisten, insbesondere von Weinbauern und Weinmachern. Man begann erst dann Wein anzubauen, wenn man bereits importierten Wein gekostet hatte und eine gewisse Nachfrage nach lokalen Weinen entstanden war. In Gebieten, deren klimatische und sonstige Bedingungen einen Weinbau unmöglich machten, entwickelte sich ein Handel mit Wein aus fremden Regionen.

Weinbau und Weinproduktion verbreiteten sich auch im Zuge der Besiedelung einer Region durch Wein erzeugende Gesellschaften. Die Griechen zum Beispiel intensivierten den bereits bestehenden Weinbau, als sie ab 300 v. Chr. Ägypten kolonisierten. Auch in Süditalien führten sie den Weinbau ein. Die Römer wiederum förderten Weinbau und Weinproduktion in Gebieten ihres Reiches, die heute zu den großen Wein produzierenden Ländern gehören. Frankreich, Deutschland und Ungarn zählen zu den europäischen Staaten, die die Ursprünge ihres Weinbaus bis in die Römerzeit zurückverfolgen können.

Der zweite bedeutende Anstoß für die Verbreitung des Weins war die Tatsache, dass dieses Getränk mit starken kulturellen – religiösen wie nichtreligiösen – Bedeutungen behaftet war. Fast alle Kulturen des Altertums brachten Wein und die Reben mit bestimmten Gottheiten in Verbindung. Wein war ein fester Bestandteil des religiösen Zeremoniells. Weinopfer für die Götter waren in Mesopotamien und Ägypten ebenso üblich wie in Griechenland und Rom. Wein wurde zu einem wirkmächtigen Symbol so grundlegender Bereiche der menschlichen Existenz wie Tod und Wiedergeburt und symbolisierte das Blut bestimmter Gottheiten in den so fundamental verschiedenen Religionen wie der des alten Ägyptens und des Christentums.

Auf nichtreligiöser Ebene galt der Wein wegen seiner Knappheit und Kostspieligkeit in vielen Gesellschaften als ein Luxusgetränk, das fast ausschließlich von der reichen und mächtigen Oberschicht konsumiert wurde. Er war ein Statussymbol. In den Kulturen Mesopotamiens und Ägyptens war Wein das Getränk der herrschenden Klasse, das Volk dagegen trank Bier. Selbst in Griechenland und Rom, wo Wein in breiteren Bevölkerungsschichten üblich war, gab es enorme Qualitäts-

und Preisunterschiede sowie soziale Unterschiede im Anlass und in der Art und Weise des Konsums.

Die dritte treibende Kraft für die Ausbreitung des Weins im Mittelmeerraum und in Europa war seine Bedeutung als Gewinn bringendes landwirtschaftliches Produkt und Handelsware. Wo Wein als Luxusgut galt, wurde er nur in begrenzter Menge gehandelt, war aber für die Wirtschaft zahlreicher Regionen ein wichtiges Handelsprodukt. Mehrere Jahrhunderte lang herrschte im gesamten Mittelmeerraum und in Europa, aber auch in Teilen Afrikas und Asiens ein reger Handel mit Wein. Die Weinproduktion wurde ein entscheidender Faktor für die langfristige wirtschaftliche Entwicklung und den Wohlstand vieler Städte, insbesondere Italiens, Spaniens und Frankreichs.

Der vierte, nicht weniger bedeutende Grund war die Entstehung von Absatzmärkten an den Orten, wo sich eine Weinkultur entwickelt hatte. Anders gesagt, die Nachfrage stieg, als Wein nicht mehr nur im religiösen Zeremoniell, sondern auch – und das war quantitativ weitaus bedeutender – im nichtreligiösen Leben eine wichtige Rolle zu spielen begann. Im Altertum wurde der Weinkonsum allmählich in immer breiteren Bevölkerungsschichten populär. In Mesopotamien und Ägypten trank nur die Oberschicht Wein, aber zwei- bis dreitausend Jahre später, im Rom der Kaiserzeit, war Wein ein Getränk aller sozialen Schichten. Die stetig wachsende Weinproduktion und die Intensivierung des Weinhandels sind nur die augenfälligsten Belege für die steigende Nachfrage zu jener Zeit.

Diese vier allgemeinen Gründe, die in diesem und im folgenden Kapitel ausführlich erörtert werden, erklären, wie und warum Weinherstellung und Weinkonsum im Altertum geografisch und gesellschaftlich eine immer größere Verbreitung fand. Manchmal überwog der eine oder andere dieser Faktoren, aber fast überall waren sie eng miteinander verknüpft. Die Investition in Weinbau und -produktion sowie in den Transport konnte sich langfristig gesehen freilich nur deshalb rechnen, weil die Konsumenten bereit waren, dafür zu bezahlen. Der Preis für den Wein und der Gewinn der Weinbauern hing wiederum nicht nur von den Produktions-, Transport- und Verkaufskosten oder dem Nährwert des vergorenen Traubensafts ab. Er spiegelte auch das soziale und kulturelle Prestige wider, das dem Wein im Allgemeinen und manchen Weinen im Besonderen zugeschrieben wurde.

Wir wissen wenig über den Rebbau, die Herstellung und den Konsum von Wein in den Gebieten des Fruchtbaren Halbmonds. Wahrscheinlich wurde Wein hier in großen Mengen getrunken, auch vom einfachen Volk, das Wein für den Eigenbedarf produzierte. Etwa um 2000 v. Chr. war der Weinbau vermutlich überall in Anatolien und im Zagrosgebirge verbreitet. Wein ist leicht herzustellen, und anscheinend gab es dabei keine gesetzlichen Beschränkungen.[14]

Doch auch hier brachten die Reichen ihre Vorrangstellung durch die Art und

Weise des Weinkonsums zum Ausdruck. In Godin Tepe im südlichen Zagrosgebirge tranken zwar vermutlich breite Bevölkerungsschichten Wein, wurde dennoch aber als Luxusgut gehandelt. Weinkrüge wurden in unmittelbarer Nähe zu anderen Luxuswaren wie Steinperlen, Kupfer- und Bronzegegenständen gefunden. Außerdem fand man Krüge in einem Haus, das offenbar sehr wohlhabende Bewohner hatte. Der Fußboden war aufwändig gepflastert, und zu den weiteren Fundstücken zählten eine Marmorschale sowie eine Halskette aus schwarzen und weißen Perlen.[15] In Mari im nordwestlichen Mesopotamien stand Wein um 1700 v. Chr. auf dem täglichen Speiseplan der Oberschicht. Auch als repräsentatives Geschenk zwischen Königen sowie in der Diplomatie war der Wein von Bedeutung, wird er doch vielfach im Zusammenhang mit Empfängen von Besuchern oder Gesandten aus fremden Staaten erwähnt. Im Laufe der Zeit, zweifellos bedingt durch die Steigerung der Weinproduktion, war Wein auch in breiteren Schichten beliebt, und Soldaten erhielten Wein als Teil ihrer täglichen Grundration.[16]

Außerhalb der Wein produzierenden Regionen war Wein allerdings nach wie vor ein Luxus und für das einfache Volk unerschwinglich. Zeugnisse für Weinkonsum stammen aus dem südlichen Mesopotamien, wo in Städten wie Ur, Lagasch, Sumer und Babylon die frühesten Hochkulturen entstanden. Die Region war jedoch für den Weinbau ungeeignet. Das Klima war zu warm, und der Grundwasserspiegel in der Schwemmebene war zu hoch für den Anbau von Weinreben, die am besten auf gut entwässertem Boden gedeihen. Vielleicht wurde in den südlichsten Städten Ur und Lagasch auf den besser entwässerten Feldern neben den Tempeln Wein angebaut, aber ob aus den Trauben tatsächlich Wein gemacht wurde, ist ungewiss.

Aus schriftlichen Dokumenten jener Zeit wissen wir, dass die Menschen im südlichen Mesopotamien aus den Trauben keinen Wein herstellten. Sie erhitzten den Traubensaft langsam und kochten ihn zu einem Sirup ein, den sie dann als Süßstoff verwendeten. Babylonien war gewissermaßen das Bayern Mesopotamiens: Man trank Bier. Bier auf Gerstenbasis war billiger in der Herstellung und war besser im Geschmack als der babylonische Wein.[17]

Importierter Wein wurde von der mesopotamischen Oberschicht konsumiert und bei religiösen Zeremonien verwendet. Zweifellos beruht ein Teil des sozialen Prestiges des Weins auf seinem Stellenwert im religiösen Leben. Wein findet um etwa 2750 v. Chr. auf Tontafeln aus Ur Erwähnung. Und ein Trinklied aus Ur, etwa 750 Jahre später datiert, enthält eine Liste mit allen Geräten, die man für die Herstellung von Wein und Bier brauchte. Auf Siegeln sind Bankettszenen mit der königlichen Familie und ihrem Gefolge dargestellt. Sie nehmen zweierlei Getränke zu sich: Das eine, vermutlich Bier, trinken sie mit Röhrchen oder Strohhalmen aus großen Krügen, das andere, höchstwahrscheinlich Wein, schlürfen sie aus Schalen.

Der größte Teil des im südlichen Mesopotamien genossenen Weins wurde aus den bergigen Regionen im Norden und Osten über die Flüsse und auf dem Landweg herangeschafft. Damit war Mesopotamien der Bestimmungsort des frühesten heute bekannten Weinhandels. Gewiss kein besonders ausgedehnter Handel, denn Wein war ein teures Luxusgut, und die Entfernung zwischen den mesopotamischen Städten und den Weinbaugebieten insbesondere im Norden war beträchtlich. Das Kaukasus- und das Taurusgebirge liegen mehr als 1 500 Kilometer weit auseinander, aber die Waren konnten auf den Flüssen Euphrat und Tigris befördert werden. Viele Weinberge im Zagrosgebirge lagen Hunderte von Kilometern Luftlinie entfernt, und man hätte den Wein über die Berge in die mesopotamische Ebene transportieren müssen.

Der Handel mit Wein war mit Sicherheit mühselig und räumlich begrenzt, trotzdem aber äußerst lukrativ. In einem um 1750 v. Chr. datierten Brief spricht ein babylonischer Kaufmann namens Belânu die Sorge aus, dass ihm beim Weinhandel Profite entgehen könnten, da ihm bei einer Warenlieferung auf dem Euphrat flussabwärts Wein fehle. »Die Schiffe sind am Ende ihrer Reise hier in Sippar [einer Hafenstadt fünfzig Kilometer nördlich von Babylon] eingetroffen«, schrieb er seinem Agenten, »aber warum habt Ihr nicht guten Wein gekauft und mir geschickt? Ihr bringt mir persönlich welchen, und zwar binnen zehn Tagen!«[18]

Entweder schätzte der Kaufmann Belânu den Wein wegen seines Geschmacks, oder wegen des möglichen Verkaufsgewinns, denn in einem anderen Brief drängt er: »In Sippar ist ein Schiff mit Wein angekommen. Kauft mir welchen im Wert von zehn Schekel und bringt ihn mir morgen nach Babylon.« Die angeforderte Ladung hatte ein Volumen von zwei- bis dreihundert Liter Wein – eine beachtliche Menge für ein Luxusgut zu jener Zeit.[19]

Der mesopotamische Weinhandel florierte über Jahrtausende. Im 5. Jahrhundert v. Chr., mehr als tausend Jahre, nachdem Belânu seine Agenten drängte, ihm Wein für seine babylonische Kundschaft zu bestellen, beschrieb der griechische Historiker Herodot den Handel zwischen Armenien und Babylon. Die Schiffe, so Herodot, wurden in Armenien gebaut, mit Stroh ausgelegt, mit Weinfässern beladen und dann stromabwärts nach Babylon befördert, wo der Wein verkauft wurde. Dort wurden sie zerlegt, da es unmöglich war, gegen die starke Strömung flussaufwärts nach Armenien zurückzufahren.[20] Der Verkaufspreis für Wein muss also enorm gewesen sein, denn er lohnte für jede Lieferung den Bau eines neuen Schiffes.

Die Weinmenge war begrenzt, und allein die hohen Transportkosten trieben den Preis enorm in die Höhe. Wein war sehr viel teurer als Bier und andere alkoholische Getränke aus Getreide und Früchten wie zum Beispiel Datteln. Einen Hinweis auf die soziale Stellung der mesopotamischen Weinkonsumenten gibt die Tatsache, dass sich um 2340 v. Chr. der Herrscher von Lagasch einen Keller angelegt hatte, »der mit Wein bestückt war, welcher in großen Gefäßen aus den Bergen herbeigeschafft wurde«.[21] Da aber die Mesopotamier überwiegend Bier tranken, gab es für diesen »Weinkeller« kein eigenes Wort, und so lautete das in dieser Inschrift benutzte Wort »Bierdepot«. Wein wurde bisweilen »Bier aus den Bergen« genannt, weil man den Weinbau mit den Bergregionen in Verbindung brachte, aus denen er stammte. Die Grundnahrungsmittel waren aber »Brot und Bier«.

Auch als sich der Weinbau im Nahen Osten immer weiter ausbreitete, blieb Wein weitgehend den Reichen und Mächtigen vorbehalten. Ein Relief aus Ninive aus dem 7. Jahrhundert v. Chr. zeigt König Assurbanipal und seine Gemahlin unter einem Rebenspalier, vermutlich trinken sie Wein aus Traubensaft.[22] Freilich stellt die bildende Kunst jener Zeit vorwiegend das Leben der Oberschicht und nicht das der einfachen Leute dar. Ein Indiz dafür, dass auch die Durchschnittsbevölkerung Wein trank, haben wir jedoch nicht.

Eine Ausnahme gab es, wenn Angehörige niedrigerer Schichten mit der Herrscherschicht zusammenkamen. In Nimrud wurde allen 6 000 Angehörigen des königlichen Hofes eine Ration Wein ausgegeben, gleich, ob es sich um Mitglieder der Königsfamilie oder um Hilfsarbeiter handelte. Die Tagesration betrug rund 1,8 Liter täglich für zehn Männer (nach heutigen Maßstäben gerechnet etwas mehr als ein Glas Wein pro Kopf), während Facharbeiter etwa das Doppelte bekamen. Höherrangige Mitglieder des königlichen Hofes erhielten eine großzügigere Ration, es fehlen aber genauere Angaben. Der Königin und ihrem Gefolge standen 54 Liter Wein pro Tag zu. Wir wissen aber nicht, wie viele Personen sich diese beachtliche Menge teilten.[23] Jahr für Jahr wurden demnach beträchtliche Mengen Wein konsumiert.

Auch lange nachdem der Weinbau in anderen Regionen des Nahen Ostens heimisch geworden war, blieben Anatolien und der so genannte Fruchtbare Halbmond wichtige Anbaugebiete. Im dritten Jahrtausend v. Chr. begannen die Bewohner des östlichen Mittelmeers, Wein anzubauen, und Syrien und Palästina exportierten Wein nach Ägypten. Der Weinhandel im östlichen Mittelmeerraum nahm um 1000 v. Chr. mit dem Aufstieg der Phönizier, die als Seemacht die Hafenstädte im heutigen Libanon beherrschten, einen beträchtlichen Aufschwung. Phönizischer Wein wurde nicht nur nach Ägypten exportiert. Die Phönizier pflanzten auf der Insel Ibiza Weinreben und führten den Weinbau wahrscheinlich auch in Spanien und Portugal ein.[24]

Der Weinbau in Ägypten folgte dem Muster anderer Regionen im Nahen Osten, wo keine Wildreben wuchsen. Zunächst importierten die Ägypter den Wein (aus Gebieten im östlichen Mittelmeerraum wie Palästina und Syrien). Sobald ein Markt geschaffen war, pflanzten sie Weinreben an und die einheimische Weinproduktion kam in Gang. Ein eindrucksvolles Zeugnis für den ägyptischen Weinimport sind die Hunderte von Weinkrügen, die in der Grabkammer Skorpions I. (um 3150 v. Chr.) gefunden wurden, eines der ersten ägyptischen Könige.[25] Viele dieser Krüge enthalten dieselben Wein- und Harzablagerungen wie jene aus dem Zagrosgebirge im östlichen Iran. Die in Godin Tepe ausgegrabenen Weinkrüge stammen zudem aus fast derselben Zeit wie jene in Skorpions Grabkammer in Abydos am mittleren Nil.

Der Ton, aus dem die Krüge in Abydos geformt sind, weist keine Ähnlichkeit mit dem Ton am Nilufer auf, sondern ähnelt eher dem Material der Krüge in der südlichen Levante, dem Gebiet des heutigen Israel, dem Hochland Palästinas und dem Jordantal. Wir wissen nichts über das Ausmaß des Weinhandels am Ende des 4. Jahrtausends, aber die Menge Wein, die Skorpion I. als Grabbeigabe erhielt, lässt staunen. Falls alle Krüge, die man ihm ins Grab legte, gefüllt waren, hätte er für sein Leben nach dem Tod 4500 Liter Wein zur Verfügung gehabt.

In Ägypten entwickelte sich eine hoch stehende Weinkultur. Hier finden sich die frühesten umfassenden Berichte über Weinherstellung und Weinkonsum. Auch in Ägypten war Bier das populärste alkoholische Getränk im Altertum, doch es gab außerdem den Dattelwein. Aus der Zeit zwischen 3000 und 2500 v. Chr. (etwa aus derselben Zeit wie in Mesopotamien) kennen wir ägyptische Darstellungen mit Szenen zur Weinerzeugung. Das Hauptanbaugebiet war das fruchtbare Nildelta, wo die hohen Temperaturen, die anderswo einen Weinbau unmöglich machten, durch das Mittelmeer gemildert wurden. Oberägypten (im Süden) hatte diesen Vorteil nicht, obwohl es auch hier verstreute Weinpflanzungen gab. In einigen Oasen wurde ebenfalls Wein angebaut, der den Bewohnern eine Zeit lang Wohlstand brachte. Um 1000 v. Chr. wurden bei einem Zensus 513 Weingärten in Tempelbesitz gezählt. Die Rebfläche erweiterte sich zwar mit der Ankunft der Griechen, die Ägypten ab 300 v. Chr. besiedelten, aber die Ägypter hatten dadurch keineswegs mehr Wein zum Trinken. Die wachsende griechische Bevölkerung, in deren Kultur Wein eine zentrale Rolle spielte, beanspruchte einen Großteil des zusätzlichen Weins für sich selbst.

Die Rebstöcke Ägyptens wurden von Königen, Priestern und hohen Beamten kultiviert, nur selten in eigenen Weingärten, häufiger in ummauerten Anlagen, wo sie inmitten anderer Pflanzen und Bäume wuchsen. Der private Weingarten des hochrangigen Beamten Meten aus Saqqara (um 2550 v. Chr.) war Beschreibungen zufolge »200 Ellen lang und 200 Ellen breit ... mit sehr vielen Bäumen und Rebstöcken, aus denen viel Wein hergestellt wurde«.[26] Dieses in seinen Dimensionen beachtliche Grundstück maß gut einen Hektar. Wie viel davon mit Rebstöcken bepflanzt war, wissen wir allerdings nicht.

In den weiträumigeren Anlagen befanden sich die Rebstöcke im Allgemeinen in der Mitte und waren von größeren Bäumen umstanden, die sie vor Wind schützten. Weinreben wurden häufig bewässert. Man formte Vertiefungen aus

Lehm, damit sich das Wasser besser unten am Baumstamm sammeln konnte. Als Düngemittel wurde Taubenkot verwendet. In manchen Weinbergen baute man laubenartige Holzgestelle, an denen sich die Reben hinaufrankten und ein natürliches Dach bildeten. Manchmal wurde der Wein auch in Spalierform gezogen – eine Technik, die zum Ausgangspunkt für die Hieroglyphe des Begriffs »Wein« wurde: Trauben, die von einem Stützgestell herabhängen, während die Wurzeln des Rebstocks in einer Wasserlache liegen.

Genauere Auskünfte über den Weinbau in Ägypten stammen aus der späteren Zeit der griechischen Kolonisierung, als die Rebfläche beträchtlich größer geworden war. Jetzt produzierten die Ägypter Wein nicht mehr in kleiner Menge ausschließlich für die Oberschicht, sondern für einen breiten Markt vorwiegend griechischer Konsumenten. Der Weinbau war nun ein bedeutender Wirtschaftszweig, und mittlerweile hatten die griechischen Siedler auch die alten Weinbaumethoden der Ägypter verbessert. Doch nach wie vor hatten die ägyptischen Winzer mit schwierigen klimatischen Bedingungen zu kämpfen.

Dokumente über die Weingärten des Appianus, eines angesehenen Bürgers, der bis zu seinem Tod im Jahr 260 n. Chr. Mitglied des Rats von Alexandria war, zeigen, dass zur damaligen Zeit der Weinbau in sehr viel größerem Stil betrieben wurde als zur Zeit der Pharaonen. Die Güter des Appianus umfassten zwanzig Weinberge mit einer Gesamtfläche von 20 Hektar und einer Jahresproduktion von respektablen 50 000 Litern Wein. Die Gärten waren dicht mit Rebstöcken bepflanzt (um die Reben von drei Weinbergen an Spaliere zu binden, benötigte man 58 800 Schilfgräser), und Appianus drohte seinen Arbeitern schwere Strafen an, sollten sie ein Stück Land ohne triftigen Grund unbebaut lassen.[27]

Die grundlegenden Techniken der Weinbereitung im alten Ägypten waren dieselben wie überall im Altertum, obwohl es regionale Besonderheiten und im Laufe der Zeit auch einzelne Veränderungen gab. Die Trauben, fast immer blauschwarz dargestellt, wurden von Hand gepflückt (man schnitt nicht die Traube vom Stiel) und in Körben zur Kelter gebracht. Den Beeren wurde in zwei bis drei Durchgängen der Saft entzogen, wodurch Most (zur Gärung bereiter Traubensaft) unterschiedlicher Qualität entstand. Der reinste Most entstand, wenn die Trauben, die im Bottich zuunterst lagen, durch das Gewicht der darüber liegenden Beeren zerdrückt wurden. Aus dem abtropfenden Saft, nur ein Bruchteil der Gesamtmenge, gewannen die Winzer manchmal einen sehr süßen und sirupartigen Weißwein, den sie nur leicht vergoren tranken.

Dieser Saft wurde im alten Ägypten aber anscheinend nicht verwendet. Hier gewann man die Hauptmenge des Traubensafts (rund ein Drittel) dadurch, dass man die Trauben in einem Bottich oder einem anderen Behälter zerstampfte. Ägyptische Wandmalereien zeigen Männer (meist vier bis sechs an der Zahl), die sich an von oben herabhängenden Stricken festhalten, um das Gleichgewicht nicht zu verlieren, und in großen Wannen aus Holz, gebranntem Ton oder in gemauerten Bottichen stehend die glitschige Traubenmasse stampfen.[28] Manchmal arbeiteten die Männer in einem bestimmten Rhythmus, der von Sängern oder Musikern vorgegeben wurde. In einem an die Erntegöttin Renenutet gerichteten Lied heißt es: »Möge sie uns bei dieser Arbeit begleiten ... Möge unser Herr ihn [den Wein] als jemand trinken, dem sein König immer wieder seine Gunst erweist.«[29]

Der durch das Stampfen gewonnene Saft floss in einen Behälter und wurde in Krüge abgefüllt. Da der Traubensaft in der ägyptischen Malerei fast immer in roter oder dunkler Farbe erscheint, ist es möglich, dass er auch Traubenschalen enthielt oder (was weniger wahrscheinlich ist) dass man ihn eine Zeit lang im Bottich gären ließ, um ihm durch den Kontakt mit den Schalen Farbe zu verleihen, bevor er in die Krüge kam. Durch das Zerstampfen der Trauben allein nimmt nämlich der Saft nicht viel Farbe an. Womöglich sollte die dunkle Farbe des Mosts in diesen Malereien nur die endgültige Farbe des Weins wiedergeben, nicht die des Mosts, wie er aus dem Bottich floss. Die ägyptischen Darstellungen der Weinbereitung verraten nicht, wie viel Zeit zwischen den einzelnen Stufen des Herstellungsprozesses vergeht.

Fruchtfleisch, Schale, Kerne und Stiele, die im Bottich zurückblieben, nachdem der durch Stampfen gewonnene Saft umgefüllt war, wurden mit unterschiedlichen Techniken weiter ausgepresst, damit nichts von dem wertvollen Getränk verloren ging. Die Ägypter schütteten die Traubenrückstände in einen an zwei Stöcken befestigten Sack, aus dem sie durch Drehen die verbliebene Flüssigkeit herauspressten.

Auch wenn in den Bottichen, in denen die Trauben gestampft wurden, die Gärung bereits begonnen hatte, goss man den Most zur weiteren Fermentierung in große Tonkrüge. Die vollen Krüge verschloss man mit einem Stöpsel aus Ton und versiegelte sie mit Nilschlamm, der grob in einer konischen Form verstrichen bis zur Schulter des Kruges reichte. Anschließend wurden kleine Löcher in den Lehm gebohrt oder Schilfrohre hineingesteckt, damit das Kohlendioxid während des Gärungsprozesses entweichen konnte. Später schloss man diese Löcher, um den Wein vor der zersetzenden Luft zu schützen. Mit einem Lehmsiegel wurde der Weingarten, aus dem der Wein stammte, der Name des Winzers sowie der Jahrgang vermerkt – das waren die Vorläufer der heutigen Weinetiketten. Darüber, wie die Krüge gelagert wurden, wissen wir wenig, doch eine Darstellung zeigt, dass sie wohl senkrecht aneinander gelehnt waren.[30]

Die Eigenschaften des ägyptischen Weins, seine Farbe, Bukett, Geschmack und Körperreichtum kennen wir nicht. Die meisten Weine waren Rotweine, seltener gab es Weißweine. Über die Süße können wir ebenfalls keine Angaben machen, aber auf jeden Fall wurde der Wein häufig mit Kräutern und Gewürzen versetzt. Was den Krügen zum Konsum entnommen wurde, war oftmals nicht mehr als die

Grundlage für eine Frühform des Likörs. Eins aber lässt sich mit Sicherheit sagen: Ägyptische Weine hatten nur eine begrenzte Lagerfähigkeit. Die Trauben wurden im August geerntet und gestampft, und dieser langwierige Prozess des Stampfens und Pressens, dem bei den hohen Temperaturen des heißen ägyptischen Sommers schnell die Gärung folgte, ließ den Wein leicht kippen. Die Krüge, in denen der Wein gärte und anschließend lagerte, waren nicht selten porös, wenn sie nicht mit Harz oder Öl bestrichen waren. So war der Wein der zersetzenden Wirkung der Luft ausgesetzt. Wahrscheinlich wurde ein Großteil binnen eines Jahres verbraucht und war spätestens nach drei bis vier Jahren sauer.[31]

Erneut geben uns die Aufzeichnungen über die Weingüter des Appianus (obgleich viel späteren Datums, nämlich aus dem 3. Jahrhundert n. Chr.) Aufschluss über die Qualität des ägyptischen Weins. Appianus ließ offenbar Weißweine herstellen, die aus mehr als einer Rebsorte gemischt waren – ein Versuch, solche süßen Weißweine zu gewinnen, wie sie damals in Griechenland so sehr geschätzt wurden. Wein wurde nach seiner Süße und weniger nach seinem Alter beurteilt: Manche Weine galten als »fertiger« oder »reifer«. Aber auch diese wurden innerhalb eines Jahres getrunken, denn die Sommerhitze und die schlechte Versiegelung verwandelten Wein schnell in Essig oder machten ihn ungenießbar. Viele Krüge des Jahrgangs, der im August 245 produziert wurde, waren im Februar 247, also achtzehn Monate später, bereits verdorben. Die Reaktion der Winzer war einleuchtend: Der Wein musste so rasch wie möglich nach seiner Erzeugung verkauft werden. Damit blieben die Probleme der Haltbarkeit und des verdorbenen Weins dem Käufer überlassen.[32]

Der Wein war nicht nur weitgehend der ägyptischen Oberschicht – Königen, Adeligen und Priestern – vorbehalten, auch die Weingüter befanden sich ausschließlich in deren Besitz. Die Weinerzeugung war exklusiv, und der Wein war teuer: Er kostete etwa fünfmal so viel wie Bier. Wein tranken die Könige und Adeligen an den Höfen, ebenso wie die reichen Privatleute und die Tempelpriester, die ihn auch erzeugten und für die er einen Teil ihres Einkommens darstellte. Im religiösen Zeremoniell spielte der Wein eine bedeutende Rolle, sei es als Trankopfer für die Götter oder als Grabbeigabe für die Toten im Jenseits.

Vorratslager mit Weinkrügen wurden in den Kellern der königlichen Paläste und in Gräbern entdeckt. Eines der interessantesten ägyptischen Weinlager, wenn auch keineswegs das größte, fanden die Archäologen 1922 im Grab des Tutenchamun. Der Pharao bestieg um 1348 v. Chr. als zehnjähriger Knabe den Thron, und als er neun Jahre später starb (in vielen modernen Gesellschaften das gesetzliche Mindestalter für den Alkoholkonsum), wurden ihm sechsunddreißig mit Wein gefüllte Krüge ins Grab gelegt. Sechsundzwanzig dieser Krüge trugen Siegel mit der Bezeichnung des Weinguts, des Jahrgangs und des Winzers. Die häufigsten Jahrgänge waren Weine aus dem vierten, fünften und neunten Jahr der Regierungszeit des Tutenchamun (1345, 1344 und 1340 v. Chr.) – insgesamt dreiundzwanzig der versiegelten sechsundzwanzig Krüge. Auf einem der Krüge stand: »Jahr 4. Süßer Wein aus dem Haus des Aton – Leben, Wohlstand, Gesundheit! – am westlichen Fluss. Oberster Winzer Aperershop.«[33]

Nur Gegenstände und Produkte höchster Qualität kamen in ein solches Grab, weshalb diese Weine wohl zu den besten zählten, die damals produziert wurden.[34] Aber wir kennen nicht die Grundsätze, nach denen in Tutenchamuns Weinkeller verfahren wurde. Daher könnte es auch sein, dass diese Weine übrig geblieben waren, nachdem man die besseren Weine bereits getrunken hatte. Bemerkenswert jedenfalls ist, dass die ältesten Weine der Sammlung nur fünf Jahre alt waren – ein Zeichen für die beschränkte Haltbarkeit des ägyptischen Weins.

Die Siegel auf den Krügen geben verführerische, aber enttäuschende Hinweise auf die Beschaffenheit der Weine. Nur vier Krüge waren mit der Angabe »süß« und einer mit der Bemerkung »Wein guter Qualität« versehen, was Rückschlüsse auf die Süße und die Qualität der übrigen zulässt. Denkbar ist auch, dass manche Weingüter – gewissermaßen die Premiers Crus des alten Ägypten – so hoch angesehen waren, dass ein Hinweis auf die Qualität des Weins überflüssig war und dass man Angaben zur Qualität nur bei weniger berühmten Weingütern machte. Aber selbst in Ägypten, wo sich der Weinkonsum weitgehend auf eine dünne Oberschicht beschränkte, waren die Weine aus Tutenchamuns Grabkammer nicht repräsentativ. Die Siegel auf Krügen, die andernorts gefunden wurden, beschrieben den Inhalt ganz unterschiedlich: »guter Wein«, »sehr guter Wein« oder sogar »beschwipst machend«, was vielleicht auf einen schlechten Jahrgang hindeutet, gut genug, um sich damit zu betrinken. Versiegelte Krüge mit der Aufschrift »Wein als Steuerentgelt« und »Opferwein« beinhalteten möglicherweise Weine von mittelmäßiger Qualität.

Wein spielte im religiösen Zeremoniell des alten Ägypten zwar eine große Rolle, diente aber auch nichtreligiösen Zwecken. Wandmalereien mit Darstellungen von Bankettszenen zeigen, dass Männer und Frauen Wein in enormen Mengen genossen. Man reichte ihn in den großen Tonkrügen, in denen er vergoren und gelagert worden war. Manche Bankettszenen zeigen Gäste, die den Wein mit Röhrchen oder Strohhalmen direkt aus dem Krug trinken. Häufiger aber wurde der Wein in kleineren Karaffen serviert und durch Siebe in Trinkgefäße gegossen oder mit einem Siphon abgezogen. Man trank aus Schalen oder Bechern, ab der achtzehnten Dynastie auch aus Pokalen aus Glas oder Alabaster.[35] Das Abseihen oder Abziehen legt nahe, dass der Wein, auch wenn er nach der Gärung von Trübstoffen befreit worden war, immer noch viele Traubenrückstände enthielt, die ihn unansehnlich oder das Trinken unangenehm machten.

Auf den meisten ägyptischen Bankettszenen sind die Gäste beim Trinken und Plaudern zu sehen, doch die Maler verhehlten nicht die weniger erfreulichen Folgen des scheinbar unerschöpflich sprudelnden Weins. Manchmal stellten sie betrunkene männliche wie weibliche Zecher beim Erbrechen dar, oder sie malten, wie diese bewusstlos von Bediensteten fortgetragen werden. Einige Gäste kamen vielleicht mit dem Vorsatz zu dem Fest, sich zu betrinken. In der Bankettszene eines Grabes sagt eine Frau: »Gebt mir achtzehn Becher Wein ... seht ihr nicht, dass ich betrunken werden will!? Meine Eingeweide sind trocken wie Stroh!«[36] Frauen erscheinen ganz besonders häufig als exzessive Trinkerinnen, als von Übelkeit oder anderen Begleiterscheinungen des Rausches heimgesucht. Andere Darstellungen bringen den Weingenuss mit Liebe und Sex in Verbindung. Eine ägyptische Darstellung zeigt Frauen mit durchsichtigen Gewändern und mit Lotosblättern und Alraunenfrüchten in der Hand, Symbolen der geschlechtlichen Liebe. Nackte Dienerinnen schenken den Gästen Wein ein.

Von Alters her unterlag der Weinkonsum einem durchaus ambivalenten Urteil. Gesellschaftskritische Stimmen verwiesen einerseits auf die Gemeinschaft stiftende Kraft des Trinkens, warnten aber zugleich vor der Bedrohung der sozialen Ordnung durch die Trunksucht. Ärzte hoben die Heilwirkung des Weins hervor und betonten zugleich die Gefahren des maßlosen Trinkens, das die Gesundheit, ja das Leben bedrohte – beileibe kein Widerspruch, kann man doch zu gemäßigtem Weinkonsum raten und gleichzeitig von Übertreibung abraten. Aber Mahnern und Ärzten ist es historisch gesehen nicht gelungen, eine allgemein akzeptierte Position zu formulieren, die die Extreme versöhnt.

Die Einstellungen zum Weinkonsum in Ägypten waren so unterschiedlich wie in anderen Kulturen und zu anderen Zeiten. Das Weintrinken galt als ein natürliches Vergnügen, dem sich die Reichen tagtäglich und insbesondere an Feier- und Festtagen hingaben. Eine Szene aus dem Grab des Nacht zeigt ein Mädchen, das anlässlich des Talfestes seinen Eltern den Wein mit den Worten reicht: »Zum Wohl! Trinkt diesen guten Wein, feiert den Festtag mit dem, was euch euer Herr gegeben hat.«[37] Gemäßigter Weingenuss wurde durchaus befürwortet, und selbst Trunkenheit bewertete man unter bestimmten Umständen als positiv. Dennoch galten alle Warnungen den Folgen exzessiven Trinkens. Der Weise Ani sagte über den Betrunkenen: »Wenn du sprichst, kommt Unsinn aus deinem Mund; wenn du stürzt und dir die Glieder brichst, wird dir niemand helfen.«[38] Und ein anderer erteilt den Rat: »Hüte dich vor Trunkenheit, sonst verlierst du den Verstand.« Wurden einerseits die angenehmen Seiten des Rausches anerkannt, so wurde es andererseits missbilligt, sich in der Öffentlichkeit zu betrinken. Die Unterscheidung zwischen dem, was in der Öffentlichkeit, und dem, was privat akzeptabel ist, kennen viele Kulturen.

Die Angst vor den Folgen unbeherrschten Trinkens führte dazu, dass es von Anfang an Bestrebungen gab, die Erzeugung, den Verkauf und den Konsum von

Wein zu reglementieren. Einer der ersten dokumentierten Versuche hierzu ist die um 1750 v. Chr. entstandene Gesetzessammlung des Hammurabi, eines der bedeutendsten babylonischen Könige. Zahlreiche Gesetze regelten den Einzelhandel mit Wein und insbesondere den Handel in den Weinläden und Schenken, wo es auch Bier zu kaufen gab. Hammurabis Gesetzbuch bringt Bedenken angesichts dieser Etablissements zum Ausdruck. Die Besitzer solcher Schenken, offenbar ausschließlich Frauen, mussten den Behörden unverzüglich Meldung erstatten, wenn in ihrem Haus eine Versammlung stattfand, die nach einer politischen oder kriminellen Verschwörung aussah. Priesterinnen und Kultdienerinnen war es bei Androhung des Scheiterhaufens verboten, Weinhäuser zu betreiben. Schenkenbesitzerinnen, die die Getränke mit Wasser verdünnten, wurden (passend zu dem ihnen zur Last gelegten Vergehen) zum Tod durch Ertränken verurteilt.[39] Womöglich spiegelt sich in dem Verbot für Priesterinnen und Kultdienerinnen, Weinhäuser zu betreiben, der Wunsch, die Verbindung von Wein und Religion zu wahren oder zu verhindern, dass Wein, der für den rituellen religiösen Gebrauch bestimmt war, öffentlich verkauft wurde.

Neben den Warnungen vor der schädlichen Wirkung des Weins gab es das Lob für seine heilsamen Eigenschaften. Wein war ein Grundstoff für zahlreiche andere medizinische Substanzen wie Kräuter und Gewürze, und sogar dem Wein selbst schrieb man Heilkräfte zu. Die Ägypter verordneten ihn als Appetit anregendes Mittel, zur Reinigung des Körpers von Würmern, zur Harnregulierung und gegen Asthma. Wein wurde auch als Einlauf verwendet und zu diesem Zweck mit *kyphi* vermischt, einem Gebräu aus Gummi, Harz, Kräutern, Gewürzen, Eselshaar, Tierdung und Vogelkot. Hier haben wir das erste Beispiel für eine Tradition in der Arzneimittelherstellung, nach der nur das hilft, was unangenehm schmeckt. Dahinter stand der Glaube, dass viele körperliche Beschwerden von Bösem herrühren, das im Körper steckt, und dass durch die Einnahme unangenehm schmeckender Substanzen der ungebetene Gast vertrieben werden kann. Wein fand auch äußerlich Anwendung, als Bestandteil von Salben gegen Schwellungen und zur Tränkung von Wundverbänden.

Wein war ein Balsam für den Körper und eine Linderung für die Seele. Die Anfänge einer Weinkultur, die dem vergorenen Traubensaft einen hohen sozialen, kulturellen und wirtschaftlichen Stellenwert zusprach, sind ebenso rätselhaft wie die Anfänge des Weins selbst. Warum begannen die Bewohner einer bestimmten Region der Erde, Rebstöcke zu pflanzen und Wein zu erzeugen, während andere, die ebenfalls Wildtrauben kannten, dies nicht taten? Eine Erklärung lautet, dass Wein mit ganz bestimmten religiösen Vorstellungen in Verbindung gebracht wurde und dass mit der Ausbreitung der Religion die Verbreitung des Weins einherging – zunächst im Kult, später auch außerhalb des religiösen Zeremoniells. Zwar sollten wir die Bedeutung der Religion für die Ausbreitung des Weins nicht überbewerten, aber auffallend ist doch, dass in vielen westlichen Kulturen der Wein häufig mit ganz ähnlichen religiösen Vorstellungen in Verbindung stand.[40]

Zu den gängigsten Verknüpfungen zählt das Rätsel von Tod und Wiedergeburt, zu dessen Symbol der Rebstock wurde. Die Reben sterben im Winter ab, wenn ihre Blätter fallen und der Stock verdorrt. Im Frühling werden sie »wiedergeboren«. In zahlreichen ägyptischen Begräbnisszenen symbolisieren Weinreben die Auferstehung. Doch viele Pflanzen sterben ab und bekommen im Frühjahr neue Triebe, und es gibt keinen triftigen Grund, weshalb der Weinstock hier eine Sonderstellung einnehmen sollte. Vielleicht wurde der Tatsache Bedeutung beigemessen, dass die Frucht des Weinstocks (der Wein oder die getrockneten Trauben) das »Absterben« der Rebe übersteht. Auch zwischen Wein und Fruchtbarkeit sah man einen sehr profanen Zusammenhang: Dem Wein wurde die Fähigkeit zugeschrieben, gesellschaftliche Konventionen und Kontrollen zu lockern und die soziale Kommunikation (einschließlich die geschlechtlichen Beziehungen) zu erleichtern. Der Zusammenhang zwischen Wein und Geschlechtsverkehr, über Jahrtausende hinweg zugleich begrüßt und beklagt, geht zurück auf die Verknüpfung von Wein und Fruchtbarkeit.[41]

Eine wahrscheinlichere Erklärung für den einzigartigen religiösen Stellenwert des Weins ist der Gärungsprozess. Mit dem Traubensaft vollzieht sich eine wundersame Verwandlung, es entsteht ein brodelndes Gemisch, und es entsteht Hitze. Wein ist wohlschmeckend und versetzt den Trinkenden in einen rauschhaften Zustand. Dieser psychotropische Effekt war ein Rätsel, ja ein Wunder, das zum Nachdenken über den sozialen, medizinischen und religiösen Stellenwert des Weins motivierte. Viele Kommentatoren des Altertums betrachteten den Rausch unter bestimmten Umständen als eine Möglichkeit, die Verbindung zur jenseitigen Welt herzustellen und die normalen Begrenzungen der Vernunft und der Selbstkontrolle zu lockern. Der oder die Trunkene konnte Kontakt zu den Göttern aufnehmen. Unklar ist allerdings, warum der Trunkenheit durch Bier, Dattelwein oder andere alkoholische Getränke nicht eine ähnliche Bedeutung beigemessen wurde. Womöglich lag es einfach daran, dass Wein mehr Alkohol enthielt und dadurch rascher die Verbindung zu den Göttern herstellte.

Wein spielte in vielen Religionen des Altertums eine Rolle. Er wurde als Trankopfer verwendet und (neben Bier, Öl, Honig und Wasser) zu Ehren einer bestimmten Gottheit vergossen, während man ein Gebet sprach. Trankopfer waren gleichsam ein Akt des Tausches zwischen Menschen und Göttern, die Gegengabe für ein von einer Gottheit zugesprochenes Geschenk. Aber auch für andere religiöse Rituale benötigte man Wein. In Mesopotamien gehörte er zu den Speisen und Getränken, die den Göttern geopfert wurden. In Ägypten war guter Wein aus fünf verschiedenen Regionen Bestandteil des Proviants für das Leben nach dem

Abbildung 1
Sarkophag mit Bacchus, seinem Gefolge und den vier Jahreszeiten. Um 220 n.Chr.

Tod[42], und das Anpflanzen von Reben wurde vielleicht bald zur religiösen Pflicht. Ramses III. zählte dem großen Gott Amon-Re seine diesbezüglichen Verdienste auf: »In der südlichen und nördlichen Oase legte ich für dich zahllose Weingärten an, weitere im Süden ...« Auch habe er, so Ramses weiter, dem Gott 59 588 Krüge Wein geopfert.[43] In vielen Religionen besaßen Wein und Weinreben eine symbolische Bedeutung. Zwar wurde auch anderen alkoholischen Getränken, insbesondere dem Bier, Symbolkraft zugeschrieben, aber nicht in dem Maße wie dem Wein. Mit der Ausbreitung des Christentums in Europa verdrängte der Wein seine Konkurrenten aus der christlichen Ikonographie.

Viele der frühen, mit dem Wein verbundenen Gottheiten waren weiblichen Geschlechts. Zu ihnen gehört Gestin, die sumerische Göttin der Weinrebe. In der assyrischen Religion wurde der Halbgott Danel beim Anbau der Reben von seiner Tochter unterstützt. Später in Ägypten, wo Weinbau und Wein eine Sache der männlichen Gottheiten war, erschien die Schlangengöttin Renen-utet bei der Weinernte.[44] Mit der Zeit traten auch hier an die Stelle der weiblichen die männlichen Gottheiten. Osiris, der ägyptische Gott der Natur, des Todes und der Wiedergeburt, war auch der Gott der Weinrebe. Ihm zu Ehren feierten die Ägypter das Fest der jährlichen Nilüberschwemmung, die für die Landwirtschaft von lebensnotwendiger Bedeutung war.

Wein, so lautet eine These, war ein sinnfälliges Symbol der Wiedergeburt, weil bei der jährlichen Nilüberschwemmung die rötliche Farbe des eisenhaltigen Schwemmlands, das von einem Nebenfluss in den Nil gespült wurde, an Rotwein erinnerte. Aber wir sollten nicht vergessen, dass auch in den Kulturen des Altertums, wo Wein das Blut symbolisierte, ein geringer Teil der Weinproduktion Weißwein war.

Wein hatte im alten Ägypten weitere religiöse Konnotationen. In einigen Texten wird der Wein als Schweiß des Sonnengottes Re bezeichnet. Andere sehen in ihm das Auge des Gottes Horus, wobei der Rotwein für das rechte und der Weißwein für das linke Auge steht. Wein stand oft mit Blut im Zusammenhang, was durch die häufige Darstellung von Schesmu, dem Gott der Weinkelter, als Schlächter noch verstärkt wurde. Die Verbindung von Blut und Wein spielte auch bei der Göttin Hathor eine Rolle, die der Überlieferung nach wütend wurde, als Re sie von Nubien nach Ägypten brachte. Hathor ließ sich schließlich durch Musik, Tanz und Wein versöhnen, und am jährlichen »Fest des Rauschtranks« brachte man ihr Opfergaben dar. Hier war der Wein das Symbol für das Blut von Hathors Feinden.

Die religiöse Bedeutung des Weins war ein gemeinsames Merkmal aller Kulturen des vorklassischen Altertums, aber sie unterlag einem starken Wandel. Viertausend Jahre liegen zwischen den bekannten Ursprüngen des Weins im Gebiet des Fruchtbaren Halbmonds und der Etablierung einer elitären Weinkultur in der ägyptischen Oberschicht. Obwohl wir über den Weinbau vor seiner Blütezeit in Ägypten, wo er durch Künstler und Beamte ausführlich dokumentiert ist, nur wenig wissen, können wir sagen, dass die Weinpoduzenten bereits um 2000 v. Chr. mit dem Problem von Qualität und Lagerung zu kämpfen hatten. Sie produzierten Wein unter schwierigen klimatischen Bedingungen, und erst als in den gemäßigteren Zonen im europäischen Mittelmeerraum Wein erzeugt wurde, wurden viele dieser Probleme gelöst.

Zu jener Zeit verbreitete sich der Weinbau über die Regionen hinaus, in denen Trauben wild wuchsen, aber es gibt keine Anhaltspunkte dafür, dass außerhalb der Anbaugebiete, wo Wein Bestandteil der täglichen Ernährung war, der vergorene Traubensaft etwas anderes als ein Luxusgut war. Mit Sicherheit schränkten die klimatischen und die Umgebungsbedingungen die Produktion ein, aber es gab auch gesellschaftliche Wertvorstellungen, die die Entwicklung einer Weinherstellung in größerem Maßstab behinderten. Die ägyptische Oberschicht stand mit ihrer selbstbewussten Haltung, Wein sei ausschließlich ein Getränk für die Götter sowie für große Männer und Frauen, keineswegs allein. In dieser Hinsicht war der Weg des Weins von Ägypten ins alte Griechenland mehr als nur eine Reise durch Raum und Zeit. Es war eine Reise von einer Kultur, die den Wein als Privileg einiger weniger betrachtete, in eine andere, die ihn vielen Menschen zugänglich machte.

Zwei

Die Demokratisierung des Weintrinkens
Wein im Griechenland und im Rom der Antike

Seit 2500 v. Chr. wurde Wein in den wirtschaftlichen und kulturellen Austausch zwischen Ägypten und Kreta einbezogen. Auf der Insel Kreta entdeckte man einen Tonkrug von etwa 2200 v. Chr. mit Traubenkernen, -stielen und -schalen. Falls es sich dabei um Rückstände von Wein handelt, war dieser vermutlich importiert worden. Bald aber bauten die Kreter selbst Trauben an und erzeugten Wein. Eine Kelter aus Palaikastro stammt aus mykenischer Zeit (1600–1100 v. Chr.), ebenso Tontafeln mit der Beschreibung landwirtschaftlicher Erzeugnisse, darunter auch Wein, die im königlichen Palast von Kreta hergestellt worden waren.[1] Von Kreta gelangte die Weinherstellung auf andere Inseln der Ägäis. Ja, wahrscheinlich waren es die mykenischen Herrscher Kretas, die Weinbau und Weinbereitung auch ins griechische Mutterland brachten, obwohl es durchaus auch denkbar ist, dass hier schon vorher Wein erzeugt wurde.[2] Wie auch immer, dies war eine entscheidende Phase in der Geschichte des Weins, denn die Griechen brachten ihn in den westlichen Mittelmeerraum und darüber hinaus und machten ihn in allen sozialen Schichten heimisch.

In den ersten Jahrhunderten des griechischen Weinbaus wurden zwischen die Rebzeilen wahrscheinlich andere Pflanzen gesetzt, insbesondere Olivenbäume. Bald aber verschwanden diese gemischten Kulturen zugunsten reiner Weinberge. Anfangs wurden sie in der Nähe der großen Städte Athen, Sparta, Theben und Argos angelegt, denn dort gab es die größten Absatzmärkte. Im 6. oder 5. Jahrhundert v. Chr. führte jedoch die steigende Nachfrage dazu, dass auch in abgelegeneren Regionen Wein angebaut wurde, insbesondere auf den weiter entfernt liegenden griechischen Inseln. Weine von den Inseln Thasos, Lesbos und Chios waren für ihre Qualität berühmt.

Weinberge entstanden fast immer in der Nähe von Wasser, weil der Transport über Meer oder Flüsse kostengünstiger war als über Land. Manche dieser Weingüter waren riesig, so auf Thasos, wo zahlreiche Sklaven und andere männliche und weibliche Arbeitskräfte eine 30 Hektar große Rebfläche bestellten. Der Anbau von Weinreben erforderte größere Fachkenntnisse als der Anbau von Oliven oder Getreide. Das wichtige Beschneiden der Reben entwickelte sich bald zu einem eigenständigen Beruf, und viele dieser Fachkräfte hatten Arbeitsverträge mit mehreren Weinbergen.

Die Griechen verbanden Innovation mit damals bereits traditionellen Anbauverfahren. So gaben sie beispielsweise weitgehend die Methode auf, Reben an Bäumen zu ziehen, und konstruierten Spaliere und Stützpfähle, die eine einfachere Ernte der Trauben ermöglichte. Gelegentlich griff man auf weniger vernunftgeleitete Methoden zurück, um die schädliche Wirkung von Regen und trockenen Winden auf die Blüten zu verringern. Es gab ein Ritual, bei dem zwei Männer einen weißen Hahn auseinander rissen und sodann mit ihrer jeweiligen Hälfte des unglückseligen Tiers die Weinreben in gegenläufiger Richtung umkreisten. Wo sie sich trafen, wurde der Hahn verscharrt.[3]

Im 3. Jahrhundert v. Chr. hatten die Griechen bereits eine echte Weinbauwirtschaft begründet. Zur Zeit der griechischen Vorherrschaft im Mittelmeerraum entwickelte sich der Weinbau zu einem eigenständigen agrarischen Wirtschaftszweig. Neben Oliven und Getreide wurde Wein zu einem der wichtigsten Agrarprodukte. Die Griechen machten den Weinkonsum in ihrer Gesellschaft so populär wie keine andere Kultur, und durch den Handel wurde der vergorene Traubensaft auch in vielen anderen Teilen Europas bekannt. Im 5. vorchristlichen Jahrhundert gelangte griechischer Wein bis nach Frankreich (zum Beispiel ins obere Saônetal und in den Jura), nach Ägypten, ans Schwarze Meer und in den Donauraum. Die Griechen exportierten aber nicht nur ihren Wein, sie brachten auch den Weinbau und die Techniken der Weinerzeugung in ihre Kolonien. Wie wir gesehen haben, bauten die Ägypter schon seit rund 3000 v. Chr. Wein in begrenzter Menge an. Als ab 300 v. Chr. die Griechen die Herrschaft in Ägypten übernahmen, legten sie zahllose neue Weinberge an und stellten die Weinerzeugung auf ein breiteres Fundament.

In Sizilien, auf dem italienischen Festland und in Südfrankreich, wo der Weinbau unbekannt gewesen war, führten die Griechen kultivierte Reben und die Weinherstellung ein. Der römische Historiker Justinus zählte neben der Stadtkultur und der konstitutionellen Herrschaftsform auch das Weinmachen zu den Segnungen der Zivilisation, die die griechischen Kolonisten von Massalia (dem heutigen Marseille) den dortigen Bewohnern brachten.[4] Möglich ist auch, dass die Griechen im 8. Jahrhundert v. Chr. den Wein in Spanien und Portugal einführten, andere Theorien gehen allerdings davon aus, dass dieses Verdienst den Phöniziern gebührt oder dass der Weinbau in Spanien unabhängig von äußeren Einflüssen entstand.

Die Einführung des Weins im südlichsten Zipfel Italiens war so erfolgreich, dass

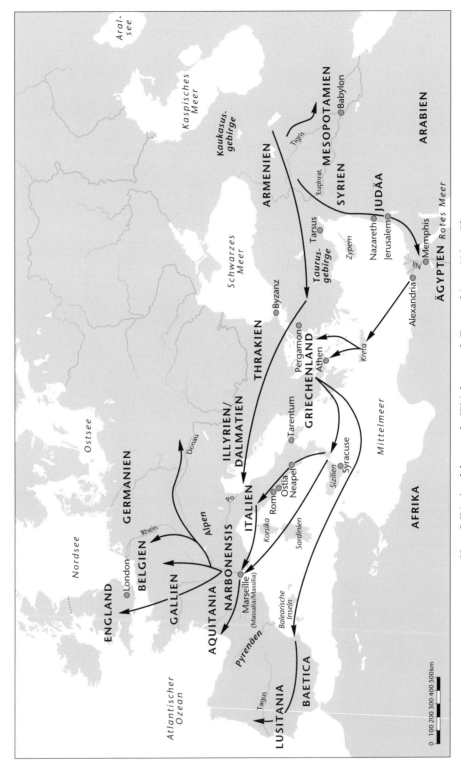

Karte 2: Die Ausdehnung des Weinbaus nach Europa bis ca. 100 n. Chr.

die Griechen das Gebiet *Oenotria* nannten, »Land der an Pfählen gezogenen Rebstöcke«. Hier erlangte der Weinbau eine besondere Bedeutung. In einem süditalienischen Ort aus dem 4. oder 3. vorchristlichen Jahrhundert waren, wie Archäologen herausfanden, 30 Prozent der Vegetation Rebstöcke.[5] Im Zuge ihrer Besiedlung gelangten die Griechen allerdings nicht ins nördlichere Italien. Hier hatten die Etrusker bereits eine eigene Tradition des Weinbaus und der Weinherstellung begründet. Die Herkunft der Etrusker ist umstritten, es scheint aber, dass sie aus dem östlichen Mittelmeerraum oder aus Kleinasien stammen, wo schon seit langer Zeit Wein angebaut wurde. Als die Griechen in Süditalien anfingen, systematisch Reben anzupflanzen, exportierten die Etrusker längst Wein in Gebiete jenseits der Alpen bis nach Burgund.

Der griechische Weinhandel – die Belieferung städtischer Märkte durch bäuerliche Erzeuger aus dem Umland ebenso wie der Import von Wein durch griechische Winzer – war zweifellos ein einträgliches Geschäft. Die Funde Tausender Tonamphoren überall in Europa belegen das Ausmaß des Handels. Bis ins 1. Jahrhundert n. Chr., als man statt Tonkrügen Holzfässer zu verwenden begann, wurden für Gärung, Reifung, Lagerung und Transport von Wein sowie für die Verschiffung von Öl, Oliven, ja sogar für trockene Lebensmittel ausschließlich Amphoren verwendet. Die plump aussehenden, aber merkwürdig faszinierenden Gefäße unterschieden sich in Form und Größe je nach der Region und dem Produzenten. Die meisten hatten ein Fassungsvermögen von 25 bis 30 Litern. Sie waren nach unten spitz zulaufend, hatten einen bauchigen Mittelteil, einen breiten Ausguss und zwei Henkel. Dadurch konnten sie von zwei Personen getragen werden, denn eine gefüllte Amphore war für einen Mann viel zu schwer. Selbst eine leere Amphore war eine Herausforderung, denn sie wog genauso viel wie der Wein, den sie enthielt.

Dank ihrer Form konnten die Amphoren wie Fässer gerollt werden, obwohl sie im Unterschied zu diesen häufiger getragen wurden. Ihre spitz zulaufende Form erschwerte eine senkrechte Lagerung, und in Weinkellern lehnten sie gewöhnlich aneinander wie Betrunkene, die sich den Bauch mit Wein gefüllt hatten. Mussten Amphoren aufrecht stehend transportiert werden, stellte man sie auf Unterlagen aus Ton, Holz oder Flechtwerk, und beim Transport mit dem Schiff wurden sie in ein Holzgestell oder ein Sandbett gesetzt.

Den Wein transportierten die Griechen zumeist per Schiff, was ein durchaus riskantes Unternehmen war. Hunderttausende von Amphoren liegen auf dem Grund der Meere. Ganze Schiffsladungen mit Wein sanken im Sturm auf den Meeresboden oder wurden auf Felsenriffe geschleudert. Besonders viele Schiffswracks mit Weinamphoren liegen entlang der südfranzösischen Küste. Ein solches von Unterwasserarchäologen geborgenes Schiff hatte eine Ladung von sage und schreibe 10 000 Amphoren an Bord – mit 300 000 Litern Wein, was rund 400 000 heute üblichen Flaschen entspricht. Schätzungsweise 10 Millionen Liter Wein wurden jährlich auf dem Weg über Massalia (das heutige Marseille) nach Gallien gebracht.[6]

Ein Beweis für den griechisch-gallischen Weinhandel sind die Hunderttausende von Amphoren, die man auf dem Festland ausgegraben hat, zum Beispiel in Toulouse im Südwesten und in Châlon-sur-Saône im Osten Frankreichs. Allein auf dem Grund der Saône sollen Hunderttausende von Amphoren mit einem Fassungsvermögen von fünf bis zehn Millionen Liter Wein liegen. Ein besonders eindrucksvolles Zeugnis für die soziale Bedeutung des griechischen Handels ist der in dem Dorf Vix unweit von Châtillon-sur-Seine entdeckte Grabschatz einer keltischen Prinzessin. Zu dem Schatz von Vix gehören außer Edelsteinen, Statuen und anderen Luxusgegenständen ein massiver griechischer Krater, ein Kessel zum Mischen von Wein und Wasser. Aufwändig verziert, fast zwei Meter hoch und mit einem Fassungsvermögen von mehr als tausend Litern, diente dieser Krater freilich eher dekorativen als praktischen Zwecken. Die meisten Krater haben ein Fassungsvermögen von ein paar Litern Wein und Wasser. Aber zusammen mit anderen griechischen Einfuhrgütern wie Henkelkrügen und Trinkbechern, die gleichfalls in dem Grab gefunden wurden, belegt der Krater von Vix den herausragenden Stellenwert des Weins in der Oberschicht des keltischen Gallien.[7]

Der griechische Einfluss zeigt sich freilich noch sehr viel stärker in den Zentren der griechischen Kolonisation. Als das Römische Reich im vierten und dritten Jahrhundert v. Chr. seine Herrschaft nach Süditalien ausdehnte, war der von den Griechen geförderte Weinbau bereits gut etabliert. Die etruskische Weinwirtschaft in Norditalien war, wie bereits erwähnt, noch älter. Das erste lateinische Werk über den Landbau, Catos *De agri cultura* (um 200 v. Chr.), beschreibt den Weinanbau nicht mehr nur als einen agrarwirtschaftlichen Sektor, der der Selbstversorgung diente, sondern als einen ökonomisch relevanten Bereich. Das rasche Wachstum der römischen Bevölkerung von etwa 100 000 im Jahr 300 v. Chr. auf mehr als eine Million zu Beginn der christlichen Zeitrechnung ging mit einer ebenso steil ansteigenden Nachfrage nach Wein einher, insbesondere nach billigem Wein, den sich die Massen leisten konnten. Schätzungsweise 1,8 Millionen Hektoliter Wein pro Jahr konsumierten die Römer zu jener Zeit. Jeder Bewohner der Stadt – Mann, Frau und Kind – trank somit fast einen halben Liter täglich.[8]

Wie wichtig der römische Absatzmarkt war, zeigte sich, als im Jahr 79 v. Chr. der Ausbruch des Vesuv den bedeutenden Weinhafen Pompeji unter einem Ascheregen begrub und die Weinberge im Hinterland vernichtete. Zwei Weinernten gingen verloren, und in der Folge war der Wein knapp und wohl auch sehr teuer. Zahlreiche neue Weinberge wurden angelegt, um die Verluste auszugleichen und von den steigenden Preisen zu profitieren – mit dem Ergebnis, dass wenige Jahre später ein Überangebot den Markt überschwemmte.

Mit der Begründung, seine Untertanen hätten zu viel Ackerland in Weinberge umgewandelt, erließ Kaiser Domitian im Jahr 92 n. Chr. ein Verbot, in Italien neue Rebpflanzungen anzulegen, und befahl außerdem, die Hälfte der Rebstöcke in den überseeischen römischen Provinzen zu vernichten. Dieser Erlass war als Vorsichtsmaßnahme gegen Getreideknappheit im Römischen Reich gedacht. Vielleicht ging es Domitian aber auch um den Schutz der einheimischen Weinbauern vor der Konkurrenz in den Provinzen. Es muss pure Ironie gewesen sein, die die französischen Behörden dazu bewog, einen Abschnitt der Autobahn A9, die durch ausgedehnte Weinbaugebiete nahe der französischen Mittelmeerküste führt, ausgerechnet nach Domitian zu benennen. Aus der sicheren Entfernung von fast zweitausend Jahren war es für sie einfach, ihm einen Streich zu spielen, ihre Vorfahren jedoch waren ihm offener entgegengetreten. Denn das kaiserliche Verbot, Weinreben anzupflanzen, wurde so gut wie nicht befolgt und im Jahr 280 n. Chr. schließlich aufgehoben.

In römischer Zeit – in den letzten Jahrhunderten vor und in den ersten Jahrhunderten nach Christus – entstanden erstmals in großer Zahl Schriften über Weinbau und Weinherstellung. Die ausführlichsten Informationen stammen von dem Spanier Columella, der um 65 n. Chr. mit erstaunlicher Sicherheit und Präzision die Grundregeln des Weinbaus formulierte. Er empfahl Rebenerziehungssysteme sowie eine bestimmte Bestockungsdichte (eine dichtere Bepflanzung mit Rebstöcken als in heutigen Weinbergen) und betonte die Bedeutung geeigneter Lagen für die einzelnen Rebsorten. Columella kalkulierte Ertrag und Rendite des Weingeschäfts in allen Einzelheiten und berechnete, wie viele Rebstöcke ein Arbeiter an einem Tag bearbeiten konnte, wie viele Arbeiter erforderlich waren, ja sogar, wie viel die Verpflegung der Sklaven kostete, die in diesem arbeitsintensiven Wirtschaftszweig tätig waren.

Auch wenn moderne Wissenschaftler Columellas Angaben und Berechnungen anzweifeln, so bezeugen doch sein Lehrbuch und die Schriften anderer römischer Autoren, wie ernsthaft man sich mit dem Weinbau beschäftigte. Columella lag die Qualität des Weins ebenso am Herzen wie die ausreichende Menge, und er riet davon ab, altbewährte Sorten wie die Aminnea-Rebe nur deshalb aufzugeben, weil neue exotische Züchtungen höhere Erträge versprachen.[9]

Die römischen Autoren, die über Wein schrieben, waren sich allerdings in Fragen der Techniken und Methoden nicht immer einig. Mit wie viel Personal ein Weingut einer bestimmten Größe ausgestattet und ob die Reben an Spalieren oder an Bäumen gezogen werden sollten, darüber gingen die Meinungen auseinander. »Sobald die Trauben anfangen, sich zu färben«, sagte Cato, »musst du die Reben aufbinden, entlauben und so die Trauben an die Sonne bringen«. Cato erkannte auch die Bedeutung der Bodenbeschaffenheit. Wein wurde häufig nach seinen medizinischen Eigenschaften klassifiziert: Für Wein, »der einen leichten Stuhl bewirkt«, sollten die Wurzeln der Rebstöcke mit schwarzer Nieswurz, altem Mist und alter Asche gedüngt werden.[10]

Ebenso erörterte man ausführlich die Bedeutung von Weinbergen als wirtschaftliche Investitionsmöglichkeit. Weinberge konnten zwar viel Geld abwerfen, aber die Ernte war abhängig vom Wetter und der Gewinn von den Preisen. Eine gute Ernte konnte zu einem Überangebot führen und die Preise drücken, eine schlechte Ernte war schlichtweg unprofitabel. Kurzum, Weinbau war ein hochriskantes Unternehmen. Cato zufolge war Rebland guter Qualität für einen mittelgroßen landwirtschaftlichen Betrieb am Gewinn bringendsten, noch vor dem Ölgarten, der an vierter Stelle rangierte. Varro wiederum, der sich ebenfalls über Rebstöcke und Wein äußerte, schrieb, manche seien der Ansicht, »dass ein Weinberg das Geld verschlingt, das man in ihn investiert«.[11]

Hohe Gewinne stellten damals keine geringere Verlockung dar als heute, und mit der Nachfrage stieg die Produktion. Die kleinen Weinbauern, die Wein für den Eigenbedarf herstellten und den Überschuss verkauften, waren nicht in der Lage, die Nachfrage Roms zu befriedigen. Bald wurden im Umkreis der Stadt ausgedehnte Rebpflanzungen angelegt und zumeist von Sklaven bearbeitet. Trotzdem importierte man jährlich einige Millionen Liter Wein aus Griechenland und anderen Teilen des östlichen Mittelmeerraums in die Hauptstadt Rom.

Die Römer, deren Weinwirtschaft ihren Ursprung in den griechischen Rebpflanzungen hat, brachten ihre Kenntnisse wiederum in die von ihnen beherrschten Teile Europas. In den ersten nachchristlichen Jahrhunderten wurde überall im Römischen Reich, wo es die Bedingungen des Klimas und des Bodens erlaubten, Wein produziert. Die Griechen hatten in ihrer größten französischen Kolonie Massalia (die Römer nannten das heutige Marseille Massilia) zwar den Weinbau eingeführt, aber erst unter römischer Herrschaft verbreitete sich der Weinhandel und insbesondere die Weinproduktion in ganz Gallien. Der Handel allerdings blieb nach wie vor in griechischen Händen. In den Augen der Römer waren die Gallier so gierig nach Wein wie die Händler nach Profit. Mitte des 1. Jahrhunderts n. Chr. schrieb Diodorus: »Die natürliche Gier vieler italienischer Kaufleute macht sich die Weinleidenschaft der Gallier zunutze. Auf den schiffbaren Flüssen oder mit Karren zu Lande transportieren sie ihren Wein, der ihnen unvorstellbaren Gewinn einbringt. Nicht selten wird eine Amphore Wein für einen Sklaven gehandelt, sodass der Käufer für Wein mit seinem Diener bezahlt.«[12]

Weinbau nördlich der Alpen wurde erstmals in der großen narbonensischen Provinz betrieben, in deren Zentrum die Stadt Narbonne lag und die einen Großteil der heutigen Provence und des heutigen Languedoc umfasste. Von hier aus gelangte Weinbau in das Bordelais, wo die frühesten Weinreben bereits für das 1. Jahrhundert n. Chr. nachweisbar sind. Anfang des 3. Jahrhunderts gab es Weinreben in Burgund und wenige Jahrzehnte später auch weiter nördlich im Elsass. Einige der größten europäischen Weinregionen sind also bereits von den Römern begründet worden. Sie brachten den Weinstock auch nach Britannien, wo aller-

dings die klimatischen Bedingungen weniger günstig waren. Offenbar existierte
eine intensive, aber kurzlebige englische Weinwirtschaft, zu der auch die Herstellung von Amphoren gehörte.[13] Doch die Intensivierung des Weinbaus in den römischen Provinzen konnte den Niedergang des Handels mit italienischen Weinen
seit dem ersten nachchristlichen Jahrhundert nicht aufhalten.

Zu jener Zeit traten andere Behälter an die Stelle der Amphoren, jener großen
Tonkrüge, die jahrhundertelang für den Transport von Wein und anderen Erzeugnissen verwendet wurden. Die römischen Exporteure verschifften den Wein jetzt
in Holzfässern. Diese waren nun fast die einzigen Transportbehälter für Wein, ehe
im 20. Jahrhundert Glasflaschen an ihre Stelle traten. Warum das Fass die Amphore
ablöste, ist unbekannt. Eine Folge dieses Umstands aber ist, dass es Historiker seitdem schwerer haben, die Entwicklung des Weinhandels zu verfolgen. Denn Amphoren verrotten nicht, auch wenn sie jahrtausendelang auf dem Meeresboden liegen, Holzfässer dagegen zerfallen, ohne Spuren zu hinterlassen.

Auch wenn sich die Transportmethoden änderten, die Techniken der Weinherstellung, die sich im Nahen Osten durchgesetzt hatten, wurden von den Griechen
und Römern übernommen und bewahrten sich bis in die jüngste Zeit in Europa
und in anderen Teilen der Welt.

Das Stampfen der Trauben mit bloßen Füßen war nach wie vor die einzige
Technik, um die Beeren auszupressen. Für die weiteren Kelterungsstufen gab es
mit der Zeit jedoch unterschiedliche Vorgehensweisen. Auf Kreta legte man zum
Beispiel Bretter auf die Trauben und beschwerte sie mit Steinen – eine Methode,
die auch bei der Gewinnung von Olivenöl angewandt wurde. In vielen Teilen
Griechenlands und Roms benutzten die Weinbauern aufwändigere Keltern aus
schweren Balken und quetschten mit einer Winde oder einem anderen Drehme-
chanismus den Saft aus den Trauben. Pressen dieser Art waren für kleinere Weinhersteller freilich viel zu teuer und wurden daher nur in größeren, kommerziellen
Betrieben eingesetzt.

Ungewiss ist, ob der beim Stampfen abfließende Traubensaft mit dem anschließend gepressten Saft vermischt oder getrennt zur Gärung gebracht wurde. Der
Traubensaft jedes einzelnen Pressvorgangs war ja von unterschiedlicher Qualität,
die sich auf den Wein auswirkte. Der durch den Eigendruck der Trauben abfließende Saft, eine geringe Menge, war lange haltbar und wurde für medizinische
Zwecke verwendet.[14] Der aus den zertretenen Trauben gewonnene Wein (der
weitaus größte Teil) war im Allgemeinen von hoher Qualität und Stabilität und
konnte unter günstigen Bedingungen mehrere Jahre lang gelagert werden. Wein
aus gepressten Trauben, der durch Rückstände stärker verunreinigt war, hatte eine
geringere Haltbarkeit. Die Mischung der Säfte hätte die Qualität, Stabilität und
Haltbarkeit des Weins insgesamt beeinträchtigt.

Der Wein wurde meist in versiegelten Amphoren vergoren. Das Kohlendioxid entwich durch kleine Löcher, die man nach dem Ende der Gärung wieder verschloss. Der Wein wurde nicht immer abgezogen oder gefiltert; oft geschah dies erst vor dem Einschenken. Manche griechischen Weine ließ man in Häuten (oft Ziegenhäuten) gären, die so gefüllt wurden, dass genügend Raum für die bei der Gärung entstehenden Gase blieb. Dem biblischen Rat, neuen Wein nicht in alte Schläuche zu füllen, lag die Erfahrung zugrunde, dass alte Tierhäute weniger geschmeidig als neue sind und unter dem bei der Gärung entstehenden Druck leicht platzen oder auslaufen.

Während ägyptische Weinhersteller die Trauben offenbar unmittelbar nach der Lese verarbeiteten, schalteten die Kreter, Griechen und Römer eine Stufe dazwischen, um den Zuckergehalt der Trauben zu erhöhen. Der so produzierte süßere Wein hatte einen höheren Alkoholgehalt und hielt sich besser. Diese Methode, bei der man die gepflückten Trauben eine Woche oder länger in der Sonne liegen ließ, beschrieb Hesiod im 8. Jahrhundert v. Chr.. Wir wissen allerdings nicht, ob es in seinem Text darum ging, aus Trauben Rosinen zu machen oder süßen Wein:

> Wenn dann Sirius schon und Orion mitten am Himmel stehn,
> Und es sieht den Arktur die rosenfingrige Eos,
> Perses, dann in die Lese, und all deine Trauben nach Hause;
> Breite sie aus in der Sonne noch zehn volle Tage und Nächte;
> Fünf in den Schatten sie lege, am sechsten fülle die Krüge
> Mit des freudvollen Bakchos Geschenken.[15]

Auf Kreta wurden die Stiele der Trauben manchmal abgedreht, aber am Rebstock belassen. Ohne die Zufuhr von Pflanzensaft schrumpelten die Beeren, während ihr Zuckergehalt stieg. Cato empfahl, die Trauben zwei bis drei Tage lang in der Sonne zu trocknen, Vergil dagegen, sie am Stock zu belassen und erst nach dem ersten Frost zu lesen, um die Süße zu erhöhen. Der nach Vergils Methode erhaltene Wein ist der Vorläufer der heutigen Beerenauslese.

Keine Methode scheint an zwei Orten genau gleich angewandt worden zu sein. Die griechische Insel Thasos produzierte einen Wein von typischer rotschwarzer Farbe, der angeblich ein leichtes Apfelaroma hatte. Man ließ die Trauben fünf Tage lang in der Sonne trocknen und legte sie am sechsten Tag in eine Mischung aus gekochtem Traubensaft und Meerwasser. Nach dem Pressen wurde der Saft vergoren, und wenn der fertige Wein abgezogen wurde, fügte man noch einmal eine bestimmte Menge gekochten Mosts zu. Dieser Wein erfüllte anscheinend alle sinnlichen und medizinischen Ansprüche jener Zeit. Nicht nur wurde er als Spitzenwein in der griechischen Welt hoch geschätzt, er half angeblich auch gegen Schlaflosigkeit und als Abortivum; gemischt mit Essig war er eine Wohltat für die Augen.

Ein Großteil des antiken Weins war offenbar Rotwein, obwohl viele der am meisten gepriesenen Weine Weißweine waren. Trauben, Traubensaft und Wein sind in Malereien stets in roter oder zumindest dunkler Farbe dargestellt. Homers Beschreibung der Ägäis als »dunkel wie Wein« ist beziehungsreich, und die Weine werden im Allgemeinen entsprechend ihrem Rotton charakterisiert. Manche griechischen Autoren erwähnen weißen (oder besser: grünlichen) Wein aus Ägypten, der wohl unter griechischem Einfluss entstand. Zu den am meisten geschätzten Weinen Griechenlands und Roms zählten süße, nur in kleiner Menge hergestellte Weine.

Der aus den Trauben gewonnene Saft ist stets hell, unabhängig von der Farbe der Schalen oder dem Fruchtfleisch der Beeren. Seine Farbe erhält der Rotwein erst während des Gärungsprozesses durch die roten oder schwarzen Schalen, die im Gärungstank bleiben und mit dem Saft in Kontakt kommen. Die Dauer entscheidet maßgeblich über die Farbe des Endprodukts. Weißwein dagegen lässt man ohne Schalen gären, er bewahrt daher die weiße Farbe des gekelterten Traubensafts. Im Altertum wurde der Saft zwar nicht gefiltert, um die Traubenrückstände vor der Gärung zu entfernen, wohl aber nach der Gärung abgezogen. Cato empfahl, in den ersten dreißig Tagen der Gärung die Wände der Weinkrüge regelmäßig mit Besen aus trockenen Ulmenruten zu bürsten, damit sich keine Hefe festsetzen konnte. Diese Methode entspricht der Bâtonnage, dem Aufrühren des Hefesatzes mit einem Stock, was gewährleistet, dass die Hefebakterien während der Gärung mit dem Most in Verbindung kommen. Je nach Traubensorte entsteht dann ein dunklerer und stärker tanninhaltiger Wein. Anschließend wurden die Krüge bis zum Frühjahr versiegelt und erst dann in saubere Amphoren umgefüllt und gelagert.

Schließlich sollte noch erwähnt werden, dass im alten Griechenland und Rom alle möglichen Erzeugnisse als »Wein« galten, also nicht nur vergorener Traubensaft, sondern auch andere Getränke, deren Grundstoff Wein war. Cato überliefert uns eine ganze Reihe von Rezepten – für »griechischen Wein«, für Wein aus Kos und anderen Anbaugebieten sowie für einen »Wein für das Gesinde, den es im Winter trinken soll«:

Schütte zehn Quadrantal Most in ein Tonfass, gieße ebenda hinein zwei Quadrantal scharfen Weinessig, zwei Quadrantal gekochten Most, fünfzig Quadrantal Süßwasser. Dies rühre mit einem Rührlöffel dreimal am Tage um, fünf Tage hintereinander. Dazu gib abgestandenes Meerwasser vierundsechzig Sextar und lege einen Deckel auf das Gefäß und verkitte es am zehnten Tage. Dieser Wein wird dir ausreichen bis zur Sommersonnenwende; wenn etwas nach der Sonnenwende noch übrig ist, wird es der schärfste und herrlichste Weinessig sein.[16]

Man gab dem Wein alle möglichen Zusätze bei. Neben Traubensafterzeugnissen wie gekochtem Most und altem Wein wurden Salz, Mehl, Harz, Marmorstaub, Kräuter und Gewürze in unterschiedlicher Menge und Mischung zugegeben, um dem Wein Geschmack und Aroma zu verleihen. Im südlichen Gallien baute man zwischen den Rebstöcken Thymian und Lavendel an, die ihr Aroma und ihren Geschmack auf die Trauben übertrugen. Oft wurden die Kräuter und Gewürze erst kurz vor dem Servieren des Weins hinzugefügt.

Cato und andere empfahlen, den Most in Kupfer- oder Bleibehältern zu erhitzen. Bleibehälter waren besonders geschätzt, weil sie den Wein lieblicher machten, und obwohl bereits Vitruv vor der schädlichen Wirkung des Bleis warnte, wurde es weitere zweitausend Jahre lang für Trinkgefäße und zum Glasieren verwendet, bevor man bei der Weinbereitung ernsthaft auf Blei verzichtete. Dies alles zeigt, dass Wein schon im Altertum ein Produkt war, das vielfältige Erwägungen und Entscheidungen und in mehr oder weniger starkem Maß den Eingriff des Menschen erforderlich machte.

Vor 1000 v. Chr. war Wein beinahe überall ein ganz besonderer Trank. In vielen Regionen verhinderte schon allein der hohe Preis, dass der Wein ein ernsthafter Konkurrent des verhältnismäßig billigen Biers sein konnte, das bereits weithin konsumiert wurde. Aber auch wenn es Orte gab, an denen Wein in größeren Mengen und damit preiswerter produziert wurde, stieg er aufgrund der ihm anhaftenden religiösen und kulturellen Assoziationen schon bald in den Rang eines exklusiven und in der Oberschicht begehrten Getränks auf. Auch wenn Wein wie im alten Griechenland quer durch alle sozialen Schichten genossen wurde, zeigten sich soziale Unterschiede in seiner Qualität und bei den gesellschaftlichen Anlässen, zu denen man ihn trank. So ist es bis heute geblieben.

Alkoholische Getränke gehörten im Altertum zur täglichen Ernährung, wie es in vielen Teilen Europas bis heute der Fall ist. Vergorenes Getreide in Form von Bier lieferte wertvolle Kalorien und Nährstoffe, desgleichen Wein, der daneben zahlreiche weitere wohltuende Qualitäten aufwies. Aber Wein war keineswegs lediglich eine Alternative zu Bier. Was Wein vor anderen alkoholischen Getränken auszeichnete, waren die kulturellen Zuschreibungen, mit denen man ihn bald versah. Wein wurde zum Bestandteil vieler religiöser und kultureller Bräuche und Vorstellungen. Er stand im Zusammenhang mit den grundlegenden Aspekten der menschlichen Existenz: mit der Fruchtbarkeit und mit dem Leben, mit sozialen Beziehungen, mit der Sexualität, dem Tod und dem Jenseits.

In der Antike wurde Wein von immer größeren Bevölkerungsmassen regelmäßig konsumiert. Cato forderte, dass selbst ein Sklave in Ketten pro Jahr zehn Amphoren Wein, also fünf Liter die Woche, erhalten sollte. Wein wurde dem Gesinde jedoch nicht als reines Genussmittel zugeteilt, sondern war zur Stärkung ihrer körperlichen Leistungskraft gedacht. Die Weinration eines kranken Sklaven, der nicht arbeiten konnte und daher wenig Energie verbrauchte, war auf die Hälfte gekürzt.

In gewisser Hinsicht war die soziale Ausweitung des Weinkonsums eine Folge der Ausbreitung des Rebbaus in klimatisch günstigeren Regionen. Ein Großteil des Nahen Ostens, des östlichen Mittelmeerraumes und Ägyptens spielte für den Weinbau eine unbedeutende Rolle, während in Griechenland und Italien kultivierte Reben gut gediehen. Dort entwickelten sich Weinbau und Weinbereitung erstmals zu einem einträglichen Wirtschaftszweig. Hier erzeugte man Wein in Mengen, mit denen ein größerer Markt beliefert werden konnte – und zwar zu Preisen, die sich auch breitere Bevölkerungsschichten leisten konnten.

Doch das erklärt nur zum Teil die fortschreitende »Demokratisierung« des Weinkonsums. Die Ausbreitung des Weinbaus war kein planloser Vorgang, bei dem nur deshalb immer mehr Weinstöcke gepflanzt wurden, weil sich die Bedingungen dafür als günstig erwiesen. Die Produktionssteigerung war vielmehr das Ergebnis eines genauen Kalküls: Wein sollte ein Massengetränk werden. Denn wäre er ein Luxusgut geblieben, dann hätte sich auch die Produktion notgedrungen beschränken müssen. Schließlich konnte die Weinerzeugung in Regionen mit bisher begrenzter Produktion intensiviert werden, wie das Beispiel Ägypten zeigt. Hier legten die Griechen weitere Weinberge an, als sie unter den Ptolemäern die Herrschaft errangen. Bis dahin hatte Wein in Ägypten nur religiöse Bedeutung gehabt und als Statussymbol gedient. Ob bewusst oder unbewusst, solche Faktoren beeinflussten die Entscheidung, die verfügbare Weinmenge in Grenzen zu halten.

Der Unterschied zwischen Kulturen, die den Weinkonsum auf ihre Oberschicht beschränkten, und solchen, die Wein allen sozialen Schichten zugänglich machten, ist vor allem wirtschaftlich begründet. In Griechenland wurde die Bedeutung des Weinbaus als Gewinn bringender landwirtschaftlicher Sektor erkannt, und daher war eine Expansion des Marktes sinnvoll. Dies geschah jedoch nicht allein durch die Schaffung neuer Exportmärkte, um die sich die Griechen im Mittelmeerraum und darüber hinaus bemühten. Auch der Inlandsmarkt musste erweitert werden. Solche wirtschaftlichen Überlegungen stießen jedoch an Grenzen, denn in Griechenland wie in Rom gab es Widerstand gegen die Bestrebungen, allen sozialen Gruppen – namentlich den Frauen – den Weingenuss zu erlauben. Wir dürfen auch nicht vergessen, dass in den antiken Gesellschaften die Weine keineswegs gleicher waren als die Individuen. Soziale Unterschiede prägten den Wein und den Weinkonsum: Die Begüterten tranken teurere Weine von besserer Qualität, die Bevölkerungsmasse dagegen musste sich mit minderwertigen Sorten begnügen. Die Anlässe des Weinkonsums und die dem Wein zugeschriebene kulturelle Bedeutung variierten ebenfalls. Alle diese Beobachtungen schärfen unseren Blick für die Tatsache, dass der Wein nicht nur Gegenstand von Literatur und Kunst war, sondern dass er uns auch viel über die Gesellschaft selbst verrät.

Es erscheint nur folgerichtig, dass ausgerechnet die Griechen, die ja den Begriff der Demokratie geprägt haben, als Erste den Weinkonsum auf eine breitere soziale Basis stellten. Wein trank man in allen gesellschaftlichen Schichten Griechenlands.

Die Wohlhabenden und Mächtigen genossen ihn ebenso wie die Arbeiter und Sklaven. Auf diese Gleichheit spielte Euripides an, als er schrieb, Dionysos, der griechische Gott des Weines, habe »gleichmäßig Reichen und Ärmeren sein von Kummer befreiendes Labsal des Weines« geschenkt.[17]

Aber wie in der politischen Demokratie waren auch beim Weingenuss einige gleicher als die anderen. Die Armen tranken höchstwahrscheinlich schlechteren Wein – ein dünnes, häufig bitteres Getränk von geringerem Alkoholgehalt, das aus der Vergärung von mit Wasser versetzten Schalen, Stielen und Kernen der Trauben nach der letzten Pressung hergestellt wurde. In Frankreich nannte man dieses Getränk später *piquette*. Die griechische Oberschicht trank dagegen süßen, körperreichen, stabileren und sehr viel teureren Wein. Es handelte sich im Grunde um zwei vollkommen unterschiedliche Getränke, auch wenn man beides im weitesten Sinn als Wein bezeichnen kann.

In Griechenland gab es Wein bei öffentlichen Anlässen, im privaten Kreis zu Hause und in Schenken. Die Männer der oberen Klassen tranken ihn im formellen Rahmen des Symposions (griechisch »zusammen trinken«), einem Trinkgelage in einem Privathaus im Anschluss an ein gemeinsames Abendessen. Ein bis zwei Dutzend Männer lagen mit Kränzen geschmückt auf Liegen, tranken Wein und führten Gespräche. Dabei wurden sie von Knaben bedient und von Tänzerinnen und Musikantinnen unterhalten. Solche Symposien wurden als Rahmen für das gepflegte Gespräch über alle möglichen Themen idealisiert, oft aber waren sie nicht mehr als Saufgelage, bei denen das Amüsement wichtiger war als das Gespräch und die Teilnehmer mit Prostituierten, untereinander oder mit den sie bedienenden Knaben Geschlechtsverkehr hatten. Derartige Szenen können wir auf vielen griechischen Keramiken betrachten, besonders auf den Gefäßen, die bei Symposien zum Mischen, Einschenken und Trinken verwendet wurden.

Im Idealfall war das Symposion eine eher nüchterne Angelegenheit – nicht trotz, sondern wegen der zentralen Rolle, die der Wein dabei spielte. Es begann und endete mit Gebeten und Weinopfern an die Götter. Die Griechen verdünnten ihren Wein meistens mit Wasser (nicht selten Meerwasser), und zu den obersten Aufgaben des Gastgebers eines Symposions, des Symposiarchen, gehörte es, den Gästen das Mischungsverhältnis von Wasser und Wein bekannt zu geben. In der Regel wurde der Wein ins Wasser gegossen, weil man glaubte, dadurch sei die berauschende Wirkung geringer als umgekehrt. Der Symposiarch mischte Wein und Wasser in einem in der Mitte des Raumes stehenden Krater, aus dem die Knaben den Gästen einschenkten. Man trank aus flachen Schalen, *kylix* genannt.

Das Mischungsverhältnis von Wein und Wasser war nicht streng festgelegt, üblich waren aber 3:1, 5:3 und 3:2. Da aus getrockneten Trauben hergestellter Wein einen relativ hohen Alkoholgehalt besaß (bis zu 16 Prozent), sank durch die Mischung mit Wasser der Anteil auf fünf bis zehn Prozent; bevorzugt wurden eher leichtere Mischungen. Trotz des vor dem eigentlichen Trinkgelage servierten üppigen Mahls waren die Gäste des Symposions nach mehreren Stunden Zecherei und ausgiebigen Gesprächs einigermaßen betrunken. Darstellungen von Symposien auf griechischen Vasen und Weinschalen zeigen Gäste, die vornüber kippen, sich schwankend an ihrem Nachbarn festhalten oder sich übergeben.

Die zentrale Bedeutung des Weins bei Symposien wird auch durch bestimmte Spiele der Teilnehmer belegt. Sie mussten zum Beispiel auf aufgeblasenen, mit Fett beschmierten Weinschläuchen balancieren. Bei einem anderen Spiel namens *kottabos* schleuderten die Spieler den Rest aus ihren Weinschalen auf eine Bronzescheibe, die auf einem Ständer ruhte. Es ging darum, die Scheibe aus dem Gleichgewicht zu bringen, die dann im Herunterfallen auf eine größere Bronzescheibe traf, welche auf halber Höhe des Ständers angebracht war und einen klingenden Ton von sich gab. Manchmal setzte man eine Untertasse in eine Schale Wasser, die es mit so viel Wein zu füllen galt, dass sie sank.[18] Derartig verschwenderische Spiele bestätigen, dass das Symposion nicht zuletzt die Gelegenheit bot, große Mengen Wein zu konsumieren.

Seinem Wesen nach war das Symposion auf die Wohlhabenden beschränkt, und es wurden ausschließlich Männer zugelassen. Frauen hatten nur Zutritt als Musikantinnen, Bedienstete oder Prostituierte und allenfalls noch als Betreuerinnen der Männer, die so viel getrunken hatten, dass ihnen übel wurde. Auch Frauen aus den reicheren Schichten tranken Wein, doch sahen die Männer das gar nicht gern. Viele griechische Schriftsteller, ausnahmslos Männer, behaupteten, die Frauen würden den Wein unverdünnt trinken – mit verheerenden Folgen. Ob das stimmt oder nicht, sei dahingestellt, auf diese Weise jedenfalls wurden die Frauen mit den Barbaren auf eine Stufe gestellt. Denn die Griechen betrachteten alle jene Völker als unzivilisiert, die Wein auf andere Weise tranken als sie selbst.

Frauen erschienen in griechischen Komödien oft als betrunken, und Trunksucht galt als typisch weibliches Laster. Die Auffassung der Männer, betrunkene Frauen verlören alle moralischen Hemmungen – ein Vorurteil, das sich in der abendländischen Kultur hartnäckig hielt –, brachten die Autoren im alten Griechenland immer wieder zum Ausdruck. Es waren die Frauen, die der Weingott Dionysos in seinen Bann zog, und auch in Rom spielten Frauen bei den Bacchanalien eine große Rolle. Einen weiteren Hinweis auf den unterschiedlichen Weinkonsum der Geschlechter in Griechenland gibt ein Friedhof in Athen aus dem 8. vorchristlichen Jahrhundert. Die Gräber von Männern und Frauen wurden durch die auf den Grabsteinen befindlichen Keramikgefäße unterschieden: Die Gräber von Männern sind mit einem Mischkessel, die Gräber von Frauen mit einem großen Gefäß für die Aufbewahrung von Lebensmitteln geschmückt.[19]

In Rom war der Weinkonsum noch weiter verbreitet als in Griechenland. In den Städten Ostia, Pompeji und Herculaneum entdeckten Archäologen zahlreiche Weinhäuser. Rund zweihundert solcher Schenken gruben sie allein in Pompeji aus, dem größten Weinhandelshafen Italiens und dem Treffpunkt vieler in der Weinwirtschaft Tätiger. Eine bestimmte, fünfundsiebzig Meter lange Straße war hier offenbar besonders beliebt. Dort befanden sich nicht weniger als acht Weinschenken.[20]

Die Römer der gehobenen Schicht hatten ihre eigene Spielart des griechischen Symposions, das *convivium*, bei dem gleichfalls das Weintrinken im Mittelpunkt stand. Obwohl nicht minder streng formalisiert wie das Symposion, unterschied sich das *convivium* in mehrfacher Hinsicht von seinem griechischen Vorbild. Der Wein wurde zum Essen gereicht. Gelegentlich durften auch Frauen daran teilnehmen. Allerdings war dies ein Streitpunkt, den einige Schriftsteller anprangerten. Sie behaupteten, verheiratete Frauen, die Wein tranken, verlören jedes Taktgefühl und neigten zum Ehebruch. Juvenal drückte es so aus: »Wenn sie betrunken ist, was schert es die Göttin der Liebe? Sie kann Lenden und Kopf nicht auseinander halten«.[21]

Wie verbreitet das Zechen in antiken Gesellschaften auch war, zwischen den einzelnen Schichten sowie zwischen den Geschlechtern gab es strenge Unterschiede. Die römische Kultur hatte das positivste Verhältnis zum Wein, aber selbst in dieser, was den Wein betrifft, aufgeklärten Gesellschaft gab es Bedenken gegenüber dem Weinkonsum der Frauen. Die Literatur und die bildende Kunst der klassischen Antike geben uns mehr Aufschluss über den Wein und die Trinkkultur der Oberschicht als über die der einfachen Leute. Doch der ausgedehnte Handel, der Rom mit Wein versorgte, zeigt uns, dass Wein von einer wachsenden Bevölkerungszahl konsumiert wurde. Insbesondere im 2. Jahrhundert v. Chr. nahm der Weinverbrauch offenbar einen starken Aufschwung.

Ein Grund dafür könnte in den Ernährungsgewohnheiten der römischen Bevölkerung liegen. Das Grundnahrungsmittel im Mittelmeerraum war Getreide und in Rom besonders Emmer, ein Spelzweizen. Jahrhunderte lang ernährten sich die meisten Römer von diesem Getreide, das zu Weizenschleim oder -brei verarbeitet wurde, dem so genannten *puls*, dem römischen Nationalgericht. Zum Backen von Brot eignete sich Emmer nicht, weil beim Rösten (das notwendig war, um die Spelzen von den Körnern zu lösen) die Gluten bildenden Proteine zerstört wurden, die die Backfähigkeit des fermentierten Teigs überhaupt erst ermöglichen. Als Grundnahrungsmittel tauchte Brot relativ spät auf dem Speiseplan der Römer auf. Obwohl man es in privaten Haushalten wohl schon länger herstellte,

Abbildung 2 ▷
Überreste eines Weinlagers in Ostia, Italien

entstanden die ersten Bäckereien erst zwischen 171 und 168 v. Chr.[22] Der Wechsel von einer feuchten zu einer trockenen Speise als Grundnahrungsmittel erklärt zum Teil auch die wachsende Beliebtheit des Weins: Brot erforderte im Unterschied zum Getreidebrei eine Flüssigkeit, um es hinunterzuspülen. Seit dem Ende des 2. Jahrhunderts n. Chr. gehörten Brot und Wein zum römischen Speiseplan.[23]

Etwa zur selben Zeit fielen die Vorbehalte der Römer gegen den Weinkonsum von Frauen. Dies stützt die Annahme, dass mit dem Weintrinken eine allgemeine Veränderung der Ernährungsgewohnheiten einherging. Das Weinverbot für Frauen war gleichbedeutend mit deren Ausschluss von rituellen Weinopfern. Mehrere Gesetzesbestimmungen sahen für Frauen, die beim Weintrinken ertappt wurden, die Todesstrafe oder die Scheidung vor. Die letzte derartig begründete Scheidung wurde im Jahr 194 v. Chr. ausgesprochen. Manche Männer forderten das althergebrachte Trinkverbot für Frauen wahrscheinlich auch weiterhin ein. Als Kaiser Augustus seine Tochter auf eine Insel verbannte, verbot er ihr den Weingenuss. Aber das war eher die Ausnahme als die Regel. Die Frauen scheinen ihre neue Freiheit ausgekostet zu haben – was wiederum den römischen Moralisten neuen Anlass gab, die nachteiligen Folgen des Alkohols für die Gesellschaft anzuprangern.

Wenn wir sagen, dass der Wein bald in allen Schichten der römischen Gesellschaft ein Grundnahrungsmittel war, dürfen wir nicht verschweigen, dass Wein nicht immer das war, was er zu sein vorgab. Der Wein zum Beispiel, den Cato seinem Gesinde zudachte, war ein Gebräu, das nur zu einem Fünftel aus frisch gepresstem Traubenmost bestand. Die freien Arbeiter der römischen Gesellschaft konnten sich Wein als tägliches Getränk kaum leisten. Es gab verschiedene Getränke auf Weinbasis, beispielsweise *posca*, eine Mischung aus Wasser und saurem Wein. Sehr genau unterschied man zwischen saurem Wein und Essig. Beide sind zwar von Essigbakterien durchsetzt, doch hat saurer Wein noch nicht das Endstadium erreicht und besitzt noch Geschmacksqualitäten von Wein. Er ist weniger scharf und sauer als Essig, aber von weitaus geringerem Alkoholgehalt als Wein und daher nicht so berauschend. Dies sowie der geringe Preis waren ausschlaggebend dafür, dass die Soldaten der römischen Armeen *posca* statt Wein zu trinken bekamen. Im Gesetzeswerk des Justinian war *posca* Teil der Ration der Soldaten, denen täglich etwa ein Liter zustand.[24]

Soldaten bekamen Wein aus medizinischen Gründen, wenn sie krank oder verwundet waren. Und sie konnten sich auch Wein kaufen. So wird berichtet, dass Metellus bei seiner Ankunft in Africa im Jahr 109 v. Chr. eine Armee vorfand, die die Umgebung geplündert hatte, um Sklaven und Vieh gegen Wein einzutauschen. Im Jahr 38 v. Chr. stellte Herodes den römischen Soldaten bei der Belagerung Jerusalems neben Öl, Getreide und Vieh auch Wein zur Verfügung, nachdem sie gedroht hatten, wegen fehlenden Nachschubs zu meutern.[25] Wie wir in späteren Kapiteln sehen werden, wurde es militärische Praxis, die Truppen mit Wein und anderen alkoholischen Getränken zu versorgen, weil diese ungefährlicher waren als Wasser – insbesondere bei Belagerungen, wo das Wasser durch verwesende Leichen sowie durch menschlichen und tierischen Unrat oftmals verunreinigt war.

Ein weiteres Standardgetränk der Römer war *lora* (Lauer), das aus den eingeweichten Traubenrückständen der letzten Pressung gewonnen wurde. *Lora* erhielten die Sklaven oft nach der Weinlese. Cato berichtet, dass er seinem Gesinde nach der Lese drei Monate lang *lora* zu trinken gab, Varro stellte es seinen Landarbeitern im Winter zur Verfügung. In beiden Fällen wurden sie jedoch die meiste Zeit des Jahres über mit Wein versorgt.

Die Herstellungsverfahren von *lora* und *posca* lassen erahnen, wie grundverschieden beide Getränke geschmeckt haben müssen, verglichen mit dem Wein, der ansonsten im Römischen Reich und insbesondere von den Begüterten konsumiert wurde. Den genauen Geschmack des damaligen Weins kennen wir nicht. Selbst wenn wir eine unbeschädigte und versiegelte Amphore mit Wein finden würden, er wäre längst gekippt. Aber Beschreibungen der Zubereitung verdeutlichen, dass ein nach diesen Angaben hergesteller Wein völlig anders schmecken würde, als wir es heute gewohnt sind. Darüber hinaus ist keineswegs immer klar, was in der Antike als »Wein« zu verstehen ist. Ist es der Wein, der zur Gärung und Lagerung in Amphoren gefüllt wurde, oder sollten wir uns bei unserer Beschreibung des Geschmacks auf den Wein berufen, der mit frischem Wasser oder mit Meerwasser verdünnt sowie mit Kräutern, Gewürzen und Honig versetzt wurde?

Wir sollten uns in Erinnerung rufen, dass der Wein, der uns heute in Flaschen abgefüllt gleichsam als ein Naturprodukt begegnet, in Wirklichkeit das Ergebnis sorgfältiger Erwägungen und Entscheidungen ist. Es beginnt bei der Anpflanzung der Reben und endet beim Anlass, zu dem der Wein gereicht wird. Der Winzer muss sich für eine bestimmte Rebsorte und Lage entscheiden, für die Art der Bewässerung, das Beschneiden der Rebstöcke, die Höhe des Ernteertrags, die Lesezeit, für eine bestimmte Gärungsmethode und Mischung, für Zusatzstoffe, Konservierungsmittel, für die Art der Lagerung, den Zeitpunkt der Abfüllung und des Verkaufs. Immer häufiger versuchen Weinhersteller, auf den Geschmack des Weines noch nach dessen Verkauf Einfluss zu nehmen. Sie geben Empfehlungen zur Lagerung und – bei Weinen, die besonders hoch im Kurs stehen – zum passenden Essen. Wie wir in späteren Kapiteln zeigen werden, bevorzugen manche Weinkulturen süßere, andere eher trockene Weine. Die Winzer können derartige Trends zwar beeinflussen, aber sie folgen ihnen auch und passen ihre Weine dem herrschenden Geschmack an.

Die Weinmacher Griechenlands und Roms versuchten, der Vorliebe ihrer Kunden nach süßem Wein zu entsprechen. Sie maximierten den Zuckergehalt der Trauben, indem sie sie vor der Gärung in der Sonne trocknen ließen, und süßten

Abbildung 3
Mosaik in Ostia mit Weinpokal und dem Wort *Bibe* (trinken)

den fertigen Wein zusätzlich mit gekochtem Most und Honig. In einem überlieferten Rezept wird zum fertigen Wein nochmals die gleiche Menge Honig hinzugegeben. Das Ergebnis war eine zähflüssige Masse, und der Geschmack dieses Getränks war in hohem Maße von den Blüten bestimmt, aus denen die Bienen ihre Pollen gesammelt hatten. Zwar sind »süß« und »leicht« relative Kriterien und es fehlt uns an zuverlässigen Vergleichspunkten, aber die Mischung aus Honig und Wein zu gleichen Teilen war mit Sicherheit ziemlich süß.

Die Beimischung von Salzwasser vor dem Trinken wiederum verringerte die Süße. Wie Plinius schrieb, nahm man Meerwasser, um »die Süße eines Weins zu beleben«,[26] was vielleicht bedeutete, die Süße zu konzentrieren, den Wein fruchtiger zu machen und die schwere Süße des Honigs zu mildern. Die von breiten Bevölkerungsschichten und von den Sklaven konsumierten Weine waren wahrscheinlich weniger süß als die der Oberschicht. Catos oben angeführte Rezeptur für Gesindewein ergab ein dünnes, helles Getränk mit niedrigem Alkoholgehalt, und der massenhaft produzierte Wein war mit Sicherheit schwächer und leichter. Kräuter und Gewürze dienten zur Geschmacksverstärkung und überspielten den unangenehmen Geschmack von verderbendem Wein.

Manche griechische und römische Weine nahmen das Aroma von Harz und Pech auf, mit denen die Innenseiten der Tonkrüge abgedichtet wurden. Harz war nicht nur ein wirkungsvolles Konservierungsmittel, sondern verlieh dem Wein auch einen Geschmack, den man als angenehm empfand (zumindest überdeckte er unangenehmere Geschmacksnuancen). Pech und Harz wurden manchmal sogar dem gärenden Wein eigens hinzugefügt. Diese Maßnahme empfahl Plinius, Columella wiederum sprach sich gegen die Verwendung von Harz bei qualitativ hochwertigerem Wein aus. Harz gibt heute noch dem griechischen Retsina seinen typischen Geschmack.

Wein wurde auch durch Zugabe von Blei gesüßt. Manche Rezepturen empfehlen, den Traubenmost in Bleikesseln zu kochen, und andere, dem Wein Blei extra zuzusetzen. Auch die bleihaltigen Glasuren mancher Gefäße kontaminierten den Wein. Blei verlieh ihm nicht nur Süße, es hatte auch eine konservierende Wirkung, denn es tötete die zersetzenden Bakterien ab. Natürlich ist Blei ungesund, wenngleich Bleivergiftungen im Altertum offenbar nur lokal begrenzt auftraten.

Es ist schwierig, aus den historischen Beschreibungen Rückschlüsse auf den Geschmack zu ziehen. Worte erweisen sich häufig als ungenügend, um den Zeitgenossen bestimmte Geschmacksempfindungen mitzuteilen, und sie sind es umso mehr, wenn Jahrtausende dazwischenliegen. Griechische und römische Autoren, die sich zu diesem Thema äußerten, beurteilten den Wein zumeist nach seiner Süße und seinem Alkoholgehalt. Weine waren mehr oder weniger süß und mehr oder weniger schwer. Die Weinliebhaber der Antike bevorzugten schweren, süßen Wein. Die Süße wurde nach dem in ihm enthaltenen Honig bemessen, denn manche Weine galten als »honigsüß«. Daneben spielten Zusätze wie Kräuter und Meerwasser, Harz und Pech für die Geschmacksbeurteilung eine Rolle. Insgesamt gesehen war das Vokabular zur Beschreibung von Wein allerdings sehr beschränkt. Viele der Aromen, mit denen heutige Weinkenner den Wein beschreiben (Schokolade, Ananas, Petroleum und Tabak), waren den Liebhabern des Altertums unbekannt.

Dennoch waren sich die antiken Autoren der Bedeutung von Aroma und Farbe wohl bewusst. Einen intensiven Farbton schätzten sie sehr, und wir dürfen annehmen, dass sie den Zusammenhang zwischen der Farbintensität eines Weines und seinem Alkoholgehalt erkannten. Relativ wenige Kommentatoren lassen sich über das Aroma oder Bukett des Weines aus, obwohl dies ein durchaus bekanntes Qualitätskriterium war. Cato überlieferte uns ein Rezept, um herben Wein mild zu machen: »Aus Wicken mache vier Pfund Mehl und mische vier Cyathi Weines mit gekochtem Most. Hernach mache kleine ziegelförmige Stücke; lass sie einen Tag und eine Nacht sich vollsaugen. Hernach vermische sie mit dem Wein im Fass und verkitte nach sechzig Tagen; dieser Wein wird mild sein und lieblich und von guter Farbe und wohlriechend.«[27] Das Aroma galt offenbar als wichtiges Kriterium dafür, ob ein Wein schon gekippt war. Von Cato wissen wir auch, wie man schlechten Geruch von Wein bekämpfte.

Um uns den Geschmack vorstellen zu können, müssten wir wissen, welche Rebsorten in der Antike verwendet wurden. Griechische und römische Schriftsteller äußerten sich manchmal über bestimmte Sorten, die aber mit modernen Arten nicht vergleichbar sind. Plinius beschrieb einen ägyptischen Wein, den man aus drei sehr edlen Traubenarten gewann: der thasischen Traube, der Rußtraube und der Pechtraube.[28] Doch so aufschlussreich dies für zeitgenössische Leser gewesen sein mag, uns sagt es wenig. Unsere lückenhafte Kenntnis der zahlreichen Rebsorten des Altertums ist das eigentliche Handikap, das es unmöglich macht, die Qualität des damaligen Weines zu beschreiben.

Griechische und römische Weintrinker waren sich der geschmacklichen Unterschiede wohl bewusst und hatten ihre besonderen Vorlieben. Manche Autoren erstellten Listen mit verschiedenen Weinen und kommentierten diese. Plinius der Ältere, gewissermaßen der Robert Parker der Antike, bewertete Caecuberwein mit XCVI und Falernerwein mit XC von C möglichen Punkten. Damit beeinflusste er den Geschmack seiner Zeit und die Vorliebe für bestimmte Weine. Vielleicht wurde durch eine derartige Beurteilung und die damit verbundene Steigerung der Nachfrage auch der Preis mancher Weine in die Höhe getrieben. Ebenso wusste man, dass zwischen der Qualität eines Weines und seinem Alter ein Zusammenhang besteht, obwohl wir nicht mit Sicherheit sagen können, ob man glaubte, dass sich die Qualität eines Weins generell mit zunehmendem Alter verbessere oder dass nur guter Wein die Fähigkeit hatte zu altern. Alter ist freilich ein relativer Begriff, und die Römer ließen ihren Wein mit Sicherheit nicht jahrzehntelang reifen wie wir heute Wein aus bestimmten Rebsorten, wie Cabernet Sauvignon oder aus Rebmischungen wie Bordeaux. Auf die Frage: »Was ist alter Wein?« antwortete Ulpianus: »Wein, der aus dem Vorjahr stammt«.[29] Ein Wein war demnach alt, wenn er die sommerliche Hitze unbeschadet überstanden hatte, weil er, so dürfen wir annehmen, einen hohen Alkohol-, Säure- oder Tanningehalt aufwies. Athenaeus empfahl als optimales Alter der besten Weine die Spanne zwischen fünf und fünfundzwanzig Jahren, wobei fünfundzwanzig Jahre für die damalige Zeit doch etwas hoch gegriffen erscheint. Reifer Qualitätswein war teurer als junger Landwein. Ein Edikt des Kaisers Diokletian aus dem Jahr 301 n. Chr. legte den Preis für Landwein auf acht Denar pro halbem Liter und den Preis für alten Wein auf eine Spanne zwischen sechzehn und vierundzwanzig Denar pro halbem Liter fest.[30]

In den bis heute erhaltenen Klassifizierungen wurden Weine nach der Region im weitesten Sinn und weniger nach der Lage, dem Weingut, dem Winzer und dem Jahrgang beschrieben. Genauere Einteilungen sind weitgehend eine Entwicklung des 17. und 18. Jahrhunderts. Die Griechen lobten besonders mareotischen Wein aus Ägypten, wenn auch Horaz behauptete, Kleopatra sei durch den Genuss dieses Weines verrückt geworden. Athenaeus hielt taeniotischen Wein aus der Gegend südwestlich von Alexandria für noch besser. Er beschrieb diesen als hell, angenehm im Geschmack, aromatisch, leicht adstringierend und von öliger

Konsistenz, die verschwand, wenn man ihn mit Wasser mischte. Plinius lobte den Wein aus Sebennys im mittleren Nildelta.

Es gab eine klare Rangfolge griechischer Weine entsprechend ihrer Qualität, und manche Regionen waren eifersüchtig darauf bedacht, ihren guten Ruf zu wahren. Die Herrscher der Insel Thasos vor der thrakischen Küste in der nördlichen Ägäis erließen im 5. Jahrhundert v. Chr. Bestimmungen zum Schutz der Qualität ihres Weines, der damals nach dem von der Insel Chios als der zweitbeste Griechenlands galt. Thasische Weine wurden als schwer und süß beschrieben. Sie waren alkoholreich (bis zu 18 Prozent Alkohol), da man vor dem Pressen die Trauben in der Sonne liegen ließ und den Most einkochte. Die in ihrer Art einmaligen Verfügungen regelten den Verkauf und den Transport thasischer Weine. Der Wein durfte nur in Behältern einer bestimmten Größe verkauft werden (schließlich war Thasos auch ein Hauptproduzent von Amphoren) und vor dem Verkauf nicht mit Wasser verdünnt werden. Die Konsumenten selbst sollten den Wein nach Geschmack mit Wasser mischen. Thasische Schiffe durften darüber hinaus keinen Wein aus anderen Regionen transportieren – eine Maßnahme, mit der entweder der Wettbewerb eingeschränkt oder die Täuschung der Käufer über die Herkunft des Weines verhindert werden sollte.[31]

Womöglich waren alle diese Bestimmungen eine Reaktion auf die wachsende Konkurrenz. Der Wein aus Thasos wurde zwar überall hoch gelobt, aber sein Ansehen verfiel im 4. und 3. vorchristlichen Jahrhundert, als Weine aus Rhodos, Kos, Lesbos und Skiathos an Einfluss gewannen. Im 2. Jahrhundert v. Chr. begann der Niedergang der Weinregion Thasos. Binnen vier Jahrhunderten verschwand die Weinwirtschaft vollständig von der Insel. Der Aufstieg und Niedergang der Thasos-Weine beweist nicht nur, dass es einen auf Qualität bedachten Markt gab, sondern auch, dass sich der Geschmack veränderte. Die Weinbauregionen Griechenlands kämpften nicht weniger hart um die Marktanteile wie heutige Produzenten.

Ähnlich wie in Griechenland gab es in Rom eine Rangliste von Weinen nach Herkunftsregionen. Anfangs bevorzugten die Römer griechische Weine, denen aber letztlich die einheimischen Produkte – namentlich Weine aus Latium und Kampanien und den Küstenregionen südlich von Rom – den Rang abliefen. Strabon, der etwa zur Zeit des Augustus lebte, überlieferte uns eine ausführliche Weinklassifizierung von der Türkei im Osten bis Portugal im Westen. Dabei stützte er sich sowohl auf fremde Berichte wie auf seine eigene Erfahrung. Besonders hochwertig stufte Strabon Weine aus der Türkei und von den ägäischen Inseln ein (insbesondere aus Kos, Chios und Lesbos). Schlechter schneiden bei ihm die Weine aus Ligurien ab (die mit Pech vermischt waren) und aus Libyen (die zu viel Salzwasser enthielten). Das Gros der von Strabon geschätzten Weine stammte aus Süditalien.[32]

Unter den auf Strabons Liste ganz oben stehenden Weinen war eine legendäre Spitzenlage aus Falernum an der Grenze zwischen Latium und Kampanien. Es gibt

Zeugnisse für die besondere Güte dieses Weins und für den berühmten Jahrgang 121 v. Chr., benannt nach Opimius, dem Konsul jenes Jahres. *Vinum Opimianum* war unter römischen Weinkennern der Inbegriff höchster Qualität. Im *Satyrikon* des Petronius tischt Trimalchio seinen Gästen Wein aus Flaschen mit dem Etikett »Falerner. Konsul Opimius. Einhundert Jahre alt« auf. Petronius konnte damit rechnen, dass sein Publikum die Anspielung verstand. Die Weinkarte an der Wand der Schenke des Hedonus in Pompeji verzeichnete Wein zum Preis von einem As; der beste Wein kostete zwei und Falernerwein vier As.[33] In einer Gesellschaft, in der Produktion, Vermarktung und Etikettierung keiner staatlichen Kontrolle unterlagen, rann gewiss öfter fälschlich als Falerner deklarierter Wein durch die Kehlen leichtgläubiger Römer.

Im 1. Jahrhundert n. Chr. legte Plinius der Ältere in seiner *Naturgeschichte* eine Liste von Weinen aus unterschiedlichen Teilen des Römischen Reiches vor.[34] Sie enthielt insgesamt einundneunzig Weinsorten, fünfzig verschiedene Arten von Qualitätsweinen, achtunddreißig ausländische Weine sowie eine Reihe von gesalzenen, süßen oder mit sonstigen Zusätzen versehenen Weinen. Der Kommentar des Schriftstellers ist bemerkenswert wegen seiner Betonung der Weinsorten entgegen der bis dahin üblichen Konzentration auf Herkunftsregionen. Besonders hoch stufte Plinius die amineischen Weinstöcke ein, gefolgt von den nomentanischen und den apianischen Stöcken, die er als »erstklassige Gewächse« bezeichnete, die Italien »eigentümlich und dort heimisch« seien. Aber Plinius teilte die Weine natürlich auch nach der Region ein, aus der sie stammten.

Bemerkenswert ist, dass Weine zwar nach Qualität und Geschmack beurteilt, nicht aber nach Rot- und Weißwein unterschieden wurden. Das Gros der antiken Weine des Altertums war Rotwein – einfach deshalb, weil man die Traubenschalen im Gärbehälter beließ –, die meisten der von den Römern geschätzten Weine waren allerdings süße Weißweine. Meist zwei bis drei Jahre alt, wurden sie wie heute der Madeira einer speziellen Wärmebehandlung unterzogen (madeirisiert). Dazu wurde der Wein häufig über der Herdstelle gelagert. Durch diese Wärmebehandlung erhielt er eine dunklere Farbe. Die berühmten Falernerweine beschrieb man nach ihrer Reifung als bernsteinfarben oder braun. Geschmacklich unterschied Plinius zwischen den drei Varianten trocken, süß und leicht.

Geschmack war jedoch nicht das einzige Beurteilungskriterium der Antike. Zu den Verfassern von Weinlisten zählten nämlich auch Ärzte, die den Wein nach seinen medizinischen Eigenschaften beurteilten und nicht nur nach dem Gaumengenuss. Athenaeus selbst war zwar kein Arzt, aber er folgte dieser Tradition, als er den mareotischen Wein aus Alexandria als »ausgezeichnet, weiß, angenehm, duftend, leicht assimiliert, dünn, nicht zu Kopf steigend und harntreibend« beschrieb.[35] Uns ist es heute kaum vorstellbar, dass auf dem Etikett einer Weinflasche die harntreibende oder abführende Wirkung ihres Inhalts angepriesen wird.

»Nicht zu Kopf steigend« könnte bedeuten, dass der Wein entweder wenig (histaminhaltiges) Tannin oder wenig Alkohol enthielt. Die angeblich heilkräftigen Eigenschaften des Weins wollen wir weiter unten behandeln.

Die griechische Literatur enthält zahllose Erörterungen des positiven Einflusses von Wein auf das gesellschaftliche Leben, aber auch Warnungen vor übermäßigem Genuss. Ein immer wieder vorgetragenes Argument lautete, Weingenuss bei einem Symposion mache die Männer ehrlicher und aufrichtiger – entsprechend dem berühmten Diktum »in vino veritas«, im Wein liegt Wahrheit. Der frühhellenistische Schriftsteller Philochorus drückte es so aus: »Wer Wein trinkt, offenbart nicht nur sein wahres Wesen, sondern auch sonst alles, ohne sich im Reden zurückzuhalten.«[36] Für Aischylos »spiegelt Bronze das äußere Erscheinungsbild; Wein dagegen ist der Spiegel der Seele«.[37] Beim Symposion sollten Männer wahrhaftig und offen sein, sich nicht verstellen und sich frei von taktischen Manövern und opportunistischen Überlegungen äußern. Es bot Gelegenheit, sich mit Achtung und Respekt zu begegnen und Gedanken und Meinungen auszutauschen. Wein betrachtete man als das geeignete Mittel, um dieses Ideal zu erreichen.[38]

Griechische Schriftsteller priesen das gepflegte Symposion als höchsten Ausdruck der Kultur, als Gelegenheit, Selbstbeherrschung zu üben und nur so viel zu trinken, dass ein lebhaftes Gespräch in Gang kam. Das Sexualverhalten und der Umgang mit Alkohol waren lange Zeit Kriterien, um Nationen, Geschlechter, soziale Klassen, Religionen und politische Gruppierungen moralisch zu klassifizieren. Wein, ein »gepflegteres« Getränk als Bier oder Schnaps, spielte und spielt bei diesen Überlegungen oft eine besondere Rolle, in der Antike nicht weniger als im 19. und 20. Jahrhundert.

Für die Griechen waren der Weinkonsum und die Trinkgewohnheiten einer Gesellschaft ein Maßstab für deren Zivilisation. Der Weinkonsum nach griechischem Muster – verdünnt, in Gesellschaft und maßvoll (so jedenfalls sahen sich die Griechen selbst) – galt als ein Indiz gehobener Kultur. Der Genuss von Bier und unverdünntem Wein sowie exzessives Trinken offenbarte bestenfalls Unkultiviertheit, schlimmstenfalls Barbarei. Überflüssig zu sagen, dass die Trunkenheit reicher Männer bei einem Symposion mit anderen Maßstäben gemessen wurde als die der einfachen Leute. Im ersteren Fall war der Rausch die notwendige Begleiterscheinung einer kultivierten, einem raffinierten Regelwerk folgenden Zusammenkunft, im letzteren Fall nicht mehr als das bedauerliche Zeichen dafür, dass man nichts verträgt.

Ganze Völker, denen die Griechen übermäßigen Alkoholgenuss vorwarfen, (wie die Thraker, Skythen und Makedonier), konnten so als unzivilisiert abqualifiziert und deren herausragende Persönlichkeiten als typische Vertreter ihres Volkes dargestellt werden. Die makedonischen Herrscher Philipp II. und sein Sohn Alexander der Große, die beide starke Trinker gewesen sein sollen, waren in diesem

Sinn ausgezeichnete Zielscheiben. Philipp, der mit einem Schwamm verglichen wurde, sagte man nach, dass er jeden Tag betrunken war, auch dann, wenn er seine Truppen in die Schlacht führte. Dass in seinen Weinbergen griechische Gefangene in Ketten als Sklaven schuften mussten, machte das Urteil über ihn gewiss nicht günstiger.[39] Alexander wiederum veranstaltete Zechgelage, bei denen er sich unberechenbar, gewalttätig und mordlustig zeigte.[40] Justinus berichtete, wenn Alexander ein Bankett verließ, sei er »oft mit dem Blut seiner Gefährten besudelt gewesen«. Bei einem solchen Trinkgelage tötete Alexander seinen Freund Clitus im Streit.[41]

Griechische Schriftsteller diskutierten oft den optimalen Grad der Verdünnung von Wein. Ob ein Wein schädlich oder zuträglich war, hing ihrer Ansicht nach hauptsächlich von seinem Mischungsverhältnis ab. Euenus meinte: »Das beste Maß des Bacchus ist weder das große noch das kleine, denn er ist die Ursache entweder für Kummer oder für den Wahnsinn. Er mischt sich gern als Vierter unter drei Nymphen, und dann ist er am ehesten bereit für die Brautkammer. Im Übermaß wendet er sich von der Liebe ab und lässt uns in tiefen Schlaf fallen, den Bruder des Todes.« Der Grieche empfiehlt also, einen Teil Wein mit drei Teilen Wasser zu mischen – und diese Mischung sei dem Liebesgenuss am zuträglichsten. Ein höherer Weinanteil mache den Trinker zu müde für die Lust.[42] Andere Schriftsteller sahen dies ähnlich. Der erste Krater Wein sei der Gesundheit der Teilnehmer an einem Symposion zuträglich, der zweite mache sie bereit für den Liebesgenuss, der dritte mache sie schläfrig und der vierte wirke enthemmend und öffne Tür und Tor für unmoralisches Verhalten, hieß es.

Die schädliche Wirkung übermäßigen Trinkens war das Thema vieler griechischer Autoren. Bei Homer betrinkt sich Elpenor, ein Gefährte des Odysseus, stürzt vom Dach des Palastes und stirbt. Der stets betrunkene Polyxenos glitt im Rausch auf einer nassen Straße aus und starb. Platon stellte im 5. Jahrhundert v. Chr. Regeln für das Weintrinken auf. Knaben unter achtzehn Jahren sollten auf Wein ganz verzichten, ein Mann bis um die Dreißig sollte Wein nur in Maßen genießen und sich nie betrinken. Geht er auf die Vierzig zu, sollte er nach Herzenslust trinken – als Heilmittel gegen »den strengen Ernst des Alters«.[43] Wessen Berufsausübung darunter leide – Platon nennt Soldaten, Steuermänner und Richter als Beispiel –, der sollte lieber Wasser trinken. Sklaven wurden ermahnt, nicht den Trinkgewohnheiten ihrer Herren nachzueifern, dies sei anmaßend. Paare mit Kinderwunsch schießlich erhielten den Rat, in der Nacht der geplanten Zeugung auf Alkohol zu verzichten.[44] Ein insbesondere für Männer vernünftig klingender Ratschlag, der aber der gängigen Verknüpfung von Wein, Geschlechtsverkehr und Fruchtbarkeit widersprach.

Platon verurteilte die Trunkenheit, weil sie den Menschen seines Verstandes beraube. Aber in seinen *Gesetzen* schrieb er, älteren Menschen könne der Rausch zuträglich sein, denn durch ihn gewännen sie jugendliche Spontaneität zurück. Wenn sie im Rausch die Hemmungen überwänden, würden sie tanzen und singen. Der Philosoph wollte allerdings eher darauf hinaus, dass die Rückkehr zur Kindlichkeit die Toleranz der Älteren fördere. Den Rausch betrachtete er als Möglichkeit, die Alten, die sich jeder Veränderung ihres Denkens und Handelns entgegenstemmten, aufgeschlossener und damit tugendhafter zu machen.[45]

Platon riet zu größerer Zurückhaltung beim Weingenuss als andere seiner Landsleute. Die strengsten Restriktionen gab es allerdings in Sparta unter der Gesetzgebung des Lykurgos. Der Verzicht auf Alkohol war nur eine der harten Regeln im Dienste der sportlich-männlichen Ideale, für die Sparta berühmt war. Ab und zu bekamen die Heloten, die versklavte Unterschicht Spartas, unverdünnten Wein in großer Menge zu trinken. Im Rausch wurden sie dann durch die Stadt geführt und angestachelt, obszöne Lieder zu singen und unanständige Tänze aufzuführen. Sie sollten damit der Jugend ein abschreckendes Beispiel für die zerstörerische Wirkung von Alkohol vor Augen führen. Doch Sparta und andere Gesellschaften und Religionen, die den Alkoholkonsum verboten, waren in der Minderheit. Totale Enthaltsamkeit war oftmals die Zielscheibe des Spotts. Demosthenes zum Beispiel wurde von seinen politischen Gegnern kritisiert und verlacht, weil er Wasser dem Wein vorzog.

Der beträchtliche Weinkonsum der Römer zeugt von einer positiven Einstellung gegenüber dem Wein, nicht nur von Toleranz. Den maßvollen Genuss von verdünntem Wein bewerteten die römischen Kommentatoren als gesellschaftlich positiv und der Gesundheit zuträglich. Dennoch fehlte es nicht an Warnungen vor den unheilvollen Folgen des übermäßigen Trinkens. Insbesondere der Weinkonsum von Frauen war ein Gegenstand heftiger Kritik. Ein gewisser Egnatius Maecenius soll seine Frau mit einem Stock zu Tode geprügelt haben, weil sie Wein getrunken hatte. Diese Tat brachte ihm das Lob des Romulus, eines der Gründer Roms, ein. Sie machte ihn zum Helden.[46] In einem anderen Fall wurde eine Frau von ihrer Familie mit dem Hungertod bestraft, weil sie die Schlüssel zum Weinkeller entwendet hatte.[47] Ob solche Geschichten wahr sind oder nicht, bleibt dahingestellt. Sie verdeutlichen jedenfalls eine äußerst negative Einstellung zum Weingenuss von Frauen.

Das Trinken in den oben genannten Fällen konnte zwar lebensgefährlich werden, war aber nicht die eigentliche Todesursache. Doch man war sich der tatsächlichen nachteiligen Wirkung des Weins durchaus bewusst. Wein sei die Ursache zahlreicher Beschwerden, ja könne sogar zum Tod führen. Lucretius behauptete, Wein trübe die Seele, schwäche den Körper und schüre den Streit, während Seneca schrieb, Wein bringe die unangenehmen Seiten eines Menschen zum Vorschein und verstärke sie noch. Plinius der Ältere lobte zwar Wein guter Qualität, warnte aber, dass vieles, was unter dem Einfluss des Alkohols ausgeplaudert werde, besser ungesagt geblieben wäre.

Unmäßiges Trinken war in Rom nicht gern gesehen. Oft setzte man den Vorwurf der Trunksucht als Mittel ein, um missliebige politische Gegner zu diskreditieren. Cicero bezeichnete seine Gegner gern als Trunkenbolde. Seinem Erzfeind Marcus Antonius hielt er vor, er führe ein exzessives Leben und fange schon frühmorgens an zu trinken. Cicero erinnerte immer wieder daran, dass dieser sich einmal im Senat übergeben habe. Ausschweifender Alkoholgenuss wurde in Rom mit einem Mangel an Kultur gleichgesetzt und »unzivilisierten« Völkern wie den Galliern und besonders den Menschen außerhalb des Mittelmeerraumes zugeschrieben. Einige dieser Völker, die die Römer als Barbaren bezeichneten, fielen später in das Römische Reich ein. Ihre angebliche Unmoral führte man auf Trunksucht zurück. Für Römer und Griechen war Wein und die Art und Weise seines Konsums ein Maßstab für moralisches Verhalten und Zivilisation.

Schon früh sagte man dem Wein auch therapeutische und heilende Kräfte nach. Alle modernen Diskussionen über den Zusammenhang von Wein und Gesundheit haben ihren Ursprung in der Antike. Auf der einen Seite wurde Wein als Bestandteil einer gesunden Lebensführung betrachtet, als körperlichem und seelischem Wohlbefinden zuträglich. Etwas zynischer sah man im Wein einen Sorgenlöser, ein Betäubungsmittel gegen die Mühsal der Welt. Weingenuss zur Bekämpfung von Sorgen und Kummer wird von heutigen Ärzten und Therapeuten wohl kaum empfohlen werden, Euripides aber ließ eine seiner tragischen Figuren sagen, Dionysos habe den Menschen »der Reben feuchten Trank« geschenkt,

> der die armen Sterblichen befreit
> Vom Leid, wenn sie sich laben an des Weinstocks Saft,
> Schlaf ihnen schenkt, Vergessen aller Mühn des Tags.
> Kein andres Mittel heilt wie dieses Qual und Not.[48]

In der Antike schrieb man dem Wein − ob pur oder gemischt mit anderen Substanzen getrunken − heilende Wirkung insbesondere bei Magen- und Blasenleiden zu. So erteilte der Apostel Paulus Timotheus den Rat: »Trink nicht nur Wasser, sondern nimm auch etwas Wein, mit Rücksicht auf deinen Magen und deine häufigen Krankheiten«.[49] Die Blüten bestimmter Pflanzen (Wacholder und Myrte), in Wein eingeweicht, setzt Cato gegen Schlangenbiss, Verstopfung, Gicht, Verdauungsstörungen und Durchfall ein.[50] Er überlieferte uns Rezepturen für bestimmte Weine gegen derartige Beschwerden. Bei Verstopfung sollte dem Wein und den Rebwurzeln Nieswurz beigegeben werden. Bei Harnverhaltung empfahl er, alten Wein und Wacholder in einem Bleikessel zu kochen; bei Beschwerden wie »Bauchgrimmen und wenn der Unterleib nicht hält und gegen Band- und Spulwürmer« sollte schwarzer, herber Wein mit unreifen Granatäpfeln vermischt werden. Wein diente außerdem diagnostischen Zwecken. In Sparta war er zwar als Getränk verboten, wurde aber zur Diagnose von Epilepsie verwendet. Neugeborene tauchte man in unverdünnten Wein, wobei an Epilepsie leidende Kinder angeblich in Zuckungen verfallen sollten.

Hippokrates, der mit seinen Schriften die abendländische Medizin begründete, erörterte ausführlich die Wirkung verschiedener Weinsorten auf die Verdauung. Wein, so schrieb er, sei »heiß und trocken und wirke in seiner Grundsubstanz abführend«. »Dunkle und herbe Weine sind trockener, und sie gehen weder mit dem Stuhl noch mit dem Urin noch mit dem Speichel ab.« Effektiver seien »milde dunkle Weine, die ... blähend wirken und besser mit dem Stuhl abgehen« sowie »herbe Weißweine, die ... besser mit dem Urin als mit dem Stuhl abgehen«.[51] Die Wirkung von Wein auf die Verdauung wurde zu einem Grundprinzip der abendländischen Medizin, ebenso die Vorstellung, Wein sei eine »heiße Substanz«. Dahinter steht die bis in die Neuzeit geläufige Vorstellung, der Körper bestehe aus heißen und kalten Elementen, die entsprechend zu behandeln seien. Wein galt als wohltuend für Mensch und Tier. Man verwendete ihn in Präparaten für kranke Ochsen und zur Verhinderung von Schafräude. Er spielte also nicht nur in Kultur und Religion, sondern auch in der Human- und Tiermedizin eine bedeutende Rolle.

Auch wenn Wein die bekümmerte Seele zu trösten vermochte, so konnte er doch dem Körper Schaden zufügen. Zu den durch Wein verursachten Beschwerden zählten Seneca und Plinius Gedächtnisverlust, psychische Störungen, narzisstische Ausschweifung, asoziales Verhalten, Sprach- und Sehstörungen, Blähungen, Mundgeruch, Zittern, Schwindelgefühl, Schlaflosigkeit und plötzlichen Tod.[52] Übermäßigen Weingenuss hielt man auch bei Athleten für schädlich. Im 2. Jahrhundert v. Chr. schrieb Epiktet, ein erfolgreicher Teilnehmer an den olympischen Spielen meide süße Speisen und kaltes Wasser und trinke nur selten Wein. Philostratos meinte, Athleten, die zu viel Wein trinken, hätten »einen dicken Bauch«: Und »dass einer zu viel trinkt erkennt man an seinem schnellen Pulsschlag«.[53]

Die religiösen Konnotationen des Weins waren in der Antike, am ausgeprägtesten in Griechenland mit der Verbreitung des Kultes um Dionysos oder Bacchus, wie er bei den Römern hieß. In manchen Erzählungen ist Dionysos der Sohn des Gottes Zeus und der Sterblichen Semele. Semele wurde vom Anblick von Zeus und seinem göttlichen Glanz vernichtet und starb noch vor der Geburt von Dionysos. Zeus befreite ihn aus dem Schoß der Mutter und legte das Kind in einen Einschnitt seines Oberschenkels, bis er geboren wurde. Später wurde Dionysos aus seiner Heimat Kreta vertrieben und floh nach Ägypten. Dort lernte er den Weinbau kennen, mit dem er stets in Verbindung gebracht wird. Diese Geschichte erklärt auch die Übernahme der Techniken von Weinbau und Weinerzeugung der Kreter aus Ägypten, wie sie vermutlich tatsächlich stattgefunden hat.

In Rom genoss Bacchus große Verehrung. Sein Kult tauchte in Mittel- und Süditalien im 3. Jahrhundert v. Chr. auf, wie groß seine Anhängerschaft aber wirklich war, wissen wir nicht. Mitglieder des Kults, vorwiegend Frauen, veranstalteten Feste (Bacchanalien), die von Außenstehenden oft als mit Tieropfern verbundene sexuelle Orgien beschrieben wurden. Im Jahr 186 v. Chr. verbot der Senat den Bacchuskult, was man oft auf moralische Bedenken gegenüber den Vorkommnissen bei den Bacchanalien zurückgeführt hat. Der wahre Grund für das Verbot war aber wohl, dass der Senat den Kult als politischen Protest verstand. Die Anhängerschaft mit ihrer bedingungslosen Loyalität, ihren hierarchischen Strukturen, ihren Geldspenden und ihrem ausgedehnten Besitz widersprach den offiziell geltenden Prinzipien der Familie und stellte die politische Herrschaft in Frage. Hierin muss man wohl eher den Grund für das Verbot sehen als in Trunkenheit, orgiastischer Verzückung und kriminellen Aktivitäten, die man den Bacchusfeiern unterstellte.[54]

Im Römischen Reich lebten ethnische und andere Gruppen, in deren Religion der Wein eine andere Bedeutung hatte. Zu ihnen gehörten die Juden, für die der Wein in Gottes Schöpfung einen so herausragenden Platz einnahm, dass er mit dem Land Israel gleichgesetzt wurde. In der Thora zählt Wein zu den ersten Feldfrüchten nach der Sintflut. Die Genesis berichtet, dass Noah nach der Landung seiner Arche am Berg Ararat anfing, das Land zu bebauen. Er legte Weingärten an, stellte Wein her und trank so viel davon, dass er seine Kleider von sich warf und nackt in seinem Zelt schlief.[55] Trauben tauchten auch in den Berichten vom Exodus aus der ägyptischen Sklaverei auf. Moses schickte Männer aus, um das Land Kanaan zu erforschen. Diese kehrten nach vierzig Tagen mit Feigen, Granatäpfeln und einer Traube zurück, die so groß war, dass zwei Männer sie auf einer Stange tragen mussten. Sie berichteten Moses, es sei ein Land, in dem Milch und Honig fließen, und »das hier sind seine Früchte«.[56] Vom Weinstock ist in der Bibel häufiger die Rede als von jeder anderen Pflanze. Der Wein steht für die Geschenke, die Gott den Menschen versprochen hat. In den Drohungen der Propheten, Gott werde sein Volk bestrafen, ist immer wieder die Rede vom Wein und vom Weinstock, den Gott schützt oder zerstört: »Du wirst Trauben keltern, aber den Wein nicht trinken«.[57] »Es jammern die Winzer ... der Weinstock ist dürr«.[58]

Obwohl die Juden den Wein als Geschenk Gottes betrachteten, beurteilten sie seinen Missbrauch durchaus negativ. Manchmal wurde Wein mit unerlaubtem Geschlechtsverkehr in Verbindung gebracht, beispielsweise in der Geschichte von Lot. Als Lots Frau zur Salzsäule erstarrt war, gaben ihm seine Töchter Wein zu trinken, damit er mit ihnen schliefe, und sie wurden schwanger. Auch an anderen Bibelstellen wird der Wein negativ gesehen: »Ein Zuchtloser ist der Wein ... wer sich hierin verfehlt, wird nicht weise«.[59] »Sogar diese hier schwanken, berauscht vom Wein, und taumeln, betäubt vom Bier. Priester und Propheten schwanken vom Bier, sind überwältigt vom Wein«.[60] Der Prophet Hosea berichtet von einem Tadel Gottes an seinem Volk Israel: »Der Opferwein raubt meinem Volk den Verstand.«[61]

Manche jüdische Gruppierungen lehnten daher den Weinkonsum grundsätzlich ab. Zu ihnen zählten die Rechabiter, die gemäß den nomadischen Sitten und Gebräuchen der ersten jüdischen Stämme lebten. Es erübrigt sich zu sagen, dass das Nomadenleben und der Weinbau unvereinbar sind, aber die Rehabiter gingen noch einen Schritt weiter und verboten ihren Anhängern jeglichen Weingenuss. Solche Sekten waren jedoch Ausnahmen. Das Judentum war dem Weinkonsum gegenüber überwiegend tolerant und aufgeschlossen. Jüdische Traditionen fanden Eingang in das Christentum und ins Neue Testament. Immer wieder wird auf Reben und Trauben Bezug genommen. Dies lässt auf eine tolerantere Einstellung gegenüber dem Wein als im Alten Testament schließen, was vielleicht auf griechischen Einfluss zurückgeht. Die Bibel enthält zwar zahlreiche Warnungen vor den Folgen unmäßigen Trinkens, aber erst sehr viel später forderten christliche Theologen völlige Enthaltsamkeit von Wein und anderen alkoholischen Getränken.

Das erste Wunder, das Jesus vollbrachte, war die Verwandlung von Wasser in Wein auf der Hochzeit in Kana. Der Wein drohte zur Neige zu gehen Da fragte Maria ihren Sohn, ob er nicht etwas tun könne, und nach einigem Zögern befahl Jesus, sechs Krüge mit Wasser zu füllen. Als die Jünger ihrem Meister davon zu trinken brachten, entdeckten sie, dass sich das Wasser in Wein verwandelt hatte. Dies war keineswegs ein durchschnittlicher Wein, denn der Diener sagte zum Bräutigam: »Jeder setzt zuerst den guten Wein vor, und erst wenn die Gäste zu viel getrunken haben, den weniger guten. Du jedoch hast den guten Wein bis jetzt zurückgehalten.«[62] Die Szene unterstreicht nicht nur die Bedeutung des Weins bei festlichen Anlässen, sondern beschreibt die damalige Praxis, zuerst den guten Wein zu servieren, solange die Gäste noch in der Lage waren, ihn zu würdigen.

Von Jesus selbst wird zwar nicht berichtet, dass er Wein getrunken habe, aber seine Worte beim Letzten Abendmahl deuten darauf hin: »Amen, ich sage euch: Ich werde nicht mehr von der Frucht des Weinstocks trinken bis zu dem Tag, an dem ich von neuem davon trinke im Reich Gottes.«[63] Es wurde gesagt, Jesus habe in den Stunden vor seinem Tod Wein getrunken, weil ihm die römischen Soldaten Essig reichten, als er am Kreuz hing. Dieser »mit Galle vermischte Wein« sollte wohl die Schmerzen des Sterbenden lindern. Aber was ihm die Soldaten darreichten, war höchstwahrscheinlich nicht Wein, sondern *posca*, jene Mischung aus Wasser und saurem Wein, der Bestandteil der Ration der römischen Soldaten war.

Wein wurde zu einem wesentlichen Element der christlichen Theologie, Liturgie und Tradition. In der Eucharistie vollzieht sich die Wandlung von Wein in Christi Blut, so wie Wein auch in früheren Religionen das Blut symbolisierte: »Das ist mein Blut, das Blut des Bundes, das für viele vergossen wird.«[64] Es bestehen zahlreiche Parallelen zwischen Bacchus und Christus. Beide waren Gottessöhne und hatten eine sterbliche Mutter. Zur Zeit Christi war Bacchus die Erlösergestalt, die Leben nach dem Tod gewähren konnte. In der Verwandlung von Wasser in

Wein durch Jesus Christus klingen die Feste nach, die zu Ehren des Bacchus gefeiert wurden. Für die Griechen hieß Wein trinken den Gott trinken – eine Vorstellung, die auch in der christlichen Eucharistie mitschwingt.

Die christliche Übernahme und Angleichung von Symbolen und Geschichten über Bacchus bezeugt die anhaltende Bedeutung des Weingottes in frühchristlicher Zeit. In gewisser Weise war Christus ein neuer Weingott, und in den ersten nachchristlichen Jahrhunderten gab es bei Heiden und Christen vielfache Verwirrung. Ein aus dem 5. Jahrhundert stammendes zyprisches Mosaik zeigt einen Knaben mit einem Heiligenschein, der auf dem Schoß einer Person sitzt und von Betenden umgeben ist. Auf den ersten Blick kann man es für eine klassische Darstellung der Anbetung der Könige halten, die das auf dem Schoß Mariens sitzende Christuskind umringen. Aber bei dem auf dem Mosaik dargestellten Knaben handelt es sich um Dionysos, der auf dem Schoß des Eros sitzt.

Die christliche Kirche wurde eine treue Anhängerin des Weins und eine bedeutende Förderin von Weinbau und Weinherstellung. Die Klöster im Mittelalter waren wichtige Stätten der Weinproduktion, wenn auch ihre Rolle oft überschätzt wird. In Teilen Germaniens war in frühchristlicher Zeit das Biertrinken verpönt, während das Weintrinken als Zeichen der Bekehrung galt – ein deutlicher Nachklang der griechischen und römischen Vorstellung, derzufolge Heiden und Barbaren Bier, zivilisierte (oder fromme) Völker Wein tranken. Bisweilen aber sprachen die Christen allzu beherzt dem Wein zu, was man ebenfalls mit heidnischen Gepflogenheiten in Verbindung brachte. Im 5. Jahrhundert sagte der heilige Hieronymus von einer betrunkenen Christin, sie benehme sich wie eine Heidin, und Salvien, ein Priester aus Marseille, warf Christen vor, sie tränken wie Ungläubige.[65]

Wein spielte also im Altertum und in der Antike in Religion, Ernährung, Medizin, Kultur, Gesellschaft und Wirtschaft eine nicht unbedeutende Rolle. All diese Kulturen von Mesopotamien und Ägypten bis nach Griechenland und Rom waren gleichsam Gärungsbehälter, in denen der Traubensaft in Kontakt mit ganz bestimmten politischen und sozialen Strukturen kam, mit religiösen Glaubensüberzeugungen und wirtschaftlichen Notwendigkeiten. Das Ergebnis waren ganz unterschiedliche Weine mit ganz spezifischen kulturellen Zuschreibungen. Dass Wein nicht nur das Ergebnis einer natürlichen Entwicklung ist oder einzig und allein von der Kunst des Winzers abhängt – dieser für die Antike geltende Grundsatz durchzieht die weitere Geschichte des Weins. Wein ist nicht zuletzt ein Konstrukt der Gesellschaft, die ihn produziert und konsumiert. Den römischen Aphorismus *in vino veritas* könnte man mit gleichem Recht umformulieren und sagen: *in vino societas*.

Drei

War das »finstere Mittelalter« eine trockene Zeit?
Europa 500–1000 n. Chr.

In den ersten nachchristlichen Jahrhunderten breitete sich die Weinerzeugung in weiten Teilen Europas aus: von Kreta im Süden bis England im Norden und von Portugal im Westen bis Polen im Osten. Wein hatte inzwischen eine besondere kulturelle Bedeutung erlangt. Der vergorene Traubensaft war fester Bestandteil der christlichen Lehre und Liturgie, und die Übernahme des Christentums als Staatsreligion durch das Römische Reich festigte seinen Status. Die Verknüpfung von Wein und Religion beeinflusste natürlich die allgemeine Einstellung zum Wein, aber wir sollten die Bedeutung der Religion für seine wachsende Beliebtheit nicht überbewerten. Wein symbolisierte zwar das Blut Christi, war aber auch eine Gewinn bringende Handelsware. Und das allein erklärt schon in hohem Maß die wachsende Verbreitung von Rebbau und Weinproduktion.

Wein hatte also religiöse Konnotationen, war aber auch ein wohlschmeckendes Getränk, das das Wohlbefinden steigerte und sich für viele gesellige Anlässe eignete, was ihm besonderen Zuspruch verschaffte. Heutige Weintrinker werden dies nachvollziehen können. Die Erklärung für die Beliebtheit des Weins im gesamten Mittelalter und weit darüber hinaus könnte daher ganz banal folgendermaßen lauten: Wein bereitete in vielfacher Hinsicht Genuss und Vergnügen. In vielen Weinbauregionen verdrängte er das Bier als elementaren Bestandteil der täglichen Ernährung.

Der Untergang des Weströmischen Reichs im Zuge des Vordringens der Germanen bedrohte jedoch die Vorrangstellung des Rebensaftes. Die Bedeutung dieser Ereignisse für Weinproduktion und Weinkonsum in Europa wurde oftmals verzerrt dargestellt, nicht zuletzt deshalb, weil die Römer, deren Reich ja schließlich zerstört wurde, ein voreingenommenes Zeugnis hinterließen. Die Angehörigen der römischen Oberschicht waren wie die griechische Elite Snobs, was den Wein betraf. Man setzte sich von den unteren sozialen Klassen durch die Bevorzugung bestimmter Weinsorten und die Trinkgewohnheiten ab. Die griechische und römische Oberschicht betrachtete alle Völker als unzivilisiert, die keinen oder unverdünnten Wein genossen oder einfach nur – und gleichgültig was – im Übermaß tranken. Für die Griechen waren das unter anderem die Skythen, Makedonier und Thraker, für die Römer die Germanen im Grenzland des Römischen Reichs.[1]

Im 18. Jahrhundert wiederholte Edward Gibbon, der große Historiker vom Verfall und Niedergang des Römischen Reichs, die Vorurteile der Römer. Das starke Bier der Germanen, »das ohne Kunst aus Weizen oder Gerste gebraut und [...] zu einer Ähnlichkeit von Wein verderbt wurde, reichte für die Zwecke der Völlerei hin«, schrieb er. »Diejenigen aber, welche die reichen Weine Italiens und später die Galliens gekostet hatten, seufzten nach dieser angenehmeren Art der Trunkenheit«. Und weiter: »Der unmäßige Hang nach starken Getränken trieb diese Barbaren oft zu Einfällen in die Provinzen, welche die Kunst oder die Natur mit diesen so beneideten Erzeugnissen beschenkt hatte.« Denn der Germane, so Gibbon, »hielt es für seiner unwürdig, durch Arbeit zu erwerben, was durch die Waffen geraubt werden konnte«.[2]

Die Germaneneinfälle ins Weströmische Reich im 5. Jahrhundert bedrohten also auch die Zukunft des Weins. Diese Barbaren waren zwar begierig nach dem bevorzugten Getränk der Griechen und Römer, aber es fehlte ihnen an Disziplin und Geduld, um ihn zu produzieren. Würden die neuen, wilden Beherrscher Westeuropas die von den zivilisierten Römern mit so großer Mühe angelegten Weinberge verwüsten oder verfallen lassen? Oder würden sie – entgegen allen Erwartungen – den Weinbau fördern?

Es ist schwierig, die Leistung der Germanenstämme in dieser Hinsicht zu beschreiben, denn die Dokumente über den damaligen Weinbau sind äußerst lückenhaft. Die nachteiligen Auswirkungen auf den Wein sind wahrscheinlich nicht so sehr die unmittelbare Folge absichtlicher Vernachlässigung oder Verwüstung. Wenn die negativen Beschreibungen der germanischen Trinkgewohnheiten stimmen, so müssten wir doch erwarten, dass sie die Weinproduktion intensivierten und nicht reduzierten. Tatsächlich aber war die Epoche der sporadischen Germaneneinfälle zwischen dem 3. und 5. Jahrhundert für den europäischen Weinbau trotz aller Wirren eine Zeit der Blüte und des Wachstums. Viele Regionen wurden damals zu echten Weinbaugebieten, zum Beispiel das Moseltal bei Trier oder die Täler an der Seine, Yonne und Loire.[3] Allerdings fehlt es häufig an Belegen, um Weinbau und Weinhandel nachweisen zu können. Die Tatsache, dass im ersten nachchristlichen Jahrhundert anstelle von Amphoren Holzfässer zur Lagerung in Gebrauch kamen, war für die Schifffahrt von Vorteil, für die Historiker jedoch von Nachteil.

Doch schon die spärlichen Nachweise bestätigen uns in der Überzeugung, dass in den von den Germanen beherrschten Teilen Europas weiterhin Weinbau betrieben, ja mancherorts sogar gefördert wurde. Die Gesetze der Westgoten belegten

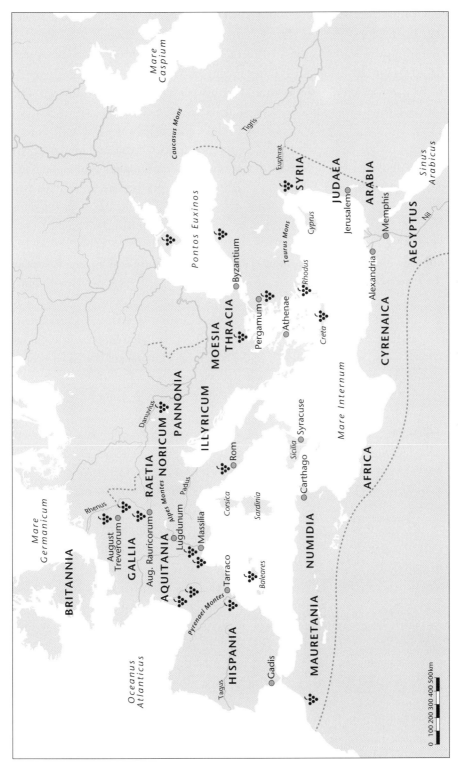

Karte 3: Weinbau im römischen Kaiserreich

die Verwüstung von Weinbergen mit schweren Strafen. In Portugal schenkte der Gotenkönig Ordono, der im Jahr 850 den Thron bestieg, einem Mönchsorden Weinberge unweit von Coimbra.[4] Solche Beispiele zeigen uns, wie die neuen Herrscher, die an die Stelle der Römer traten, die Weinberge schützten. Es waren also nicht die Klöster, die die Weinproduktion vor den »Barbaren« retteten. Die »Barbaren« vermehrten vielmehr die Zahl der klösterlichen Weingüter.

In England stand man der vergorenen Traube gleichfalls aufgeschlossen gegenüber. Belege für die Anlage von Weinbergen gibt es aber kaum und gesichert erst seit dem späten 11. Jahrhundert, als die normannischen Eroberer zahlreiche neue Rebpflanzungen anlegten. Schon im 8. Jahrhundert sprach Beda Venerabilis von Weinbergen in einigen Teilen Englands. Die Zuverlässigkeit seines Berichts muss allerdings angezweifelt werden, behauptete er doch, auch in Irland sei Weinbau betrieben worden, was mit fast hundertprozentiger Sicherheit auszuschließen ist. Einen Hinweis darauf, dass im frühmittelalterlichen England Wein angebaut wurde, gibt das Gesetzbuch König Alfreds aus dem 9. Jahrhundert. Eine der Bestimmungen verpflichtete jeden, der einem Weinberg Schaden zufügte, zur Wiedergutmachung. Solch ein Gesetz wäre wohl kaum erlassen worden, wenn es keine Weinberge gegeben hätte. Aber der Bezug auf die Weinpflanzungen findet sich nicht im Gesetzbuch selbst, sondern lediglich in der Präambel, die sich auf die Bibel beruft, um das Wiedergutmachungsprinzip zu untermauern.[5]

Bei den Angelsachsen stand der Wein in hohem Ansehen. *Aelfric's Colloquy*, eine angelsächsische Schrift aus dem 7. Jahrhundert, spiegelt die klassische Einstellung ihm gegenüber: »Wein ist kein Getränk für Kinder und Narren, sondern für erwachsene und vernünftige Menschen.« In Kochrezepten spielte der Wein ebenfalls eine Rolle. Man bereitete in Wein gekochtes Huhn für Kranke sowie Äpfel und andere in Wein eingelegte oder gekochte Früchte. Häufig diente er auch als Grabbeigabe.[6]

Die für ihre Raubzüge berüchtigten Wikinger waren dem Wein gegenüber ebenso wenig abgeneigt wie die Angelsachsen. In den nordfranzösischen Flusssiedlungen gründeten sie dauerhafte Handelsniederlassungen, von wo aus sie zu ihren räuberischen Überfällen aufbrachen. Viel Wein konsumierten sie selbst. Darüber hinaus beteiligten sie sich am nordfranzösischen Handel, den sie entlang der Flüsse zu den Häfen kontrollierten, von wo aus der Wein beispielsweise nach England verschifft wurde.[7]

Bei den Karolingern, die seit dem späten 8. Jahrhundert Westeuropa beherrschten, war Wein das Getränk der Oberschicht. Man rühmte sich gern der Qualität seines Weines. Mächtige Herrscher in den germanischen Provinzen versuchten, im Pariser Becken und im Rheintal Land zu erwerben, wo die Trauben gut gediehen.[8]

Die neuen Herrscher Europas schädigten den Weinbau also tatsächlich nicht durch gezielte Maßnahmen. Der Rückgang der Weinproduktion nach dem Zusammenbruch des Römischen Reichs war vielmehr die Folge des Umbruchs in ganz Europa. An die Stelle eines politisch geeinten Reichs waren viele kleinere politische Einheiten getreten, gewachsene Handelsstrukturen waren zerstört worden. Als die Stadt Rom, der Mittelpunkt des einstigen Imperiums, verfiel, ging auch die Nachfrage nach dem Lieblingsgetränk der Römer rapide zurück. So verloren viele Weinbauregionen Italiens ihren wichtigsten Absatzmarkt. Bordeaux, wo die Römer den Weinbau im ersten nachchristlichen Jahrhundert eingeführt hatten, ist ein eindrucksvolles Beispiel für die prekäre Situation vieler Weinbaugebiete im damaligen Westeuropa. Allein im 5. Jahrhundert fielen dort nacheinander die Goten, Vandalen, Westgoten und Franken ein. Im 7. Jahrhundert kamen die Basken aus Spanien, die der Region zwischen den Pyrenäen und der Gironde-Mündung den Namen »Gascogne« gaben. Und im 8. Jahrhundert nahmen die karolingischen Franken die Region in Besitz.

Die Zerstörung der alten Handelsverbindungen bedeutete dennoch nicht, dass in den fünfhundert Jahren nach dem Zusammenbruch des Römischen Reichs die europäische Weinwirtschaft insgesamt in eine Krise geriet. Zwar stagnierte in den von Kriegswirren besonders betroffenen Gebieten die Weinproduktion oder ging zurück, aber in den meisten Regionen, in denen zur Zeit des römischen Niedergangs Wein gemacht wurde, prosperierte der Weinbau weiterhin. Mancherorts wuchs die Rebfläche kontinuierlich, wie beispielsweise in Burgund, wo Wälder gerodet wurden, um Land für den Weinbau zu gewinnen. In Teilen Zentral- und Osteuropas pflanzte man sogar gerade jetzt erstmals Rebstöcke an. Im 9. Jahrhundert, als sich mit den Karolingern stabilere politische Verhältnisse etablierten, kehrte auch die Sicherheit zurück. Man nahm die Fernhandelsbeziehungen wieder auf, wodurch die Weinwirtschaft einen neuen Aufschwung verzeichnete. Dazu trug nicht zuletzt das Bevölkerungswachstum ab etwa 1000 n. Chr. bei.

Die Kirche mit ihren Bischöfen und Klöstern, die Weingüter besaßen, spielte für die Aufrechterhaltung und die Ausbreitung des Weinbaus in dieser Zeit politischer Wirren eine entscheidende Rolle. Aber nicht sie allein.[9] Die frommen und fleißigen Mönche, die ihre Rebstöcke hegten und pflegten, sind ein ideales Gegenbild zu den Barbaren aus dem Osten, die im Alkoholrausch die Rebstöcke herausrissen oder vom Alkohol betäubt die Weinberge dem Verfall preisgaben. Dies entspricht zwar der Vorstellung vom »finsteren Mittelalter«, wie man die Epoche nach dem Niedergang des Römischen Reichs seit langer Zeit nennt, ist aber eine grobe Vereinfachung.

Das Interesse der Kirche an der Förderung des Weinbaus war in der Tat ganz besonders groß. Der Klerus hatte einen ständigen Bedarf an Messwein, wenn auch in geringer Menge, der am besten durch Eigenproduktion zu decken war. Vielerorts war dies eine eher unpraktische Lösung, denn der Weinbau ist eine arbeitsintensive Tätigkeit. Häufig fehlte es an den nötigen Ressourcen, um einen Weinberg zu bestellen, der groß genug war, um Trauben in brauchbarer Menge zu ernten. Viele der kirchlichen Weinberge, von denen wir Kenntnis haben, waren sehr klein. Sie gaben zwar genügend Wein für die Liturgiefeier sowie für den Eigenkonsum des Klerus her, erwirtschafteten aber keinen Überschuss, den man hätte verkaufen können.

Manche Mönchsorden tranken täglich Wein. Die Benediktiner erhielten eine bestimmte Tagesration, sofern sie nicht ganz auf Wein verzichten konnten. Eine pragmatische Regelung, denn bereits der heilige Benedikt hatte geschrieben: »Wein ist zwar kein Getränk für Mönche. Da aber heutzutage die Mönche nicht davon zu überzeugen sind, wollen wir uns wenigstens darauf verständigen, dass wir maßvoll und nicht bis zum Überdruss trinken.«[10] Dennoch, so heißt es weiter »glauben wir, unter Berücksichtigung schwächerer Brüder, dass eine Hermina (ein Viertelliter) Wein am Tag ausreicht. Wem es aber von Gott gegeben ist, sich alkoholischer Getränke zu enthalten, dem wird dies in besonderer Weise vergolten werden.« In Anbetracht der gesundheitlichen Vorzüge des Weins stand einem kranken Mönch nach Ermessen des Abts eine höhere Ration zu. Dies widersprach der römischen Gepflogenheit, die Weinration eines kranken Sklaven, der ja nicht arbeitete, zu verringern. Der Benediktinerregel zufolge sollten sich die Mönche nicht beklagen, wenn sie aufgrund bestimmter Umstände nicht die volle Menge oder gar nichts erhielten.

Manche klösterlichen Weinberge waren von beachtlicher Größe. Im Jahr 814 besaß die Abtei Saint-Germain-des-Prés bei Paris insgesamt 20 000 Hektar kultivierbares Land, 300–400 Hektar davon waren mit Rebstöcken bepflanzt. Diese Weinberge lagen in Parzellen unweit der Flüsse Seine und Marne überall in der Umgebung verstreut. Weniger als die Hälfte bebauten die Mönche selbst, die übrigen waren an Bauern vergeben, die Pacht und Steuern in Form von Wein entrichteten. Der durchschnittliche Ertrag eines klösterlichen Weinbergs lag zwischen 30 und 40 Hektolitern pro Hektar Rebfläche. Damit standen dem Kloster jährlich etwa 640 000 Liter Wein für die Messe, den Eigenverbrauch der Mönche und den Verkauf zur Verfügung. Die Pächter, die den Wein produzierten, behielten fast 700 000 Liter für den Eigenbedarf und für den Verkauf – eine Menge, die auf einen hohen Weinkonsum unter den Bauern, auf die Existenz eines Weinmarktes oder (was wahrscheinlicher ist) auf beides schließen lässt.[11]

Die Kirche förderte den Weinbau in mehreren Regionen, die heute zu Deutschland, der Schweiz und Österreich gehören. Die Zahl der Weinbaudörfer in der Gegend um Fulda stieg zwischen dem 7. und dem 9. Jahrhundert von 40 auf fast 400, und auch im Rheingau und im Elsass war die Tendenz steigend. Ein Grund für das kirchliche Interesse an der Förderung von Rebpflanzungen war die Tatsache, dass die Kirche von allen landwirtschaftlichen Erträgen den so genannten »Zehnten« bekam, den zehnten Teil (praktisch aber weniger) der Jahresernte eines Bauern. In Form von Weinfässern war der Zehnte natürlich leichter in Bargeld umzusetzen als durch andere Feldfrüchte.

Die Kirche erhielt aber auch Schenkungen. Gregor von Tours berichtete im 6. Jahrhundert von einer frommen Witwe, die jeden Tag ein Maß Wein zu ihrer Kirche brachte. Im 11. Jahrhundert, kurz nach der hier behandelten Epoche, überreichte Robert, Graf von Leicester, pro Jahr der Kathedrale von Evreux in Frankreich drei *muid*, rund 800 Liter Messwein, der aus seinem Weinberg stammte.[12]

Manche Bischöfe besaßen eigene Weingüter. Bischof Felix von Nantes (6. Jahrhundert) hatte Weinberge im nahe gelegenen Loiretal. Andere Bischöfe waren so begeistert von der aufblühenden Wissenschaft des Weinbaus oder auch vom Weingenuss, dass sie ihre Residenzen in neue, für den Weinbau besser geeignete Gebiete verlegten.[13] Gregor von Langres (der später heilig gesprochen wurde) zog nach Dijon in die Nähe der Weinberge Burgunds, der Bischof von Tongres nach Liège und der Bischof von Saint-Quentin verlegte seine Residenz nach Noyon an der Oise, eine Gegend, die sich ebenfalls für den Weinbau eignete. Erzbischof Siegfried zwang seine Bauern, die auf Brachland auf einem Hügel bei Rüdesheim Weizen anbauen wollten, stattdessen Rebstöcke zu pflanzen.[14] Das Aachener Kirchenkonzil erließ 816 ein Dekret, demzufolge jedem Dom ein Kanonikerkolleg unter klösterlicher Aufsicht angegliedert werden musste, zu dessen Pflichten die Pflanzung eines Weinbergs gehörte.

Die religiösen Motive für die Angliederung von Weinbergen an Kirchen und Klöster liegen auf der Hand. Die Größe dieser Rebflächen überstieg den Bedarf an Messwein jedoch bei weitem. Die kirchlichen Orden waren nicht nur Großgrundbesitzer und ihre Weinberge ertragreiche Wirtschaftsunternehmen. Sie benötigten Wein auch zu den verschiedenen gesellschaftlichen Anlässen. Reisende, die häufig in Klöstern Rast machten, erwarteten ihn als Getränk und Proviant. Bei den von Äbten regelmäßig veranstalteten Festbanketten servierte man Wein. Mönche und Nonnen tranken ihn ebenfalls täglich. Der Anteil der kirchlichen Weinproduktion, der für die Messe benötigt wurde, war vergleichsweise gering.

Das lag zum Teil daran, dass die mittelalterlichen Christen selten die Kommunion empfingen, viele nicht einmal an den drei Hauptfeiertagen, die die Kirche als das absolute Minimum festgelegt hatte. Aber selbst wenn jedes Mitglied der Kirchengemeinde zur Kommunion gegangen und einen Schluck aus dem Kelch genommen hätte, wäre dies insgesamt gesehen eine geringfügige Menge gewesen. Außerdem ging die Kirche damals dazu über, den Messwein allein dem Priester vorzubehalten, während die Laien bei der Kommunion nur das Brot empfingen. Diese Abkehr von der Tradition war nicht etwa eine Folge der Weinknappheit, sondern eine Reaktion der Kirche auf eine als Irrlehre gebrandmarkte Strömung, nach der Brot *und* Wein unabdingbar für die Erlangung des Seelenheils seien. Die Kirche stellte sich auf den Standpunkt, Christus sei sowohl im Brot als auch im

Wein jeweils ganz gegenwärtig. Nicht zuletzt aufgrund der Schwierigkeiten, Wein auch in die entlegenen christlichen Gemeinden zu transportieren, machte es der Klerus zur Regel, dass das Volk bei der Messfeier nur das Brot empfing und der Priester den geweihten Wein stellvertretend für die ganze Gemeinde trank. Diese Regel wurde seit dem 11. Jahrhundert auf mehreren Konzilien bestätigt. Erst in den sechziger Jahren des 20. Jahrhunderts, fast tausend Jahre später, führte die römisch-katholische Kirche die Kommunion mit Messwein wieder ein.

Möglicherweise wurde das Verbot, den Laien Wein zu reichen, durch die Priester dadurch umgangen, dass sie ihnen ungeweihten Wein gaben und den geweihten Wein selbst tranken. Der kirchliche Bedarf für rein religiöse Zwecke war dennoch gering, obwohl Wein im christlichen Ritual und in der christlichen Lehre seinen hohen Stellenwert weiterhin nicht einbüßte. Den Großteil des von der Kirche konsumierten Weins genossen die Kleriker bei Anlässen, die wenig oder nichts mit der Religion zu tun hatten. Bischöfe und höherrangige Klosterbrüder tranken täglich Wein, desgleichen die gewöhnlichen Mönche, falls ihr Kloster einen eigenen Weinberg hatte. In Gegenden, wo es keine Weinberge gab und der Wein deshalb kostspieliger war, tranken die Mönche in der Regel Bier. Wein gab es dort nur zu besonderen Anlässen, etwa an Feiertagen.

Zahlreiche Weinberge waren trotzdem in nichtkirchlichem Besitz. Sie gehörten Adeligen und Fürsten, die Wein für den Eigenbedarf und für den Verkauf produzierten. Es war üblich, den Gästen Wein anzubieten. Ein Festbankett ohne Wein war damals ebenso undenkbar wie heute. Heute ist es schwierig, diese weltlichen Weingüter zu charakterisieren und zu quantifizieren, weil viele Dokumente, die über das von nichtkirchlichen Eigentümern bebaute Land Auskunft geben könnten, verloren gegangen sind. Aufzeichnungen von Klöstern haben dagegen im Allgemeinen die Zeiten überdauert, da die religiösen Orden in einer langen, ununterbrochenen Tradition standen und die Mönche nicht nur des Lesens und Schreibens kundig waren, sondern das geschriebene Wort schätzten und bewahrten.

Vieles, was wir heute über nichtkirchliche Besitztümer wissen, stammt aus Testamenten, in denen Weinberge an Kirchen und Klöster vererbt wurden. Im 6. oder 7. Jahrhundert n. Chr. vermachte beispielsweise die Pariser Adelige Ementrud ihrem Gefolge und mehreren Pariser Kirchen Grundbesitz, darunter auch Weinberge. Einen kleinen Weinberg überließ sie ihrer Sklavin, der sie die Freiheit schenkte.[15] Bei seiner Gründung im Jahr 764 erhielt das Kloster St. Nazarius in Lauresham bei Heidelberg zwei Weinberge als Schenkung, und im Laufe der folgenden hundert Jahre kamen viele weitere hinzu. 864 zählte dieses Kloster über hundert Weinberge allein im nahe gelegenen Dienheim.[16] Das mit Reben bepflanzte Land der Kirche wuchs stetig. Dennoch blieben viele Weinberge in weltlichem Besitz, wo die Menschen sie von Generation zu Generation weitervererbten.

Es ist unmöglich, genau zu berechnen, wie viele Weinberge Westeuropas sich in den Jahrhunderten nach dem Zusammenbruch des Römischen Reichs in kirchlichem beziehungsweise weltlichem Besitz befanden. Von den zweiundvierzig Besitzungen, die im Domesday Book (dem Grundbuch Englands aus dem späten 11. Jahrhundert) aufgeführt werden, befanden sich lediglich zwölf in der Hand von Klöstern. Damit war der klösterliche Anteil in England wohl kleiner als auf dem europäischen Festland, denn es ist wahrscheinlich, dass viele englische Weinberge erst durch normannische Herren in den zwei Jahrzehnten zwischen der Eroberung Englands und dem Zensus angelegt wurden, der die Grundlage des Domesday Book bildete. Trotzdem lässt das Grundbuch den Schluss zu, dass ein beträchtlicher Teil von Weinbergen auch anderswo in Europa nichtkirchliches Eigentum war. Mangels brauchbarer Aufzeichnungen aus dem frühen Mittelalter können wir keine gesicherten Aussagen treffen. Aber die Tatsache, dass kirchliche und klösterliche Dokumente die Jahrhunderte in großer Zahl überstanden, sollte uns nicht zu der falschen Schlussfolgerung verleiten, ausschließlich der Klerus wäre im Besitz von Weinbergen gewesen und er allein hätte den Weinbau vor dem Ansturm der Barbarenhorden gerettet.

In mancherlei Hinsicht waren die Klöster und Diözesen jedoch in einer besseren Situation als die weltlichen Weinbergbesitzer: Klösterliches Grundeigentum wurde nicht durch Erbteilung auseinander gerissen. Die gesetzlichen Erbschaftsregelungen waren zwar von Land zu Land unterschiedlich, aber vielerorts mussten die Grundbesitzer ihr Eigentum auf mehr als einen Erben aufteilen. Damit wurde das Land in immer kleinere, wirtschaftlich oft nicht mehr rentable Parzellen gegliedert. Die Vorstellung, dass die Mönche weltlichen Dingen abgeneigt und den ganzen Tag ins Gebet vertieft gewesen wären, ist falsch. Sie waren mit der materiellen Welt der Natur durchaus vertraut, studierten landwirtschaftliche Anbautechniken, wandten wissenschaftliche Weinbaumethoden an und experimentierten mit Trauben und anderen Früchten. Sie lernten, Rotwein mit Eiweiß und Weißwein mit Fischleim zu klären und zu schönen.

Für die Nebenprodukte beim Weinmachen fanden die Mönche vielfältige Verwendung. Minderwertigen oder verdorbenen Wein benutzten sie als Essig. Die Trauben, aus denen sie keinen Wein gewannen, wurden gegessen, zu Saft gepresst und zum Einlegen von Schinken oder Käse verwendet. Aus Traubenkernen stellten die Glaubensbrüder ein Würzmittel oder ein Öl her, das sie zu Seife verarbeiteten. Weinblätter und überschüssiges Rebholz wurden im Herbst als Viehfutter und im Winter als Brennstoff verwertet.[17]

Es steht außer Zweifel, dass die Kirche zu jener Zeit die wichtigste Triebfeder für die Verbreitung des Weinbaus in vielen Gegenden war. Mit der Ausbreitung des Christentums in Europa unterstützten Priester die Anlage von Weinbergen, wo immer die Bedingungen dafür günstig waren, um sich selbst mit Wein zu versorgen. Von besonderer Bedeutung war dies in den Gebieten abseits der traditionellen Weinbauregionen. Wein war zu jener Zeit eine hoch empfindliche Ware, wurde schnell sauer und vertrug keine langen Transportwege. Die Reben breiteten sich mit dem Christentum aus. So kam es, dass sie sogar im frühmittelalterlichen Polen angebaut wurden. Das bezeugt die große Zahl von Ortschaften mit dem Namen »Winnica«.[18] Auch im Westen Deutschlands wurden ab dem 6. Jahrhundert neue Weinberge angelegt. Im Laufe von drei Jahrhunderten hatten sich die Bewohner von dreiundachtzig Dörfern der Pfalz, dreiundzwanzig Dörfern Badens und achtzehn Dörfern Württembergs dem Weinbau verschrieben. Auch hier brachten in manchen Gegenden wie dem Maintal und in Freising christliche Missionare den Weinbau mit.[19] An anderen Orten wurde die Weinherstellung durch andere Faktoren gefördert. Die Magyaren, die Ende des 9. Jahrhunderts den Süden Ungarns eroberten, erwarben ihre diesbezüglichen Kenntnisse vermutlich von kaukasischen Völkern.[20]

Im Osten des einstigen Römischen Reichs, in Byzanz, hatte man andere Probleme. Hier florierten Landwirtschaft und Weinbau, während im Westen politische Wirren und wirtschaftliches Chaos herrschten. In Judäa ging der Weinbau zwar zurück, im östlichen Mittelmeerraum erfuhr er jedoch einen Aufschwung, der an die Blütezeit in der Antike erinnerte. Griechenland und seine Inseln waren nach wie vor wichtige Weinproduzenten. Ab dem 4. Jahrhundert produzierte man hier und in der Türkei aus Muskateller-Trauben einen süßen Wein. Aufgrund seiner Herkunft aus dem Gebiet des heutigen Römischen Reichs wurde er in Nordeuropa unter dem Namen Romania-Wein bekannt. Durch die Ausbreitung der Klöster und die wachsende Beliebtheit von Pilgerfahrten ins Heilige Land entstanden Weinberge im Negev, im Süden des heutigen Israel.

Auch im Byzantinischen Reich waren die Weinberge teils in kirchlichem, teils in weltlichem Besitz. Mit der Sitte, Weinberge an Klöster zu vererben oder zu verschenken, wuchs der kirchliche Grundbesitz beständig. Die Ordensregeln sahen Wein im Allgemeinen nicht nur zum Abendessen, sondern ebenso zum Frühstück vor. Manche Orden gestanden jedem Mönch zwei Becher Wein pro Tag zu. Immer wieder versuchten religiöse Abweichler, den Wein zu ächten, aber Kirchenväter wie Basilius der Große lehnten dies konsequent ab. Wein war und blieb neben Brot auch in Byzanz das Grundnahrungsmittel schlechthin. Die Buße beinhaltete oft Weinentzug. Damit entging dem Sünder weniger ein wohlschmeckendes Luxusgetränk, er musste vielmehr auf ein Grundnahrungsmittel verzichten.

Die Weine der Ägäis, die von den antiken griechischen Schriftstellern so sehr gepriesen wurden, genossen auch im Mittelalter hohes Ansehen. Die byzantinischen Kenner klassifizierten sie entsprechend ihrer Farbe (weiß, gelb, rot, schwarz), ihres Körperreichtums und ihres Geschmacks. Sie wurden aber nicht nur getrunken, sondern auch zum Kochen und für medizinische Zwecke verwendet. Im militärischen Bereich erfüllte Wein zur damaligen Zeit einen völlig anderen Zweck: In Wein und Salz getränktes und anschließend getrocknetes Leinen war derart hart, dass man es anstelle einer Rüstung tragen konnte. Soldaten wappneten sich jetzt innerlich und äußerlich mit Wein für den Kampf.

Die instabilen Verhältnisse in Europa nach dem Zusammenbruch des Weströmischen Reichs beeinträchtigten Weinbau, Weinerzeugung und Weinhandel. Mit dem Aufstieg der Karolinger Ende des 8. Jahrhunderts kam die Wende. Kaiser Karl der Große förderte die Weinproduktion auf vielfältige Weise. So soll er die Pflanzung der ersten Rebstöcke im Rheingebiet angeordnet und dem Kloster Saulieu einen Teil des berühmten Berges Corton in Burgund zum Geschenk gemacht haben. Der Wein dieser Lage trägt noch heute den berühmten Namen Corton-Charlemagne. Der neue Kalender, der den römischen Kalender ersetzte, bestimmte den Oktober als Windume-Manoth, den Monat der Weinlese. Karl der Große erließ darüber hinaus Hygienevorschriften für die Weinbereitung. Eine davon verlangte, die Trauben mit Pressen und nicht mit den Füßen zu keltern. Es ist unwahrscheinlich, dass diese Verordnung die Techniken der Weinherstellung wesentlich veränderte, denn noch viele Jahrhunderte lang wurden Trauben mit den Füßen gestampft.

Besonders für eine französische Weinbauregion war die Karolingerzeit eine äußerst fruchtbare Epoche: die Champagne. Zahlreiche große Klöster dieser Region, darunter auch Epernay, waren Gründungen des 7. Jahrhunderts, auf deren Domänen bald Reben angepflanzt wurden. Innerhalb von zweihundert Jahren war die Rebfläche der Champagne groß genug, um Teilregionen zu unterscheiden. Der Aufschwung der Champagne-Weine ist eng verknüpft mit der Krönung Ludwigs, dem Sohn Karls des Großen, im Jahr 816 in Reims. Die hohen Gäste, die an den Krönungsfeierlichkeiten teilnahmen, hatten ausgiebig Gelegenheit, von den einheimischen Weinen zu kosten. Mit dem Aufstieg der Stadt Reims zum traditionellen Krönungsort der französischen Könige gewannen die Champagne-Weine eine königliche Aura, was sich noch verstärkte, als man das typische Produkt der Region als Champagner zu bezeichnen begann.

Ob gezielt oder nicht, die Politik der Karolinger förderte das Geschäft mit dem Wein. Karl der Große selbst war allerdings nur ein gemäßigter Weintrinker. Selten nahm er mehr als drei Becher Wein zum Essen, und er verhängte drakonische Strafen bei Trunkenheit. Letztlich war es weniger die direkte Förderung des Kaisers, die zu einem Neuaufschwung von Weinerzeugung und Weinhandel führte, als vielmehr die politische Stabilität, die er nach jahrhundertelangen territorialen Auseinandersetzungen in Europa schuf.

Der beste Beweis für den Fortbestand der Weinproduktion in Westeuropa nach dem Zusammenbruch des Römischen Reichs ist der weit verbreitete Konsum. Alkohol (Bier wie Wein) war ein Bestandteil der germanischen Kultur, und die wichtigsten Entscheidungen der Gemeinschaft – die Wahl von politischen Führern, die Entscheidung über Krieg und Frieden, Eheschließungen – wurden bei Festbanketten und Trinkgelagen getroffen. Trinken war nicht zuletzt ein Ritual, das die Männer zusammenschweißte, und der Konsum großer Mengen Alkohol galt als Zeichen von Männlichkeit. Der Bischof von Arles in Südfrankreich, der strenge Ansichten über das Trinken vertrat, stellte mit Abscheu fest, dass Betrunkene nicht nur Spott für diejenigen übrig hatten, die abstinent waren, sondern dass sie auch deren Männlichkeit infrage stellten.

Und dennoch: Es wurde viel gezecht. Historische Dokumente legen nahe, dass der Weinrausch ein geläufiges Phänomen war. Sofern hier Überlieferungen als beweiskräftig gelten können, waren die Angelsachsen am trinkfestesten, denn von dort stammen mehr Bemerkungen über Besäufnisse als aus dem gesamten restlichen Europa.[21] Es gibt allerdings keinen triftigen Grund, anzunehmen, dass die Bevölkerung des europäischen Festlandes viel weniger trank. Aus dem merowingischen Gallien besitzen wir zahlreiche Berichte über Trunkenheit in aller Öffentlichkeit. Wir kennen Schilderungen von Betrunkenen, die durch die Straßen torkelten, sich erbrachen und randalierten, falls sie noch dazu in der Lage waren. Trinkbecher mit Spuren von Bier oder Wein, die auf eine etablierte Trinkkultur verweisen, wurden in Gräbern überall in Frankreich und Süddeutschland gefunden. Manche dieser Becher tragen Inschriften wie »Ich bin durstig«, »Füll den Becher, gieß ein« und »Freut euch mit mir«.

Ein Historiker beschrieb die karolingische Zeit als eine »vom Wein besessene Epoche«.[22] Zweisprachige lateinisch-deutsche Handbücher begannen für gewöhnlich mit dem lebensfrohen Satz: »Gebt mir zu trinken«. Überall in Stadt und Land boten Weinschenken Gelegenheit zur Geselligkeit. Aus religiösen und wohl auch profanen Gründen scheint insbesondere der Klerus dem Weingenuss gefrönt zu haben. Mussten die Mönche vor anstürmenden Normannen fliehen, nahmen sie oftmals ihre Weinvorräte mit sich. Als im Jahr 845 die Mönche von Saint-Germain nach einem Normanneneinfall in ihr Kloster zurückkehrten, dankten sie Gott nicht nur für ihre Rettung, sondern auch für die Unversehrtheit ihres Weinkellers, in dem ausreichend Vorräte bis zur nächsten Lese lagerten.[23]

Mit der Ausbreitung des Christentums unter den Völkern Europas wurde dort auch der Weinbau heimisch. Die Kirche stand vor dem Problem, dass viele Gläubige – Klerus wie Laien, Männer wie Frauen – zu viel und zu oft tranken. Wein, der in der Bibel und in der kirchlichen Liturgie eine wichtige Rolle spielte, musste in einem positiven Licht gesehen werden, während gleichzeitig unmäßiges Trinken und Trunksucht schwerwiegende Probleme darstellten. Die Kirche verurteilte den übermäßigen Weingenuss. Trotzdem hielt sich hartnäckig die Vorstellung, der

Alkoholrausch sei ein Zustand der spirituellen Ekstase. Viele Kirchenväter plädierten für einen »nüchternen Rausch«, für einen Zustand der geistigen Glückseligkeit ohne Weingenuss – wodurch womöglich manche weniger Fromme veranlasst wurden, zum Wein zu greifen, um schneller ans Ziel zu gelangen.

Im Großen und Ganzen jedoch trat die Kirche der Trunkenheit und dem Rausch entschlossen entgegen. Nicht nur von einzelnen Kirchenmännern, auch auf Konzilen wurde das Problem immer wieder zur Sprache gebracht. Unmäßiges Trinken galt unter sozialen, moralischen und spirituellen Aspekten als verderblich. Im 6. Jahrhundert verurteilte Caesarius, der Bischof von Arles, die Trunksucht aus drei Gründen: Der Rausch führe zu Gewalttätigkeit und Sünde, zu Verschwendung von Geld, das besser für mildtätige Zwecke ausgegeben werden sollte, und zu gotteslästerlichem Verhalten. Berichte aus der Zeit des Bischofs illustrieren dies eindrücklich. Eberulf, der Schatzmeister König Childeberts II. (570–595), »rang einen Priester auf einer Bank nieder, schlug ihn mit Fäusten und traktierte ihn mit Schlägen, nur weil er dem betrunkenen Eberulf keinen Wein mehr geben wollte«. Es wurden Klagen laut, dass die Leute den Armen ein Almosen verweigerten und zu ihnen sagten: »Geh, Gott wird dir geben«, während sie selbst teuren Wein in großen Mengen tranken. Zecher stießen in gotteslästerlicher Weise auf Engel und Heilige an – mit Wein, der sie betrunken machte und zur Sünde verführte.

Der Klerus benahm sich keineswegs besser als das Volk. Cautinus, der Bischof von Tours, soll »oft derart betrunken gewesen sein, dass ihn vier Männer von der Tafel wegtragen mussten«. Der Bischof von Soissons war, so will es die Geschichte, »aufgrund seines unmäßigen Trinkens fast vier Jahre lang nicht bei Verstand gewesen«, und man musste ihn einsperren, wenn der König zu Besuch in der Stadt weilte.[24] Gregor von Tours klagte, die Mönche verbrächten mehr Zeit in den Schenken als beim Beten in ihrer Zelle. Im Jahr 847 bestimmte das Konzil von Prelates, Mitglieder religiöser Orden, die bis zur Besinnungslosigkeit tranken, müssten vierzig Tage Buße tun und auf Fett, Bier und Wein verzichten.

Trinken und Trunksucht waren Themen in den Bußbüchern für Priester, die das Strafmaß für die Sünden festlegten. Für Geistliche, von denen die Kirche ein höheres Maß an Selbstdisziplin erwartete, waren die Bußen bei Trunkenheit höher bemessen als für Laien, und für den höheren Klerus wiederum höher als für Mönche und Pfarrer. Ein dem englischen Benediktinermönch Beda Venerabilis zugeschriebenes Pönitenzbuch aus dem frühen 8. Jahrhundert legte die Buße für Trinken fest, bei dem »sich der Geist trübt, die Zunge stockt, der Blick wild wird, Benommenheit, Blähungen und Schmerzen die Folge sind«. Schon allein diese Beschwerden waren gewiss Strafe genug, doch der Sünder musste Buße tun und auf Wein und Fleisch verzichten. (In den ersten Tagen nach einem solchen Rausch war der Verzicht auf Wein gewiss kein Problem.) Die Dauer der Buße war folgendermaßen gestaffelt: für einen Laien drei und für einen Priester sieben Tage, für einen Mönch zwei, für einen Diakon drei, für einen Presbyter vier und für einen Bischof fünf Wochen.[25]

Ein Bußbuch aus dem Kloster Silos in Spanien traf weitergehende Unterscheidungen. Ein betrunkener Geistlicher musste im Normalfall zwanzig Tage Buße tun. Wenn er sich übergeben hatte, waren vierzig Tage fällig, und wenn er Hostie und Messwein erbrochen hatte, sechzig Tage. Für einen Laien war die Buße bei denselben Vergehen niedriger bemessen: zehn, zwanzig und vierzig Tage.[26]

Die schlichte Tatsache, dass Trunkenheit in den Pönitenzbüchern aufgeführt ist, darf uns nicht zu der Annahme verleiten, dass die Menschen im frühmittelalterlichen Europa ständig betrunken waren. Allerdings zählte Wein in den Anbaugebieten und dort, wo er leicht erhältlich war, zu den Grundnahrungsmitteln und zu den Hauptgetränken bei geselligen und feierlichen Anlässen. Die Barbareneinfälle scheinen der Produktion des Weins und seinem kulturellen Stellenwert keinen größeren Schaden zugefügt zu haben. Seit dem 7. Jahrhundert drohte jedoch eine sehr viel größere Gefahr: der Aufstieg des Islam.

Mohammed verbot die Herstellung und den Genuss von Alkohol. Die Folge war, dass überall, wo der Islam Fuß fasste, kein Bier mehr gebraut und kein Wein mehr gemacht wurde. Im frühen 8. Jahrhundert hatten die islamischen Reiterscharen fast den gesamten Nahen Osten, ganz Nordafrika entlang der Mittelmeerküste, Spanien, Portugal, ja kurzzeitig sogar den Südwesten Frankreichs erobert. Dort, wo einst blühende Geschäfte mit dem Wein betrieben worden waren und dieser eine wirtschaftlich wie kulturell bedeutende Rolle spielte, wurde der Alkoholkonsum verboten.

Dem islamischen Alkoholverbot lag die Zweischneidigkeit des Alkohols als geselligkeitsstiftendes und gleichzeitig sozial zerstörerisches, Gewalttätigkeit auslösendes Getränk zugrunde. Der Koran nimmt mehrfach positiv und negativ Bezug auf Wein. Wein wird als Rauschmittel und als gesundes Getränk beschrieben. Eine spezielle Stelle des Korans aber ist zentral für das islamische Verbot: »O ihr, die ihr glaubt, siehe, der Wein, das Spiel, die Bilder und die Pfeile sind ein Gräuel von Satans Werk. Meidet sie; vielleicht ergeht es euch wohl. Der Satan will nur zwischen euch Feindschaft und Hass werfen durch Wein und Spiel und euch abwenden von dem Gedanken an Allah und dem Gebet. Wollt ihr deshalb nicht davon ablassen?«[27] Dieser Vers muss als Antwort auf Konflikte innerhalb der frühen muslimischen Gemeinschaft gelesen werden.

Einmal besuchte Mohammed das Haus eines Freundes, in dem eine Hochzeit gefeiert wurde, und er war erfreut über die vorteilhafte Wirkung des Weins auf die Gäste. Sie waren fröhlich und ausgelassen und umarmten einander. Als er ging, segnete er den Wein wegen seiner positiven Wirkung. Als er aber am folgenden Tag wiederkam, fand er ein Blutbad vor. Die Gäste hatten zu viel Wein getrunken, und Streit war ausgebrochen. Der Prophet änderte seinen Segen in einen Fluch ab und verbot seinen Anhängern streng, Wein zu trinken. Das Problem war wieder einmal nicht der Weingenuss an sich, sondern die Unmäßigkeit. Und in Mohammeds Vision des Paradieses, wo es keinen Missbrauch gibt, fließen »Ströme köstlichen Weins«.

Mohammed verhinderte die Weinerzeugung, indem er die Herstellung und Lagerung von Fruchtsaft auf bestimmte Gefäße beschränkte. Statt Gurden, glasierten Weinkrügen, mit Pech ausgestrichenen Tongefäßen und ausgehöhlten Palmbaumstämmen durften die Gläubigen nur Schläuche aus Tierhäuten verwenden. Dies verhinderte nicht die Gärung, denn bekanntermaßen wurde im alten Griechenland in Tierhäuten manchmal auch Wein hergestellt. In der Tat deutet vieles darauf hin, dass Mohammeds Ehefrauen in solchen Tierhäuten einen leicht vergorenen Trank zubereiteten: »Wir bereiteten *nabidh* [Dattelwein] ... in einem Schlauch; wir nahmen eine Hand voll Datteln oder eine Hand voll Trauben, taten sie in den Schlauch und gossen Wasser darüber. Den auf diese Weise morgens zubereiteten *nabidh* trank er am Abend, und wenn wir den Trank am Abend zubereiteten, trank er ihn am Morgen.« *Nabidh* muss ein leicht vergorenes und alkoholarmes Getränk gewesen sein. Ob man es als Wein bezeichnen kann, ist eine Frage der Definition.

Die tatsächlichen Auswirkungen der muslimischen Eroberung auf den Weinbau und die Weinproduktion waren weniger eindeutig, als es das Verbot des Propheten erwarten ließ. Erfahrungen unserer Tage mit dem Versuch, den Konsum von Alkohol in Gesellschaften zu verbieten, in denen er bereits fest verankert ist, legen nahe, dass die muslimischen Führer auf beträchtlichen Widerstand stießen. Es bedurfte schon entschiedener Anstrengungen, mit der Einführung des neuen Glaubens die alteingesessenen Trinkgewohnheiten zu ändern. Jahrzehnte nach der Entstehung des Islam schrieb der arabische Dichter Abu Dschilda al-Yaskuri reumütig über die alten Zeiten:

> Einst wurde ich reich durch vorzüglichen Wein,
> Ich war vornehm und ein angesehener Mann in Yaskur.
> Das war eine Zeit, deren Freuden vorbei sind –
> Ich habe sie eingetauscht gegen ein unvergängliches Ansehen.[28]

Das Alkoholverbot wurde in den verschiedenen Teilen des islamischen Reichs in unterschiedlicher Weise durchgesetzt. Größere Strenge waltete in den Gebieten, die dem geografischen Ursprung des Islam benachbart waren, auch wenn dieser in seiner Frühzeit den Wein durchaus tolerierte. Die Mekka am nächsten liegenden Weinberge waren tausendfünfhundert Kilometer weit entfernt, aber christliche und jüdische Kaufleute schafften Wein aus Syrien und anderen Ländern herbei. Er wurde in Schenken und auch am Hof des Kalifen von Bagdad getrunken.

In den weiter entfernten Eroberungsgebieten nahmen die islamischen Herrscher eine zunehmend tolerantere Haltung gegenüber den althergebrachten Traditionen ein. In Spanien, Portugal, Sizilien, Sardinien und Kreta verfolgten sie unterschiedliche Strategien. Einige Herrscher verboten zwar offiziell die Weinproduktion, drückten in der Praxis aber ein Auge zu und erhoben sogar eine Weinsteuer. In arabischen Quellen ist von ausgedehnten Weinbergen im südlichen Spanien, besonders in Andalusien, sowie in der Region um Coimbra in Portugal die Rede. Der islamische Landbau war so fortgeschritten, dass die Zahl der Rebsorten ständig wuchs. Manche landwirtschaftlichen Texte enthalten Anweisungen über den Umgang mit Gärfässern.

Eine spitzfindige Auslegung des Alkoholverbots durch muslimische Rechtsgelehrte in Spanien erlaubte sogar den Weinrausch. Man argumentierte, das im Koran ausgesprochene Verbot beziehe sich auf Traubenwein, daher unterliege Dattelwein nicht dem Verbot. Aber wenn Dattelwein erlaubt war, so folgerte man weiter, musste dasselbe für Traubenwein gelten, solange dieser nicht stärker war als jener.[29] Derartige Sophistereien wurden freilich nicht von allen muslimischen Gelehrten geteilt, widerlegte diese Interpretation doch nicht den Einwand, dass Weintrinken zumindest den Frommen vom Nachdenken über Gott ablenkte, auch wenn er nicht gleich der Trunksucht und der Unmoral verfiel. Obwohl es über die Bedeutung des Weins und den Sinn seines Verbots unter den Rechtsgelehrten immer wieder Debatten gab, war man sich über das Verbot des Rausches jedoch grundsätzlich einig.

Die Möglichkeit des Weingenusses scheinen die Muslime in Spanien gern wahrgenommen zu haben, auch wenn sie weniger Wein tranken als die Christen.[30] Sie veranstalteten auch Gastmähler, die an griechische Symposien erinnerten. Nach dem Essen ließen sich die Männer auf Kissen nieder und tranken mit Wasser vermischten Wein, der ihnen von Knaben eingeschenkt wurde. Man führte Gespräche, rezitierte Gedichte und ließ sich von Sängerinnen und Tänzerinnen unterhalten. Die Gäste saßen die ganze Nacht lang zusammen, tranken, redeten und nickten ein, wachten auf und tranken weiter. Ähnliche Zusammenkünfte pflegten die Juden im muslimischen Spanien. So entstand ein neues literarisches Genre, das zwischen dem 10. und 12. Jahrhundert seine Blütezeit erreichte. In manchen dieser Gedichte wird die Kraft des Weins besungen, Sorgen zu vertreiben und Freude zu bringen. Andere besangen den Wein und sein Aussehen, sein Alter und sein Aroma.[31]

Entgegen der in einigen Regionen herrschenden Toleranz versuchten manche Herrscher, das islamische Gesetz in Spanien strenger zu handhaben. Im 10. Jahrhundert ordnete der Kalif Osman die Rodung von zwei Dritteln der Weinberge von Valencia an. Die Trauben der restlichen Reben sollten frisch oder als Rosinen getrocknet gegessen werden. Aber welche Rückschläge die spanische Weinwirtschaft auch zu erleiden hatten, sie erholte sich rasch, als im 12. Jahrhundert auf der gesamten iberischen Halbinsel die christliche Herrschaft wieder errichtet wurde.

Die vielen Verträge über Weingärten aus Aragonien in der Zeit zwischen 1150 und 1180 lassen darauf schließen, dass man Wein auch exportierte. Mitte des 13. Jahrhunderts jedenfalls verschiffte Spanien große Mengen davon nach England.

Doch auch im islamischen Kernland produzierte man wahrscheinlich weiterhin Wein. Das muslimische Alkoholverbot bezog sich auf Wein, nicht jedoch auf Trauben, die nach wie vor in großen Mengen angebaut und frisch oder getrocknet verzehrt wurden. Wenn die für die Weinproduktion bestimmten Rebstöcke zerstört waren, konnte man aus Tafeltrauben immer noch einen dünnen, vermutlich ziemlich süßen und mit Sicherheit leicht verderblichen Wein herstellen. So setzte man sich mancherorts über das gesetzliche Verbot hinweg.

Das Abstinenzgebot blieb nicht ohne Folgen für die Kultur. Wein spielte in der klassischen arabischen Literatur, die ihn mit Liebe und Erotik in Verbindung brachte, eine zentrale Rolle. Zwar blieb der Wein auch im Islam ein Thema, doch man entwickelte literarische Strategien zur Anpassung an das neue Glaubensgesetz. Abu Nuwas, ein Dichter aus dem späten 8. Jahrhundert, begehrt in einigen seiner Gedichte gegen das Alkoholverbot auf: »Du hast mich Gottesfurcht gelehrt … Wenn du aus Furcht vor Gottes Strafe nicht mit mir trinken willst, dann trinke ich eben allein«.[32] Im 12. und 13. Jahrhundert machte eine Gruppe von persischen Dichtern, von denen Omar Khayyam der wohl bekannteste ist, Wein und Liebe zum Mittelpunkt ihrer Lyrik. Khayyams *Ruba'iyat* ist ein versreiches Poem zum Lob des Weins, in dem es heißt: »Ich kann nicht leben ohne die schäumende Rebe / Nicht tragen des Körpers Last ohne den Wein.« Und an einer anderen Stelle:

> Es heißt, Liebende und Säufer kommen in die Hölle,
> Ein umstrittener Satz, der nicht leicht hinzunehmen ist:
> Wenn der Liebende und der Säufer in die Hölle kommen,
> Wird morgen das Paradies leer sein.[33]

Es ist möglich, aber unwahrscheinlich, dass der in diesen Zeilen beschworene Wein nur noch eine kulturelle Reminiszenz war. Höchstwahrscheinlich wurden Wein und andere alkoholische Getränke wie Dattelwein und Wein aus getrockneten Trauben trotz des offiziellen Verbots produziert und konsumiert, wenngleich die Kultur des Weintrinkens nur noch ein Schatten vorislamischer Zeiten war. Es ist schwierig, die Folgen des Islam für den Wein genau zu bestimmen. Mit Sicherheit lässt sich jedoch sagen, dass es Weinberge für Tafeltrauben gab, dass der Wein, den man weiterhin in sehr viel geringerer Menge herstellte, von schlechterer Qualität war und dass die Weinkultur insbesondere im Nahen Osten und in Nordafrika praktisch unterging.

Das Frühmittelalter vom Untergang des Römischen Reichs bis zum Ende des ersten nachchristlichen Jahrtausends brachte eine Reihe von Rückschlägen in der Geschichte des Weins. In Europa selbst, im Nahen Osten, in Nordafrika und auf der iberischen Halbinsel kam die Bedrohung von außen, durch kulturelle und religiöse Kräfte, die den Weingenuss verurteilten. Aber die Barbaren standen dem Wein grundsätzlich aufgeschlossen, ja positiv gegenüber, und auch der Islam verbannte das Weinmachen keineswegs ganz aus den neu eroberten Gebieten. Die politischen Wirren jener Zeit erschütterten zwar das Geschäft mit dem Wein, aber zumindest in Europa behielt er seinen kulturellen Stellenwert. Und dies bereitete den Boden für den Aufschwung der Weinkultur im Spätmittelalter.

Vier

Der Wein kommt wieder
Das Mittelalter, 1000–1500

Um das Jahr 1000 wurde überall in Europa Wein angebaut, auch in Gegenden, wo die Erträge aufgrund des Klimas gering ausfielen, man nur unregelmäßig Ernten einbringen konnte und der Wein von minderer Qualität war. Das sollte uns jedoch nicht allzu sehr überraschen. Flandern und England eignen sich nur bedingt zum Weinbau, aber noch heute wird dort kommerziell in geringen Mengen Wein produziert. Aus anderen Regionen wie der Normandie, wo man damals ebenfalls mit Wein sein Glück versuchte, ist er heute verschwunden. In den fünfhundert Jahren nach der ersten Jahrtausendwende begann sich die Geografie des Weinanbaus zu verschieben, und zwar aufgrund neuer, großer Märkte, die durch die Bevölkerungsexplosion und durch die wachsende Zahl von Weinliebhabern entstanden. Zu jener Zeit kristallisierten sich einige wichtige französische Weinbauregionen wie Bordeaux, Beaune und das Rhônetal heraus, die sehr spezifische, unterschiedliche Märkte bedienten. Das späte Mittelalter legte in mancher Hinsicht die Grundlagen für die moderne europäische Weinwirtschaft.

Das zweite Jahrtausend nach Christus fängt mit einer abenteuerlichen Weingeschichte an. Leif Eriksson, der um 1000 n. Chr. von Grönland aus westwärts segelte, stieß auf ein Land, das er wegen der dort üppig wachsenden Trauben »Vinland« (Weinland) nannte. Wahrscheinlich lag es an der Nordküste Neufundlands, wo es heute zu kalt für Weinreben ist, vor tausend Jahren aber durchaus Wildreben gegeben haben könnte. Der Sage nach, in der uns die Geschichte von Leif Eriksson überliefert ist, wurde der Wein von einem seiner Begleiter, einem Deutschen, gefunden, der von sich behauptete: »Wo ich geboren bin, da gab es viel Reben und Trauben«. Späteren Berichten von »Vinland« aus dem 11. Jahrhundert zufolge war der Grund der Namensgebung »der Umstand, dass dort Trauben von ganz alleine wachsen und den besten Wein ergeben«.[1]

Dieses Weinland bleibt ein großes Rätsel. Es ist äußerst unwahrscheinlich, dass die Entdecker tatsächlich Wein vorfanden. Vielleicht war der Name »Vinland« nur Ausdruck des Wunsches, Wein in fernen Ländern zu finden. Aber wenn es Reben und keinen Wein in der Gegend gab, warum nannten sie es dann nicht »Vinberland« (Rebenland)? Neuerdings nimmt man an, Leif Eriksson und seine Männer hätten sich geirrt, und ihre »Trauben« seien nichts anderes gewesen als Preiselbeeren.[2] Falls das stimmt und diese Preiselbeeren vergoren wurden, dann war das daraus entstehende Getränk der Vorläufer des Beerenweins, den heute die Neufundländer herstellen.

Ob es in Neufundland um 1000 n. Chr. Trauben gab oder nicht, mag dahingestellt bleiben. Fest steht jedenfalls, dass mit dem neuen Jahrtausend Weinanbau und Weinproduktion in weiten Teilen Europas Verbreitung fanden. Im 10. und 11. Jahrhundert rodeten französische Landbesitzer Wälder und legten Sümpfe trocken, um Reben anzupflanzen, und viele Großgrundbesitzer machten aus weniger fruchtbarem Land Weinfelder. In Spanien breitete sich mit dem Rückzug der Mauren von der Halbinsel der Weinbau aus. Ähnlich war es im 10. und 11. Jahrhundert in Deutschland, wo sich das Rheinland, Schwaben, Franken und Thüringen zu Weinbaugebieten entwickelten.[3] Weiter östlich schritt der Rebenanbau zu Beginn des 14. Jahrhunderts mit der Rodung der Wälder bis an die Grenze Ungarns vor. Damals erschlossen die ungarischen Winzer das Gebiet um die Stadt Tokaj. Diese lieh ihren Namen dem berühmten süßen Wein, der dort seit dem 17. Jahrhundert produziert wird.[4]

Auch in England florierte der Weinbau zunächst. Das Domesday Book zählte im 11. Jahrhundert zweiundvierzig Besitzungen. Doch zweihundert Jahre später, als die englischen Weinbauern sich der Konkurrenz aus dem Ausland geschlagen geben mussten, wurden mehr als 1 300 Weinpflanzungen gerodet, um das Land mit anderen Feldfrüchten zu bebauen. Italien bildete keine Ausnahme, wie aus einem Gedicht von Michelangelo Tanaglia hervorgeht:

> Es ist nun an der Zeit, so meine ich,
> auf allen Hügeln, unermüdlich,
> Reben zu pflanzen, die besten Sorten,
> und Bacchus zu ehren allerorten ...[5]

Die fortschreitende Ausdehnung des Weinbaus in Europa lag in der plötzlich wachsenden Nachfrage und in der ansteigenden Zahl der Konsumenten begründet. Zwischen 1000 und 1300 n. Chr. verdoppelte sich auf dem Kontinent die Bevölkerung von rund 40 auf 80 Millionen. Dies ging mit einer starken Urbanisierung einher, besonders in Norditalien (Venedig, Mailand, Florenz, Genua) und Flandern (Gent, Brügge, Brüssel). Auch in Städten wie London und Paris stiegen die Einwohnerzahlen rasch an.

Mit dem Wachstum der Städte und der Ausdehnung des Handels entstand eine wohlhabende Mittelschicht, die zusammen mit den alten Eliten von Klerus und

Adel einen wichtigen Absatzmarkt für Luxuswaren bildete. Wein gehörte zu den Gütern, die Teil einer privilegierten Lebenskultur wurden. Wie aber konnten diese Märkte bedient werden, von denen viele in Regionen lagen, die sich für den Anbau von Wein nicht sonderlich eigneten? Die italienischen Winzer versorgten die Weintrinker in den norditalienischen Städten. Sie waren vor allem in Süditalien, aber zunehmend auch in Mittel- und Norditalien aktiv, besonders in der Toskana. Die immer größer werdenden spanischen Städte, beispielsweise Sevilla und Barcelona, griffen auf die Weinproduktion im näheren und ferneren Umland zurück. Nach der Vertreibung der Muslime hatte sich dort der Weinbau belebt. Ein großer Teil des Weins, der in den deutschen Anbaugebieten an Rhein, Main und Mosel gekeltert wurde, ging einerseits flussabwärts nach Köln und Frankfurt, und andererseits an weiter entfernt liegende Abnehmer in Flandern, England, Frankreich und im Baltikum.

Die nördlicheren europäischen Märkte mit Wein zu versorgen war schwieriger, da die Reben in diesen Regionen nur geringe Erträge brachten und das daraus resultierende Produkt von bescheidener Qualität war. Das wollten die zunehmend anspruchsvolleren Gaumen der bürgerlichen Konsumenten natürlich immer weniger akzeptieren. Die Pariser hatten es vielleicht am besten getroffen, lagen ihre Weinfelder doch direkt vor der Haustür. Um das Jahr 1000 wurde an Seine, Marne und Yonne Wein angebaut. Die Nähe zu Paris garantierte niedrige Transportkosten.

Die expandierenden englischen und flämischen Märkte waren ebenso wie die weiter östlich im Baltikum gelegenen zu groß, um ausschließlich von lokalen Winzern versorgt werden zu können. Dort musste der Wein aus weiter entfernten Regionen herbeigeschafft werden. Die Hauptquellen waren das westliche Frankreich und anfangs vor allem das Gebiet nördlich der Gironde. Hier entstand im 12. Jahrhundert der neue Hafen von La Rochelle, der ursprünglich für den Export des Salzes bestimmt gewesen war, das man in den nahe gelegenen Buchten durch Verdunstung des Meerwassers gewann. Salz war als Konservierungsmittel für Lebensmittel, besonders Fisch und Fleisch, äußerst begehrt. Die Bevölkerung von La Rochelle wuchs, als immer mehr Menschen in den Salinen und im damit verbundenen Handel Arbeit suchten. Bald begann man, im Hinterland der Hafenstadt zusätzlich Weinreben zu pflanzen. So entwickelte sich die Charente als Weinbaugebiet. Die dort reifenden Trauben werden heute fast ausschließlich für die Destillation von Branntwein und Cognac verwendet.

Die Region um Bordeaux begann ihre bedeutende Rolle im internationalen Weinhandel erst ab dem 13. Jahrhundert zu spielen, und zwar als direkte Folge einer Reihe dynastischer Umwälzungen, die von den Aquitaniern ausgingen. Zu Aquitanien gehörten die Gascogne, also auch Bordeaux, sowie das Poitou. Eleonore von Aquitanien heiratete 1152 Heinrich, Herzog der Normandie und Graf von Anjou. Zwei Jahre später wurde er als Heinrich II. zum König von England gekrönt, sodass England, die Normandie und Aquitanien demselben Herrscher untertan waren. Heinrichs Regierung erwies sich bald als wenig stabil, war sie doch von Familienkonflikten gekennzeichnet, die zu kriegerischen Auseinandersetzungen führten, als Eleonore versuchte, in Aquitanien wieder an die Macht zu kommen. Schließlich gelang es ihrem Sohn Richard Löwenherz, ihr das Herzogtum wieder zu sichern. Eleonore begünstigte La Rochelle, trotz der anhaltenden Beschwerden der Weinbauern von Bordeaux, ihre in der Gascogne produzierten Qualitätsweine fänden aufgrund von Strafsteuern keinen Absatz. Erst als ihr jüngster Sohn Johann Ohneland König von England wurde, gelang es Bordeaux, aus dem Schatten von La Rochelle herauszutreten. Aber auch dann noch hatten dynastische Überlegungen Priorität. Im Jahr 1203 senkte Johann Ohneland als Gegenleistung für Schiffe und andere Lieferungen zur Unterstützung seines Krieges gegen den König von Frankreich die Steuern auf den Wein aus der Gascogne.

La Rochelle und Poitou protestierten aufs Heftigste gegen diese Abmachung, die Bordeaux einen Handelsvorteil verschaffte, und so gewährte ihnen Johann im Jahr 1204 dieselben Privilegien. Im Grunde konnten nun die Weinregionen im Westen Frankreichs gleichberechtigt um den wichtigen englischen Markt konkurrieren. Doch bald komplizierten Herrschaftsstreitigkeiten erneut die Situation. Als Belohnung dafür, dass Bordeaux dem Angriff des Königs von Kastilien standgehalten hatte, ließ sich Johann Wein aus der Region Bordeaux liefern, ein deutliches und wertvolles Zeichen seiner Unterstützung für die Exporteure aus dieser Gegend. Noch wichtiger jedoch war es, dass La Rochelle 1224 vor dem König von Frankreich kapitulierte. Damit war der Hauptkonkurrent von Bordeaux aus dem Rennen.

Während des ganzen übrigen 13. Jahrhunderts beherrschte der Wein aus der Gascogne den englischen Markt. Allein im Jahr 1243 orderte Heinrich III. 1 445 Fässer französischen Weins, vermutlich aus der Gascogne, für 2 310 Pfund, 2 Shilling und 8 Pence. Wenn es sich dabei um die englischen Standardfässer (*tun*) von etwa 1 135 Litern Fassungsvermögen handelte, dann kaufte Heinrich mehr als 350 000 Gallonen Wein, was ungefähr 1 655 000 Litern entspricht. Beinahe tausend Fässer waren Wein von bester Qualität, der Rest enthielt Sorten mittlerer und minderer Güte.[6] Doch selbst diese gewaltigen königlichen Einkäufe stellten nur einen Bruchteil der gesamten englischen Importe dar. Allerdings gab ihnen ihre politische Bedeutung ein besonderes Gewicht.

Erst das steigende Interesse der Engländer an französischem Wein führte dazu, dass man die Gegend um Bordeaux intensiver mit Reben bepflanzte. In den ersten Jahrzehnten des Jahrhunderts wurde der Wein hauptsächlich in unmittelbarer Nähe der Stadt angebaut, um die sich die Weingärten fächerartig ausbreiteten. Andere wichtige Weinbaugebiete lagen weiter südlich im heutigen Graves und in der Region zwischen den Flüssen Garonne und Dordogne. Diese ist bekannt unter dem

Namen Entre-Deux-Mers, weil sie »zwischen zwei Meeren«, dem Mittelmeer und dem Atlantik, liegt. Im Médoc wurde damals noch so gut wie kein Wein angebaut.

Die wichtigsten Weingebiete der Gascogne lagen jedoch tiefer im Landesinnern, in den Tälern von Garonne, Tarn und Lot und im so genannten »Oberland«. Auch aus so weit entfernten Gegenden wie Gaillac und Cahors (wo es noch heute viele gute Weine gibt) schafften die Winzer ihre Fässer nach Bordeaux und exportierten sie von dort aus als Gascogne-Wein. Etwa zur selben Zeit wurde auch der hellere Wein aus der Küstenregion als *Clairet* (später *Claret*) bekannt. Damit unterschied man ihn von den ebenfalls über Bordeaux ausgeführten dunkleren Sorten aus dem Oberland und aus Spanien.

Als sich der Weinbau in der unmittelbaren Umgebung von Bordeaux immer mehr intensivierte, griffen die dortigen Winzer zu restriktiven Maßnahmen, um ihre Produkte zu schützen – obwohl davon auch Weine betroffen waren, ohne die Bordeaux niemals zum Zentrum eines ausgedehnten Weinhandels geworden wäre. Die neuen Regelungen legten fest, dass die Weine aus dem Oberland erst nach einem bestimmten Datum (zwischen Mitte November und Weihnachten) zum Verschiffen nach Bordeaux hereingelassen wurden. Das hatte zur Folge, dass die in Stadtnähe angebauten Weine die meiste Zeit des Jahres über keine Konkurrenz zu fürchten hatten. Erst wenn sie verkauft waren, kamen die Oberland-Weine auf den Markt von Bordeaux.

Der Handel mit Wein aus der Gascogne, der so bedeutend werden sollte, begann zunächst eher bescheiden.[7] Mitte des 13. Jahrhunderts lieferte

Abbildung 4
Holzschnitte zu Petrus de Crescentiis Schrift über den Landbau *Opus ruralium commodorum libri XII* (um 1498)

Bordeaux drei Viertel des Weines, den der britische Königshof bestellte. Im Jahr 1282 kaufte Edward I. 600 Fass Wein für seine Truppen, die gegen Wales kämpften. Den wichtigen Beitrag der Weine aus dem Oberland belegen die verlässlicheren, wenngleich unvollständigen Exportzahlen, die ab 1300 zur Verfügung standen. 1305/06 machten sie zwischen 59 und 78 Prozent aller Weinexporte von Bordeaux aus, 1335/36 immerhin 63 bis 82 Prozent.[8] Schottland importierte große Mengen von Claret, teils direkt aus Bordeaux, teils über England. Ende des 13. Jahrhunderts musste König Alexander III. einmal alle seine Einkünfte aus dem Hafen von Berwick verpfänden, um bei den Weinhändlern aus Bordeaux 2 197 Pfund Schulden bezahlen zu können. Dabei ging es um ungefähr 400 Fässer Wein, etwa 115 000 Liter.[9]

Die Öffnung des englischen Marktes für Weine aus der Gascogne verstärkte den Weinboom, und bald wurde Wein überall in der heute als »Bordeaux« bezeichneten Region angebaut. Dennoch verlief die Entwicklung im 14. und 15. Jahrhundert alles andere als geradlinig. Wie andere Anbaugebiete reagierte auch Bordeaux empfindlich auf Veränderungen, die politische, ökonomische und soziale Instabilität mit sich brachten. Der Schwarze Tod, die verheerende Pestepidemie, die gegen 1350 ausbrach und ein Viertel bis ein Drittel der Bevölkerung Europas dahinraffte, schnitt tief in die Produktion, die Märkte und den Handel ein. Bordeaux hatte zudem unter kriegerischen Auseinandersetzungen zu leiden. 1438 fielen französische Truppen in die Gascogne ein und verwüsteten die Weingärten. Doch auch in diesen schwierigen Zeiten exportierten die Händler von Bordeaux die Weine ihrer Region, wobei England mit über zwei Dritteln gegen Ende des 14. Jahrhunderts eindeutig der größte Abnehmer war. Die übrigen Exporte gingen nach Spanien, Flandern, Deutschland und in andere Gebiete Frankreichs.

Jedes Jahr im Oktober stachen nur wenige Wochen nach der Weinlese ganze Flotten, bestehend aus Hunderten von Schiffen und beladen mit dem jungen französischen Wein, von Bordeaux aus in See. Kleinere Verbände liefen von Nantes und La Rochelle aus. Die Reise nach England dauerte eine Woche oder länger, je nach meteorologischer und politischer Wetterlage. Der Wein, der in den Lagern von Bordeaux geblieben war, wurde im Dezember in neue Fässer umgefüllt und erst im Frühjahr ausgeliefert. Diese Weine wurden in England als *reck* (die Schreibweise schwankt) bezeichnet und zu einem niedrigeren Preis verkauft, da sie als minderwertig galten. Der *reck*, der länger gereift war, würde uns heute vielleicht besser schmecken, doch im mittelalterlichen England bevorzugte man jüngere Weine, die in Farbe und Körperreichtum dem heutigen Beaujolais Nouveau ähnlich gewesen sein mögen.

Den englischen Winzern wurde der Erfolg der französischen Exporteure bald zum Verhängnis. Trotz der glühenden Empfehlung, die William von Malmesbury für den Wein aus Gloucestershire abgab, gelang es den meisten englischen Weinen nicht, mit den qualitativ höherwertigen Gascogne-Lagen zu konkurrieren. Angesichts des besseren und billigeren französischen Weins kehrten die Engländer den einheimischen Produkten den Rücken, die ab der Mitte des 13. Jahrhunderts zusehends vom Markt verschwanden. Es dauerte nicht mehr lange, und die große Mehrheit der kommerziell betriebenen Weinfelder, rund 1 300 an der Zahl, waren gerodet und mit anderen Früchten bepflanzt.

Der Höhepunkt des Weinhandels in Bordeaux liegt im frühen 14. Jahrhundert. In den drei Jahren 1305/06, 1306/07 und 1308/09 erreichte der Export aus allen Häfen der Gascogne durchschnittlich 98 000 Fässer, beinahe 900 Millionen Liter. Die Jahresproduktion hing natürlich immer vom Wetter ab, sodass bei einer mageren Weinlese wie beispielsweise im Jahr 1310 der Ertrag auf 51 000 Barrel sinken konnte. Auch 1324, als zwischen England und Frankreich ein Krieg ausbrach, und 1330, als der Hundertjährige Krieg begann, war der Außenhandel davon betroffen.[10]

Bis zur ersten Hälfte des 14. Jahrhunderts hatten sich die Lieferungen aus Bordeaux auf 10 000 bis 15 000 Fass Wein pro Jahr eingependelt. Nachdem die Stadt Anfang der fünfziger Jahre dem französischen Königreich einverleibt worden war, ging der Export nach England stark zurück. Die französischen Könige widerstanden der Versuchung, den Weinhandel mit dem Feind vollends zu unterbinden, da sie dessen wirtschaftliche Bedeutung für Bordeaux erkannten. Stattdessen belegten sie den Wein mit Steuern. So war es möglich, den Handel fortzusetzen, wenn auch auf sehr reduziertem Niveau. Außerdem brachten die Steuern Geld in die königliche Schatztruhe und sorgten zugleich für eine Preiserhöhung der Bordeaux-Weine in England. Immer schon hatte der Preis mit der gelieferten Menge geschwankt, gegen Ende des 15. Jahrhunderts wurde der Bordeaux sogar für über 8 Pence pro Gallone verkauft und war damit zwei- bis dreimal so teuer wie zur Blütezeit des Weinhandels mit der Gascogne im frühen 13. Jahrhundert.

Bordeaux war allerdings bei weitem nicht Englands einziger französischer Weinlieferant. Aus Anjou und anderen Gebieten Frankreichs trafen weitere Lieferungen ein. Die begrenzte Haltbarkeit der französischen Weine machte es notwendig, andere Lieferanten zu finden. Der Wein hielt höchstens ein Jahr, das heißt, er wurde in dem auf die Lese folgenden Sommer nicht nur knapp, sondern oft auch sauer. Die Käufer bekamen immer schlechteren Wein, dessen Preis sich jedoch aufgrund der schrumpfenden Vorräte immer mehr erhöhte. Wenn im Oktober der neue Wein kam, verkauften die englischen Weinhändler und Schenkenbesitzer die Reste vom Vorjahr zu Schleuderpreisen oder schütteten ihn einfach weg. Kritisch blieb vor allem der Spätsommer, wenn der Wein vom Vorjahr sauer zu werden drohte und noch kein frischer eingetroffen war.

In diese Bresche sprangen die Winzer und Händler des Mittelmeerraums, deren Weine insgesamt süßer und kräftiger waren, einen höheren Alkoholgehalt aufwiesen und sich gegenüber den französischen durch bessere Haltbarkeit auszeichne-

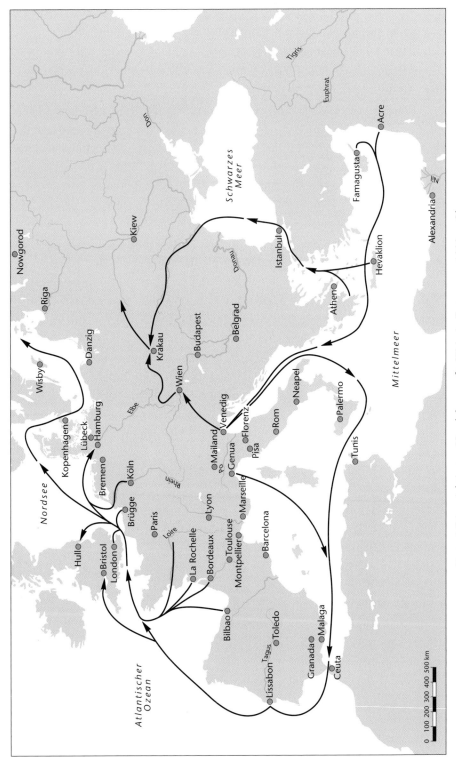

Karte 4: Die wichtigsten Handelswege für Wein in Europa, ca. 1300 n. Chr.

ten. Diese Weine bezeichnete man nach einer griechischen Stadt, die viel Wein exportierte, mit dem Sammelbegriff »Malvasier«. Er stammte aus einer Vielzahl von Quellen: Das kretische Candia lieferte teure, süße Weine aus Muskateller-Trauben; aus Korfu kam Romania, ein süßer Wein von einfacherer Qualität; und aus der Toskana stammte der Vernaccia, der nach einer bestimmten Rebsorte benannt ist, zu dieser Zeit jedoch wahrscheinlich eine ganze Reihe verschiedener Weine aus Mittel- und Norditalien umfasste.

Für den Transport von Italien nach England durch die Straße von Gibraltar und den Golf von Biscaya dienten Segelschiffe, aber auch Galeeren, die von den Händlern selbst gerudert wurden. Die Reise dauerte lange, bis zu fünf Monate, und sie war keineswegs ungefährlich. Manches Schiff verlor unterwegs seine Fracht an Piraten. Doch der Tausch von Wein und anderen Luxusgütern wie Seide und Gewürzen gegen Wolle für die italienischen Spinnereien lohnte das Risiko.

Wichtig war es, zum richtigen Zeitpunkt in England anzukommen. Die Schiffe mit den haltbareren Weinen aus Griechenland, Italien, Spanien und von den Inseln des Mittelmeers erreichten die englischen und die anderen europäischen Häfen bevorzugt im Juli und August, wenn den Weintrinkern dort die Unannehmlichkeit drohte, die versäuerten französischen Weine trinken zu müssen. Die Weine aus dem Mittelmeerraum waren indes mehr als ein bloßer Ersatz für die Produkte aus Frankreich. Mit ihrer dunklen Farbe, ihrem Alkoholgehalt (der bis zu 16 oder 17 Prozent betragen konnte und damit doppelt so hoch lag wie bei den Gascogne-Weinen) sowie ihrer Süße trafen sie den Geschmack der Zeit. Allerdings waren sie auch teurer, und nicht alle Weintrinker konnten sich die mediterranen Erzeugnisse leisten. Im Großhandel kosteten sie doppelt so viel wie die Gascogne-Weine, und im 14. Jahrhundert besaßen nur drei Londoner Schenken eine Konzession zum Verkauf.

Die Weine aus dem Mittelmeerraum eroberten neben denen aus anderen europäischen Gebieten auch die Märkte im Osten und im Baltikum. Ein Hauptumschlagplatz des Handels mit dem Osten, den die Kaufleute aus Venedig und Genua beherrschten, war das polnische Krakau. Mit ihrem Königshof und ihren wohlhabenden Kaufleuten war die Stadt selbst ein wichtiger Absatzmarkt für Wein. Ebenso bedeutend war ihre Lage am Schnittpunkt mehrerer Handelsrouten. Auch die Handelsprivilegien, die Krakau genoss, trugen dazu bei, dass sich dort ein wichtiger Stützpunkt für den Weinhandel mit Ost- und Nordeuropa entwickelte.[11] Wein kam besonders aus Ungarn und Moldawien, in geringerer Menge auch aus Griechenland und Italien – und zu einem kleinen Teil aus Westeuropa. Der Transport war beschwerlich und verlief über weite Strecken auf dem Landweg – zu einer Zeit, da der Transport zu Wasser bedeutend billiger war, nicht gerade ideal.

Im frühen 14. Jahrhundert gab es drei Vertriebsnetze für den Fernhandel, die sich aus verschiedenen Weinregionen speisten. Der Weinhandel im Mittelmeerraum diente zunächst der Versorgung der Märkte der eigenen Region, wurde über das Meer aber auch mit England und Nordeuropa betrieben und per Schiff oder über Land mit Polen und dem Baltikum. Deutsche Weine wurden auf dem Rhein ins nördliche Deutschland, nach Skandinavien und in die baltischen Staaten transportiert, in kleinerer Menge auch nach England. Die Weine aus dem Westen Frankreichs fanden ihre Hauptabsatzmärkte in England und Flandern, in geringem Maße auch in Spanien und in Osteuropa.

Jede dieser Regionen belieferte auch die eigenen Märkte in der näheren und weiteren Umgebung. Aber wie zu erwarten, floss der Wein hauptsächlich aus Gebieten, die ihn produzierten, in solche, die keinen Weinanbau betrieben. Es wurde also vergleichsweise wenig Wein von einem Anbaugebiet in ein anderes verkauft. Transportkosten und Steuern ließen den Endpreis des Weins so stark ansteigen, dass sich nur sehr wohlhabende Genießer importierte Weine leisteten, wenn vor Ort eine preiswertere Alternative zur Verfügung stand. Selten wurden Weine gehandelt, die einen besonderen Ruf hatten. Diese Art der Nachfrage beschränkte sich auf wenige Kenner, die nach ganz bestimmten Weinen aus ganz bestimmten Gegenden verlangten.

Beim Besitz und bei der Kultivierung der Weingärten herrschte das gesamte Mittelalter hindurch eine erstaunlich große Kontinuität. Viel Rebland gehörte der Kirche und den Klöstern, anderes war in weltlicher Hand. Bauern spielten in ganz Europa eine wichtige Rolle. Als Pächter mussten sie häufig einen Teil ihres Ertrags abführen. Private Erzeuger waren allein schon deshalb notwendig, weil viele Klöster ihren Wein gar nicht für den Markt produzierten. Bei aller Bedeutung des Klosters von Cîteaux in Burgund, das durch Vermächtnisse und Schenkungen in den Besitz vieler Weingärten kam,[12] zeigten die meisten Zisterzienserklöster in Südfrankreich wenig Interesse, ihren Ertrag über die eigenen Bedürfnisse hinaus auszudehnen. Da also die Kirche nur einen kleinen Teil ihres Weins verkaufte, hätte der Handel im Mittelalter ohne weltliche Weinproduzenten niemals ein solches Ausmaß erreichen können.

Für das spätere Mittelalter erscheint es fast sinnlos, das Verhältnis von kirchlichem und weltlichem Reblandbesitz zu bestimmen. Die Weinbaufläche vergrößerte sich sehr schnell, gleichzeitig gingen viele Weingärten in kirchlichen Besitz über, besonders an Klöster. Diese profitierten erheblich von den Kreuzzügen, da viele Ritter, die fürchteten, fern der Heimat ihr Leben zu verlieren, als Gegenleistung für Seelenmessen ihr Land der Kirche vermachten. Beinahe alle Klöster des einflussreichen Zisterzienserordens erhielten im Laufe des 12. Jahrhunderts einen oder mehrere Weingärten. So kam im Jahr 1157 ein Zisterzienserkloster in den

Besitz von drei Morgen Rebland, die eine Witwe namens Regina und ihre sechs
Söhne stifteten, damit die Mönche für die Seele ihres Mannes beziehungsweise Va-
ters beteten.[13]

Weingärten eigneten sich als Schenkung deshalb so gut, weil über die lange
Tradition des klösterlichen Weinbaus hinaus gerade die Zisterzienser eine besondere Beziehung zum Wein entwickelt hatten. Der Orden spaltete sich im frühen
12. Jahrhundert als strengerer Zweig von den Benediktinern ab. Seinen Namen erhielt er vom Kloster Cîteaux. Die Regel des Benediktinerordens erlaubte den
Mönchen, die nicht völlig enthaltsam leben konnten, eine Ration Wein am Tag.
Dies scheinen beinahe alle Ordensbrüder in Anspruch genommen zu haben. Das
allein reicht jedoch nicht aus, um die Sorgfalt zu erklären, mit der die Zisterzienser
sich der Rebenzucht und der Weinbereitung widmeten: Sie lebten nach dem
Grundsatz, dass der Mensch jeder Schöpfung Gottes, so auch den Reben und dem
Wein, den ihr gebührenden Respekt entgegenbringen müsse.

Ausgehend von einer einzigen Weinpflanzung in Burgund dehnte das Kloster
von Cîteaux seine Besitztümer bald entlang der ganzen Côte d'Or aus. Es besaß
Weingärten in Orten, die für ihre außerordentlichen Weine Berühmtheit erlangen
sollten: Beaune, Pommard, Vosne, Nuits und Corton. Zwischen 1100 und 1336 kamen durch Erwerb oder Schenkung Dutzende Güter in der Gemeinde Vougeot in
den Besitz der Zisterzienser. Im Jahr 1336 belief sich die Rebfläche auf 50 Hektar,
womit die Abtei der größte Weinlandbesitzer in ganz Burgund war. Nach der Errichtung einer steinernen Mauer um den Weingarten wurde das Anwesen als »Clos
de Vougeot« bekannt, was später der Name eines der berühmtesten Burgunderweine werden sollte.

Die Zisterzienser erwarben keineswegs Anbauflächen, die bereits gute Weine
hervorbrachten. Sie waren es, die aus den Rebstöcken, die in ihren Besitz kamen,
die begehrten Weine produzierten. Mit großem Eifer erforschten die Mönche die
Wechselwirkung zwischen Boden und klimatischen Bedingungen, zwischen der
Veredlung der Rebstöcke und den daraus gewonnenen Weinen. Sie experimentierten mit der Bodenbearbeitung, mit Rebenerziehungssystemen, dem Schnitt,
der Auslichtung und dem Pfropfen von Weinstöcken ebenso wie mit der eigentlichen Herstellung des Weins. Sie bereicherten die Weinkultur um den Begriff *Cru*
und die Erkenntnis, dass bestimmte Parzellen eines Weingartens Weine hervorbrachten, die über besondere Eigenschaften und einen charakteristischen Geschmack verfügten, der von einer Lese zur nächsten konstant blieb. Die Erzeugnisse der Zisterzienser standen in so hohem Ansehen, dass der Orden nicht nur mit
Land beschenkt, sondern auch mit beträchtlichen Privilegien bedacht wurde. 1171
erließ ihnen Papst Alexander III. den Zehnten (eine Kirchensteuer) auf ihre Weine,
und neun Jahr später drohte er jedem die Exkommunikation an, der diese Regelung infrage zu stellen wagte. Im selben Jahr befreite König Ludwig VII. von

Frankreich die Zisterzienser von allen Steuern, die normalerweise auf den Transport und den Verkauf von Wein erhoben wurden.[14]

Mit solcher Unterstützung breitete sich der Zisterzienserorden schnell aus. – Fünfzig Jahre nach der Gründung verfügte er schon über vierhundert Klöster, und wo immer eine neue Niederlassung gegründet wurde, wurde auch Wein angebaut. Herausragend war das Kloster Eberbach am Rhein. Es ist ein gutes Beispiel für den burgundischen – oder auch »önologischen« – Eroberungsdrang, denn die Mönche, die das Kloster gründeten, kamen aus Burgund und brachten die Rebstöcke gleich mit. Bald stellten sie fest, dass die Reben nicht den roten Wein hervorbrachten, mit dem sie in ihrer Heimat so erfolgreich waren. Deshalb pflanzten sie weiße Trauben an. Gegen Ende des Mittelalters umfassten die Weinberge des Klosters einschließlich ihrer Liegenschaften bei Steinberg beinahe 700 Morgen, was die Glaubensgemeinschaft zum größten Winzer in Europa machte. Da überrascht es nicht, dass das Kloster Eberbach auch einer der bedeutendsten kommerziellen Produzenten war. Es besaß sogar eine kleine Schiffsflotte, die den Wein rheinabwärts nach Köln transportierte.

Die von den Zisterziensern eingeführten Neuerungen sind umso bemerkenswerter, als es im Mittelalter kaum größere Entwicklungen beim Anbau von Reben und bei der Weinbereitung gab. Gemälde und andere Bilddarstellungen von Weingärten aus dieser Zeit zeigen, dass man die Reben immer noch in der herkömmlichen Form zog – teils an Spalieren, teils an Pflöcken, manchmal auch an Bäumen. Bei der Pflege der Rebstöcke und der Herstellung des Weins kamen traditionelle, arbeitsintensive Methoden zum Einsatz, deren Beherrschung man sich oft durch jahrelange Erfahrung erwerben musste.

Die Aufgaben des Winzers sind in der Gründungsurkunde der Abtei von Muri südwestlich von Zürich nachzulesen, die aus dem 11. Jahrhundert stammt. Sie beschreibt die wichtigsten Arbeiten wie das Lockern des Bodens um die Weinstöcke, damit der Regen besser einsickern konnte, das Düngen mit Mist, die Beschneidung, das Festbinden der Triebe, die erneute Lockerung des Bodens vor dem Hochsommer und das Entfernen der Blätter, die die Trauben beschatten.[15] Nach der Lese wurden die Trauben zuerst mit den Füßen zerstampft und dann gepresst, die für Weißwein höherer Qualität vorgesehenen wahrscheinlich zuerst. Die Weinpressen, in der Regel Schraubpressen, wurden größer, je mehr Trauben man verarbeitete. Kleinwinzer, darunter auch Bauern, die sich keine eigene Presse leisten konnten, benutzten die ihrer Herren oder reicherer Nachbarn, wofür sie normalerweise ein Entgelt in Form von Wein bezahlten. Der Most wurde zur Gärung und zum späteren Transport in Holzfässer gefüllt. Die Größe dieser Fässer, meist aus Eichenholz, war von Region zu Region verschieden.

Im Mittelalter nahm die Weinproduktion überall zu, politische Instabilität und Kriege verhinderten jedoch ein kontinuierliches Wachstum. Ein weiteres Hemmnis war der Bevölkerungsrückgang durch die Pest, den so genannten »Schwarzen Tod«, der zwischen 1348 und 1400 ein Drittel der Bevölkerung hinwegraffte. Große Städte und Gemeinden, deren Bevölkerung in den vorangegangenen zwei bis drei Jahrhunderten dramatisch angewachsen war, entvölkerten sich innerhalb weniger Jahre, während auf dem Land die Dörfer über weite Strecken verödeten, da viele Einwohner flohen und von den Zurückgebliebenen nur wenige überlebten. Damit ging natürlich der Absatzmarkt für Wein verloren, während es in den arbeitsintensiven Weingärten gleichzeitig an Fachkräften mangelte.

Bei all diesen Schwankungen in der Produktion war der Anstieg des Weinkonsums und des Weinhandels im Mittelalter zunehmend von dem Bemühen gekennzeichnet, den Ruf zu pflegen, in dem bestimmte Regionen standen. Im späten 14. Jahrhundert hatte sich Burgund mit seinen Weinen der Rebsorte Pinot Noir bereits einen Namen gemacht, aber der Weinbau war hier wie anderswo durch Pest und Krieg schwer in Mitleidenschaft gezogen. Aus Mangel an Fachkräften befanden sich viele Weingärten in vernachlässigtem Zustand, und die Böden wurden vom Regen weggeschwemmt.

Möglicherweise war das der Grund, warum viele Winzer in Burgund zum Anbau von Gamay-Reben übergingen, die in dieser Gegend um 1360 eingeführt worden waren. Obwohl Gamay (die Rebsorte, aus der heute der Beaujolais gemacht wird) einen Wein ergab, dem man allgemein eine geringere Qualität zusprach als dem Pinot Noir, so besaß er doch (und besitzt er noch heute) bestimmte Vorteile: Gamay-Reben sind einfacher zu pflegen als der notorisch empfindliche Pinot Noir. Die Trauben reifen schneller, womit sie dem Risiko von Frost und anderen klimatischen Widrigkeiten über einen kürzeren Zeitraum ausgesetzt sind. Zudem liefern sie einen sehr viel höheren Ertrag – im 14. Jahrhundert lag die Ernte bei Gamay-Trauben zwei- bis viermal so hoch wie bei Pinot Noir.

Dass die Wahl vieler burgundischer Weingutbesitzer in Burgund auf diese Reben fiel, war zwar verständlich, führte aber zu Protesten, nicht nur bei der Konkurrenz, die am Pinot Noir festhielt, sondern auch beim Herzog von Burgund.[16] Philipp der Kühne erklärte im Juli 1395, die Gamay-Rebe sei eine »sehr schlechte« Pflanze, die gegen Gesetz und Tradition verstoße. Der Weinhandel in Burgund verminderte sich unter dem Druck des Schwarzen Todes, der die Nachfrage zusammenbrechen ließ. Philipp verkannte diese Entwicklung und schrieb sie der Gamay-Rebe zu, von der er behauptete, sie sei von Natur aus bitter im Geschmack. Die Händler, so der Herzog, fügten dem Wein heißes Wasser bei, um ihn zu versüßen, doch nachdem der Effekt verflogen sei, schmecke er wieder wie vorher und werde »ziemlich faulig«. Der Herzog befahl, alle Gamay-Reben binnen eines Monats abzuschneiden – das heißt, vor der nächsten Lese – und die Weinstöcke bis zum darauf folgenden Osterfest zu vernichten. Welche politischen Gründe auch hinter dieser drakonischen Maßnahme gestanden haben mögen, sie schützte den Pinot Noir als typische Burgunder Rebensorte. Heute verwendet man die Gamay-Reben gelegentlich sogar zusammen mit Pinot Noir, und zwar für den Wein, den wir »Passetousgrains« nennen.

Auch wenn man im Mittelalter beinahe überall dort, wo Reben gediehen, Wein anbaute, gewannen im späteren Mittelalter einige Gebiete durch ihre Weine klare Konturen. Die Täler der Loire und des Rheins, Bordeaux, Burgund, die Toskana und das Elsass erlebten ein rasches Wachstum der Weinproduktion. In anderen Gegenden, besonders dort, wo das Klima den Weinanbau nicht so einträglich machte oder wo der Zugang zu den Märkten schwierig war, entwickelte sie sich langsamer, stagnierte oder ging sogar zurück.

Expandierende Märkte waren die Grundvoraussetzung für jede Produktionssteigerung, doch waren es vor allem die Bodenbeschaffenheit, das Wetter und die günstige Erreichbarkeit, die letztendlich den Erfolg einer Weinregion bestimmten. Gegenden, in denen die Winzer regelmäßig hohe Erträge erzielten, stachen jene aus, die nur magere und unzuverlässige Ernten erbrachten, was den Wein natürlich verteuerte. Produzenten, die ihren Wein leicht auf dem Wasser zu den großen Märkten transportieren konnten, waren im Vorteil gegenüber jenen, die ihre Abnehmer nur vor Ort fanden oder sich nicht in der Nähe eines der Hauptwasserwege befanden. Die prosperierenden Regionen verfügten über die günstigste Kombination aus guten Wachstumsbedingungen und schnellem Zugang zu den wichtigsten Märkten, was ihren Weinen ein ausgeglichenes Preis-Leistungs-Verhältnis garantierte.

Die erfolgreichsten Weinregionen im damaligen Frankreich waren die Gegend um Bordeaux, die vom Handel mit England profitierte, Auxerre im nördlichen Burgund (von wo heute der Chablis kommt), dessen damals als »Burgunder« bezeichnete Weine ihre Hauptabnehmer in Paris fanden, außerdem Beaune, weiter südlich in der heute als Burgund bekannten Weinregion gelegen. Im Gegensatz dazu waren die Anbaugebiete im Rhônetal und im Languedoc trotz ihrer günstigen Klima- und Bodenbedingungen nicht in der Lage, aus der wachsenden Nachfrage einen Vorteil zu ziehen. Sie lagen zu weit entfernt von den Zentren des Weinkonsums, und wer hier versuchte, seinen Wein in östlicher Richtung loszuwerden, dem versperrten die Konkurrenten aus Burgund den Weg.[17]

In dieser Zeit, zwischen dem 13. und dem 15. Jahrhundert, kamen die bis dahin völlig unbekannten Weine aus Beaune in den Ruf, die besten Frankreichs zu sein. In diesem seltenen Fall überwand die Qualität des Weins die Widrigkeiten der Geografie. So sehr das Gebiet um Beaune sich für den Weinbau eignete, die Stadt lag an keinem der größeren Flüsse. Bevor die Winzer ihre Waren auf dem großen Markt von Paris anbieten konnten, mussten sie sie über Land zum Fluss Yonne bringen und von dort auf Kähnen in die Hauptstadt transportieren, eine beschwerliche Route, die den Verkaufspreis beträchtlich erhöhte. Nachdem die Pariser aber erst einmal die Qualität des Weines aus Beaune schätzen gelernt hatten, waren sie bereit, den Preis zu bezahlen, auch wenn er durch härtere Steuern noch mehr in die Höhe getrieben wurde. Die Abgabe, die die Pariser Stadtverwaltung auf den Wein aus Beaune erhob, war doppelt so hoch wie die auf den Wein aus Auxerre und übertraf diejenige für Produkte aus der unmittelbaren Umgebung der Hauptstadt sogar um das Vierfache.

Unter Kennern herrschte Einigkeit darüber, dass der Wein aus Beaune (der erst im 15. Jahrhundert als Burgunder betrachtet wurde) der beste überhaupt war. Dass die Reichen, Berühmten und Mächtigen ihn bevorzugten, steigerte seinen Ruf noch. Bereits im 14. Jahrhundert bestellten ihn die französischen Könige für ihre Tafel. Im Jahr 1564, als Karl IX. Dijon besuchte, wollte der Bürgermeister den König keineswegs mit dem durchaus respektablen Wein aus der Umgebung bewirten, wie man das von einem heutigen Stadtoberhaupt erwarten würde. Stattdessen schickte er eine Delegation nach Beaune zum Einkauf »des vorzüglichsten Weins, der dort zu haben ist, um ihn dem König bei seiner Ankunft zu kredenzen«.[18] Die Weine aus Beaune schätzte man ebenso am Hof des Papstes, als dieser Residenz in Avignon nahm.

Auch die Toskana entwickelte sich zwischen dem 12. und 14. Jahrhundert als Weinbaugebiet. Abnehmer waren die rasch wachsenden italienischen Städte Genua, Neapel, Mailand, Venedig und Florenz. Zu Beginn des 14. Jahrhunderts erreichte Florenz die stattliche Zahl von 90 000 Einwohnern (im Vergleich zu den 6 000 Bewohnern hundert Jahre zuvor). Jeder Florentiner trank nach einer zeitgenössischen Berechnung durchschnittlich vier Liter Wein pro Woche. Ein Drittel oder sogar mehr der 300 000 Hektoliter, welche die Stadt in der ersten Hälfte des 14. Jahrhunderts importierte, war demnach für den Eigenbedarf gedacht. Den Rest verkauften die Händler anderweitig. Freilich stammte nicht all dieser Wein aus der Toskana, doch zeigt allein schon der Weinverbrauch in Florenz und das Ausmaß des Weinhandels über diese Stadt, dass es im späten Mittelalter in Italien eine bedeutende Weinwirtschaft gab. Zu den kleineren Gebieten in der Toskana, die von der boomenden Weinproduktion profitierten, gehörte auch die Region Chianti. 1398 wird zum ersten Mal ein Weißwein mit diesem Namen urkundlich erwähnt.

In anderen Teilen Europas florierte der Weinbau aufgrund örtlicher Gegebenheiten. Um 1400 spaltete sich die Kirche im so genannten »Großen abendländischen Schisma«: Es gab zwei Päpste. Der eine verblieb in Rom, der andere ging nach Avignon. Dies vermehrte die Nachfrage nach Wein im südlichen Rhônetal, und zwar nicht wegen des steigenden Bedarfs an Messwein, sondern wegen des gewaltigen Apparats an Prälaten und Kirchenbeamten, die sich in der Residenz des Papstes versammelten und allesamt feste Weintrinker waren. Manche aus dem päpstlichen Gefolge verfielen dem Wein so sehr, dass sie sich der Rückkehr nach

Rom widersetzten, weil sie fürchteten, dort auf ihren Beaune-Wein verzichten zu müssen.[19]

Am Hof des Papstes benötigte man aber auch andere (weniger teure) Weine, was die Ausweitung der Rebfläche im Rhônetal zur Folge hatte, die später unter dem Namen Châteauneuf-du-Pape (»das neue Schloss des Papstes«) bekannt und berühmt werden sollte. Man weiß heute nicht mehr, ob es der erste oder der zweite Papst in Avignon war, der die Anlage eines Weingartens unweit des päpstlichen Sommerpalastes nördlich der Stadt anordnete. Allerdings scheint der päpstliche Einfluss zunächst nicht so eine große Rolle gespielt zu haben, denn damals hieß dieser Wein einfach »vin d'Avignon«, Wein aus Avignon.

Avignon liefert ein hervorragendes Fallbeispiel dafür, wie ein Markt die Produktion einer bestimmten Region stimulieren kann. Die Ausdehnung des Weinbaus zwischen 1000 und 1500 geht zurück auf eine stetige Zunahme der Nachfrage. Trotzdem trank keineswegs jedermann Wein. Bier blieb während des gesamten Mittelalters das am weitesten verbreitete alkoholische Getränk. Die Weintrinker unterschieden sich stark nach Ursprungsregion, sozialer Herkunft und Geschlecht. Es ist anzunehmen, dass man in Weinbaugebieten mehr Wein konsumierte, da er dort nicht durch Transportkosten verteuert wurde. In gewissen Schichten war täglicher Weinkonsum wahrscheinlich die Regel, in anderen wurde seltener Wein getrunken, während die ärmere Bevölkerung ihn nur zu bestimmten Gelegenheiten oder an Festtagen genießen konnte, wenn überhaupt. Außerdem sind die vielen verschiedenen Weinsorten zu berücksichtigen. Kleine Weinbauern tranken selbst oft nur den so genannten Piquette, der unter Zusatz von Wasser aus dem Mark der Trauben gewonnen wurde, das nach dem Pressen übrig blieb. So konnten sie mehr Wein verkaufen, der allerdings meist ziemlich billig und bestenfalls von mittelmäßiger Qualität war. Die Mittelschicht hingegen, die sich in den florierenden Städten entwickelte, verlangte mehr und mehr nach Luxusgütern aller Art. Und dazu gehörten auch delikate Esswaren und Weine.

Die kleine französische Gemeinde Montaillou am Fuße der Pyrenäen vermittelt uns ein Bild davon, wie es um den Wein in Regionen bestellt war, die selbst keinen anbauten. Im 14. Jahrhundert hatte Montaillou 200 bis 250 Einwohner, genug, dass es sich für einen Händler lohnte, von Haus zu Haus Wein zu verkaufen, der mit dem Maultier aus Tarascon und Pamiers herangeschafft wurde. Wein war allerdings kein Grundnahrungsmittel, außer vielleicht bei den Schäfern, die neben Milch eine säuerliche Sorte tranken. Die meisten Bewohner des Ortes gönnten sich Wein nur zu besonderen Gelegenheiten wie Hochzeiten. Dem Volksglauben nach genehmigten sich auch die Toten in der Nacht ein Gläschen Wein: Angeblich gingen sie von Haus zu Haus, zündeten im Herd ein Feuer an und tranken den besten Wein weg, in den Häusern der Betuchten manchmal ganze Fässer. Einige glaubten, dass der Wein in den Fässern nicht weniger wurde, aus denen die Toten sich bedienten.[20]

Auch in Lothringen trank man im 14. und 15. Jahrhundert gerne Wein, wie sich anhand von Dokumenten belegen lässt.[21] Die Region, die heute wegen der Konkurrenz durch das südliche Nachbargebiet, das Elsass, kaum noch Wein erzeugt, gehörte im Mittelalter zu den größeren Produzenten. Die Lothringer verschmähten ihre eigenen Erzeugnisse keineswegs, importierten aber auch fremden Wein. In den reichen Häusern wie dem des Herzogs von Lothringen wurde Wein ebenso getrunken wie von armen Bauern, die ihn für ihren Eigenbedarf kelterten. Darüber hinaus gab es noch all die Adligen, die kirchlichen Würdenträger sowie die Bürger und Handwerker in den lothringischen Städten, die ebenfalls Wein kauften.

Aus Bestellungen geht hervor, dass am Sitz des Herzogs von Lothringen ungefähr 7 000 Liter Wein pro Monat (also knapp 250 Liter am Tag) getrunken wurden. Man weiß nicht, wie viele Menschen sich diese Menge teilten, sicher jedoch nicht nur der Herzog und seine Ehefrau. Festtage und Bankette, an denen zweifellos mehr getrunken wurde als normalerweise, gehörten zu den besonders weinseligen Tagen. War der Herzog auf Reisen, führte er stets genügend Vorräte mit sich, um jeden aus seinem Gefolge mit einem bis drei Liter Wein am Tag versorgen zu können. Auch die Küche des Herzogs verbrauchte stattliche Mengen für die Zubereitung von Fisch- und Fleischsoßen: Allein 1481 kamen »zum Kochen des herzoglichen Fischs« 468 Liter Wein zum Einsatz.

Die englischen Herrscher sorgten gleichermaßen für eine rege Nachfrage. Heinrich III. gab im Jahr 1243 mehr als 2 300 Pfund für 1 445 Fässer Wein (350 000 Gallonen) aus. Darunter befanden sich auch einfache Weine, die meisten jedoch waren von vorzüglicher Qualität und kosteten mehr als zwei Pfund pro Fass. Als Heinrichs Tochter Margaret 1251 Alexander III. von Schottland heiratete, tranken die Gäste mehr als 25 500 Gallonen Wein. Das mag viel erscheinen, relativiert sich aber, wenn man bedenkt, dass die Hochzeitsgesellschaft dazu 1 300 Stück Rehwild, 7 000 Hühner, 170 Wildschweine, 60 000 Heringe und 68 500 Laib Brot verspeiste. Bei den Krönungsfeierlichkeiten von Edward II. wurden tausend Fässer ausgeschenkt – eine viertel Million Gallonen Wein.[22]

Etwas weiter unten auf der sozialen Stufenleiter war der Weinverbrauch schon etwas bescheidener. Alten Haushaltsbüchern können wir entnehmen, dass im Jahr 1419 bei Dame Alice de Bryene aus Acton Hall in Suffolk 262 Gallonen Rotwein und 105 Gallonen Weißwein getrunken wurden. Ein Jahrhundert später brachte es der Haushalt des Grafen von Northumberland auf 1600 Gallonen Wein im Jahr, eine beträchtliche Menge, doch immer noch weit weniger als die 27 500 Gallonen Ale, die sich die Familie des Grafen und die Dienerschaft in der gleichen Zeit durch die Kehlen rinnen ließen. Dennoch galt auch hier: Bei außerordentlichen

Gelegenheiten wurde außerordentlich viel getrunken. Die Amtseinführung des Erzbischofs von York wurde 1464 mit Hunderten von Fässern gefeiert, die insgesamt 25 000 Gallonen Wein enthielten.[23]

Es kam vor, dass Löhne und Renten zum Teil in Wein ausgezahlt wurden, gleichermaßen bei Männern wie bei Frauen. Belegt sind Schenkungen von Wein an Orden: 1499 erhielten die Barmherzigen Schwestern von Nancy 1 874 Liter Wein, 1502 die Minderbrüder 2 342 Liter Rotwein »zum Lebensunterhalt«. In englischen Klöstern mögen die Oberen regelmäßig ihren Wein getrunken haben, die einfachen Mönche mussten sich höchstwahrscheinlich mit Ale zufrieden geben. Doch auch sie konnten bei besonderen Gelegenheiten mit Wein rechnen. Die Mönche des Klosters von Ramsey bekamen 1284 an Festtagen knapp zwei Liter Wein.[24]

Wein gehörte zu den Renten, mit denen die Herzöge von Lothringen ihre Untertanen belohnten, die ihnen in so unterschiedlichen Berufen wie als Leibdiener, Trompeter, Falkner oder Hebammen gedient hatten. Im Jahr 1406 erhielten die sechs Männer, deren Aufgabe es war, das Château de Custines zu bewachen, eine tägliche Ration von ungefähr zwei Litern Wein – mehr als gut war, möchte man meinen, war es doch ihre Aufgabe, scharf nach Eindringlingen Ausschau zu halten. (Englischen Soldaten stand in etwa die halbe Menge zu.) Bei Handwerkern im Dienst des Herzogs – darunter Maurer, Zimmerleute und Wagenbauer – waren Wein und andere Nahrungsmittel ein Teil ihrer Entlohnung. Auch beim Bau des Glockenturms von Bonlieu-en-Forez bezahlte man die Arbeiter mit Eiern, Fleisch, Roggenbrot, Bohnen für die Suppe und »viel Wein«.[25]

Im Mittelalter tranken in Lothringen alle Schichten des Volkes Wein. Es ist allerdings sehr unwahrscheinlich, dass dadurch das Bier als Hauptgetränk verdrängt wurde. Wenn man das sogar von einer Gegend sagen kann, die selbst Wein produzierte, so gilt es sicherlich umso mehr für Regionen, die ihren Wein importieren mussten. Im 14. Jahrhundert kostete in England Ale einen Penny für zwei Gallonen in den Städten und ungefähr halb so viel auf dem Land, während der Preis für Wein aus der Gascogne oder aus Spanien ungefähr sechs Pence pro Gallone betrug, also um das Zwölf- bis Vierundzwanzigfache höher lag.[26]

Besonders auf Feldzügen schenkte man regelmäßig Wein an die Soldaten aus. Auf dem Wandteppich von Bayeux, der die normannische Eroberung Englands im Jahr 1066 schildert, sehen wir, wie ein mit einem Weinfass und Waffen beladener Wagen über den Kanal geschafft wurde. Im Jahr 1470, als eine Armee des Herzogs von Lothringen Châtel-sur-Moselle belagerte, tranken die Soldaten 91 Fässer Wein, das entspricht 43 000 Litern.

Uns mag es heute scheinen, als wären diese Zuteilungen ausschließlich dazu bestimmt gewesen, den Kampfgeist der Soldaten zu erhöhen und sie schlimmstenfalls die Gefahr vergessen zu lassen, die sie auf sich nahmen. Aber Wein gehörte tatsächlich zum normalen Proviant in der Armee. Er galt als Grundnahrungsmittel, ähnlich wie Brot. Zweifellos schützte der Weingenuss auch die Gesundheit der Soldaten. Wasser war besonders an Belagerungsorten nicht selten verdorben. Wenn man Wein zum Wasser hinzugab (oder anders ausgedrückt, den Wein mit Wasser verdünnte), konnte man einen Teil der Keime unschädlich machen und so die Truppen vor Krankheiten bewahren. Typhuserreger können zum Beispiel mit Wein abgetötet werden.[27] Deshalb bekamen wohl nicht nur französische Soldaten, die es vielleicht gewohnt waren, Wein zu trinken, ihre Ration. Auch englische Soldaten, die von Haus aus eher das Bier favorisierten, wurden im Kriegsdienst mit Wein verproviantiert. 1316 bestellte Edward II. von England 4 000 Fässer Wein für seine Truppen, die gegen Schottland im Kampf standen. Ob es den Engländern nun genützt hat oder nicht, die Schotten erhielten zweihundert Jahre später die Gelegenheit, sich zu revanchieren: 1543 kaperten sie 16 Schiffe mit der gesamten Jahreslieferung an Wein, die Heinrich VIII. bestellt hatte.[28]

Im späten Mittelalter wurden wohlhabende Weintrinker zunehmend kritischer und entwickelten ein Bewusstsein für die Herkunft der besseren Weine. Die englischen Kenner liebten besonders den Körperreichtum und die hellrote Farbe des Gascogne-Weins. Im unterschiedlichen Preis spiegelte sich die Wertschätzung für bestimmte Regionen innerhalb der Gascogne selbst wider. Außerdem schätzten die Engländer die süßeren Weine des Mittelmeerraums, die allerdings teurer waren. In Italien entwickelte sich mit der Einführung neuer Rebsorten im 12. und 13. Jahrhundert gleichfalls ein Kreis von Weinkennern, mit dem sich auch die Rebfläche erweiterte. In Florenz pflanzte man den Wein sogar innerhalb der Stadtmauern an, was der Kirchenname S. Jacopo Tra le Vigne (Hl. Jakobus im Weinberg) belegt.[29] Aus den traditionellen Rebsorten gewann man lediglich Wein für die Massenproduktion, feinere Gaumen bevorzugten neuere Sorten und Weine, die aus Griechenland, Kreta und anderen Ländern importiert wurden. Der Dichter Cecco Angioliere fasste dies im späten 13. Jahrhundert in folgende Worte:

> Und ich möchte nur griechischen Wein und Vernaccia,
> Lateinischer Wein ist scheußlicher
> Als meine Frau, wenn sie mit mir zankt.[30]

Der Bezug des Weins zur Welt der Religion, der Macht und des Reichtums, der im gesamten Mittelalter sehr eng war, findet seinen Niederschlag in einem fiktiven »Kampf der Weine« – einem Vorläufer internationaler Weinwettbewerbe, der in zwei Gedichten aus dem 13. und 14. Jahrhundert beschrieben wird.[31] Sie schildern eine Weinverkostung, die König Philipp August von Frankreich veranstaltete. Ein englischer Priester sollte die Weine beurteilen. Dabei ging es nicht einfach nur um das sinnliche Vergnügen. Der Geistliche hatte sein Messgewand angelegt, um die als schlecht bewerteten Weine sogleich »exkommunizieren« zu können.

Der »Kampf der Weine« zeigt uns deutlich, welche Weine zu Beginn des 13. Jahrhunderts in der Gunst des Trinkers weit oben standen. In der früheren der beiden Versionen stammte die Mehrzahl der verkosteten Weine aus Frankreich, hauptsächlich aus dem Norden. Von den siebzig namentlich erwähnten Sorten kamen nur zwei aus der Gegend um Bordeaux, sechs aus Anjou-Poitou, zwei aus Burgund und vier aus dem Languedoc. Einige wenige waren nichtfranzösischer Herkunft, sie stammten aus dem Elsass, von der Mosel, von Zypern und aus Spanien. Bemerkenswert ist, dass es sich beinahe ausschließlich um Weißweine handelte, sogar bei dem Wein aus Beaune.

Der Wein aus Zypern erhielt die beste Bewertung und wurde gebührend gepriesen:

> Der König krönte die für gut befundenen Weine
> Jeden mit einem Ehrentitel
> Den zyprischen erhob er zum Papst
> Denn er strahlte wie ein Stern.[32]

Andere Weine mussten sich mit niedrigeren Titeln begnügen. Dem zweitbesten wurde die Kardinalswürde verliehen, dann wechselten die Ehrentitel von kirchlichen zu weltlichen: Man kürte drei Könige, drei Grafen und schließlich noch ein Dutzend Edelleute. Alles in allem ehrte das Gedicht zwanzig der siebzig Weine auf diese Weise, acht jedoch, die alle aus Nordfrankreich stammten, wurden »exkommuniziert«. Darin zeichnete sich wohl schon die langfristige Entwicklung des französischen Weinbaus ab, denn nach und nach (verstärkt im 19. Jahrhundert) wurde im Norden des Landes immer weniger Wein produziert, und schließlich rodete man die Reben.

In dem Maße, wie sich die Weinproduktion auf bestimmte Gebiete konzentrierte und der Konsum anstieg, unterlag sie auch einer immer stärkeren Regulierung. Einige Vorschriften zielten auf eine Qualitätssicherung bei der Herstellung ab, andere sollten verhindern, dass der Wein durch Händler und Endverkäufer verfälscht wurde. Gilden kontrollierten bestimmte Aspekte des Weinhandels, was auch bei vielen anderen Produkten und Tätigkeiten im Mittelalter der Fall war. Kurz: Es entwickelte sich eine regelrechte Weinwirtschaft.

In vielen Teilen Kontinentaleuropas, auch in Frankreich, stand die Landwirtschaft unter der Kontrolle der Gemeinden, und der Weinbau bildete keine Ausnahme. In den Weingärten rund um Dijon im französischen Burgund wurde die Weinlese gemeinsam vom Stadtrat und von Vertretern der Weinbauern geregelt. Sie legten fest, wann die Beschneidung der Reben zu beginnen hatte oder wann man den Wein aufbinden sollte. Im so genannten *ban de vendange* bestimmten sie den Beginn der Weinlese. Weiter sorgte man für den Schutz der Weingärten vor Tieren und Ungeziefer, wozu nicht selten auch eine Prozession durch den Ort gehörte, in der man Gott um Beistand anrief. In Kriegszeiten stellte der Stadtrat eine Miliz auf, um die Weingärten oder während der Lese auch die Arbeiter zu schützen.[33]

Damals trat auch die Vintners' Company, die Gilde der Londoner Weinhändler, als einflussreiche Kaufmannsorganisation in Erscheinung. Eine offizielle königliche Urkunde erhielten sie zwar erst 1437, doch schon zu Beginn des 13. Jahrhunderts kontrollierten die in dieser Gilde zusammengeschlossenen Händler weitgehend den Verkauf von Wein in der Stadt, sowohl den Groß- als auch den Einzelhandel. Sie stellten eine einflussreiche Gruppierung dar, die man nicht ohne weiteres übergehen konnte, denn mehr als ein Drittel der Stadträte waren Weinhändler, so auch der Bürgermeister, der 1215 die Stadt London bei der Unterzeichnung der Magna Charta vertrat.[34]

Die wichtigste Entscheidung, die Festsetzung der Preise für den Wein, traf jedes Jahr die englische Krone, und zwar je nach Region entsprechend der Verfügbarkeit des Weins. Die Weinhändler zog man jedoch vorher zurate. In anderen Fragen übten sie ihren Einfluss direkter aus. Importweine konnten in London nur an einer ganz bestimmten Stelle der Themse gelöscht werden, und das nur von *master winedrawers*. Nur ein *wine-drawer*, unterstützt von zwölf Gehilfen, konnte den Wein dann in ein spezielles Lagerhaus bringen, und verkauft werden durfte dieser erst, nachdem bei jedem Fass die Menge genau überprüft worden war. Gaststätten und Händler kauften den Wein direkt von den Schiffen, doch der Weiterverkauf war ein Monopol der Weinhändlergilde.[35]

Das beträchtliche Ausmaß des Weinhandels zog natürlich das fiskalische Interesse der chronisch bedürftigen Herrscher auf sich. Nicht nur die englische Krone belegte den Wein mit Steuern. Bereits im Jahr 1000 erhob der sächsische König Ethelred II. einen Zoll, den »die Männer aus Rouen, die Wein anliefern«, zu entrichten hatten. Mit der weiteren Ausdehnung des Handels zweihundert Jahre später wurden weit höhere Abgaben fällig. Die englischen Weinschiffe mussten eine *prisage* entrichten: Der König, vertreten durch einen *king's butler* genannten Beamten, hatte das Recht, von jeder Ladung Wein mit mehr als 21 Fässern zwei Fässer einzubehalten, von kleineren Ladungen ein Fass. Um 1340 zahlten mehr als hundert Schiffe pro Jahr diese *prisage*, was der Krone mehr als 200 Fässer (180 000 Liter) Wein jährlich einbrachte.[36]

Ausländische Schiffe waren der *prisage* nicht unterworfen, mussten jedoch seit 1302 mit der *butlerage* eine Steuer von zwei Shilling pro Fass zahlen. Das entsprach zu Anfang ungefähr der *prisage*, wurde aber mit steigendem Weinpreis eine leichter zu verschmerzende Gebühr. Die englischen Schiffseigner beschwerten sich jahrhundertelang über diese Ungerechtigkeit, bis die *prisage* im späten 16. Jahrhundert durch eine Geldabgabe ersetzt wurde. Außerdem gab es noch die *tunnage*, die von Zeit zu Zeit von allen Schiffen zu entrichten war. Diese Steuer, die pro *tun* (Fass) berechnet wurde, konnte der König mit besonderer Erlaubnis des Parlaments in Zeiten drückender Finanznot erheben.

Überall in Europa wurden auf den Import und den Verkauf von Wein Abgaben erhoben. Sie waren nicht nur beim Transport innerhalb Frankreichs über die Provinzgrenzen hinweg zu zahlen. Größere wie kleinere Gemeinden verlangten ihren Anteil an dem Wein, der für ihre Märkte angeliefert wurde. Die Pariser Verwaltung besteuerte jeden Wein, der die Stadttore passierte. Die Stadt Romans im Dauphiné erzielte mit Wein mehr Einnahmen als mit allen übrigen Waren, die über die Stadtbrücke hereinkamen. In Polen erhoben die Beamten von Krakau eine Steuer auf den Wein. Im Byzantinischen Reich hatten die Wirte den *kapeliatikon* zu bezahlen, eine Gebühr, die dem Kaiser zustand. Dieser konnte das Privileg an die Grundbesitzer abtreten, die sie wiederum auf alle Tavernen erhoben, welche sich auf ihrem Land befanden. Es gab allerdings Ausnahmen, etwa für die Mönche auf dem Berg Athos. Ihnen gestattete man, ihren Wein ohne Abgabe des *kapeliatikon* zu verkaufen, solange sie sich aus den Geschäften der anderen heraushielten.[37] In Flandern erzielte die Stadt Brügge lange Zeit den größten Teil ihrer Einnahmen über den hauptsächlich aus Frankreich importierten Wein. Im Jahr 1335 waren dies 65 Prozent, und obwohl dieser Anteil 1420 auf 45 Prozent zurückgegangen war, füllte noch immer der Durst der Bewohner die Stadtkasse.[38]

Während die Besteuerung keinem anderen Zweck diente, als die Obrigkeit auf den verschiedensten Ebenen mit Geldmitteln zu versorgen, sollten viele der Beschränkungen, die die Gilden und die Gemeinden den Herstellern des Weins auferlegten, dessen Qualität sichern helfen. Und man unternahm noch weitere Anstrengungen, um die Gesundheit und die finanziellen Interessen der Konsumenten zu schützen. Auf die Verfälschung von Wein hatte die englische Regierung ein ebenso scharfes Auge wie auf die Manipulation anderer Lebensmittel und Getränke. Die Weinqualität war sehr unterschiedlich, die meisten Sorten verdarben rasch. Der in Fässern gelagerte Wein hielt sich selten länger als ein Jahr. Skrupellose Händler mischten die schlecht gewordenen Jahrgänge mit frischem Wein, statt sie wegzuschütten. Vor solchen Praktiken warnte Ende des 14. Jahrhunderts der »Ablasskrämer« aus Geoffrey Chaucers *Canterbury Tales*:

> Vor Rotem nehmt und Weißem euch in acht,
> Besonders vor dem weißen Wein von Lepe,
> Den man verkauft in Fish Street und in Chepe.
> Es schleicht sich heimlich dieser spanische Wein
> In die benachbarten Weinsorten ein.[39]

Mit verschiedenen Regelungen versuchten die Engländer, diese Machenschaften zu unterbinden oder zumindest einzudämmen. Wirte durften entweder nur Rotwein oder nur Weißwein ausschenken, und 1353 verbot man ihnen, süßen Wein zusammen mit anderen Sorten zu lagern. Als weitere Vorsichtsmaßnahme sollten die Weinkeller einsehbar sein, damit die Gäste beobachten konnten, wie ihr Wein vom Fass gezogen wurde. Solche Vorschriften ließen sich natürlich umgehen. Manche Wirte zogen es vor, die Eingänge zu ihren Kellern mit Vorhängen zu versehen, um sich bei ihrer Panscherei nicht gestört zu fühlen. Einem Wirt namens John Penrose, den man für schuldig befand, Wein manipuliert zu haben, wurde für fünf Jahre die Konzession entzogen. Außerdem zwang man ihn, von seinem eigenen Gebräu zu trinken und den Rest wegzuschütten.[40] Als Weinhändler aus der Lombardei 1456 dabei ertappt wurden, wie sie ihren süßen Wein verfälschten, befahl der Bürgermeister von London, 150 Fässer zu vernichten. Das Ergebnis war »ein Strom von Alkohol, der vor aller Augen durch die Stadt lief wie Regenwasser und einen höchst ekelhaften Geruch verbreitete«.[41] Andere betrügerische Händler versuchten, verdorbenem Wein mit Zusätzen wie Pech, Wachs, Gummi, zerstoßenen Lorbeerblättern und anderem aufzuhelfen. Sie setzten dem Wein auch Lackmuskraut zu, ein rotes Färbemittel, was zeigt, dass die Käufer die Farbe als Qualitätsmerkmal ansahen: je dunkler das Rot, desto besser der Wein. Zwar mögen die Zusätze den Körperreichtum und die Farbe von gekippten Weinen beeinflusst haben, ihren Geschmack konnten sie aber wohl kaum verbessern. 1419 wurden in London Verfügungen erlassen, die besonders das Panschen von Romania, einem griechischen, dem Malvasier ähnlichen Wein, durch Beigeben unerlaubter Substanzen zu spanischen oder französischen Weinen verhindern sollte. Der Büttner William Horold wurde aufgrund dieses Gesetzes verurteilt, weil er seinem »alten und spanischen Wein« Gummi und Lorbeerpulver beigemischt hatte.[42]

Bei den im Mittelalter gängigen Lagerungsmethoden konnte der Wein leicht verderben, was nicht immer hieß, dass man ihn gleich wegschüttete. Zum Teil wurde er an die Armen verschenkt; was diese von solchen vermeintlichen Wohltaten hielten, weiß man allerdings nicht. In England kam ein Teil der überalterten Vorräte des Königs sogar in den Verkauf. Möglicherweise fühlten sich manche immer noch geschmeichelt, den Wein trinken zu dürfen, der aus dem königlichen Weinkeller stammte, selbst wenn er scheußlich schmeckte. Sparsame Leute wie der Graf von Northumberland ließen ihren gekippten Wein zu Essig werden, andere versuchten, ihn wieder trinkbar zu machen.

Rezepte hierzu finden sich in einem Buch mit dem Titel *Le Ménagier de Paris*, geschrieben im 14. Jahrhundert von einem Ritter, der im Dienst des Duc de Berry stand. Es enthält Ratschläge für seine junge Frau zu so verschiedenen Themen wie Gehorsam gegenüber dem Ehemann, der Auswahl von Dienern, dem Abrichten von Hunden, der Läusebekämpfung bei Falken und der Zubereitung von Speisen und Getränken. Der Ritter empfahl seiner Gattin, den Haushofmeister anzuhalten, allwöchentlich die Weinvorräte zu prüfen und sofort Maßnahmen zu ergreifen,

wenn ein Wein schlecht geworden war. Eine Methode, die nur im Winter prakti-
kabel war, bestand darin, das Fass dem Frost auszusetzen. Man konnte auch ein
Körbchen mit dunklen Trauben durch das Spundloch in das Fass hängen. Gegen
schlecht riechenden Wein sollten angeblich Säckchen mit altem Holz und gemah-
lenem Kardamom helfen. Trüber Wein ließ sich klären, indem man Säckchen mit
noch heißem Eiweiß und Eierschalen (jedoch ohne Eigelb) von einem Dutzend
Eiern hineinhängte, die man zuerst gekocht und dann gebraten hatte. Als Alternative schlug das Buch vor, einen neuen Tontopf über dem Feuer zu erhitzen, ihn
dann zu zerschlagen und die Scherben in den Wein zu legen. Rötung bei Weißwein sollten Stechpalmenblätter beseitigen. Gegen Bitterkeit wirkte angeblich
heißer, gekochter Weizen, und wenn das nicht half, tat es auch Sand, der zuvor im
Wasser der Seine gewaschen worden war.[43]

Manche Rezepturen mögen tatsächlich geholfen haben. Wein lässt sich wirklich mithilfe von Eiweiß klären. Die Wirksamkeit der meisten Ratschläge ist jedoch höchst zweifelhaft. Wenn man die Anweisungen getreu befolgte, war ein Fass
schlechten Weins bald mit Eiern, Weizen, Blättern, verschiedenen Gewürzen und
zerbrochenem Tongeschirr gefüllt. Der Wein wird sich dadurch kaum verbessert
haben. Der vielleicht sinnvollste Vorschlag war, den Wein dem Frost auszusetzen:
Kalt genossen, wird der schlechte Geschmack weniger auffällig gewesen sein.

Die Probleme mit verdorbenem oder gepanschtem Wein nahmen im 17. Jahrhundert mit der Einführung von Flaschen etwas ab, doch erst im 20. Jahrhundert
begannen die Winzer, in größerem Umfang ihre eigenen Weine auf Flaschen zu
ziehen. Bis dahin führten Vereinigungen wie die Londoner Vintner's Company in
Wirtshäusern regelmäßig Inspektionen durch und überwachten, so gut es ging, die
Lager- und Verkaufsbedingungen. In England gab es noch für viele andere Bereiche Vorschriften, zum Beispiel für den Ausschank. Die Wirte durften in den Gasthäusern den Wein nicht in den kleinen Bechern servieren, aus denen er getrunken
wurde. Sie mussten ihn in Gefäße abfüllen, deren korrekte Angabe des Fassungs-
vermögens der Sheriff regelmäßig überprüfte. Sogar die Größe privater Weinkeller
wurde beschränkt. Edward VI. verbot Bürgerlichen, deren Einkommen oder Besitz
unterhalb einer Mindestgrenze lag, für ihren privaten Verbrauch mehr als zehn
Gallonen Wein im Haus zu haben.[44]

Andere Gesetze betrafen unmittelbar den Alkoholgenuss: Trunkenheit, besonders
in der Öffentlichkeit, war überall in Europa strafbar. Wie häufig Alkoholvergiftun-
gen vorkamen, können wir nicht wissen, doch traten sie in einer Kultur, in der der
Genuss von Bier und Wein derart verbreitet war, sicherlich nicht selten auf.★

★ Die Trinklust förderten so genannten Ausrufer, die von der Gemeinde angestellt und von
den Wirten bezahlt wurden. Jeden Morgen besuchten sie die Gasthäuser, schauten, was angeboten wurde und zogen dann mit einem Gefäß durch die Straßen, auf das sie mit einem
Stock trommelten und aus dem man den angebotenen Wein kosten konnte.[45]

In der »Erzählung des Ablasskrämers« aus Chaucers *Canterbury Tales* gibt es eine lange Passage über die Gefahren des unmäßigen Genusses selbst bei verdünntem Wein. Dieser sei, so der Ablasskrämer, in vielerlei Hinsicht mit unmoralischen Dingen verbunden und führe unweigerlich ins Chaos:

> Die Heilige Schrift wird selber mir bezeugen,
> Dass Wein und Trunksucht Wollust nur erzeugen.
> Seht, wie der trunkne Loth bald sank so tief,
> Dass er unwissend mit den Töchtern schlief;
> Betrunken wusst er nicht, was er begann.
> ...
> Doch hört, ihr Herrn, und lasst euch eins berichten,
> Dass jede große Tat in den Geschichten
> Des Alten Testaments und jede Schlacht,
> Durch die Gott der Allmächtige Sieg gebracht,
> Mit Fasten stets und mit Gebet geschehen.
> Lest in der Bibel nach, da könnt ihr's sehen.[46]

Der Ablasskrämer hätte ebenso seinen Amtsbrüdern predigen können. Die Kirche versuchte, die Kleriker mit eigenen Vorschriften zu disziplinieren. Sie verlangte keine Abstinenz, aber zumindest Mäßigung. Viele Priester und Mönche kamen dieser Vorschrift jedoch nicht nach. Bei einer Inspektionsreise Mitte des 13. Jahrhunderts trafen die Offiziellen viele Priester in Nordfrankreich, die sich nicht an die kirchlichen Regeln hielten. Der Pfarrer von St. Rémy war ein notorischer Trinker und regelmäßig im Gasthaus anzutreffen, wo er wiederholt in Schlägereien verwickelt war. Der Pfarrer von Gilemerville hatte schon gelegentlich seine Kleider in der Schenke zurückgelassen. Angeblich verlor er sie beim Spiel, möglicherweise aber unter weit dubioseren Umständen. Der Pfarrer von Pierrepont war ein Säufer; der Geistliche von Grandcourt ebenfalls. Auch der Kirchenhirte von Panliu war weithin für seine Trunksucht bekannt, außerdem verkaufte er selbst Wein und verführte seine Schäfchen zum Trinken.[47]

Die Schenken und Wirtshäuser in den Städten, die außer Wein noch andere alkoholische Getränke verkauften, standen wegen der häufigen Krawalle unter argwöhnischer Beobachtung. Sie wurden oft als Orte des übermäßigen Trinkens, des Spiels und der sexuellen Ausschweifungen beschrieben – Assoziationen, die sich die Aktivisten der Enthaltsamkeitsbewegungen im 19. Jahrhundert zu Eigen machten. Tatsächlich kam es in den mittelalterlichen Schenken häufig zu Handgreiflichkeiten, wahrscheinlich jedoch nicht mehr als auf den Marktplätzen, wo es auch zwischen den nüchternen Händlern und ihren Kunden beim Feilschen gelegentlich recht deftig zuging. Einige Gemeinden versuchten, den Ausschank in den Tavernen zeitlich zu begrenzen, im Allgemeinen aber mit wenig Erfolg. Durch einen königlichen Erlass aus dem Jahr 1350 waren beispielsweise die Wirte von Paris dazu angehalten, nach dem Abendgeläut von Notre-Dame keine Gäste mehr einzulassen.

Manchmal kam es zu größeren Zwischenfällen, wie beispielsweise 1229 in der Nähe der Kirche St. Marceau in Paris. Eine Gruppe von Theologiestudenten, die offenbar mit Trinkübungen testeten, ob sie auch wirklich berufen waren, geriet nach einer ausgiebigen Zecherei mit dem Eigentümer in Streit über die Bezahlung. Es gab ein Handgemenge. Der Wirt, unterstützt von anderen Kneipenbesitzern, die ihm zu Hilfe eilten, schlug die Studenten in die Flucht. Am nächsten Tag kehrten diese mit Verstärkung zurück und zertrümmerten das Mobiliar. Die Universitätsleitung schritt ein und maßregelte die Raufbolde. Der Vorfall belastete dennoch eine Zeit lang die Beziehungen zwischen Universität und Stadt.[48]

Trotz aller Vorfälle, Gefahren, Warnungen und Vorschriften gab es im Mittelalter Ärzte, die die gesundheitsfördernden Eigenschaften des Weines lobten. Dabei schöpften sie stark aus griechischen, römischen und arabischen Traditionen, in denen Wein als Heilmittel gegen eine ganze Reihe von Krankheiten und körperlichen Gebrechen bekannt war. Nach Empfehlungen von Hippokrates und Galen wurde Wein häufig als Antiseptikum bei der Wundreinigung eingesetzt, außerdem zur Fiebersenkung und bei vielen Magen-Darm-Störungen. Da Wein aufgrund seines Alkoholgehalts ein gutes Lösungsmittel ist, verwendete man ihn auch gerne bei der Herstellung verschiedenster Arten von Kräuterarznei. Mit Wein vermischte Kräuter wurden gegen den grauen Star, Gerstenkörner sowie allgemein gegen Schwellungen und Schmerzen an den Augen verschrieben.[49] Wein mit den Beeren der Schwertlilie sollte Frauen bei Brustentzündungen helfen.

Einer der bekanntesten Verfechter der heilenden Eigenschaften des Weins war Henri de Mondeville, ein französischer Wundarzt aus dem 14. Jahrhundert.[50] Wie andere Verfasser von ärztlichen Ratgebern betonte er die positiven Wirkungen des Weins für das Blut, doch meinte er auch, dass dies nur für gute Weine zutreffe, ein Anzeichen für das wachsende Qualitätsbewusstsein. Er empfahl nur den allerbesten Wein, vorzugsweise leichten Rosé- oder Weißwein mit gutem Aroma und angenehmem Geschmack, auf keinen Fall aber einfache französische Sorten wie die, welche in der Gegend um Auxerre oder Montpellier produziert wurden. Guter Wein, so Mondeville, sei ideal für die Bluterneuerung, denn er gehe sofort in den Blutstrom über und verwandle sich selbst in Blut. (Mondeville hob sehr stark auf die Ähnlichkeiten zwischen Wein und Blut ab, obwohl er eher Weißweine und Roséweine bevorzugte.) Indem er Wein auch den Verwundeten verordnete, brach er mit einer gängigen medizinischen Lehrmeinung. Es gehe nicht darum, ob ein Patient Wein erhalten solle, sondern wie viel. Das war sein Grundsatz.

Für Mondeville lag klar auf der Hand, dass Wein die Körperfunktionen unterstützte. Außerdem empfahl er Milch, da beide Flüssigkeiten ein Äquivalent im menschlichen Körper hätten: Wein gleiche dem Blut, Milch anderen Körperflüssigkeiten wie Schleim oder Muttermilch. Bei beiden drücke sich die Entsprechung auch in der Haut aus, denn die des Weintrinkers sei eher rötlich, die des

Milchtrinkers blass. Ein ausgewogenes Verhältnis von Wein und Milch bei der täglichen Ernährung würde für die ideale Gesichtsfarbe sorgen, einen hellen Teint mit rosigen Wangen.

Gelegentlich machte man bittere oder unangenehm schmeckende Arzneien mit Wein geschmacklich erträglicher, obwohl die Ärzte im Mittelalter nur wenig Rücksicht auf die Empfindlichkeiten ihrer Patienten nahmen. Eher hielt man es mit der traditionellen Auffassung, Krankheiten und Gebrechen seien das Werk des Teufels oder von Dämonen, die die Macht über den Körper übernommen hätten und gegen die man am besten solche Mittel zum Einsatz bringe, bei denen den bösen Geistern die Lust vergehe, weiter im Körper zu bleiben. Dabei ließ man außer Acht, dass es nicht gerade den Lebensmut eines Patienten hob, so widerliche Substanzen wie Vogelkot, Hundehirn oder Ziegenurin schlucken zu müssen oder aufgetragen zu bekommen, selbst wenn diese mit Wein versetzt waren.

Die Ärzte sahen dabei durchaus, dass Wein auch krank machen konnte. In seinem einflussreichen Werk *Über die Beschaffenheit der Dinge* warnte der Franziskanermönch Bartholomäus Anglicus Mitte des 13. Jahrhunderts vor übermäßigem Weingenuss, der Kopfschmerzen verursache.[51]

Dergleichen Warnungen verhallten im Mittelalter ebenso ungehört wie zu allen anderen Zeiten.

In den ersten fünfhundert Jahren des 2. Jahrtausends christlicher Zeitrechnung etablierte sich der Wein bei einem großen Teil der Bevölkerung Europas als Teil der täglichen Ernährung. Mit der wachsenden Bedeutung als weltlichem Genussmittel vertieften sich zugleich die religiösen Bezüge, denn die Kirche, die größte und wichtigste Institution des Mittelalters, betonte stets die Verbindung des Weins zum Göttlichen. Auf zahlreichen Abbildungen ist das Motiv »Christus in der Weinkelter« dargestellt. Dabei ist das Kreuz Teil einer Weinpresse, und das Blut Christi tropft von Händen und Füßen in den Traubenmost. So innig war der Wein mit dem religiösen Bereich verknüpft, dass beide kaum zu trennen waren. Ob als alltägliches Getränk oder zu besonderen Anlässen, als religiöses Symbol, als Produkt und Gegenstand eines blühenden Handels: gegen Ende des Mittelalters stand der Wein auf einer festeren Grundlage als jemals zuvor.

Fünf

Neue Weine, neue Techniken

Die Alkoholrevolution, 1500 – 1700

Die Weinproduktion in Europa weitete sich zwischen 1500 und 1700 erheblich aus. Die Bevölkerungszahl, und damit auch der Markt für alle Lebens- und Genussmittel, einschließlich Wein, wuchs, nachdem sich der Kontinent von der demographischen Katastrophe des Schwarzen Todes erholt hatte. Um 1700 zählte Europa deutlich mehr Einwohner als zweihundert Jahre zuvor. Eine Klimaerwärmung half zu Beginn des 16. Jahrhunderts, die gestiegene Nachfrage nach Wein zu befriedigen, denn sie erlaubte es, Trauben in Gegenden anzubauen, wo es vorher unmöglich gewesen war. Das 16. Jahrhundert war alles in allem eine gute Zeit für den Wein, die folgenden hundert Jahre dagegen weniger. Das Klima kühlte sich wieder ab, Kriege verwüsteten viele Weinbaugebiete Mitteleuropas, und die instabilen politischen Verhältnisse beeinträchtigten den Handel in vielen bedeutenden Weinregionen, beispielsweise um Bordeaux.

Eine Erfolgsgeschichte hatte der spanische Weinbau vorzuweisen. Seit 1519 gehörte Spanien durch eine dynastische Verbindung zum Hause Habsburg. Das verschaffte den Spaniern Zugang zu den Niederlanden, und sie nutzten diese Gelegenheit, um ihren Wein dorthin zu exportieren, teils für die Konsumenten vor Ort, teils für den Weiterverkauf in andere Länder. Mitte des 16. Jahrhunderts war Antwerpen ein Zentrum des Weinexports, von wo aus iberische Weine weiter nach Nordeuropa verschifft wurden.

Die heimische Nachfrage belebte ebenfalls das spanische Weingeschäft. Allein die Erweiterung des königlichen Hofes und seines Verwaltungsapparates dürfte für einen kleinen »Weinboom« gesorgt haben. Außerdem stieg die Nachfrage in den Städten. Dies machte eine Vielzahl von Rebpflanzungen in Kastilien notwendig, besonders in der Gegend südwestlich von Valladolid, wo der König bis 1606 Hof hielt. Ein deutliches Zeichen für die gestiegene Bedeutung des Weins aus dieser Region war eine Reihe von Gesetzen, die Philipp II. 1597 erließ, um die Qualität und den Verkauf zu kontrollieren. Er verbot, Rot- mit Weißweinen zu verschneiden oder schädliche Substanzen zuzusetzen. Die Gesetze beschränkten die Einfuhr des Weins vom Land nach Valladolid zeitlich (bis zum letzten Februartag des Jahres, das auf die Weinlese folgte) und verlangten von den Winzern des in der Stadt hergestellten Weins den Erwerb einer Lizenz. Mit dieser Regelung wollte der König zweierlei erreichen: Die Qualität der Weine am königlichen Hof sollte gesichert und die Produktion von billigem, schlechtem Wein verhindert werden, da dieser nach allgemeiner Auffassung der Grund für die weit verbreitete Trunksucht war.[1]

Ein dritter günstiger Umstand für die Ausweitung des spanischen Weinbaus, und keineswegs der unbedeutendste, war die wachsende Beliebtheit der spanischen Weine auf dem wichtigen englischen Markt. Die Spanier profitierten davon, dass die Engländer 1453 die Gascogne verloren und nun weniger französische Weine importieren konnten. Die englische Kundschaft entdeckte ihre Vorliebe für die Trauben der Mittelmeerregion, die süßer waren als die eher trockenen französischen Gewächse. Besonders der spanische »Sack« kam in Mode. Der Ursprung dieses Namens, manchmal auch »seck« geschrieben, wird oft auf das spanische Wort für »trocken« (*seco*) zurückgeführt, eine nicht besonders schlüssige Erklärung, denn dieser Wein, ein Vorläufer des Sherrys, war eigentlich süß. Eine andere, ebenso wenig überzeugende Interpretation will wissen, dass sich »Sack« von dem spanischen Wort *sacar* (herausziehen) herleitet, und zwar, weil dieser Wein für den Export bestimmt gewesen war.[2]

Wie auch immer, der »Sack« war seit dem späten 16. Jahrhundert einer der beliebtesten Weine in England, und sein Name wurde unsterblich durch die Worte, die William Shakespeare seinem Falstaff in den Mund legte: Falstaff, in seiner Jugend ein Trinkkumpan Heinrichs IV., spricht voller Begeisterung über »sherrissack«, über den Sack aus der Gegend von Jerez, der Heimat des Sherrys. Einige der besten Eigenschaften des Prinzen (den er Harry nennt) leitet er aus dessen exzessivem Weingenuss her. Sherry, sagt Falstaff, vertreibe trübe Gedanken und fördere den Verstand und den Witz. Er wärme das Blut und mache den Feigen tapfer. Wenn Heinrich über derart positive Eigenschaften verfüge, dann verdanke er sie neben seiner Abstammung auch seinem gesunden Durst nach »sack«, also nach Sherry.[3]

Die Ausweitung des Binnen- und des Exportmarktes sowie die durch das Silber aus den amerikanischen Kolonien angeheizte Inflation ließen die Preise für spanischen Wein rasch ansteigen. In Andalusien verteuerte er sich zwischen 1511 und 1559 beinahe um das Achtfache, wesentlich mehr als etwa Getreide und Oliven, die beiden anderen Hauptprodukte. Deshalb beeilten sich die Bauern, neue Weingärten anzulegen, um vom Weinboom zu profitieren. Das nahm solche Ausmaße an, dass im Jahr 1579 die Cortes, die spanische Volksvertretung, beim Kaiser Eingaben einreichten, um die Neuanlage von Weinbergen zu verhindern, da ihnen zu viel fruchtbares Land zum Opfer falle.[4]

Eine der größten historischen Umwälzungen der damaligen Zeit ging an Spanien vorüber. Die protestantische Reformation, die Herausforderung der Römischen Kirche durch Männer wie Martin Luther und Johannes Calvin, führte zur Gründung neuer Kirchen in vielen Teilen Europas. Der Protestantismus schien jedoch eher in kühleren Regionen Erfolg zu haben. Er fasste hauptsächlich im Norden Europas Fuß (in Schottland, Skandinavien, den Niederlanden, Norddeutschland, der Schweiz und England), wo der Weinbau höchstens eine Nebenrolle spielte. Ausnahmen bildeten die Verbreitung der protestantischen Lehre in einigen Weinregionen Norddeutschlands und die Popularität des Protestantismus in Südwestfrankreich, darunter auch in der Gegend um Bordeaux und in Teilen des Languedoc.

Die Konfiszierung klösterlichen Grundbesitzes im Zusammenhang mit der Auflösung katholischer Orden durch protestantische Landesfürsten (beispielsweise in England und in der Schweiz) hatte, insgesamt betrachtet, relativ wenig Einfluss auf die Besitzverhältnisse der Weinberge. Dennoch blieb die Auflösung der ganz Europa verbindenden religiösen Einheit in ein System von Staaten mit unterschiedlicher konfessioneller Prägung nicht ohne Auswirkungen auf die weitere Geschichte des Weins.

In einer Hinsicht beförderten die Protestanten die Nachfrage nach Wein. Die Eucharistie hatte bei ihnen zwar eine andere Bedeutung als bei den Katholiken, dafür vertraten sie aber die Auffassung, dass Christen häufiger die Kommunion feiern sollten, nicht nur einmal im Jahr, wie es in der Regel die Katholiken taten. Außerdem erlaubten sie auch den Laien wieder den Empfang von Wein (und nicht nur von Brot), den die katholische Kirche verboten hatte. Calvin, dessen Lehre in der Schweiz, den Niederlanden und in Schottland großen Einfluss ausübte und sich später mit den Puritanern auch in England und Amerika verbreitete, schrieb, die Kirche habe der Mehrheit von Gottes Volk den Wein vorenthalten und gestohlen, um ihn zum Privileg einiger weniger kahlköpfiger und gesalbter Männer zu machen.[5] Manche der Gläubigen folgten, wie man sich vorstellen kann, der neuen Lehre nur zu bereitwillig. Bei der ersten presbyterianischen Kommunion in Schottland wurde die Gemeinde mit so viel Wein versorgt, dass man ein ganzes Fass herbeischaffen musste. Die Menge des Weins, die bei Abendmahlsfeiern verbraucht wurde, lässt den Schluss zu, dass »die Leute nicht nur am Wein nippten ... sondern sich mit einem kräftigen Zug erfrischten.«[6]

Calvinisten und andere Protestanten stehen im Ruf, sich in der Liebe, beim Trinken und bei Vergnügungen wie Theater, Tanz und Glücksspiel sehr zurückzuhalten. Dem Alkoholgenuss waren sie jedoch nicht völlig abgeneigt, solange er sich in Grenzen hielt. In diesem Punkt unterschieden sie sich nicht sehr von der katholischen Kirche, die, wie wir gesehen haben, ständig vor den Folgen exzessiven Alkoholkonsums für das Seelenheil und die Gesellschaft warnte, das Trinken an sich aber nicht verteufelte. Wir müssen also nicht denken, dass die Reformation einen allzu großen Einfluss auf den Weinkonsum hatte, besonders, wenn wir berücksichtigen, dass sie den größten Zuspruch in Regionen fand, die ohnehin nicht gerade zu den Zentren der Weinproduktion zählten.

Später allerdings entwickelten sich durchaus bedeutsame Unterschiede in der Beziehung einzelner Kirchen zum Wein und generell zum Alkohol. Wie wir in einem späteren Kapitel sehen werden, erfuhren die Temperenzler und Prohibitionisten im 19. Jahrhundert sehr wenig Unterstützung von der katholischen Kirche. Bei den Protestanten fanden sie jedoch glühende Anhänger. Dass die Temperenzler in Frankreich und anderen typischen Weinländern nur auf geringe Resonanz stießen, ist nicht überraschend, verdiente doch ein nicht unbeträchtlicher Teil der Bevölkerung seinen Lebensunterhalt mit Wein und war dieser doch ein wichtiger Bestandteil der täglichen Ernährung. Aber selbst dort, wo der Weinbau nur eine untergeordnete Rolle spielte, wie in den Vereinigten Staaten und in Kanada, engagierte sich die katholische Kirche im 19. Jahrhundert nicht sonderlich in der Anti-Alkohol-Bewegung. Könnte der Grund dafür vielleicht darin liegen, dass es eine Beziehung zwischen Katholizismus und Wein gibt, die dem Protestantismus fremd ist? Scheiterte die Reformation im 16. Jahrhundert in den Weinbaugebieten vielleicht tatsächlich am Wein? Sicherlich würde es zu weit gehen, wenn wir behaupteten, die Liebe zum Wein hätte die Menschen für den Protestantismus unempfänglich gemacht. Aber der Wein war ohne Zweifel in die religiösen Auseinandersetzungen der Zeit verstrickt.

Ein interessantes Beispiel hierfür bietet Dijon, die größte Stadt der Weinregion Burgund. Im 16. Jahrhundert reichten die Weinberge bis direkt unter die Stadtmauern, und die Winzer zogen es vor, in der Stadt zu wohnen. Sie stellten einen beträchtlichen Teil der Bevölkerung, ungefähr ein Fünftel bis ein Viertel aller Familien. Wohlhabend und politisch aktiv, verteidigten sie nach Kräften den Katholizismus gegen den erwachenden Protestantismus. Bei den Bürgermeisterwahlen des Jahres 1561 stimmten 93 Prozent der Winzer für einen katholischen Kandidaten, der dank ihrer Unterstützung auch die Wahl gewann: 58 Prozent seiner Stimmen sammelte er unter den Weinbauern.[7]

Dies war offenbar kein Einzelfall. Die Unterstützung der Winzer für die römisch-katholische Kirche und der Widerstand gegen das Vordringen des Protestantismus scheint in Frankreich ein generelles Phänomen gewesen zu sein. Im ganzen Land hielten die Winzer Abstand vom Protestantismus – sei es in Rouen, Amiens und Troyes im Norden, in Béziers, Montpellier, Toulouse und Bordeaux im Süden und Westen oder eben im weiter östlich gelegenen Dijon. Das heißt nicht, dass es unter den Winzern überhaupt keine Protestanten gab. Schließlich halfen die Hugenotten, die damals und später vor religiös motivierter Verfolgung aus Frankreich flohen, den Weinbau in Nordamerika und Südafrika zu etablieren. Aber sehr wahrscheinlich stellten sie nur eine Minderheit unter den Weinbauern dar.

Wenn die Winzer sahen, dass der Protestantismus dem Wein im Grunde nicht feindseliger gegenüberstand als der Katholizismus und somit ihr wirtschaftliches Wohlergehen nicht weiter bedrohte, warum widerstanden die meisten von ihnen trotzdem der neuen Religion? Im katholischen Glauben spielt die Gemeinde, die Gemeinschaft, eine größere Rolle, während im Protestantismus jedes Individuum seine eigene Beziehung zu Gott sucht. Die Gemeinschaft ist für die Winzer wiederum außerordentlich wichtig. Auch die Tatsache, dass in der katholischen Messe bei der Kommunion der Wein ausschließlich dem Priester zustand, wurde als gemeinschaftlicher Akt verstanden. Der Priester trank den Wein schließlich stellvertretend für alle, während bei den Protestanten jeder für sich durch einen kleinen Schluck aus dem Messkelch sein Seelenheil suchen musste.

Vielleicht empfanden die Winzer sogar noch eine besondere Verantwortlichkeit, da sie mit den Reben arbeiteten und den Wein bereiteten, von dem in der Bibel so oft die Rede war. Die Weinbauern von Dijon machten sich die Worte Christi zu eigen: »Ich bin der wahre Weinstock, und mein Vater ist der Weingärtner ... Ich bin der Weinstock, ihr seid die Reben, wer in mir bleibt und ich in ihm, der bringt viele Frucht; denn getrennt von mir könnt ihr nichts tun.«[8] Solche starken Bilder verliehen den Winzern einen besonderen Status unter den Gläubigen, was sie mehr noch als ihre Mitbürger dazu veranlasste, sich in Glaubensdingen konservativ zu verhalten.

Weit verbreitet war die Überzeugung, dass Gott die Winzer nach ihrer Tugendhaftigkeit befördere oder bestrafe. In einer anonymen *Rede des ehrbaren Weinbauern* aus dem Burgund des 16. Jahrhunderts steht zu lesen: »Im Winter kann der Wein erfrieren, im Sommer verhageln, und noch viele andere Mittel für magere Ernten kennt Gott, um uns für begangene Sünden zu bestrafen.« Und andererseits hieß es: »Gott schützt den edelmütigen Winzer.« Er hielt Dürre, Läuse und andere Schädlinge von den Reben fern. So erschien es den Winzern von Dijon durchaus angebracht, dankbar und gehorsam zu sein, indem sie die Protestanten aus ihrer Stadt fernhielten. Nicht selten verglichen sie sie mit Insekten und anderem Ungeziefer, das am heiligen Bau der Kirche nagte.[9]

Womöglich fühlten sich die Weinbauern von Dijon auch von den Calvinisten bedroht, die im nicht so weit von der Schweizer Grenze entfernten Burgund aktiv waren. Als Calvin in der ersten Hälfte des 16. Jahrhunderts in Genf mit seinen Bekehrungsversuchen begann, legte er in den Schenken der Stadt französische Bibeln aus. Seine Haltung spiegelte zunächst eine gewisse Toleranz gegenüber dem Alkohol wider. Calvin erlaubte den Priestern, die selbst Enthaltsamkeit üben sollten, ihren »schwächeren Brüdern, und denen, die ohne ihn ihre Gesundheit nicht erhalten« konnten, Wein zu geben.[10] Später allerdings verboten die calvinistischen Vorschriften jegliches Zechen und jegliche Bewirtung mit alkoholischen Getränken. Diese strikte Regel richtete sich nicht nur gegen den Alkohol, sondern war ein Affront gegen die Traditionen von Geselligkeit und Gastfreundschaft. Die Calvinisten durften Wein nur in sehr kleinen Mengen zu den Mahlzeiten oder als Medizin genießen, keinesfalls aber zum reinen Vergnügen.

Bei näherer Betrachtung der protestantischen Schriften zeigt sich dennoch kaum eine andere Einstellung zum Wein als bei den Katholiken. Das Trinken wurde akzeptiert, vorausgesetzt, es hielt sich in Maßen oder diente der Förderung der Gesundheit. Gleichzeitig betrachtete man den Wein mit einem gewissen Argwohn, da er die Menschen trunken machte, die Sitten lockerte und Männer und Frauen zur Unmoral in Gedanken und Taten verleitete. Dies war eine weit verbreitete Auffassung, die sich in allen religiösen Strömungen fand. Die Protestanten bekämpften rigoros den exzessiven Alkoholgenuss und die Trunksucht. Sie betonten stets, dass die Kirche in Rom es versäumt hatte, für Disziplin zu sorgen. Und sie kritisierten den katholischen Klerus, dem sie Faulheit und Neigung zu weinseliger Unzucht vorwarfen.

Dem protestantischen Klerus war übermäßiger Alkoholkonsum untersagt, und mit strengen Gesetzen versuchte man, die Trunksucht in der Bevölkerung zu bekämpfen. Im Jahr 1547 bestimmte Calvin für die Kontrolle der Kirchen in ländlichen Gebieten: »Einladungen zum Trinken sind verboten, die Strafe dafür beträgt drei Sou.« Trunkenheit wurde mit drei Sou bestraft, im Wiederholungsfalle waren fünf Sou fällig und beim dritten Mal drohten zehn Sou und Kerkerhaft.[11] Das waren durchaus keine leeren Drohungen. In der holländischen Calvinistenstadt Emden machten in der zweiten Hälfte des 16. Jahrhunderts die Fälle von Trunkenheit mehr als ein Viertel aller Vergehen aus. Männer fielen dabei fünf Mal häufiger auf als Frauen.[12]

Obwohl die Protestanten es hartnäckig bestritten, brandmarkten auch katholische Autoren unmäßiges Essen und Trinken als schädlich für Körper, Seele und Gesellschaft. Wein, so behaupteten sie, lasse Qualm und Dämpfe zum Gehirn aufsteigen, die den Geist vernebelten. Einige Kommentatoren beschworen das Schicksal von Lot, während andere den Wein verurteilten, weil er die Sinnlichkeit und andere Leidenschaften, etwa den Zorn, anstachele. Im frühen 17. Jahrhundert zählte es der Franziskanermönch Benedikt zu den Todsünden, wenn ein Mann sich der Ausschweifung hingab und schließlich vor lauter Schulden seine Familie nicht mehr ernähren konnte. In diesem Fall sollte ihn sein Beichtvater befragen, ob er seine Familie durch die Trinkerei ins Unglück gestürzt habe.[13]

Als Heilmittel gegen Trunkenheit oder Trunksucht (der Begriff »Alkoholismus«

war noch unbekannt) beschwor man stets die Mäßigung, nicht die völlige Absti-
nenz. Sprichwörter überlieferten den landläufigen Grundsatz der Zurückhaltung:
»Iss Brot, so lange du davon hast, beim Wein jedoch mäßige dich.« Trunkenheit galt
als Bedrohung der natürlichen Ordnung und als Ursprung von gesellschaftlichen
Konflikten: »Wer sich dem Wein ergibt, der verliert seinen Verstand.« Etliche
Sprichwörter drücken aus, dass man besonders Frauen für gefährdet (und gefähr-
lich) hielt: »Eine betrunkene Frau ist nicht Herrin ihres Körpers.« »Glücksspiel,
Frauen und Wein führen den Mann fröhlich in den Untergang.«

Abgesehen von den Gerichtsfällen, bei denen sich Männer wie Frauen wegen
Trunkenheit verantworten mussten, haben die meisten Überlieferungen eher
anekdotischen Charakter. Auf Stichen des 16. und 17. Jahrhunderts, die deutsche
Bauernfeste darstellen, sieht man jeweils mindestens einen Gast, der sich vom
Tisch abwendet, um sich zu übergeben. Und über Montpellier geht, offenbar in
Erinnerung an römische Schilderungen von germanischen Trinksitten, die Sage,
sämtliche Trunkenbolde in der Stadt seien Deutsche gewesen. Diese hätte man ge-
wöhnlich schnarchend unter den Fässern liegend gefunden.[14]

Wein war nicht das einzige alkoholische Getränk, das in den Diskussionen um
exzessives Trinken eine Rolle spielte. Noch weiter verbreitet war der Genuss von
Bier – das am längsten in ganz Europa und quer durch alle Schichten bekannte
Rauschmittel überhaupt. Es konnte beinahe überall gebraut werden, denn sein
Hauptbestandteil, das Getreide, war das gängigste Nahrungsmittel und wuchs
praktisch überall. Wo es viele Äpfel gab, tranken die Menschen gern Cidre, allerdings eher in den ärmeren Bevölkerungsschichten. Um 1500 lebten in der Normandie, in der Bretagne und im Südwesten Englands (hauptsächlich in der Gegend um Devon) die meisten Cidrekonsumenten, und auch heute noch wird in
diesen Regionen Cidre produziert.

Im Spätmittelalter begann der Wein dem Bier den Rang abzulaufen. In vielen
Regionen war er um 1500 noch den eher Wohlhabenden vorbehalten, vor allem
in Nordeuropa. Nur in den Weinbaugebieten und in den nahe gelegenen Städten
war er schon in allen Schichten sehr verbreitet. Ein Beispiel dafür ist Paris, das seinen Wein in erster Linie von den Weinbergen am Ufer der Seine, der Marne und
der Yonne bezog.

Im 17. Jahrhundert erlebte das Bier in einigen Teilen Europas einen neuen Aufschwung. Viele deutsche Weinbaugebiete waren nach dem Dreißigjährigen Krieg
und den darauf folgenden Feldzügen Ludwigs XIV. verwüstet. Diese Katastrophen
sowie mehrere schlechte Traubenernten im späten 17. Jahrhundert brachten viele
Deutsche zum Bier zurück. Zudem führte man damals neue Braumethoden ein,
die die Beliebtheit des Getränks erhöhten. Hopfen kam mehr und mehr in Gebrauch, und das Bier schmeckte jetzt aromatischer. Da war es bezeichnend, dass die
Stadtverwaltung von Bordeaux 1662 das Bierbrauen in der Stadt verbot. Es stellte

eine Bedrohung für das Weingeschäft dar, das die Grundlage für den Wohlstand von Bordeaux bildete.[15]

Aber das Bier war zu jener Zeit keineswegs die Hauptgefahr für den Wein: Die schärfste Konkurrenz erwuchs aus dem destillierten Alkohol, vor allem aus dem Branntwein. Das Destillieren war wohlbekannt, allerdings weitgehend und vielerorts sogar per Gesetz den Apothekern und Ärzten vorbehalten, die destillierten Wein zu medizinischen Zwecken als *aqua vitae* (»Lebenswasser«) einsetzten. Anfang des 16. Jahrhunderts wurde es den französischen Essigherstellern erlaubt, Wein zu destillieren, und 1537 erkannte man dieses Privileg auch Lebensmittelhändlern zu.

Weil Destillierapparate teuer waren, entwickelten sich die Brennereien als Wirtschaftszweig zunächst nur langsam, wurden aber bald schon ein Hauptsektor der Alkoholproduktion. Vor allem der niederländische Markt brachte die Sache in Schwung. Hier wurde Branntwein sowohl für den heimischen Konsum als auch für den Export in die nördlicheren Regionen Europas benötigt. Die holländischen Kaufleute besorgten riesige Mengen für ihre Handelsflotte, damals die größte der Welt. Als Wasserzusatz verlangsamte der Branntwein das Verfaulen der Wasservorräte bei Schiffsreisen in den heißen Süden, unverdünnt getrunken galt er in kalten Regionen als nützliches Stärkungsmittel. Die bedeutende Rolle der Holländer bei der Verbreitung des Branntweins zeigt sich auch darin, dass das holländische Wort *brandewijn* als »brandy« ins Englische übernommen wurde.

Der Branntwein bot gegenüber dem Wein gleich mehrere Vorteile für den Handel. Zunächst einmal stieg durch das Destillieren der Alkoholgehalt. Man brauchte fünf oder sechs Einheiten Wein, um eine Einheit Branntwein herzustellen. Das Endprodukt besaß jedoch, gemessen in Volumenprozent, einen bis zu achtfach Mal höheren Alkoholgehalt. Die gleiche Menge Trauben ergab also als Branntwein eine sehr viel größere Menge Alkohol. Ein weiterer wichtiger Vorteil lag im Transport, denn die Kosten für die Verschiffung waren im Verhältnis zur Alkoholmenge deutlich geringer als bei Wein. Außerdem schätzte die Kundschaft das unmittelbar einsetzende Wärmegefühl, das Wein und Bier nicht zu bieten hatten. Es ist vor allem diese Eigenschaft, aus dem sich die Beliebtheit der Spirituosen im kalten Norden erklärt.

Die Einsparungen bei den Transportkosten waren natürlich nur zu realisieren, wenn man den Branntwein bereits vor dem Versenden herstellte. Deshalb ließen die Holländer Brennereien in den Gebieten von Frankreich errichten, aus denen sie zuvor ihren Wein bezogen hatten, namentlich in der Gegend um Bordeaux und im Loiretal. Als die Winzer von Bordeaux bevorzugt höherwertige Rotweine und süßere Weißweine anzubauen begannen, wandten sich die Holländer der etwas weiter nördlich gelegenen Charente zu. Hier gab es nicht nur einfache Weine, sondern auch weitläufige Wälder, die das Feuerholz für die Brennereien lieferten. Die Holländer förderten den Anbau von Trauben speziell für die Branntweinproduktion, anstatt auf Weine zurückzugreifen, die wegen ihrer geringen Qualität oder eines Überangebots auf dem Weinmarkt unverkäuflich waren.

Die erste Brennerei in der Charente entstand 1624. Bereits im darauf folgenden Jahr wurde Branntwein über La Rochelle verschifft, das binnen kurzer Zeit zum wichtigsten Exporthafen der Region avancierte. Schon 1640 erhob man eine Steuer auf Branntwein, ein klares Anzeichen für seine wachsende Bedeutung. In den sechziger Jahren des 17. Jahrhunderts war die Charente, in der auch die Gegend von Cognac liegt, das Zentrum einer bedeutenden Branntweinindustrie. Die Produkte wurden zumeist von holländischen Schiffen zusammen mit Wolle und Salz nach England sowie in die Nord- und Ostseehäfen transportiert, unter anderem nach Danzig, Riga und Königsberg.

Die Holländer machten das Getränk in ganz Europa populär. Der Branntwein fuhr bald auf allen Handels- und Kriegsschiffen mit, denn er beanspruchte weniger Platz als Wein und war haltbar. Durch die Seeleute, die ihn beim Landgang in den Kneipen tranken, verbreitete er sich rasch unter den Einwohnern der Hafenstädte. In unterschiedlichster Qualität und Preislage angeboten, war der Branntwein schnell in allen Bevölkerungsschichten der Niederlande, Englands und anderer Länder beliebt.

Die Nachfrage stieg so zügig, dass auch Winzer in anderen Teilen Frankreichs und Europas ihre einfachen Weine zu brennen begannen. Im Languedoc destillierte man Weine, die von so schlechter Qualität waren, dass man sie sonst innerhalb von sechs Monaten nach der Lese als Essig hätte verkaufen müssen. Seit 1660 war Branntwein dort ein gängiges Getränk. Der Hafen von Sète, eröffnet im Jahr 1670, wurde ein wichtiger Umschlagplatz für die Spirituosen der Region. Allein 1699 verschifften die Franzosen mehr als 10 000 Hektoliter Alkohol über Sète.[16]

Branntwein wurde zur Grundlage für eine ganze Reihe neuer Getränke, welche man durch Zusätze erhielt, die sich leicht im Alkohol lösten. Im 16. Jahrhundert mischte ein Mönch in der Benediktinerabtei Fécamp in der Normandie Branntwein, Honig und Kräuter. Dieser Bénédictine genannte Likör wird noch heute hergestellt. Bekannt ist auch der Chartreuse, den zu Beginn des 17. Jahrhunderts die Kartäusermönche von Paris aus Hunderten von verschiedenen Kräutern zusammenmischten. Das sind nur zwei Beispiele für eine Vielzahl von Spirituosen, die die Menschen durch die Kombination verschiedenster Kräuter, Gewürze und anderer Zutaten aus destilliertem Wein erzeugten.

Je weiter sich die Technik der Branntweinherstellung verbreitete, desto mehr neue Sorten alkoholischer Getränke kamen auf den Markt. Wein war nicht das einzige Vorprodukt, das sich zur Destillation eignete. Ab dem 17. Jahrhundert destillierte man Getreide und machte daraus Whisky, Wodka und Gin. Das versetzte die Regionen im nördlichen und östlichen Europa, wo es keinen oder nur wenig Weinbau gab, in die Lage, mit eigenen Mitteln alkoholische Getränke zu produzieren, die stärker waren als Bier. Da diese auf der Basis von Getreide entstanden, waren sie relativ billig. Damit war ein Wendepunkt in der Geschichte des Alkohols erreicht, besonders für die skandinavischen Länder und Russland.

Alkoholdestillate sollten auch in den Kolonien eine große Rolle spielen, wie wir im nächsten Kapitel sehen werden. In den spanischen Territorien Südamerikas, vor allem in Peru, entwickelte sich im 17. und 18. Jahrhundert eine bedeutende Branntweinindustrie. Die englischen Kolonien in der Karibik destillierten Rum aus Zuckerrohr. Dieser erfreute sich nicht allein in den englischen Kolonien Nordamerikas großer Beliebtheit, wo bis zum 19. Jahrhundert alle Versuche, Wein anzubauen, fehlschlugen. Er verkaufte sich ebenfalls in England sowie in den Niederlanden sehr gut und wurde das typische alkoholische Getränk der Royal Navy.

Das Aufkommen billiger Branntweinsorten führte zu einem generellen Anstieg des Alkoholkonsums in Europa. Im Jahr 1675 wurden ungefähr 4 000 *tuns* französischen Branntweins (ungefähr 4 500 000 Liter) nach England exportiert. 1689 war es bereits die doppelte Menge.[17] Im 18. Jahrhundert erreichte der Konsum von Gin in England solche Ausmaße, dass man darin eine soziale Gefahr sah.

Zu Beginn des 17. Jahrhunderts übernahmen die Holländer die führende Rolle im europäischen Handel und damit auch im Vertrieb von Alkohol. Sie gründeten Kolonien in Nordamerika, Westindien, Südafrika, Ceylon und Ostindien. Ihre Handelsflotte umfasste 1650 Zehntausende von Schiffen. Nicht umsonst wurden die Niederländer, deren Schiffe auf allen Weltmeeren zu finden waren, »die Fuhrleute der See« genannt. Ein großer Teil des umfangreichen und lukrativen Handels mit Wein lag in ihrer Hand. Holländische Kaufleute verschifften große Mengen aus den französischen und spanischen Weinbaugebieten nach Rotterdam, das Antwerpen als bedeutendsten Weinhafen abgelöst hatte, nachdem Holland die Unabhängigkeit erlangt hatte. Von dort wurde der größte Teil entlang der Nord- und Ostseeküsten nach Nordeuropa exportiert.

Die Holländer gaben sich nicht damit zufrieden, lediglich Wein von Hafen zu Hafen zu transportieren. Sie hatten bereits die französische Branntweinindustrie aufgebaut. Jetzt engagierten sie sich in vielen Regionen, von denen Bordeaux eine der größten war, im Weinbau und in der Weinherstellung. Im 17. Jahrhundert, einer Zeit großer Veränderungen im französischen Weingeschäft, hatten die Holländer überall ihre Finger im Spiel. Sie kontrollierten den Handel und viele europäische Märkte und nahmen damit Einfluss auf die Produktion, die Qualität und sogar auf die Rebsorten, die angebaut wurden. Besonders taten sie sich in der Landgewinnung hervor, eine Technik, die die Holländer sehr verfeinert hatten, als sie ihr Land in großen Teilen der Nordsee abtrotzten. Bei Bordeaux legten holländische Ingenieure das Land entlang der größten Flüsse trocken. Bei der Anpflanzung von Rebstöcken im so genannten *palus*, dem Marschland bei Bordeaux, waren sie gleichfalls beteiligt. Schon lange wusste man, dass sich das so erschlossene Schwemmland hervorragend für den Weinbau eignen würde.

Holländer und Nordeuropäer bevorzugten andere Weine als die traditionelle englische Kundschaft von Bordeaux. Die Engländer hatten am liebsten den hellroten Claret, während die Holländer süße, schwere Weißweine und dunkle Rotweine favorisierten. Mitte des 17. Jahrhunderts waren die Niederländer so gute Kunden, dass die Winzer von Bordeaux ihre Vorlieben bei der Auswahl der Reben berücksichtigten. Viele wechselten von Rotwein zu Weißwein, hauptsächlich Muskateller, um der holländischen Nachfrage nach süßen Weinen entsprechen zu können. Zu den Regionen, die ihren Weinbau dem neuen Geschmack der Zeit anpassten, gehörte Sauternes, wo man, wie die Holländer herausfanden, mit der Lese bis weit in den Herbst hinein warten konnte, was einen hohen Zuckergehalt der Trauben garantierte. In dieser Periode der holländischen Hegemonie, besonders in den sechziger Jahren des 17. Jahrhunderts, begann Sauternes, den süßen Weißwein zu produzieren, für den die Gegend später so berühmt werden sollte. Die kräftigeren Rotweine hingegen gediehen sehr gut auf dem urbar gemachten Schwemmland. Hier entwickelten sich Graves und Médoc als bedeutende Weinbaugebiete der Region Bordeaux.

Die Vorlieben der Holländer spiegelten sich deutlich in den Preisen der verschiedenen Weine wider. Im Jahr 1647 zahlten die Händler zwischen 95 und 105 Pfund für ein 900-Liter-Fass Rotwein aus dem *palus*. Für süßen Weißwein, darunter auch solchen aus Sauternes, boten sie zwischen 84 und 100 Pfund. Andere Weißweine erzielten niedrigere Preise (Entre-Deux-Mers lag beispielsweise zwischen 60 und 75 Pfund pro Fass), während manche Rotweinsorten, die im darauf folgenden Jahrhundert zu den Spitzenweinen zählen sollten, ihren Erzeugern nur relativ bescheidene Summen einbrachten. Weine aus den Gebieten Graves und Médoc wurden mit 78 bis 100 Pfund pro Fass veranschlagt, ein Saint-Émilion brachte es auf 60 bis 78 Pfund.[18]

Die neuen niederländischen Weinliebhaber trugen außerdem dazu bei, die Haltbarkeit der Weine zu verbessern. Sie brachten die bereits im Rheinland erprobte Technik nach Frankreich, die Fässer vor dem Abfüllen mit Schwefel auszuräuchern. Das stabilisierte die Weine, besonders die süßen, verhinderte eine weitere Gärung und damit den Verlust des Restzuckers während des Transports. Ein Nachteil dabei war, dass man die Weine vor dem Verkauf länger im Fass lassen musste, damit sich der Schwefelgeruch verlor.

Die englische und die französische Regierung betrachteten die Erfolge, die das Handelsgeschick und die technische Erfahrung der Niederländer mit sich brachten, mit Argwohn. Die Holländer hatten sich so sehr in Bordeaux engagiert, dass Hunderte von holländischen Familien das Bürgerrecht der Stadt erhielten, nicht zuletzt, um von den damit verknüpften Handelsprivilegien zu profitieren. Es gab häufig Klagen darüber, dass man Wein nur noch für den Verkauf an Ausländer herstelle. Zusätzlich sorgte man sich in manchen Gegenden um den Kahlschlag, den der enorme Holzbedarf der Brennereien zur Folge hatte.

Die Aktivitäten der Kaufleute und Unternehmer aus Holland wurden bald beschränkt, aber nicht, weil man sich Sorgen um den französischen Weinbau machte. Die Franzosen und die Engländer versuchten vielmehr, ihre eigenen Handelsflotten gegen die wachsende Wirtschaftskraft der Holländer zu schützen. In England erließ man eine Reihe von Gesetzen, die den Import von Waren auf nichtenglischen Schiffen erschwerten. Die Franzosen setzten auf ein Flottenbauprogramm, um den Holländern Paroli bieten zu können. Um 1660 belegte Colbert, der Finanzminister Ludwigs XIV., ausländische Großhändler mit Strafsteuern, eine Maßnahme, die sich negativ auf die Weinexporte von Bordeaux auswirkte und zu einem offenen Konflikt zwischen der Stadt und dem König führte.

Unbeeindruckt davon machten sich die holländischen Kaufleute auf die Suche nach anderen Quellen, die sie schließlich in Spanien fanden. Die Weinberge von Jerez, der Heimat des Sherry, versorgten nun zusammen mit Malaga und Alicante die holländische Handelsflotte und auch England mit beträchtlichen Mengen Wein. Allein die Briten importierten 1653 rund 17 000 Fässer spanischen Weins (ungefähr 2 400 000 Liter), eine beachtliche Zahl im Vergleich zu den 34 000 Fässern, die sie im selben Jahr aus Frankreich bezogen.

Am Ende des 17. Jahrhunderts litt der Weinhandel erheblich unter der nationalen und internationalen Politik. 1679 verbot das englische Parlament kurzerhand jegliche Einfuhr von französischem Wein, um Karl II. von Steuereinnahmen abzuschneiden, für die er keine Genehmigung brauchte, und ihm somit das Regieren zu erschweren. Nun konzentrierten sich die Engländer auf Portugal. 1679 wurden von dort gerade einmal 1 000 *tuns* Wein importiert, in den Jahren 1682, 1683 und 1685 jedoch erstaunliche 14 000 *tuns* – mehr als 16 Millionen Liter.[19] Diese Zahlen müssen bereits damals unglaubwürdig geklungen haben, und sie tun es auch heute. Vermutlich war ein großer Teil dieses »portugiesischen« Weins tatsächlich französischer, der bloß den Umweg über Portugal nahm oder England unter Verschleierung des wahren Ursprungs auf andere Weise erreichte, beispielsweise, indem man ihn in portugiesische Fässer abfüllte.

1685 hoben die Engländer den Bann auf französische Weine wieder auf. Zwei Jahre später orderten sie 15 500 *tuns,* die größte jemals aus Frankreich eingeführte Menge vor dem 20. Jahrhundert. (Dabei darf man nicht vergessen, dass die Bevölkerung Englands damals lediglich 4,5 Millionen Menschen betrug, gegenüber den 36 Millionen zweihundert Jahre später.) Doch die Freude der englischen Weintrinker darüber, dass ihr Claret nun wieder in Strömen floss, war von kurzer Dauer. Nach der »Glorreichen Revolution« des Jahres 1688, in der Wilhelm von

Oranien, ein erklärter Frankreichgegner, die englische Krone errang, schmiedeten die neuen Machthaber ein neues Bündnis mit den Niederlanden. Schließlich kam es 1697 zu einem Vertag zwischen England und Frankreich. Die Einfuhr französischer Weine nach England war zwar erlaubt, wurde aber mit einer Steuer belegt, die doppelt so hoch war wie die auf spanische und portugiesische Weine.

Die Weinregionen Westfrankreichs blieben von den politischen Turbulenzen des 17. Jahrhunderts nicht verschont, in anderen Teilen Europas hatte man jedoch weitaus mehr zu leiden. Der Dreißigjährige Krieg (1618–1648) verwüstete ganze Landstriche. Die meisten Weinberge reichten bis an die Stadtmauern heran, und die Belagerungsarmeen rissen einfach die Rebstöcke heraus, um die Städte unter Druck zu setzen. Die zur Weinherstellung nötigen Geräte wie Pressen, Fässer und Lastkähne wurden in großer Zahl zerstört, die erfahrenen Weinarbeiter in alle Winde zerstreut oder getötet.

Weinberge, die der Zerstörungswut der durchziehenden Truppen entgingen, waren der jahrzehntelangen Vernachlässigung ausgesetzt, die der Dauerkonflikt mit sich brachte. In Ammerschwihr im Elsass waren beispielsweise vor dem Dreißigjährigen Krieg 1300 Hektar Land mit Rebstöcken bepflanzt, danach nur noch 200 Hektar. Rebland verlor derart an Wert, dass in Riquewihr, wo heute bekannte Rieslingsorten wachsen, drei Viertel Morgen Reben gegen ein Pferd getauscht wurden. Der elsässische Weinbau erholte sich nur langsam, denn auch die Absatzmärkte waren durch den Krieg zerstört worden. Zwar nahmen Lothringen, Deutschland und die Schweiz 1648 den Handel wieder auf, aber die Bevölkerung war verarmt. Der niederländische Markt fiel aus, als 1672 zwischen Frankreich und Holland Krieg ausbrach. Auch England und Skandinavien waren für das Elsass als Absatzmärkte verloren.[20] Auf lange Sicht betrachtet hatte die Zerstörung der elsässischen Weinberge jedoch etwas Positives: Hier wurden die später so erfolgreichen und einträglichen Rieslingweine angepflanzt.

In weiten Teilen Europas war das Ende des 17. Jahrhunderts eine schwierige Zeit für den Wein. Zu den politischen und militärischen Konflikten kamen im letzten Jahrzehnt noch Missernten hinzu. In Bordeaux fielen in den Jahren 1692-1695 die Weinlesen so katastrophal aus, dass man gezwungen war, Wein aus dem Languedoc zu importieren.

Bei all den Problemen der deutschen Winzer und den Handelsembargos gegen die Franzosen ist es nicht verwunderlich, dass spanische und portugiesische Weine den wichtigen englischen Markt zu beherrschen begannen. Erwähnenswert sind besonders die hochwertigen Weine von den Kanarischen Inseln, auf die wir im folgenden Kapitel zurückkommen werden. Damals erzielten sie die höchsten Preise von allen: In den neunziger Jahren des 17. Jahrhunderts zahlte man für eine Gallone kanarischen Wein acht, für Sherry dagegen nur sechs Schilling und acht

Pence, für Wein aus der Toskana sechs Schilling und für Port nur vier Schilling acht Pence. Handelsbilanzprobleme führten schließlich dazu, dass der kanarische Wein wieder vom Markt verschwand.[21]

Der Anstieg der Weinproduktion ab 1500 war in Europa nur möglich aufgrund einer Ausweitung des Marktes, und das hieß im Grunde, des europäischen Marktes. Spanien hätte die Möglichkeit gehabt, Wein in seine zentral- und südamerikanischen Kolonien auszuführen, doch wurde diese nie in vollem Umfang genutzt. Stattdessen etablierte sich in Peru und Chile trotz des Widerstands der spanischen Winzer ein eigenes Weingeschäft, das Lateinamerika weitgehend unabhängig von Importen machte. Anders war es in Nordamerika. Hier fanden die französischen und europäischen Winzer einen neuen Absatzmarkt, der allerdings nur klein war, denn die meisten englischen Siedler tranken Bier und später Rum oder Whiskey.

Der Weinkonsum muss sich also in Europa selbst gesteigert haben. Wein wurde zwar Bestandteil der täglichen Nahrung, doch bedeutete das noch nicht einen besonders hohen Pro-Kopf-Verbrauch. Mitte des 16. Jahrhunderts tranken die Einwohner der spanischen Stadt Valladolid, inmitten von Weinfeldern gelegen, etwa hundert Liter Wein im Jahr. Das sind bescheidene zwei Flaschen pro Person und Woche, Männer, Frauen und Kinder eingeschlossen.[22] Da die Kinder jedoch überhaupt keinen oder höchstens wenig Wein tranken und Frauen weniger als Männer, können wir für die erwachsenen Männer einen Verbrauch von einer Flasche pro Tag annehmen. Die Vergrößerung des Absatzmarktes ergab sich also vor allem aus der gestiegenen Bevölkerungszahl und der Tatsache, dass Wein nun regelmäßig und nicht mehr nur bei besonderen Gelegenheiten getrunken wurde. Wein war nun ein alltägliches Lebensmittel, und das nicht nur in ausgesprochenen Weinregionen, wo er besonders billig war. In den Städten wurde sicherlich mehr Wein getrunken als auf dem Land. Viele kleine Winzer dürften ironischerweise kaum ihren eigenen Wein getrunken haben. Ihnen blieb meist nichts anderes übrig, als all ihre Erzeugnisse zu verkaufen, um sich die Grundnahrungsmittel – hauptsächlich Getreide – leisten zu können.

Die soziale Verbreitung des Weins spiegelt sich in vielen französischen Spruchweisheiten wider, die alltägliche Erfahrungen zum Thema haben.[23] »Trinke Wein wie ein König und Wasser wie ein Ochse.« »Wasser macht dich weinen, Wein lässt dich singen.« »Wer seinen Wein ohne Freunde trinkt, der führt ein einsames Leben.«

Wein war nicht selten ein Bestandteil des Lohns. Hausbedienstete bekamen zu den Mahlzeiten den so genannten *vin des domestiques*. Tagelöhner erhielten weniger Wein, nicht zuletzt weil er nur in größeren Mengen zu bekommen war, denn französische Gesetze verboten den Handel von Wein in kleineren Einheiten als 68 Liter (etwa ein Viertel *muid*).[24] In bestimmten Berufen war es üblich, wegen der harten Arbeitsbedingungen Wein zur Stärkung auszuteilen. Fischer aus der Bretagne und der Normandie, die zum Kabeljaufang bis vor die kanadische Küste fuhren, hatten pro Person anderthalb Barriques (ungefähr 240 Liter) Wein oder Cidre an Bord. Teilweise wurde der Wein mit Wasser vermischt, was die so genannte *breuvage* ergab.[25]

Wer keinen Wein als Lohn erhielt und es sich auch nicht leisten konnte, ihn in größeren Mengen einzukaufen, dem blieben verschiedene Möglichkeiten. Bis 1759 war es in Frankreich Winzern, die in Städten wohnten, gestattet, Wein an der Haustür zu verkaufen – solange sie den Käufer nicht einließen und der Wein nicht an Ort und Stelle konsumiert wurde. Eine andere Gelegenheit boten Gasthäuser, obwohl es den Wirten nicht erlaubt war, etwas an die Einwohnerschaft des Ortes zu verkaufen. Französische Gasthäuser waren ausschließlich Reisenden vorbehalten. Diese noch aus dem Mittelalter stammende Beschränkung wurde vom Pariser Parlament 1579 erneuert, woraus man wiederum schließen kann, dass sie weitgehend missachtet wurde. So trugen wohl auch die Wirtshäuser zur Steigerung des Weinkonsums bei.

Ein beredtes Beispiel für die Versorgung der Arbeiter mit Wein bietet die Werft der Republik Venedig, das Arsenal, eine gewaltige Produktionsstätte für Schiffe und Munition, wo im 16. und 17. Jahrhundert mehr als 2500 gelernte und ungelernte Arbeiter beschäftigt waren – damals der größte Industriekomplex in ganz Europa. Die höchsten Ausgaben tätigte das Arsenal für das zum Bau der Schiffe benötigte Holz, gleich darauf folgte der Wein, von dem man sehr viel mehr benötigte als von Pech, Seilen, Eisen oder Leinwand.[26]

Jeder Arbeiter des Arsenals erhielt im Schnitt mehr als zwei Liter mit Wasser verdünnten Wein pro Tag. Täglich 6000 Liter Wein in Eimern über das 240000 m² große Gelände an die Arbeiter zu verteilen erforderte ein hohes Maß an Organisation. Dabei wurde der Wein keineswegs als disponible Größe auf der »Materialliste« angesehen. Wenn Weinknappheit drohte, stellte die Leitung des Arsenals stets sicher, dass es nicht zu einer Unterbrechung der Versorgung kam. Man wusste: Die Arbeiter »kommen nicht ohne ihn aus«. Dies zeigt auch, dass es relativ neu ist, Alkohol während der Arbeitszeit und in den Pausen zu verbieten.

Drei Flaschen Wein pro Tag sind eine ganze Menge, selbst wenn er verdünnt wurde, denn wir wissen ja nicht, was die Arbeiter noch außerhalb der Arbeitszeit tranken. In Anbetracht der großen Zahl der Beschäftigten war der hohe Weinbedarf keine geringe finanzielle Belastung für Venedig. Jahr für Jahr verschlangen die Ausgaben dafür zwei Prozent des städtischen Haushalts. Außerdem stieg der Verbrauch kontinuierlich an. In den fünfziger Jahren des 16. Jahrhunderts lag die Menge bei 2,5 Litern pro Kopf, 1615 war sie auf 3,2 Liter und um 1630 auf beinahe 5 Liter angewachsen. 1696 machten die Ausgaben für Wein etwa 10 Prozent der gesamten Arbeitskosten der Werft aus.

Der Wein, der täglich an die Arbeiter verteilt wurde, war gewöhnlich im Verhältnis 1:2 mit Wasser vermischt. Nur einigermaßen kräftiger Wein ließ sich so stark verdünnen, was bedeutete, dass man Weine aus Süditalien, Spanien oder von den Mittelmeerinseln bevorzugte. Diese hatten einen Alkoholgehalt von ungefähr 12 Prozent, sodass sich nach der Verdünnung ein Getränk mit ungefähr 4 Prozent Alkohol ergab, das also etwas schwächer war als unser heutiges Bier.

Freier Wein stand vielen Arbeitern im Dienste der Republik Venedig zu, von den Fleischern über die Seeleute bis zu den Ruderern, doch am meisten begünstigt waren die Werftarbeiter. Zusätzlich zu ihrer täglichen Ration an verdünntem Wein durften sie bei Schiffstaufen auf weitere zwei Liter unverdünnten Wein hoffen. Leitende Arbeiter bekamen Weinprämien, die im Wert bis zu einem Drittel ihres Lohns ausmachen konnten und zwischen 450 und 1 800 Liter Wein pro Jahr betrugen.

Der stetig steigende Weinverbrauch auf der Werft von Venedig führte in den vierziger Jahren des 17. Jahrhunderts zu einer Untersuchung, die einige Unregelmäßigkeiten ans Tageslicht brachte. Die Lieferanten berechneten für schwächeren Wein aus dem Norden einen höheren Preis, wie er normalerweise für die gehaltvolleren südlichen Sorten bezahlt wurde, gaben verdorbene Weine als trinkbar aus und verdünnten den Wein in einem Maße, dass »man ihn als gefärbtes Wasser bezeichnen könnte«.[27] Der Hauptgrund für die explodierenden Kosten und den wachsenden Verbrauch war allerdings, dass der frei ausgeschenkte Wein zahlreiche unbefugte Konsumenten anzog. Jeder, der das Arsenal im offiziellen Auftrag betrat, bediente sich selbstverständlich, und nicht wenige Männer und Frauen gaben sich als Freunde, Verwandte oder Diener von Mitarbeitern aus, um auf das Gelände und damit an den kostenlosen Alkohol zu kommen.

Falls es die Absicht der Arsenalleitung gewesen sein sollte, den Weinkonsum einzuschränken, ging sie dabei nicht gerade geschickt vor, als sie in den dreißiger Jahren des 17. Jahrhunderts einen Weinbrunnen installierte. Das Getränk floss aus bronzenen Röhren, unter die die Arbeiter – oder wer auch immer vorbeikam – nur ihren Becher zu halten brauchten. Ein Besucher aus Frankreich bemängelte, der Wein aus dem Brunnen sei »nicht gerade der Beste«, ein anderer aus England äußerte sich weniger kritisch: »ziemlich gut, doch leicht verwässert«.[28] Die Werft und ihr Weinbrunnen waren sicher nicht typisch für die damalige Zeit, doch sehen wir daran, wie sehr der Wein als Grundnahrungsmittel galt, das man nicht nur bei den Mahlzeiten genoss, sondern auch als Stärkung während der Arbeitszeit zu sich nahm.

Das Arsenal von Venedig war keineswegs die einzige Werft, die Alkohol an ihre Arbeiter austeilte. Im 18. Jahrhundert gab die Royal Navy Rum (als Punsch) sowohl an ihre Hafenarbeiter als auch an die Seeleute aus. Zwei französische Spione berichten darüber, wie leicht es war, auf das Gelände einer britischen Werft zu gelangen: »Man muss die Sprache gut beherrschen, darf keine auffällige Neugier zeigen und wartet einfach die Stunde ab, wenn der Punsch ausgeschenkt wird.«[29]

Wein, der in einem Brunnen dauernd mit Luft in Kontakt kommt, kann natürlich seinen Charakter nicht lange bewahren. So verwundert es auch nicht, dass Weinbrunnen in den Debatten um die beste Konservierung von Wein niemals auftauchten. Noch für eine sehr lange Zeit blieben die Fässer die bevorzugten Behältnisse zur Lagerung und zum Transport. In den Schenken wurde er direkt aus den Fässern in die Becher und Krüge gefüllt. Obwohl bereits die Römer Glasflaschen hergestellt hatten, kamen diese erst im 16. Jahrhundert zur zeitweiligen Lagerung und zum Ausschenken an der Tafel der Reichen in Gebrauch.

Anfangs waren die Flaschen aus dünnem, leichtem und milchigem Glas. Sie hatten häufig einen quadratischen Boden. In den dreißiger Jahren des 17. Jahrhunderts entwickelten die Engländer einen neuen Flaschentyp, ermöglicht durch die heißeren, mit Steinkohle befeuerten Öfen, die nun an die Stelle der Holzkohleöfen traten. Die neuen Flaschen, die Vorläufer unserer heutigen Weinflaschen, waren wuchtig und dickwandig. Sie waren dunkel – olivgrün, braun oder sogar schwarz –, meist bauchig und besaßen einen langen, spitz zulaufenden Hals, an dem sich der Verschluss befand. Diese neuen Flaschen variierten wie die alten im Fassungsvermögen, denn sie waren mundgeblasen. Ihre Größe entsprach normalerweise ungefähr dem Volumen einer menschlichen Lunge. Sie konnten aber auch bis zu dreißigmal größer sein.[30] Flaschen wurden auch auf Bestellung gefertigt. Oft brachte man ein rundes Siegel aus demselben Glas an, das den Namen oder (bei Adligen) das Wappen des Besitzers trug.

Die neuen Flaschen waren nicht nur stabiler als die alten, sie waren auch billiger. Statt sechs oder acht Pence pro Stück bezahlte man im späten 17. Jahrhundert nur noch fünf Schilling für ein Dutzend Flaschen mit dem Siegel des Eigentümers, oder auch nur drei Schilling sechs Pence ohne Siegel. Einfache Flaschen waren also nur noch halb so teuer wie früher. Das machte die neuen Gefäße, bekannt als »englische Flaschen«, bei der Wein trinkenden Elite der Insel als Statussymbol außerordentlich populär. Allein die Fabriken von Newcastle lieferten 1684 3 000 Dutzend Flaschen aus.[31]

Von den letzten Jahrzehnten des 17. Jahrhunderts bis in die zwanziger Jahre des 18. Jahrhunderts wurden die britischen Weinflaschen immer kleiner und gedrungener, bis sie fast zwiebelförmig aussahen. Später verloren sie ihre runde Form, wurden flacher, bis man entdeckte, dass sich Wein am besten in liegenden Flaschen aufbewahren ließ. Diese den Bocksbeuteln ähnlichen Gefäße waren dafür jedoch ungeeignet. Sie gingen beim Stapeln leicht zu Bruch. In der Mitte des 18. Jahrhunderts setzte sich schließlich die zylinderförmige Flaschenform durch.

Die Erfindung von Flaschen, die sich zur Lagerung von Wein eigneten, führte nicht sofort dazu, dass man ihn auch darin verkaufte. Einige Weinhändler taten dies zwar, doch da es keine genormten Flaschen gab (ein Verfahren zur Herstellung einer standardisierten Größe wurde erst 1821 patentiert), war die Gefahr groß, dass die Käufer übervorteilt wurden. 1636 verbot die englische Regierung den Verkauf von Flaschenwein sogar per Gesetz. Es wurde erst 1860 aufgehoben, bis dahin wurde der Wein für die Kunden mithilfe von geeichten Messbechern in die Flaschen gegossen. Samuel Pepys, auf den wir später noch zu sprechen kommen werden, beschreibt in seinem Tagebuch, welches Vergnügen es ihm bereitete, sich in der Schenke »The Mitre« den Wein in seine neuen Flaschen abfüllen zu lassen.

Die zweite wichtige Neuerung, die die Lagerung in Flaschen überhaupt erst ermöglichte, war der Korken, der den Inhalt gegen Luft schützte. Die traditionellen Verschlüsse aus Leder, Holz und Stoff bewirkten keinen besonders zuverlässigen Luftabschluss. Mit den Glasflaschen waren teilweise auch Glaspfropfen in Gebrauch gekommen, die jedoch aufgrund der unterschiedlichen Größen und Formen der Flaschen stets ganz genau angepasst werden mussten. Zwar hatten auch die Griechen Kork und Pech verwendet, um ihre Amphoren zu verschließen, doch erst im 17. Jahrhundert griff man diese antike Methode wieder auf.

Der Flaschenkorken war ein bedeutender Fortschritt für die Weinlagerung. Die Eigenschaft von Kork, sich bei Feuchtigkeit auszudehnen, garantierte einen guten Luftabschluss. Allerdings war man sich anfangs über seine Eigenschaften nicht ganz im Klaren, denn um den Verschluss leicht wieder herauszubekommen, führte man ihn nicht weit genug in den Flaschenhals ein. Mit der Erfindung des Korkenziehers war dann auch dieses Problem gelöst.

Einen Nachteil hatte allerdings auch der Kork, und zwar den Nachschub. Die Bäume, deren Rinde zu Flaschenkorken verarbeitet werden kann, wachsen nur unter bestimmten klimatischen Bedingungen, hauptsächlich in Spanien und Portugal. Das verlangte funktionierende Handelsbeziehungen zu diesen Ländern. Der Methuen-Vertrag aus dem Jahr 1703, der die Handelsbeziehungen zwischen England und Portugal regelte, sicherte der Insel nicht nur die Versorgung mit Portwein, sondern garantierte den englischen Weinhändlern auch die Lieferung der benötigten Korkmengen.

Das Aufkommen von Flaschen und Korken im 17. Jahrhundert ermöglichte die Entwicklung zweier neuartiger Weinsorten, die beide spezielle Herstellungsverfahren erforderten: Schaumwein und Portwein. Außerdem kamen weitere neue Weine auf den Markt, die sich durch ihre Herkunft und andere Besonderheiten auszeichneten. Auch in der Branntweinherstellung setzten sich neue Verfahren durch. Damals bildete sich die gesamte Palette der alkoholischen Getränke heraus, die wir heute kennen.

Schaumweine, von denen der Champagner der bekannteste ist, entstehen dadurch, dass man Kohlendioxid im Gärgefäß, entweder in der Flasche oder im Fass, zurückhält. Das Kohlendioxid löst sich im Wein, und wenn man das Gefäß öffnet, entweicht es in Form von kleinen Bläschen. Die Erfindung des Schaumweins wird häufig Dom Pierre Pérignon zugeschrieben, der im 17. Jahrhundert Kellermeister des Klosters Hautvillers nahe Epernay in der Champagne war.[32] Einer häufig kolportierten Geschichte zufolge soll Dom Pérignon die Bläschen zufällig entdeckt und für geschmacklich reizvoll befunden haben. In Wahrheit verwendete der Kellermeister, dessen Rolle bei der Erfindung des Champagners ein wenig romantisiert wird, seine ganze Kunst darauf, die Bläschenbildung des von seinem Kloster hergestellten Weins zu verhindern.

Wie die meisten Fortschritte im Weinbau und in der Kelterei vollzog sich die Einführung des Schaumweins über einen langen Zeitraum. Entstanden ist er in der Champagne, die bereits im 17. Jahrhundert für ihren nichtperlenden Rosé aus Pinot-Noir-Trauben bekannt war. Er stand in hohem Ansehen und wurde am Hof Ludwigs XIV. gern getrunken. Die Perlen, für die der Champagner berühmt werden sollte, entwickelten sich durch die winterlichen Temperaturen, die die Gärung zum Stillstand brachten, bevor sie endgültig abgeschlossen war. Die Hefe ruhte während des Winters, wurde aber wieder aktiv, wenn im darauf folgenden Frühjahr die Temperaturen anstiegen und die Gärung von neuem einsetzte. Wein, der schon in einen Glasbehälter gefüllt worden war, brachte diesen durch den enormen Druck nicht selten zum Platzen. Mit stärkeren Flaschen versuchte man, dies zu verhindern. Aber es sollte eine ganze Weile dauern, bis man das Problem tatsächlich im Griff hatte.

Zunächst betrachteten die Kellermeister die Bläschenbildung als Manko. Doch bald schon lernten sie, diese Eigenschaft als etwas Besonderes anzusehen. Die ersten Kunden, die die Bläschen zu schätzen wussten, waren nicht die Franzosen, sondern die Engländer. Dafür sorgte der Marquis de St.-Evremond, der einige Flaschen nach London mitnahm, als er aus seiner Heimat verbannt wurde. Der Transport gelang ihm nur mit Glück, denn selbst von den neuen, dickwandigeren Flaschen zerplatzte immer noch die Hälfte unter dem Druck der zweiten Gärung.

Die Seltenheit des perlenden Weins machte ihn zugleich begehrt und teuer. Bald war er sowohl in England als auch in Frankreich ein Symbol für Luxus und Wohlstand. In seinem Tagebuch schreibt Samuel Pepys, er sei im März 1679 in seiner Kutsche durch den Hyde Park gefahren: »zum ersten Mal in diesem Jahr, und ich hatte zwei Flaschen Champagner dabei«. Die Flaschen von einer Pferdekutsche mit eisenbeschlagenen Rädern durchschütteln zu lassen war sicherlich nicht die beste Methode, den Champagner heil ans Ziel zu bringen, doch Pepys berichtet nichts von einem Unglück.

Ungefähr um dieselbe Zeit kam eine weitere neue, allerdings ganz andere Art von Wein auf: der Portwein. Sein Erfolg gründete sich auf eine Kombination von Besonderheiten des Anbaus und Marktüberlegungen, obwohl auch die Politik eine Rolle spielte: England hatte wieder einmal ein Einfuhrverbot für französische Weine verhängt, und so wandte man sich nach Portugal, wohin traditionell gute Handelsbeziehungen bestanden. In den sechziger Jahren des 17. Jahrhunderts importierten die Engländer Rotwein aus dem Minho, einer Region im nördlichen Portugal, der zwar nicht den gleichen Ruf genoss wie der Claret, aber eine akzeptable Alternative darstellte.

Der englische Handel mit portugiesischen Weinen stieg in den beiden letzten Jahrzehnten des 17. Jahrhunderts stark an. Zweimal in dieser Zeit (1679 – 83 und 1689 – 93) kam es zu einem Importverbot für französischen Wein, der 1693 mit einer hohen Einfuhrsteuer belegt wurde. Auf der Suche nach weiterem Nachschub drangen die englischen Kaufleute in Portugal bis zum Oberlauf des Douro vor, wo aufgrund des wärmeren Klimas ein dunklerer und schwerer Rotwein wuchs als am Unterlauf in der Nähe der Mündung bei Oporto. Diesen Wein kennen und schätzen wir heute als *porto* oder Portwein.

Die Besonderheit des Portweins besteht darin, dass er mit Branntwein verstärkt wird. Im 17. Jahrhundert versetzte man den Wein vor dem Transport nicht selten mit Branntwein, um ihn zu stabilisieren. Beim Portwein wird der Branntwein während und nicht erst nach der Gärung zugesetzt. Das bringt den Gärprozess zum Stillstand, was den Wein viel süßer macht. Der Branntwein gleicht den Alkohol, den dieser dann nicht mehr selbst bilden kann, mehr als aus. Das Verfahren erfand vermutlich ein Abt aus einem Kloster in Lamego, einem Dorf in den Bergen über dem Douro. Englische Kaufleute sollen seinen Wein, den Vorläufer des heutigen Portweins, 1678 entdeckt haben.

Neben Champagner und Portwein, die erst durch spezielle Kellereimethoden entstehen, entwickelten sich in anderen Teilen Europas einige Weinsorten, die sich von der Masse der Tafelweine abhoben. Einer davon ist der Tokajer, ein süßer Wein aus dem Gebiet Tokaj-Hegyalja im Nordosten Ungarns. Gegen Ende des 16. Jahrhunderts sollen die Winzer dort zum ersten Mal ihren Wein mit dem Saft von Trauben verschnitten haben, die sie lange am Stock gelassen hatten und die daher einen höheren Zuckergehalt aufwiesen. Im 17. Jahrhundert erreichte man die stärkere Süße allerdings auf eine andere Weise. Man ließ die Trauben am Stock, bis sie Botrytis (Edelfäule) bekamen. Der Sage nach entdeckte man die Wirkungen der Botrytis (*aszú* auf Ungarisch) im 17. Jahrhundert per Zufall, als eine Lese wegen eines drohenden Angriffs der Türken erst verspätet beginnen konnte. Ein Teil der infizierten Trauben wurde separat gepresst und dann mit dem Most gesunder Trauben vermischt. Der so gewonnene Wein stieß auf allgemeine Begeisterung nicht nur in Ungarn, sondern sogar bei Hofe in Frankreich, Preußen und Russland, was ihn zu einem Statussymbol und Verkaufsschlager machte.

Als Verschnitt von Wein mit dem Most von Botrytis-Trauben war der Tokajer kein neuer Wein in dem Sinne, wie man es vom Champagner oder vom Portwein sagen kann. Damals war es durchaus üblich, ja sogar die Regel, Weine zu mischen oder mit Zusätzen zu versehen. Das taten weniger die Winzer, sondern vor allem die Händler, deren Hauptsorge es war, dass der Wein den Transport in bestmöglicher Qualität überstand und im Geschmack und Aussehen den Vorlieben der Märkte entsprach, für die er bestimmt war. Wenn sich dazu der Verschnitt von stärkerem spanischem Wein mit leichterem Claret anbot oder wenn man hellrotem Wein mit Holunderbeersaft eine tiefrote Farbe verleihen konnte, dann tat man das auch.

Einige Trends der damaligen Zeit sind dem heutigen Weintrinker sicher vertrauter, besonders die Bevorzugung bestimmter Rebsorten in manchen Anbaugebieten. Der Riesling findet zum Beispiel erstmals im 16. Jahrhundert in der Gegend von Mosel und Rhein Erwähnung. Die Zerstörung vieler Weinberge während des Dreißigjährigen Krieges war es, die ihm den Weg ebnete. In den fünfziger Jahren des 17. Jahrhunderts begannen die Winzer im Elsass (das nach dem Krieg an Frankreich fiel) und am Rhein mit der Neuanpflanzung. Auf der Suche nach einem Wein, der rasch hohe Erträge lieferte, entschieden sie sich für den Riesling, eine Rebsorte, die nicht nur winterhart ist und viele Trauben trägt, sondern den zusätzlichen Vorteil bietet, erst spät zu reifen und trotzdem einen süßen Wein zu ergeben. Der Riesling kam der Nachfrage nach süßem Wein entgegen, von der auch der Tokajer und die süßen Weißweine aus Bordeaux, darunter der Sauternes, profitierten.

Viele Winzer, die bis dahin Rotwein gemacht hatten, stiegen auf Riesling um. Im Jahr 1695 pflanzte das Kloster St. Maximin bei Trier 100 000 Rebstöcke, zum größten Teil Riesling. Noch bedeutender war die Pflanzung von einer Million Rieslingreben auf den Feldern des Benediktinerklosters Johannisberg am Rhein im frühen 18. Jahrhundert.

Rotweine konnten sich zwar weiterhin gegen die süßen Weißweine behaupten, doch zogen die Liebhaber die schweren Sorten zunehmend den leichteren Claretweinen vor, die über Jahrhunderte hinweg den französisch-englischen Weinhandel dominiert hatten. So entwickelten sich Bordeauxweine, die bereits denen ähnelten, die wir heute kennen. Die Ausdehnung der Weinberge auf die Gebiete Graves und Médoc war eine Reaktion auf den veränderten Geschmack, der neue Kriterien für Stil und Qualität hervorbrachte. Zusammen mit dem Aufkommen besonderer Sorten wie dem Champagner und dem Portwein sicherte dies dem Wein eine treue Anhängerschaft in einer kleinen, aber wohlhabenden Schicht der englischen und europäischen Gesellschaft, trotz aller Konkurrenz durch die Spirituosen.

Im 17. Jahrhundert bildete sich eine systematischere Kennerschaft für Wein heraus. Dies hing sicherlich mit der damals neuen Möglichkeit zusammen, Wein in Flaschen zu lagern, wodurch er nicht mehr so leicht verdarb. Die wachsende Wertschätzung verdankte sich auch einem gestiegenen Bewusstsein für die Unterschiede zwischen den Weinen, die man nun nicht mehr nur nach Regionen, sondern auch nach Lagen unterschied. Bis ins 17. Jahrhundert hinein waren die Herkunftsgebiete nur sehr grobe Kategorien: Claret war Claret, Rheinwein war Rheinwein und Burgunder eben Burgunder. Wenn man die Weine aus Beaune heraushob, so allein deshalb, weil man Beaune als eigenständige Region betrachtete. Die Weintrinker hatten also wenig Sinn für die Unterschiede zwischen verschiedenen Herkunftsorten, und noch weniger dafür, dass die Weine von einem Winzer zum anderen unterschiedlich waren.

Dies ist jedoch nicht weiter verwunderlich. Damals und noch lange Zeit danach erhielten die Konsumenten in der Regel Weine, die ohne Ansehen der Rebsorte oder der Herkunft mit anderen Weinen verschnitten waren. Die Weine, die man in England kaufen konnte, ob man sie nun in der Schenke trank oder im Fass bezog, stammten nicht von einzelnen Winzern, sondern waren Mischungen, die die Händler hergestellt hatten. Ein leichter Wein war vielleicht mit einem schweren vermischt worden, möglicherweise hatte man auch Branntwein hinzugefügt, um die Haltbarkeit wie den Alkoholgehalt zu erhöhen. Doch selbst wenn der Händler das Weinfass völlig unversehrt transportiert hatte – kein Kunde konnte darauf vertrauen (oder erwartete dies auch nur), dass der Wein sich einem bestimmten Herkunftsort oder einem bestimmten Winzer zuordnen ließ.

Schon im 17. Jahrhundert begann sich ein Bewusstsein für die Herkunft der Weine zu entwickeln. Aber erst gut hundert Jahre später fingen die Winzer an, verstärkt auf die Traubensorten zu achten. Dies ist vor allem Arnaud de Pontac zu verdanken, dem Oberhaupt eines einflussreichen Geschlechts aus Bordeaux. Die Familie Pontac hatte über Generationen hinweg ihren Einfluss vergrößert. 1660 war Arnaud de Pontac Präsident des wichtigen *parlement* von Bordeaux. Die Familie besaß Weinberge, darunter solche, die heute in der Region Graves liegen, wo Arnaud de Pontacs Großvater im 16. Jahrhundert das Schloss Haut-Brion erbaut hatte. Mitte des 17. Jahrhunderts wurde dort auf rund 38 Hektar Land Wein angebaut.

Nicht die Weinherstellung war es, die Pontac bereicherte, obwohl es ihm bei seinem Reichtum nicht schwer gefallen wäre, seine Weine zu verbessern, etwa durch die Anpflanzung der besten Rebsorten oder durch den regelmäßigen Kauf neuer Fässer, statt, wie es üblich war, die alten immer und immer wieder zu benutzen. Es war seine neue Vermarktungsstrategie, die ihm außerordentliche Marktvorteile und beträchtliche Gewinne verschaffte. Dem Wein, der von seinen Weinbergen in den Graves stammte, gab er den Namen »Haut-Brion«, die anderen Weine trugen einfach seinen Familiennamen: »Pontac«. So kreierte er einen Spitzenwein, der auf dem Londoner Weinmarkt, wo die Käufer sehr auf ihren Status bedacht waren, gut ankam. Samuel Pepys blieb nicht der einzige Kenner, der die Qualität des, wie er sagte, »Ho Brian« lobte. Der Ruf einer Rarität – Wein gab es in Hülle und Fülle, Pontac-Weine aber nur in begrenzter Menge, und noch viel weniger Haut-Brion – machte es möglich, diese zu einem bedeutend höheren Preis zu verkaufen. Eine Flasche Haut-Brion kostete mehr als dreimal so viel wie andere gute Rotweinsorten.

Arnaud de Pontac lancierte seine geschickte Vermarktungsstrategie zu einem günstigen Zeitpunkt. Nachdem die Engländer 1660 wieder zur Monarchie zurückgekehrt waren, wandten sie sich von den strengen Moralvorstellungen ab, die während der Herrschaft der Puritaner gegolten hatten. Das Angebot an Alkohol wurde größer, und es wurde wieder mehr getrunken. Darüber hinaus trafen der Haut-Brion und der Pontac, beides körperreiche Rotweine, den Geschmack der Engländer, die sich nicht mehr so sehr wie früher für die hellen Claretweine begeistern konnten. 1666 eröffnete Pontac sogar ein Luxusrestaurant in London, das »Pontac's Head«, wo Haut-Brion und Pontac zum Essen ausgeschenkt wurden. Das Restaurant erwarb sich rasch eine Stammkundschaft in den besseren Kreisen der Gesellschaft. Es hielt sich mehr als hundert Jahre, was zeigt, dass Londons Oberschicht durchaus bereit war, sich einen guten Tropfen etwas kosten zu lassen.

Es gibt eine ganze Reihe von Anzeichen dafür, dass im 17. Jahrhundert in England und anderswo das Interesse für Wein zunahm. Britische Reisende, die vom europäischen Festland zurückkehrten, lobten beispielsweise das italienische Essen und den italienischen Wein. Viele Engländer hatten eine ausgedehnte Rundreise hinter sich, wie sie sich wohlhabende Leute schon damals leisteten, um die Geschichte und die Kultur Europas kennen zu lernen. Dabei waren sie keineswegs abgeneigt, auch mit den europäischen Annehmlichkeiten Bekanntschaft zu machen. Und so tauchte in vielen Reiseberichten der Wein auf. Über Albano schrieb John Raymond: »lohnt den Besuch, wenn nicht wegen der Altertümer, so doch zumindest wegen des guten Weins; eine der besten Sorten, die Italien zu bieten hat.« Und Richard Lassels Führer durch die Gärten, Flüsse und Brunnen von Caparola meint: »Nach der Wanderung durch die Gärten hat man, nach so viel Wasser, auch ein wenig Wein verdient, wozu der Weinkeller unter der großen Terrasse vor dem Haus Gelegenheit bietet. Hier kann man feststellen, dass der Wein dem Wasser in keiner Beziehung nachsteht.« Nicht immer sorgte die gerühmte Qualität des italienischen Weins auch für ein positives Bild von den Italienern. 1654 stellte Richard Flecknoe zum Beispiel die Bedeutung der Herkunftsregion eindeutig über die Winzer: »Das Fleisch ist gut, der Wein vorzüglich, und es gibt herrliche Früchte ... doch ist dies dem Klima zu verdanken, nicht den Bewohnern.«[33]

Ob in der Fremde oder zu Hause, wohlhabende Engländer äußerten sich seit der zweiten Hälfte des 17. Jahrhunderts immer öfter über die Weine, die sie genossen. Einer von ihnen war John Evelyn, der während einer Reise durch Frankreich und Italien seine Eindrücke von Weinen und Weinbergen ausführlich dokumentierte.[34]

Einen aufschlussreichen Bericht über seine Laufbahn als Weintrinker gibt uns Samuel Pepys (1633–1703), ein hochrangiges Mitglied der Royal Navy, der in den sechziger Jahren des 17. Jahrhunderts ein detailreiches privates Tagebuch führte. Pepys war kein ausgesprochener Weinkenner, aber sicher ein Weinliebhaber. Er machte sich gelegentlich Sorgen über seine Trinkgewohnheiten und ermahnte sich selbst zur Mäßigung, doch ohne Erfolg. Pepys trank alle Arten von Wein, zu den unterschiedlichsten Gelegenheiten, und es schien keinen zu geben, den er nicht mochte. Meistens trank er den in England allgemein beliebten Claret, gerne auch spanischen Rotwein sowie spanische und deutsche Weißweine. Das Tagebuch erwähnt außerdem verschiedene Getränke auf Weinbasis, darunter Glühwein und »Hippokras«, einen mit Gewürzen und Zucker angemachten Wein.[35]

Samuel Pepys erwähnte als einer der Ersten den Haut-Brion, und sein Kommentar zeigt, dass er von dessen Qualität ganz offensichtlich überzeugt war: »In der Royall Oak Tavern ... und dort einen französischen Wein getrunken, der Ho Brian heißt, hat einen sehr guten und eigentümlichen Geschmack, wie ich ihn bislang noch nicht kannte.«[36] Der Tagebuchschreiber war kein Snob, denn die englischen Weine verachtete er keineswegs. Über einen Besuch bei Lady Batten notierte er: »Wir dinierten und tranken dazu einen vorzüglichen Rotwein aus den Besitzungen der Lady hier in England.« Ein anderes Mal war Pepys bei Sir William Batten zu Gast, der seinen im Jahr zuvor in Walthamstowe gekelterten Wein reichte, über den »die Gesellschaft einmütig befand, dass sie niemals einen besseren ausländischen Wein getrunken hätten«.[37] Das Urteil der Gäste war schmeichelhaft, aber war es auch ehrlich? Pepys war normalerweise in seinem Tagebuch auch in negativen Dingen sehr offen, seine Wertschätzung der englischen Weine ist also glaubhaft. Neben den Weingütern von Walthamstowe erwähnte er weitere in Hatfield (Hertfordshire) und Greenwich.

Obwohl der Chronist seinen Wein meistens zu Hause trank, frequentierte er regelmäßig auch die Gasthäuser. Häufiger erwähnte er »rheinische Weinhäuser«, die auf deutschen Wein dieser Herkunft spezialisiert waren. Außerdem erzählte er, was er zu welchem Essen trank, beispielsweise »einen Schoppen [Rhein-]Wein und ein Gericht mit Sardellen«.

Das Tagebuch des Samuel Pepys eröffnet uns sogar einen Blick in den privaten Weinkeller von Thomas Povy, einem hohen Regierungsbeamten. Dieser Weinkeller, »wo in mehreren Regalen Flaschen aller Art standen, neue und alte, mit einem Etikett auf jeder Flasche, in einer Ordnung und Fülle, wie ich noch niemals Bücher bei einem Buchhändler gesehen habe«, beeindruckte Pepys sehr. Bei einem zweiten Besuch sechs Monate später notierte er, dass zum Keller ein Brunnen gehöre, der zum Kühlen der Flaschen diene.[38] Außerdem lernen wir den Inhalt seines eigenen Kellers kennen: »Ich habe zwei Drittelpipas Claret, zwei Viertelfässer kanarischen Wein, ein kleines Fässchen Sack; ein Fass Tinto [spanischen Rotwein], ein Fass Malaga und ein Fass Weißwein.« Pepys war sehr stolz, sich einen solchen Weinkeller leisten zu können, »was, wie ich glaube, keiner meiner Freunde je sein eigen nennen konnte«.[39] Aus seiner eher ungenauen Beschreibung lässt sich nicht entnehmen, wie groß der Keller genau war, doch besaß er sicher mehr als 150 Gallonen Wein, also mehr als 150 Flaschen normaler Größe. Bemerkenswerterweise bewahrte Pepys seinen Wein noch traditionell in großen Holzfässern auf, während Thomas Povys den seinen bereits in Flaschen lagerte, damals eine ganz neue Methode.

Ob Pepys seinen Wein tatsächlich gekauft oder sich ihn auf andere Weise angeeignet hat, ist unklar. 1679 wurde ihm und seinem Stellvertreter bei der Marine in einer anonymen Schmähschrift vorgeworfen, ihren Wohlstand durch die Annahme von Bestechungsgeldern erworben zu haben. Man verlangte unter anderem von ihnen:

Rückgabe der Kisten Wein aus Griechenland und Syrakus ... und Viertelkisten alten Malaga und Fässer Sherry ... und Krüge Tinto ... und Kisten Florentiner Wein ... Fässer Florentiner Wein ... und Fässer Claret, Weißwein und Champagner, und Dutzende mit Cidre ... die sie alle von Kapitänen, Konsuln, Leutnants, Bootsmännern, Kanonieren, Zimmerleuten und Zahlmeistern oder von deren Frauen, Söhnen oder Töchtern erhalten haben.[40]

Seine Vorliebe für den Wein, die aus diesen Anschuldigungen deutlich herauszulesen ist, war Pepys selbst unangenehm. Wiederholt gelobte er in seinem Tagebuch, keinen Wein mehr anzurühren. 1661 schrieb er: »Ich habe mir wieder fest vorgenommen, auf das Spiel und den Wein zu verzichten.« Im folgenden Jahr heißt es: »Habe geschworen, bis Pfingsten stets nur noch ein Glas Wein pro Mahlzeit zu trinken.« Gelegentlich beglückwünschte sich der Tagebuchschreiber dafür, dass er tatsächlich Wort gehalten hatte. Allerdings bezogen sich seine Gelübde nicht auf Bier und Spirituosen, und beim Glühwein machte er gern eine Ausnahme. Seinen inneren Frieden und seinen vermehrten Wohlstand schrieb er mit Vorliebe seiner Abstinenz zu. Die Liste der stets gebrochenen Gelübde endete 1667, in den letzten zweieinhalb Jahren seiner Aufzeichnungen findet man keine mehr. Möglicherweise hatte es Pepys einfach aufgegeben und seiner Neigung zum Wein freien Lauf gelassen. Das Tagebuch ist jedenfalls nicht nur ein seltenes Zeugnis für die Bedeutung, die der Wein in der englischen Oberschicht hatte, sondern auch dafür, welchen Raum er im Kopf einer Person einnehmen konnte.

Als das Weintrinken zur ästhetischen Erfahrung wurde, veränderten sich die Weingläser. Bis ins 17. Jahrhundert hinein trank man den Wein häufig aus Bechern und anderen Gefäßen aus Silber, Ton, Holz oder Leder. Englische Inventarverzeichnisse des späten 16. Jahrhunderts erwähnten nur selten Trinkgläser, bereits im frühen 17. Jahrhundert kamen sie jedoch zunehmend in Gebrauch. Möglicherweise blieb der wiederholte päpstliche Bann gegen die Verwendung von Glaskelchen bei der Kommunion auch im weltlichen Bereich nicht ohne Wirkung. In den ersten Jahrzehnten der Reformation aber, die den Einfluss des Papstes erheblich zurückdrängte, wurden gläserne Trinkgefäße zunehmend beliebter.

Die Verbreitung von Glas zur Herstellung von Trinkgefäßen hatte mehr mit dem technologischen Fortschritt als mit der Religion zu tun. Das frühe Zentrum der Glasmanufaktur war Venedig, dessen Waren in ganz Europa geschätzt wurden. Einfachere Glaswaren kamen aus anderen Gegenden Europas, etwa aus England, einem der Hauptproduzenten im 17. Jahrhundert. Weingläser waren für normale Leute zunächst unerschwinglich, doch wer sich Wein leisten konnte, der hatte auch das Geld für eigene Gläser.

Mit dem technischen Fortschritt fielen die Preise. Kleine Weingläser aus englischer Produktion kosteten 1621 noch vier Schilling das Dutzend, schon 1635 hatte sich der Preis um ein Drittel auf zwei Schilling sechs Pence reduziert. Begehrt und damit auch teurer waren Weingläser aus Kristall. Der Preis für Kristallgläser aus England fiel konstant von ungefähr 16 Schilling das Dutzend im Jahr 1621 auf fünf bis sechs Schilling zwanzig Jahre später. Damit waren sie etwas billiger als die Importe aus Venedig, deren Preis bei sieben bis acht Schilling das Dutzend lag.[41] Die Gläser sahen sehr unterschiedlich aus. Alle hatten aber schon zu Beginn des 16. Jahrhunderts den für die heutigen Weingläser charakteristischen Stiel. Nur wenige zeigten die bauchige Form, die das Aroma einfängt.

Im 16. Jahrhundert wurde zumindest in Frankreich der Wein oft angewärmt, bevor man ihn trank. Wie der Leibarzt des französischen Königs Franz I., Bruyerin Champier, schrieb, war dies in allen sozialen Schichten und zu allen Jahreszeiten üblich: »Manche stellen ihren Becher oder ihre Flaschen ans Feuer, andere wärmen das Wasser an, mit dem sie den Wein verdünnen; wieder andere werfen geröstete Brotstückchen hinein; einige tauchen erhitzte Eisenklingen in ihre Becher, die Reichen auch goldene, während die Armen hierfür einfach brennende Holzstücke aus dem Feuer nehmen.«[42] Vom Erwärmen des Weins hielt Champier nicht viel, er riet aber vor allem davon ab, kalten Wein direkt aus dem Keller zu trinken. Dies schädige die Kehle, die Brust, die Lunge, den Magen und die Eingeweide, ruiniere die Leber und ziehe unheilbare Krankheiten, ja sogar den Tod nach sich. Er empfahl, den Wein einige Stunden vor dem Trinken aus dem Keller zu holen, wobei Champier keinen Unterschied zwischen Weiß- und Rotwein machte. Dies ist ein früher Hinweis darauf, dass man Wein bei Zimmertemperatur genießen sollte, die allerdings je nach Örtlichkeit und Jahreszeit sehr verschieden ausfallen konnte.

Doch war man sich in dieser Frage keineswegs einig. Ein paar Jahrzehnte später riet ein anderer Arzt, Laurent Jaubert, das genaue Gegenteil. Insbesondere jungen, heißblütigen Menschen empfahl er, bei warmem Wetter die Getränke zu kühlen. Sofern kein Weinkeller vorhanden sei, solle man dies in einem Fluss oder einem Brunnen tun. Die Ärzte versuchten nun eher, die Temperamente des Körpers zu beeinflussen, statt sie zu erhalten.[43] Im Frankreich des 16. Jahrhunderts trank man im Sommer den Wein gern kalt. Dort übernahm man auch von den Spaniern und Italienern die Sitte, den Wein mit Schnee und Eis zu kühlen.

Zahlreiche zeitgenössische Schriften gehen auf das Verhältnis von Körpertemperatur und Temperierung des Weins ein. Der italienische Arzt Baldassare Pisanelli empfahl im 16. Jahrhundert alten Menschen, Wein zu trinken, da »der Rückgang ihrer natürlichen Körperwärme eine zusätzliche Wärmequelle erforderlich macht, welche die Kälte des Alters vertreibt«.[44] Dagegen, so glaubte man, stelle die zusätzliche Wärme des Weins für bereits erhitzte Körper eine Gefahr dar, weil sie die Emotionen und Leidenschaften zum Überkochen bringe. Pisanelli riet davon ab, Kindern Wein zu geben, bei denen er »wie Späne das Feuer anfacht, was ihren Geist verwirrt«. Ähnlich sei die Wirkung bei jungen Menschen, die »von warmer und feuriger Natur« seien und die daher bei Genuss von Wein »Gefahr laufen, dass ihnen die Leidenschaften zu Kopfe steigen und ihr Körper in große Erregung gerät«.[45]

An solchen Bedenken hielt man lange Zeit fest. 1753 nannte der amerikanische Prediger Jonathan Edwards seiner kranken Tochter brieflich verschiedene Heilmittel. Dazu gehörten eine tote Klapperschlange (er entschuldigte sich dafür, dass er nur eine einzige hatte auftreiben können) und Ginseng. Mit Bezug auf den Ginseng (nicht die Klapperschlange) schrieb er: »Weiche ihn in Wein, gutem Madeira oder Claret ein; sind diese zu sauer, dann in gutem Weißwein … und als herzstärkendes Mittel nimm Gewürze, gelöst in gutem Wein, der dir schmeckt und deinem Magen gut tut.« Edwards fürchtete allerdings, »die Hitze« des Weins könnte Fieber auslösen. Deshalb schlug er vor, ihn mit Wasser zu verdünnen, um diese zu dämpfen.[46] Wie es scheint, war die Vorstellung von der angenehmen und für den Geschmack vorteilhaften Trinktemperatur eng mit der Idee von einer dem Wein innewohnenden Wärme oder »Hitze« verbunden, die nichts mit seiner tatsächlichen Temperatur zu tun hatte.

In vielen medizinischen Schriften der frühen Neuzeit wird der Wein als wichtiger Bestandteil der Ernährung und als Grundlage vieler Arzneien erwähnt. Die Autoren unterschieden zunehmend zwischen verschiedenen Arten von Weinen, nicht nur, indem man die Eigenschaften süßer und trockener, roter und weißer Weine miteinander verglich, sondern auch die Personengruppen unterschied, für die die eine oder die andere Sorte bekömmlich sein sollte. Diese Theorien stützten sich auf die Antike und auf die Vorstellung, dass Menschen aus unterschiedlichen sozialen Schichten und Berufen in ihren biologischen Grundzügen verschieden seien. »Gute, schwere, rote und schwarze [sehr dunkle] Weine« sollten sich, so Olivier de Serres 1605, besonders »für Leute eignen, die schwer arbeiten ... und von ihnen bevorzugt werden, Weißwein und Claret dagegen von denen, die sich dem Müßiggang hingeben«.[47]

Dabei ging es nicht nur um den Geschmack, wie der französische Arzt Jean Liebault einige Jahre später erklärte: »Rotwein ist nahrhafter als Weißwein oder Claret und daher besser geeignet für Menschen, die hart arbeiten; denn Arbeit und körperliche Bewegung gleichen die Nachteile aus, die der Rotwein hat.« Dieser eigne sich am besten für Winzer und Bauern: »Wenn er durch den Magen und die Anstrengung verdaut wird, ist er eine solide und gehaltvolle Nahrung und gibt dem Mann Kraft für die Arbeit.«[48]

Liebault sah noch engere Verbindungen zwischen bestimmten Weinsorten und der sozialen Schicht des Trinkers. Auch wenn die »schwarzen«, körperreichen, erdigen Weine (»schwarze« Weine nannte man früher das »Blut der Erde«) auf den Trinkern lasteten und ihr Blut »dick, melancholisch und zähflüssig« machten, gab es keinen Grund zur Sorge, denn die Bauern waren ohnehin mit der Erde verbunden, grobschlächtig, kräftig und langsam. Derselbe Wein hätte jedoch verheerende Auswirkungen auf Adlige, Bürger und den Klerus, deren Natur lebhaft und geistig sei. Er würde bei ihnen zu Verstopfungen von Leber und Milz, zu Appetitlosigkeit und zu Magenbeschwerden führen. Die Ärzte waren übereinstimmend der Meinung, dass leichte Rot- und Weißweine den wohlhabenden Konsumenten besser bekamen, da diese nach der geltenden Lehre leichter vom Magen zur Leber übergingen, reichlich Blut produzierten und das Herz sowie das Gehirn verjüngten.

Die Ansichten der Ärzte über die gesundheitsfördernden Eigenschaften des Weins wurden zum Volksgut und schlugen sich in Sprichwörtern nieder[49]: »Ob in sommerlicher Hitze oder winterlicher Kälte, Wein gibt dir Kraft.« »Wer nach rohem Gemüse keinen Wein trinkt, wird krank.« Zahlreiche Volksweisheiten behandeln Birnen, von denen man damals glaubte, sie seien schwer verdaulich. »Nach der Birne kommt der Wein«, hieß es, während die Bretonen düster bemerkten: »Folgt der Birne nicht der Wein, so folgt ihr der Priester.«

Wein war in der damaligen Zeit für die Ernährung der Franzosen so wichtig, dass man sich für Notfälle Alternativen überlegte: »Anstelle des Weins können die Armen, für die er zu teuer ist, Bier, Cidre oder Birnenmost trinken.« Anderswo findet sich der Ratschlag, Ausgezehrte nicht mit herbem Bier zu traktieren, sondern ihnen verdünnten Wein einzuflößen. Einige Ärzte empfahlen Piquette als Basis von Brei aus Nüssen, Kräutern oder Spinat.[50]

Den Kranken reichte man ebenfalls ganz selbstverständlich Wein. Ludwig XIV. erließ dem berühmten Militärkrankenhaus »Les Invalides« bei seiner Gründung 1670 die Steuern für die ersten 200 *muids*, also für etwa 55000 Liter.[51] Die Patienten bekamen regelmäßig Wein, und zwar in derart steigendem Maße, dass die

Steuerbefreiung immer mehr ausgeweitet wurde, bis sie im Jahr 1705 bei 3 000 *muids* oder 800 000 Litern lag. Offiziere erhielten eine Ration von eineinviertel Litern Wein pro Tag, wovon sie jeden Morgen einen Viertel Liter erhielten, zum Mittag- und Abendessen jeweils einen halben Liter. Den unteren Rängen und den gemeinen Soldaten wurde etwa halb so viel pro Mahlzeit zugeteilt. An bestimmten Festtagen wie dem Faschingsdienstag bekam auch das Personal des Krankenhauses Wein, ein geringerer Teil wurde außerdem beim Kochen verwendet. Im Februar 1710 verbrauchten die etwa 2 500 Soldaten, die im Krankenhaus lagen, 460 000 Liter Wein. Kranke und verwundete Soldaten scheinen bedeutend mehr konsumiert zu haben als kranke Zivilisten. Als man einmal einige Patienten von Les Invalides zu einer zweimonatigen Thermalkur schickte, ließ man sie nicht ohne genügend Wein gehen, da sie in dem Hospital, das sie aufnehmen sollte, nichts dergleichen zu erwarten hatten.

Zusätzlich zu den üblichen Rationen besorgten sich manche Patienten des Militärkrankenhauses Wein in den umliegenden Gasthäusern. Zahlreich sind die Berichte über Schlägereien, Gotteslästerungen und Erregungen öffentlichen Ärgernisses. Betrunkene Offiziere kamen in Haft und mussten acht Tage lang auf ihre Weinration verzichten. Soldaten, die insgesamt achtmal erwischt worden waren, wanderten für ein Jahr ins Gefängnis. Der Weinentzug war eine der Hauptstrafen, die auch denen drohte, die die Wände mit Obszönitäten bekritzelten, Abfall aus dem Fenster warfen, Urin oder Wasser hinausschütteten, die Sauberkeitsregeln nicht beachteten und nach dem Zapfenstreich noch Licht oder Feuer machten.

Mit der Zeit mischten sich in die Lobeshymnen über die positiven Wirkungen die warnenden Stimmen, die auf die Gefahren des Weins hinwiesen. Zu den frühesten Mahnern gehörte im späten 16. Jahrhundert der Anhänger eines anderen alkoholischen Getränks, der anscheinend die ewige Bevorzugung des Weins in den medizinischen Werken leid war. Julien le Paulmier, der Verfasser einer ganzen Reihe medizinischer Schriften, war ein treuer Sohn der Normandie, einer Provinz, in der man lange vergeblich versucht hatte, Wein anzubauen, dafür aber mit großem Erfolg Cidre und später Calvados aus Äpfeln herstellte. Ein Schatten war auf die Lieblingsgetränke der Normandie gefallen, als Gerüchte aufkamen, Cidre verursache einen weit verbreiteten Aussatz.

Le Paulmier setzte alles daran, das negative Bild wieder geradezurücken und aufzuzeigen, dass der Cidre dem Wein in jeder Hinsicht überlegen sei. Er beschrieb den Wein als ein gefährliches Mittel, das nur unter der strengen Kontrolle von Kundigen verabreicht werden dürfe, das zwar wohltuende Eigenschaften besitze, aber auch sehr gefährlich werden könne, wenn es nicht mit Verstand und Vorsicht eingesetzt werde. Wein verursache, so behauptete er, »zahllose Krankheiten und Unpässlichkeiten«, da die Patienten nicht wüssten, welchen Wein sie trinken sollten, wie stark er zu verdünnen sei und wie er sich mit dem Klima, der Jahreszeit und ihren individuellen Bedürfnissen vertrage.[52]

In seiner Abhandlung ging es ihm aber nicht nur darum, die Überlegenheit des Cidre zu demonstrieren, der, wie Le Paulmier eindringlich darlegte, über alle Qualitäten des Weins, nicht aber über dessen Nachteile verfüge. Cidre sei gut für die Verdauung und das Blut. Er besitze Wärme, aber in Maßen. Und ungeniert behauptete er: »Cidretrinker leben länger als Weintrinker.«

So dachte man in der Normandie, wo der Wein so schlecht gedieh, dass man es schließlich aufgegeben hatte, ihn anzubauen. Anderswo blieb man dabei, dass Wein nicht nur der Gesundheit zuträglich, sondern auch ein angenehmes Getränk sei. Qualitätsweine wie der Haut-Brion und das wachsende Bewusstsein für die Unterschiede der Rebsorten, der Herkunft und der Winzer vergrößerte den Abstand zwischen der Masse der Weinkonsumenten, für die er Bestandteil ihrer täglichen Nahrung war, und den Kennern, die ihn als sinnliches Vergnügen betrachteten. In den folgenden Jahrhunderten sollte die Weinkennerschaft eine immer größere Rolle spielen.

Sechs

Der Wein erobert neue Kontinente
Amerika, Afrika und Australien, 1500 – 1800

Das 16. Jahrhundert war das Zeitalter der großen Entdecker und Eroberer. Ostwärts waren einzelne Reisende bereits früher bis nach Russland, China und Indien gekommen. Nun wandten sie sich Richtung Westen, um einen direkten Seeweg nach Asien zu finden. Damit begann eine neue Epoche der Weltgeschichte – und der Geschichte des Weins. In manchen Erdteilen, die die Europäer zum ersten Mal betraten, wuchsen wilde Trauben. Soviel wir wissen, wurden sie jedoch nirgends von der heimischen Bevölkerung zu Wein verarbeitet. Schon bald pflanzten die Eroberer in den neu erworbenen Gebieten mitgebrachte Weinstöcke an. Dennoch sollte es noch lange dauern, bevor der Wein von den neuen Kontinenten mit dem auf dem alten Kontinent konkurrieren konnte.

Die Entdeckung und Kolonisierung der Atlantikinseln vor der Küste Afrikas durch Spanien und Portugal war ein langwieriger Prozess. Nachdem die Spanier die Kanarischen Inseln in Besitz genommen hatten, begannen sie rasch mit der Anlage von Weinbergen. Die kanarischen Weine fanden im späten 16. Jahrhundert guten Absatz, und bald beruhte der Wohlstand der größten Insel, Teneriffa, im Wesentlichen auf dem Weinanbau. Die wichtigsten Märkte waren damals die spanischen und portugiesischen Kolonien in Amerika, bis im 17. Jahrhundert England der mit Abstand größte Abnehmer für kanarischen Wein wurde. Besonders beliebt waren dort die süßen Weine aus den Malvasiertrauben. James Howell beschrieb sie als »die reichsten, die stärksten, die kräftigsten und die haltbarsten«, sämtlich gesuchte Qualitäten in einer Zeit, da Weine gewöhnlich dünn und leicht verderblich waren und jung getrunken werden mussten.

Im Verlauf des 17. Jahrhunderts stieg der Anteil der Weinexporte von den Kanaren nach England kontinuierlich an. In den zwanziger Jahren waren es im Schnitt 2483 Pipa (ungefähr 1 250 000 Liter) pro Jahr, in den sechziger Jahren schon 5 522 und in den achtziger Jahren 6 700 Pipa (an die 3,5 Millionen Liter). Das entspricht mehr als drei Millionen Flaschen Wein pro Jahr. Es ist gewiss übertrieben, wenn

Howell schreibt, dass die kanarischen Weine, die sich zuvor nur die Reichen – und auch sie nur in kleinen Mengen – leisten konnten, »nun wie Milch durch die Kehlen von Jung und Alt« flossen.[1] Es war jedoch gegen Ende des 17. Jahrhunderts zweifellos viel Wein von den Inseln auf dem Markt.

Mit der Wende zum nächsten Jahrhundert ließ die Vorliebe für die kanarischen Weine nach. Der Handel zwischen England und den Kanaren war sehr unausgewogen, da die Engländer dort keinen Absatz für ihren wichtigsten Exportartikel, für Textilien, fanden. Der dortige Wein war teuer, und da die Händler über wenig Bargeld verfügten, griffen sie in den neunziger Jahren des 17. Jahrhunderts zunehmend auf Importe aus Portugal und Spanien zurück. Nur noch selten gelangte kanarischer Wein nach England. Nach und nach verfielen die Weinpflanzungen der Inseln.

Zu den Atlantikinseln, auf denen Wein angebaut wurde, gehörte auch Madeira, das die Portugiesen 1420 in Besitz nahmen. Die damals unbewohnte Insel war stark bewaldet. Deshalb wurde sie nach dem portugiesischen Wort für »Wald« benannt. Bald pflanzte man Zuckerrohr und Rebstöcke an, darunter kretische Malvasierreben. Die Portugiesen hofften, den berühmten und gefragten kretischen Wein kopieren zu können. Um 1500 war Madeira der weltgrößte Zuckerlieferant, wurde allerdings in der Folgezeit von den lateinamerikanischen Plantagen überholt. Auch die Rebfläche wuchs, und schon Ende des 16. Jahrhunderts war das Geschäft mit dem Wein einträglicher als das mit dem Zucker.

Madeiras Weinhandel profitierte von der Lage der Insel, die sich als Zwischenstopp für den englischen Schiffsverkehr zu den Kolonien in Nordamerika und in der Karibik anbot. Zum größten Teil produzierte man schlichten, leichten Tafelwein, der sich nicht lange hielt. Der heute als Dessertwein bekannte Madeira kam erst später auf. Er wurde aus der Malvasiertraube gewonnen und separat gegärt. Dabei zeigte die Erfahrung, dass dieser Wein nicht nur sehr haltbar war, sondern sich gerade in der tropischen Hitze gut entwickelte. Die Oxidation – ein Prozess, den man auch Madeirisierung nennt – gab ihm seine tiefbraune Farbe, und statt zu versäuern, wurde er dadurch gehaltvoller und milder. Gegen Ende des 17. Jahrhunderts boomte das Weingeschäft auf Madeira. In nur siebzehn Tagen nahmen im Dezember 1697 elf Schiffe rund 100 000 Gallonen Madeirawein für den Transport nach Boston und zu den karibischen Inseln auf.

Die wichtigsten territorialen Eroberungen der Spanier und Portugiesen lagen in Lateinamerika. Spanische Truppen schlugen in den zwanziger Jahren des 16. Jahrhunderts die Azteken in Mexiko, und innerhalb von zwei Jahrzehnten hatten sie die westlichen Regionen Südamerikas, das Gebiet der heutigen Staaten Bolivien, Kolumbien, Peru und Chile erobert. Dies war für den Wein, der zur Kultur der Kolonisten gehörte, von großer Bedeutung. Schon bald war er ein wesentlicher

Faktor des Handels, der sich zwischen Spanien und den amerikanischen Kolonien entwickelte. Noch wichtiger war allerdings die Ausbreitung der Weinkultur in den Kolonien. Zwar gab es in Südamerika wildwachsende Trauben, die Ureinwohner kannten jedoch keinen Wein. Sie stellten alkoholische Getränke aus anderen Früchten und aus Getreide her. Die Siedler tranken den Pulque, den die Ureinwohner aus dem vergorenen Saft der Agave gewannen. Alle Versuche, aus den wilden Trauben Wein zu machen, schlugen fehl. Deshalb pflanzte man aus Europa importierte Reben an. Schon wenige Jahre nach ihrer Ankunft konnten die Conquistadores ihren ersten eigenen Wein keltern. Und mit ihrem Vorrücken verbreiteten sich rasch die Rebpflanzungen.

Die Schnelligkeit, mit der der Wein den südamerikanischen Kontinent eroberte, ist verblüffend. Nachdem in den frühen zwanziger Jahren des 16. Jahrhunderts die ersten Weinberge angelegt worden waren, gab es Anfang 1530 bereits in Peru und gegen Ende desselben Jahrzehnts auch in Bolivien und Kolumbien Rebland. Seit den frühen vierziger Jahren pflanzte man Wein im Gebiet des heutigen Chile an, seit 1557 im jenseits der Anden gelegenen späteren Argentinien.[2] Innerhalb von vierzig Jahren hatte sich der Wein über den gesamten südamerikanischen Kontinent verbreitet. Bei der Auswahl geeigneter Landstriche gingen die Winzer, die oft Missionare waren, sehr kenntnisreich vor. So kommt es, dass die meisten Regionen, die im 16. Jahrhundert erschlossen wurden, auch heute noch Zentren der Weinproduktion sind. Das Rebland von Mendoza, der Mittelpunkt des heutigen argentinischen Weinbaus, wurde schon in den sechziger Jahren des 16. Jahrhunderts kultiviert.

Die Siedler wurden zum Weinbau nicht nur ermuntert, er wurde ihnen regelrecht befohlen. 1524 ordnete Cortez, der Statthalter Neu-Spaniens (das heutige Mexiko), an, in der Region des späteren Mexico City Weinberge anzulegen. Man hatte den Spaniern Land gegeben und ihnen Indios als Arbeitskräfte zugeteilt. Nun verlangte Cortez von den Gutsbesitzern, pro hundert Indios tausend Rebstöcke bester Qualität zu pflanzen.[3] Ähnlich geschah es in anderen spanischen Kolonien. Bei einer offiziellen Inspektionsreise im südlichen Peru verlangte ein spanischer Beamter, dass in einem Weinberg nahe dem Titicacasee tausend bis tausendfünfhundert Rebstöcke zusätzlich gesetzt werden sollten.[4]

Trotz des Drucks von oben entwickelte sich Mexiko nicht zur Weinbauregion. Das Klima war dort wohl einfach nicht günstig genug. Insgesamt gesehen ist Mexiko zwar milder als Spanien, doch folgen auf die warmen Tage sehr rasch Frostperioden, worunter die jungen Triebe litten. Außerdem schmälerte das Überangebot an Wein aus Südamerika, vor allem aus Peru, die Profitchancen.

Warum verwendete man so viel Energie darauf, in Amerika Weinberge anzulegen? Oft wird behauptet, der Hauptgrund sei der Messwein gewesen, den die katholische Kirche brauchte, die mit den spanischen Eroberern auf den fremden

Kontinent kam. Tatsächlich gab es im Umkreis vieler katholischer Missionsstationen Weinberge. Die Verbindung war so eng, dass die häufigste Rebsorte den Namen »Missionstraube« erhielt. (Sie stammte aus Spanien und ist möglicherweise mit der Monica-Traube verwandt.) Trotzdem war der kirchliche Bedarf an Messwein eher gering und hätte problemlos durch den Import aus Spanien gedeckt werden können. Die vielen Millionen Liter Wein, die die kirchlichen und weltlichen Besitzer der Weingüter jährlich erwirtschafteten, benötigte die katholische Kirche keineswegs, denn die Laien erhielten bei der Kommunion normalerweise keinen Wein, sondern nur Brot.

Es waren also nicht religiöse, sondern ganz profane Motive, die zur Ausbreitung des Weinbaus in Lateinamerika führten. Die Siedler waren es gewohnt, Wein zu trinken, und sie versuchten so gut wie möglich, die spanische Kultur und ihre Essgewohnheiten in ihrer neuspanischen Heimat fortleben zu lassen. So bestellten sie ihre Felder mit den Früchten und mit dem Getreide, das ihnen aus Europa vertraut war – und natürlich auch mit den ihnen bekannten Rebsorten.

Freilich hätten die Siedler ihren Wein aus Spanien importieren können. Allerdings wäre er durch den weiten Seeweg (und den sich meist anschließenden Landtransport) wesentlich teurer geworden als selbst produzierter Wein. Außerdem war es schwierig, regelmäßig eine ausreichende Menge nachzuliefern, weil die Zahl der Kolonisten beständig wuchs. Und schließlich waren da die Probleme mit der Haltbarkeit des Weins im 16. Jahrhundert. So manches Fass erreichte sein Ziel nicht im besten Zustand. Zwar wurde spanischer Wein, hauptsächlich aus Andalusien und Malaga, nach Mexiko exportiert, selten jedoch zu den noch weiter entfernt liegenden Kolonien an der südamerikanischen Westküste weitertransportiert.

Die Bedingungen für den Weinbau vor Ort waren dagegen mehr als günstig. Das Klima und die Bodenbeschaffenheit in vielen Flusstälern Perus erwiesen sich als optimal, und in den sechziger Jahren des 16. Jahrhunderts, nur zwanzig Jahre nach den ersten Rebpflanzungen, wuchsen Trauben auf 40 000 Hektar Land. Eine der wichtigsten Weingegenden war das Moquegua-Tal im tiefen Süden. Es profitierte nicht nur von den hervorragenden Anbaubedingungen, sondern auch von der Nachfrage der Siedlungen rund um die benachbarten Silberminen. Anfangs ähnelte die Weinproduktion in Peru der im antiken Rom.[5] Die Trauben wurden in großen Wannen gepresst, von denen jede 12 000 bis 14 000 Liter fasste, anschließend wurde der noch unvergorene Saft über Leitungen in große irdene Krüge (*tinajas*) umgefüllt, die zwischen 350 und 400 Liter aufnehmen konnten. Diese Krüge vergruben die Winzer teilweise in der Erde, um die Temperatur konstant zu halten und das Risiko eines Risses während des Gärvorgangs zu minimieren. Die meisten Besitzungen waren kleine Weingüter, auf denen Sklaven, teils Afrikaner, teils Ureinwohner, zur Arbeit gezwungen wurden. Die Farbe des peruanischen Weins war »rot oder wie Claret, aber nicht so dunkelrot wie der spanische *vino tinto*«.[6] Damals zweifelten Kenner an der Qualität dieses Weines. Ein Reisender äußerte sich wenig optimistisch über die Aussichten des Weinanbaus in Peru: »Es gibt hier in den Tälern viele große Weinberge, in denen beachtliche Mengen Trauben gelesen werden. Bis jetzt hat man noch keinen Wein gewonnen, sodass ich ihn nicht kosten konnte; doch da das Land bewässert werden muss, wird er wohl schwach sein.«[7]

Trotzdem gelang es den peruanischen und anderen lateinamerikanischen Winzern rasch, ein florierendes Weingeschäft aufzubauen. Bald waren Wein und Silber die tragenden Säulen der Wirtschaft in Südamerika. Dieser Erfolg war den spanischen Weinproduzenten ein Dorn im Auge. Schließlich erreichten sie, dass Philipp II. 1595 in den spanischen Kolonien nur noch Klöstern weitere Rebpflanzungen erlaubte. Das war der erste in einer Reihe von Versuchen, die Weinwirtschaft in Spanien vor den Erzeugnissen aus den Kolonien zu schützen. Dabei fürchteten die spanischen Winzer nicht die Konkurrenz der Produkte auf dem heimischen Markt, denn es gab keine Weinimporte aus Südamerika. Sie sahen vielmehr ihre Hoffnungen auf Exportlieferungen in die Kolonien dahinschwinden. Auf die Dauer gesehen hatten die Beschränkungen des lateinamerikanischen Weinhandels keinen Erfolg, und selbst Strafsteuern zeigten keine Wirkung. Die königlichen Erlasse wurden vielleicht in Mexiko beachtet, wo die Bedingungen für Wein ohnehin nicht die besten waren. In den weiter entfernt liegenden südamerikanischen Kolonien, in denen die Herstellung von Wein und später auch das Brennen von Spirituosen florierte, wurden die Anweisungen schlicht und einfach ignoriert.

Von den drei wichtigsten Regionen des 17. und 18. Jahrhunderts sind Chile und Argentinien bis heute bedeutende Weinproduzenten geblieben, während der Weinbau in Peru nach den Reblausepidemien gegen Ende des 19. Jahrhunderts stark zurückging. Noch während des 19. Jahrhunderts war Peru allerdings ein bedeutender Wein- und Branntweinproduzent, der die seit zweihundert Jahren bestehende starke Nachfrage nach Spirituosen bediente. Sie boten zwei Vorteile gegenüber dem Wein: den wesentlich höheren Alkoholgehalt und die bessere Haltbarkeit, was wegen der weiten und schwierigen Lieferwege in Lateinamerika besonders wichtig war. Wein und Branntwein wurden zwar großenteils per Schiff entlang der Küsten transportiert, ihren endgültigen Bestimmungsort erreichten sie jedoch zumeist auf dem Rücken von Lamas und Maultieren.

Der chilenische Weinbau konzentrierte sich zunächst auf den Norden, später auf das Zentrum des Landes und speziell auf die Gegend um Santiago. Man kelterte Tafelwein und Muskateller, einen süßen Dessertwein, der für den Export nach Peru bestimmt war. Das argentinische Weingeschäft entwickelte sich nur langsam, teilweise sicherlich, weil die Beschränkungen der spanischen Regierung hier stärker beachtet wurden als in Peru und Chile. Erst im 18. Jahrhundert ver-

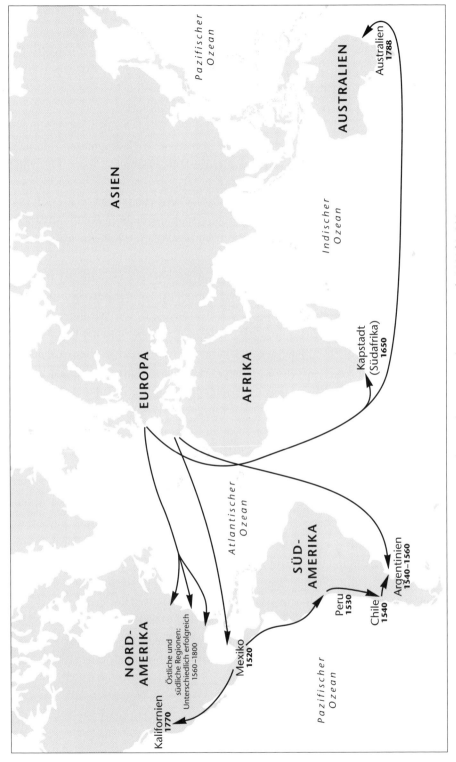

Karte 5: Die Ausdehnung des Weins in der Neuen Welt 1500 bis 800

suchte man es mit Weinpflanzungen in den spanischen Territorien Nordamerikas. Auch hier waren die jesuitischen Missionare die ersten Winzer. Erst später gelangte das Weingeschäft auch in weltliche Hände. Im Jahr 1701 wurde in der Missionsstation von Laredo in Baja California Wein angebaut. Das Gebiet des heutigen Kalifornien erreichte er sogar noch später. 1760 gab es fünfzehn Missionsstationen in Südkalifornien, von denen mindestens fünf Wein herstellten.

Die Entschlossenheit der Jesuiten, ihren eigenen Wein anzubauen, wurde auf eine harte Probe gestellt, denn obwohl die klimatischen Bedingungen durchaus günstig waren, gab es viele Rückschläge. Bei der Missionsstation Santa Gertrudis musste man einen kilometerlangen Bewässerungskanal durch Felsgestein graben. Es fehlte an geeigneten Behältern für die Gärung. Man kaufte oder tauschte Gefäße von den vorbeikommenden Schiffen oder hieb, nach peruanischem Vorbild, große Becken in den Fels, die man mit Pech versiegelte, nachdem der Wein eingefüllt worden war.[8]

Mit den Missionen zog der Wein nordwärts, und 1769 hatte er San Diego erreicht. In den achtziger Jahren des 18. Jahrhunderts klagten die dortigen Siedler über ihre Abhängigkeit von den unregelmäßigen Schiffslieferungen aus Spanien und Mexiko. Erst in den zwanziger Jahren des 19. Jahrhunderts erreichte der Weinbau die Gegend nördlich von San Francisco, wo heute in Napa und Sonoma Valley das Zentrum des kalifornischen Weinbaus liegt. Das bedeutendste Anbaugebiet des 18. Jahrhunderts war die Missionsstation San Gabriel unweit des heutigen Los Angeles. Hier wurden pro Jahr 35 000 Gallonen Wein und erhebliche Mengen Branntwein produziert. Erst nachdem 1830 die Weinpflanzungen der Mission von der mexikanischen Regierung säkularisiert worden waren und es zu privaten Rebpflanzungen kam, entwickelte sich der Weinbau zu einem zentralen Element der kalifornischen Landwirtschaft.[9]

Im übrigen Nordamerika nahm die Entwicklung einen anderen Verlauf. In vielen Gebieten auf dem Kontinent wuchsen verstreut wilde Trauben, von Kanada im Norden bis zum Golf von Mexiko im Süden, von der Atlantikküste bis zum Mittleren Westen der Vereinigten Staaten. Die frühen Entdecker staunten oft, welcher Überfluss sich ihnen bot, und sie waren überzeugt, dass sich daraus guter Wein machen ließe. So stieß 1524 Giovanni da Verrazzano bei Kitty Hawk, nahe der Küste des heutigen North Carolina, auf wild wachsende Trauben. »Viel natürlich gewachsener Wein, der sich an den Bäumen hochrankt, wie man das in der Lombardei sieht. Wenn die Reben von den Weinbauern ordentlich gepflegt werden, liefern sie sicher einen exzellenten Wein«, notierte er erfreut. Sechzig Jahre später berichtete Sir Walter Raleigh über dieselbe Gegend: »Hier gibt es große Mengen sehr wohlschmeckender roter Trauben.« Weiter im Norden fand Jacques Cartier ebenfalls Wildtrauben auf einer Insel im Sankt-Lorenz-Strom, die er »Bacchusinsel« nannte.[10] Es handelte sich um Wildsorten verschiedener Reben, zum großen

Teil vermutlich um Muskatellertrauben. Es gibt keine Hinweise dafür, dass diese Trauben jemals zu Wein vergoren wurden, anscheinend kannte die Urbevölkerung im östlichen Nordamerika überhaupt keinen Alkohol. Schon die ersten Siedler konnten der Versuchung indes nicht widerstehen und versuchten, diese Trauben zu keltern.

Einigen nicht unumstrittenen Berichten zufolge waren es die Hugenotten, die im Gebiet des heutigen Florida den ersten Wein auf nordamerikanischem Boden herstellten. Viele waren bereits in Frankreich im Weinbau beschäftigt gewesen, denn die Protestanten lebten hauptsächlich in einem breiten Streifen im Südwesten des Landes, der sich von Nîmes über Montpellier und Montauban bis nach Bordeaux hinzog. Die Hugenotten gründeten um 1560 eine Siedlung an der Mündung des St. John's River im Norden von Florida, und angeblich kelterten sie bereits im ersten Jahr zwanzig Fässer Wein aus den wilden Trauben. Das erzählte der Engländer John Hawkins, der die Hugenotten in ziemlich verzweifelter Lage antraf und ihnen mit Lebensmitteln aushalf. Hawkins schien es eher entsetzt als beeindruckt zu haben, dass die Siedler ihre Energie auf die Herstellung von Wein statt auf das Anlegen von Lebensmittelvorräten verwendeten. Die Hugenotten bestritten dies und betonten, dass ihre Weinvorräte aus Europa stammten.[11]

Ob sie nun in Florida Wein produzierten oder nicht, die Hugenotten wurden bald von spanischen Siedlern vertrieben, die sich im Gebiet des heutigen South Carolina niederließen. Dort pflanzte man 1568 Reben an, aber es bleibt unklar, ob es sich um vorgefundene Wildsorten oder um importierte europäische Trauben der Sorte *Vinifera* handelte.[12] Wenn es also nicht die Hugenotten waren, die in Nordamerika zum ersten Mal Wein anbauten und kelterten, dann waren es diese Spanier.

Es sollte nicht lange dauern, und auch die englischen Kolonisten engagierten sich als Winzer. Bereits zwei Jahre nach der Gründung der ersten festen englischen Siedlung, Jamestown in Virginia, versuchten sie, wilde Rebsorten zu kultivieren. In den folgenden Jahrzehnten standen die Siedler unter erheblichem Druck. 1619 wurde jede Familie angewiesen, pro Jahr zehn Rebstöcke zu pflanzen und die Kunst der Rebenerziehung zu lernen. Zur Unterstützung schickte man acht erfahrene Winzer in die Kolonien und versuchte, weitere Fachkräfte aus Frankreich und Deutschland anzuwerben.

Auf Anordnung des Königs erhielt 1622 jeder Haushalt in Jamestown ein Handbuch über den Anbau und die Herstellung von Wein. Der Autor war John Bonoeil, ein Franzose, der nie selbst in Amerika gewesen war, aber glaubte, aus der Ferne beurteilen zu können, welche Gebiete besonders für den Weinbau geeignet seien. Er gab den zweifelhaften Rat, wild wachsende Rebsorten zu verwenden und die Trauben vor der Gärung in Wasser zu kochen. Vermutlich dachte er, dass sich so ihre Süße steigern ließe. Er behauptete, aus eigener Erfahrung zu sprechen:

»Ich habe solchen Wein schon oft getrunken, er hat eine gute Qualität für den Eigenverbrauch. Auf diese Weise kann jedermann in Virginia zu Wein kommen.«[13] In den Jahren 1623 und 1624 wurde die Verpflichtung zum Rebbau in Virginia durch weitere Erlasse bekräftigt. Nun sollte jede Familie für jedes über zwanzig Jahre alte männliche Mitglied zwanzig Weinstöcke pflanzen.

Der Einsatz der englischen Regierung für die Weinproduktion in Virginia entstand gewiss nicht aus der fürsorglichen Überlegung, den Siedlern ausreichende Vorräte für den eigenen Konsum zu sichern. Es ging vielmehr darum, den Erfolg zu wiederholen, den die Spanier in Zentral- und Südamerika erzielt hatten. Im 17. Jahrhundert waren Englands Weinimporte weitgehend vom europäischen Festland abhängig. Dies galt auch für zwei andere hochwertige Handelsartikel, für Olivenöl und Seide. Durch die Einfuhr dieser Waren aus den Kolonien hoffte man, sich aus der Abhängigkeit von Frankreich, Spanien und Italien befreien zu können, da diese nicht nur wirtschaftliche Rivalen, sondern zeitweise auch Feinde waren.

Diese Träume sollten sich nicht erfüllen. Die Bedingungen im Osten Nordamerikas – Klima, Boden, Pflanzenkrankheiten, Schädlinge – waren zu ungünstig für den importierten Wein, und die wild wachsenden Sorten ließen sich nicht kultivieren. Die eine oder andere Rebpflanzung konnte zwar einige Jahre lang erfolgreich betrieben werden, am Ende scheiterten jedoch alle Versuche.

Als die Puritaner 1621 in der Plymouth Bay landeten, berichteten sie ähnlich wie Leif Eriksson einige Jahrhunderte vor ihnen, dass es »überall Trauben« gäbe. Oft wird behauptet, sie hätten aus diesen Früchten Wein für das erste Thanksgiving hergestellt,[14] aber das ist nicht bewiesen. Die *Mayflower*, das Schiff, mit dem sie gekommen waren, hatte große Alkoholvorräte an Bord, hauptsächlich Bier und Spirituosen, die allerdings schon kurz nach der Landung knapp wurden.

Man muss in diesem Zusammenhang daran erinnern, dass sich die enge Verbindung von »puritanisch« und »abstinent« erst im 19. Jahrhundert entwickelte. Im 17. Jahrhundert gehörte für die Puritaner wie für alle ihre Zeitgenossen Alkohol zur normalen Ernährung, nicht nur, weil er Kalorien lieferte, sondern auch, weil es oft kein sauberes Wasser gab. Die Puritaner brauten Bier aus Mais oder Kürbissen, sowohl privat in kleineren Mengen als auch in »Gemeinschaftsbrauereien«, die ihre Erzeugnisse en gros und en detail verkauften. Die anfänglichen Versuche, Reben anzupflanzen, waren fehlgeschlagen. Wein fand ebenso im Gottesdienst der Puritaner Verwendung. Der damals weithin bekannte Prediger Increase Mather nannte ihn »eine Gottesgabe«, warnte jedoch gleichzeitig davor, »mehr Wein zu trinken, als man verträgt«.

Die *Arbella*, die 1630 weitere Puritaner nach Boston brachte, führte dreimal so viel Bier wie Wasser an Bord, außerdem 10 000 Gallonen Wein, und schon im ersten Jahr kelterten die Kolonisten Wein aus wilden Trauben. Die Qualität ließ jedoch derart zu wünschen übrig, dass sie in England um französische Experten nachsuchten, die ihnen mit ihrer Erfahrung zur Seite stehen sollten. Der Gouverneur John Winthrop erhielt eine Insel im Hafen von Boston unter der Bedingung, dort Wein anzubauen, und, optimistisch wie er war, stimmte er zu, die Pacht in Wein zu bezahlen. Acht Jahre später wurden die Abmachungen dahingehend geändert, dass er seine Schuld auch in Form von Äpfeln begleichen durfte. Solche anfänglichen Fehlschläge ließen für Jahrzehnte daran zweifeln, ob man in dieser Gegend überhaupt Wein anbauen könne.

Es ist nicht schwer nachzuvollziehen, warum die ersten Siedler in Nordamerika die Möglichkeit des Weinbaus so optimistisch einschätzten und warum sie trotz aller Rückschläge an ihren Bemühungen festhielten. An der Ostküste gab es wilde Trauben in Hülle und Fülle. Natürlich dachten gerade die Puritaner bei diesem Anblick an die Männer, die Moses aussandte, um das gelobte Land zu erkunden, und die mit Trauben beladen zurückkehrten. Und selbst wenn sich aus diesen amerikanischen Wildsorten kein trinkbarer Wein gewinnen ließ, so schien es doch undenkbar, dass es nicht wenigstens mit aus Europa importierten Sorten gelingen sollte.

Die Siedler rechneten nicht damit, dass die europäischen Weinstöcke in kürzester Zeit dem rauen Winter zum Opfer fallen würden, wenn sie nicht vorher schon durch Schädlinge, Pilze, Schimmel und andere Krankheiten zugrunde gingen, gegen die die einheimischen Sorten resistent waren. Doch immer wieder siegte der Optimismus, denn eigentlich besaßen die Kolonien alle Voraussetzungen für eine florierende Weinwirtschaft. Sie lagen auf demselben Breitengrad wie die Weinbaugebiete Europas, und so hoffte man, eines Tages hinter das Geheimnis zu kommen und die Pechsträhne zu beenden. Jede neue Gruppe von Einwanderern musste anscheinend dieses Wechselbad von Hoffnung und Verzweiflung erleben, bevor sie schließlich aufgab.

Es waren nicht die Engländer allein, die mit Eifer in der Neuen Welt Wein anzubauen versuchten. Holländische Siedler legten in den vierziger Jahren des 17. Jahrhunderts Weinfelder in Neuholland an. Als die Engländer die Kolonie 1669 in ihren Besitz brachten, gab es dort schon keine Weinproduktion mehr. Die Schweden versuchten entlang des Delaware River ihr Glück, angestachelt durch die Anweisungen, die ihrem Gouverneur mit auf den Weg gegeben worden waren. Die Pietistensiedlung Germantown in Pennsylvania wollte sich ebenfalls auf Wein spezialisieren. Später kamen sogar Experten aus dem Rheinland zu ihrer Verstärkung. All diese Versuche scheiterten.

In Pennsylvania hegte William Penn den Traum von einem Land voller Reben und Wein. Ein Jahr nach seiner Ankunft berichtete er davon, Wein getrunken zu haben, der an einen guten Claret erinnere, jedoch von einem Hugenotten aus einheimischen Trauben gewonnen worden sei. Penn meinte, Wein wachse am besten dort, wo er auf natürliche Weise vorkomme. Er nahm sich vor, mit wilden Reben zu experimentieren, und hoffte, daraus einen ebenso guten Wein gewinnen zu können, wie er in Europa auf demselben Breitengrad gedieh.[15] Damit wäre Penns Wein zum Konkurrenten des Burgunders geworden, doch gibt es keinen Beleg, dass er es überhaupt je mit einheimischen Sorten versucht hat. Stattdessen pflanzte er 200 Morgen französischen und spanischen Wein im Osten Pennsylvanias. Seinen eigenen Bedarf, der aus »kanarischem Wein, Claret, Sack und Madeira« bestand, deckte Penn lieber aus Importen.

Von allen Siedlern verzeichneten die französischen Hugenotten die größten Erfolge. Es gelang ihnen an verschiedenen Orten, Wein zu machen. Im Jahr 1680 kam nach einer neuerlichen Welle religiöser Verfolgungen die erste Gruppe von Hugenotten in South Carolina an, um hier Olivenöl, Seide und Wein zu produzieren. Aus europäischen und einheimischen Reben gewannen sie einen Wein, von dem sie Proben nach England schickten, die dort »von den empfindlichsten Gaumen« getestet und »sehr geschätzt wurden«.[16] Anscheinend hatten die Hugenotten in den ersten Jahren Glück, entweder aufgrund milder Witterung oder weil sich die Rebkrankheiten und der Schädlingsbefall in Grenzen hielten. Nach zehn Jahren gaben aber auch sie den Weinbau wieder auf.

Auch wenn sie sich noch so sehr und meistens vergeblich auf das Anpflanzen von Reben konzentrierten, auf den Alkohol wollten die Siedler in der Neuen Welt nicht verzichten. Sie tranken hauptsächlich Bier. Gegen Ende des 17. Jahrhunderts stieg ihre Vorliebe für Spirituosen, besonders für den Rum, der aus dem Zuckerrohr der westindischen Inseln gewonnen wurde. Wein war nach wie vor nur auf dem Seeweg aus Europa zu bekommen. Da seine Haltbarkeit immer noch sehr begrenzt war, erreichte er sein Ziel oft nicht in bestem Zustand. So fehlte es den Siedlern jedenfalls nie an Essig. Dies allein war schon Anreiz genug, die Bemühungen um die Weinherstellung fortzusetzen.

Das starke Interesse, das die Siedler daran hatten, brachte ihre politische Leitung nicht davon ab, sich über die Trinkgewohnheiten ihrer Gemeinden besorgt zu zeigen. Die Puritaner billigten den maßvollen Weingenuss, doch war natürlich schwer festzulegen, wo das »Zuviel« anfing. Und die Glaubensgenossen tatsächlich zur Mäßigung anzuhalten war auch nicht immer einfach. In Massachusetts hielt man Wein für problematischer als Cidre und Bier, aber für weniger schädlich als Whiskey und Rum. Mit verschiedenen Maßnahmen versuchte man, den Alkoholgenuss zu beschränken, um die Trunksucht sowie die damit verbundenen sozialen Probleme in vernünftigen Grenzen zu halten.[17]

All diese Bemühungen hatten nicht den Erfolg, den sich die puritanischen Gesetzgeber wünschten, denn es wurde weiterhin Wein in erheblichen Mengen getrunken. Dabei hatte man weniger die einfachen Leute im Auge, die eher Rum und Bier tranken, sondern die Wohlhabenden, die besonders bei Hochzeiten und

Beerdigungen ausgiebig dem Wein zusprachen. Bei der Beerdigung einer gewissen Mrs. Mary Norton im Jahr 1678 in Boston tröstete sich die Trauergesellschaft mit einundfünfzigeinhalb Gallonen Malagawein. Als sieben Jahre später Reverend Thomas Cobbett starb, erwies man ihm die letzte Ehre, indem man ein Fass Wein und zwei Fässer Cidre trank, letzteren der Kälte wegen mit Gewürzen und Ingwer vermischt.[18]

Im späten 17. Jahrhundert versuchte die Regierung von Massachusetts, den Alkoholkonsum durch hohe Preise, besonders für Wein und Rum, zu begrenzen. 1698 lag die Weinsteuer bei sechs bis zwölf Pence pro Gallone, verglichen mit 18 Pence auf das Barrel Cidre, Bier oder Ale. Noch drastischer verfuhr man allerdings mit Rum und anderen Spirituosen. Sie wurden 1712 per Gesetz völlig aus den Schenken verbannt.

Neue Hoffnungen machten sich die Gründer von Georgia in den dreißiger Jahren des 18. Jahrhunderts. Wie schon hundert Jahre vorher in Virginia träumten sie vom mediterranen Reichtum einer Seiden- und Weinproduktion: »Regelmäßig gepflanzte Reihen von Maulbeerbäumen [die Nahrung von Seidenraupen], um die sich Weinreben ranken, an denen schwer die Trauben hängen.« Doch Georgia erhielt seinen Nachschub an Wein von Madeira und aus Burgund, und um 1740 war gerade einmal ein halber Morgen Land bei Savannah mit Rebstöcken bestellt.

Auch in anderen Kolonien gab es während des ganzen 18. Jahrhunderts Versuche, Wein anzubauen, zum Beispiel in einem Städtchen in South Carolina, das den hoffnungsvollen Namen »New Bordeaux« trug und in dem die Hugenotten in den späten sechziger Jahren Weinfelder anlegten. Ihr Anführer war Louis de St. Pierre, der nicht nur ein Buch über den Weinbau verfasste, sondern sich auch um dessen finanzielle Förderung in der Kolonie kümmerte. Ihm selbst wurden 5000 Morgen Land zugewiesen, die er zum großen Teil mit Rebstöcken bepflanzte. Ein Deutscher namens Christopher Sherb stellte kleinere Mengen Wein her (etwa 80 Gallonen im Jahr 1769), die er auf dem lokalen Markt verkaufte. Ein Unternehmen in Florida bot eine Flotte von acht Schiffen auf, die 1767 die beeindruckende Zahl von 1500 Personen aus Südeuropa (Griechenland, Italien, Menorca und Korsika) zusammen mit Tausenden von europäischen Rebstöcken nach Amerika brachte. Doch als der amerikanische Unabhängigkeitskrieg ausbrach, hatte man es trotz all dieser Versuche immer noch nicht geschafft, Wein zu produzieren.

In Virginia engagierte sich mit staatlicher Unterstützung der aus der Toskana stammende Philip Mazzei. Ursprünglich hatte er geplant, 10000 französische, italienische, spanische und portugiesische Rebstöcke nebst 50 Bauern nach Amerika zu bringen, doch am Ende warb er lediglich 10 Weinarbeiter an. 1775 pflanzte Mazzei 1500 Rebstöcke nahe dem Landsitz Thomas Jeffersons bei Monticello, von denen die Hälfte Wurzeln schlug und Trauben lieferte. Der Wein jedoch, den er in den Jahren 1775 und 1776 kelterte, stammte aus wild wachsenden Sorten, nicht aus den europäischen Reben. Das waren seine einzigen Erfolge als Winzer, und die Art, wie er seine Erzeugnisse anpries – sie seien besser als der einfache italienische Wein oder der Wein aus der Gegend von Paris –, klang nur wenig überzeugend.[19]

In den amerikanischen Kolonien gehörte Wein zum gesellschaftlichen Leben der Wohlhabenden. Tonangebend in den neu gegründeten Staaten waren die Spitzen des politischen Lebens: George Washington, Benjamin Franklin und Thomas Jefferson. Sie alle zeigten großes Interesse für den Weinbau. Als sich 1792 die verfassunggebende Versammlung in Philadelphia traf, führte Washington die Delegation sogar zu einem nahe gelegenen Weinberg, der einen guten Ertrag zu liefern versprach.

Einer der eifrigsten Förderer des Weins in Pennsylvania war Benjamin Franklin. In den vierziger Jahren des 18. Jahrhunderts schrieb er Anleitungen zur Herstellung von Wein, und als er die Kolonie in London vertrat, setzte er sich für den Ausbau der dortigen Weinpflanzungen ein. Seine Arbeit war von Erfolg begleitet. Im Jahr 1767 machte man Franklin ein Dutzend Flaschen Wein zum Geschenk, die der Quäker Thomas Livezey aus einheimischen Trauben gekeltert hatte. Dieser Wein wurde in London, so Franklin, »von vielen Kennern sehr gelobt«, und sein Weinhändler habe nachgefragt, wie viel er zu welchem Preis davon bekommen könne.

Franklin bezog sich bei vielen Gelegenheiten auf den Wein, den er stets als ein Gottesgeschenk pries. Wenn es wahr sei, schrieb er, dass im Wein die Wahrheit stecke, dann konnten die Menschen vor Noah, die nur Wasser zu trinken hatten, die Wahrheit nicht kennen: »So kamen sie vom rechten Wege ab und wurden böse, bis sie schließlich gerechterweise von dem Wasser ausgelöscht wurden, das ihr Lieblingsgetränk gewesen war.« Noah habe die Schädlichkeit des Wassers erkannt, »und um seinen Durst zu löschen, hat Gott die Trauben geschaffen und ihm gezeigt, wie man sie in Wein verwandelt.«[20]

Thomas Jefferson liebte gleichfalls den Wein, doch drückte er dies weniger scherzhaft aus. Während seiner Zeit als Botschafter in Frankreich in den Jahren 1787 und 1788 besichtigte er viele Weinbaugebiete und ließ dabei auch Deutschland und Italien nicht aus. So lernte er den Rhein, die Champagne, Burgund, Beaujolais, die Rhône, Piemont, Bordeaux und die Loire kennen. Überall probierte er ausgiebig und machte sich ausführliche Notizen. Diese belegen, dass er sich unter den Spitzengewächsen seiner Zeit gut auskannte. Nach seiner Rückkehr in die Vereinigten Staaten ließ er Reben aus den besten Weingegenden kommen, darunter auch Château d'Yquem. Schließlich gab er den Versuch auf, europäische Rebsorten anzupflanzen. 1809 erklärte er, wenn in Amerika überhaupt

Wein produziert werden könne, dann nur aus einheimischen Gewächsen. Seinen eigenen Weinkeller füllte Jefferson mit Importen aus Europa, und bei Banketten im Weißen Haus kamen die edelsten französischen Tropfen auf den Tisch. Wie wichtig Jefferson der Wein war, zeigt die Anlage seines Hauses in Monticello, das über einen Speiseaufzug verfügte, mit dem der Wein direkt aus dem Weinkeller in das Speisezimmer heraufgebracht werden konnte.

Zeitweise geriet der Wein auch in die Wirren der amerikanischen Revolution. Viele Wahlkandidaten versuchten, ihre Wählerschaft mit Alkohol für sich einzunehmen, eine in England und andernorts altbekannte Taktik beim Stimmenfang. Für die wohlhabenderen Wähler kauften die amerikanischen Politiker ausländischen Wein, während sie sich bei den einfacheren Schichten volksnah mit den landeseigenen Spirituosen und mit Cidre beliebt zu machen versuchten.

Die außerordentliche Bedeutung des Weins in Amerika verschaffte ihm politische und ökonomische Vorteile. Im Jahr 1791 wurde amerikanischer Wein von der Alkoholsteuer befreit. Jefferson gehörte zu den eifrigsten Verfechtern dieser Maßnahme. Er gab auch der weit verbreiteten Meinung Ausdruck, dass Wein den Spirituosen bei weitem vorzuziehen sei: »In keinem Land, in dem der Wein billig ist, herrscht Trunksucht; und nirgendwo Nüchternheit, wo teurer Wein den Konsum von stärkeren geistigen Getränken begünstigt. Wein ist im Grunde das einzige Mittel gegen das Gift Whiskey.«[21] Diese Argumentation wurde im 19. Jahrhundert von vielen Sozialreformern aufgegriffen.

◁ *Abbildung 5*
1787er Lafitte [Château Lafite] aus dem Besitz von Thomas Jefferson. Die Initialen sind eingraviert. Diese Flasche wurde 1985 in Paris gefunden und im selben Jahr bei Christie's in London versteigert. Kurz darauf zerbrach die kostbare Flasche, weil sie unter starkem Scheinwerferlicht großer Erwärmung ausgesetzt worden war.

Seltsamerweise glaubte man trotz aller Schwierigkeiten fest daran, dass ausgerechnet Nordamerika ein idealer Kontinent für den Weinbau sei, während Südafrika, in dem die Reben hervorragend gediehen, zunächst völlig unbeachtet blieb. Wie schon zuvor die Portugiesen unterschätzten die holländischen Seeleute die Möglichkeiten, die Südafrika als Kolonie bot, als sie im 17. Jahrhundert erstmals am Kap der Guten Hoffnung an Land gingen. Da es hier keine Gewürze gab, hatten die Holländer kein Interesse an dem Land. Als sie die Ostindische Kompanie gründeten, die den Gewürzhandel mit dem heutigen Indonesien organisieren sollte, errichteten sie zwar eine Siedlung am Kap, allerdings nur als Versorgungshafen und als Zwischenstopp für die lange Reise von Europa nach Südostasien. Der erste Wein, von dem man aus Südafrika hörte, war ein Tauschgut: Ein französisches Schiff, das in der Mossel Bay lag, um Lebensmittel an Bord zu nehmen, bezahlte 1595 das Schlachtvieh der Eingeborenen mit spanischem Wein.

Als sich schließlich Mitte des 17. Jahrhunderts der Weinbau in Südafrika ausbreitete, geschah dies nicht aufgrund staatlicher oder kirchlicher Eingriffe, wie in Lateinamerika, sondern vor allem durch die Initiative eines einzigen Mannes: Jan van Riebeeck. Der Arzt war 1648 zum Kap der Guten Hoffnung gesegelt, um schiffbrüchigen Seeleuten zu Hilfe zu kommen. Wegen seiner vielfältigen Erfahrungen schickte man ihn Jahre später erneut mit dem Auftrag dorthin, eine Versorgungsstation aufzubauen. Aus dieser Station entwickelte sich Kapstadt.

Wild wachsende Trauben gab es in Afrika nicht, aber van Riebeeck erkannte richtig, dass das Klima dem in den Weinregionen Europas sehr ähnlich war. Deshalb sollte man es mit dem Pflanzen von Reben versuchen: »Sie müssten hier genauso gut und mit demselben Erfolg auf den Hügeln wachsen wie in Spanien oder Frankreich.«[22] Die erste Schiffsladung mit Weinstöcken erreichte Südafrika 1655; woher sie kam, weiß heute niemand mehr. Ein Jahr später wurden weitere Rebstöcke angeliefert. Die Pflanzungen dehnten sich aus, da die holländische Regierung bald erkannte, wie gut sie mit dem Wein aus ihrer südlichsten Besitzung die holländischen Siedlungen in Asien versorgen konnte. Die Seereise von Europa zu den holländischen Kolonien in Ostindien dauerte an die zwölf Monate. Daher war es von großem Vorteil, am Kap Wein und andere Vorräte aufnehmen zu können.

Van Riebeeck kultivierte seine Reben zunächst in einer Pflanzschule, bevor er 1658 einen Weinberg mit 1200 Reben anlegte. Diese wurden von den Eingeborenen zerstört, doch die Holländer erneuerten die Pflanzung sogar mit 10 000 bis 12 000 Weinstöcken. Noch im selben Jahr kelterte man den ersten Wein, und van Riebeeck schrieb triumphierend in sein Tagebuch: »Heute wurde, gepriesen sei Gott, zum ersten Mal Wein aus Trauben vom Kap gemacht, und zwar aus dem neuen Most, frisch aus dem Bottich.«[23]

Mit der Zeit siegte der Enthusiasmus des holländischen Arztes für den Weinbau über die anfängliche Gleichgültigkeit der Bewohner am Kap. Ende des 17. Jahrhunderts zählte die Kolonie erst ein paar Hundert Holländer, die zum großen Teil aus Volksschichten stammten, die wenig Wein tranken. Obwohl die Qualität der geernteten Trauben vorzüglich war, konnte man dem Wein höchstens Mittelmäßigkeit bescheinigen. Schuld daran war wohl das geringe Engagement der Siedler.

Trotz der anfänglich enttäuschenden Ergebnisse – der Wein vom Kap »reizt die Gedärme«, schrieb jemand, der ihn gekostet hatte – wuchsen die Weinberge, die die Siedler vor allem mit Muskatellertrauben bepflanzten. Bald begannen sie, Wein an die holländischen Kolonisten in Ostindien zu verschiffen. Bereits im Jahr 1686, nur drei Jahrzehnte nachdem man mit dem Weinbau am Kap angefangen hatte, wurden die ersten Maßnahmen zur Qualitätssicherung ergriffen. Der Rat der holländischen Ostindischen Kompanie verfügte, dass keine Trauben gepresst werden sollten, bevor der Kommandant der Kolonie ihnen nicht die »nötige Reife« bescheinigt hatte. Die Winzer hatten demnach vermutlich unreife Trauben für ihren Wein verwendet, der daraufhin dünn und säuerlich geworden war.

Erlassen wurde diese Verfügung von Simon van der Stel, dem holländischen Kommandanten der Kapsiedlung, dessen Name sich in der Weinregion »Stellenbosch« verewigt findet. Van der Stel führte viele Neuerungen am Kap ein. Er bestand nicht nur darauf, die Trauben genügend lange reifen zu lassen, er verlangte auch unbedingte Sauberkeit beim Keltern. Auf seinem berühmten, 1686 gegründeten Landsitz »Constantia« experimentierte er mit allen möglichen Rebsorten.

Innerhalb weniger Jahre wuchsen dort 100 000 Rebstöcke. Das war die größte Weinpflanzung der Kolonie, und van der Stel wendete die damals modernsten Techniken an. Es scheint, als habe der Kommandant vor seiner Ankunft am Kap keinerlei Erfahrung als Winzer gehabt. Ab 1688 konnte er jedoch auf die Fachkenntnisse von 150 Hugenotten zurückgreifen. Nach der Aufhebung des Edikts von Nantes aus dem Jahr 1598, das den Protestanten begrenzte Rechte zugestanden hatte, hatten zahlreiche Hugenotten, darunter viele Winzer, zunächst Zuflucht in den Niederlanden gesucht. Die holländische Regierung ermunterte sie nun, sich in der Kapkolonie anzusiedeln.

Den Hugenotten wurde bei Stellenbosch, Paarl und Franschhoek Land zugeteilt. Sie führten neue Rebsorten ein, darunter wohl auch Chenin Blanc. Muskateller, Cabernet Sauvignon, Syrah und Pinot Noir waren schon zuvor angebaut worden. Die Hugenotten machten etwa ein Drittel der Kapbevölkerung aus. Mit diesem Zustrom erfahrener Kräfte, verbunden mit den günstigen klimatischen Bedingungen und dem sicheren Absatzmarkt auf den ostindischen Inseln, florierte fortan der Weinbau.

Der Erfolg beruhte auf der Ausbeutung der Sklaven. Das Bild, das Lady Anne Barnard vom Traubentreten zeichnete, war allzu romantisch und keinesfalls realistisch: »Was mich am meisten beeindruckte, war die antike Schönheit der drei bronzefarbenen Gestalten, die sich in der Weinkelter halb nackt, beinahe tanzend,

Abbildung 6
Die Weinernte und -produktion war körperliche Schwerstarbeit, auch wenn sie in
zeitgenössischen Darstellungen gern romantisiert wurde. »Einbringung der Weinernte«,
Johann Sadeler (Ende 16. Jh.)

in perfektem Rhythmus bewegten. Es gab vier solche Keltern, jede mit drei Sklaven besetzt.«[24] Sklaven standen in solchem Überfluss zur Verfügung, dass manche
Winzer sie in den Weinbergen einsetzten, wo sie die Insekten aufsammelten, die
sich auf den Rebstöcken niederließen.

Vom Kap kam neben preiswerten und einfachen Weinen eine der berühmtesten Sorten, die außerhalb Europas hergestellt wurde. Im späten 18. Jahrhundert bepflanzte man die Weinfelder von Constantia neu, hauptsächlich mit Muskatellerreben. So entstand der Dessertwein namens Constantia. Es gab ihn als Weiß- und als
Rotwein, aber es war der Rotwein, der in Europa und besonders in England so
außerordentlich beliebt wurde. Seine Süße erhielt er dadurch, dass man die Trauben so lange wie möglich am Rebstock ließ, jedoch ohne auf die Edelfäule Botrytis zu setzen. Die späte Lese war möglich wegen des warmen Klimas und der Tatsache, dass keine Krankheiten drohten. Deshalb mussten die Winzer ihre Trauben
nicht sofort nach der Reife pflücken, um sie vor Frost oder Mehltau in Sicherheit
zu bringen. Der Ruhm des Constantia-Weins war so groß, dass man sogar in
Beaune versuchte, die Trauben anzupflanzen, aus denen er gekeltert wurde.

Als die Briten 1795 den Holländern das Kap der Guten Hoffnung abnahmen und es 1814 ins British Empire eingliederten, stiegen die Weinexporte an. Der Krieg in Europa hatte die Briten von den französischen Gütern abgeschnitten. So kam es ihnen entgegen, dass die Winzer am Kap ihre Lieferungen vergrößern konnten, wozu auch Steuererleichterungen beitrugen. Mit einem Schlag wurden die Weinfelder am Kap die ältesten des British Empire! Großbritannien hatte seine amerikanischen Kolonien zwei Jahrzehnte zuvor verloren – für den Weinbau waren diese jedoch schon immer eine verlorene Sache gewesen. Die Kapkolonie bot den Briten nun endlich die Möglichkeit, sich beim Wein von Frankreich und Spanien unabhängig zu machen. Bald begannen sie damit, an der Verbesserung der Weinqualität zu arbeiten. Lord Horatio Nelson hielt den Wein für einen der größten Vorteile, den die Engländer durch die Kapkolonie gewannen. Den strategischen Wert der Kolonie bezweifelte er zwar, als »riesige Schenke« wusste er sie aber durchaus zu schätzen. Das Kap wurde diesem Ruf gerecht und blieb bis weit ins 19. Jahrhundert einer der wichtigsten Weinlieferanten Englands.

Während der Constantia-Wein gegen Ende des 18. Jahrhunderts seinen Siegeszug in England antrat, meldete sich eine ganz neue Weinregion zu Wort, die noch weiter von Europa entfernt lag als jede andere zuvor. Im Jahr 1788 schrieb Captain Arthur Phillip, der erste Gouverneur der britischen Kolonie Neusüdwales, die später den Namen Australien erhalten sollte, nach London: »Bei einem derart günstigen Klima sind hervorragende Weine zu erwarten, und falls sich keine anderen Handelsartikel als günstiger erweisen, dann werden die Weine aus Neusüdwales bald die ihnen gebührende Anerkennung erhalten und ein unverzichtbarer Bestandteil europäischer Tafelfreuden sein.«

Im Verlauf von zwei Jahrhunderten sollte sich die Einschätzung von Captain Phillip bewahrheiten, doch der Anfang war schwieriger, als er dachte. Rebstöcke gehörten schon zur Ladung der ersten Flotte, die 1788 Neusüdwales erreichte. Diese wurden innerhalb weniger Tage in der Gegend des heutigen Sidney gepflanzt. Der Sommer erwies sich jedoch als zu warm und zu feucht, sodass bald ein Weinberg weiter westlich angelegt wurde. Im Jahr 1790 besaß Phillip 2 000 Rebstöcke, die ihm allerdings nur eine geringe Ernte bescherten: »Das letzte Jahr brachte zwei schöne Trauben mit Weinbeeren, wohl die ersten im Lande, doch sind sie am Rebstock verfault.« Die Trauben waren, so schrieb ein Beobachter, »von bescheidener Größe, aber von festem Fleisch und gutem Geschmack«.

Die Lese von 1791 fiel etwas großzügiger aus, reichte aber für das Keltern immer noch nicht. Aus unerfindlichen Gründen wurden die 150 Kilogramm, die die Lese des Jahres 1792 einbrachte, ebenfalls nicht gepresst und vergoren. Die 400 Liter Wein, die Peter Schaffer 1795 kelterte, waren dann sicherlich die ersten, die jemals in Australien gewonnen wurden. Sie waren auf weniger als einem Zehntel Hektar Rebland erzeugt worden.

Diesen Wein beurteilte man als »einigermaßen gut« und »besser als der vom Kap«. Das nutzte trotzdem wenig, denn wie günstig der Südosten Australiens auch immer für den Weinbau war, es fehlte ein Markt und damit das Hauptargument für eine größere Weinproduktion. Die ersten australischen Siedler stammten aus den sozialen Schichten Großbritanniens, die normalerweise keinen Wein tranken. Sie waren Ale und Branntwein gewohnt, und diese Getränke stellten sie auch her. In den ersten Jahrzehnten des 19. Jahrhunderts war Rum das bevorzugte alkoholische Getränk der australischen Kolonie. Als Rum wurden damals alle möglichen Spirituosen bezeichnet, nicht nur der aus Zuckerrohr hergestellte Branntwein. Dieser »Rum« fand einen solch breiten Zuspruch, dass er sich zu einer Art Währung entwickelte. Waren und Dienstleistungen bezahlte man ebenso mit Spirituosen wie die Arbeit der Strafgefangenen. Die wenigen Siedler, die Wein bevorzugten, konnten ihren Bedarf leicht mit Kapwein decken. Für den australischen Wein gab es also lange Zeit keinen Markt, und der Weinbau kam in Australien erst gegen Ende des 19. Jahrhundert richtig voran.

Wein, Aufklärung und Revolution
Europa im 18. Jahrhundert

Das 18. Jahrhundert begann für die Weinbauregion Bordeaux sehr vielversprechend. Gerade hatte man große Neuanpflanzungen angelegt, da öffnete sich 1697 der wichtige englische Weinmarkt, der jahrzehntelang versperrt gewesen war, wieder den Qualitätsweinen aus Bordeaux. Doch die politischen Verhältnisse blieben unsicher. Schon 1703 brach zwischen England und Frankreich erneut ein Krieg aus, der den Handel zwischen den beiden Ländern für weitere sieben Jahre unterbrach. Dieses Mal allerdings umgingen die französischen Winzer die Hindernisse durch eine List: Sie ließen zu, dass die Engländer den Wein »stahlen« – und auf Umwegen bezahlten. Mit französischem Wein beladene Schiffe segelten nahe an die englische Küste heran, wo sie von englischen Kaperschiffen aufgebracht wurden. Der Wein wurde nach London gebracht und auf Auktionen versteigert. Die Kapitäne der Kaperschiffe erhielten den Löwenanteil des Erlöses, der Rest ging hauptsächlich an die englische Krone, und eine geringfügige Summe bekam der Wirt, bei dem die Auktion stattfand. Niemand konnte handfeste Beweise für den organisierten Schwindel dieser Piratereien liefern. Die teuren und begehrten französischen Weine wurden allerdings in solchen Mengen gekapert und auf den Auktionen feilgeboten, dass Absprachen zwischen den Kapitänen der Kaperschiffe und den Weinhändlern aus Bordeaux nur zu wahrscheinlich waren.[1]

Obwohl die Winzer von Bordeaux auf diese Weise wahrscheinlich nur einen Bruchteil, vielleicht ein Viertel, von dem erzielen konnten, was ihr Wein unter normalen Umständen einbrachte, lässt sich kaum anders erklären, warum man so häufig mit bestem Wein beladene Schiffe auf die gefährlichen englischen Küstengewässer zusteuern sah. So kamen im Mai 1705 in London 200 Barrel Haut-Brion und anderer Pontac-Wein unter den Hammer. Im Juni wurden 230 Barrel Haut-Brion und Margaux versteigert, wenig später weitere 288 Barrel Haut-Brion, Pontac und Margaux. Diese Spitzenweine erzielten ungefähr 60 Pfund pro Barrel. Die drei Verkäufe des Jahres 1705 allein ergaben einen Erlös von 40 000 Pfund, und selbst wenn die Kapitäne davon bloß die Hälfte einkassierten und davon wiederum nur die Hälfte an die französischen Kaufleute weitergaben, ergibt das immer noch eine stattliche Summe. Mit Sicherheit war das einträglicher, als die Spitzenweine zu Niedrigpreisen auf dem regionalen Markt anzubieten, wozu die Winzer bei früheren Ausfuhrverboten nach England gezwungen gewesen waren.

Der auf den Auktionen in London versteigerte Wein gelangte über Zwischenhändler in die Weinkeller der Konsumenten. Zu diesen gehörte John Hervey, Graf von Bristol. In seinen Wirtschaftsbüchern finden sich für die Zeit des Embargos zwischen 1703 und 1710 Eintragungen wie: 27 Pfund 10 Shilling »für ein Fass Claret Margoose [Margaux]« im Dezember 1703, 16 Pfund 10 Shilling »für 3 Kisten Wein aus Avignon« [vielleicht Châteauneuf-du-Pape] im Juni 1704, 80 Pfund »für 3 Fässer Wein, 2 mit Obrian [Haut-Brion] und 1 mit weißem Langoon [Langon]« im Juli 1705 und 56 Pfund »für 2 Fässer Obrian-Wein« im Mai 1707.[2] Es kann demnach keine Rede davon sein, dass die Weinfreunde durch den Krieg ihrer Lieblingsgewächse beraubt wurden.

Als sich 1709 der Friedensschluss abzeichnete, entschloss sich die Stadtverwaltung von Bordeaux, den holländischen Kaufleuten, die im 17. Jahrhundert den Weinhandel beherrscht hatten, die Exportlizenzen zu entziehen. Obwohl die Weinlese von 1708 sehr mager ausgefallen war, schien der Handel mit Bordeauxweinen aufzublühen. Doch der folgende Winter brachte mit verheerenden Frostperioden in vielen Teilen Frankreichs einen herben Rückschlag. Im Januar 1709 kam es zu heftigen Schneefällen, und die Temperaturen sanken weit unter das Normalmaß. Sie erreichten −16°C in Montpellier und −18°C in Marseille. In Paris stiegen die Temperaturen zehn Tage lang nicht über −20°C. In ganz Frankreich froren die Flüsse zu. Dann stiegen die Temperaturen wieder an, und die plötzliche Schneeschmelze führte zu Überflutungen, die erst zum Stillstand kamen, als das Thermometer wieder fiel, in Paris bis zur Marke von −23°C.

Die ungewöhnliche Kälte und die raschen Temperaturwechsel zerstörten den Weinjahrgang 1709 und vernichteten viele Rebpflanzungen in ganz Frankreich. Ein Teil des Jahrgangs 1708, der in den Kellereien lagerte, ging ebenfalls verloren. Die Fässer platzten, rotes und hellgelbes Eis quoll zwischen den Dauben hervor.

Doch was für den Augenblick eine Katastrophe war, sollte auf lange Sicht positive Auswirkungen haben. In den Jahren 1708 bis 1710 wurde in ganz Europa nur wenig Wein produziert. Das Kloster St. Denis bei Paris, das 1706 und 1707 noch 35 000 Liter Wein gekeltert hatte, erzeugte 1708 nur 7 500 Liter, 1709 klägliche 3 750 Liter und 1710 nur 8 300 Liter. Die Preise für Wein und andere landwirtschaftliche Erzeugnisse, die ebenfalls unter dem Kälteeinbruch gelitten hatten, schossen in die Höhe. Viele kleine Winzer, die keinen Wein zum Verkauf bieten konnten und daher selbst kein Geld für Getreide und andere lebensnotwendige Dinge hatten, standen vor dem Ruin.

Es schien sich zu wiederholen, was sich einst in Pompeji nach dem Ausbruch des Vesuvs im Jahr 79 v. Chr. zugetragen hatte. Damals hatten die römischen Bauern in Windeseile neue Weinpflanzungen angelegt, um von der Warenverknappung und den daraus resultierenden hohen Preisen zu profitieren. Seit 1710 kauften Investoren das Land rund um Bordeaux auf und pflanzten wie besessen Reben an. Schon um 1720 waren alle vernichteten Rebstöcke durch neue ersetzt, trotzdem bepflanzte man immer neue Flächen mit Reben, auf denen zuvor andere landwirtschaftliche Produkte gewachsen waren. Claude Boucher, der vom König bestallte Intendant von Bordeaux, stellte 1724 mehr beunruhigt als begeistert fest: »Im Umkreis von zehn Meilen um Bordeaux sieht man nichts als Weinstöcke. Die ganze Provinz ist von dieser Manie erfasst.«

Im Römischen Reich hatte seinerzeit Kaiser Domitian per Erlass weitere Pflanzungen verboten und die Rodung zahlreicher Weinberge in anderen Teilen des Imperiums angeordnet. Die »Pflanzwut« von Bordeaux führte nun zu vergleichbaren Dekreten. Im Jahr 1722 verfügte das *parlement* von Metz, zu dessen Zuständigkeitsbereich das Rebland an der Mosel gehörte, dass sämtliche Rebstöcke ausgerissen werden sollten, die seit dem Jahr 1700 auf Flächen gepflanzt worden waren, welche zuvor keinen Wein getragen hatten. Das *parlement* des burgundischen Dijon fasste ähnliche Maßnahmen ins Auge, entschied aber 1725, die Initiative dem König zu überlassen. Im nahe gelegenen Besançon befahl man die Rodung neu angelegter Pflanzungen. In Bordeaux wurden 1724 Neupflanzungen verboten, und alle seit 1709 gepflanzten Rebstöcke wurden zerstört, außer in den traditionellen Anbaugebieten und in den besten neuen Lagen im Médoc.

1731 erließ der König ein Dekret, dass in ganz Frankreich keine Reben mehr gepflanzt werden dürften, es sei denn mit seiner ausdrücklichen Genehmigung. Die Begründung für diese Maßnahme lautete, das Getreide könne knapp werden, wenn zu viel fruchtbares Land für den Weinanbau reserviert sei. Zudem befürchtete man, eine Überproduktion an Wein könne die Preise verderben und die wachsende Zahl von Bauernfamilien, deren Lebensunterhalt vom Wein abhing, in Armut stürzen. Diese Sorge war nicht unbegründet. Im Jahr 1724 produzierte man auf den Weinfeldern rund um Paris mehr als 8,5 Millionen Liter Wein, das Doppelte der Durchschnittsmenge der zehn vorangegangenen Jahre.[3]

Es ist nicht ganz klar, ob diese Erlasse tatsächlich die Sorge um eine ausreichende Getreideproduktion widerspiegeln oder nicht vielleicht eher darauf abzielten, die Konkurrenz unter den etablierten Winzern einzudämmen. Zweifellos war die französische Regierung immer wieder wegen der Getreideversorgung beunruhigt, allerdings weniger aus Furcht um das Wohlergehen der Bevölkerung als wegen der Unruhen, die bei Hungersnöten auszubrechen drohten. Die wichtigste Vorkehrung zum Erhalt des sozialen Friedens war, für Brot in ausreichender Menge und zu erschwinglichem Preis zu sorgen.

Der königliche Erlass schützte die alteingesessenen Winzer vor der Konkurrenz durch Neulinge. Bemerkenswert ist allerdings, dass der Intendant von Bordeaux für neues Rebland in besonders guten Lagen eine Ausnahme machte. Diese im Interesse der Qualität sicher vernünftige Entscheidung rief heftige Proteste bei all jenen hervor, die sich dadurch in ihren Möglichkeiten, vom Weinboom zu profitieren, beschnitten sahen. Zu ihnen gehörte der Philosoph Montesquieu, der Rebland in den Gebieten Graves und Entre-deux-Mers besaß und im Jahr 1725 nahe dem berühmten Weingut Haut-Brion Land gekauft hatte. Montesquieu erklärte, der Erlass des Königs sei unvernünftig und zugleich eine Beleidigung: unvernünftig, weil er die Franzosen daran hindere, die stark gestiegene Nachfrage nach Wein auszunutzen, und eine Beleidigung, weil er ihnen das Recht abstreite, ihren Wohlstand und ihren Besitz nach eigenem Gutdünken zu nutzen.[4]

Letztlich waren solche Proteste nur Plänkeleien, denn nicht anders als einstmals in Rom wurde auch in Frankreich der Erlass, Weinpflanzungen zu roden, weitgehend missachtet. Man pflanzte munter weiter, wenn auch vielleicht in etwas verlangsamtem Tempo, und wenn jemand unbedingt eine Erlaubnis sehen wollte, dann fand sich auch ein königlicher Beamter, der sie ausstellte. 1756 ergab eine Untersuchung, dass trotz der Ausdehnung des Weinbaus keine Getreideknappheit herrschte, und drei Jahre später hob die Regierung den Erlass von 1731 auf.

Der Anreiz zur Anlage neuer Rebpflanzungen war groß. Wein war ein gewinnbringendes Handelsgut, nicht nur für reiche Investoren, die sich auf teure Weine spezialisierten, sondern auch für Bauern, die einfache Weine für den Massenmarkt herstellten. Trotz aller Risiken, die die Unwägbarkeiten des Wetters, Pflanzenkrankheiten und Marktschwankungen mit sich brachten, erschien der Weinbau vielen Bauern sehr verlockend. Von einem Morgen Wein konnte eine ganze Familie leben, während sie zwanzig oder dreißig Morgen benötigte, wenn sie sich vom Getreideanbau ernähren wollte. Viele Familien versuchten es sogar auf noch kleinerer Fläche. In der Gegend von La Rochelle bestellten die meisten Bauern, die sich als Winzer betätigten, weniger als einen halben Morgen Land.

Längerfristig gesehen erwies sich der katastrophale Winter des Jahres 1709 als Wendepunkt für den französischen Weinbau. Die Neuanpflanzungen gaben den Besitzern Gelegenheit, andere Rebsorten auszuprobieren und sich Gedanken darüber zu machen, in welchen Lagen sie am besten gediehen. Bis dahin war der Anbau ohne jedes System erfolgt, ganz anders als heute, wo ein begrenztes Spektrum an Rebsorten wohlüberlegt und mit Unterstützung durch kontrollierte Herkunftsbezeichnungen über die Weinregionen Frankreichs verteilt ist. Sensibilisiert durch die Katastrophe verwendete man nun auch mehr Mühe auf die Pflege der Rebstöcke.

In der Region Bordeaux vergrößerte sich die mit Rebstöcken bebaute Fläche im 18. Jahrhundert stetig, wofür vor allem adlige Gutsbesitzer verantwortlich waren. Dabei handelte es sich keineswegs um rückwärts gewandte Nichtstuer, wie oft kolportiert wird. Diese Adligen spielten vielmehr eine Vorreiterrolle bei der Ausdehnung des Weinbaus und bei der Verbreitung neuer Techniken, mit denen sich die Weine nach dem Geschmack der Kundschaft besonders auf den wichtigen Märkten in England und in den Niederlanden optimieren ließen.

Die kleine, wohlhabende Elite der Adligen zum Bordeaux (von denen viele erst im vorangegangenen Jahrhundert in den Adelsstand erhoben worden waren) erwarb in kurzer Zeit die besten Lagen im Médoc. Den Erfolg der Familie Pontac mit ihrem Weingut Haut-Brion haben wir bereits angesprochen. Weitere Adlige folgten ihnen mit ähnlich berühmten Marken. Viele Weingüter in adligem Besitz, die schon länger eine wichtige Rolle gespielt hatten, vergrößerten sich im 18. Jahrhundert. 1744 schrieb der Unterbevollmächtigte von Bordeaux, dass über die Hälfte des Landes in seinem Zuständigkeitsbereich mit Rebstöcken bepflanzt sei und sich zu 90 Prozent im Besitz von Adligen und wohlhabenden Bürgern befinde.[5] Dieser Anteil erhöhte sich im Laufe des Jahrhunderts, da die reichen Grundbesitzer Mittel und Wege fanden, die kleinen Winzer zum Verkauf zu zwingen. Die Bauern, ob sie nun eigenes Land besaßen oder es als Pächter bestellten, waren ohnehin benachteiligt, da nur die Bürger der Stadt den Wein unbesteuert nach Bordeaux bringen durften. Die Adligen, die sämtlich auch eine Stadtresidenz besaßen, konnten so den Steuern entgehen, während die Bauern diese zahlen und daher häufig für die gleiche Weinqualität einen höheren Preis verlangen mussten.

Wein war die wichtigste landwirtschaftliche Einnahmequelle vieler Adliger aus der Gegend von Bordeaux. Im Jahr 1755 erwirtschafteten 68 Magistratsangehörige aus dem Adelsstand beinahe drei Viertel (73 Prozent) ihrer landwirtschaftlichen Erträge durch ihre Rebpflanzungen. Selbst mit einer kleinen Anbaufläche ließ sich gutes Geld verdienen, wenn die Qualität des Weins einen hohen Preis garantierte. Der Ratsherr Castelnau besaß beispielsweise nur 20 Morgen Weinland, das ihm 25 Fässer Wein einbrachte. Doch da er 1755 jedes dieser Fässer für 900 Livres verkaufen konnte, sicherte ihm das die stolze Summe von 22 500 Livres. Das war doppelt so viel, wie man jährlich für einen komfortablen Lebensstil mit Sommer- und Winterresidenz, vier bis sechs Dienern, Kutsche, guter Kleidung, Nahrung, Wein, Unterhaltung und Reisen aufbringen musste.[6] Andere verdienten noch mehr. Der Comte de Ségur, dem die Güter Lafite und Latour gehörten, bezog ein jährliches Einkommen zwischen 100 000 und 180 000 Livres, von dem er nur einen Teil versteuerte.

Natürlich verursachte der Unterhalt der Weinberge auch Kosten. Die meisten adligen Gutsbesitzer beschäftigten Tagelöhner oder zahlten Familien einen Jahreslohn dafür, dass sie sich um ihren Wein kümmerten. Die Arbeiter waren jedoch sehr schlecht bezahlt. Zwischen 1750 und 1772 stagnierten ihre Löhne sogar, obwohl die Lebenshaltungskosten zur gleichen Zeit kontinuierlich anstiegen.

Im Nordosten Frankreichs erholten sich im 18. Jahrhundert die Weinfelder des Elsass von den Folgen des Dreißigjährigen Krieges.[7] Das Land wurde nun viel sorgfältiger bestellt, und die Eichenwälder, wichtige Rohstofflieferanten für den Bau von Fässern und Weinpressen, standen unter strenger Aufsicht. Mit dem Anstieg der Bevölkerung und der Ausdehnung der heimischen und weiter entfernten Absatzmärkte dehnte sich der Weinbau aus. Rund um Ammerschwihr stieg die Rebfläche von 321 Hektar im Jahr 1721 auf 465 im Jahr 1762. Insgesamt verdoppelte oder verdreifachte sie sich im Elsass im Lauf des Jahrhunderts. Der königliche Erlass gegen Neuanpflanzungen von 1731 wurde hier genauso wenig beachtet wie anderswo. Eine bevorzugte Rebsorte gab es damals nicht. Das Gut Weinbach bei Kientzheim, das den Kapuzinern gehörte, besaß 1750 17 000 Weinstöcke, davon 7 700 der Sorte Ränschling, 3 000 Rottraminer, 3 000 Muskateller, 2 000 Pinot Noir, 700 Riesling sowie 500 Tokaj und Chasselas. Gegen Ende des 17. Jahrhunderts bemühten sich manche Kommunen, edle Rebsorten besonders zu fördern, doch stießen sie damit bei einem Teil der Winzer auf Widerstand. Auch an anderen Orten pflanzte man die unterschiedlichsten Sorten durcheinander an. Von einem Weinberg nahe Besançon wird berichtet, er habe Muskateller-, Plousard-, Bregin- und Gamay-Reben getragen.[8]

In allen Teilen Europas kam es im Verlauf des 18. Jahrhunderts zu Neuanpflanzungen. In seinem Tagebuch notierte ein Bürger, der in der Nähe von Cahors lebte, im März 1787: »Wir bepflanzten zur Hälfte das Stück Land bei Arnisac … das seit zwanzig Jahren, seit den harten Wintern der Jahre 1765 und 1767, die alle Reben zerstörten, brach liegt.«[9]

Viele der wohlhabenderen Weingutsbesitzer bemühten sich, die Qualität ihrer Weine zu verbessern, doch hingen Ertrag und Güte der Lese nach wie vor in erster Linie vom Wetter ab. Bis auf wenige Ausnahmen waren die Jahre zwischen 1710 und 1766 gute Weinjahre. 1754 vernichteten allerdings ein besonders strenger Winter, das Ungeziefer und eine sommerliche Dürre die meisten Reben um La Rochelle. 1765 fiel in der gleichen Region die Hälfte des Weins dem Ungeziefer und dem schlechten Wetter zum Opfer.

In den zwölf Jahren von 1767 bis 1778 folgte mit Frost im Frühjahr sowie Hagel und Regen im Sommer eine Katastrophe auf die andere. Von den zwölf Weinlesen fielen drei kümmerlich, acht armselig aus. Viermal ging in dieser Zeit der Ertrag der Weinfelder um Paris auf weniger als die Hälfte des Durchschnitts der fünfziger Jahre des 18. Jahrhunderts zurück. Im Oktober 1771 notierte ein Weinbergsbesitzer: »Die Reben geben beinahe gar nichts, erst kam der furchtbare Winter, dem heftige Regenfälle folgten, die den vielversprechenden Wein schädigten, dem dann die Dürre im Juli den Rest gab.«[10] Die Winzer ernteten Trauben, die entweder erfroren oder so unreif waren, dass sie sich kaum pressen ließen. Manche versuchten in ihrer Not, dem dünnen Wein, der sich daraus ergab, dadurch aufzuhelfen, dass sie ihn mit dem Trester des Folgejahres mischten und eine Woche stehen ließen.[11]

Der Preis des Weins, der aufgrund der Verknappung ständig anstieg, ließ die Lebenshaltungskosten in die Höhe schnellen. In Argenteuil bezahlte man für Wein, der 1767/68 noch 66 Livres gekostet hatte, 1778 schon 93 Livres.[12] In den achtziger Jahren, kurz vor Ausbruch der Französischen Revolution, besserte sich die Lage, und 1785 konnte man sogar eine Rekordernte verzeichnen. Doch die Qualität war mager. Das plötzliche Überangebot führte zu einem Preisverfall, sodass in Argenteuil nur noch 15 Livres für das Fass Wein gezahlt wurden, weniger, als ein neues, leeres Fass kostete. Die Instabilität des Marktes trieb viele kleine Winzer in den Ruin. Waren die Preise hoch, weil die Weinlese schlecht ausgefallen war, hatten sie kaum Wein zu verkaufen. Gab es viel Wein, war dieser aufgrund des Überangebots fast unverkäuflich. Es ist nicht verwunderlich, dass viele Weinbauern die Revolution unterstützten, von der sie sich eine Verbesserung ihrer Lebensumstände erhofften.

Im 18. Jahrhundert bildete sich mit der Ausdehnung des Handels und dem Aufkommen neuer Berufszweige eine gut situierte Mittelschicht heraus, die sich einen vergleichsweise luxuriösen Lebensstil leisten konnte. Sie gab bereitwillig beträchtliche Summen für Essen und Trinken aus, wobei sich ihre Ernährungsgewohnheiten zunehmend von denen der weniger wohlhabenden Massen unterschieden. Der Verbrauch von Kaffeebohnen stieg von knapp 900 Tonnen auf 55 000 Tonnen im Jahr, der Verbrauch von Kakao erhöhte sich von 900 auf knapp 6 000 Tonnen und der von Tee von ungefähr 500 auf 18 000 Tonnen.[13] Die Einfuhr dieser Luxuswaren nahm bedeutend schneller zu als die Bevölkerungszahl. Trotzdem ergeben die 6 000 Tonnen Kakao, die in Europa gegen Ende des Jahrhunderts verbraucht wurden, nur einen jährlichen Pro-Kopf-Verbrauch von 100 Gramm. Es handelte sich also keineswegs um Massenprodukte, denn nur eine kleine Minderheit kam in den Genuss von Kaffee, Tee und Kakao.

Die neuen Getränke waren Teil einer tiefgreifenden Veränderung in den Gewohnheiten und im Geschmack der betuchteren Europäer. Der von den westindischen Inseln importierte Zucker gehörte ebenfalls zu den modernen Genussmitteln. Bald begann man damit, Tee, Kaffee und Kakao zu süßen, was in den Kulturen, aus denen diese stammten, unbekannt war.[14] Über den veränderten Lebensstil in den ersten Jahrzehnten des 17. Jahrhunderts hieß es: »Die feinen Herren zechen nur mit Wein, in den viele auch Zucker tun – was ich noch nirgendwo und in keinem anderen Königreich gesehen habe. Und da die Engländer Süßes über alles schätzen, werden die Weine in den Schenken (ich spreche nicht von den Weinkellern der Händler und Bürger) normalerweise mit Zucker versetzt, um sie wohlschmeckend zu machen.«[15]

Generell bevorzugte man nun in Europa stärkere Alkoholika wie Branntwein und süßere Getränke wie die mit Hopfen hergestellten Stout- und Porter-Biere, die an der Wende vom 17. zum 18. Jahrhundert auf den Markt kamen. Der Wein passte sich dem neuen Geschmack der Zeit an. Wer Branntwein, Porter, Kakao und gesüßten Tee trank, dem wird ein Glas leichter Claret vergleichsweise dünn und schal vorgekommen sein. Manche stellten den Tee sogar über den Wein: »Dieser köstliche Nektar hat alle guten Eigenschaften des Weins ohne dessen Nachteile; ein Getränk, das erwärmt und belebt, ohne zu berauschen.«[16] Da lag es in der Natur der Dinge, dass man alkoholreicheren und süßeren Weinen den Vorzug gab.

Die wohlhabende Minderheit, die sich Genussmittel aus dem Ausland leisten konnte, kaufte auch gerne teure Weine und Spirituosen. Immer mehr Qualitätsprodukte kamen auf den Markt, die dieser Nachfrage entsprachen. Winzer und Branntweinhersteller, die nicht für diesen Bereich produzierten, konzentrierten sich auf billige Massenware. Die Konsumgewohnheiten der Reichen und der Armen drifteten immer weiter auseinander.

Obwohl die französischen Winzer ihre Produktion im 18. Jahrhundert erheblich ausweiteten, gewannen sie ihre alte Vormachtstellung auf dem englischen Markt nicht wieder zurück. Die kräftigen, körperreichen französischen Rotweine erfreuten sich zwar in London und anderen Städten weiterhin einiger Beliebtheit, zum Hauptlieferanten war jedoch inzwischen Portugal aufgerückt. Die portugiesischen Winzer hatten im späten 17. Jahrhundert, als England mehrfach die Einfuhr französischer Weine verbot, erfolgreich einen Fuß in die Tür des englischen Marktes gesetzt, und seit 1703 stand ihnen diese Tür aufgrund eines Handelsabkommens weit offen.

Der nach dem britischen Gesandten benannte Methuen-Vertrag bestimmte, dass der Zoll auf portugiesischen Wein nicht mehr als zwei Drittel des Zolls auf französischen Wein betragen durfte. Im Gegenzug erhielt die englische Textilindustrie Vorzugskonditionen auf dem portugiesischen Markt. Der Unterschied zwischen den Zöllen, die auf portugiesische und französische Weine zu entrichten waren, war mal größer, mal kleiner, stellte aber immer ein großes Hemmnis für die französischen Exporte dar. 1713 betrug der Zoll auf Weine aus Portugal sieben Pfund pro Fass, während für Weine aus Frankreich zwanzig Pfund zu zahlen waren. Das Verhältnis verschob sich von ungefähr eins zu drei auf annähernd eins zu zwei in den siebziger Jahren des 18. Jahrhunderts (für portugiesischen Wein zahlte man 30 bis 60 Pfund pro *tun*, für französischen 60 bis 90 Pfund), was aber nicht verhinderte, dass viele französische Weine auf dem englischen Markt trotz allem kaum bestehen konnten.

Zu den positiven Folgen des Methuen-Vertrags gehörten die rasche Entwicklung der portugiesischen Weinwirtschaft und der zunehmende Import portugiesischer Weine in England. Von 1717 bis 1777 verschifften die Portugiesen jährlich zwischen zehn- und zwölftausend Fässer nach England. Die zweitgrößte Quelle englischer Weinimporte, Spanien, lieferte nur ein Viertel dieser Menge, wogegen aus Frankreich im Schnitt nur noch 634 Fässer oder vier Prozent der englischen Weinimporte kamen. Bei diesen vier Prozent handelte es sich ausschließlich um Spitzenweine. Die Mehrheit der französischen Winzer musste sich also für ihre Standardweine sowie für die einfacheren Sorten nach anderen Absatzmöglichkeiten umsehen. Der größte Teil davon gelangte mit Erfolg auf den heimischen Markt. Denn im Laufe des 18. Jahrhunderts stieg Frankreichs Bevölkerung, und damit auch die Zahl der Weinkonsumenten, um ein Drittel an.[17]

Nicht alle damaligen portugiesischen Weine waren so süß wie die, die wir heute als Portwein trinken. Zu jener Zeit gab es ganz verschiedene Portweine, die von trocken bis lieblich rangierten. Die Tendenz ging aber eindeutig zu kräftigeren Sorten. Zu Beginn des 18. Jahrhunderts mischten die portugiesischen Winzer 10 bis 15 Liter Branntwein in jedes 450-Liter-Fass (also ungefähr 3 Prozent). Allmählich stieg der Anteil auf 10, dann auf 17 Prozent und pendelte sich um 1820 bei 22 Prozent ein.

Die englische Nachfrage nach Portwein wuchs so rasant, dass die Händler vom Douro schon in den dreißiger Jahren des 18. Jahrhunderts mit Lieferschwierigkeiten zu kämpfen hatten. Sie griffen daher auf einfachere Weine zurück, die jedoch nicht die Qualität aufwiesen, die die Engländer am Portwein schätzten. Um ihnen trotzdem etwas verkaufen zu können, begann man, die Weine zu verschneiden: Man mischte dunkle Weine mit hellen und starke mit schwachen, setzte Zucker und Alkohol zu, gab dem Wein mit Holundersaft eine dunklere Farbe und verwendete Gewürze wie Pfeffer, Ingwer und Zimt.

Das Gebräu, das sich daraus ergab, kam bald in den Ruf, gesundheitsschädlich zu sein, weshalb der Absatz von Portweinen schlagartig zurückging. Im Jahr 1728 hatte England 116 000 Hektoliter Portwein importiert, 1744 waren es nur noch 87 000 Hektoliter, 1756 schließlich magere 54 900 Hektoliter. Gleichzeitig brachen die Preise für Portwein auf dem Londoner Markt ein: Eine Pipe Wein, die um 1740 noch 16 Pfund eingebracht hatte, erzielte 1756 nur ein Sechstel des früheren Preises, also 2 Pfund 10 Shilling.[18]

Die portugiesische Regierung, die eine Katastrophe für Handel und Wirtschaft heraufziehen sah, griff schnell zu Gegenmaßnahmen. Man bestimmte eine Kommission, die den Weinbau am Oberlauf des Douro überwachen und regulieren sollte, und zog exakte Gebietsgrenzen für den Douro-Wein. So entstand die erste kontrollierte Ursprungsbezeichnung. Die Regierung setzte außerdem Kontrollorgane zur Überwachung sämtlicher Stufen der Weinherstellung ein, vom Pflanzen der Rebstöcke über das Verschiffen bis zum Verkauf des Endprodukts. Der Panscherei versuchte man zuvorzukommen, indem man die Rodung sämtlicher Holunderbüsche der Gegend anordnete.

Es war dennoch unmöglich, alle zweifelhaften Praktiken zu unterbinden. Wer seinem Wein eine kräftigere Farbe geben wollte, fand Mittel und Wege, sich getrocknete Holunderbeeren zu verschaffen. Und doch ließ das entschiedene Vorgehen der Kommission bald ein neues Vertrauen in den Portwein entstehen. In den siebziger Jahren kletterten die Exporte nach England wieder auf 160 000 bis 180 000 Hektoliter pro Jahr, 1799 sogar auf sensationelle 440 000 Hektoliter. Die Bevölkerung Englands lag zu dieser Zeit bei neun Millionen Menschen, sodass im Schnitt pro Kopf knapp fünf Liter Portwein zur Verfügung standen. Natürlich tranken die Kinder keinen Wein, und auch von den Männern griff nur eine Minderheit zum Portwein. Diese aber begnügten sich nicht mit fünf Litern pro Jahr; viele tranken mehr als fünf Liter pro Woche. Berüchtigt war im 18. Jahrhundert der so genannte »Drei-Flaschen-Mann«: Wem dieser Ehrentitel zukam, der war in der Lage, drei Flaschen Portwein hintereinander zu trinken.

Bei näherem Hinsehen ist diese Leistung nicht mehr ganz so beeindruckend. Der Portwein des 18. Jahrhunderts hatte einen geringeren Alkoholgehalt als der heutige, der Flascheninhalt betrug weniger als 0,75 Liter, und die Flaschen enthielten ungenießbare Ablagerungen. Trotzdem galt es als beachtliche Leistung, drei solcher Flaschen zu leeren. Der Dramatiker Sheridan und der Premierminister William Pitt der Jüngere standen sogar in dem Ruf, »Sechs-Flaschen-Männer« zu sein, was aber noch gar nichts war im Vergleich zu dem Altphilologen Dr. John Porter. Diesem sagte man nach, er trinke 13 Flaschen täglich. In der zweiten Hälfte des 18. Jahrhunderts verbreitete sich unter den englischen Männern der besseren Gesellschaft eine Trinkkultur, in der viel galt, wer viel vertrug. Der Ausdruck »betrunken wie ein Lord« wurde damals durchaus wörtlich genommen. Das *Gentleman's Magazine* listete 1770 neunundneunzig Redewendungen für einen betrunkenen Mann auf, darunter so elegante Formulierungen wie »Nippen am Geiste von Adonis« und so derbe wie »splitternackt ausziehen«.[19]

Portwein war nicht das einzige alkoholische Getränk, dem die besseren Herren zusprachen, und nicht immer war es ihr Ziel, sich zu betrinken. Die Zurückhaltung allerdings, die Cyril Jackson, der Dekan der Christ Church von Oxford, an den Tag legte, war sicher auch nicht selbstverständlich. Jackson bezahlte 1799 eine Weinrechnung von 73 Pfund, 6 Shilling und 6 Pence und schrieb bei dieser Gelegenheit an seinen Weinhändler: »Erlauben Sie mir ... Ihnen für den französischen Branntwein zu danken, der mich unversehrt erreicht hat. Sie sind allzu großzügig – denn ich habe große Zweifel, dass Sie für sich selbst jemals werden ersetzen können, was Sie so freigebig an Ihre Freunde liefern. Ich gestehe Ihnen, dass der Branntwein so über die Maßen gut ist, dass ich ihn für den Krankheitsfall aufbewahren werde.«[20]

Während sich Port auf dem englischen Weinmarkt zur Standardsorte entwickelte, machten sich außer bestimmten Branntweinen auch einige französische Weine einen Namen. In Bordeaux und Burgund erlangten besondere Gegenden und innerhalb dieser wiederum besondere Weingüter und Weinlagen Berühmtheit. Wohlhabende Winzer profitierten von den neuen Erkenntnissen der Forschungen, die im Gefolge der Aufklärung auch über Wein betrieben wurden. Wissenschaftler aller Sparten – Agronomen, Botaniker und Chemiker – wandten sich den verschiedensten Aspekten des Anbaus und der Herstellung von Wein zu, um die überlieferten Praktiken zu verbessern. Die Universität von Bordeaux förderte Arbeiten über den Weinbau und das Keltern. 1756 schrieb sie folgendes Thema aus: »Welches ist die beste Art der Herstellung, der Klärung und Konservierung von Wein? Kann er ohne Verwendung von Eiern genauso gut oder besser geklärt werden als mit Eiern?«[21] Zur selben Zeit wandte man sich an der Universität von Dijon der Qualität der Burgunderweine zu. 1777 wurde vorgeschlagen, die Förderungsmöglichkeiten des Handels mit Qualitätsweinen in Form einer Preisfrage zu diskutieren.[22]

Wer immer es sich leisten konnte, suchte auf allen Ebenen nach Verbesserungen, vom Pflanzen der Rebstöcke bis zur Haltbarmachung des fertigen Weins. Man wählte die Rebsorten sorgfältiger aus und verwendete ältere Rebstöcke, um Trauben mit vollerem Geschmack zu erhalten. Bei der Weinlese erntete man nur noch die reifen Trauben, und besondere Sorgfalt galt nun der Vergärung sowie der Reifung im Fass und in der Flasche. Zwar konnten sich nur die wohlhabenden Winzer den Luxus leisten, die unreifen Trauben einfach wegzuwerfen, doch ist es sicherlich keine Übertreibung, zu sagen, dass die Weingutsbesitzer in der ersten Hälfte des 18. Jahrhunderts mehr für die Qualität des Bordeauxweins taten als in den sechs Jahrhunderten zuvor.[23] Um 1850 waren die Namen der großen Bordeauxweine schon weithin bekannt, darunter so berühmte wie Haut-Brion, Lafite, Latour und Margaux. Ein großer Teil der Spitzenweine ging nach England. Bei diesen wirkte sich der Zollaufschlag des Methuen-Vertrags nicht so stark auf den Preis aus wie bei den einfachen Sorten. Und ihre Qualität wurde im Vergleich zu den portugiesischen und spanischen Weinen nach wie vor von den Engländern sehr geschätzt.

Auch in Burgund bemühte man sich sehr um die Spitzenweine, die unter den Herkunftsbezeichnungen Romanée und Montrachet Höchstpreise erzielten, was stets die Wertschätzung, wenn auch nicht immer die Qualität widerspiegelte. Die Weine aus Burgund standen indes nicht im gleichen Ruf wie die aus Bordeaux. Während die besten Bordeauxweine auf dem teuren Londoner Markt verkauft wurden, schafften es die besten Burgunderweine ebenso wie die Spitzenprodukte aus der Champagne und dem Anjou nur bis nach Paris. Erst im 18. Jahrhundert sollte sich auch in der größten Stadt Frankreichs eine Bürgerschicht entwickeln, die begütert genug war, um von den Weinen aus Burgund und anderen Regionen die Qualität zu verlangen, die sich auf dem Londoner Markt für die Bordeauxweine durchgesetzt hatte.

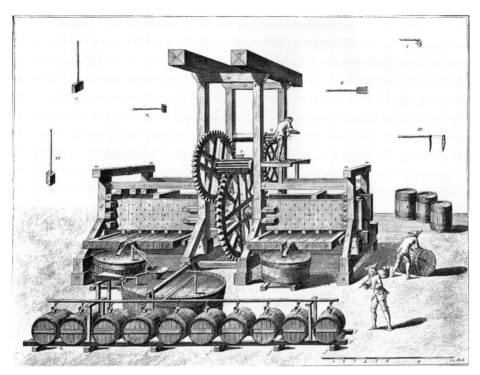

Abbildung 7

Im 18. Jahrhundert wurde die Qualität zum Maßstab der Nachfrage nach Wein. Dadurch wurde auch die wissenschaftliche Beschäftigung mit Methoden des Anbaus, der Herstellung und der Haltbarkeit intensiver. Der Stich aus der Enzyklopädie von Diderot und d'Alembert zeigt den Entwurf einer Weinkelter.

Die Tatsache, dass für gute Burgunderweine in Paris verhältnismäßig weniger gezahlt wurde als für gute Bordeauxweine in London, zeigt, wie verschieden die beiden Märkte waren. In Paris erzielten Weine mit der Herkunftsangabe Clos Vougeot, Chambertin, Beaune und Nuits nur 50 Prozent mehr als gewöhnliche Sorten, solche aus Romanée und Montrachet lagen um ein Drittel höher.[24] Das war eine sehr viel engere Preisspanne als die, von der die Bordeauxweine auf dem englischen Markt profitieren konnten.

Auch auf dem Branntweinsektor wurde im 18. Jahrhundert immer mehr die Qualität zum Maßstab der Nachfrage. Die Region Charente entwickelte sich zu einer Branntweingegend, in der man den gesamten Weißwein veredelte. Anfangs exportierte man jährlich noch weniger als 7000 Barriques (ein Fass von ungefähr 200 Litern) Branntwein, 1728 waren es schon 27000, 1780 50000 und im Jahr 1791 87000. An dieser Spirituose, die zunächst nur von Seemännern, Soldaten und ärmeren Leuten konsumiert wurde und die man ursprünglich aus den schlechtesten und billigsten Weinsorten herstellte, fand bald auch die Oberschicht Geschmack. So kam es zu einem breiten Angebot. In den zwanziger Jahren kostete der Branntwein aus der Gegend von Cognac in der Charente neuneinhalb Livres pro Barrique, zwei Livres mehr als der aus Nantes oder Bordeaux.[25] Weißweine aus Cognac ergaben einen besseren Branntwein mit einem besonderen Aroma, der durch fünf- bis zehnjährige Fasslagerung und anschließenden Verschnitt mit jüngeren Sorten weiter veredelt wurde.

Nur wenige Winzer besaßen die finanziellen Ressourcen, um Spitzenweine zu produzieren. Die meisten konzentrierten sich auf den Massenmarkt, wo ein niedriger Preis entscheidender war als die Qualität. Genießer wie Samuel Pepys mögen sich wortreich über ihren Haut-Brion ausgelassen haben, aber es ist sehr unwahrscheinlich, dass auch die französischen Arbeiter derartige Kommentare über die billigen Rotweine abgaben, die sie sich krügeweise kauften. Sie werden hauptsächlich darauf geachtet haben, dass ihr Wein eine tiefrote Farbe hatte, denn das sah man als verlässliches Zeichen für seine Stärke an.

Gleichgültig, ob man Spitzenweine oder Massenware herstellte, man achtete auf die Rebsorten, wenn auch aus unterschiedlichen Gründen: Qualitätsweine verlangten Trauben, die einen kräftigen, süßen Geschmack ergaben, während die Winzer beim Massenkonsum auf hohe Erträge setzten. Der europäische Markt für all diese Weine wuchs zwischen 1720 und 1730 mit der rapide ansteigenden Bevölkerung, der zunehmenden Beliebtheit des Weins und der immer größer werdenden Zahl von Schenken und Weinhandlungen.

Der Wunsch nach hohen Erträgen führte zur Verbreitung der Gamay-Reben in der Region Paris. Diese Sorte trug nicht nur mehr Trauben als andere, sie reifte auch schneller, was vor allem in den nördlichen Weinbauregionen von Vorteil war. Das Resultat wird nicht gerade preiswürdig gewesen sein, denn die Weine aus der Rebsorte Gamay werden als »herb, mit wenig Körper, Wärme und Bukett« beschrieben. Aber selbst ohne Düngung ermöglichten sie eine reiche Lese, und es war eben finanziell lohnender, viel Wein zu einem billigen Preis zu verkaufen, als wenig zu einem hohen.

Trotz aller durch Wissenschaftler, Agronomen, Chemiker und Winzer erzielten Fortschritte und Neuerungen hielten die meisten Weinhersteller an ihren traditionellen Methoden fest. Sie bewirtschafteten meist kleinere Güter, die nicht über die erforderlichen Mittel verfügten, um die empfohlenen neuen Methoden anzuwenden oder zu experimentieren. Verglichen mit den ausgefeilten Techniken des Pflanzens, Beschneidens und Kelterns, die auf den modernen Qualitätsgütern nun die Regel waren, musste die Weinherstellung in der Gegend von Toulouse fast noch archaisch anmuten. Die Trauben wurden nicht selten zu früh gelesen und mit den Füßen in großen Bottichen gestampft. Den Most bewahrte man anschließend monatelang in offenen Behältnissen auf, um ihn dann in schmutzige und häufig noch nicht ausgetrocknete Fässer abzufüllen. Das Resultat war ein saurer Wein, der mit anderen Erzeugnissen der Region – aus Gaillac, Montpellier oder

Bordeaux – nicht konkurrieren konnte und nur auf dem lokalen Markt verkauft wurde.[26] Es gab nicht nur einen großen Abstand zwischen den Spitzenweinen, denen die Gutsbesitzer ihre ganze Sorgfalt widmeten, und dem Rest, sondern auch schon zwischen einfachen guten Weinen und dem Billigwein, den die breite Masse konsumierte.

Und doch waren die Fortschritte bedeutend, die im 18. Jahrhundert aus der wissenschaftlichen Beschäftigung mit den Fragen des Anbaus, der Herstellung und der Haltbarmachung von Wein hervorgingen. Um Weinhandel über weite Entfernungen betreiben zu können, mussten die Winzer und Transporteure ein Problem lösen, mit dem sie seit Jahrhunderten kämpften: Wie konnte man verhindern, dass der Wein unterwegs schlecht wurde? Der Grund war beim Wein selbst sowie bei den verwendeten Behältnissen zu suchen. Die Weine waren oft unausgewogen und hatten einen zu geringen Alkoholgehalt, um länger haltbar zu sein. Da sie nicht richtig geklärt und stabilisiert wurden, neigten sie dazu, schnell zu verderben. Wie es um die Haltbarkeit des Weins zu dieser Zeit stand, zeigt uns die folgende Bemerkung eines zeitgenössischen Experten: »Was das Alter betrifft, so spricht man von altem, neuem und mittelaltem Wein. Neuer Wein ist zwei oder drei Monate alt, alter Wein ein Jahr, und mittelalter zwischen vier Monaten und einem Jahr.«[27] Wenn Wein schon ein Jahr nach der Lese als alt gelten konnte, dann hatte sich im 18. Jahrhundert in dieser Hinsicht im Vergleich zum klassischen Altertum, also in einem Zeitraum von 2 000 Jahren, nichts geändert.

Die Lagerung und der Transport in hölzernen Fässern ließen den Wein noch rascher verderben. Die Fässer waren porös, sodass Wein verdunstete und Luft eindrang, sofern nicht ständig nachgefüllt wurde. Selbstverständlich beschleunigte sich der Zersetzungsprozess, sobald ein Fass angebrochen war und der Rest einer zunehmend größeren Luftmenge ausgesetzt war.

Flaschen waren ein geeignetes Mittel, den Wein gegen die Luft zu schützen. Deshalb exportierte man schon zu Beginn des 18. Jahrhunderts die meisten teuren französischen Weine in verkorkten Flaschen. Nur wohlhabende Engländer konnten sich diese Weine leisten, auf die sie 1728 sogar noch verzichten mussten, weil das Parlament für die Einfuhr die Verwendung von Fässern vorschrieb. Der Wein konnte zwar nach der Anlieferung in England in Flaschen abgefüllt werden, aber da war er schon über Monate hinweg dem Risiko der Verderbnis ausgesetzt gewesen. Außerdem erhöhte die Flaschenabfüllung zu diesem späten Zeitpunkt die Gefahr der Panscherei und Weinverfälschung.[28]

Mit verschiedenen anderen Methoden versuchte man, die Haltbarkeit von Wein zu verlängern, allerdings wurden diese Techniken nur sporadisch angewandt und konnten sich nicht durchsetzen. Die deutschen und holländischen Transporteure sterilisierten ihre Fässer durch Ausräuchern mit Schwefel und achteten stets sehr darauf, dass sie bis zum Rand gefüllt waren. Sie behandelten auch den Wein selbst, siebten den Bodensatz heraus oder klärten ihn mit Eiweiß und Fischleim. Die Holländer setzten darüber hinaus Branntwein zu, um den Alkoholgehalt zu erhöhen.

Mit dem Aufkommen neuer Konservierungstechniken kam eine bereits seit dem Altertum verwendete Methode in Verruf: der Zusatz von Blei. Während des ganzen 17. Jahrhunderts wurden Blei und seine verschiedenen Legierungen dazu verwendet, sauren Wein lieblicher zu machen und seine Haltbarkeit zu verlängern. Blei gab dem Wein nicht nur einen süßen Geschmack, es wirkte auch gegen Bakterien. Vor der Entwicklung der Antibiotika behandelten Ärzte offene Wunden häufig mit Bleisalben.

Im 17. Jahrhundert kam der Verdacht auf, dass Blei für alle möglichen Magen-Darm-Beschwerden verantwortlich sein könnte, die man ganz allgemein als Koliken bezeichnete. Besondere Ausprägungen waren als »Devonshire-Kolik« oder »Poitou-Kolik« bekannt: Die Cidre-Produzenten aus Devon süßten ihren Apfelwein mit Blei, und im Poitou versuchte man, durch mit Bleioxid gesüßten Wein einen Vorteil gegenüber der Konkurrenz aus dem Loiretal zu gewinnen. Je nach der Schwere der Bleivergiftung – und als solche müssen diese Koliken betrachtet werden – gehörten zu den Symptomen Magenschmerzen, Verstopfung, Gelbsucht, das Zittern von Händen und Füßen, Blindheit, Sprachstörungen und Lähmungserscheinungen. Häufig verlief die Erkrankung tödlich. Dabei ist es mehr als wahrscheinlich, dass die Betroffenen in einem frühen Stadium der Krankheit, also bei Magenschmerzen oder Verstopfung, noch mehr Wein tranken, da er in dem Ruf stand, gerade bei Magen- und Darmproblemen hilfreich zu sein. So kam es nicht selten dazu, dass der Patient an dem vermeintlichen Heilmittel starb.

Schließlich entdeckte ein deutscher Arzt namens Eberhard Gockel, dass das Blei die Ursache vieler Krankheiten seiner Patienten war. 1696 wurden daraufhin in Württemberg Bleilegierungen als Weinzusatz gesetzlich verboten. Erst im 18. Jahrhundert wurde die Gefährlichkeit des Bleis allgemein anerkannt, aber manche Winzer süßten selbst dann noch ihren Wein mit dem Schwermetall. Ein englisches Kochbuch aus dem späten 18. Jahrhundert empfiehlt für die Weinbereitung »ein Pfund geschmolzenes Blei, in sauberem Wasser aufgelöst« als Zutat.[29] 1750 entdeckte man in Paris 30 000 *muid* (ungefähr 8 Millionen Liter) verdorbenen Wein, der angeblich in die Stadt gebracht worden war, um daraus Essig zu machen. Da dies weit mehr als die gewöhnlich zu diesem Zweck jährlich herbeigeschafften 1200 *muid* war, kam die Polizei schließlich dahinter, dass man beabsichtigte, den Wein mit gelbem Bleioxid zu versetzen und ihn so gesüßt zu verkaufen.[30]

Bei der Suche nach Möglichkeiten, den Wein zu stabilisieren, verfiel man bald auf den Zucker. Die überseeischen Kolonien versorgten die Europäer regelmäßig mit dem neumodischen Süßmittel, und der steigende Konsum belegt eindringlich, wie sich der europäische Geschmack veränderte. Zucker bot sich als idealer Zusatz für Wein an. Gab man ihn vor der Gärung dem Most bei, stieg sogar der Alkoholgehalt, der wiederum den Wein haltbarer machte.

Die Verwendung von Zucker zum Süßen, Stärken und Konservieren wird häufig Jean-Antoine-Claude Chaptal zugeschrieben, einem Chemiker, der später Innenminister unter Napoleon wurde und diese Technik 1801 in verschiedenen Schriften vorstellte. Sein Name hat sich so eng mit der Methode verbunden, dem Most bei der Gärung Zucker zuzusetzen, dass man sie heute noch als »Chaptalisierung« bezeichnet. Das Beimischen von Zucker war allerdings keineswegs neu, als Chaptal es populär machte. Der Artikel zum Stichwort »Wein« in der *Encyclopédie* von Diderot und d'Alembert warnte 1765 vor der Verwendung von Blei und empfahl stattdessen Zucker zum Süßen. Viele französische Wissenschaftler rieten damals, Wein mit Zucker, Honig oder Zuckersirup zu versetzen, um die Gärung zu beschleunigen.

Doch erst der Chemiker Pierre-Joseph Macquer brachte die Sache auf den Punkt: Wenn die nicht völlig ausgereiften Trauben zu wenig Zucker enthielten und daher einen Wein ergaben, der für den menschlichen Gaumen zu sauer war, dann lag die Lösung nicht darin, die Fermentierung zu beschleunigen, sondern den Zuckergehalt im richtigen Verhältnis zum Säuregrad zu erhöhen. Macquer erprobte seine Theorie, indem er unreife Trauben auspresste, was einen sauren, unangenehm schmeckenden Saft ergab, den er mit Zucker versetzte und gären ließ. Der Wein wurde ein Jahr lang in einem Fass gelagert. Als Macquer ihn im Oktober 1777 kostete, konnte er berichten, dass er so gut schmeckte wie ein guter Jahrgang eines Qualitätsweins, nichts Sirupartiges an sich hatte und auch nicht künstlich gesüßt wirkte, was seine Hauptsorge gewesen war.[31] Der Chemiker sah nichts Unnatürliches darin, Wein mit Zucker zu verbessern. Er glaubte, der Natur zu folgen, wenn er unreifen oder zu sauren Trauben auf diese Weise aufhalf.

Chaptal würdigte in seiner Schrift auch seine Vorläufer. Sein Werk erschien allerdings an einem Wendepunkt der Geschichte, als die Französische Revolution in die napoleonische Ära mündete. Die Bemühungen zur Neubelebung der französischen Wirtschaft und des Handels, die unter der Revolution gelitten hatten, schlossen die Förderung des Weinbaus ein. Im Jahr 1803 verteilte die napoleonische Regierung an die Winzer eine Broschüre über die Kunst der Weinherstellung nach der Methode Chaptal. Hier wurde die Sache nicht nur wissenschaftlich erklärt, sondern durch konkrete Erfahrungen von Winzern ergänzt, die der Autor brieflich befragt hatte. Das Buch enthielt die besten Ratschläge, die ein Winzer zu Beginn des 19. Jahrhunderts bekommen konnte. Es fasste zusammen, was man über die Bodenbeschaffenheit wusste und empfahl vor allem leichte, poröse und lockere Böden, wie sie in der Gegend von Bordeaux und Burgund zu finden waren.

Auch scheinbar auf der Hand liegende Faktoren wie die Bedeutung von genügend Sonnenschein und die Schädlichkeit von zu viel Regen blieben nicht unerwähnt.

Die Stärke des Buches lag in den Ratschlägen zur Technik des Gärens, des Abfüllens und der Konservierung, auf die Chaptal sein besonderes Augenmerk gerichtet hatte. Wein, das war ihm klar, war anders als Milch und Wasser kein natürliches Produkt. Das Endergebnis hing ganz von der Geschicklichkeit des Winzers ab, der die natürlichen Prozesse beeinflussen konnte.[32] Wollte man wirklich gute Weine herstellen, musste man dafür die bestmöglichen Methoden erlernen und sich von mancher lieb gewonnenen Gewohnheit verabschieden. Das Lehrbuch hierzu war Chaptals Traktat, ein klassisches Werk der Aufklärung, die der Vernunft den Vorrang gegenüber der Tradition einräumte. Es war besonders in Frankreich von großem Nutzen, da hier nach der Revolution viele Weinberge in den Händen von Besitzern waren, die über relativ wenig Erfahrung verfügten. Als übersichtliche, allgemein verständliche Anleitung zur Weinherstellung war Chaptals *Traité* weit über die Grenzen Frankreichs hinaus von großem Einfluss.[33]

Das wachsende Bemühen um Qualität und die Unterscheidung zwischen guten und schlechten Herstellungsmethoden hatte weitreichende Konsequenzen. Mit dem Wort »Wein« wurden, wie wir gesehen haben, im Laufe der Jahrhunderte alle möglichen Produkte bezeichnet – fast möchte man sagen, auch alle möglichen Versündigungen. Wein wurde erhitzt, gekocht und abgekühlt, verschnitten und mit allem nur Erdenklichen versetzt, von Salzwasser über Honig bis zu Gewürzen und Kräutern. Man fügte dem Wein Alkohol hinzu, veränderte sein Aussehen mit Beeren und Farbstoffen. Das alles nannte man Wein. Diese Praktiken lebten im 18. Jahrhundert fort, und erst im 20. Jahrhundert wurden wirklich strenge Regeln für die Weinbereitung aufgestellt: 1907 bestimmte ein französisches Gesetz, dass Wein lediglich aus Trauben und Traubensaft hergestellt werden dürfe.

Bis zu dieser Zeit war der Begriff »Wein« sehr dehnbar und die Art und Zahl seiner Inhaltsstoffe recht willkürlich. Zwar versuchte man von offizieller Seite, bestimmte Panschereien und Verfälschungen zu verhindern, beschränkte sich dabei aber hauptsächlich auf drei Punkte. Erstens durfte Wein keine Zusätze enthalten, die dem Konsumenten Schaden zufügten. Zweitens mussten Herkunft und Art des Weins korrekt angegeben werden. Billiger französischer Wein durfte nicht als hochwertiger spanischer deklariert werden, auch dann nicht, wenn man ihn im Geschmack und Aussehen dementsprechend manipulieren konnte oder unwissende und leichtgläubige Käufer dies gar nicht bemerkten. Drittens – und hier war es am schwierigsten, eine klare Grenze zu ziehen – wurden erlaubte Eingriffe auf ein bestimmtes Maß begrenzt. Die Weinhersteller oder Händler durften zwar dem Rotwein eine tiefere Farbe geben, indem sie die Schalen der Trauben so spät wie möglich herausfilterten oder hellere Weine mit dunkleren verschnitten, aber sie durften dafür keine Beeren oder andere Substanzen verwenden. Ebenso durfte der Wein zwar mit Rohr- und Traubenzucker gesüßt werden, nicht aber mit anderen Ingredienzien. Dies wirft die Frage auf, inwiefern Wein ein natürliches oder ein künstliches Produkt ist. Bis heute ist man sich nicht einig, bis zu welchem Grad menschliche »Nachhilfe« gestattet sein soll. So ist es beispielsweise in Burgund den Winzern erlaubt, den Weinen Zucker zuzufügen, in Kalifornien dagegen nicht.

Das Interesse an solchen Fragen entstand mit dem Aufkommen qualitativ hochwertiger Weine und der damit verbundenen Sorge um deren Ruf. Weinliebhaber, die bereit waren, die hohen Preise zu bezahlen, wollten sichergehen können, dafür auch die echte Ware und nicht irgendein Billigprodukt zu erhalten, das man in Geschmack und Aussehen manipuliert hatte. In jenen Tagen, als es viel weniger Kontrollen und Regeln für Weingüter, Kellereien und Transporteure gab, war es ein Leichtes, Weine aller Art umzudeklarieren. Selbst wenn es Vorschriften gab, wurden diese in der Praxis meistens missachtet. So verlangte im 18. Jahrhundert das Gesetz von den Fuhrleuten, Papiere mit sich zu führen, die Aufschluss über Herkunft, Qualität, Preis und den Bestimmungsort der Ware gaben. In der Praxis aber lag den Händlern viel daran, den wahren Wert ihrer Lieferungen für sich zu behalten, sodass sie solche Informationen kaum jemals schriftlich weitergaben, ob es das Gesetz nun verlangte oder nicht.[34]

Trotz oder gerade wegen des wachsenden Bemühens um Qualität erlebte die europäische Weinproduktion im 18. Jahrhundert ihre ersten großen Skandale. Und wie die Kräfte des Marktes die Merkmale von Qualitätsweinen beeinflussten, so zwangen sie die Weinhersteller auch, ihren Laden in Ordnung zu bringen, wenn der Missbrauch ans Tageslicht kam. Eine Weinpanscherei im großen Stil haben wir bereits erwähnt: die Verfälschung von Wein aus der Douro-Region zwischen 1730 und 1750, mit der Händler und Produzenten der Nachfrage aus England nachzukommen suchten. Verschnitt und Färbung brachten den Portwein in Verruf, bis sich die portugiesische Regierung gezwungen sah, die Weinerzeugung am Douro gesetzlich zu regeln und Beschränkungen für die Zusätze und Prozeduren zu erlassen, mit denen man versuchte, Geschmack, Farbe und Alkoholgehalt des Weins zu beeinflussen.

Weitere Skandale folgten. Am Ende des Jahrhunderts verführte die große Nachfrage nach gutem Branntwein manche Brennerei in der Charente dazu, es den Weinproduzenten vom Douro gleichzutun. Sie begannen, ihre Produkte mit minderwertigen Importen aus dem Languedoc und aus Katalonien zu vermischen. Um ihren guten Ruf zu schützen, schlossen sich die Branntweinproduzenten 1791 zusammen und erlegten sich freiwillig Regeln auf.[35] Auch die Falschdeklarierung burgundischer Weine bereitete Sorgen. Im Jahr 1764 beschuldigte ein Advokat aus Dijon Kaufleute und ausländische Käufer, zweitklassige Weine als

Spitzenprodukte auszugeben und Weine aus dem Süden mit Burgunderweinen zu vermischen.[36]

Bislang hatte sich die Obrigkeit hauptsächlich um betrügerischen Handel wie falsche Maß- und Herkunftsangaben sowie gesundheitsschädliche Zusätze gekümmert. In Paris ließ man 1794 beispielsweise Proben von 68 Weinhändlern untersuchen, von denen lediglich acht nicht zu beanstanden waren. Die meisten enthielten Zusätze – Wasser, Cidre oder Branntwein – sowie natürliche und künstliche Färbemittel wie Rote Beete oder Holz. So beunruhigend die Ergebnisse solcher Kontrollen waren, und so löblich die Bemühungen der Stadt auch einzuschätzen sind, das Interesse der offiziellen Stellen galt weniger den einzelnen Weinen oder dem Ruf der Weingüter als dem Schutz der Verbraucher. Die Maßnahmen der Produzenten in den Regionen Douro und Cognac sowie die rechtlichen Schritte, die man in Burgund ergriff, waren hingegen durchaus ein Zeichen für die wachsende Sorge um die Qualität des Weins und um das Ansehen der Gegend, aus der er stammte.

Die Nachfrage nach Wein stieg in allen sozialen Schichten und in allen europäischen Ländern rapide an. Übermäßiges Trinken war in der einen oder anderen Form überall weit verbreitet. In England erwarb sich der so genannte »Drei-Flaschen-Mann« ein gewisses Prestige durch seine Weinexzesse. Samuel Johnson übertrieb sicherlich, als er schrieb: »Die feine Gesellschaft von Lichfield betrinkt sich jeden Abend und ist deshalb nicht schlecht angesehen.« Aber Trinkgelage waren tatsächlich nichts Außergewöhnliches. Der Ladenbesitzer Thomas Turner aus Essex empfand es so: »Wir tranken wie die Pferde, wie man gemeinhin sagt, und sangen, bis wir stockbetrunken waren, dann begannen wir zu tanzen und zogen uns an den Perücken, Mützen und Hüten; wir benahmen uns wie toll, mehr als Verrückte denn als Leute, die sich Christenmenschen nennen.«[37]

Die Massen verfielen in England allerdings eher dem Gin, zumindest in London. Er kam aus den Niederlanden, wo über Jahrhunderte hinweg calvinistische Nüchternheit gepflegt wurde, während das Land gleichzeitig den Alkoholhandel beherrschte und die treibende Kraft der Branntwein- und Weinproduktion in den Schlüsselregionen Frankreichs, Spaniens und Portugals war. Gin, ein typisch niederländischer Schnaps, erhält seinen besonderen Geschmack durch Wacholderbeeren. Sein Name brachte diesen Branntwein fälschlicherweise mit einem anderen Zentrum des Calvinismus, mit Genf, in Verbindung. Die Holländer nennen ihn Genever, die Franzosen *eau de genièvre,* was die englischen Soldaten zu »Gin« verkürzten.

Der Wacholderschnaps wurde in England populär, als man im späten 17. und frühen 18. Jahrhundert durch die wiederholt gegen Frankreich verhängten Einfuhrverbote auf französischen Wein und Branntwein verzichten musste. Importierter und im Lande selbst hergestellter Gin füllte diese Lücke. Im Jahr 1727 erreichte

der Verbrauch fünf Millionen Gallonen, sechs Jahre später wurden allein in London elf Millionen Gallonen im Jahr produziert. Es folgte ein wahrer »Ginrausch«. Schon zu Beginn der dreißiger Jahre gab es in der britischen Hauptstadt etwa 7 000 spezielle Läden, in denen ausschließlich Branntwein verkauft wurde. William Hogarths Stiche von der »Gin Lane«, die betrunkene Männer und Frauen auf den Straßen zeigen, spiegeln die Schrecknisse der allgemein verbreiteten Trunksucht und die daraus resultierenden Auflösungserscheinungen der englischen Gesellschaft wider.

Zwischen 1720 und 1760 gab es eine ganze Reihe von offiziellen Kampagnen gegen den Gin und andere Spirituosen. Man versuchte, den Konsum mit höheren Alkoholsteuern und einer Anhebung der Lizenzgebühren für Branntweingeschäfte einzudämmen.[38] Bemerkenswert ist dabei, dass die Ängste vor den nachteiligen Folgen des Alkohols für die Gesellschaft nur selten auf Wein bezogen wurden und Bier sogar als völlig harmlos galt. Auf der »Beer Street« zeichnete Hogarth ausschließlich glückliche und gesunde Menschen, deren Leben noch nicht durch den Gin zerstört wurde. Wir werden noch sehen, dass auch im 19. Jahrhundert die Mäßigungsbewegung zwischen Spirituosen und anderen alkoholischen Getränken deutlich zu unterscheiden wusste.

Trotz zeitweiliger »Triumphe« geistiger Getränke wie Gin wurde Wein im Laufe des 18. Jahrhunderts immer beliebter. Die enorme Ausdehnung der Weinproduktion wurde durch die Vergrößerung des Absatzmarktes überhaupt erst möglich. Zahlreiche französische Weine gingen über den Atlantik, doch auch die heimische Nachfrage war stark. In vielen Gegenden Frankreichs stand Wein auf dem täglichen Speiseplan, ob es sich nun um die kleinen Weinproduzenten handelte, die ihre dünne, eher geschmacksarme »Piquette« tranken und den guten Wein für den Verkauf aufsparten, um die Arbeiter, die billige und für den Massenmarkt hergestellte Weine konsumierten, oder um die Wohlhabenden, die sich ihre Weine von den besten Winzern oder aus den Gegenden kommen ließen, die einen guten Ruf genossen.

Wein gehörte wie selbstverständlich zur Festtafel. In vielen Berichten von Banketten und anderen Veranstaltungen der Wohlhabenden findet er Erwähnung. Voltaire gab üppige Festmähler auf seinem Schloss Ferney. Wein wurde oft in Fässern geliefert und erst am Bestimmungsort auf Flaschen gezogen. Voltaires Bestellungen umfassten Tausende von Flaschen und Korken. In seinem Weinkeller lagen Beaujolais (sein Lieblingswein), Burgunder (den er zum Auffüllen der Beaujolais-Fässer verwendete) und spanischer Malaga. An einem Festbankett, das zu Ehren des französi-

◁ *Abbildung 8*
»Ein Trinkspruch«. Dieses Gemälde von Joseph Munsch aus dem 19. Jahrhundert spiegelt recht eindrucksvoll die gemeinschaftsstiftende Funktion des Weins wider.

schen Botschafters in Venedig Abbé (später Kardinal) de Bernis und seiner Geliebten gegeben wurde, nahm auch Giacomo Casanova teil: »Wir tranken nur Burgunder, und um die Stimmung aufzuheitern, leerten wir eine Flasche Oeil-de-perdrix-Champagner und weiter eine Flasche perlenden Wein.«[39]

Die Weinkeller der Adligen verraten uns, was damals mit Vorliebe getrunken wurde. Der Herzog von Tavanes hatte hauptsächlich Beaune- und Médoc-Weine, jeweils 240 Flaschen, dazu mehrere hundert Flaschen mit Weinen aus Smyrna, Zypern und Tokaj. Wein war zwar teuer, ein Vermögen kostete er jedoch nicht. Auf einer Lebensmittelbestellung des Herzogs von 1784 war der Wein noch der billigste Posten: Der Muskateller-, Malaga-, Rhein- und Bordeauxwein schlug mit 14 Livres zu Buche, weit weniger, als den Herzog Truthahn mit Trüffeln (21 Livres) oder ein Topf Rocquefort-Käse (32 Livres) kosteten. Der Wert seines Weinkellers betrug in diesem Jahr 1000 Livres, in der gleichen Zeit gab er fünfmal so viel für Essen aus.[40]

Claude-Philippe Fyot de La Marche, der Präsident des *parlements* von Dijon, konsumierte zwischen Februar und Juni 1761 insgesamt 760 Flaschen Wein, davon 571 Flaschen von einfacherer und 189 von sehr guter Qualität. Hinzu kamen 113 Flaschen Bier und 19 Flaschen Likör. Die guten Weine stammten größtenteils aus der Gegend von Dijon, waren also Burgunder, darunter solche aus Chambertin, Vogueot und Montracht. Einige kamen aus der nahe gelegenen Schweiz und je ein Wein aus Griechenland und Spanien. Der Verbrauch seines Haushalts lag bei fünf bis sechs Flaschen pro Tag.[41]

Manche Menschen sahen das luxuriöse Leben des 18. Jahrhunderts durchaus kritisch. Ein königlicher Gesandter führte die »enorme Weinproduktion« in der Gegend von Toulouse auf den »Luxus« zurück, »der in allen Familien Einzug gehalten« habe. Dieser Kommentar ist bezeichnend für die Haltung jener, die das »Luxusgut« Wein ausschließlich für sich beanspruchen wollten, und gegenüber dem dünnen und säuerlichen Wein, den die einfachen Leute von Toulouse tranken, massive Vorbehalte hatten.[42] Auch der Philosoph Jean-Jacques Rousseau äußerte sich kritisch gegenüber einem übertrieben hohen Lebensstil: »Wenn ich meine Milch, Eier, Salat, Käse, dunkles Brot und gewöhnlichen Wein habe, dann bin ich mit allem versorgt, was ich brauche.« Das war für jemanden vom Stande Rousseaus sicherlich eine bescheidene Ernährung, doch der Masse der französischen Bevölkerung des 18. Jahrhunderts wäre sie gewiss als Luxus erschienen. Und der Wein, den Rousseau »gewöhnlich« nannte, war weitaus besser als alles, was die Mehrzahl der Bauern und Arbeiter trank.

Weinkenner gingen davon aus, dass einfachere Leute einen weniger feinen Gaumen hatten. Voltaire besaß einen eigenen Weinberg für seine Dienerschaft und meinte: »Mein schlechter Wein, der keineswegs schädlich ist, schmeckt ihnen.« Aber einige seiner Diener fanden wohl trotz ihres niedrigeren sozialen Status Geschmack am Wein ihres Herrn, der einmal Anlass zu der Klage fand, die Fuhrleute hätten fünfzig Flaschen Malaga aus einer Lieferung getrunken.[43]

Das Interesse der wohlhabenderen Europäer am Wein fand Eingang in die zeitgenössische Reiseliteratur. In einem Reiseführer für Russland und das östliche Europa aus dem späten 18. Jahrhundert ist nachzulesen, dass Wein zwar nur in den südlichen Provinzen wachse, man aber in St. Petersburg (oder vielmehr in der dortigen feinen Gesellschaft) das beste englische Bier sowie Weine aus Burgund, Bordeaux und der Champagne trinken könne. Vor allem die ungarischen Weine wurden gelobt: »Sie sind stark, sehr alkoholreich, und sie wärmen das Blut.« Als der beliebteste Wein galt der Tokajer.[44]

Viele Aspekte der Trinkkultur früherer Tage sind heute untergegangen, denn was sich im privaten Bereich abspielte, wo vor allem die oberen Schichten ihren Alkohol genossen, ist nicht leicht zu rekonstruieren. Die einfacheren Leute tranken auch in der Öffentlichkeit, in Schenken und in Bars unter den wachsamen Augen der Polizei und anderer Autoritäten, die solche Etablissements als Brutstätten der Sittenlosigkeit und der Kriminalität ansahen. Es sind vor allem Polizeiberichte und Gerichtsprotokolle, die uns ein Bild vom Trinken in der Öffentlichkeit geben, besonders aus Paris, Frankreichs größtem Absatzmarkt für Wein überhaupt.[45]

Obwohl die Einfuhr von Wein durch die Zollstellen an den Stadttoren streng geregelt war, weiß man nicht, wie viel Wein pro Jahr in die Stadt gelangte. Paris nahm die 40 Millionen Liter, die in der umliegenden Region erzeugt wurden, mühelos auf, dazu vermutlich noch zwei- bis dreimal so viel aus anderen Gegenden Frankreichs. Die offiziellen Zahlen schwankten zwischen 60 und 80 Millionen Litern pro Jahr, doch muss man eine Dunkelziffer an Schmuggelware hinzurechnen. Die Steuerbehörden versicherten, dass ihnen nur etwa ein Sechstel der Weinimporte entging, aber sie hatten natürlich ein großes Interesse daran, ihre eigene Ineffizienz herunterzuspielen und deshalb den vermutlich wesentlich größeren Erfolg der Schmuggler zu verschweigen.

Selbst wenn die offiziellen Zahlen nicht geschönt waren, standen jedem der 500 000 Einwohner von Paris pro Woche drei Liter Wein zur Verfügung, und wenn man die Zahl verdoppelt, um auch das illegale Angebot zu berücksichtigen, dann waren es ungefähr sechs Liter. Eine beträchtliche Menge, vor allem, weil es hauptsächlich die erwachsenen Männer waren, die Wein tranken, und weil zudem im 18. Jahrhundert der Anteil der Kinder an der Bevölkerung wesentlich größer war als heute. Schätzt man die erwachsene männliche Bevölkerung auf ein Viertel der Einwohnerzahl und geht davon aus, dass es ebenso viel unbesteuerten wie besteuerten Wein gab, dann hätte jeder Mann 18 Liter pro Woche trinken können. Einen kleinen Teil davon werden zwar auch die Frauen genossen haben, Weinkonsum war aber größtenteils Männersache. Es haben sich Aufzeichnungen von Wirten erhalten, bei denen die Gäste manchmal zwei Liter oder mehr pro Tag anschreiben ließen. Natürlich konnte ein Tagelöhner sich nicht so viel leisten. Anfang des 19. Jahrhunderts musste ein Arbeiter vier Stunden für den Gegenwert von zwei Litern Bier arbeiten und achteinhalb Stunden für zwei Liter Wein von durchschnittlicher Qualität.

Wein war demnach ein Alltagsgetränk und wurde nicht nur an Festtagen genossen. Außerdem war er nahrhaft. Der bekannte Wirtschaftsexperte Moheau meinte damals, Wein sei »ein hervorragendes Getränk für die Armen, nicht nur, weil er nährt, sondern auch, weil er [aufgrund seiner antiseptischen Wirkung] gegen den Verfall schützt.«[46] Zu jener Zeit warf man den Armen noch nicht vor, ihr gesamtes Einkommen für Wein zu verschleudern, wie man es später gern tat. Wein galt als Nahrungsmittel, für das man mit gleicher Berechtigung sein Geld ausgeben konnte wie für andere Lebensmittel.

Die Normalbevölkerung von Paris – Handwerker, Tagelöhner, Dienstboten, Ladenbesitzer, Soldaten – tranken in den Hunderten von Schenken (*cabarets*), die es innerhalb und außerhalb der Stadtmauern gab. Vor den Toren der Stadt war der Wein billiger zu bekommen, weil er dort nicht besteuert wurde. Ähnliche Regelungen galten in anderen Städten. In Lille gab es beispielsweise in den sechziger Jahren des 18. Jahrhunderts 296 Schenken für 58 000 Bewohner. Es kam also ein Wirtshaus auf 200 Einwohner, Männer, Frauen und Kinder zusammengenommen.[47]

In der Öffentlichkeit tranken beinahe nur erwachsene Männer, die sich zum Brettspiel versammelten, manchmal auch zu Musik und Tanz. Angesichts der beengten Wohnverhältnisse, in denen sich ganze Familien in einem oder zwei Räumen zusammendrängten, suchten und fanden die Männer in den Gasthäusern ihren Freiraum. Dabei ging es ihnen nicht um Privatheit, die die Schenken natürlich nicht bieten konnten, sondern um andere Gesellschaft. Die Wirtshäuser waren Orte der Begegnung, in ihrer Art ebenso wichtig wie die Familie und die Nachbarschaft. Und der Wein war das Mittel, das den sozialen Austausch beförderte. Das gemeinsame Trinken stärkte den Zusammenhalt und besiegelte Abmachungen. Eine Einladung zum Trinken abzulehnen, galt als Beleidigung.[48]

Die Mischung aus Alkohol und großen Männergruppen war stets hochexplosiv. Schlägereien, Übergriffe und Beleidigungen waren an der Tagesordnung. 1791 kam es im Gasthaus »La Morienne« in Lille zu einem Streit, als ein Betrunkener vor die Tür trat, um sich zu übergeben. Er ließ seine Frau zurück. Ein Soldat nutzte die Abwesenheit des Gatten aus und hob ihr die Röcke. Der Ehemann kehrte halbwegs ernüchtert zurück, erkannte die Lage und provozierte ein Handgemenge, bei dem er durch einen Säbelhieb getötet wurde.[49]

Die typische Trinkgesellschaft in einem Gasthaus von Paris bestand aus drei oder vier Männern, die an einem Tisch um einen Krug Wein saßen. Sie gehörten

»Heerfahrt des Dionysos«. Griechische Schale (um 530 v. Chr.) in der staatlichen Antikensammlung München.

◁

Die mit 3 600 Jahren älteste Weinpresse der Welt steht auf Kreta.

»Die Weinlese«. Römisches Relief (ca. 753 v. Chr. – 476 n. Chr.) im
Museo de la Civilta Romana.

Das Weinschiff von Neumagen (Mosel). Römisches Grabmal (3. Jh. n. Chr.).

◁

Ebenso facettenreich wie dieser Ausschnitt des berühmten Dionysos-Mosaiks aus dem
3. Jh. n. Chr. ist die Geschichte des Weins insgesamt.

»Weinlese«. Wandmalerei am Südturm des Kölner Doms (2. Jh. n. Chr.).

In der religiösen Symbolik steht Wein für die Gegenwart Christi durch sein Blut.

Trotz Alkoholverbot des Propheten Mohammed wurde auch in muslimischen Gebieten Wein produziert und konsumiert. Islamische Weinschale, Nationalmuseum Bukarest.

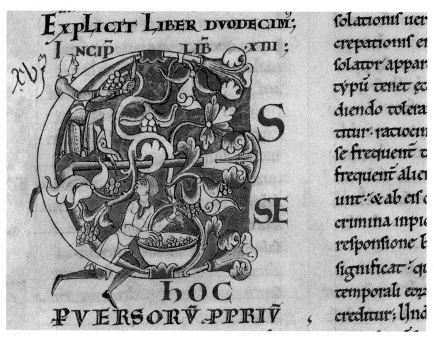

Die Weinlese, Initiale aus St.-Grégoire, *Moralia in Job,* Cîteaux (12. Jh. n. Chr.).

»Noah pflanzte einen Weinstock und trank seinen Wein« (Genesis 9, 20). Wein spielte in der Heiligen Schrift wiederholt eine Rolle und besaß daher große Symbolkraft. Byzantinisches Mosaik, 13. Jh. n. Chr.

Szene in einem Wirtshaus. Die Männer kosten Wein, der anscheinend mit Wasser vermischt ist.
Miniatur aus der Wiener Handschrift des Tacinum Sanitatis (15. Jh. n. Chr.).

CRIEUR DE VIN . 1586.

So genannte »Weinausrufer« förderten den Weinkonsum in den Städten, indem sie durch die
Straßen zogen und Kostproben verschiedener Weinsorten anboten.

»Die Trinker oder der Triumph des Bacchus«. Kopie nach Dago Velasquez.

◁

»Mann mit Weinglas«, Portugal (1456). Unter »gula« (Sünde der Völlerei) fasste die Kirche neben übermäßigem Essen auch übermäßiges Trinken.

Wein gehörte in Frankreich zum Alltag. Als die schlechten Lebensbedingungen die Existenz von Bauern, Winzern und Händlern bedrohten, begannen diese, Zolleinrichtungen zu attackieren. Erst 1791 fiel die Besteuerung des Weins weg. »Verteilung von Wein und Nahrung« Gemälde von L. Leopold Boilly (1822).

Denkmal für den »Spätlesereiter« von Schloß Johannisburg. Ihm ist die Erfindung der »Riesling-Spätlese« zu verdanken.

▷

Schon früh forderten Grundbesitzer Qualität statt Quantität. »Der fünfte Sinn: der Geschmack« wird in diesem Gemälde von D. Tenier (17. Jh. n. Chr.) durch ein Glas Wein symbolisiert.

meist derselben sozialen Schicht an, übten oft sogar denselben Beruf aus oder hatten dieselbe Stellung. Maurer, die sich als Tagelöhner verdingten, saßen mit anderen Maurern zusammen, Schneider trafen sich mit Schneidern, Kutscher mit Kutschern. Von außen betrachtet sah das *cabaret* vielleicht wie ein sozialer Schmelztiegel aus, in Wirklichkeit aber gab es strenge Regeln für die Geselligkeit, an die sich alle Besucher genauestens hielten.

Die Kundschaft bestand hauptsächlich aus Männern, obwohl im Prinzip auch Frauen in den Wirtshäusern willkommen waren. Nur gelegentlich brachten die Männer ihre Ehefrauen mit, und allgemein scheint man Frauen an solchen Orten nicht gern gesehen zu haben. Wenn eine Frau mit ihrem Ehemann sprechen musste, der im *cabaret* war, blieb sie bisweilen an der Türschwelle stehen, ohne einzutreten, und er ging ihr entgegen, kam aber nicht heraus.[50]

Oft wurden Frauen, die sich in die Männerdomäne wagten, von den Gästen und von der Polizei als Prostituierte angesehen. Ein Weinhändler beschwerte sich einmal bei der Polizei darüber, man habe sein Etablissement geschlossen, weil er auch an Frauen ausschenkte, wobei er ausdrücklich betonte, dass es sich dabei nur um ehrbare Damen handelte. Doch im Grunde hatte die Polizei alle Gäste der *cabarets*, männliche und weibliche, im Verdacht, kriminell zu sein. Die Prostitution war ein speziell auf Frauen bezogener Verdacht, womit wir ein weiteres Beispiel für die Gedankenverbindung gefunden haben, die die Männer schon seit Jahrhunderten zwischen Frauen, Wein und Unmoral zogen.

Nicht anders war es in den *guinguettes*, den Gasthäusern, die aus steuerlichen Gründen außerhalb der Stadtmauern eröffnet wurden. Die Wirklichkeit sah ganz anders aus, als es uns das romantische Bild glauben machen will, das Étienne Chevalier, ein Winzer und Mitglied des *parlements*, im Jahr 1789 von ihnen zeichnete:

Wein ist die Lebensgrundlage der Armen von Paris. Wenn Brot, Fleisch und andere Nahrungsmittel zu teuer werden, wenden sie sich dem Wein zu; er nährt und tröstet sie. Wie viele arme Familien gibt es, die im Winter in den *guinguettes* essen gehen! Hier finden sie anständigen und günstigen Wein, und Essen, das bedeutend billiger ist als in Paris; außerdem Licht und Wärme, sodass sie Holz, Kohlen und Kerzen sparen können. Auf diese Weise können sie die Härten von Winter und Armut gelassener ertragen.[51]

Natürlich war der Wein für Chevalier kein schädliches Getränk, das die Familien in den Ruin trieb, sondern ein normales Nahrungs- und Genussmittel. Da er selbst Weinerzeuger war, hatte er ein natürliches Interesse daran, sein Produkt in einem guten Licht erscheinen zu lassen.

Wie oft die Männer das *cabaret* in ihrer Nachbarschaft oder die *guinguettes* vor den Toren der Stadt aufsuchten, wissen wir nicht. Für die arbeitende Bevölkerung war es üblich, den Tag mit einem Glas Branntwein zu beginnen und zu beenden; während des Tages trank man dann Wein oder Bier. Die Arbeitszeiten waren damals weniger streng geregelt als heute, und so gönnte man sich zwischendurch schon mal eine kleine Pause und suchte zusammen mit Freunden oder Arbeitskollegen eine nahe gelegene Schenke auf. Händler schlossen Geschäfte mit ihren Lieferanten gern bei einem Becher Wein. Am lebhaftesten ging es in den Gasthäusern zwischen acht und zehn Uhr abends zu, wenn die Männer von der Arbeit kamen. Auch am Wochenende herrschte Hochbetrieb, vor allem am Sonntag, wenn die Löhne ausbezahlt wurden.

Welchen Wein tranken diese Männer und die seltener dort anzutreffenden Frauen? Die soziale Stellung der durchschnittlichen Schenkenbesucher lässt den Schluss zu, dass es eher billige Weine von dürftiger Qualität waren. Nicht selten werden sie auf der Kippe zum Essig gestanden haben, denn die Pariser Wirte versuchten wie ihre Kollegen alles, um ihren Wein irgendwie trinkbar zu machen. In keinem der Berichte über Zusammenkünfte in Gasthäusern ist die Rede von Handwerkern, die um einen Tisch sitzen und Weine nach Farbe, Geruch, Geschmack oder Aussehen vergleichen. Hier war der Wein ein Grundnahrungsmittel wie das Brot.

Die Einstellung dem Wein gegenüber war zur damaligen Zeit grundsätzlich positiv, aber es fehlte nicht an Warnungen vor exzessivem Konsum. In dem großen Werk der Aufklärung, der *Encyclopédie*, hieß es: »Vor Trunkenheit muss man sich stets hüten; sie stellt eine Übertretung des natürlichen Gesetzes dar, uns von unserer Vernunft leiten zu lassen.«[52] Behördlicherseits übte man in diesem Punkt Toleranz und ließ die Betrunkenen in den Schenken gewähren, solange es keinen Grund zum Einschreiten gab. Griff die Polizei ein, war die Trunkenheit nur Bestandteil eines weitaus schwereren Delikts. In Handbüchern für Priester, die Ratschläge für den Umgang mit der Trunksucht enthielten, wird der Alkoholkonsum jedoch durchaus als Problem behandelt. Wer nicht Maß halten konnte, dem riet man, das Trinken völlig aufzugeben. Keine Ausrede, auch nicht die Einladung eines Freundes, sollte in diesem Fall gestattet sein. Aber wer es trotzdem nicht schaffte, enthaltsam zu leben, dem sollte man ein mäßiges Trinken so lange nachsehen, bis er endlich versprach, die schlechte Gewohnheit ganz aufzugeben.

Damals kannte man bereits all die Probleme, die mit dem übermäßigen Trinken einhergingen. Manch eine Frau setzte die Aufhebung der ehelichen Gemeinschaft durch, wenn die Trunksucht ihres Mannes sie finanziell zu ruinieren drohte. Diese Frauen klagten ihren Mann an, »dem Wein ergeben zu sein« oder »sich dem Wein und den Frauen hinzugeben und die Geschäfte zu vernachlässigen«. Alkohol ist der rote Faden, der sich durch die Trennung von Eheleuten im Frankreich des 18. Jahrhunderts zieht. Die Männer kamen »betrunken« und »weinselig« nach Hause und vergriffen sich an Frau und Kindern. Eine gewisse Marie-Louise Bonnaire beschrieb 1785 vor einem Gericht in Lille, wie der Wein ihren Mann gewalttätig machte. In den Protokollen heißt es:

Vor ungefähr fünf Jahren kam er aus der Schenke nach Hause, und als sie ihm Vorhaltungen machte, wurde er wütend, ergriff die Feuerzange und schlug sie ihr auf den Kopf. Vor ungefähr fünfzehn Monaten kam er, vom Wein berauscht, nach Hause, und begann sie zu prügeln, dann riss er den Griff von einer Bratpfanne ab ... Vor ungefähr dreieinhalb Monaten sprach er einen Taugenichts an, der vorübergehend in der Stadt weilte, und nahm ihn in die Schenke von Fré-déric Bonnaire mit, wo sie fünf Flaschen Wein tranken. Als er nach Hause kam, nannte er seine Frau eine Hure ...[53]

Manche Männer gaben in solchen Fällen einfach dem Wein die Schuld und behaupteten, sich an nichts erinnern zu können. Trunksucht galt jedoch vor Gericht keineswegs als mildernder Umstand. Gelegentlich rechtfertigten die Männer ihr Verhalten damit, ihre Frauen wären selbst betrunken gewesen, hätten sich lieder-lich und ehrlos verhalten. Mit Wein versuchte man auch, die Übel zu bekämpfen, die er selbst verursacht hatte: Einem Bericht zufolge verabreichten die zu Hilfe ei-lenden Nachbarinnen einer Frau Wein, »um sie wieder zu Bewusstsein zu brin-gen«, nachdem sie von ihrem betrunkenen Ehemann bewusstlos geschlagen wor-den war. Solche Vorfälle, die es sicher weit häufiger gab, als wir heute wissen, bilden die Kehrseite des Bildes von Geselligkeit und Gemeinschaft, das gewöhnlich mit den Schenken assoziiert wird.[54]

Auf ganz verschiedenen Ebenen gehörte Wein zum täglichen Leben. Einerseits förderte er soziale Kontakte, konnte sie aber auch ebenso schnell wieder zerstören. Wein spielte nicht nur im sozialen Leben, sondern auch im wirtschaftlichen Tauschhandel eine Rolle. Ein Notar aus Besançon, der einen Weinberg besaß, be-zahlte seine Schulden in flüssiger Währung: ein paar Schoppen »guten, alten Wein« für den Schulmeister, ein Fässchen für seinen Vermieter, ein anderes für den Schuhmacher.[55]

Die Französische Revolution von 1789 wird allgemein mehr mit Gewalt und po-litischem Aufruhr in Verbindung gebracht als mit den nicht minder dramatischen Veränderungen, die sie in der gesellschaftlichen und kulturellen Landschaft Frank-reichs hinterließ. 1789 wurden in ganz Frankreich von den Gemeinden, dem Kle-rus und dem Adel Beschwerdelisten (*cahiers de doléances*) an den König geschickt. Diese Listen schilderten die Probleme von Gemeinden, Regionen, sozialen Schichten oder des ganzen Landes und schlugen Lösungsmöglichkeiten vor. In der Mehrzahl ging es um finanzielle und rechtliche Belange oder um Verfassungsfra-gen, häufig allerdings auch um die Produktion und den Konsum von Wein. Die Mehrzahl der Beschwerden bezog sich auf die Besteuerung des Genuss- und Grundnahrungsmittels – die hohen Steuern waren schließlich der Auslöser der Revolution gewesen –, doch machte man sich ebenfalls Sorgen um die Qualität, um das Ausmaß des Weintrinkens und seinen Einfluss auf Wirtschaft und Gesell-schaft. Aus dem Weiler Mennetou-sur-Cher unweit Orléans war beispielsweise zu

hören, die Steuer auf Wein sei »vielleicht die schädlichste für alle und die dem König am wenigsten nützliche«. War es schon eine schwere Belastung, dass Weinbauern Abgaben für ihr Land zahlen mussten, so hatten sie noch mehr Steuern für jedes Fass Wein zu entrichten, das sie auf dem Markt verkauften. Die Winzer
beklagten sich darüber, dass sie ein Fass Wein aus der Lese des Vorjahres nicht mit
frischem Wein auffüllen durften und es ihnen unmöglich war, »einem Bedürftigen,
dem man als mitleidige Seele helfen will, eine Flasche Wein zu schicken«, ohne
dass ein eifriger Steuerbeamter eine Abgabe geltend machte. In Anbetracht »der
Fläche an mit Wein bebautem Land bei jeder Stadt und jeder Pfarrei Frankreichs«
forderten die Einwohner von Mennetou eine einfache Steuer, die sich an der
Qualität der Reben orientieren sollte, und zusätzlich eine Steuer auf jedes verkaufte Fass Wein.[56]

Andere Gemeinden verlangten, die Weinsteuern völlig abzuschaffen. Man
wollte auch die Verluste berücksichtigt wissen, die durch Frost oder Überschwemmungen verursacht wurden. Die Pfarreien Vouzon und Lamotte-sur-Beuvron (bei
Orléans) klagten, die Weinsteuern würden in ländlichen Gegenden zu Kriminalität
und anderen Übeln führen:

Wie viele heimliche Verkaufsstellen für Wein gibt es doch auf dem Lande! Oft werden sie zur
Zufluchtsstätte für solche Menschen, die ihren Verstand durch Weintrinken verloren haben und
sich nun, schlimmer als die Tiere, ihren Leidenschaften hingeben. Die Folge sind Überfälle, Ge-
walttätigkeiten, schlechte Gesundheit, Charakterveränderungen und Hass auf anständige Leute,
die es nicht leiden mögen, dass die Weinverkäufer von der Ausnutzung oder sogar Ermunterung
der Trunksucht profitieren.[57]

Unter all diesen Beschwerden findet sich kein Hinweis, dass der Wein für die Konsumenten generell zu teuer war. Tatsächlich war der Weinpreis in dem Jahrzehnt
vor der Französischen Revolution eher niedrig. Wein kostete nur noch ungefähr
zwei Sou das Pint, davor hatte der Preis drei Sou betragen. Jetzt war der Getreide-
preis rapide angestiegen, und die Weinbauern konnten wegen der geringen Weinernten kaum genug Geld für ihr tägliches Brot aufbringen. Die schlechten Lesen
der Jahre 1788 und 1789 ließen die Weinpreise zwar ansteigen, doch war das ein
zweifelhafter Gewinn angesichts der vielen durch die katastrophale Witterung zerstörten Rebpflanzungen.

Ob es sich nun um Weinproduzenten, -händler oder -konsumenten handelte,
die Franzosen waren am Vorabend der Revolution zutiefst unzufrieden. Am meisten trifft dies auf die Bevölkerung von Paris zu, auf die Handwerker, Arbeiter und
kleinen Kaufleute, die sich in großer Zahl der Revolution anschlossen. Für die
Franzosen des 18. Jahrhunderts war der Wein ein Lebensmittel, dessen Besteuerung mindestens ebenso (wenn nicht mehr) verhasst war als die Abgaben für andere Nahrungsmittel.

Die Steuern wurden nicht beim Kauf erhoben, sondern wenn der Wein die

Stadtgrenzen passierte. In Paris, mit einer halben Million Einwohnern der größte Absatzmarkt des Landes, waren die Gebühren an den Zollstationen der Stadttore und an den Kontrollpunkten auf der Seine zu entrichten. Als diese Abgaben Jahrhunderte zuvor eingeführt wurden, waren sie relativ niedrig gewesen. Nun aber stiegen sie schneller als die Lebenshaltungskosten, und im Jahr 1789 war ein Steuerniveau erreicht, das den Endpreis für Wein verdreifachte. Die Steuer galt pro Fass, ungeachtet der Qualität und des Marktwerts des Weins, und schlug daher bei billigen Sorten von minderer Qualität erheblich stärker zu Buche. Die Folge war, dass die armen Weintrinker die reichen Zecher praktisch subventionierten.

Die Pariser versuchten wie alle Franzosen, sich mit den unmöglichsten Tricks der Steuerlast zu entziehen. Weinfässer wurden unter anderen Gütern versteckt und auf Karren an den Zollstationen vorbeigeschleust. Kleinere Mengen Branntwein verbargen Schmugglerinnen in Krügen unter ihren weiten Röcken. Man bohrte kleine Röhren und Kanäle, ausgekleidet mit Holz, Eisen, Blei oder Leder, durch die der Wein als Konterbande in die Stadt floss. Kaum war ein solches Schlupfloch entdeckt und zugeschüttet, entstand an anderer Stelle schon wieder ein neues.[58]

Eine legale Möglichkeit, die Abgaben zu umgehen, boten die *guinguettes* vor den Toren von Paris, wo der Wein steuerfrei ausgeschenkt wurde. Ein Pariser, der ein paar Kilometer Fußmarsch nicht scheute, erhielt dort seinen Wein zu einem Viertel oder einem Fünftel des Preises, den er in der Stadt bezahlt hätte. Da überrascht es nicht, dass diese Etablissements ein glänzendes Geschäft machten, nicht nur an Sonntagen, sondern auch unter der Woche. Diese Gaststätten, die sich im Platz nicht so beschränken mussten wie die Wirtshäuser in der Stadt, bestanden oft aus großen, scheunenartigen Gebäuden inmitten von Gärten, wo im Sommer die Gäste im Freien saßen. Eine der beliebtesten *guinguettes*, Le Tambour Royal, verkaufte beinahe 1,33 Millionen Liter Wein im Jahr.

Wie beliebt der steuerfreie Wein war, zeigte sich, als 1784 Pläne bekannt wurden, die Stadtmauer auszudehnen. Das hätte viele Schenken in den Stadtbereich hereingeholt und ihren Wein drastisch verteuert. Natürlich hätten sich außerhalb der neuen Mauern neue *guinguettes* angesiedelt, aber sie wären für die Bevölkerung noch schwieriger zu erreichen gewesen.

Der Bau der neuen Stadtmauer wurde 1784 in Angriff genommen, drei Jahre später jedoch unterbrochen. Die Pariser – Weinhändler und Konsumenten gleichermaßen – fühlten sich durch das Bauvorhaben herausgefordert, und schon bald kam ein reger Schmuggel in Gang. Man bohrte Öffnungen in die Mauer und leitete Wein zu den Händlern auf der anderen Seite hindurch, die ihn dort zu niedrigen Preisen verkauften. Bis 1788 hatten Zöllner bereits achtzig solcher Rohrleitungen entdeckt und verschlossen. Man baute Häuser, die die Stadtmauer überragten und Fenster zur Stadtseite hin hatten. Nachts warf man von dort aus Gefäße mit bis zu fünf Litern Inhalt hinüber. Manchmal täuschten die trinklustigen Bürger Unruhen oder Schlägereien vor, um die Wachen abzulenken und eine Ladung Wein unbemerkt durch die Zollschranken zu bringen.

Im Juli 1789 verschärften sich die politischen Spannungen und die schlechten Lebensbedingungen jedoch derart (vor allem durch den ins Unermessliche gestiegenen Brotpreis), dass die Pariser sich nicht mehr einfach an den Zollschranken vorbeimogelten, sondern sie zu attackieren begannen. Der erste Ausbruch revolutionärer Gewalt war nicht der bekannte Sturm auf die Bastille am 14. Juli, sondern eine Reihe von Auseinandersetzungen in den Tagen zuvor, in deren Verlauf die meisten Zollstationen rund um Paris zerstört oder niedergebrannt wurden. Es handelte sich dabei keineswegs um unüberlegte, spontane Gewaltakte, sondern um einen gezielten Angriff auf alle Einrichtungen, die den Armen das Leben schwer machten und das Auskommen der Bauern, Winzer und Händler bedrohten.

Die Französische Revolution erwies sich für die Weintrinker zunächst als herbe Enttäuschung: Die neuen Machthaber brauchten Geld und verfügten alsbald, dass die Steuern auf Wein und andere in die Stadt eingeführte Produkte bestehen blieben. Die neue Stadtmauer, die man 1784 begonnen hatte, war 1790 vollendet. Im darauf folgenden Jahr schaffte die Revolutionsregierung endlich alle indirekten Steuern landesweit ab. Am 1. Mai 1791 kurz nach Mitternacht, an dem Tag, an dem das neue Gesetz in Kraft trat, zog unter großem Jubel eine Kolonne aus Hunderten von Wagen in die Stadt ein, beladen mit mehr als zwei Millionen Litern Wein, der zum Spottpreis von drei Sou für den halben Liter abgegeben wurde. Zusätzlich wurden große Mengen Branntwein verkauft. Überall in Frankreich bot sich ein ähnliches Bild. Wie hätte man den Fall der verhassten indirekten Steuern besser feiern können?

Der Weinpreis stieg im letzten Jahrzehnt des 18. Jahrhunderts wegen magerer Ernten, blieb jedoch deutlich unter dem Niveau der vorrevolutionären Zeiten. Auch als 1798 wieder indirekte Steuern eingeführt wurden, betrug die Abgabe auf Wein nur drei bis vier Prozent und war damit weit niedriger als früher.

Während die Landwirtschaft in der Revolutionszeit weitgehend stagnierte, vergrößerte sich vielerorts die Rebfläche. Alles in allem war die Ausbreitung des Weinbaus aber nicht überwältigend. Einer vermutlich etwas zu vorsichtigen Schätzung zufolge lag die Steigerung zwischen 1788 und 1808 lediglich bei sechs Prozent. Die Weinproduktion des gesamten Landes stieg dagegen erheblich: von 27,2 Millionen Hektolitern jährlich am Vorabend der Revolution auf 36,8 Millionen Hektoliter im Zeitraum von 1805 bis 1812, was eine Steigerung um ein Drittel innerhalb von weniger als zwanzig Jahren bedeutete.[59] Wenn die Winzer es geschafft hatten, die Weinproduktion bei dieser bescheidenen Steigerung der Anbaufläche in einem solchen Maße zu erhöhen, mussten sie ihre Methoden erheblich verbessert haben.

Zu den vielen Gegenden, in denen sich der Weinbau ausbreitete, gehörte auch

Corbières im Languedoc, wo heute Qualitätswein mit Ursprungsbezeichnung erzeugt wird. Am Ende der Revolutionszeit, im Jahr 1802, hielt der Generalinspekteur der dortigen Wälder fest, dass »der einzige Sektor der Landwirtschaft, der gewachsen zu sein scheint, der Weinbau ist; die Weinbaufläche hat sich in den vergangenen zehn Jahren beträchtlich erhöht, und die hier hergestellten Weine haben die auswärtigen verdrängt.« Aus dem nahe gelegenen Narbonne, wo im römisch besetzten Gallien zum ersten Mal Wein angebaut wurde, hörte man 1792, ein großer Teil des trockenen Landes sei vor der Revolution noch unbebaut gewesen, nun aber mit Reben bepflanzt. Statistiken stehen zwar nur für die Zeit nach der Revolution zur Verfügung, doch zeigen sie um Narbonne einen Anstieg der Weinbaufläche von 10 111 Hektar auf 15 790 Hektar in den Jahren zwischen 1788 und 1812.[60] In anderen Regionen fiel der Zuwachs geringer aus. In Burgund erhöhte sich die Weinbaufläche von 17 658 Hektar in den Jahren 1786 bis 1788 auf 20 548 Hektar in den Jahren 1826 bis 1828.[61]

Mehrere Faktoren begünstigten die Ausdehnung des Weinbaus während und nach der Französischen Revolution. Zunächst wurden eine Reihe von Beschränkungen aufgehoben, die die Bauern früher bei der Bestellung ihres Landes beachten mussten. Vor der Revolution versuchte die französische Regierung, den Anbau von Wein einzudämmen, weil man fürchtete, er könne zu Lasten der Produktion von Getreide gehen, dem Hauptnahrungsmittel. Die Gutsbesitzer und die Kirche unterstützten diese Maßnahmen, da sie die ihnen zustehenden Abgaben und den Zehnten in Form von Korn eintrieben und deshalb die Bauern zum Anbau von Getreide anhielten.

Die Weinbauern hatten beträchtliche Steuern und Abgaben zu entrichten. Der von der Kirche eingeforderte Zehnte betrug je nach Region zwischen drei und zehn Prozent des Gesamtertrags. Vielerorts war den Winzern der Besitz eigener Weinpressen untersagt. Sie mussten die Pressen ihrer Herren benutzen und dafür natürlich bezahlen. Das kostete sie zwischen fünf und dreißig Prozent der erzeugten Menge. Dieses Weinpressen-Monopol kam die Bauern nicht nur teuer zu stehen, es behinderte sie und wirkte sich manchmal geradezu ruinös aus. Der Grundherr besaß das Recht, seine Trauben vorrangig zu pressen, wenn sie reif waren, was für die Bauern wiederum bedeutete, dass sie ihre Ernte in unreifem oder bereits überreifem Zustand verarbeiten mussten. Zu allem Übel durften die Winzer ihren Wein zu gewissen Zeiten nicht anbieten, damit der Grundherr seinen eigenen absetzen konnte, wenn die Preise am höchsten waren.[62]

Diese Überbleibsel des Feudalsystems verschwanden mit der Revolution, und die Bauern durften nun ihre Felder so bestellen, wie sie es für richtig hielten. Weinbau war sehr beliebt, denn bei günstigen Bedingungen konnten gerade Kleinbauern gute Erträge erzielen. Ein Morgen Rebfläche ließ sich noch ganz gut ohne Hilfskräfte bestellen.

Die Französische Revolution erleichterte nicht nur die Ausdehnung des Weinbaus, sie regte auch die Nachfrage an. Die Abschaffung von Binnenzöllen sorgte dafür, dass Wein nun abgabenfrei innerhalb Frankreichs transportiert werden konnte. Die Aufhebung der indirekten Weinsteuern senkte den Abgabepreis. Wenn man bedenkt, wie stark der hohe Preis vor der Revolution den Weinverbrauch einschränkte, muss sich die Nachfrage im letzten Jahrzehnt des 18. Jahrhunderts beträchtlich erhöht haben. Allein der Staat, der Wein für die Revolutionsarmeen kaufte, wurde zum Großabnehmer. In Frankreich standen 1793/94 zwischen 800000 und einer Million Männer unter Waffen. Und nicht nur die Soldaten im aktiven Dienst waren zu versorgen, auch die Militärkrankenhäuser wurden nicht vergessen.

Die Kriege der Revolutionszeit, die sich von 1792 bis zur endgültigen Niederlage Napoleons im Jahr 1815 mehr oder weniger ununterbrochen fortsetzten, wirkten sich in mehrfacher Hinsicht auf den französischen Weinhandel aus. Einige Regionen im Südwesten Frankreichs, die vor der Revolution Wein aus Spanien importiert hatten, sahen sich mit einem Mal von ihren Lieferanten abgeschnitten und wandten sich einheimischen Produkten zu, die nun in größerer Menge produziert wurden. Die französischen Weinexporte gingen dagegen weitaus ungestörter weiter, als man das angesichts der Blockadepolitik vermuten könnte, die Frankreichs Gegner verfolgten. Die Ausfuhr nach England war kaum behindert. Die britische Marine erlaubte neutralen Schiffen, französische Waren in neutrale Länder zu transportieren, aber auch, unterwegs britische Häfen anzulaufen und dort Qualitätsweine zu löschen.[63]

Kurz, die Französische Revolution schuf die Voraussetzungen für die Ausdehnung des Weinbaus und des Weinhandels. Es wurde erheblich mehr Wein erzeugt, und trotzdem kam es zu keiner Überproduktion. Die Tatsache, dass der Weinpreis in den Zeiten von 1776 bis 1789 und von 1801 bis 1805 um zwei Drittel stieg, spricht für eine kräftige Nachfrage, die sich nur durch eine verstärkte gesellschaftliche und geografische Verbreitung des Weinkonsums oder aber durch eine Erhöhung des Pro-Kopf-Verbrauchs erklären lässt. Ein günstiger Umstand war, dass der Wein in das System der Preisbeschränkungen einbezogen wurde, das ab 1793 für Grundnahrungsmittel galt. Im September 1794 setzte man den Preis für eine Flasche alten Wein auf zehn Sou fest, einen Sou mehr als für neuen Wein. (Der Wein wurde damals an Weihnachten im Jahr nach der Lese, also nach fünfzehn Monaten, als »alt« klassifiziert.)[64]

Mit der Verbilligung des Weins vermehrten sich die Fälle von Trunkenheit, sodass in vielen Gemeinden der Verkauf zeitlich eingeschränkt wurde. Anscheinend legte die Revolutionsregierung größeren Wert auf Sitte und Anstand, denn man bestimmte eine frühere Sperrstunde als die, die unter dem Ancien Régime gegolten hatte. In den neunziger Jahren war in einer burgundischen Stadt der Verkauf von Wein nach acht Uhr abends verboten (ausgenommen waren Reisende und Hotelgäste), da nächtliche Trinkgelage zu Aufruhr und Szenen geführt hatten, »die im Widerspruch zu den Sitten und Tugenden stehen, durch die sich Republikaner auszeichnen«. In anderen Gemeinden war die Abgabe von Wein nach neun Uhr abends untersagt, manchmal sogar schon nach Sonnenuntergang, wobei man während der Sommermonate oft eine Stunde zugab.

Arbeitern und Weinbauern sagte man einen Hang zur Trunksucht nach. Angeblich tranken sie oft so viel, dass sie nicht mehr arbeiten konnten und von Almosen leben mussten oder ihre Kinder betteln schickten. Von den Weinbauern hieß es auch, sie ließen das ganze Jahr über in der Schenke anschreiben, sodass die Wirte ihnen schließlich die ganze Ernte abnehmen mussten und kein Geld mehr für die Steuern und für die Ernährung der Familien übrig blieb.[65]

Politisch gesehen war Wein während der Revolution durchaus nicht unproblematisch. Bei den sozialen Implikationen, die die Unterscheidung zwischen guten und gewöhnlichen Weinen mit sich brachte, konnte er kein politisch neutrales Gut sein. Eine Karikatur aus der Frühzeit der Revolution zeigt uns die drei Stände (Klerus, Adel und den Dritten Stand, der den Rest der Bevölkerung umfasste), die dem neuen Regime zuprosten. Der Adlige hält eine Sektflöte, aus der man gewöhnlich Champagner trank, der Kirchenmann das runde, bauchige Glas mit Stiel, das man für Burgunder bevorzugte, und der Bürger, in der Tracht der Revolutionäre, hebt einen Becher, wie man ihn für einfachen Wein benutzte.[66]

Es war dieser einfache Wein, der bei politischen Festivitäten in Strömen floss. Man brachte Trinksprüche auf Freiheit, Gleichheit und Brüderlichkeit aus, und bei besonderen Gelegenheiten errichtete man einen Weinbrunnen. Die *Marseillaise*, ein Soldatenlied, das zur französischen Nationalhymne wurde, erfuhr eine Reihe von weinseligen Umdichtungen. Statt des zweiten Verses, in dem es heißt »Le jour de gloire est arrivé« (»Der Tag des Ruhms ist angebrochen«) sang man beispielsweise »Le jour de boire est arrivé« (»Der Tag des Trinkens ist angebrochen«). Wahrscheinlich bevorzugten die Revolutionäre den Rotwein, war doch Weiß die Farbe der verhassten Bourbonen.

Die Farbe konnte aber auch als Zeichen für Qualität verstanden werden, und so war dies ein zusätzlicher Grund, teure Weine abzulehnen. Luxusweine wie Champagner oder Spitzenweine aus Burgund und Bordeaux betrachteten die Radikalen wie die gepuderten Perücken und die Rockschöße als Symbole aristokratischer Dekadenz. Anfang 1794, auf dem Höhepunkt der Revolution, ordnete die Regierung in Paris an, die Vorräte an teuren Weinen bei ihren Gegnern, also bei all jenen, die ins Ausland geflohen waren oder denen man politische Verbrechen vorwarf, zu inventarisieren. Es sollte eine Liste der »Spirituosen, ausländischen Weine und teuren Weine jeder Art«, die »das Luxusstreben ihrer früheren Besitzer ange-

sammelt hatte«, aufgestellt werden, um sie bei Bedarf »nutzbringend gegen lebensnotwendige Güter einzutauschen«.[67] Unklar ist, ob dieser Weintausch innerhalb
oder außerhalb Frankreichs stattfinden sollte.

Doch keineswegs wurden damals nur die minderwertigen Weine gefördert, die
die Leute aus dem Volk tranken, denn die Revolutionäre rekrutierten sich hauptsächlich aus der Mittelschicht. Sie konnten sich vielleicht nicht die teuersten
Weine leisten, aber sie tranken sicher ebenso wenig die allerbilligsten. Auch zur
Zeit der Revolution gab es Hierarchien, in Geschmacksfragen wie in der Politik.
Gleichwohl bemühte man sich, die Kluft zwischen den Extremen zu verringern.
In etlichen Publikationen wurden während der Revolutionszeit Vorschläge für
den Weinbau und die Weinbereitung gemacht, um das allgemeine Qualitätsniveau
zu heben.[68] Und als man begann, Preisbeschränkungen für Grundnahrungsmittel
einzuführen, trieb man den Egalitarismus nicht so weit, dass man nicht unterschiedliche Höchstpreise für Weine verschiedener Qualität und Reputation zugelassen hätte. Im Jahr 1793 kosteten in der Gegend von Beaune die Rotweine der
Spitzenklasse wie Volnay und Pommard 560 bis 570 Livres pro *queue* (456 Liter),
während Savigny-Weine für 340 Livres und Weine aus Monthelie für 250 Livres
zu haben waren. Passetousgrain- und Gamay-Weine erzielten maximal 200 beziehungsweise 180 Livres.[69]

Verbesserungen im Weinbau honorierte man fortan auch mit Preisen. In einem
offiziellen Mitteilungsblatt hieß es 1794, die verliehene Anerkennung gehe auf
Bacchus selbst zurück, »der die Menschen die Kunst gelehrt hat, Reben anzubauen und Trauben zu ernten«.[70] Im Jahr 1799 wurden acht der zehn Preise, die in
der burgundischen Gemeinde Savigny verliehen wurden, für Leistungen wie die
folgenden vergeben: »perfekt kultivierte Reben ohne kranke Pflanzen, reiche
Ernte«, »hervorragender Weinbauer, arbeitet hart, wählt seine Reben sorgfältig
aus«, »guter Weinbauer und guter Sohn, sorgt für seinen betagten Vater, der zu seiner Zeit einer der besten Weinbauern in Savigny war«.[71]

In der Revolution wechselten viele Weinberge den Besitzer, teils durch die Ver-
staatlichung von kirchlichem Land, teils durch die Konfiszierung des Grundbesitzes von Emigranten und anderen Menschen, die man politischer Verbrechen be-
zichtigte. Die seit 1790 stattfindenden Auktionen gaben den Käufern aus allen
sozialen Schichten die Gelegenheit, in diesen profitablen Wirtschaftszweig einzu-
steigen. Von den großen Weinregionen war Bordeaux weniger betroffen als Burgund, weil die Kirche dort nur wenige Weinberge in ihrem Besitz hatte.

Mit dem Verkauf des verstaatlichten Landes versuchte die Revolutionsregierung, Geld zusammenzubringen, um die von der Monarchie übernommenen
Schulden zu bezahlen. Durch die Auktionen hoffte man, einen möglichst hohen
Verkaufspreis zu erzielen. Die Regeln verboten es, die fraglichen Grundstücke in
kleinere Parzellen zu zerteilen, außerdem durften sich Käufer nicht zusammentun,

um gemeinsam zu bieten. Diese Versteigerungsregeln begünstigten die Wohlhabenden, weshalb in erster Linie gut situierte Bürger aus den Städten von den Landverkäufen profitierten. Viele gute Weinberge, die zuvor in den Händen von Klerus und Adel gewesen waren, gingen nun in den Besitz von Investoren, Geschäftsleuten und Angehörigen der freien Berufe aus den Städten über. Nur wenige Bauern waren wohlhabend genug, um bei den Auktionen mitbieten zu können. Im März 1795 gingen bei einer Auktion in Burgund an nur einem Tag zehn Parzellen Rebland bei Gevrey-Chambertin an einen einzigen Käufer. Der erfolgreiche Bieter hieß Jean Aubert, lebte in Dijon und gab als Berufsbezeichnung «cultivateur vigneron» an. Er bot insgesamt 6 625 Livres für die Weinberge, die damals wie heute zu den besten Lagen Burgunds gehörten.[72]

Eine ganze Reihe berühmter Weingüter kam so unter den Hammer. Zu ihnen gehörte Romanée-Conti, vormals im Besitz des letzten Prince de Conti, das im Juli 1794 zur Versteigerung kam. Die ausführliche Beschreibung im Auktionskatalog lässt erkennen, mit welcher Ehrfurcht man schon damals dieses Weingut betrachtete, dessen Weine einen fünf- bis sechsmal höheren Preis erzielten als andere Spitzensorten von der Côte de Nuits:

Das Weingut ist berühmt für die hervorragende Qualität seines Weins. Seine Lage im Weinbaugebiet von Vosne begünstigt in besonderer Weise die perfekte Reifung der Trauben; im Westen höher gelegen als im Osten, empfängt es zu allen Jahreszeiten die ersten Sonnenstrahlen und wird von der vollen Kraft der Tageshitze getränkt … Wir wollen nicht verhehlen, dass der Wein von La Romanée der beste der ganzen Côte d'Or ist und auch die anderen Weine der Französischen Republik übertrifft. Gutes Wetter vorausgesetzt, zeichnet sich dieser Wein stets vor anderen hervorragenden *terroirs* aus; seine funkelnde und samtige Farbe, sein Feuer und sein Bukett betören alle Sinne. Gut gelagert, wird er bis zum achten oder zehnten Jahr stets noch besser; er ist dann ein wahrer Balsam für die Älteren, Schwachen und Gebrechlichen und flößt Sterbenden neues Leben ein.[73]

Die Beschreibung ist in mehrfacher Hinsicht aufschlussreich. Sie stammt aus der Zeit der Schreckensherrschaft, der radikalsten Phase der Revolution, als die Hinrichtungen von Adligen ihren Höhepunkt erreichten. Dieser Umstand mag die Bezugnahme auf die gesundheitsfördernden Eigenschaften des Weins erklären. Es war sicherlich für damalige Verhältnisse politisch korrekter, die gesellschaftlichen Vorteile des Romanée-Conti für »die Älteren, Schwachen und Gebrechlichen« hervorzuheben, statt ihn als Luxusgut für wenige Reiche anzupreisen. Die Schlussbehauptung ist nicht mehr als eine rhetorische Übertreibung. Erstaunlicherweise war das Weingut bis zur Revolution nur als La Romanée bekannt; erst der neue Besitzer, ein gewisser Nicolas Defer aus Paris, ergänzte den Namen durch den Zusatz »Conti«.

In mancherlei Hinsicht wirkte sich die Französische Revolution positiv auf die Weinkultur Frankreichs aus. Die Weinbauern waren nicht länger den Beschränkungen unterworfen, die ihnen das Ancien Régime auferlegt hatte. Die Rebfläche vergrößerte sich, ebenso die Erträge, während durch die Abschaffung der indirekten Steuern der Absatz gefördert wurde. Diese allgemein günstige Entwicklung wurde durch die gelegentlich zur Schau gestellten Feindseligkeiten gegen die Qualitätsweine kaum beeinträchtigt, und auch die Tatsache, dass viele Weinberge aus kirchlicher und aristokratischer Hand in bürgerlichen Besitz übergingen, schadete nicht dem Niveau der Weine. Die Regierung förderte auf staatlicher und lokaler Ebene den Weinbau und die Produktion hochwertiger Sorten. Damit begann der Staat, verstärkt in einen Sektor einzugreifen, der sich zu einem der wichtigsten Industriezweige Frankreichs entwickeln sollte.

Acht

Das Zeitalter der Hoffnungen

Unsicherheit und neuer Aufschwung, 1800 – 1870

Zu Beginn des 19. Jahrhunderts überzog Napoleon Europa mit Krieg, und im Jahr 1812 beherrschte Frankreich drei Viertel des Kontinents. Das napoleonische Zeitalter brachte auch für den Wein vielfältige Veränderungen. Die Handelswege wurden unterbrochen, als Napoleon mit der Kontinentalsperre die wirtschaftliche Blockade Großbritanniens verfügte. Ziel war es, den Handel (und den Zusammenhalt) zwischen den europäischen Festlandsstaaten zu stärken, die entweder unter Napoleons Herrschaft oder unter seiner Besatzung standen, sowie Großbritannien wirtschaftlich zu schwächen und zu einem für Napoleon günstigen Frieden zu zwingen.

Die Kontinentalsperre scheiterte, nicht nur weil sich die Briten als erfahrene See- und Kaufleute in anderen Teilen der Welt neue Handelspartner suchten, sondern weil die europäischen Staaten offen oder versteckt weiterhin mit Großbritannien Handel trieben, um ihre eigenen Wirtschaftsinteressen zu schützen. Selbst die Franzosen verkauften Wein und Branntwein nach England, der für den britischen Eigenbedarf sowie für den Weiterverkauf nach Skandinavien und ins Baltikum bestimmt war. Zwischen 1807 und 1816 gelangten jährlich 4 478 Fässer französischen Weins, ein Achtel der gesamten jährlichen Weinimporte, über den Kanal. Der größte Teil der britischen Weinimporte stammte jedoch aus Portugal (50 Prozent) und aus Spanien (23 Prozent).[1]

Als sich Portugal, seit hundert Jahren Großbritanniens größter Weinlieferant, weigerte, der französischen Kontinentalsperre beizutreten, schritten die Franzosen zur Tat – eine paradoxe Reaktion, brachen die Franzosen das Handelsembargo doch selbst. Zwischen 1807 und 1809 hielten französische Soldaten und die Truppen ihrer spanischen Verbündeten den Norden Portugals besetzt, darunter das bedeutendste Weinbaugebiet des Landes im Tal des Douro. 1809 gingen dort britische Streitkräfte an Land. Der unmittelbare Schaden für die Weinberge im Zuge dieser kriegerischen Auseinandersetzungen war zwar gering, denn sie lagen schwer zugänglich an den Hängen des Tals und waren als militärisches Operations-gebiet denkbar ungeeignet. Von den hoch gelegenen, ummauerten Weinbergen aus hatten die Portugiesen im Jahr 1808 die französischen Truppen, die den Douro überquerten und den Fluss entlang weiter vorzudringen versuchten, erfolgreich in die Flucht geschlagen.[2]

Trotzdem erschwerte und behinderte der Krieg das Leben und die Arbeit der Weinbauern im Douro-Tal auf die eine oder andere Weise. Aufgrund der Aushe-bung von Soldaten kam es zu einem Mangel an fachlich geschulten Weinbergar-beitern. Fremde Truppen plünderten gelegentlich die Weinkeller, und nur noch wenige britische Kaufleute blieben nach der Ankunft der Franzosen in Porto. Schließlich wurde der Weinexport per Schiff ein immer waghalsigeres Unterneh-men. Insgesamt gesehen waren die Folgen des Krieges allerdings weniger gravie-rend, als man hätte befürchten können. Der Exportrückgang wurde durch den er-höhten Weinverbrauch der fremden Streitkräfte teilweise ausgeglichen. Und durch ihren Aufenthalt in Portugal gewöhnten sich die Soldaten an einen erhöhten Weinkonsum, den sie auch nach der Rückkehr in ihre Heimat beibehielten. Mit dem schwindenden Einfluss britischer Kaufleute in Porto stiegen jedoch die Preise, und in schlechten Erntejahren wie 1811 schnellten sie noch weiter in die Höhe. Dies sowie der schlechte Ruf einiger Sorten führte von nun an zu einem Rückgang der britischen Nachfrage nach portugiesischen Weinen.

In anderen Gebieten war es nicht der Krieg, sondern die französische Besat-zung, die einschneidende Veränderungen mit sich brachte. Napoleon betrachtete die Annexionen als eine Gelegenheit, die neuen französischen Institutionen und Traditionen in den besetzten Ländern einzuführen und die Bevölkerung dem Ni-veau der französischen Kultur anzupassen. Darin sah Frankreich seine »kulturelle Mission«. Die noch verbliebene wirtschaftliche Macht der Kirche wurde zerschla-gen. Land, darunter auch das Rebland, das sich im Besitz von Erzbischöfen, Bi-schöfen und Klöstern befand, wurde enteignet und an weltliche Interessenten ver-kauft, genau wie es die Revolutionäre in Frankreich Anfang der neunziger Jahre des 18. Jahrhunderts getan hatten. 1803 beschlagnahmten und säkularisierten die französischen Behörden rund ein Viertel aller Weinberge im Moselgebiet, auch ei-nige der besten Lagen. Die Weingüter des Zisterzienserklosters Eberbach, wo man bereits seit dem 12. Jahrhundert Wein angebaut hatte, gelangten in den Besitz des Herzogs von Nassau. In Teilen Italiens, beispielsweise in Piemont, verfuhren die Franzosen in ähnlicher Weise, und auch hier waren es die Reichen und nicht die Bauern, die es sich leisten konnten, die der Kirche entrissenen Weingüter zu kau-fen.[3]

Auf die Gefahr hin, die Bedeutung der Kirche und insbesondere der Klöster für den Weinbau und die Weinkultur im Mittelalter überzubewerten, müssen wir festhalten, dass diese die Kontinuität des Weinbaus seit dem frühen Mittelalter gewährleisteten. Die Säkularisierung vieler kirchlicher und klösterlicher Weinberge im 18. Jahrhundert in Burgund, die Enteignung und der Verkauf von kirchlichem Grundbesitz im Zuge der Französischen Revolution sowie die Fortsetzung dieser Praxis in vielen Ländern Europas durch Napoleon setzten dieser Beständigkeit ein Ende.

Die politische und wirtschaftliche Lage stabilisierte sich 1815 mit der endgültigen Niederlage Napoleons. Frankreich hatte seine Kriege zwar verloren, aber dies brachte keine nachteiligen Folgen für den französischen Weinbau mit sich, der seinen Siegeszug weiter fortsetzte. Im Jahr 1828 waren zwei Millionen Hektar Land mit Rebstöcken bepflanzt, die 40 Prozent der Weltproduktion an Wein lieferten. Verglichen damit besaß Italien (das heute mehr Wein produziert als Frankreich) lediglich 400 000 Hektar Rebland, ein Fünftel der französischen Anbaufläche. Ebenfalls vor Italien rangierten Österreich mit 625 000 und Ungarn mit 550 000 Hektar Rebland.[4]

Die Winzer, die nach den napoleonischen Kriegen hoffnungsvoll in die Zukunft blickten, müssen enttäuscht gewesen sein, als die Ernte des Jahres 1816, des ersten echten Friedensjahres, vielerorts durch extrem kalte Temperaturen vernichtet wurde. Aber die Wertschätzung für den Wein wurde durch solche Rückschläge keineswegs getrübt. Die Weinbranche bemühte sich weiterhin nach Kräften, sich von einem Vierteljahrhundert politischer Unruhen zu erholen, die mit der Französischen Revolution begonnen hatten. So kehrten noch vor dem Ende der Kämpfe in Portugal britische Kaufleute nach Porto zurück, um ihre Handelsgeschäfte wieder aufzunehmen und sich als die wichtigsten Lieferanten des lukrativen englischen Marktes zu behaupten. Seit 1811 war die Nachfrage zwar zurückgegangen, aber die Kaufleute, unter ihnen George Sandeman, der Gründer eines der wichtigsten Handelsunternehmen für Portwein, hofften in Friedenszeiten auf eine Wiederbelebung des Marktes und einen neuen Aufschwung für den portugiesischen Wein.

Solche Hoffnungen wurden allerdings durch die veränderten Trinkgewohnheiten der Briten im Laufe der ersten Hälfte des 19. Jahrhunderts enttäuscht. Trotz des rapiden demographischen Wachstums (zwischen 1800 und 1850 verdoppelte sich die Bevölkerungszahl Großbritanniens) blieb die Nachfrage nach Wein mehr oder weniger konstant. Bier, dessen Qualität sich zunehmend besserte, und Spirituosen taten ein Übriges. Die Reichen und die Mittelschicht entwickelten neue Trinkvorlieben, vielleicht aufgrund wachsender Kenntnis der Gefahren unmäßigen Trinkens und unter dem Einfluss der Abstinenzbewegungen. Der Portwein musste Marktanteile an leichtere Weine abgeben, etwa an billigere spanische Importe, und viele, die weiterhin Wein mit einem höheren Alkoholgehalt bevorzugten, wechselten zum Sherry. Hatte Portwein 1800 noch einen Anteil von 50 Prozent aller in England getrunkenen Weine, so fiel er bis 1830 auf weniger als ein Drittel.

Einen Teil des Weins, den Portugal nicht mehr nach England ausführen konnte, ging an die Kolonien. Vor allem nach Angola lieferten die Portugiesen seit dem Ende des 18. Jahrhunderts große Mengen Wein. In den zehn Jahren zwischen 1798 und 1807 zum Beispiel wurden jährlich durchschnittlich 282 Pipes Portwein (etwa 140 000 Liter) von Lissabon nach Luanda verschifft. Bis 1860 stieg die Gesamtmenge an Alkohol, der wegen der großen Hitze meist schon in destillierter Form in die westafrikanischen Kolonien Portugals gebracht wurde, auf 23 Millionen Liter.[5]

Was der Douro verlor, gewann Jerez. Zwischen 1814 und 1824 machte der überwiegend süße Sherry ein Fünftel der englischen Weinimporte aus, zwischen 1826 und 1840 stieg sein Anteil sogar auf zwei Fünftel.[6] Neun Zehntel der spanischen Sherry-Exporte gingen nach Großbritannien, wenngleich die englischen Kaufleute einen Teil davon in andere Länder weiterverkauften. Dieser Exportboom blieb für Jerez nicht ohne Folgen. Zwischen 1817 und 1851 stieg der Anteil der Rebfläche um 50 Prozent und bis 1870 noch einmal um 50 Prozent. Die neu angelegten Weinberge, die sich meist im Besitz großer Handelsgesellschaften befanden, produzierten einen Großteil des nach England verschifften billigen Sherry. Im Laufe der Zeit verfiel der Preis der von den Bauern produzierten traditionellen, teuren Sherryweine. Zwischen 1865 und 1880 fiel der Preis pro Butt von 110 auf 40 Peseten. Viele Winzer waren gezwungen, ihre Weinberge zu verkaufen. Ende des 19. Jahrhunderts befand sich ein Großteil des Reblands von Jerez im Besitz großer Firmen wie Duff, Garvey und Byass.

Im Laufe des 19. Jahrhunderts vervierfachte sich in Spanien der Anteil der Weinberge an der landwirtschaftlichen Nutzfläche. Um 1890 produzierte das Land jährlich mehr als 20 Millionen Hektoliter Wein. Allein in Katalonien stieg die Produktion zwischen 1860 und 1890 auf das Sechsfache. Wein wurde zu einem zunehmend wichtigeren Handelsgut. Ende der fünfziger Jahre erwirtschafteten die Spanier mit ihm ein Drittel ihres Exportumsatzes.[7]

Die Gewohnheiten des Alkoholkonsums veränderten sich in Europa allgemein. In großen Teilen Mittel-, Ost- und Nordeuropas, wo der Weinbau nur ein geringer oder gar kein Wirtschaftsfaktor war, wurden industriell hergestellte Spirituosen zunehmend beliebter. Deutschland und Skandinavien waren bald wichtige Produzenten von Alkoholika auf Getreidebasis, beispielsweise Schnaps. Spirituosen erfreuten sich aber auch in Weinländern zunehmender Beliebtheit, in Frankreich besonders unter den Arbeitern in den Industriestädten des Nordens. Das Aufkommen neuer, massenhaft produzierter alkoholischer Getränke führte jedoch nicht zu einem Rückgang der Weinproduktion. Das Volumen des für den Markt produzierten Weins stieg in den meisten europäischen Ländern im Verlauf des 19. Jahrhunderts sogar weiter an. In den meisten Staaten Europas (mit Ausnahme Frankreichs) wuchs die Bevölkerungszahl seit 1800. Die Zahl der Weintrinker stieg damit zwar absolut gesehen, ging aber prozentual gesehen zurück.

Die Weinproduktion stieg keineswegs kontinuierlich an. Zwischen 1860 und 1890 vernichtete die Reblaus einen Großteil des Rebbestandes, aber aufs Ganze gesehen gab es dennoch ein deutliches Wachstum. 1840 stellte Frankreich 51 Liter Wein pro Kopf her, 1859 waren es 60 und im Jahr 1872 77 Liter. Innerhalb von dreißig Jahren schafften die Franzosen damit einen Zuwachs um 50 Prozent.[8] Den Hauptanteil bildeten billigere Weine minderer Qualität, aber auch bei den Qualitätsweinen war eine Steigerung zu verzeichnen. Die Region Bordeaux erzeugte Ende der fünfziger Jahre des 19. Jahrhunderts 1,9 Millionen, Ende der sechziger Jahre 4,5 Millionen und Mitte der siebziger Jahre über 5 Millionen Hektoliter Wein jährlich.

Ähnlich tiefgreifende Veränderungen vollzogen sich im 19. Jahrhundert in der Organisationsstruktur der französischen Weinwirtschaft. Wir können diese Zeit als den Beginn einer »Weinindustrie« im modernen Sinn bezeichnen. Die französische Weinproduktion und Marktorganisation lässt sich grob in zwei Kategorien einteilen. Auf der einen Seite stellten die Winzer in relativ kleiner Menge Spitzenweine für einen exklusiven, großenteils nichtfranzösischen Markt her. Hier sind vor allem die Weingüter um Bordeaux und in Burgund zu nennen, die zu Beginn des Jahrhunderts mehr als 200 000 Hektoliter Wein pro Jahr zu Wasser und zu Land nach Paris lieferten.[9] Auf der anderen Seite gab es die sehr viel größere, aber weniger streng reglementierte und unscheinbarere Kategorie der *vins ordinaires*, die von kleinen Weinbauern für den lokalen und regionalen Markt erzeugt wurden.

Für viele Bauern war es eine schwierige Zeit, denn es wurde sehr viel mehr Wein produziert (35-40 Millionen Hektoliter pro Jahr), als der heimische Markt benötigte. Zwischen 1800 und 1820 sowie zwischen 1820 und 1850 fielen die Preise um ein Viertel, und die Gewinne, die im Weinbau erwirtschaftet wurden, waren gering. Das Exportvolumen war relativ niedrig, zwischen 1 und 1,5 Millionen Hektoliter pro Jahr. Die hohen inländischen Weinsteuern trieben den Preis auch in Frankreich in die Höhe. Produzenten aus dem Beaujolais rechneten vor, dass sie für 100 Hektoliter Wein in Paris 5 800 Francs erzielten, was auf den ersten Blick ganz gut aussah. Wenn man aber die Kosten für den Anbau der Trauben (200 Francs), die Fässer (750 Francs), den Transport (700 Francs), den Händleranteil von 10 Prozent (580 Francs) und vor allem die direkten (93 Francs) und indirekten Steuern (2 675 Francs) berücksichtigte, verblieben lediglich 802 Francs, die sich der Besitzer des Weinguts und sein Winzer zu teilen hatten.[10]

Im späten 19. Jahrhundert entstand – analog zur nordfranzösischen Textil- und Metallbranche – eine große Weinindustrie mit einem weit größeren Produktionsvolumen.[11] Dafür waren mehrere Faktoren verantwortlich.

Erstens nahm die Rebfläche in der Zeit der Französischen Revolution und in der napoleonischen Epoche beträchtlich zu, und diese Entwicklung setzte sich im 19. Jahrhundert weiter fort. Von weniger als 2 Millionen Hektar im Jahr 1850 stieg die Anbaufläche auf fast 2,6 Millionen Hektar im Jahr 1875. Das größte Wachstum war im Süden und besonders im Languedoc zu verzeichnen. Waren im Hérault noch 1800 lediglich 65 000 Hektar Land mit Rebstöcken bepflanzt, so gab es dort 1869 bereits 226 000 Hektar.[12]

Zweitens verbesserte sich generell die Produktivität. Besonders in Südfrankreich erweiterten die Bauern ihre Rebpflanzungen über das Hügelland hinaus auf die Ebene, wo die Reben leichter angebaut, beschnitten und geerntet werden konnten. Ertragreiche Rebsorten wie Grenache wurden zu Massenträgern. Gamay-Reben verbreiteten sich im Loiretal und in den Randzonen Burgunds. Die Bedenken der burgundischen Winzer gegen diese Entwicklung waren so groß, dass sie 1845 in Dijon einen Weinbauernkongress einberiefen, auf dem sie die Ächtung der Gamay-Traube durch Herzog Philipp den Kühnen aus dem Jahr 1395 als »ungetreue« Rebe, die nur schlechten Wein hervorbringe, erneuerten.

Drittens bekamen jetzt die expandierenden Weinregionen des Südens einen leichteren Zugang zu den wichtigen Absatzmärkten im Norden. Ein Großteil des französischen Weins wurde im Inland konsumiert. Mit dem Ausbau des Eisenbahnnetzes erreichten die Produkte nun leichter, schneller und vor allem kostengünstiger die bevölkerungsstarken Städte. Frankreich war zentralistisch ausgerichtet, und alle Eisenbahnen führten nach Paris. Von der Hauptstadt aus verzweigte sich das Schienennetz in alle Richtungen und erreichte bald die Weinregionen. Dijon im Norden des burgundischen Weinbaugebiets Côte d'Or erhielt seine Anbindung an Paris 1851, was der Stadt kurzzeitig einen Wettbewerbsvorteil gegenüber Bordeaux bescherte, das erst zwei Jahre später an das Eisenbahnnetz angeschlossen wurde. Seit 1856 wurde der Wein aus den ausgedehnten Weinbergen des Languedoc mit der Eisenbahn zu den Märkten im Norden transportiert. Im Jahr 1875 verfügte Frankreich über ein umfassendes Schienennetz und einen nationalen Weinmarkt.

Über den bloßen Vorteil des Schienenverkehrs hinaus spielten die unterschiedlichen Transporttarife der Eisenbahngesellschaften eine Rolle. Die Frachtkosten stiegen nämlich keineswegs proportional zur Entfernung, was die Wettbewerbsfähigkeit der von Paris und anderen bedeutenden Märkten weiter entfernt liegenden Weinproduzenten verbesserte. Sie bezahlten weniger pro Frachteinheit als die näher an den Märkten liegenden Produzenten und Regionen. Der Aufschwung der Weinwirtschaft im Midi führte daher zum Niedergang des Weinbaus in der Umgebung von Paris. Im Oise-Tal ging die Rebfläche von 2 285 Hektar im Jahr 1852 auf 811 Hektar zehn Jahre später zurück – ein typisches Beispiel für den rapiden Verfall weniger bedeutender Weinregionen. Diese Entwicklung wurde durch die Reblauskatastrophe zehn bis zwanzig Jahre später noch beschleunigt.

Aber der Geschmack der Pariser änderte sich nicht so rasch. Bis zum Ende der sechziger Jahre des 19. Jahrhunderts hielten sie den burgundischen Weinen die

Treue. Erst nach einer schlechten Ernte waren viele Konsumenten gezwungen, auf andere Weine auszuweichen. Der steigende Bedarf erzwang die Erschließung neuer Quellen. Paris verbrauchte einen stetig wachsenden Anteil an der Jahresproduktion: 86 Millionen Liter im Jahr 1840 und 300 Millionen Liter im Jahr 1872 – eine Steigerung, die das Bevölkerungswachstum der Hauptstadt weit übertraf. Diese Erhöhung wurde wahrscheinlich durch das Angebot erschwinglicher Weine aus dem Süden ausgelöst und getragen.

Veränderungen in der Weltwirtschaft halfen dem französischen Weinhandel ebenfalls auf die Sprünge. Mit dem Verlust seiner Satellitenstaaten am Ende der napoleonischen Kriege verlor Frankreich viele Absatzmärkte. Große Mengen Wein wurden jetzt nach Amerika exportiert, insbesondere nach Argentinien und ab 1840 auch in die Vereinigten Staaten. Die hohen amerikanischen Weinimporte sollten allerdings nur von kurzer Dauer sein. Seit etwa 1860 ging der Einkauf französischer Weine infolge des amerikanischen Bürgerkriegs, des Aufstiegs des kalifornischen Weinhandels und der protektionistischen amerikanischen Wirtschaftspolitik wieder zurück. Die sinkende Nachfrage in den Vereinigten Staaten (wie in Großbritannien etwa zur selben Zeit) könnte teilweise auf die erstarkenden Abstinenzlerbewegungen zurückzuführen sein. Wie wir jedoch noch sehen werden, geriet weniger der Wein als der Branntwein unter Beschuss. Nicht selten wurde Wein sogar als akzeptable Alternative zu anderen alkoholischen Getränken empfohlen.

In Europa waren Deutschland und die Niederlande die besten Kunden der französischen Weinexporteure. Die guten Bordeaux-Jahrgänge gingen nach Deutschland, die preiswerteren in die Niederlande. Großbritannien war in der ersten Hälfte des 19. Jahrhunderts ein weniger bedeutender Abnehmer, später wurden vor allem Spitzenweine aus dem Bordelais nach Großbritannien verkauft. 1860 schlossen Großbritannien und Frankreich einen Vertrag, der die Weinzölle erheblich senkte. Dies hatte zur Folge, dass der Verkauf von preiswerteren Clarets zur selben Zeit stieg, als die Exporte in die Vereinigten Staaten zurückgingen. Auch wenn die englischen Weintrinker im Großen und Ganzen den iberischen Gewächsen treu blieben, stieg der Konsum französischer Weine von Mitte der sechziger bis Mitte der siebziger Jahre um das Achtfache.

Englische Weinliebhaber tranken jetzt vermehrt französischen Wein – nicht nur wegen der sinkenden Preise, sondern auch um ihrer Gesundheit willen. In den sechziger Jahren des 19. Jahrhunderts erörterte ein gewisser Dr. Robert Druitt in einer medizinischen Zeitschrift und später in einem Bestseller die gesundheitlichen Vorzüge des französischen Weins. In weit größerem Maße als Weine aus Spanien und Portugal seien, so Druitt, die französischen Sorten (Bordeaux oder Burgunder) ideal für Kinder, Alte, Kranke und für alle Geistesarbeiter.[13]

Die Schriften von Ärzten wie Druitt stehen in der Tradition griechischer und römischer Autoren, die zweitausend Jahre zuvor bestimmten Weinen gesundheitsfördernde Eigenschaften zuordneten. Doch in der ersten Hälfte des 19. Jahrhunderts wurde deutlich, dass Qualitätskriterien noch einen anderen Zweck besaßen. Über die hohe Qualität von Bordeauxweinen war man sich schon frühzeitig einig, als die Schriftsteller Weingütern wie Margaux, Latour, Lafite und Haut-Brion die Produktion von Weinen auf gleichbleibendem, überragendem Niveau bescheinigten. Anlässlich der Weltausstellung in Paris wurde 1855 im Auftrag Kaiser Napoleons III. eine Klassifikation der Bordeaux-Châteaux erstellt, die bis heute ihre Gültigkeit bewahrt hat.

Auch in einigen italienischen Weinbaugebieten legte man jetzt größeren Wert auf die Qualität. Im 19. Jahrhundert begannen sich Weine wie Barolo, Chianti und Barbaresco aus der Masse herauszuheben. Wein wurde überall auf der italienischen Halbinsel produziert und quer durch alle sozialen Schichten getrunken. Von wenigen Ausnahmen abgesehen waren die italienischen Rebererzeugnisse jedoch von minderer Qualität und nur für die lokalen Märkte gedacht. Im Unterschied zu Frankreich hatte sich Italien keinen Ruf als Spezialist für anerkannte Spitzenweine erworben. Die besser betuchten italienischen Konsumenten importierten Qualitätsweine, vor allem Bordeaux und Burgunder, sogar in Regionen wie Piemont, wo man heute selbst ausgezeichnete Weine herzustellen versteht. Anders als Spanien und Portugal hatte Italien keine ausländischen Absatzmärkte für seine Durchschnittsweine, nicht zuletzt deshalb, weil das Land durch die Verlagerung des europäischen Handels vom Mittelmeer zum Atlantik an den Rand gedrängt worden war.

Für das relativ späte Auftauchen italienischer Qualitätsweine gibt es mehrere Gründe. Vor der Einigung 1860/61 war die italienische Halbinsel in zahlreiche Kleinstaaten zersplittert, von denen einige unabhängig waren, andere, darunter Venedig und die Lombardei, zu größeren politischen Einheiten wie dem Habsburgerreich gehörten. Unterschiedliche Maße und Gewichte sowie die Zölle, die die einzelnen Staaten auf Importwaren aus den Nachbarländern erhoben, standen der Entstehung eines nationalen Weinmarkts im Weg. Zudem verfügte kein Einzelstaat über eine ausreichende Zahl von begüterten Weinliebhabern, die eine lokal begrenzte Produktion von Spitzenweinen finanziell tragen konnten. Fernhandel war ebenfalls ausgeschlossen, weil italienische Weine den Transport nur sehr schlecht überstanden. Im 18. Jahrhundert hatte man Versuche unternommen, Barolo nach England zu exportieren, aber selbst wenn man ihn geklärt, Alkohol zugesetzt und sogar mit Olivenöl gegen Luftzufuhr geschützt hatte, erreichte er offenbar nur selten unbeschadet seinen Bestimmungsort.[14]

Zu den wenigen bemerkenswerten Tropfen aus Norditalien zählten Barolo aus dem Piemont und Valpolicella aus dem Veneto, die beide außerhalb ihres Herkunftslandes, vor allem in Wien, in begrenztem Maße Absatz fanden. Doch wieder einmal war der Geschäftserfolg nicht selten von politischen Einflüssen abhängig, etwa von den Importzöllen. Im Jahr 1833 senkte die österreichische Regierung den Zoll auf piemontesischen Wein. Dreizehn Jahre später wurde dieser unter dem Druck der ungarischen Winzer mehr als verdoppelt – mit dem Ergebnis, dass der Preis für Barolo stieg und der Verkauf zurückging.

Die Geschichte des norditalienischen Weins wurde stärker als andernorts von den politischen Verhältnissen geprägt. Mitte des 19. Jahrhunderts begann die politische Elite, die Fremdherrschaft abzuschütteln und die politisch zersplitterte Halbinsel zu einer Nation zu vereinigen. Zu den führenden Staatsmännern, die an der erst 1861 erfolgten Einheit Italiens mitwirkten, gehörten Camillo Cavour und Baron Bettino Ricasoli – Agronomen, denen vor allem die Förderung des Weinbaus in ihren Heimatregionen Piemont und Toskana am Herzen lag.

Ricasoli gilt weithin als der Vater des Chianti-Weins. Bemerkenswerte Weine gab es in der Region Chianti bereits vor dem 19. Jahrhundert. Diese hatten im 17. und 18. Jahrhundert in England einen bescheidenen Absatz gefunden, wurden dann aber von der französischen und portugiesischen Konkurrenz verdrängt. Anfang des 19. Jahrhunderts waren die Chianti-Weine nur noch im Angebot ihrer Region zu finden. Ricasolis Neuerungen, die er zunächst auf seinem eigenen Weingut in Brolio einführte, setzten den Maßstab für grundsätzlichere Veränderungen, die den Chianti nicht nur unter den Weinen Italiens heraushoben, sondern auch neben der ausländischen Konkurrenz bestehen ließen.

1851 besichtigte Ricasoli französische Weingüter an der Rhône, im Beaujolais und in Burgund, um deren Weinbau- und Weinherstellungsmethoden zu studieren und auf seinem eigenen Weingut auszuprobieren. Nachdem er einen 1846er Beaujolais verkostet hatte, schrieb er in sein Tagebuch: »Wein guter Qualität, aber mit wenig Geschmack und ohne Aroma, nicht scharf, von rotgoldener Farbe, und weich. Wein aus dem Chianti ist ihm in Geschmack und Aroma überlegen; aber er hat den Nachteil, dass er immer noch ein wenig bitter ist; seine Farbe verleiht ihm Dichte, verhindert aber ein attraktives Erscheinungsbild.«[15]

Eine von Ricasolis Neuerungen war die Beschränkung auf wenige Rebsorten für den Chianti, vor allem auf Sangiovese, aber auch auf Canaiolo, Malvasia und Trebbiano. Er experimentierte zwar auch mit anderen Trauben, darunter vielen, die er aus Frankreich mitgebracht hatte. Aber in den Weinbergen der Toskana wurden bald nur noch die oben genannten wenigen Sorten angebaut, die wir heute mit dem Chianti-Wein gleichsetzen. Auch bei der Weinlese führte Ricasoli neue Grundregeln ein. Er ermunterte seine Winzer, den geeigneten Zeitpunkt für die Weinlese selbst zu bestimmen. Auf dieser Anordnung, so betonte er, »beruht der gute Ruf der Brolio-Weine«.

Ricasoli war der Meinung, dass guter Wein nicht allein das Ergebnis erfolgreichen Rebanbaus sei, und beschäftigte sich daher auch mit der Weinbereitung. Statt offener verwendete er geschlossene Gärbehälter und verbesserte die Klärungstechniken. Die so genannte *governo*-Technik behielt er andererseits bei. Bei dieser Technik vermischte man den unvergorenen Saft aus ein bis zwei Monate getrockneten Trauben mit Wein, der soeben die Gärung beendet hatte. Dadurch wurde eine zweite Gärung eingeleitet, die den Alkoholgehalt des Weins erhöhte. Heutzutage wird das Verfahren, das in der Toskana im 19. Jahrhundert die gängige Praxis war, nur noch selten angewandt.

Mit seinen neuen Methoden produzierte Ricasoli nicht nur mehr, sondern auch besseren Wein. Bis 1870 stieg die Weinproduktion in Brolio gegenüber 1830 um das Fünffache, und 70 Prozent des Weins war von erstklassiger Qualität. Der Preis für seine Erfolge war allerdings ein gestörtes Verhältnis zu seinen Pächtern, deren traditionelle Praxis und deren Gefühle er missachtet hatte. Als er starb, wünschten sie ihm, sein Geist möge ruhelos auf einem weißen Pferd durch die Wälder des Chianti streifen.[16] Doch von dem hervorragenden Ruf des Chianti und seinem zunehmenden Erfolg auf den Weltmärkten, ganz zu schweigen von der Verbreitung des Weins im eigenen Land nach der Einigung Italiens, profitierte die gesamte Region.

Der Aufstieg des Chianti zu einer angesehenen Marke war Teil allgemeinerer Veränderungen, die sich im Laufe des 19. Jahrhunderts für den italienischen Wein ergaben. Ein entscheidender Schritt war die Abkehr von süßen und die Hinwendung zu trockeneren Weinen. Barolo und Barbaresco waren Anfang des 19. Jahrhunderts süß, am Ende des 19. Jahrhunderts trocken. Um 1820 begann Sizilien, neben den schweren süßen Weinen, lange Zeit eine Spezialität der Insel, auch trockene Weine zu produzieren.

In den deutschen Weinbaugebieten achtete man im 19. Jahrhundert ebenfalls mehr auf Qualität, denn mit der Gründung des Deutschen Zollvereins 1834 wurden die Regionen in einen größeren Markt eingebunden, der einen unmittelbareren Wettbewerb bewirkte. Mit dem Zollverein fielen die Zollgrenzen, die die mittelmäßigen Weine der deutschen Einzelstaaten bisher geschützt hatten. Bessere Weine verdrängten die schlechteren vom Markt, und dieser Prozess wurde durch einfachere Transportmöglichkeiten, insbesondere durch den Ausbau des Eisenbahnnetzes, weiter beschleunigt. So erlebten einige Weinbauregionen einen Aufschwung, andere ihren Niedergang. Die Rebfläche in Württemberg und Franken ging im Laufe des 19. Jahrhunderts um 50 Prozent zurück. Auch Baden litt unter dem Ansturm importierter Bordeaux-Weine. Weine aus dem Rheingebiet konnten ihren Exportanteil in Preußen erhöhen, während die preußischen Weinberge, die bis dahin ausschließlich Reberzeugnisse von niedriger Qualität für Berlin und Dresden produziert hatten, verfielen – eine Entwicklung ähnlich wie die im Umland von Paris, als dort vermehrt Weine aus dem Süden Frankreichs angeboten wurden.

Der Trend zur Qualitätssteigerung war aber nicht nur ein Ergebnis gewandelter wirtschaftlicher und politischer Rahmenbedingungen. Die deutschen Winzer beschäftigten sich jetzt stärker als bisher mit den Methoden der Weinbereitung und der Qualitätskontrolle. In allen Weinbaugebieten wurden Winzerverbände und in der zweiten Jahrhunderthälfte staatlich geförderte Weinbauinstitute gegründet. Jetzt begann der lange und schwierige Prozess, die einzelnen Regionen voneinander abzugrenzen und Kriterien für eine Herkunftsbezeichnung festzulegen. Ein Ausgangspunkt waren mancherorts die Rebsorten, andernorts wäre das jedoch zu kompliziert gewesen. Die Pfälzer hatten in den dreißiger Jahren des 19. Jahrhunderts zum Beispiel ein Klassifizierungssystem mit über fünfundsechzig Qualitätsstufen ausgearbeitet.

Während die größeren Erzeuger ihre Produkte immer weiter verbesserten und neue Techniken der Weinbereitung einführten, waren die meisten kleineren Betriebe dazu verurteilt, für den Massenmarkt zu produzieren, auf dem sie mit ausländischen Importeuren konkurrieren mussten. Sie reagierten darauf mit der Gründung von Genossenschaften. Neben gemeinsamen Weinpressen und Weinbereitungsanlagen konnten sie so leichter Kredite aufnehmen, um das Weingut und den Rebbestand zu verbessern. Die Genossenschaftsbewegung nahm 1869 im Ahrgau ihren Ausgang. Zu Beginn des 20. Jahrhunderts gab es bereits über hundert solcher Winzergenossenschaften, zu denen im Laufe der Zeit weitere Hunderte hinzukamen.[17]

Eine Sonderentwicklung nahm das Moselgebiet, wo Ende des 18. Jahrhunderts die Produzenten begonnen hatten, die Trauben am Rebstock zu belassen, bis sie getrocknet oder sogar von Edelfäule (Botrytis) befallen waren. Allmählich entwickelte sich ein begriffliches Instrumentarium zur Bezeichnung der verschiedenen Reifegrade des Leseguts. Diese Begriffe sind auch heutigen Weintrinkern geläufig, sie bezeichnen den Grad der Süße, nach denen die deutschen Weine offiziell klassifiziert werden: Spätlese ist die Bezeichnung für vollreife und spät geerntete Trauben. Auslese nennt man die Trauben mit einer hohen Konzentration an Zucker, und Beerenauslese alle überreifen, unter Umständen edelfaulen Beeren. Weitere Kategorien sind die Trockenbeerenauslese, bei der die Trauben bereits zu Rosinen geschrumpelt sind, sowie der Eiswein, der aus gefrorenen Weinbeeren gekeltert wird.

Die deutsche Rebfläche blieb im 19. Jahrhundert weitgehend konstant, obwohl durch die Reblauskatastrophe manche Weinberge vernichtet wurden. Aber im Unterschied zu Frankreich, dessen Bevölkerungszahl stagnierte, verdoppelte sie sich in Deutschland innerhalb von fünfzig Jahren. Dadurch entstand eine große Kluft zwischen Angebot und Nachfrage. Zwar tranken die Deutschen vorwiegend Bier und Spirituosen, doch bald konnten die heimischen Winzer auch den Durst auf Wein nicht mehr befriedigen. Am Ende des 19. Jahrhunderts hatte sich

Deutschland vom einstigen Weinexporteur zum Weinimporteur gewandelt. In den Jahren vor dem Ersten Weltkrieg führten die Deutschen jährlich durchschnittlich 330 000 Liter Wein aus Frankreich und 88 000 Liter aus Italien ein.[18]

Die wachsende europäische Weinwirtschaft musste sich den veränderten Rahmenbedingungen anpassen. In vielen Regionen stieg die Produktion kontinuierlich an, während sich der Geschmack der Konsumenten wandelte. Neue alkoholische Getränke eroberten sich einen Teil des Weinmarkts oder verhinderten zumindest eine Zunahme des Weinkonsums. Die Mäßigungsbewegung, von der im nächsten Kapitel die Rede sein wird, erstarkte in vielen Ländern, allerdings nicht immer zum Nachteil des Weins. Die neuen sozialen und kulturellen Verhältnisse, die sich in den 50 Jahren nach Napoleons Niederlage stabilisierten, hatten auch Auswirkungen auf den Wein, und weitere Veränderungen kündigten sich an.

Außerdem wuchs das theoretische Wissen über den Wein beständig. Seit dem Ende des 18. Jahrhunderts befasste man sich wissenschaftlich intensiv mit den chemischen und biologischen Geheimnissen des Weins, deren vollständige Entschlüsselung allerdings noch Jahrzehnte in Anspruch nahm. Bisher besaß man nur vage Kenntnisse über den entscheidenden Vorgang bei der Gärung, durch den der Wein überhaupt erst entsteht. Nicht anders war es um die Grundprinzipien der Konservierung und Lagerung bestellt. Erst jetzt erkannte man, dass die Gärung von äußeren Bedingungen abhängig war und dass der Kontakt mit der Luft sowie die sommerliche Hitze den Wein verderben konnten. Die Winzer und die Kaufleute hielten zwar noch lange an ihren traditionellen Methoden fest. Einige Neuerungen gab es dennoch. Seit dem 17. Jahrhundert wurde mehr als bisher Schwefel in den Fässern verbrannt sowie Alkohol hinzugefügt, um den Wein länger haltbar zu machen. Italienische Weinbauern deckten ihre Erzeugnisse mit einer Schicht Olivenöl ab, um sie vor der Luft zu schützen. Noch immer aber wusste man zu wenig, um die grundlegenden Prozesse der Weinbereitung verbessern sowie die allgemeine Qualität und die Haltbarkeit des Weins erhöhen zu können.

In den letzten Jahrzehnten des 18. Jahrhunderts begann man allmählich, den Gärungsprozess besser zu verstehen. Am Vorabend der Französischen Revolution, der er übrigens 1794 zum Opfer fiel, veröffentlichte der Chemiker Antoine-Laurent Lavoisier sein bedeutendes Werk, in dem er die alkoholische Gärung als einen chemischen Vorgang beschrieb. Seine Experimente mit Wein ließen Lavoisier zu der Erkenntnis gelangen, dass die Gärung eine chemische Reaktion ist, bei der Zucker in Alkohol, Kohlendioxid und Säure umgewandelt wird. Dies, so Lavoisier, sei im Grunde genommen ein Umbau der Grundbestandteile des Zuckers, dessen Endprodukt, der Alkohol, ebenso viel Sauerstoff und Kohlendioxid enthalte wie der vergorene Zucker.[19]

Lavoisiers Theorie blieb weithin unangefochten, bis der große französische

Chemiker und Biologe Louis Pasteur sie Mitte des 19. Jahrhunderts infrage stellte. Pasteurs Interesse an Wein hatte mehrere Gründe. Er stammte aus dem französischen Jura, wo damals wie heute hervorragende Weine gemacht werden, unter anderem der *vin de paille*. Der Chemiker warb ungeniert für die Weine seiner Heimat, die er in vielen seiner Experimente benutzte. Er war ganz allgemein ein Befürworter und Förderer des Weins. Sein Ausspruch, Wein sei »das gesündeste und hygienischste Getränk«, wurde von der Wirtschaft nicht nur zu Werbezwecken verwendet, sondern auch zur Verteidigung gegen warnende Stimmen eingesetzt, die ihn als gesundheitsschädlich ablehnten.[20]

Was Pasteur Glaubwürdigkeit verlieh, war nicht nur seine Reputation als Wissenschaftler, sondern auch die Tatsache, dass er sich intensiv mit Wein beschäftigt hatte. Ende der fünfziger und Anfang der sechziger Jahre des 19. Jahrhunderts widmete er sich zwar nur drei bis vier Jahre lang der Erforschung des Weins, aber seine Erkenntnisse revolutionierten die Weinproduktion innerhalb und außerhalb Frankreichs. Pasteur erkannte, dass die alkoholische Gärung nicht nur ein chemischer, sondern auch ein biologischer Prozess ist. Diese Erkenntnis ging zurück auf den Bereich, mit dem Pasteur heute am meisten in Verbindung gebracht wird: die Erforschung der Bedeutung der Bakterien bei menschlichen und tierischen Erkrankungen und der Mittel, deren Ausbreitung zu verhindern. Pasteur fand heraus, dass es erst dann zur alkoholischen Gärung kommt, wenn Hefe den Zucker im Most angreift, und dass Wein zu Essig wird, wenn mit den Beeren Bakterien in den Most gelangen, die den Alkohol in Säure umwandeln.

Eine wichtige Entdeckung war die zentrale Rolle des Sauerstoffs. Der Gärungsprozess verläuft ideal, wenn er ohne Sauerstoff stattfindet und damit ein »Leben ohne Luft« führt. Der Sauerstoff ist also entscheidend an der Zersetzung von Wein beteiligt. Pasteur wies experimentell nach, dass sich durch den Kontakt des Weins mit Sauerstoff bestimmte Bakterien (Säurebakterien) vermehren, die die im Wein enthaltenen Säuren in Essigsäure oder Essig verwandeln. Die Pasteurisierung, bei der die Bakterien durch Erhitzen abgetötet wurden, setzte sich mehr und mehr durch. Dadurch konnte die Qualität des Weins verbessert und gleichzeitig sein Charakter gewahrt werden.

Diese und andere wissenschaftliche Erkenntnisse sollten sich zwar für die Weinbereitung als grundlegend erweisen, auf die Praxis im 19. Jahrhundert hatten sie allerdings wenig Einfluss. Vor allem in Europa besaßen die meisten Winzer kleine Weingüter und hielten an traditionellen Methoden fest, die kein wissenschaftliches Verständnis der Gärungsvorgänge voraussetzten. Die Gärung fand Jahr für Jahr statt, unabhängig davon, ob es ein chemischer oder ein biologischer Vorgang war, und der Wein, der dabei entstand, war nicht dazu bestimmt, einen jahrzehntelangen Alterungsprozess zu durchlaufen, sondern sollte möglichst binnen eines Jahres aufgebraucht – und zu Geld gemacht worden – sein.

Dennoch versuchte man, die neuen Erkenntnisse über die Weinherstellung zu popularisieren, beispielsweise durch Chaptals *Traité théorique et pratique sur la culture de la vigne*, von dem in Kapitel 7 bereits die Rede war. Aber es lässt sich unmöglich genau bestimmen, wie einflussreich diese Schrift wirklich war. Die meisten Weinberge waren kleine Parzellen, und ihre Besitzer konnten weder lesen noch schreiben. Darüber hinaus verfügten sie gar nicht über die finanziellen Mittel, um die von Chaptal vorgeschlagenen Methoden anzuwenden. Und wenn die neuen Techniken keinen großen finanziellen Aufwand erforderten, so bargen sie doch ein Risiko. Viele Weinbauern, die am Rand des Existenzminimums lebten, waren nicht bereit, ihre traditionellen Methoden an den Nagel zu hängen, da diese ihnen zumindest den Lebensunterhalt sicherten, selbst wenn ihr Wein von den Fachleuten in Paris als minderwertig beurteilt wurde.

Die Einstellung der kleinen Winzer brachte Balzac in seinem Roman *Verlorene Illusionen* treffend zum Ausdruck:

Die Herrschaften, das heißt der Herr Marquis, der Herr Graf und die Herren Soundso behaupten, ich raubte dem Wein seine Qualität. Wozu dient die Bildung? Um euch den Verstand zu verwirren! Hör zu! Diese Herren ernten sieben, mitunter acht Maß auf den Morgen und verkaufen das Maß zu sechzig Francs, was in guten Jahren im Höchstfall vierhundert Francs pro Morgen macht. Ich ernte zwanzig Maß und verkaufe sie zu dreißig Francs, was insgesamt sechshundert Francs einbringt! Wer ist da der Dummkopf? Qualität, Qualität! Was geht mich die Qualität an? Sollen sie die Qualität für sich behalten, die Herren Grafen! Für mich sind die Taler die Qualität.[21]

Eine Haltung, die durchaus vertretbar schien, wenn Wein nichts weiter gewesen wäre als ein ertragreiches, für einen Massenmarkt bestimmtes Produkt. Vom Standpunkt eines Herstellers von Spitzenweinen für einen erlesenen kleinen Markt aus stellte sie aber das Grundübel der französischen Weinwirtschaft dar. Der gute Ruf exquisiter Weine beruhte nicht zuletzt darauf, dass sie rar waren, eine Eigenschaft, die man leicht gegen die viel geschmähten Massenweine ins Feld führen konnte. Spitzenweine brauchten geradezu die *vins ordinaires*, um sich von ihnen abzusetzen.

Neben den wissenschaftlichen Forschungen von Lavoisier, Pasteur und anderen gab es weitere Bemühungen, die Vorgänge der Weinbereitung besser zu verstehen. Im 19. Jahrhundert erschienen dutzendfach Bücher, die einen Überblick über die europäischen und außereuropäischen Weine zu geben versuchten. Dies war der Beginn der Weinliteratur, eines Genres, das die kulturgeschichtlichen und technischen Aspekte seines Gegenstandes ebenso umfasst wie Fragen des Geschmacks und der Ökonomie. Die Fülle von Literatur über den Wein, die uns heute in Form von Büchern, Zeitschriften und Zeitungskolumnen begegnet, hat also ihren Ursprung im 19. Jahrhundert.

Erst jetzt hörten die Weinschriftsteller auf, die altgriechischen und altrömischen Weine sklavisch anzubeten, die sie bisher für den einzig gültigen Maßstab gehalten hatten. Bis Ende des 18. Jahrhunderts war die Antike das Ideal, an dem gemessen die modernen Weine nur schlecht abschneiden konnten. Bezeichnend ist ein Buch aus dem Jahr 1775, das den Vergleich antiker und moderner Weine versprach, sich aber fast ausschließlich mit den Weinen der Griechen und Römer beschäftigte.[22] Auch Adamo Fabbroni, dem wir die erste moderne Darstellung der Weinherstellung verdanken, kannte die klassischen Autoren und bezog sich immer wieder auf sie.

Diese Tendenz entsprach ganz einer im späten 18. und frühen 19. Jahrhundert neu entfachten Begeisterung für Griechenland und Rom, die sich in der klassizistischen Architektur und Kunst sowie in einer Obsession für die klassische Literaturkritik ausdrückte. In einem solchen kulturellen Klima überraschte es nicht, dass Autoren die Weine der Antike als einzige Richtschnur betrachteten, nach der sie die modernen Gewächse beurteilen konnten. Ein sinnloses Unterfangen, denn man kann zwar einen klassischen mit einem modernen Text vergleichen, sich aber niemals den Geschmack eines antiken Weins vergegenwärtigen.

Binnen weniger Jahrzehnte jedoch wurden die Weinautoren von einem Fortschrittsgeist angesteckt, der wohl typisch für jene Epoche war. Sie nahmen jetzt die modernen Weine ernst, studierten sie ausgiebig und ohne pauschale Vergleiche mit Eigenschaften, die angeblich die Weine vor zweitausend Jahren besaßen. Ihre Aufgeschlossenheit für die Weine ihrer Zeit ergänzte gut die Bemühungen von Wissenschaftlern, neue und bessere Herstellungsweisen zu propagieren. Es ging nun um einen entscheidenden Schritt nach vorn und nicht mehr um eine Rückkehr zu angeblich von griechischen und römischen Weinproduzenten erreichten Standards. Die Weine der Neuzeit verloren ihr Stigma der Wert- und Belanglosigkeit.

Ein französischer Weinhändler und ein englischer Journalist gaben den Ton an und setzten neue Maßstäbe. André Jullien veröffentlichte 1816 ein umfangreiches Werk, das nicht nur die wichtigsten Weinregionen Frankreichs vorstellte (obwohl dies sein Schwerpunkt war), sondern auch die besonderen Merkmale der Weinbaugebiete Europas und anderer Teile der Welt.[23] Die Bandbreite des Buches war erstaunlich. Es gab Weintrinkern Tipps für den Aufbau eines Weinkellers, stellte aber auch Vergleiche zwischen verschiedenen Weinbaumethoden an und lieferte Winzern damit wertvolle Informationen.

Das 1833 veröffentlichte englische Pendant zu Julliens Werk ist Cyrus Reddings *History and Description of Modern Wines*.[24] Redding widmete in dieser Enzyklopädie des Weins auch praktischen Fragen wie der Konservierung, der Panscherei und der Fälschung jeweils eigene Kapitel. Wenn wir dem Autor Glauben schenken, war bei den nach England importierten Erzeugnissen der Betrug an der Tagesordnung, vor allem bei Dessertweinen, durch deren hohen Alkoholgehalt die Panscherei vertuscht und selbst der geübte Trinker getäuscht werden konnte.

Die Schuld an diesem Zustand gab Redding den Engländern. Weil sie Spirituosen und Dessertweine gegenüber »reinen« Weinen bevorzugten, sei ihr Gaumen derart abgestumpft, dass sie einen unverfälschten von einem gepanschten Wein, der überall verkauft wurde, kaum mehr unterscheiden könnten. Mit beißender Kritik schrieb er:

Die Bewohner des Vereinigten Königreichs trinken pro Kopf rund einen Liter Wein, Mann, Frau und Kind, sowie mehr als vier Liter Spirituosen jährlich, ganz zu schweigen von den Unmengen vergorenem Malzbier, selbst gemachtem Wein aus Trauben, Äpfeln und Birnen. Während die Vorliebe für Spirituosen steigt, sinkt der Weinverbrauch. Die Haut der Hand eines Eisenschmieds wird vom heißen Eisen hart und gefühllos. Genauso ist der Magen des Spirituosentrinkers für die gesunde Frische des Weins unempfänglich; Wein ist für seinen ausgebrannten Magen zu kalt und fade, während Panschereien oder derbe Traubenmischungen unentdeckt bleiben.[25]

Dass jetzt immer mehr Weinschriften den Standpunkt des Verbrauchers einnahmen, ist ein Indiz für das neu entstandene bewusstere Verhältnis der europäischen Mittel- und Oberschicht zum Wein. Weinführer wie die Bücher von Jullien und Redding waren nicht für die Bauern und die Arbeiter in den Städten gedacht. Diese tranken zwar in einigen Teilen Europas Wein in großen Mengen, aber das waren Sorten der untersten Preisklasse, und sie kauften immer nur gerade so viel, wie sie sofort verbrauchten. Einen Weinkeller besaßen die damaligen Bauern und Arbeiter ebenso wenig wie ein Sparbuch oder einen Rentenanspruch.

Mit der Entstehung einer Mittelschicht und dem wachsenden Wohlstand des Bürgertums im so genannten »bürgerlichen Zeitalter« des 19. Jahrhunderts begann eine Neubewertung der Waren. Damals entstand zum ersten Mal so etwas wie eine Konsumkultur, gefördert durch die Industrialisierung, die Massenproduktion und den Siegeszug der Reklame. Auf internationalen Ausstellungen präsentierte man Verbrauchsgüter, etwa 1851 bei der Londoner und 1855 bei der Pariser Weltausstellung. Während in London der Wein selbst kein Exponat war, stand er in Paris im Mittelpunkt der Aufmerksamkeit. Die Weltausstellung bot Gelegenheit, die besten französischen Weine sowie die Weine aus anderen Teilen Europas, ja sogar Australiens, beim Publikum bekannt zu machen.

Anlässlich der Pariser Weltausstellung 1855 wurde die Unterscheidung von Bordeaux-Weinen nach dem Cru-System eingeführt. Napoleon III. forderte eine Klassifikation der besten Bordeaux-Weine, und das Syndicat des Courtiers de Commerce, der Verband der Weinhändler, legte binnen weniger Tage eine solche Rangliste vor. Insgesamt achtundfünfzig Rotweine wurden in der Liste aufgeführt: vier in der Kategorie Premiers Crus, zwölf als Deuxièmes Crus, vierzehn als Troisièmes Crus, elf als Quatrièmes Crus und siebzehn in der Kategorie Cinquièmes Crus. Zwanzig Weißweine nahmen die Experten in die erste beziehungsweise die zweite Kategorie auf, einem einzigen, dem Château d'Yquem, sprachen sie den Sonderstatus eines Premier Cru supérieur zu.

Diese Einteilung war von Anfang an umstritten; zum einen, weil sie sich an den Preisen orientierte, die die Weine auf dem damaligen Markt erzielten, zum anderen, weil zahlreiche Bordeaux-Distrikte gar nicht berücksichtigt worden waren. Alle Rotweine bis auf den Haut-Brion stammten nämlich aus dem Médoc. Die Liste mochte Mitte des 19. Jahrhunderts ein guter Leitfaden für Bordeaux-Weine gewesen sein. Was man aber nicht vorhersehen konnte, war, dass die Klassifizierung so lange Bestand haben würde. Bis zum heutigen Tag gab es nur eine einzige Veränderung: 1973 rückte Château Mouton-Rothschild vom zweiten in den ersten Rang auf. An dem System von 1855 wurde insbesondere kritisiert, dass ganz gezielt Weine ausgeschlossen waren, die eine Würdigung eindeutig verdient hätten.

Lieferanten dieser und anderer edler Weine priesen besonders in Frankreich ihre Erzeugnisse nicht nur als ein Produkt der Natur, sondern auch als den Gipfelpunkt einer langen Tradition an. Den offensichtlichen Widerspruch versuchten sie dadurch aufzulösen, dass man das Traditionelle gerade als das Natürliche hinstellte, weil es sich dauerhaft durchgesetzt hatte. Das Neue dagegen sei das Künstliche und würde keinen Bestand haben. Traditionen können jedoch auch geschaffen werden, um eine gängige Praxis zu legitimieren und dem Produkt den Anstrich von Altehrwürdigkeit und Gediegenheit zu geben. Es gibt kaum ein besseres Beispiel für die Erfindung von Traditionen als die Entwicklung, die manche Weine in dieser Zeit vollzogen.

Das beste Beispiel lieferten die Produzenten von Bordeauxweinen, die jetzt begannen, ihren Weingütern den Beinamen »Château« voranzustellen. Wein, der im 18. Jahrhundert schlicht als Margaux oder Haut-Brion bekannt war, wurde jetzt als Château Margaux und Château Haut-Brion verkauft. Dieser Wandel hing nicht zuletzt mit der Erfindung der Lithographie zusammen, die es seit 1798 ermöglichte, massenweise Etiketten herzustellen. Aber der Zusatz »Château« auf dem Etikett hatte damit unmittelbar nichts zu tun.[26]

Die Bezeichnung war keine bewusste Täuschung oder Falschinformation, denn auf den Gütern, auf denen die Reben wuchsen, standen tatsächlich Schlösser, Châteaux. Allerdings wurden die Gebäude und Weingüter erst im späten 19. Jahrhundert unter diesen Namen bekannt. In der Neuausgabe von 1850 seiner erstmals 1833 erschienenen Geschichte und Beschreibung moderner Weine verzeichnete Cyrus Redding unter den »erstklassigen« Bordeaux-Weinen nur einen einzigen »Château«, und zwar einen Margaux.[27] In der Ausgabe von 1855 trugen nur fünf Weine den Beinamen Château, und eine englische Liste von etwa 1870 kannte nur vier: Haut-Brion, Lafite, Latour und Margaux.[28] Später, im 20. Jahrhundert, trugen alle klassifizierten Weine der Gegend den Beinamen Château.

Die Weine aus den Gütern rund um die Châteaux wurden nunmehr ausdrücklich mit diesen Gebäuden in Verbindung gebracht, von denen manche ganz gewöhnliche Wohnhäuser waren, denen man lediglich ein Türmchen aufgesetzt hatte. Durch den Namen »Château« zeichneten sich die Weine vor allen anderen aus, und ihre Produzenten hoben sich von der Masse der Hersteller als aristokratisch und traditionsreich ab. Die Bezeichnung mancher Rebsorten als »edel« und die Umschreibung von Botrytis als »Edelfäule« sind weitere Indizien für das Bemühen, Wein mit Nobilität in Verbindung zu bringen – eine schon im 18. Jahrhundert eher zweifelhafte Zuschreibung, obwohl damals viele Bordeaux-Güter von Adligen angelegt oder ersteigert worden waren. Doch die neuen Besitzer waren meist erst kurz zuvor in den Adelsstand getreten. Im 19. Jahrhundert war dieser Bezug noch fragwürdiger, denn viele Besitzer von Château-Weinbergen hatten die Güter erst während oder nach der Französischen Revolution erworben. Manche der neuen Eigentümer stammten aus Familien, die in napoleonischer Zeit geadelt worden waren, andere hatten überhaupt keinen Titel. Viele waren Geschäftsleute, die das Weingut nur als kommerzielles Unternehmen betrachteten. Der Marquis de las Marismas, der 1836 Eigentümer des Château Margaux wurde, war einer jener in Paris ansässigen Bankiers, die Mitte des 19. Jahrhunderts im Médoc berühmte Weinberge aufkauften, sich aber für wenig mehr als den Gewinn interessierten, den diese abwarfen.[29] 1825 ging Haut-Brion zu zwei Dritteln an einen Börsenmakler und zu einem Drittel an einen Weinhändler. Beide verkauften das Gut 1836 weiter an einen Pariser Bankier. [30]

Der Namenszusatz Château verbreitete sich von Bordeaux aus im Tal der Loire, im Süden und in anderen Teilen Frankreichs. Auch außerhalb Europas, zum Beispiel in Australien, bediente man sich dieses Markensiegels. Dort wurde 1879 der Name des Weinguts Tabilk in Château Tahbilk abgeändert[31] – eine Idee, die möglicherweise auf den zwei Jahre zuvor ernannten Verwalter des Guts zurückgeht, der den passend hochtrabenden Namen François de Coueslant trug. Andere Weingüter in Australien und Kanada legten sich ebenfalls den Beinamen Château zu.

In gewisser Hinsicht war es berechtigt, auf die Schlösser, und damit auf die Gebäude, als Garanten der Weinbautradition Bezug zu nehmen, hatten sie doch meist als Einziges tatsächlich die Zeit überstanden. Über das 1817 gebaute Château Margaux schrieb man:

Das Gebäude ist ganz nach dem Bilde der Weinsorte: edel, streng, selbst ein wenig feierlich … Château Margaux hat das Aussehen eines antiken, dem Kult des Weins geweihten Tempels … Bei Margaux, der Rebfläche wie dem Gebäude, ist jeder Schnörkel fehl am Platz. Doch wie der Wein serviert sein will, um seinen ganzen Reiz entfalten zu können, so will auch das Haus betreten sein, um den seinen spielen lassen zu können. In beiden Fällen bieten sich dieselben Worte an: Eleganz, Distinguiertheit, Lieblichkeit und jenes subtile Vergnügen, das gewährt, was seit Generationen aufs Aufmerksamste – und warum es nicht sagen: aufs Liebevollste – umhegt und umpflegt worden ist. Der langsam herangereifte Wein, das lange bewohnte Haus: Wein und Schloß Margaux sind das Ergebnis heute gleichermaßen rar gewordener Dinge: *Strenge und Zeit.*[32]

Abbildung 9
Weinflaschen aus dem 19. Jahrhundert – jedes Etikett ziert der Beiname »Château«,
der im 18. und 19. Jahrhundert immer beliebter wurde.

Die Besitzer kamen und gingen, ebenso die Rebsorten, aber das Château blieb,
wie es war. Man könnte dem entgegenhalten, dass auch der *terroir* des Château
Margaux mehr oder weniger unverändert blieb. Aber wie konnten diese komplizierten Überlegungen auf einem Flaschenetikett zum Ausdruck gebracht werden?
(Nur auf wenigen Château-Etiketten sind die Rebsorten genannt.) Das Château –
solide, dauerhaft, unerschütterlich – stand unverkennbar für Tradition, und diese
Tradition und Beständigkeit des Château auf dem Flaschenetikett stand wiederum
für die dauerhafte und verlässliche Qualität des in der Flasche enthaltenen Weins.

Das Château-Etikett war zunächst und vor allem für die besser betuchten Weinkonsumenten gedacht, die in Frankreich nur ein Segment eines größeren, vielfach
unterteilten Markts ausmachten. Wein galt zwar wie Bier als ein Grundnahrungsmittel, wurde aber von sehr viel mehr Männern als Frauen getrunken. Es ist häufig
schwierig, die Trinkgewohnheiten der Vergangenheit zu rekonstruieren, insbesondere im privaten Bereich, doch mit Sicherheit nahmen Männer häufiger und sehr
viel größere Mengen Wein zu sich als Frauen. Ebenso gab es Unterschiede zwischen den sozialen Schichten, wobei der einfachste in der Qualität des Weins lag.
Ganz allgemein kann man sagen, dass die Ober- und Mittelschicht in ganz Frank-

reich Wein trank, während der Weinkonsum der Bauern und Arbeiter von Region zu Region schwankte.

Im 19. Jahrhundert spaltete sich die französische Trinkkultur immer deutlicher in den Wein trinkenden Süden und in den Norden, wo man Spirituosen bevorzugte. Dafür gab es zwei Gründe. Wein war in den Gegenden, in denen man ihn herstellte, billiger, und nach dem Niedergang des Weinbaus in Nordfrankreich lagen die Weingebiete nun einmal im Süden des Landes. Eine Ausnahme von dieser Regel war Paris, dessen Einwohner aufgrund einer jahrhundertelangen Tradition eher Wein tranken.[33] Spirituosen aller Art, die in den neu entstandenen Industriestädten des Nordens gebrannt wurden, waren dagegen das Lieblingsgetränk der Arbeiter. In der ersten Hälfte des 19. Jahrhunderts destillierte man Spirituosen meist aus Traubensaft. Nach der Reblauskatastrophe schnellten die Preise für die Trauben so in die Höhe, dass industriell destillierter Alkohol (»Industrialkohol«) fast nur noch aus Zuckerrüben und Melasse hergestellt wurde.

Einen Einblick in den Weinverbrauch einer Familie gibt uns der Sozialwissenschaftler Frédéric Le Play, der im Rahmen einer Verhaltensstudie das Haushaltsbudget französischer Familien untersuchte. Die Familie eines Pariser Bleichermeisters gab rund 300 Francs jährlich für Alkohol aus, davon 290 Francs für Wein aus Burgund, der in Fässern gekauft und vom Familienoberhaupt in Flaschen umgefüllt wurde. Zum Mittag- und Abendessen trank die gesamte Familie Wein. »Es gibt keinen … Abstinenztag«, schrieb Le Play.[34] Eine Pariser Zimmermannsfamilie benötigte neunzig Liter Wein im Jahr (neun Körbe mit jeweils zehn Ein-Liter-Flaschen), dazu einen Liter Branntwein »bei geselligen Anlässen mit Freunden und Verwandten« und weitere fünf bis sechs Liter Branntwein mit Freunden außerhalb des Hauses, vermutlich in Schenken.[35] Die von Le Play untersuchten südfranzösischen Familien konsumierten dagegen ausschließlich Wein. Eine Bauernfamilie in Béarn trank Wein aus Gers, allerdings nur zu besonderen Anlässen oder in den Monaten schwerer körperlicher Arbeit.[36] Die Familie eines Seifensieders in der südlichen Provence verbrauchte 320 Liter Wein aus eigenem Anbau und stellte daneben aus Trauben und Branntwein eine Art Dessertwein her.[37]

Die Studie des Sozialwissenschaftlers ging weit über Frankreich hinaus und erforschte auch die Gewohnheiten in anderen Ländern. Erwartungsgemäß trank die Familie eines Brüsseler Setzers hauptsächlich Bier, allerdings überraschend wenig: Der Jahresverbrauch belief sich auf zehn Liter Bier und einen Liter Branntwein. Die Familie gab für alkoholische Getränke jährlich sieben Francs aus, genauso viel wie für Salz und Pfeffer.[38] Die neunköpfige Familie eines bäuerlichen Kleinpächters aus der Toskana konsumierte dagegen 712 Liter Wein aus eigenem Anbau und weitere 458 Liter Trester. Le Plays Angaben zufolge nahm man gewöhnlich dünnen Wein, zu Zeiten schwerer körperlicher Arbeit aber auch guten Wein, den man eigens für solche Anlässe aufbewahrte, da er mittlerweile nicht mehr so leicht erschwinglich war: »In früheren Zeiten hatten sie nie Mangel an gutem Wein gehabt, der auch zu festlichen Anlässen getrunken wurde; jetzt heben sie ihn auf, weil nach den Rebkrankheiten der Preis gestiegen ist.«[39] Zuletzt sei hier noch die Familie eines bäuerlichen Kleinpächters aus dem spanischen Kastilien angeführt, die pro Jahr zwanzig Liter Trester brauchte, der mit Branntwein auf Traubenbasis versetzt wurde, sowie die Industriearbeiter in den Silberfabriken von Chemnitz, die Branntwein, Wein und Bier in unterschiedlicher Menge tranken.[40]

Obwohl dies Einzelfälle waren, belegen sie doch, dass Wein nicht nur in der europäischen Mittel- und Oberschicht, sondern auch in der breiten Bevölkerung des 19. Jahrhunderts zur täglichen Ernährung gehörte. Der Pro-Kopf-Verbrauch ist zwar nicht besonders hoch, und nicht immer ist klar, wie viele Familienmitglieder mittranken, aber sehr allgemein gesagt wurde in Weinregionen wie Südfrankreich, der Toskana, dem Rheinland und Spanien mehr Wein getrunken als in den Industriestädten des Nordens. Würde man den Alkoholanteil der einzelnen Getränke mitberücksichtigen, der bei Branntwein wesentlich höher ist als bei Wein, käme man freilich zu ganz anderen Ergebnissen im Nord-Süd-Gefälle.

In Frankreich war Paris die große Ausnahme, da dort Wein in allen sozialen Schichten genossen wurde, besonders seitdem die Eisenbahn immer größere Mengen von billigem Wein aus dem Süden herbeischaffte. In der ersten Hälfte des 19. Jahrhunderts war der Pro-Kopf-Verbrauch offenbar rückläufig, allerdings sind genaue statistische Zahlen nicht verfügbar, weil die Pariser Bevölkerung sehr viel Wein in Schenken außerhalb des engeren Stadtbezirks trank, wo er billiger war. Den besten Schätzungen zufolge konsumierte der männliche erwachsene Pariser durchschnittlich zwischen 100 und 175 Liter Wein jährlich, aber selbst die Höchstzahl läge noch unter dem, was man allgemein für das 18. Jahrhundert annimmt. Im Jahr 1865 war jedenfalls der Verbrauch pro Kopf auf 225 Liter Wein pro Jahr gestiegen, hinzu kamen 80 Liter Bier und 12 Liter Spirituosen.[41]

Die Zunahme des Alkoholkonsums der Pariser Arbeiter ab Mitte des 19. Jahrhunderts geschah im Rahmen einer allgemeinen Ernährungsumstellung, die auch mehr Brot und Fleisch auf den Speiseplan brachte. Ihre Kollegen in der französischen Provinz betrachteten die Pariser Arbeiter als Feinschmecker und Kenner. Um 1880 wertete der Vorsitzende der Gewerkschaft der Zimmerleute den gestiegenen Weinverbrauch als Beleg für die verbesserten Lebensbedingungen der Arbeiter in den vergangenen vierzig Jahren. Arbeiter, so argumentierte er, könnten jetzt schon zu Mittag Wein trinken, und wenn sie früher einen Viertel Liter tranken, sei es jetzt ein ganzer Liter.[42] Nicht für alle aber war der steigende Alkoholkonsum der geeignete Maßstab für verbesserte Lebensbedingungen, auch wenn es sich dabei um Wein handelte. Manche Entwicklungen verfolgte man mit Sorge, so die Tendenz, dass Arbeiter zunehmend statt eines Frühstücks ein Glas Weißwein oder Branntwein tranken.

Das 19. Jahrhundert war nicht nur das Zeitalter der Massenproduktion und des Massenkonsums von Wein. Der Handel mit Spitzenweinen erlebte ebenfalls einen Aufschwung, was sich deutlich an der Ausweitung der Champagnerproduktion ablesen ließ. Um 1800 wurden in der Champagne 300 000 Flaschen jährlich vergoren, 1850 waren es schon 20 Millionen und 1883 sogar 36 Millionen Flaschen. Mit der Produktionsmenge stieg auch der Export. England, wo der perlende Wein aus der Champagne sich bereits im 17. Jahrhundert großer Beliebtheit erfreute, war zunächst der einzige größere Abnehmer. Aber bald kamen auch die Bewohner der Vereinigten Staaten auf den Geschmack. 1877 verschiffte allein die Firma Mumm 420 000 Flaschen nach Übersee, fünfundzwanzig Jahre später waren es schon 1,5 Millionen. Im ersten Jahrzehnt des 20. Jahrhunderts stieg die Ausfuhr von Champagner in die USA um das Vierfache.[43]

Während der Champagner den Markt eroberte und von den Eliten überall auf der Welt in großen Mengen genossen wurde, vollzogen sich grundlegende Veränderungen in der Herstellungsweise und im Charakter des Schaumweins. Champagner unterscheidet sich von anderen Schaumweinen darin, dass der Wein in der Flasche gärt, in der ihn der Verbraucher kauft. Mit der Flaschengärung sind zwei Probleme verbunden. Zum einen muss man verhindern, dass die Flaschen unter dem Druck des entstehenden Kohlendioxids platzen. Ein heutiger Champagner hat etwa sechs Atmosphären Überdruck, das heißt, der in der Flasche herrschende Druck ist sechsmal größer als der Außendruck. Vor dem Aufkommen schwerer, dickwandiger Flaschen mit einer tiefen Einbuchtung am Boden gingen die Flaschen nicht selten zu Bruch.

Zum anderen müssen die abgestorbenen Hefezellen entfernt werden, die sich im Bauch der Flasche absetzen. Anfang des 19. Jahrhunderts dekantierte man den Wein zu diesem Zweck und verkorkte ihn neu. Dabei entwich jedoch ein Großteil des in der Flasche herrschenden Drucks (und damit der feinen Perlen). Seit circa 1850 entwickelten die Winzer im Champagnerhaus der jungen Witwe Nicole-Barbe Clicquot-Ponsardin – heute besser bekannt unter dem Namen Veuve (Witwe) Clicquot – die Idee, die Flaschen zu rütteln. Dazu werden diese, die leicht geneigt im Pult liegend, während der Gärung jeden Tag ein bisschen gedreht, damit sich die Hefe lockert und in den Flaschenhals rutschen kann. Wird die Flasche dann geöffnet, schießt das Hefedepot unter dem in der Flasche herrschenden Druck heraus. Diesen Vorgang nennt man Degorgieren. Mit diesem neuen Verfahren war es möglich, die Flasche schneller neu zu verschließen und zu verkorken als beim bisherigen Dekantieren. Außerdem ging nun viel weniger Druck verloren.

Die Witwe Clicquot konnte ihr Geheimnis des Rüttelns und Degorgierens nur wenige Jahre hüten. Schon bald wandten auch andere Champagnerhersteller diese Technik an. Die Wahrung des Drucks in der Flasche und die Herstellung von Flaschen, die stabil genug waren, um diesem Druck standzuhalten, waren die Vorbe-

dingungen für den Aufschwung. Wenn man jetzt den Korken einer Champagner-
flasche herauszog, war der typische Knall zu hören, der zum Inbegriff ausgelassener
Fröhlichkeit wurde. Die Produktion nahm rasch industrielle Ausmaße an: Vor
1820 gab es nur sechs berühmte Champagnerhäuser (Veuve Clicquot-Ponsardin,
Heidsieck, Moët, Perrier-Jouët, Louis Roederer und Taittinger[44]). In den zwanziger Jahren kamen drei neue hinzu (Joseph Perrier, Mumm und Bollinger). Viele
weitere folgten in den nächsten dreißig Jahren.

Um 1900 wurde nicht nur viel mehr Champagner produziert als hundert
Jahre zuvor, er schmeckte anders und sah ganz anders aus. Im 19. Jahrhundert war
der Champagner ein süßer prickelnder Wein, wobei die Süße dem jeweiligen Geschmack der Kundschaft angepasst wurde. Die Russen bevorzugten den süßesten
Champagner (mit rund 300 Gramm Zucker pro Liter), die Engländer eine trockenere Variante (zwischen 22 und 66 Gramm Zucker pro Liter), die Franzosen
selbst lagen im Mittelfeld. Der Trend zu trockeneren Sorten setzte in den fünfziger Jahren ein, nachdem ein englischer Weinhändler Perrier-Jouët dazu gebracht
hatte, seinen Champagner des Jahres 1846 nicht zu süßen. Das Kalkül war folgendes: Der englische Markt war mit süßen Weinen wie Port und Madeira überschwemmt. Trockener Champagner würde sich daher eine einzigartige Marktstel-
lung erobern können. Seitdem wurde trockener Champagner (Brut) vorwiegend
nach Großbritannien exportiert. Obwohl in Frankreich und auf einigen anderen
europäischen Märkten etwas süßere Varianten immer noch beliebter waren, wies
Ende des 19. Jahrhunderts kein Champagner mehr den Zuckergehalt seiner Vorläufer auf.

Zu seiner Zeit hatte der Champagner nicht jene helle, goldgelbe Farbe, die wir
heute an ihm schätzen, sondern war rötlich-gelbbraun bis bernsteinfarben, ja
braun – ein Farbton, den man *oeil de perdrix* (»Rebhuhnauge«) nennt. Der rötliche
Ton stammte von dem Kontakt mit den Schalen der schwarzen Trauben der
Champagnermischung, und die Bernsteinfarbe von der Gepflogenheit, nach dem
Degorgieren Cognac in die Flasche zu füllen, bevor man sie endgültig verkorkte.
Manchmal stammte die Farbe von gekochten Holunderbeeren, was auf die eher
düsteren Kapitel der Weingeschichte verweist.

Keine Weinregion des 19. Jahrhunderts besaß ein stärkeres Bewusstsein für Tradition als die Champagne, denn dort musste eine »Tradition« regelrecht erfunden
werden. Der Wein aus dieser Gegend war im 19. Jahrhundert ein Massenprodukt.
Durch die neuen Industrietechniken erhielt er ein neues Erscheinungsbild und einen neuen Geschmack. In vielerlei Hinsicht war er tatsächlich ein Produkt des
neuen Industriezeitalters. Trotz seines sorgsam gepflegten aristokratischen Images
wurde er vorwiegend von der immer größer werdenden begüterten Mittelschicht
getrunken, die dem Lebensstil der Upper-Class nacheiferte.

Im Unterschied zu den Händlern von Spitzenweinen aus Bordeaux, die eine

Abbildung 10
Die Form entscheidet: alte Schaumweinflaschen aus der Champagnerkellerei
Moët & Chandon, Epernay. Viele solcher Flaschen zerplatzten, da sie dem Druck
des entstehenden Kohlendioxyds nicht standhielten.

bewusst unaufdringliche Reklame machten, stürzten sich die Champagnerhändler begeistert auf das neue Medium der Werbung. Champagner wurde zu einem zeitgemäßen Erzeugnis mit einem durchkomponierten Erscheinungsbild, das ein möglichst breites Käuferspektrum ansprechen sollte. In einer Zeit, in der das Plakat das Werbemedium par excellence war, wurden die Etiketten von Champagnerflaschen zu Miniplakaten. Auf manchen stand der prickelnde Wein mit Sport und Freizeitaktivitäten in Verbindung: mit der Jagd, mit Pferderennen und mit Ruderregatten. Ein Etikett zeigte eine junge Radfahrerin, deren Haar aufreizend im Wind flattert und die von zwei jungen Radfahrern verfolgt wird. Dazu der Satz: »Grand Vin des Cyclistes. Fin de Siècle«. Auf anderen Etiketten steht der Champagner in Verbindung mit Liebe, Ehe und Taufe, die im 19. Jahrhundert genau in dieser Reihenfolge aufeinander folgten. Darüber hinaus gab es Etiketten für besondere Anlässe, etwa zum Jahrestag der Entdeckung Amerikas durch Christoph Kolumbus 1892 oder zum hundertsten Jahrestag der Französischen Revolution 1889.[45]

Vor der aktuellen Politik schreckten die Champagnerhersteller ebenfalls nicht zurück, allerdings ohne sich politisch festzulegen. Das Etikett anlässlich des Jahrestags der Französischen Revolution 1889 zeigte eine erhebende Szene aus der Revolutionszeit, die den Linken wie den Liberalen gefallen konnte, ein anderes

Marie-Antoinette, die den Konservativen als Märtyrerin galt. Manche Champagnerhäuser verbanden ihr Produkt mit dem französischen Nationalstolz und ließen Etiketten mit Fahnen, Soldaten und Schlachten entwerfen. Vor Ausbruch des
Ersten Weltkriegs veränderte eine Firma kurzerhand die Soldatenuniform und
die Fahne je nach dem Land, für das der Champagner bestimmt war.[46] Zur Zeit
der Dreyfus-Affäre, als die Verurteilung eines jüdischen Offiziers wegen angebli-
chen Landesverrats eine Welle des Antisemitismus auslöste, brachte ein Haus tatsächlich einen »Champagne Antijuif«, einen »antijüdischen Champagner«, heraus. Offenbar spielten sie damit auf die Verurteilung und Deportation von Alfred
Dreyfus an, der erst nach Jahren rehabilitiert wurde.

Die Etikettierung, die Reklame und das Image, mit dem die Hersteller für ihren Champagner warben, sowie die Assoziationen, die sie mit ihm verknüpft sehen
wollten, wandelten sich je nach den Erfordernissen und kulturellen Umständen.
Wie der Champagner als ein Wein galt, der praktisch zu jedem Essen passt, so gab
man ihm gleichzeitig das Gepräge eines Weins, der von jedermann zu jeder Gelegenheit getrunken werden kann – zu einer Hochzeit ebenso wie zu einer Pick-
nickpause bei einer Fahrradtour oder einem Staatsbankett, wenn man ihn nicht
sogar bei einer Schiffstaufe an einem Bug zerschmetterte.

Diesem schillernden Bild, das so gut zu dem ausgelassenen Lebensstil der Mittelschicht der Jahrhundertwende passte, stand das Bemühen gegenüber, Champagner in eine gediegene Tradition und eine altehrwürdige Geschichte einzubetten
mit dem Ziel, ihn als ein Naturprodukt zu präsentieren. Das entsprach ganz und
gar nicht dem Zeitgeist der Jahrhundertwende. In einer Epoche des politischen
Wandels, in der sich liberale und demokratische Institutionen herausbildeten, legten die Champagnerproduzenten wie auch die Hersteller von Châteaux-Weinen
im Bordelais Wert auf eine Traditionslinie und auf die Verknüpfung ihres Produkts
mit Aristokratie und Noblesse.

Die meisten Champagneretiketten tragen lediglich den Namen des Hauses
(Bollinger, Piper-Heidsieck, Billecart-Salmon, Moët & Chandon) – ganz im Stil
von Nobilität und königlicher Würde. Einige weisen unmittelbar auf eine Famili-
entradition hin wie beispielsweise Jacquesson et Fils, und nur einige wenige (wie
Pol Roger et Compagnie) lassen erkennen, dass es sich um Firmengesellschaften
handelt. Wurde der Champagner an Adel und Königshäuser geliefert, so trug das
Etikett oftmals deren Wappenzeichen. Da war es von Vorteil, dass Reims, ein Zentrum der französischen Champagnerherstellung, eine enge Beziehung zum Königtum hatte, wurden doch dort zwischen dem 9. und dem 18. Jahrhundert die französischen Könige gekrönt.

Die Firmen machten mit ihrer hochwohlgeborenen Kundschaft ebenso Reklame wie mit der Qualität ihres Weins. Eine Reklame für den »Sans-Sucre«
(»ohne Zucker«) von Laurent-Perrier Ende des 19. Jahrhunderts verwies auf den

Kundenkreis, zu dem die Könige von Belgien und Griechenland, der Herzog von Sachsen-Coburg-Gotha, die Herzogin von Teck, der Graf von Durham, der Fürst von Rohan, Lord Grey of Wilton sowie weitere Adelige, Ritter und Offiziere zählten. Die klare Botschaft dieser Werbeanzeige lautete aber, dass jeder diesem erlauchten Kreis beitreten könne, wenn er nur Champagner trinke. Laurent-Perrier, so der Text, werde »von Weinhändlern überall auf der Welt« geliefert, und ein Wettbewerb (an dem kein Adliger, der etwas auf sich hielt, jemals teilgenommen hätte) wurde angekündigt, bei dem man 6 000 Pfund gewinnen konnte.[47]

Im 19. Jahrhundert erfand die Champagnerindustrie ihre eigene Entstehungsgeschichte – in der Figur von Dom Pierre Pérignon, einem Mönch aus dem Benediktinerkloster Hautvilliers bei Epernay, der von 1668 bis 1715 lebte. Pérignon, dem Kellermeister des Klosters, werden bei der Beschneidung der Rebstöcke und der Mischung von Weinen eine Reihe von Neuerungen zugeschrieben. Man sagt, er habe die Champagnerherstellung und -lagerung verbessert, indem er erstmals Flaschenkorken verwendete und dickwandigere englische Flaschen benutzte. Dichtung und Wahrheit lassen sich hier nur schwer unterscheiden, aber mit Sicherheit war Dom Pérignon nicht der »Erfinder« des prickelnden Weins. Die zweite Gärung in der Flasche war eine Folge der jahreszeitlichen Temperaturschwankungen, nicht aber eines menschlichen Eingriffs oder gar einer Erfindung. Auch wenn der Champagner schließlich gezielt hergestellt wurde, ist er nicht auf einmal entdeckt oder erfunden worden, und ganz gewiss nicht von einer Einzelperson.

Doch genau diese Rolle war es, die Dom Grossard im Jahr 1821 Dom Pérignon andichtete. Grossard war Mönch im Kloster Hautvilliers gewesen, das im Zuge der Französischen Revolution enteignet worden war. Seine ausgeschmückten Geschichten über Dom Pérignon verschafften dem Kloster wie dem Mönch viel Aufmerksamkeit. Grossard hätte man gewiss keine Beachtung geschenkt, wenn seine Berichte über Pérignons Verdienste nicht dem Bedürfnis der Champagnerhäuser nach einer Tradition entgegengekommen wären, die gleichsam ein Gegengewicht zu den Veränderungen von Farbe, Geschmack und Herstellungsweisen nach 1820 darstellte. In der zweiten Hälfte des 19. Jahrhunderts nahm man diese Geschichte für bare Münze, und Dom Pérignon erlangte als der Vater des Champagners Berühmtheit. Legenden kamen in Umlauf, die behaupteten, Dom Pérignon sei blind gewesen und habe mit seiner feinen Zunge und seinem scharfen Geruchssinn wie kein anderer Weine verschneiden können.

Die Industrie verbreitete diese Geschichte ganz im Sinne des intendierten Images des Champagners als einem altehrwürdigen und spirituell geprägten Getränk. Als Dom Pérignon zum ersten Mal Champagner kostete, soll er ausgerufen haben: »Ich trinke die Sterne!« – eine Assoziation die ausgezeichnet zum Bild des idealen Getränks bei Hochzeiten, Kinds- und Schifftaufen passte. Viel später, erst 1937, gaben Moët & Chandon einer ihrer Spitzensorten den Namen »Dom Pérignon«.

Champagner wurde als ein Geschenk der Natur präsentiert, obwohl er – zumindest im 19. Jahrhundert – in großem Maße ein Produkt des Industriezeitalters war. Als Pommery 1874 seinen ersten *Champagne brut* herstellte, nannte man den Jahrgang »Pommery Nature«. In gewisser Weise war dieser Champagner tatsächlich natürlicher als die süßeren Varianten, weil weniger Zucker hinzugefügt wurde. Natürlicher als andere Champagnersorten war er aber nicht.

Ein weiterer Grundzug dieses Luxusgetränks war die besondere Verknüpfung mit Vorstellungen von Weiblichkeit. Im Allgemeinen galt Weintrinken als Männersache, und die Rotweine aus Bordeaux und Burgund hatten ein ausgesprochen männlich geprägtes kulturelles Image. Die Verknüpfung mit Aristokratie und ererbter Tradition war gleichfalls etwas »Männliches«, weil beispielsweise das französische Königtum über die männliche Abstammungslinie vererbt wurde. Champagner dagegen sollte ein Getränk für Männer *und* Frauen sein. Auf vielen Etiketten waren Frauen das Aushängeschild. Laurent-Perrier nahm in seine Reklameliste mit den exklusivsten Kunden die Gräfin von Dudley, die Gräfin von Stamford und Warrington, Madame Adelina Patti-Nicolini und Lady Sybil Tollemache auf. Die Zahl der Frauen war zwar geringer als die der männlichen Kunden, aber sie wurden deutlich sichtbar auf dem Plakat genannt.

In den Champagnerhäusern hatten Frauen gleichfalls mehr zu sagen als in anderen regionalen Weinkellereien. Am bekanntesten wurde zweifellos La Veuve Clicquot, deren Name seit dem Tod ihres Mannes und bis heute das Etikett ihres Champagners ziert. Die Witwe Clicquot war freilich nicht nur die Besitzerin des Unternehmens. Häufig schreibt man ihr die Erfindung des Pults (*pupitre*) zu, in dem die Champagnerflaschen während der Gärung und des Rüttelns lagern. La Veuve Pommery wurde dagegen weniger berühmt, obwohl auch sie nach dem Tod ihres Mannes 1858 das Unternehmen weiterführte, ihre Weine erfolgreich exportierte und 1874 den ersten trockenen Champagner herstellte. Ihr Name findet sich nicht auf den Etiketten des Pommery, nur auf besonderen Flaschen, die den Namen »Louise Pommery« tragen.

Als Getränk für Männer und Frauen, für die Mittelschicht, den Adel und die Könige, mit dem Ruf, für jede Gelegenheit passend zu sein, entsprach der Champagner dem Konsumtrend des 19. Jahrhunderts. Die Geschichte von Dom Pérignon, die Erfindung neuer Traditionslinien und die Werbung mit dem Hinweis auf die vornehme Kundschaft bildete ein Gegengewicht zu den modernen Entwicklungen, von denen die Champagnerhäuser enorm profitierten. Um 1800 hatten einige wenige Produzenten eine kleine, begüterte Oberschicht beliefert. Durch die Öffnung für den Massenmarkt gelang ihnen das Kunststück, die Widersprüche zwischen Traditionsbewusstsein und Modernität miteinander in Einklang zu bringen.

Abbildung 11
Der Champagner trat im 19. Jahrhundert seinen Siegeszug als Universalgetränk für Männer
und Frauen, Mittelschicht und Aristokratie an. Dennoch war Weinkonsum traditionell
»Männersache«, wie dieses Foto einer Champagner-Verkostung in den Gewölben der Kellerei
Perrier-Jouet zeigt.

Die Industriegesellschaft des 19. Jahrhunderts stellte auch die Weinproduzenten in Übersee vor zahlreiche Probleme. Für die Vereinigten Staaten ging es vorrangig nicht um die Fragen, wie Wein optimal zur Reifung gelangt oder wie man am besten für ihn Reklame macht, sondern um das Problem, wie Wein überhaupt in kommerziellem Maßstab hergestellt werden konnte. Die Erfahrungen des 17. und 18. Jahrhunderts waren für viele angehende amerikanische Winzer eher entmutigend, aber sie experimentierten so lange mit Lagen und Rebsorten, bis sich der Erfolg einstellte. Wenn sie es schließlich doch schafften, hatte das auch damit zu tun, dass viele Weinbaupioniere in der Neuen Welt es einfach nicht wahrhaben wollten, dass in dem Land, das schon Generationen vor ihnen für das Gelobte Land gehalten hatten, kein Wein gedeihen sollte.

Ihrer Naivität leistete das System der staatlichen Landzuteilungen Vorschub, durch das selbst unbedarfte Bewerber eine Chance erhielten, die es sich in den Kopf gesetzt hatten, an völlig ungeeigneten Orten Wein anzubauen. Dies war der Fall bei jenen mehreren hundert ehemaligen napoleonischen Offizieren und Beamten, die nach der Niederlage ihres Feldherrn 1815 in den Vereinigten Staaten Zuflucht suchten. Zwei Jahre nach ihrer Ankunft gründeten sie die French Agricultural and Manufacturing Society und begannen, auf knapp 40 000 Hektar vom

Kongress bewilligtem Land im heutigen Alabama Wein und Oliven anzubauen. Ob die Kongressabgeordneten ein weiches Herz hatten oder einfach nur dumm waren, ist nicht bekannt. Nichts deutet darauf hin, dass diese französischen Einwanderer irgendwelche landwirtschaftlichen Erfahrungen mitbrachten. Die erforderlichen Kenntnisse waren jedenfalls keine automatische Begleiterscheinung der Nationalität, und womöglich war es falscher Nationalstolz, der die Franzosen darauf bestehen ließ, Reben der Gattung *vinifera* zu pflanzen, statt es mit einheimischen Sorten zu versuchen. Nach zehn Jahren erfolgloser Bemühungen gaben sie 1828 auf.[48]

Es war ein Einwanderer aus der Schweiz, der in den Vereinigten Staaten erstmals Wein in größeren Mengen produzierte. Jean Jacques Dufour beschäftigte sich zunächst ausgiebig mit den kümmerlichen Weinbergen an der Ostküste, bevor er in Kentucky einen eigenen Weinberg anlegte. 1799 gründete er die Kentucky Vineyard Society und pflanzte 10 000 Rebstöcke fünfunddreißig verschiedener Sorten in seinem »First Vineyard«. Sie gediehen anfänglich gut, doch die meisten Reben gingen im dritten Jahr durch Schwarzfäule, Mehltau und andere Krankheiten ein. Dufour fiel auf, dass zwei Rebsorten überlebt hatten – beides einheimische Hybridzüchtungen, die er fälschlich für Reben der Sorte *vinifera* hielt. Er legte mit ihnen neue Pflanzungen an, die aber wieder eingingen.

Überzeugt, die Lage sei schuld, erwarb Dufour Land im Indiana Territory in einer Gemeinde, die später in Anlehnung an die schweizerische Weingegend Vevey als »Vevay« bekannt wurde. Mehrere Mitglieder seiner Familie folgten ihm aus der Schweiz, um in seinem »Second Vineyard« mitzuarbeiten. Im Jahr 1808 erzeugten sie 30 Hektoliter Wein. Die Produktion wuchs stetig und erreichte 1820 einen Höchststand von 450 Hektolitern. Über die Qualität der Erzeugnisse gibt es unterschiedliche Ansichten. Dufour brüstete sich damit, der Ohio River, an dem sein Weinberg lag, werde bald ebenso berühmt sein wie Rhein und Rhône, und in seiner Reklame hieß es, der Wein sei »besser als der übliche Claret aus Bordeaux«. Wie auch immer, Dufour fand für seine Produkte einen Absatzmarkt. Eine Gallone kostete in Cincinnati zwei Dollar, für Selbstabholer nur die Hälfte.[49]

In Indiana lag ein Weinberg, den die Bewohner New Harmonys bestellten, einer Anfang des 19. Jahrhunderts von deutschen Einwanderern gegründeten Utopisten-Gemeinde am Wabash River. Nachdem der Anbau deutscher Rebsorten wie Riesling und Sylvaner gescheitert war, gelang schließlich der kommerzielle Weinbau mit Hybridzüchtungen. 1824 umfasste die Rebfläche knapp fünf Hektar. Der dort produzierte Rotwein soll in der Gegend äußerst beliebt gewesen sein, auch wenn Außenstehende diesen »Wabaschwein« als »eigenartig im Geschmack«, dünn und fade beschrieben.

Die Weinpflanzungen, die zu den ersten erfolgreichen Unternehmungen zählten, verschafften den Regionen Indiana, Ohio und Kentucky eine führende Stellung im Weinbau der Vereinigten Staaten.

Der amerikanische Bürgerkrieg hatte keine Auswirkungen auf die Weinwirtschaft, und in den sechziger Jahren des 19. Jahrhunderts florierten Weinkellereien auch in manchen Gebieten im Staat New York. Die erste Kellerei im Finger-Lakes-Distrikt, die Pleasant Valley Wine Company, entstand 1860 und produzierte 1864 bereits 1135 Hektoliter Schaumwein. Weitere Weinbaugebiete wurden auf Long Island, an den Ufern des Hudson River und am südlichen Ufer des Eriesees erschlossen.

Auch in einigen kanadischen Siedlungsgebieten nördlich des Staates New York begann man, kleine Mengen Wein zu produzieren. Den ersten kanadischen Wein erzeugte Johann Schiller, ein deutscher Soldat im Ruhestand, um 1811 in der Nähe von Toronto. Seine Rebstöcke stammten wahrscheinlich aus Pennsylvania, und Schiller arbeitete wohl nur für den eigenen Bedarf und für den seiner Nachbarn. In den sechziger Jahren kaufte Graf Justin M. de Courtenay ein Weingut, gründete eine Firma und verkaufte Wein unter dem Namen Clair House. De Courtenay hatte zuvor schon in Québec Wein gemacht, allerdings ohne Erfolg, worauf er nach Ontario ging. Die Marke Clair House kam besser an. Proben davon wurden auf der Weltausstellung 1867 in Paris präsentiert. Eine Zeitung aus Toronto berichtete, die französischen Juroren hätten ihn dem Beaujolais gleichgestellt, fügte aber die irreführende (und wohl auf die Unkenntnis der Leser spekulierende) Bemerkung hinzu, Beaujolais sei »der beste Wein Frankreichs«.[50]

Pelee Island am Eriesee ist noch heute ein bekanntes Weinbaugebiet. Dort entstanden damals ebenfalls zahlreiche Weinberge. Auf einem von ihnen pflanzte man in den sechziger Jahren des 19. Jahrhunderts Catawba-Stecklinge, mit denen eine Kellerei in Ontario beliefert wurde. Seit 1893 kamen von dort auch die Trauben für den süßen Wein der kanadischen Firma Brights, und 1866 gründeten drei Investoren aus Kentucky die Firma Vin Villa, die als Erste auf Pelee Island kommerziell Wein herstellte. Das größte Weinbaugebiet Ontarios auf der Halbinsel Niagara entwickelte sich langsamer. Im Jahr 1900 gab es dort knapp über 2 000 Hektar Rebland. Die wichtigste Rebsorte, Concord, eignete sich nicht besonders zur Weinverarbeitung, ließ sich aber gut als Tafeltraube verkaufen und zu Saft oder Konfitüre verarbeiten. Aus der Kreuzung der Concord mit einer anderen Rebsorte entstand 1868 die Niagara-Rebe, die in den achtziger Jahren überall in Ontario verbreitet war und Weißwein ergab.

1890 gab es in Ontario fünfunddreißig Weinkellereien, sechs weitere in anderen Gegenden Kanadas, unter anderem in Québec und British Columbia. Im Westen des Landes, im Okanagan Valley in British Columbia, lag ein von Mönchen des Oblatenordens angelegter Weinberg.[51] Um die Jahrhundertwende war Kanada ein aufstrebendes Weinland, aber die Weinwirtschaft wurde – wie im Osten der Vereinigten Staaten – in ihrer Entfaltung behindert, weil man Rebsorten anbaute, aus denen nur mittelmäßiger Wein gewonnen werden konnte.

In vielen Gebieten Nordamerikas waren Enthusiasmus und Optimismus größer als die Hoffnung auf einen unmittelbar ertragreichen Weinbau. Zwischen 1850 und 1860 brach im Süden der Vereinigten Staaten eine wahre Weinbaumanie aus. Man gründete eine Southern Vine Growers' Convention und berief eine Versammlung aller US-amerikanischen Weinerzeuger ein, um drängende Fragen zu diskutieren. Weitgehend unbeachtet von den nordamerikanischen Staaten (der Bürgerkrieg stand kurz bevor), erörterten die Weinerzeuger im Süden eine Reihe von Problemen der aufstrebenden amerikanischen Industrie. Gefordert wurden unter anderem eine eindeutigere Klassifizierung der Rebsorten sowie neue Regelungen für die Etikettierung. Bei den meisten amerikanischen Weinen gab das Flaschenetikett Auskunft über die Rebsorten, die Convention aber verlangte die Nennung des Staates, der genauen Herkunft und des Produzenten – in dieser Reihenfolge. Der Optimismus und die Vision einer nationalen Einigung, welche die Vine Growers' Convention beflügelt hatten, verblassten mit dem Niedergang des Weingeschäfts in den Südstaaten.

Weit drüben im Westen entstand jedoch eine Weinwirtschaft, die von den Traditionen im Osten gänzlich unabhängig war. Anders als die britischen, französischen, schweizerischen, deutschen und niederländischen Einwanderer im Osten, deren Reben eingingen, hatten die spanischen Jesuiten die Rebsorte *vinifera* gepflanzt, die unter dem Namen »Mission« bekannt wurde und gute Erträge lieferte, die einen kommerziellen Weinbau ermöglichten. Mit dem Niedergang der spanischen Kolonialmacht erlangte Mexiko im Jahr 1821 die Unabhängigkeit. Teile seiner nördlichen Territorien, unter anderem das spätere New Mexico, Texas und Kalifornien, wurden später von den Vereinigten Staaten annektiert. Als sie eingegliedert wurden, hatten sie bereits eine eigenständige Weinbautradition. So wurden sie zu den ältesten Weinregionen der USA.

In Kalifornien wurde Weinbau zuerst in den Missionsstationen betrieben. Weil die Missionare mehr Wein produzierten, als sie für religiöse Zwecke benötigten, belieferten sie den lokalen Markt und verschifften einen Teil des Ertrags sogar nach Südamerika. Das genaue Produktionsvolumen kennen wir nicht, die wichtige San-Gabriel-Mission bebaute in den zwanziger Jahren des 19. Jahrhunderts unweit Los Angeles schätzungsweise 70 Hektar Rebland und stellte jährlich 1325 Hektoliter Wein her. Ein Großteil davon wurde zu Branntwein destilliert. Außerdem produzierte man in San Gabriel zwei Rotweine (einen trockenen und einen süßen) sowie zwei Weißweine, davon einen Dessertwein. Unter dem Namen »Angelica« (nach der nahe gelegenen Stadt) stellte die Missionsstation ein Getränk her, bei dem Branntwein zu unvergorenem oder angegorenem Most gegeben wurde; das Ergebnis war der Mistelle vergleichbar.

In der Zeit der Missionierung war Südkalifornien, besonders das Gebiet um Los Angeles, weitaus bedeutender als Nordkalifornien. Die aufstrebende Weinwirtschaft im Süden war bedroht, als die mexikanische Regierung 1833 die Weinberge säkularisierte. Aus Protest entschieden sich die Jesuiten für eine Politik der verbrannten Erde und vernichteten die meisten ihrer Pflanzungen. Die noch verbliebenen Weinberge wurden vernachlässigt, und um die Mitte des Jahrhunderts war Wein aus der Missionstraube praktisch verschwunden. Dennoch gab es weiterhin Wein in dieser Region, weil bereits vor der Zerstörung der kirchlichen Rebpflanzungen weltliche Besitzer begonnen hatten, welchen anzubauen. In der Gegend um Los Angeles, damals noch eine kleine Gemeinde, legte man mehrere Weinberge an. In den dreißiger Jahren, nach dem Niedergang des Weinbaus in den Missionsstationen, betrug die Rebfläche zwischen 20 und 40 Hektar. Die erste auf kommerzieller Basis arbeitende Weinkellerei gründete ein französischer Einwanderer mit dem passenden Namen Jean-Louis Vignes. Er stammte aus einer Büttnerfamilie in Bordeaux und wusste genau, was er tat. 1840 produzierte er auf einer Fläche von 14 Hektar Rebland Wein und Branntwein, die er bis nach Santa Monica und San Francisco verkaufte. Vignes' wichtigste Rebsorte war die Gattung Mission, aber er experimentierte auch mit anderen europäischen Gattungen.[52]

Weitere Weinbauern folgten seinem Beispiel. Um 1850 gab es in der Gegend um Los Angeles bereits eine richtige Weinwirtschaft. Die Stadt zählte damals noch weniger als 2 000 Einwohner, aber die paar hundert Weinberge belieferten nicht nur den lokalen Markt. Der Winzer Matthew Keller soll der erste amerikanische Weinmillionär gewesen sein. Das ist wahrscheinlich eine Übertreibung, aber sie zeigt doch, wie lukrativ das kalifornische Weingeschäft inzwischen geworden war. Bald kämpfte man mit Überproduktion und Qualitätsverfall. Qualitätskontrollen oder -regelungen gab es nicht. Als Keller 1878 seinen Kellermeister fragte, wie ein bestimmter Sherry hergestellt werde, erhielt er zur Antwort: »Ich weiß nur, dass er aus Weißwein, Alkohol, Traubensirup, Hickorynussaufguss, Quassia, Walnussaufguss und bitterer Aloe besteht, deren Anteile ich bei meinem Leben nicht angeben kann. Als ich den Wein herstellte, notierte ich auf Kärtchen, was jedes Fass enthielt, um ihn wieder machen zu können, falls er gut war. Aber als ich Ihren Brief erhielt, in dem es hieß, er sei nicht gelungen, zerriss ich die Kärtchen.«[53] Auf diese Weise ließ sich weder ein guter Wein noch ein langfristiger Verkaufserfolg erzielen.

In den fünfziger Jahren entstanden Firmen, die nicht nur eigenen Wein herstellten, sondern auch Wein aus anderen Gegenden Kaliforniens kauften und weiterverkauften. Eine von ihnen war Sainsevain Brothers. Sie gehörte den Neffen von Jean-Louis Vignes, die das Unternehmen ihres Onkels übernommen hatten. Ihre Idee, die Produktpalette durch Champagner zu erweitern, scheiterte an schlechter Organisation und führte in den Konkurs. Erfolgreich waren dagegen Kohler & Frohling, eine von zwei Deutschen gegründete Firma. Sie nahmen Winzer unter Vertrag, überwachten die Weinlese und das Keltern und konnten so ein durchgängiges Qualitätsniveau erreichen. Kohler und Frohling führten in Südkalifornien neue Rebsorten ein. Sie befreiten die Weinwirtschaft aus der fast völligen Abhängigkeit von der erprobten Missionstraube.

Zu den weiteren Verdiensten dieses Unternehmens gehörte es, kalifornischen Wein außerhalb des Landes zu verkaufen. Ein bedeutender Absatzmarkt wurde San Francisco, wohin 1861 beispielsweise 4 920 Hektoliter Wein aus Los Angeles geliefert wurden. Für Kohler & Frohling arbeiteten auch Agenten in Boston und New York City. 1860 exportierte die Firma Wein im Wert von 70 000 Dollar. Kalifornische Weine kamen im Osten der Vereinigten Staaten gut an. Ende der sechziger Jahre konsumierte man dort fast drei Viertel der eine Million Gallonen (37 853 Hektoliter) *Angelica-*, Port- und Weißweine, die aus Kalifornien ausgeführt wurden.[54] Dieser Erfolg ärgerte die Produzenten von Ohio und New York, die den Kaliforniern Panscherei, Etikettenschwindel und Deklarierung von Ostküsten-Wein als kalifornischen Wein vorwarfen.

Dem südkalifornischen Weinboom entsprach in den fünfziger Jahren der Aufschwung im nordkalifornischen Sonoma und Napa Valley. Den entscheidenden Impuls gaben hier die Goldfunde. In den Goldgräberstädten Kaliforniens stieg die nichtkalifornische Bevölkerung von 14 000 im Jahr 1848 auf 224 000 im Jahr 1852. Auf den Goldrausch folgte bald ein Traubenrausch, als viele Goldsucher auf ihrem Land, auf dem sie kein Gold gefunden hatten, Weinreben anpflanzten. Zu ihnen gehörte der Schweizer Johann Sutter, der mit seinen Funden den Goldrausch überhaupt erst ausgelöst hatte. Eine Vorstellung von dem Weinbaufieber gibt die Entwicklung von Santa Clara County: Die Zahl der angepflanzten Reben stieg zwischen 1855 und 1857 von 30 000 auf 500 000.

Viele dieser neuen Winzer hatten als Weinproduzenten ebenso wenig Erfahrung wie als Goldschürfer, und es stand ihnen auch kaum mehr Erfolg bevor. Manche bewahrte die California State Agricultural Society vor dem Ruin, die Sachverständige in die Weinberge schickte. Binnen kurzer Zeit produzierte man in den Tälern nördlich von San Francisco bedeutende Mengen durchaus bemerkenswerten Weins und pflanzte eine Reihe von europäischen Rebsorten, die in den Weinbergen um Los Angeles bis dahin keine Beachtung gefunden hatten. Ende der fünfziger Jahre setzten die Brüder Thompson im Napa Valley fünfundvierzig verschiedene Rebsorten. Innerhalb von zehn Jahren war die nordkalifornische Rebfläche größer als die im Süden. Begünstigt wurde dies durch die klimatischen Verhältnisse, die Bodenbeschaffenheit und durch die größere Nähe des Napa und Sonoma Valley zum wichtigen Absatzmarkt in San Francisco. Südkalifornische Weine, die aufgrund der hohen Transportkosten sehr viel teurer verkauft werden mussten, waren auf diesem bedeutenden Markt nicht konkurrenzfähig.

Es wäre falsch anzunehmen, dass der nordkalifornische Wein damals eine besonders gute Qualität gehabt hätte. Das Echo war eher geteilt, und sogar die Befürworter plädierten für weitere Verbesserungen. Zu diesem Zweck setzte der

Abbildung 12
Historische Darstellung eines Weingutes in der Nähe von Napa, Kalifornien (1878)

Gouverneur von Kalifornien 1861 eine dreiköpfige Kommission ein, die den Anbau von Qualitätswein fördern sollte. Zu den Kommissionsmitgliedern zählte ein ungarischer Einwanderer namens Agoston Haraszthy, der als der Vater der kalifornischen Weinwirtschaft gilt. Haraszthy war ein ruheloser Unternehmer, der bereits in Wisconsin sowie an anderen Orten Kaliforniens Wein angebaut hatte, ehe er sich in Sonoma niederließ. Sein Weinberg Buena Vista war von beachtlicher Größe. 1857 hatte er 14000 Rebstöcke gepflanzt, dazu kamen 12 000 Setzlinge seiner Rebschule. Die Weine des Ungarn wurden auf den kalifornischen Messen prämiert. Obwohl Haraszthys Verdienste groß waren, konnte er seinem Ruf als großer Erneuerer streng genommen nicht gerecht werden. Trotz vielfacher Forderungen brachte er keine überragenden Rebsorten nach Kalifornien. Die Einführung der Zinfandel-Rebe, die heute das Markenzeichen der Region ist, geht nicht auf ihn zurück.[55]

Ende des 19. Jahrhunderts produzierte Kalifornien immer mehr Wein, und der nördliche Teil des Staates setzte sich wirtschaftlich gegen den Süden durch. Kurzzeitig kam es zu einem Wiederaufblühen des Weinbaus in der Gegend um Los Angeles, als Investoren von der Reblauskatastrophe profitieren wollten, die, wie sie hofften, Europa zu Weinimporten zwingen würde. Die Reben im südlichen Kalifornien wurden selbst von Krankheiten befallen, die manches Unternehmen, das finanziell auf wackeligen Beinen stand, in den Ruin trieben. Viele südkalifornische

Bauern gingen dazu über, Tafeltrauben anzubauen. Der Weinbau verschwand zwar nie ganz aus der Gegend, verlor aber gegenüber Nordkalifornien an Bedeutung.

Zu dieser Zeit war der kalifornische Weinbau gut etabliert. Er lag in den Händen zahlreicher relativ kleiner Betriebe. Die meisten Versuche, Großunternehmen zu gründen, waren fehlgeschlagen. In den achtziger Jahren legte Leland Stanford, der ehemalige kalifornische Gouverneur und Begründer der Stanford University, auf Hunderten Hektar Land seiner Vina Ranch am Sacramento River Rebpflanzungen an. Er errichtete Bewässerungsanlagen, holte Experten aus Frankreich, baute Pressen und Lagerräume. Die Ergebnisse blieben dennoch enttäuschend. Sein Wein wurde meist zu Branntwein destilliert, und obwohl dieser angeblich so gut sein sollte wie Cognac, war in Stanfords Augen das ganze Unternehmen gescheitert.[56] Die kalifornische Weinherstellung blieb die Sache von ein- bis zweihundert Winzern, die auf rund 750 Weinbergen Trauben anbauten.

Diese Trauben waren seit Anfang des 20. Jahrhunderts großenteils unverändert geblieben. Die wichtigste Weißweinrebe war Chasselas, die wichtigste Rotweinrebe nach wie vor die Missionstraube, obwohl man für Rotweine besserer Qualität zunehmend Zinfandel verwendete. Andere Rebsorten begannen, sich gleichermaßen durchzusetzen. Exaktere Etikettierung und Klassifizierung half, auch wenn viele Reben fälschlich als Riesling ausgegeben wurden ... Um die Jahrhundertwende traten an die Stelle der bisher vorherrschenden süßen Weine langsam trockenere Sorten. Doch noch 1910 machten süße Weine einen Anteil von 40 Prozent der Gesamtproduktion aus.

Die 1894 gegründete Californian Wine Authority, die sich die Förderung von Produktion und Vermarktung zum Ziel gesetzt hatte, verkaufte mit einigem Erfolg Wein unter dem Namen Calwa, von dem sie allerdings 1906 bei dem Erdbeben in San Francisco 378 000 Hektoliter zusammen mit dem Gebäude der Gesellschaft verlor. Zum Angebot zählten verschiedene Dessert- und Tafelweine sowie ein roter Schaumwein. Das exklusive Londoner Kaufhaus Harrods warb für den Zinfandel von Calwa »als hochgesund und Blut bildend« – zur damaligen Zeit offensichtlich ein überzeugender Slogan.

Die kalifornischen Weine mögen vielleicht gesund gewesen sein. Doch bald schon bekamen die Winzer die Auswirkungen zu spüren, die sich aus dem neuen Stellenwert des Weins in der amerikanischen Gesellschaft ergaben. Der Pro-Kopf-Verbrauch, 1880 noch eine halbe Gallone jährlich (knapp zwei Liter), sank 1900 auf eine drittel Gallone. Wein galt fortan nicht mehr als zuträglich, sondern als schädlich. In einem Artikel aus dem Jahr 1897 über falsche Lebensgewohnheiten wurden die Essgewohnheiten der Amerikaner kritisiert: »Der Cocktail vor dem Essen, der Appetit anregende Gaumenkitzel einer Flasche guten Wein ... führen zum Verzehr so großer Nahrungsmengen, dass die Verdauungsorgane schlicht überfordert sind.«[57] In diesen Worten kam ein Wandel zum Ausdruck, der sich in medizinischen wie nichtmedizinischen Kreisen allmählich immer mehr durchsetzte: die Überzeugung nämlich, dass Wein alles andere als gesund sei und keine Heilkraft besitze. Mehr noch als von der Mäßigungsbewegung war der Wein von der Prohibition bedroht. Zeigte die Erstere dem Wein gegenüber noch eine gewisse Toleranz, trat die Letztere für ein generelles Alkoholverbot ein. Unter ihrem Einfluss wurde in immer mehr amerikanischen Bundesstaaten und 1920 schließlich im ganzen Land der Alkohol gesetzlich verboten.

Ein Symptom des bevorstehenden Wandels war die Erfindung und wachsende Beliebtheit von Traubensaft. Wissenschaftliche Erkenntnisse über die Gärung ermöglichten Dr. Thomas Welch die Entdeckung, dass bei der Erhitzung von frisch gepresstem Traubensaft auf 60 Grad Celsius die wilden Hefezellen abgetötet werden und die Gärung verhindert wird. Traubensaft vermarktete man als eine gute Alternative zum Wein und verkaufte ihn in den USA in Burgunderflaschen als »Dr. Welch's Unfermented Wine« (unvergorener Wein). In Großbritannien, wo Welch die Portweintrinker als Konsumenten zu gewinnen hoffte, trugen die Flaschen die Aufschrift »Unfermented Port Wine«. Bis 1907 wurden in den Vereinigten Staaten 37 800 Hektoliter Traubensaft jährlich verkauft.

Ironischerweise benutzten die Alkoholgegner die wissenschaftliche Forschung, die eigentlich angetreten war, die Qualität des Weins zu verbessern, nun dazu, ihn in Misskredit zu bringen. Die wachsende Beliebtheit von Traubensaft und der sinkende Weinkonsum offenbarten einen Schwachpunkt der scheinbar so robusten amerikanischen Weinwirtschaft. Nur noch wenige Jahre, und die Wein- und Alkoholindustrie würde sich als machtlos gegen die Aktivitäten der Prohibitionisten erweisen, die das gesetzliche Alkoholverbot und damit das Verbot kommerzieller Weinherstellung, Bierbrauerei und Branntweindestillation in den Vereinigten Staaten konsequent durchsetzten.

Das Klima Brasiliens ist bis auf wenige Regionen für den Weinbau ungeeignet. Deshalb wurde dort in der Kolonialzeit so gut wie kein Wein produziert. Die zaghaften Versuche, trotz aller Hindernisse Wein herzustellen, vereitelten die Bestimmungen der portugiesischen Kolonialbehörden, die die Absatzmöglichkeiten für Wein aus ihrem Mutterland nicht verlieren wollten. Ende des 18. Jahrhunderts wurden die Restriktionen verschärft. Die portugiesischen Weinproduzenten erhielten ein Monopol für den Import nach Brasilien. Die Region Douro bekam einen exklusiven Zugang zum lukrativen Markt Rio de Janeiros, der allerdings nur mit zweitklassigem Wein beliefert wurde.[58] Die Folge war, dass der portugiesische Wein in Brasilien fünfmal so teuer war wie in Portugal. Auseinandersetzungen über die Weinpolitik waren Bestandteil hartnäckiger Konflikte zwischen einheimischen Politikern und Lissabon, der schließlich zur Unabhängigkeit Brasiliens führte.

Chile und Peru, Anfang des 19. Jahrhunderts die größten lateinamerikanischen Weinproduzenten, bauten die Missionsrebe an, die die Spanier überall an der Westküste des amerikanischen Kontinents eingeführt hatten. Die Winzer in beiden Ländern erzielten respektable Weine und nebenbei eine Menge Branntwein. Sie sahen daher keinen Anlass, die Rebsorte oder ihre Techniken zu ändern. Im Jahr 1851 pflanzte der chilenische Gutsbesitzer Silvestre Ochagavia Errazuriz jedoch in seinem Weinberg südlich von Santiago die französischen Rebsorten Merlot, Cabernet Sauvignon, Malbec, Sauvignon Blanc und Riesling an. Damit legte er die Grundlagen für den heutigen chilenischen Wein.

Jenseits der Anden, in Argentinien, wurde in geringem Umfang die Missionsrebe angepflanzt. In dem bedeutenden Weinbaugebiet von Mendoza führte man Ende des 19. Jahrhunderts europäische Rebsorten ein. Der argentinische Weinbau war wirtschaftlich relativ unbedeutend, bis durch den Ausbau des Eisenbahnnetzes in den achtziger Jahren die Weinproduzenten von Mendoza Zugang zu den Märkten bekamen.

Aufs Ganze gesehen entwickelte sich der Weinbau in Lateinamerika im 19. Jahrhundert stetig, aber unspektakulär. Da es nach wie vor schwierig war, Wein über große Entfernungen zu transportieren, spielten lateinamerikanische Erzeugnisse auf dem Weltmarkt kaum eine Rolle, obschon sie in der zeitgenössischen Weinliteratur durchaus Erwähnung fanden. Cyrus Redding sprach den lateinamerikanischen Weinen ein allgemeines Lob aus. Bei seinem Urteil musste er sich allerdings auf fremde Auskünfte verlassen. Argentinische Weine, so schrieb er, seien viel versprechend, sofern veredelte Rebsorten angebaut würden. Aus Mendoza käme ein »ausgezeichneter Wein zweiter Kategorie«. Über chilenischen und peruanischen Wein äußerte sich Redding gleichfalls positiv: »Jene aus Chili [sic] gelten als die besten, und vor allem der Muskateller ist erstaunlich gut.«[59] Ein anderer Weinführer platzierte dagegen die meisten lateinamerikanischen Weine im Mittelfeld: als durchschnittlich (Bolivien), mittelmäßig (Brasilien und Paraguay) und gewöhnlich (Buenos Aires, Chile, Kuba und La Plata [Uruguay]). Die peruanischen Weine schnitten vergleichsweise gut ab.[60]

Im Laufe der ersten Jahrzehnte des 19. Jahrhunderts wurde in Australien das Fundament für eine auch für den Weltmarkt bedeutende Weinproduktion gelegt. Wie in vielen anderen Regionen waren die Anfänge jedoch eher ernüchternd. 1801 erhielten zwei französische Kriegsgefangene den Auftrag, einen Weinberg in Parramatta unweit der Stadt Sydney anzulegen. Sie pflanzten 12 000 Setzlinge und produzierten nach zwei Jahren ihren ersten Wein. Dieser fiel so kläglich aus, dass der Gouverneur der Kolonie zu dem Schluss kam, den Gefangenen fehle es an den nötigen Kenntnissen und Fähigkeiten.[61] Vielleicht mangelte es ihnen aber auch einfach an den richtigen Bedingungen.

Angesichts dieser und anderer Misserfolge veröffentlichte 1803 eine Zeitung in Sydney erstmals in Australien einen Artikel zum Thema Weinbau und Weinbereitung. Es handelte sich freilich nur um die Übersetzung eines Beitrags aus einer europäischen Zeitschrift. Man war so unbedarft, dass weder der Übersetzer noch der Redakteur oder der Setzer merkten, dass die Jahreszeiten auf der Südhalbkugel andere waren als auf der Nordhalbkugel. So wurde empfohlen, die Reben im Januar und Februar zu beschneiden, wenn in Australien Hochsommer war.

Der erste Australier, der auf kommerzieller Basis Wein produzierte, war Gregory Blaxland, der 1816 aus Pinot Noir- und Pinot Meunier-Trauben Wein herstellte. Die Royal Society of Arts in London, die den Weinbau auch in Amerika förderte, prämierte den besten Wein von mindestens zwanzig Gallonen aus Trauben, die in Neusüdwales wuchsen. Im Jahr 1822 bewarb sich Blaxland mit seinen Weinen. Er gewann eine Silbermedaille und erntete halbherziges Lob. Als er sechs Jahre später erneut antrat, bescheinigte man ihm einen »entschieden besseren Wein« und verlieh ihm die Goldmedaille.[62]

Mit James Busby erhielt der australische Wein in den zwanziger Jahren des 19. Jahrhunderts den entscheidenden Auftrieb. Busby war ein Weinenthusiast, der Weinberge in Frankreich besucht hatte, eher er nach Australien ging und in Neusüdwales Reben pflanzte. Ob er selbst jemals Wein herstellte, ist ungewiss, aber keiner engagierte sich damals stärker für den Weinbau in der jungen Kolonie. 1831 kehrte James Busby nach Europa zurück, bereiste Anbaugebiete in Spanien und Frankreich, trug Setzlinge zusammen und eignete sich weitere Kenntnisse an. Er brachte 362 verschiedene Rebsorten mit nach Australien zurück, die im Botanischen Garten von Sydney gepflanzt wurden. Seine Erfahrungen schrieb er 1833 in einem einflussreichen Werk mit dem Titel *Journal of a Tour through Some of the Vineyards of France and Spain* nieder.

Aus Australien nahm Busby zehn Gallonen australischen Weins mit nach England, die Hälfte in einem kleinen Fass, die andere Hälfte in Flaschen abgefüllt. Ein Teil des Flaschenweins war bei der Ankunft in England verdorben, möglicherweise weil die Flaschen nicht gut genug ausgewaschen worden waren. Der Fasswein erreichte dagegen wohlbehalten sein Ziel. Dieser wurde bei einem Dinner serviert, das ein »sehr bedeutender Portweinhändler« gab, der meinte, der Wein schmecke wie Burgunder. Die Reste des Fassweins nahm Busby wieder mit zurück nach Australien und beschrieb ihn nach der Ankunft als »völlig unversehrt ... aromatisch und kräftig«.[63] Für australische Winzer, die davon träumten, den europäischen Markt zu beliefern, war dies eine gute Nachricht. Ihr Wein konnte also um die Welt reisen, ohne Schaden zu nehmen.

In den dreißiger Jahren wurden nicht zuletzt durch Busbys Einfluss in der Gegend um Sydney sowie im Hunter Valley zahlreiche weitere Weinberge angelegt. Einige der ältesten Namen haben sich bis heute erhalten 1836 produzierte George

Wyndham 7000 Liter Wein, und in den vierziger Jahren pflanzte Dr. Henry Lindeman seine ersten Reben. Der Weinbau entwickelte sich in Neusüdwales rasch zu einem eigenständigen kleinen Agrarsektor. Um 1850 betrug die Rebfläche über 400 Hektar, die Hälfte davon im Hunter Valley. Trotzdem war der Weinhandel wirtschaftlich eher unbedeutend. Im Vergleich zu anderen Alkoholsorten war Wein teuer, und nur wenige Siedler gehörten der Schicht an, die Wein konsumierte. Rum, Gin, Branntwein und Bier erfreuten sich weit größerer Beliebtheit.

Nach der Gründung der anderen australischen Kolonien pflanzte man auch dort Wein an. Einige wenige versuchten ihr Glück in Tasmanien, doch ging dort im Laufe des 19. Jahrhunderts der Weinbau wieder zurück und nahm erst in den letzten Jahrzehnten des 20. Jahrhunderts einen neuen Aufschwung. In Victoria, wo später schweizerische Einwanderer die Rebpflanzungen intensivierten, betrieb man mehr Weinbau. In der Nähe des heutigen Melbourne betrug die Anbaufläche 1850 60 Hektar, weitere Weinberge gab es im nördlicher gelegenen Yarra Valley und im äußersten Westen Australiens. Dort produzierte man den ersten Wein 1834. Aber der lokale Markt war klein, und der Weinbau blieb hier ebenfalls ein eher unbedeutender Wirtschaftszweig – bis das restliche Australien die Weine der Margaret-River-Region entdeckte.

Im Süden des Kontinents entwickelten sich die Dinge sehr viel schneller. Bereits wenige Monate nach der Gründung der Kolonie wurden in der Gegend um Adelaide Weinreben gepflanzt. 1840 legte man den ersten kommerziellen Weinberg mit Setzlingen an, die James Busby aus Spanien und Frankreich mitgebracht hatte. Umstritten ist, wer den ersten südaustralischen Wein herstellte, was angesichts seiner heutigen Bedeutung keine unwichtige Frage ist. Zumindest wissen wir mit Bestimmtheit, wer erstmals Wein exportierte. Das war ein gewisser Walter Duffield, der 1845 wagemutig eine Kiste seines Echunga Hock an die englische Königin Victoria schickte.[64]

Ein weiterer großer Name des australischen Weinbaus ist Dr. Christopher Penfold, der in den vierziger Jahren des 19. Jahrhunderts nach Südaustralien kam und auf seinem Anwesen »The Grange« eine Arztpraxis eröffnete. Er hatte südfranzösische Rebsetzlinge im Gepäck, darunter viele der Sorte Grenache. Der Wein, den er aus diesen Trauben herstellte, war anfangs ausschließlich für seine Patienten bestimmt und nur auf Rezept erhältlich. Wein, der reich an Eisen ist, galt als das ideale Mittel gegen Blutarmut – eine Krankheit, von der zahlreiche mittellose Einwanderer auf der Reise von Europa nach Australien heimgesucht wurden. Im selben Jahrzehnt, das für die Geschichte des Weins in Australien eine entscheidende Rolle spielte, siedelten sich Lutheraner aus Schlesien im Barossa Valley nördlich von Adelaide an. Johann Gramp pflanzte auf seinem Anwesen in Jacob's Creek Riesling-Setzlinge. Bald entstanden überall im Barossa Valley Weinberge, und mit dem Zustrom weiterer Siedler entwickelten sich günstige Absatzmöglichkeiten.

Aber dieser regional begrenzte Markt war eine Ausnahme. Nicht zuletzt aufgrund mangelnder einheimischer Nachfrage beschlossen die australischen Winzer, ihre Weine in Europa anzubieten. Europäische Weine galten auch hier als Maßstab, an dem alle Weine gemessen wurden, und die Anerkennung europäischer Weinkenner war das höchste Ziel jedes Winzers. Manche präsentierten ihre Weine auf den großen Industrie- und Agrarmessen. Bei der ersten Weltausstellung in London 1851 war zwar, wie bereits erwähnt, Wein nicht zugelassen. Sei es, weil sie dieses Verbot nicht kannten, sei es weil sie trotzdem einen Versuch wagten – Weinbauern aus Camden im Hunter Valley schickten jedenfalls Weinproben zur Begutachtung nach London. Im Ausstellungskatalog weisen die Organisatoren darauf hin, dass Alkohol nicht zugelassen war und »die zugesandten Proben in der Ausstellung nicht berücksichtigt« werden konnten. Trotzdem wird der Beschreibung von Weinbergen und den Techniken der Weinbereitung ein breiter Raum gewidmet:

Hierzu gehört ein großes Fass Wein aus dem ersten Weinberg, hergestellt aus einer aus Frankreich eingeführten Traube mit dem Namen »La Folle«; sie wurde zu einem Drittel mit der aus Madeira stammenden Sorte »Verdeilho« verschnitten ... Die Trauben wurden von einer einfach gebauten Maschine gepresst, wobei sie sauber zerkleinert wurden, ohne die Stiele zu beschädigen ... Der Wein wurde in großen Behältern aus behauenem Stein mit einem Fassungsvermögen zwischen 800 und 1 600 Gallonen zur Gärung gebracht ... Anschließend wurde er in große Fässer mit einem Fassungsvermögen von 400 Gallonen abgefüllt und gelagert ...

Der Katalog beschrieb auch den Geschmack der Weine, was darauf schließen lässt, dass die Proben, obgleich nicht ausgestellt, dennoch nicht verloren gingen. Der Wein hatte, wie es hieß, »einen etwas trockenen und bitteren Geschmack, wie er für die Weine von Neusüdwales typisch ist, an den sich der Gaumen jedoch gewöhnt«. Die Weine, so die Empfehlung, sollten mindestens drei Jahre gelagert werden, weil der bittere Geschmack »mit zunehmender Reife verschwindet«. Die Ausführungen endeten mit dem herablassenden Kommentar, sie seien »sehr gesund und werden bevorzugt von jenen getrunken, die dafür Geschmack entwickelt haben«.[65]

Auf der Pariser Weltausstellung vier Jahre später hatten die australischen Winzer mehr Erfolg. Jetzt, im Jahr 1855, spielte der Wein eine herausragende Rolle, nicht zuletzt weil die Franzosen ihre Überlegenheit in einem Sektor unter Beweis stellen wollten, in dem sich immer mehr Konkurrenten tummelten. Wie andere Weine der Neuen Welt mussten die australischen Erzeugnisse gegen das Vorurteil ankämpfen, nur europäische (und eigentlich nur französische) Weine könnten Spitzenqualität erreichen. Während der Weltausstellung in Wien 1873 lobte die französische Jury bei einer Blindprobe Weine aus Victoria, machte aber unter Protest einen Rückzieher, als sie von der Herkunft des Weins erfuhr. Die Begründung für dieses merkwürdige Verhalten lautete: Weine dieser Qualität könnten nur aus Frankreich stammen. Die Weltausstellung in Bordeaux verhalf mehreren Weinen aus dem Hunter Valley zu Goldmedaillen – ein Erfolg, der durch das eher verhaltene Lob geschmälert wurde. Selbst die besten australischen Rotweine, so das Argument, könnten niemals so gut sein wie die besten, ja nicht einmal die durchschnittlichen französischen Weine. Die Jury kam zu dem Schluss, die Grundsubstanz sei gut, aber verbesserungswürdig.[66]

Trotzdem wurden die australischen Weine bei französischen Wettbewerben ausgezeichnet, und das hätte den Winzern zu denken geben sollen. Das Bukett eines Syrah-Weines aus Victoria, bei der Pariser Weltausstellung 1878 präsentiert, wurde mit dem Château Margaux und sein Körperreichtum mit einem guten Burgunder verglichen.[67] Bei der Weltausstellung in Bordeaux gewann ein australischer Wein eine Goldmedaille »erster Klasse« und bei der Weltausstellung in Paris 1889 ein anderer australischer Wein eine Goldmedaille »gegen die Welt«.[68] Zu jener Zeit akzeptierten die Australier nicht nur die Meinung, dass die französischen Weine die besten der Welt seien, sondern auch, dass es das Ziel eines jeden nichtfranzösischen Weinmachers sein müsse, Weine im Stil französischer und europäischer Vorbilder herzustellen. Man verschwendete kaum einen Gedanken darauf, den eigenen Weinen neue Namen zu geben, sondern bezeichnete sie als Burgunder, Bordeaux, *hock* (das englische Wort für weißen Rheinwein) und Sherry. Es sollte noch hundert Jahre dauern, ehe die Weine der Neuen Welt in ihrem Herkunftsland als eigenständig anerkannt wurden, und noch länger, bis man die europäischen Namen zugunsten der Bezeichnung der Rebsorten fallen ließ.

In der zweiten Hälfte des 19. Jahrhunderts erlebte die Weinproduktion in den australischen Kolonien eine Blütezeit. Die Region Bendigo in Victoria produzierte 1861 auf fast 50 Hektar Rebfläche 6 825 Liter Wein, acht Jahre später auf fast 200 Hektar 53 000 Liter und 1880 auf fast 220 Hektar 275 000 Liter. An die hundert Weinkellereien gab es in dieser Region. Zwei der wichtigsten Weingebiete Südaustraliens entstanden damals. Mitte der achtziger Jahre bebaute Thomas Hardy in McLaren Vale mehr als 600 Hektar Rebland, das fast eine halbe Million Liter Wein pro Jahr ergab. Wenig später begann der Weinbau in der abgelegeneren Region Coonawarra. 1891 gab es dort sechsundzwanzig Weinberge, und es wurden rasch mehr.

Jetzt entwickelten sich auch eine australische Weinwirtschaft und eine Weinkultur. 1847 schlossen sich die Weingüter am Hunter River zu einem Verband zusammen. Obwohl französische, deutsche und schweizerische Einwanderer bei der Entwicklung des Weinhandels eine so bedeutende Rolle spielten, waren viele der ersten Winzer in Australien Briten. Der Verband der Weinbauern vom Hunter River verfolgte daher das Ziel, seinen Mitgliedern bessere Kenntnisse zu verschaffen: »Unsere Einwanderer stammen aus einem Land, das keinen Wein produziert; was wir über Weinbau und Weinbereitung wissen, ist daher allein die Frucht unserer Lektüre und unserer begrenzten eigenen Erfahrung«.[69] Man förderte den Infor-

Abbildung 13
»Das größte Fass der Welt« von R. Herreau. Dieses Weinfass wurde zur Weltausstellung
1889 von Epernay nach Paris gebracht.

mationsaustausch unter den Mitgliedern, veranstaltete Ausstellungen – und hatte großen Erfolg. Bald war man sich einig, dass die Syrah- und die Semillon-Rebe in dieser Region am besten gediehen, und 1850 präsentierten die Verbandsmitglieder ihre Weine erstmals öffentlich in Sydney.

Die Techniken der Weinbereitung entwickelten sich gleichfalls weiter. Anfang des 19. Jahrhunderts war das Weinmachen ausschließlich die Sache von bäuerlichen Kleinbetrieben. Die Trauben wurden in Handarbeit von den Stielen befreit, mit den Füßen gestampft und in offenen Behältern vergoren. In den letzten Jahrzehnten des Jahrhunderts verwendete man dagegen große Pressen, und der Traubenmost wurde gekühlt, um die Gärung im oftmals warmen australischen Herbst besser kontrollieren zu können. Tausende von Fassdauben aus Eichenholz beschaffte man aus Amerika, um sie in Australien zu Fässern zusammenzufügen. Allein die Weinkellerei Seppelt beschäftigte sechs bis zehn Büttner, die Fässer für die Millionen Liter Wein bauten, die im Barossa Valley produziert wurden.

In einem sehr viel gemächlicheren Tempo entwickelte sich der Weinbau in der britischen Kolonie Neuseeland. 1819 wurden im Norden der Nordinsel Reben angebaut, aber erst in den dreißiger Jahren produzierte man hier erstmals Wein. Federführend war wiederum der unermüdliche James Busby, der 1833 über die Tasmansee auswanderte und sofort Weinberge anlegte. 1840, als der Kapitän des französischen Schiffes *Astrolabe* in Neuseeland anlegte, konnte er ihm bereits eigenen Wein anbieten. Das Urteil des Kapitäns fiel positiv aus: Er beschrieb ihn als »leichten Weißwein, stark prickelnd und köstlich im Geschmack, und er schmeckte mir ausgezeichnet«.[70] Der erste Bischof Neuseelands brachte weitere Rebsorten mit. In den vierziger Jahren begannen katholische Missionsstationen mit der Weinproduktion – zeitgleich mit den Bewohnern von Akaroa, einer kleinen französischen Siedlung auf der Südinsel.

Erst in den neunziger Jahren gab es allerdings die ersten Anzeichen für eine ernst zu nehmende Weinproduktion. Die Regierung lud den Sachverständigen für Weinbau der britischen Regierung ein, die Fortschritte in Neuseeland zu begutachten und sich über die Erfolgsaussichten zu äußern. Nach dessen optimistischem Bericht legte die Regierung in Te Kauwhata einen Versuchsweinberg an und pflanzte verschiedene Rebsorten. Von größerer Bedeutung waren die zahlreichen Einwanderer aus Dalmatien, das damals zum Habsburgerreich gehörte, von denen einige Erfahrungen im Weinbau besaßen. Viele von ihnen arbeiteten zunächst bei der Gewinnung von Kauri-Kopal (dem Harz der Kaurifichte). Dann zogen sie jedoch in das Gebiet um Henderson nördlich von Auckland, das viele Jahre lang das wichtigste Weinbaugebiet Neuseelands war.[71]

In Südafrika ist die Geschichte des Weinbaus eng mit der politischen Entwicklung der Region verknüpft. 1795 besiegten die Briten die Holländer, und 1814 wurde die Kapkolonie, wie Südafrika damals hieß, formell Teil des britischen Empire. In den ersten Jahren der britischen Herrschaft änderte sich nicht viel. Man war sich einig, dass der Wein vom Kap zwar gut, aber verbesserungsbedürftig sei. Den einzigen Wein, den die Engländer für exportwürdig erklärten, war der hervorragende Constantia. Mit einem Preis von einem Pfund pro Gallone war er schon in Südafrika teuer, in London kostete er allerdings noch weit mehr. Zweifel an der Qualität des Weins vom Kap mehrten sich, als Soldaten starben, nachdem sie gepanschten Wein getrunken hatten. Anfang des 19. Jahrhunderts bestellten die örtlichen Behörden kurzzeitig offizielle Weintester.

Deren Bedeutung wuchs erneut, als der Gouverneur der Kolonie 1811 die Exporte von südafrikanischem Wein nach Großbritannien erhöhen wollte, um davon zu profitieren, dass die napoleonischen Kriege die europäischen Handelsbeziehungen unterbrochen hatten. Er schickte Proben von acht Weinen und Weinbränden an den Kolonialminister und drängte ihn, die Weinproduktion am Kap anzukurbeln, um die Royal Navy und den britischen Markt damit zu versorgen. Zur Qualitätssicherung sollten alle Weine dem offiziellen Weintester zur Prüfung vorgelegt werden. Der Wein musste mindestens achtzehn Monate gereift sein, bevor man ihn exportieren durfte. Neben diesen Kontrollen schuf man Anreize in Form von Medaillen und Preisen für Rebbau und Weinqualität.

Als man in der Kapprovinz und in Transvaal Gold und Diamanten entdeckte, erhielt der Rebbau einen Aufschwung. Der neue Wohlstand führte zu einer steigenden Inlandsnachfrage nach Wein und Branntwein. Neue Weinberge entstanden. Gab es 1859 13 Millionen Rebstöcke, so waren es 1891 79 Millionen. In den achtziger Jahren des 19. Jahrhunderts begann die Regierung, den Wein der Kolonie ernster zu nehmen. Auf einem Versuchsgelände wurden ausländische Experten eingestellt und Weinhersteller in die Grundprinzipien von Hygiene und Gärung eingewiesen. Das Transportproblem blieb jedoch bestehen, und auf seinem Weg durch die Tropen fing der Wein manchmal erneut an zu gären. Der Wein, der 1889 zur Weltausstellung nach Paris geschickt wurde, »beschädigte den guten Namen der Kap-Kolonie als Weinland«. So hieß es damals in einem zeitgenössischen Kommentar.[72]

Neun

Bewegte Zeiten
Der Wein und seine Gegner, 1870–1950

Nachdem sich der Weinbau und der Weingenuss in der ganzen Welt verbreitet und sich ein wachsendes Qualitätsbewusstsein herausgebildet hatte, zogen im letzten Drittel des 19. Jahrhunderts eine ganze Reihe von Krisen herauf, die lange nachwirken sollten. Die Reblaus drohte, beinahe sämtliche Weinpflanzungen der Welt zu zerstören. In vielen Regionen wurde Wein gepanscht oder falsch deklariert. Kaum waren die Winzer der Reblausplage Herr geworden, hatten sie mit Überproduktion und fallenden Preisen zu kämpfen. Die Anti-Alkohol-Bewegungen gewannen derart an Einfluss, dass in den USA sogar die Prohibition, ein totales Alkoholverbot, gesetzlich verankert wurde. Zwei Weltkriege entzogen dem Weinbau Arbeitskräfte und zerstörten die Exportmärkte. Zollschranken trieben die Preise in die Höhe, während Wirtschaftsdepressionen die Nachfrage drückten. Hatte man eines dieser Probleme überstanden, tauchte ein neues auf – wahrlich schlechte Zeiten für den Wein.

Die Anti-Alkohol-Bewegung erreichte in den Jahrzehnten um 1900 ihren Höhepunkt. Vor den Gefahren des Alkohols hatte man natürlich schon immer gewarnt, doch erst im 19. Jahrhundert entstand eine organisierte Bewegung, die die Alkoholholindustrie herauszufordern begann. In den zwanziger Jahren wiesen Wissenschaftler Alkohol in vergorenen Getränken wie Wein, Bier oder Cidre nach. Bis dahin hatte man geglaubt, sie enthielten nur die Grundelemente des Alkohols, dieser selbst entstehe erst durch die Destillation und nicht schon bei der Gärung. Die Entdeckung, dass Wein denselben Alkohol enthält wie Rum oder Branntwein, wenn auch in geringerer Menge, ließ die seit langem währende Nachsicht sinken.

Ein Wendepunkt war das Jahr 1849, als der schwedische Arzt Magnus Huss zum ersten Mal eine Krankheit namens »Alkoholismus« beschrieb. Bald diagnostizierten die Mediziner in aller Welt den Alkoholismus als ein Leiden, das sich durch eine ganze Reihe von physischen und psychischen Symptomen auszeichnete. Man sah den Alkohol nun in einem neuen, weniger günstigen Licht. Es bestand offenbar nicht bloß die Gefahr, dass sich labile Menschen mehr oder weniger oft betranken, einige schienen sogar jede Kontrollmöglichkeit zu verlieren. Trunkenheit mochte tragische Folgen für die Familie des Betroffenen haben, Alkoholismus jedoch hatte Konsequenzen für die ganze Gesellschaft. Zu Beginn des 20. Jahrhunderts machte man ihn, der erst ein halbes Jahrhundert zuvor als Krankheit definiert worden war, für vielfältige Probleme der modernen Gesellschaft verantwortlich.

Das 19. Jahrhundert mit der Industrialisierung, dem Wachstum der Städte und der Ausbreitung der Arbeiterklasse, dem Aufkommen der Gewerkschaften und der sozialistischen Ideologien war eine Zeit des Umbruchs, die die althergebrachte soziale, politische und religiöse Ordnung infrage stellte. Dies blieb nicht ohne negative Auswirkungen: Verbrechen, Prostitution, Auflösung der Familien, Spielsucht, Krankheiten und Selbstmord grassierten. Dabei schien überall auch der Alkohol im Spiel zu sein. Männer, so ein Klischeebild, vertranken das karge Familieneinkommen in Kaschemmen, bevor sie ohne einen Pfennig in der Tasche nach Hause kamen und im Suff gewalttätig wurden, sofern sie nicht unter Alkoholeinfluss andere Frauen verführten. Alkohol, so behauptete man, bringe Mädchen auf die schiefe Bahn der Prostitution oder treibe die Menschen in den Wahnsinn, zur Mordlust und in den Freitod.

Die Sorge um die Gefahren des Alkohols und die Furcht vor gesellschaftlichen Veränderungen bildeten die Grundlage für die Kampagne gegen das Trinken. In den letzten Jahrzehnten des 19. Jahrhunderts war diese größte unter den vielfältigen Sozialreformbewegungen in sämtlichen Industriestaaten aktiv. Eine der beiden Hauptgruppen waren die Prohibitionisten, die jede Form der Herstellung, des Verkaufs und des Konsums von Alkohol verbieten wollten. Alkohol, gleich welcher Art, galt ihnen als Übel, dem sie die Schuld an einer Vielzahl individueller und gesellschaftlicher Probleme gaben. Sie verstiegen sich sogar zu solch abwegigen Behauptungen, dass der Alkohol die Cholera begünstige und dass es bei Säufern infolge des im Körper angereicherten Alkohols zu spontaner Verbrennung kommen könne. In ihren Schriften finden sich zahlreiche Augenzeugenberichte über Trinker, die angeblich innerlich verbrannten. Dabei sollen blaue Flammen und Rauch aus dem Mund und den Nasenlöchern dieser armen Seelen gedrungen sein, von denen oft nicht mehr als ein paar verkohlte Überreste zurückblieben. Besonders in den »Ländern des Nordens«, so erzählte man, schlugen »aus den Mägen von Betrunkenen oft Flammen.«[1] Mit solchen Sensationsberichten ließen sich die verheerenden Auswirkungen des Trinkens hervorragend illustrieren. Das Hauptanliegen der Anti-Alkohol-Kampagnen bestand jedoch darin, die Öffentlichkeit über die Gesundheitsgefahren und die gesellschaftlichen Folgen des Trinkens aufzuklären sowie Druck auf den Gesetzgeber auszuüben, um ihn zu einem generellen Alkoholverbot zu bewegen.

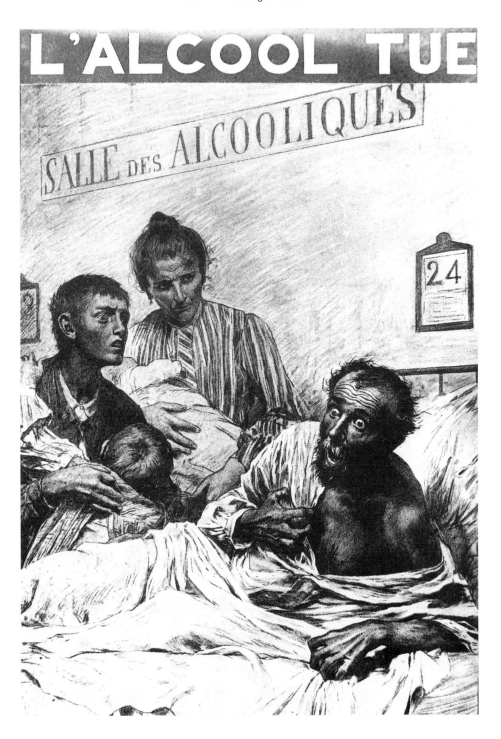

Abbildung 14
»Alkohol tötet« – Anzeigen wie diese wurden um 1900 von Prohibitionisten und
Temperenzlern in Anti-Alkohol-Kampagnen eingesetzt.

Die andere Richtung der Anti-Alkohol-Bewegung plädierte für Mäßigung. Deren Anhänger versammelten sich in Organisationen wie der Women's Christian Temperance Union oder dem Guttemplerorden und traten für Beschränkungen bei Produktion und Verkauf ein, hatten aber gegen den maßvollen Alkoholgenuss nichts einzuwenden. Die Temperenzler bekämpften hauptsächlich Whisky, Rum und andere Spirituosen. Wein und Bier akzeptierten sie unter der Voraussetzung, dass sie mit Bedacht getrunken wurden. Die Unterscheidung zwischen den verschiedenen Alkoholika führte einer der frühen Autoren der Bewegung ein, der amerikanische Arzt Benjamin Rush. In den achtziger Jahren des 18. Jahrhunderts vertrat er die Ansicht, Wein oder auch Bier und Cidre würden, in Maßen beim Essen getrunken, »Fröhlichkeit, Körperkraft und Wohlbefinden« fördern. Exzessiver Genuss stärkerer Alkoholika verursache jedoch zuerst Müßiggang, dann Krankheit, Verschuldung, Verbrechen und schließlich den Tod durch Selbstmord, Krankheit oder die gerechte Strafe der Hinrichtung. Besonders bei Spirituosen würden, so Rush, die Konsumenten jedes Maß verlieren.[2] Harte alkoholische Getränke genossen bei den Anti-Alkohol-Aktivisten den Ruf, den heutzutage Kokain besitzt.

Auch nachdem der Wein als alkoholisches Getränk ausgewiesen war, wurde er von vielen Temperenzlern toleriert. Sogar einige Prohibitionisten, die im Prinzip jede Art von Alkohol ablehnten, machten beim Wein, wenn auch widerwillig, eine Ausnahme. In Amerika bekämpften die meisten Temperenzler-Vereinigungen nur den Konsum hochprozentiger Spirituosen, einige schlossen sich aber doch den strengeren Prohibitionisten an. In Virginia verboten zwei Gruppierungen ihren Mitgliedern den Wein schon in den zwanziger Jahren des 19. Jahrhunderts. Dahinter stand nicht zuletzt die Tatsache, dass einige Mitglieder ihn mit Spirituosen versetzten oder sogar nur vorgaben, Wein zu trinken, während sie in Wirklichkeit ihren Branntwein mit rosa Grapefruitsaft einfärbten.[3]

Die Tolerierung von Wein und gelegentlich sogar die Förderung der Weinproduktion gehören zu den ungeklärten Widersprüchen der Mäßigungsbewegung. Natürlich ließen die reinen Verbrauchszahlen in Ländern wie den Vereinigten Staaten, wo er nur von einer gut situierten Minderheit getrunken wurde, den Wein vergleichsweise unproblematisch erscheinen. Dort stieg der Weinkonsum erst im ersten Drittel des 19. Jahrhunderts an. Der Pro-Kopf-Verbrauch an Spirituosen betrug rund 30 Liter, ungefähr das Dreifache dessen, was die Amerikaner 1985 konsumierten.[4] Wein tranken die Amerikaner dagegen nur selten. Weniger als zehn Prozent der insgesamt konsumierten Menge an Alkoholika war Wein.

Wein genoss einen Sonderstatus, weil man ihm therapeutische und medizinische Eigenschaften zuschrieb. Etliche der glühendsten Vertreter der Mäßigungsbewegung waren zugleich Ärzte und Winzer. Zu ihnen gehörten Dr. Henry Lindeman und Dr. Christopher Penfold, führende Köpfe des australischen Weinhandels, deren Namen heute die Etiketten vieler Flaschen zieren.[5] Der Amerikaner Dr.

Benjamin Rush investierte sein Geld in die Anlage eines Weinbergs, während er über die Gefahren des Alkohols schrieb. Diese Männer waren keineswegs Heuchler, die Profit aus etwas zu schlagen suchten, was sie öffentlich anprangerten. Wie viele ihrer Anhänger waren sie davon überzeugt, dass der Weingenuss ein Sonderfall war.

Ärzte verordneten häufig Wein, was es den Prohibitionisten erschwerte, mit ihren Argumenten durchzudringen. Also machte man Ausnahmen, unter der Voraussetzung, dass diese kontrolliert und maßvoll umgesetzt würden. Andere bestritten vehement alle positiven Eigenschaften des Weins und warfen den Ärzten vor, sie würden ihre Patienten zur Trunksucht verleiten. »Der Niedergang vieler Männer und Frauen begann, als ihnen ein gedankenloser oder geldgieriger Arzt die erste Dosis [Alkohol] verschrieb«, meinte ein Zeitgenosse.[6]

Dennoch betonte man die positive Rolle, die der Wein in manchen Religionen, besonders im Christentum, spielte. Die meisten Anti-Alkohol-Bewegungen hatten einen religiösen Hintergrund, und so konnten sie mäßigen Weingenuss unter Hinweis auf die Bibel durchaus tolerieren. Für strenge Prohibitionisten war dies jedoch nicht akzeptabel: Für sie war Alkohol gleich Alkohol. Sie entwickelten Argumente gegen die positive Darstellung des Weingenusses in der Bibel, indem sie beispielsweise erklärten, die Erkenntnisse der Wissenschaft des 19. Jahrhunderts würden gegen die biblische Wertschätzung des Weins sprechen. Diese Ansicht setzte sich allerdings nicht durch, öffnete sie doch der Möglichkeit Tür und Tor, dass auch andere biblische Lehren, etwa die Schöpfungsgeschichte, im Lichte der modernen Wissenschaft bezweifelt werden konnten. Eine weitere Strategie bestand in der Behauptung, in der Bibel sei eigentlich von zwei Sorten Wein die Rede, einer guten und einer schlechten, wobei es sich bei der guten keineswegs um Wein, sondern um unvergorenen Traubensaft gehandelt habe. Diese Theorie bekam sicher durch den von Dr. Welch als »unvergorenen Wein« auf den Markt gebrachten Traubensaft einen gewissen Auftrieb. In England startete eine Kampagne mit dem Ziel, die anglikanische Kirche zu bewegen, bei der Kommunion den Wein durch Traubensaft zu ersetzen, allerdings erfolglos. Obwohl viele Kirchenmänner die Anti-Alkohol-Bewegung unterstützten, wollten sie nicht so weit gehen, ihre liturgische Tradition infrage zu stellen.[7] Einige wenige amerikanische Kirchen wechselten zu Traubensaft – in New York um die Mitte des Jahrhunderts nur sieben Prozent der Gemeinden. Die Methodisten, die sich in der Mäßigungsbewegung stark engagierten, lehnten es bis 1880 ab, bei der Messe Traubensaft zu verwenden.[8]

Die Anti-Alkohol-Bewegungen waren vor allem in den Ländern aktiv, in denen weder viel Wein konsumiert noch produziert wurde. Sowohl in den Vereinigten Staaten als auch in Großbritannien, Kanada, Australien und Neuseeland tranken die Menschen nur wenig Wein, und die Weinproduktion hatte höchstens auf regionaler, keinesfalls aber auf nationaler Ebene Bedeutung. Gerade in diesen Ländern schaffte es die Lobby der Alkoholgegner, gesetzliche Beschränkungen durchzusetzen. In den wichtigen Erzeugerländern Europas, wo viel mehr Wein getrunken wurde, war ihr Einfluss geringer.

In Frankreich wandten sich die Anti-Alkohol-Aktivisten in erster Linie gegen den industriell aus Korn, Zuckerrüben und anderen Feldfrüchten produzierten Alkohol, den man für weniger natürlich hielt als den Alkohol aus vergorenen Trauben. Industriell hergestellter Alkohol war farb-, geruch- und geschmacklos, eine ideale Basis für Liköre und Aperitifs, denen Kräuter und alle möglichen Essenzen beigegeben wurden. Der größte Vorteil dieser Getränke bestand darin, wesentlich billiger als Wein zu sein. Die Weinknappheit infolge der Reblausplage, die zur Verbreitung von gepanschtem oder falsch deklariertem Wein führte, tat ein Übriges, um die Durstigen zu diesen alternativen Formen des Alkohols greifen zu lassen.[9]

Industriell hergestellter Alkohol wurde zu der Zeit populär, als man den Alkoholismus als Krankheit anerkannte. Viele Wissenschaftler und natürlich auch die Aktivisten der Anti-Alkohol-Bewegung sahen hier rasch eine Verbindung. Statt den Alkoholismus als ein altes Problem zu betrachten, das nun endlich erkannt und benannt worden war, hielten es viele Ärzte für ein neues Leiden. Die Académie Française stellte 1853 voller Selbstbewusstsein fest: »In Frankreich gibt es zwar viele Trunkenbolde, aber glücklicherweise keine Alkoholiker.«[10] Wein und andere aus Früchten gewonnene Alkoholika würden schon seit Jahrhunderten getrunken, ohne dass der Alkoholismus zur Epidemie geworden wäre. Somit könne man ihnen keine Schuld geben. Der steigende Konsum industriell produzierter Spirituosen war dagegen unübersehbar, und so schien er die natürlichste Erklärung für ein Phänomen zu sein, das innerhalb weniger Jahrzehnte in Frankreich als wahre Seuche empfunden wurde.

Obwohl diese Schlussfolgerung falsch war, brachte sie dem Wein einen entschiedenen Vorteil gegenüber den Spirituosen: Er wurde aus der Verantwortlichkeit für ein schwerwiegendes gesellschaftliches Problem entlassen. Statt alle Arten von Alkohol als gleichermaßen gefährlich einzustufen, schossen sich die französischen Wissenschaftler, Sozialkritiker und Anti-Alkohol-Aktivisten auf den industriell erzeugten Alkohol ein. Dabei wurden auch innerhalb dieser Kategorie manche Getränke als besonders kritisch eingestuft. Zu ihnen gehörte der Absinth, ein hochprozentiges, grünliches, mit Wermut versetztes Getränk, das weniger zu Rauschzuständen als zu Halluzinationen führte.[11] Die französische Arbeiterklasse entwickelte eine besondere Vorliebe für den Absinth, der am Ende des 19. Jahrhunderts Bier und Branntwein verdrängte und nach dem Wein zum beliebtesten alkoholischen Getränk in Paris aufstieg.[12]

Lange debattierte man, ob es wirklich Unterschiede zwischen den verschiedenen Formen von Alkohol gebe. Die Chemiker vertraten den Standpunkt, Alkohol sei Alkohol, gleichgültig, ob er durch Destillation oder durch Vergärung aus Korn oder Trauben gewonnen werde, und manche behaupteten zudem, industriell hergestellter Alkohol sei reiner. Viele Ärzte und Hygieniker, nicht zuletzt auch die mächtige Weinlobby, widersprachen entschieden und betonten, Alkohol aus vergorenen Früchten sei nicht nur ungefährlich, sondern gesund und auf jeden Fall rein. Von diesen Getränken war Wein am meisten verbreitet. Beliebt waren außerdem Calvados und Cidre, beide aus Äpfeln hergestellt, Birnenmost und aus Trauben gewonnener Branntwein, hauptsächlich Cognac. Im Unterschied zur Mehrzahl der destillierten Alkoholika wurden Wein und andere auf Trauben basierende Getränke als Naturprodukte eingestuft, in denen sich ihr *terroir*, die natürliche Umgebung der Rebstöcke, ausdrücke. Indem man auf die Reben und deren Zuchtbedingungen einging, statt von der Arbeit der Winzer zu sprechen, die entscheidenden Einfluss auf Farbe, Geschmack und Alkoholgehalt des Weines ausübte, erschien der Wein mehr als ein mühelos gewonnenes Geschenk der Natur, das wenig mit den industriell in Flaschen abgefüllten Spirituosen zu tun hatte, die aus den großen städtischen Destillerien kamen. Gärung, so wurde man nicht müde zu wiederholen, sei ein natürlicher Prozess, Destillation dagegen ein künstlicher. So fügte sich der Wein in den Trend zu »natürlichen« Lebensmitteln und zu Alkoholika aus Korn und Traubensaft, der das späte 19. Jahrhundert kennzeichnete.

In Frankreich stand der Wein in einem so guten Ruf, dass die größte Gruppe der Temperenzler sogar für einen Ausbau der Weinerzeugung eintrat und Maßnahmen gegen die »Panscherei und Verfälschung, die den Wein seiner natürlichen Qualitäten berauben und ihn zur Gefahr für die öffentliche Gesundheit machen«, forderte. Wein wurde demnach als gesundheitsfördernd betrachtet, schaden sollte er nur, wenn man Essenzen, Aromastoffe und industriell hergestellten Alkohol beimischte, eine gerade während der Reblauskrise weit verbreitete Praxis.[13]

Außer den strengen Prohibitionisten bestritt niemand, dass Wein auch Heilkräfte besaß. Immer schon hatte man ihn gegen alle möglichen Krankheiten eingesetzt. Nun begannen die Ärzte, die Sache wissenschaftlicher anzugehen und die therapeutischen Eigenschaften ganz bestimmter Weine hervorzuheben. 1877 veröffentlichte der Engländer Dr. Francis Anstie, Herausgeber des *Practitioner* und Arzt im Londoner Westminster Hospital, eine genaue Anweisung für den medizinischen Umgang mit Wein. Er kritisierte seine Kollegen, ihn nach Gutdünken einzusetzen, ohne darauf zu achten, ob die jeweilige Sorte auch zu der Krankheit passe. Es komme, so Anstie, auf den Alkoholgehalt, den Säuregrad, die Zuckermenge und die gelösten Rückstände an, weshalb man nicht jeden Wein für jede Krankheit empfehlen könne. Vor allem sollten die Mediziner streng zwischen starken Weinen (Portwein, Sherry oder Madeira) und leichten Weinen mit weniger als zehn Prozent Alkoholgehalt unterscheiden. Anstie empfahl alten Sherry gegen Typhus, Burgunder gegen Verdauungsstörungen, Portwein gegen »leichte Anämie«

oder Appetitlosigkeit und »großzügig bemessenen, kräftigen Wein« gegen Schlaflosigkeit und Verdauungsstörungen älterer Menschen. Zur allgemeinen Kräftigung solle man täglich eine halbe bis eine Flasche Wein trinken, doch dabei stets bei einer Sorte bleiben: »Bei einem alkoholischen Getränk, und besonders bei einer Weinsorte zu bleiben, ist beinahe eine Grundregel für die Erhaltung der Gesundheit.«[14] In Frankreich zitierten die Weinerzeuger gerne Louis Pasteur, der den Wein als »gesundheitsfördernd und hygienisch« bezeichnete. 1903 übernahm das französische Parlament diese Formulierung sogar in ein Gesetz.

In den Krankenhäusern setzte man den Wein zur Behandlung und zur Förderung der Rekonvaleszenz ein. Um 1870 verbrauchte beispielsweise ein Krankenhaus in Darmstadt innerhalb eines Zeitraums von zwölf Monaten 4 633 Flaschen Weißwein und 6 332 Flaschen roten Rheinwein, 60 Flaschen Champagner, einige Dutzend hochwertige Flaschen Weißwein und roten Bordeaux sowie ungefähr 30 Dutzend Flaschen Portwein.[15] Und 1898 wurden allein in Pariser Krankenhäusern drei Millionen Liter Wein ausgeschenkt![16] Der Glaube an die gesundheitsfördernde Wirkung von maßvollem Weingenuss war demnach fest verankert. Was allerdings »maßvoll« bedeutete, darüber war man sich im 19. Jahrhundert ebenso wenig einig wie früher. In einer medizinischen Schrift wurde die Ansicht vertreten, ein körperlich arbeitender Mann könne gut und gern zwischen anderthalb und vier Litern Wein am Tag trinken, also zwei bis fünf Flaschen. Grundsätzlich plädierte man jedoch für weitaus geringere Mengen. So sollte ein Liter Wein am Tag erlaubt sein, solange er zum Essen getrunken wurde.[17]

Doch die Tage des Weins als Heilmittel waren gezählt. Mit der Jahrhundertwende kamen neue Arzneien und Behandlungsmethoden auf. Schmerzmittel wie Aspirin und ein ganzes Arsenal von Sedativa, Tranquilizern und Antibiotika eroberten die Medizin. Sie waren das Ergebnis wissenschaftlicher Forschung und entstammten jener industriellen Produktion, die für den Wein Segen und Bedrohung zugleich war. Diese neuen Medikamente waren klinisch getestet, und ihre wundersamen Heilkräfte wurden bei der Markteinführung häufig überschwänglich, nicht selten übertrieben angepriesen. Der Wert des Weins lag auf einer anderen Ebene. Er galt als »ein harmloses verdauungsförderndes und harntreibendes Mittel, beruhigend und wohltuend bei beinahe allen körperlichen Leiden«[18]. Das allerdings genügte den gestiegenen Erwartungen der Ärzte und Patienten nicht mehr. Zusammen mit Kräutern, Pflanzen und anderen natürlichen Heilmitteln verschwand der Wein aus den Regalen der Apotheker.

In einer Zeit des gesteigerten Nationalbewusstseins war es nicht verwunderlich, dass die Franzosen bei der Verteidigung ihres Weins betonten, er sei ein Ausdruck des Bodens, auf dem die Rebstöcke gediehen. So zog man mit nationalistischem Pathos gegen das Wassertrinken zu Felde: »Junge oder traurige alte Menschen mögen Wasser als das einzig zuträgliche Getränk bezeichnen und über den schimpfen, der sich an einem guten Glas Wein oder einem Cognac erfreut. Aber nein! In unserem schönen Frankreich, dem Land des Weins, der Freude, der Geselligkeit und des Frohsinns wollen wir von Abstinenz nichts hören. Euer Wasser, euer Fastentrunk, Ceylontee, Feigen- oder Eichelkaffee, eure Limonade und euer Kamillentee, sie sollen hängen. Ihr seid nicht nur schlechte Gesundheitsapostel, ihr seid auch schlechte Franzosen.«[19] Feindseligkeit gegenüber dem Wein brandmarkten die Patrioten als unfranzösische Haltung. Über die wichtigste Abstinenzlerbewegung, die ursprünglich aus der Schweiz kommenden Blaukreuzler, behauptete man hochnäsig, alle Alkoholverächter seien »Genfer Kirchenmänner mit Stehkragen und vom Weinverzicht vergilbter Haut«. Hier spiegelt sich der alte Glaube wider, dass Wein dem Gesicht eine frische Farbe verleihe.

Für die Mehrzahl der französischen Aktivisten in der Mäßigungsbewegung war der Wein nicht ein Teil des Alkoholproblems, sondern ein Teil von dessen Lösung. In Australien sah Dr. Henry Lindeman Spirituosen als Auslöser des Alkoholismus, Wein jedoch als Gegenmittel, während in den Vereinigten Staaten Thomas Jefferson schon früher festgestellt hatte: »Wo der Wein billig ist, da gibt es keine Trunksucht.«[20] Unter diesen Voraussetzungen schien Wasser kein geeigneter Ersatz für Alkohol zu sein. In Europa und natürlich auch in Frankreich waren nur wenige Gemeinden ausreichend mit Wasser versorgt, das nicht mit menschlichem und tierischem Unrat oder industriellen Abfällen belastet war. Wenn man also die Menschen dazu brachte, von industriell hergestelltem Alkohol auf Wein umzusteigen, war dies ein Fortschritt, weil es sich um ein reines, natürliches Getränk handelte. Auf diese Weise würden der Alkoholismus und die mit ihm verknüpften sozialen Probleme zurückgehen, so hoffte man zumindest.

Ein Zusammenhang zwischen Weingenuss und Alkoholmissbrauch war im Bewusstsein der Öffentlichkeit fast undenkbar. In offiziellen französischen Statistiken über den Alkoholkonsum tauchte der Wein oft nicht einmal auf. Der gesteigerte Konsum industrieller Spirituosen im Norden gab manchmal zu der Vermutung Anlass, es gäbe bei der Trunksucht eine Art »Nord-Süd-Gefälle«. Tatsächlich schien der Pro-Kopf-Verbrauch im Norden höher zu sein, solange man den Wein außer Betracht ließ, wenn man ihn aber in die Berechnungen einbezog, lag der Süden deutlich vorn.

In der Bevorzugung des Weins gegenüber destillierten Alkoholika schlugen sich Klassenvorurteile nieder. Industriell erzeugter Alkohol war billiger als Wein und daher ein Getränk der Arbeiterklasse. Der im Süden überall verbreitete Wein erfreute sich im Norden mit Ausnahme von Paris nur der Beliebtheit der Wohlhabenden. Die Ärzte, die ausnahmslos der Mittel- oder Oberschicht angehörten, betonten die unterschiedlichen körperlichen Auswirkungen von Wein und Industriedestillaten. Sie gestanden zu, dass auch Wein die Leber schädigen könne. Für gefährlicher hielten sie jedoch den synthetischen Alkohol, da dieser das Gehirn angreife. Der industriell hergestellte Alkohol war demnach für die mentalen Degenerationserscheinungen verantwortlich. So bestätigte sich das Vorurteil, die armen (Branntwein trinkenden) Menschen seien verroht und intellektuell zurückgeblieben. Leberleiden und Krankheiten wie die Gicht hingegen, die man auf den Weingenuss zurückführte, galten geradezu als Ausweis gehobener Lebensführung. Sogar übermäßigen Weinkonsum wusste man zu entschuldigen. Der Wein, so seine Verfechter, bringe den spezifisch französischen Typus des Zechers hervor, der sich durch Witz, Lebhaftigkeit und Intelligenz auszeichne.

Die französische Temperenzler- und Prohibitionistenbewegung gewann nur wenig Einfluss auf die Politik der Regierung, sieht man einmal von dem Verbot des Absinths ab, das 1914, kurz vor Ausbruch des Ersten Weltkriegs, in Kraft trat. Der Grund dafür war allerdings weniger die nachteilige Wirkung des Absinthkonsums als die Sorge um die militärische Schlagkraft. Produktion, Verkauf und Konsum von Wein wurden dagegen durch die französischen Anti-Alkohol-Aktivisten nie in Gefahr gebracht, sondern eher gefördert, weil man in ihm nicht eine Ursache für, sondern ein Mittel gegen die Geißel des Alkoholismus sah.

Der Einfluss der Abstinenzler war von Land zu Land verschieden. Die beiden Extreme bilden Frankreich, wo kaum besondere Gesetze erlassen wurden, und die Vereinigten Staaten, wo man die Verfassung änderte, um den Genuss alkoholischer Getränke zu unterbinden. Es kam zu einer ganzen Reihe von Gesetzen, die den Handel und Verkauf von Alkohol mehr oder weniger wirksam einschränkten, manchmal mit, manchmal ohne Einbeziehung des Weins. Bereits 1838 bekämpften die amerikanischen Aktivisten den Alkohol in Massachusetts durch ein Gesetz, das den Kauf von mindestens fünfzehn Gallonen verlangte, die auf keinen Fall am Verkaufsort getrunken werden durften. Für Wein traf diese Bestimmung allerdings nicht zu. Die deutschen Temperenzler förderten aktiv die Produktion von Wein und Bier als Alternativen zum Schnaps, den man für das eigentliche Übel hielt.[21]

Das Interesse der Historiker gilt vor allem der amerikanischen Anti-Alkohol-Bewegung, die einen erstaunlichen Erfolg hatte. Zu einer wahren Gesetzesflut kam es, als der Bundesstaat Maine 1851 berauschende Getränke ausnahmslos verbot. Diesem Beispiel schlossen sich in den darauf folgenden Jahren zwölf weitere Bundesstaaten und Territorien sowie einzelne Städte an. Evanston in Illinois erklärte sich 1855 bei seiner Gründung zur »trockenen« Stadt. Virginia erlaubte lediglich den Kauf einer beschränkten Menge (einer Gallone) Bier, Spirituosen oder Wein pro Monat. Die Gesetze hielten die Menschen natürlich nicht vom Trinken ab. Im Gegenteil, der Pro-Kopf-Verbrauch an Alkohol stieg proportional zur Zahl der Gesetze, die ihn zu drosseln versuchten. Als 1920 die landesweite Prohibition ausgerufen wurde, merkte man schnell, dass es viel leichter war, Abstinenz per Gesetz zu verordnen, als sie tatsächlich durchzusetzen.

In den siebziger Jahren des 19. Jahrhunderts kam die Anti-Alkohol-Bewegung in Amerika richtig in Fahrt. Eine eigene Partei, die National Prohibition Party, wurde gegründet, es gab die Women's Temperance Union und seit den neunziger Jahren die Anti-Saloon League. Durch Unterstützung »trockener« Kandidaten bei Wahlen gelang es diesen Organisationen, Einfluss auf die Gesetzgebung zu nehmen, sodass bereits eine Mehrheit von dreiunddreißig der achtundvierzig Bundesstaaten dem Alkohol (Spirituosen, Bier und auch Wein) innerhalb ihrer Grenzen abgeschworen hatte, als 1919 durch Verfassungszusatz das totale Alkoholverbot eingeführt wurde.

In Europa galten die Anti-Alkohol-Aktivisten als eine unter vielen Plagen, mit denen ein Winzer zu kämpfen hatte: Sie waren lästig, gelegentlich musste man sich ihretwegen Sorgen machen, aber im Grunde hatte man sie unter Kontrolle. Mehr Sorgen bereitete da schon der Mehltau, eine aus Nordamerika eingeschleppte Pilzkrankheit, die erstmals 1840 in Europa auftauchte. Sie äußerte sich in einem mehligen Sporenüberzug auf den befallenen Trauben, der verhinderte, dass sie richtig Farbe bekamen und zur vollen Größe heranreiften. Der Mehltau beeinträchtigt nicht nur den Ertrag, er führt auch zu einem charakteristischen Geschmacksverlust. Während amerikanische Rebstöcke mit der Krankheit halbwegs zurecht kamen, waren die Auswirkungen auf die europäischen *Vinis-vinifera*-Sorten wie Chardonnay und Cabernet Sauvignon verheerend. In den fünfziger Jahren grassierte der Mehltau in französischen Weinbergen. Besonders die Lese von 1854 war eine Katastrophe, die Winzer ernteten die geringste Menge seit 1788. Erst diese Erfahrung brachte die französischen Weinbauern dazu, Schwefel als Fungizid einzusetzen.

So schlimm der Mehltau war, er wurde von der Reblausplage, die innerhalb weniger Jahre den gesamten europäischen Rebbestand auszulöschen drohte, bei weitem in den Schatten gestellt. Die Reblaus ist eine kleine, gelbliche Wurzellaus, ungefähr einen Millimeter lang, die die Weinstöcke zunächst unterirdisch befällt. Beim Saugen infiziert sie die Wurzeln, die pestbeulenartige Schwellungen ausbilden, so genannte »Gallen«. Da der Pflanzensaft nicht mehr zirkulieren kann, vertrocknet die befallene Wurzel. Die Pflanze erhält keine Nahrung mehr und verliert ihre Blätter.

Jedes Reblausweibchen legt Hunderte von Eiern, und da innerhalb eines einzigen Sommers sieben Generationen heranwachsen können, steigt die Zahl der Schädlinge sprunghaft. Ist die Reblaus mit einer Wurzel fertig, nimmt sie sich die nächste vor, dann den Stamm und schließlich die Blätter. Von da wandert sie über Risse im Boden oder mithilfe des Windes zu einem anderen Weinstock. Meist ist es aber der Mensch selbst, der sie durch die Erde an seinen Stiefeln, Werkzeugen und Maschinen, über Bewässerungssysteme und umgesetzte Schösslinge weiterträgt. Die Dauer des Verfalls hängt vom Zustand der Rebstöcke und der Bodenbe-

Abbildung 15
Phylloxera-Bläschen (»Gallen«) auf einem befallenen Weinblatt

schaffenheit ab. Bereits geschwächte Reben fallen der Schädlingsplage schneller zum Opfer, auf Sandböden gezogene sind dagegen resistenter. Manchmal können befallene Weinstöcke noch lange Trauben liefern, die meisten sterben jedoch innerhalb weniger Jahre ab.

Die Reblaus stammt aus dem östlichen Nordamerika. Die dort wachsenden Rebsorten hatten sich an den Schädling gewöhnt. Zwar entwickelten die befallenen Rebstöcke ebenfalls Gallen, beispielsweise rötliche Bläschen auf den Blättern, aber sie starben nicht ab. Anders die europäischen Weinstöcke. Man kann davon ausgehen, dass auch viele der im 17. Jahrhundert nach Nordamerika importierten Pflanzen nicht dem rauen Klima, sondern der Reblaus zum Opfer fielen. Wegen der allseits anerkannten Überlegenheit der *Vinifera*-Trauben hatte man früher nie daran gedacht, amerikanische Rebsorten in Europa anzupflanzen. Doch Mitte des 19. Jahrhunderts führte das vermehrte Interesse an Botanik dazu, dass man Pflanzen über den ganzen Erdball austauschte. Dabei hatte man kein Bewusstsein für die Gefahren, die das für die einheimische Flora mit sich brachte, und ergriff deshalb auch keine Quarantänemaßnahmen.

Unter den Pflanzen, die zwischen 1858 und 1862 aus den USA nach Europa kamen, war eine Reihe von Rebstöcken. Sie wurden über ganz Europa verteilt – an Wissenschaftsinstitute in Frankreich, England, Portugal und Deutschland, darunter auch in Weinbauregionen wie Bordeaux und dem Elsass. Wahrscheinlich brachten sie die Reblaus in ihren Wurzeln mit. 1863 entdeckte man die Krankheit erstmals in England und Südfrankreich, und noch bevor das Jahrzehnt zu Ende war, starben in sämtlichen Weinbauregionen Frankreichs die Rebstöcke ab. Das südliche Rhônetal und die Gegend um Bordeaux waren zuerst betroffen, was darauf schließen lässt, dass es zwei Infektionsherde gab. Gegen 1880 hatte sich die Krankheit nahezu in ganz Süd- und Mittelfrankreich verbreitet, um 1890 waren sämtliche französischen Weinbaugebiete befallen. [22]

Eine im Jahr 1868 eingesetzte Kommission, die die erkrankten Rebstöcke im südlichen Rhônetal inspizierte, fand in den gelben kleinen Läusen bald die Schuldigen. Der Leiter der Kommission, der Naturwissenschaftler Jules-Emile Planchon, erkannte in der Reblaus einen bereits an Eichen identifizierten Schädling. Er gab ihr den wissenschaftlichen Namen *Phylloxera vastatrix* (der Beiname »vastatrix« bedeutet »verwüstend«). Das mag zu diesem Zeitpunkt noch übertrieben dramatisch geklungen haben, sollte sich aber nur allzu bald als sehr treffend erweisen.

Anfangs versuchte man, die Gefahr herunterzuspielen. Die Weinbauern zogen es zunächst vor, altbekannte Probleme wie das Wetter oder die ausgelaugten Böden für die Misere verantwortlich zu machen. Manche Wissenschaftler hielten die *Phylloxera* auch für eine Folge und nicht für die Ursache des Übels. Religiös inspirierte Kommentatoren behaupteten gar, die Weingärten würden vom Zorn Gottes heimgesucht. Im Alten Testament gibt es etliche Stellen, an denen Gott den Menschen mit der Zerstörung der Weinberge droht, wenn der Mensch nicht seine Gesetze befolgt. Im selben Zeitraum sank die Geburtenrate in Frankreich schneller als in allen anderen europäischen Ländern, was uralte Vorstellungen über den Zusammenhang von Wein und Fruchtbarkeit neu belebte.

Erst 1869, als eine staatliche Kommission das Problem untersuchte, begann sich die Überzeugung durchzusetzen, dass es die Reblaus war, die die Pflanzen ruinierte. Aber da war die Plage bereits außer Kontrolle geraten. Die stark schwankende französische Weinproduktion lag in den sechziger und siebziger Jahren des 19. Jahrhunderts jährlich zwischen 50 und 60 Millionen Hektolitern. In den achtziger Jahren sank sie um knapp die Hälfte und erholte sich bis zur Jahrhundertwende nicht mehr. Die Weinpflanzungen gingen um beinahe ein Drittel zurück, von 2 500 000 Hektar vor dem Ausbruch der Reblausplage auf 1 730 000 Hektar im Jahr 1900,[23] die jedoch nur noch teilweise bewirtschaftet wurden. Hérault, 1882 mit 220 000 Hektar das Departement mit dem meisten Rebland, besaß zehn Jahre später nur noch 90 000 Hektar. Das Departement Gard verlor sogar vier Fünftel der 88 000 Hektar, die es dort gegeben hatte, bevor die Reblaus zuschlug.

Die offizielle Reaktion auf die Katastrophe, die einen wichtigen Exportsektor zu zerstören drohte, ließ auf sich warten. 1870 war die französische Regierung verständlicherweise mehr mit dem Krieg gegen Deutschland beschäftigt, der in einer Niederlage und mit einer Revolution in Paris endete. Hinzu kam, dass sich das Desaster nur langsam entwickelte. Die Plage breitete sich schrittweise in Frankreich aus. Der anfängliche Produktionsrückgang gab zwar Anlass zur Sorge, war jedoch keineswegs beispiellos. 1870 schrieb die Regierung eine Belohnung von 20 000 Francs für ein Mittel zur Bekämpfung der Reblaus aus, vier Jahre später erhöhte sie den Betrag auf 300 000 Francs: ein deutliches Zeichen für die wachsende Besorgnis.

An Ideen – teils sinnvollen, teils völlig absurden – mangelte es nicht. Die Hälfte der 696 eingereichten Vorschläge wurde getestet. Eine Methode, mit der die Reblaus zeitweise in Schach gehalten werden konnte, bestand darin, die Weinpflanzungen im Winter unter Wasser zu setzen. In Hanglagen ließ sich das allerdings nicht praktizieren. Weiterhin versuchte man, die Böden mit Insektiziden zu präparieren. Die größten Erfolge brachte flüssiger Schwefelkohlenstoff (CS_2), eine aggressive Chemikalie, die nicht nur die Läuse und andere Organismen, sondern in einigen Tests auch gleich die Rebstöcke abtötete. Dieses Mittel versprach sofortige Abhilfe, und obwohl ein Neubefall nicht auszuschließen war, startete man ein Programm und pumpte das Insektizid in die Böden.

Eine andere Möglichkeit war, europäische Reben auf reblausresistente amerikanische Wurzelstöcke zu pfropfen. Die Winzer befürchteten, dass dies negative Auswirkungen auf den Geschmack haben könnte.[24] Außerdem wandten sie ein, es seien doch gerade die amerikanischen Pflanzen gewesen, die das Problem verursacht hätten. Deshalb forderten viele Weinbauern ein völliges Verbot amerikanischer Rebsorten statt eines Programms, das diesen erlaubte, millionenfach in französischem Boden Wurzeln zu schlagen, ob der oberirdische Teil des Rebstocks nun französisch war oder nicht.

1878 und 1879 traten Gesetze in Kraft, mit denen man die weitere Ausbreitung der Phylloxera in den drei großen Weinbauzonen auf unterschiedliche Weise zu bekämpfen versuchte. Im Süden, wo die Plage am schlimmsten wütete, durften sowohl französische wie amerikanische Rebstöcke gesetzt werden. In Zentralfrankreich, wo das Problem nicht ganz so schlimm war, wurden amerikanische Pflanzen verboten und der Boden mit Insektiziden behandelt. Im Norden, der als reblausfrei galt, beschränkte man sich darauf, ein strenges Verbot für amerikanische Rebsorten zu erlassen. Das alles nützte nichts. Die Läuse breiteten sich weiter aus, die Gegenmaßnahmen zeigten keine dauerhafte Wirkung. Mit Insektiziden hatte man nur vorübergehend Erfolg, und die Wirkung sämtlicher Maßnahmen hing stets davon ab, ob sie auch tatsächlich von allen befolgt wurden. Die kleinste unbehandelte Parzelle genügte, und schon gab es eine Quelle, von der aus die ganze Gegend erneut infiziert werden konnte.

Auf einem internationalen Kongress über das Reblausproblem, der 1881 in

Abbildung 16
Nachdem der Befall von Weinreben durch Rebläuse (»Phylloxera«) jahrelang verharmlost
wurde, beschäftigten sich ab ca. 1870 Experten auf zahlreichen internationalen Kongressen
mit der Bekämpfung der Schädlinge. Dieser Stich zeigt eine Konferenz auf einer
Insektenausstellung 1874 in Paris.

Bordeaux stattfand, entschieden sich die Experten für das Pfropfen als beste Methode zur Bekämpfung der Plage. Sie starteten ein entsprechendes Programm, und
im Jahr 1900 hatten mehr als zwei Drittel der französischen Reben amerikanische
Wurzeln. Kleinere Winzer zögerten anfangs wegen der Kosten und der Unterbrechung der Produktion, die durch die Rodung und Neuanpflanzung unumgäng-
lich war. Als unbegründet erwies sich die Furcht, die amerikanischen Wurzelstöcke
könnten den Geschmack der europäischen Weine nachteilig verändern. Dennoch
beteiligten sich einige Regionen nicht an dem Programm. In Burgund verbot
man sogar das Pfropfen mit amerikanischen Reben, bis schließlich die Praxis der
Winzer die Behörden 1887 zum Einlenken zwang.

Die Methode hatte unerwünschte Nebenwirkungen. Man musste riesige
Mengen amerikanischer Wurzelstöcke einführen, und wie sich herausstellte, waren
viele von einer weiteren Krankheit befallen, dem Falschen Mehltau. Er senkte den
Ertrag und ergab einen schwachen Wein. An der Universität Bordeaux entwickelte
man rasch ein Gegenmittel, eine Lösung aus Kupfersulfat und Kalk, die man auf
die betroffenen Reben sprühen konnte.

Während der französische Weinbau vor sich hindümpelte, verleiteten die steigenden Preise des rarer werdenden Weins manche Winzer dazu, es mit anderen Früchten, etwa mit importierten Rosinen, zu versuchen. 1880 erschien ein Buch über die Kunst der Weinbereitung aus Rosinen, das schnell populär wurde und zahlreiche Auflagen erlebte. Rosinenwein, der manchmal mit billigem Rotwein aus dem Languedoc verschnitten war, machte 1890 ungefähr ein Zehntel des in Frankreich getrunkenen Weins aus. Außerdem begannen die Franzosen, Wein in ihrer nordfranzösischen Kolonie Algerien anzubauen, wo zwischen 1880 und 1900 die Rebfläche um das Zwanzigfache anstieg.

Die Reblausplage wird hauptsächlich mit Frankreich in Verbindung gebracht, sie verschonte aber keineswegs das übrige Europa. Die weite Ausbreitung der amerikanischen Rebsorten hatte zur Folge, dass sich die Reblaus in bislang noch nicht betroffenen Gebieten zeigte, wo sie die nicht gepfropften Rebstöcke zerstörte. In ganz Südeuropa, in Spanien, Italien und Griechenland fielen ihr Weinpflanzungen zum Opfer, von denen viele aufgegeben wurden, weil sich die Eigner die Pfropfreben nicht leisten konnten. Italien, Spanien und Portugal profitierten kurzfristig durch eine Exportsteigerung von der Misere, doch auch sie blieben schließlich nicht verschont. In Spanien tauchte die Phylloxera erstmals 1878 in der Gegend von Malaga auf. Hier wuchs ein süßer, kräftiger Wein, der in der ersten Hälfte des 19. Jahrhunderts vor allem in Großbritannien und in den Vereinigten Staaten sehr beliebt war. Später verlor er an Popularität, als Sherry und Portwein den Markt süßer, starker Weine beherrschten und zunehmend trockenere Weine getrunken wurden. Die Reblaus versetzte dem ohnehin leidenden Weinhandel von Malaga beinahe den Todesstoß. Im Jahr 1891 waren neunzig Prozent der Rebstöcke vernichtet, der Rest großenteils bereits befallen. Als weitere Gebiete in Mitleidenschaft gezogen wurden, wie 1894 die Region Jerez, der größte Konkurrent Malagas, machte man dafür die Weinbergarbeiter verantwortlich, die auf der Suche nach Arbeit weitergezogen waren.[25]

In Italien wurde die Reblaus in den achtziger Jahren des 19. Jahrhunderts zum Problem. Die Ausbreitung vollzog sich hier etwas langsamer, da viele italienische Weinberge relativ abgeschieden lagen und man hier sehr verdichtete Böden bevorzugte, was es den Läusen erschwerte, die tiefer gelegenen Wurzeln zu erreichen. Nach und nach gewann die Plage wiederum Überhand. 1888 erließ die Regierung Gesetze, um sie einzudämmen. Die italienischen und spanischen Winzer profitierten von den französischen Erfahrungen und begannen, Pfropfreben zu pflanzen. Die Reblaus hatte in Italien weniger Erfolg als in Frankreich; 1912 waren von viereinhalb Millionen Hektar Rebland noch vier Millionen ohne Läuse.[26]

Die Reblaus schlug eine Schneise durch die Weingärten der ganzen Welt. 1873 erreichte sie Kalifornien, ob auf französischen *Vitis-vinifera*-Reben oder auf amerikanischen, ist ungewiss. Bis 1880 waren ungefähr 600 Morgen Weinland in Sonoma zerstört. Die Winzer wollten nicht so recht an den Ernst der Lage glauben, obwohl sie die verkümmernden Weinreben kaum übersehen konnten. Im Jahr 1900 brachten nur noch 2 000 Morgen Rebland im Napa Valley Trauben, und 1915 schätzte man, dass in den vorangegangenen Jahrzehnten mindestens eine viertel Million Morgen Rebland befallen worden war.[27] Bereits in den siebziger Jahren des 19. Jahrhunderts erreichte die Reblaus Australien, wo sie sich zuerst in Victoria und dann in Neusüdwales breit machte. Die Regierung von Victoria ergriff eine Reihe von Maßnahmen, darunter die Vernichtung befallener Rebstöcke, was zu einem erheblichen Rückgang der Weinproduktion in einigen Gebieten führte. Neuanpflanzungen wurden gefördert, um nicht hinter andere Kolonien zurückzufallen. In Südaustralien gelang es durch Quarantänemaßnahmen, die Reben zu schützen.

Die meisten Weinbaugebiete erholten sich, nachdem man sie mit Pfropfreben neu bepflanzt hatte, auch wenn sie nach der Katastrophe oft nicht mehr ihre ursprüngliche Ausdehnung erreichten. Andere hatten weniger Glück. Für die Weinberge Perus begann mit dem Auftreten der Reblaus ein langsamer Verfall. Erst um 1970, als man ernsthafte Bemühungen zur Neuanpflanzung unternahm, gelang es, die im 17. und 18. Jahrhundert so bedeutende Weinregion wiederzubeleben. Chile gehörte zu den wenigen Gebieten, die verschont blieben. Europäische Reben wurden hier erstmals 1851 gepflanzt, lange vor der Reblausplage, sodass die Reben Chiles nicht betroffen waren. Möglicherweise spielte auch die relativ abgeschnittene Lage des Landes eine Rolle. Vielleicht war aber auch die chilenische Bodenbeschaffenheit und die dort praktizierte Bewässerung weniger günstig für die Entwicklung der zerstörerischen Läuse.

Die Phylloxera-Epidemie war zweifellos eine tödliche Gefahr für die Weinerzeugung in aller Welt. Ohne die Pfropftechnik wären die *Vinifera*-Sorten möglicherweise für immer verschwunden. Die Krise offenbarte drastisch, welche Folgen der unkontrollierte Austausch von Pflanzen und Insekten rund um den Globus haben konnte. Ein bis zwei Jahrzehnte lang waren Weinerzeugung und Weinhandel nahezu vollständig unterbrochen, was nicht ohne Einfluss auf die Trinkgewohnheiten blieb, die sich im Verlauf der ersten beiden Drittel des 19. Jahrhunderts entwickelten.

Ohne Übertreibung können wir festhalten, dass die Geschichte des Weins in zwei Teile zerfällt: die Zeit vor dem Auftreten der Reblaus und die Zeit danach. Die Phylloxera-Epidemie hatte dramatische Auswirkungen auf sämtliche Bereiche des Weinbaus und der Weinbereitung, sowohl unmittelbar als auch längerfristig. Es kam zu einem sprunghaften Anstieg der Betrugsfälle, denn die Händler und Winzer versuchten, ihren rarer werdenden Nachschub zu strecken, was Anlass zu strengeren Bestimmungen gab. Für manche Weinbaugebiete bedeutete die Reblausplage das endgültige Aus, anderswo veränderte sie die Besitzverhältnisse in tief greifender Weise, und sie führte zu vermehrter Hybridzüchtung.

Eine unmittelbare Folge war, dass dem Markt weniger Wein zur Verfügung stand. Die Händler wichen auf andere europäische Länder und auf Nordafrika aus, und sie begannen, französische mit ausländischen Weinen zu verschneiden. So wurden in den achtziger Jahren des 19. Jahrhunderts Millionen Hektoliter Wein aus Italien, Spanien und Portugal importiert, hauptsächlich kräftige Rotweine, die man mit schwächeren französischen vermischte. Noch mehr Wein kam aus den französischen Kolonien in Afrika. In Algerien erhöhte sich die Weinbaufläche auf das Sechsfache, allein in den Jahren 1872 bis 1890 von 17 000 auf 110 000 Hektar. Die Weinwirtschaft, die die Reblaus in Südamerika vernichtete, erstand in Nordafrika neu.

In großen Mengen wurde Wein aus Rosinen produziert. Indem man sie in heißem Wasser einweichte, erhielt man einen Wein mit ungefähr zehn Prozent Alkoholgehalt. Man trank ihn, wie er war oder verschnitt ihn mit Wein aus dem Languedoc. Schätzungen zufolge kelterte man Dutzende Millionen Hektoliter Rosinenwein, der in den achtziger Jahren einen Marktanteil von sechs Prozent, in den Neunzigern gar von zehn Prozent erreichte.[28] Manche Händler verdünnten den Wein mit Wasser, um ihre Vorräte zu strecken, oder experimentierten mit anderen Zusätzen, sofern sie nicht gleich aus anderen Früchten, getrockneten und frischen, Wein kelterten. Die Verknappung des Weinangebots und die steigenden Preise veranlassten manchen Weintrinker, sich nach Alternativen wie Bier und destillierten Spirituosen umzuschauen.

Eine Region gab es, die gleich unter einer Vielzahl von Problemen zu leiden hatte. Nach dem Sieg über Frankreich annektierte Deutschland 1871 Lothringen und das Elsass. Damit wurde das Elsass eine deutsche Weinregion. Sein enormes Produktionspotenzial – es hätte zwei Fünftel des deutschen Weins erzeugen können – alarmierte die deutschen Winzer, die schließlich erreichten, dass das Elsass nur eingeschränkt auf die Reblauskrise reagieren konnte. Man zwang die dortigen Weinbauern, ihre Stöcke auszureißen und zu verbrennen, verbot ihnen aber gleichzeitig für zehn Jahre den Wiederanbau. Nach Ablauf dieser Frist sorgte man dafür, dass die neuen Weinpflanzungen bevorzugt in der Ebene und nicht an den Hängen angelegt wurden, die ehemals so guten Wein hervorgebracht hatten. Statt des Rieslings, durch den die Gegend berühmt geworden war, erlaubte man den Winzern nur Hybridzüchtungen. Wo früher Qualitätsweine wuchsen, entstanden jetzt nur noch einfache Weine, die sich lediglich zum Verschnitt eigneten. 1909 erhielten die elsässischen Winzer die Erlaubnis, durch Zuckerzusatz den Alkoholgehalt zu erhöhen. Als das Elsass 1918 wieder an Frankreich fiel, blieben die dort produzierten Weine qualitativ weit hinter denen zurück, die einst in der ersten Hälfte des 19. Jahrhunderts aus diesem Gebiet gekommen waren.[29]

Wein war mittlerweile zu einem weltweit gehandelten Gut aufgestiegen. Die Katastrophe in Europa hatte Auswirkungen bis ins ferne Kalifornien, für das sich zunehmend britische und amerikanische Unternehmer interessierten. In einem Fall wurden beispielsweise eine halbe Million Dollar in der Hoffnung investiert, dass ganz Europa bald auf Weinimporte aus der Neuen Welt angewiesen sein könnte. Der Optimismus angesichts der ruinierten europäischen Rebpflanzungen verleitete manchen kalifornischen Weinerzeuger zu gewagten Prognosen: »In fünfzig Jahren werden kalifornische Trauben in jeder Stadt zu finden sein; mit seinen Rosinen wird Kalifornien die ganze abendländische Welt versorgen; seine Weine werden auf jedem Markt der Welt zu finden sein, und mit seinen goldenen Stränden, seinem sonnigen Klima und seinen rebbedeckten Hügeln und Ebenen wird Kalifornien das Weinland schlechthin sein.«[30] Fünfzig Jahre später – das war 1929 und sicherlich keine Zeit des wirtschaftlichen Wohlstands. Aber wer hätte das im Jahr 1879 voraussehen können?

Längerfristig betrachtet strukturierte sich der französische Weinbau neu, wodurch die Verluste an Rebland ausgeglichen wurden. Vielerorts pflanzte man neue, ertragreiche Sorten. Zwischen 1880 und 1920 stieg der Durchschnittsertrag pro Hektar in Frankreich von 13,5 auf 38,6 Hektoliter. Hatte man in den achtziger Jahren des 19. Jahrhunderts noch jährlich 34 Millionen Hektoliter Wein auf den französischen Markt gebracht, so war es 1900 mit 71 Millionen Hektolitern schon mehr als das Doppelte. Die französische Bevölkerung wuchs im selben Zeitraum nur langsam, sodass ihr nun pro Kopf die zweifache Menge zur Verfügung stand.

Die erhöhte Produktivität, die den Verlust an Rebfläche mehr als auffing, führte gemeinsam mit den einfacheren und billigeren Transportmöglichkeiten zu einem gesteigerten Angebot, das erwartungsgemäß die Preise drückte. Hatte der Hektoliter Wein in der Krisenzeit nach Ausbruch der Reblausplage noch 36 Francs gekostet, so fiel der Preis für französischen Wein 1906 auf 15 Francs pro Hektoliter.[31] Dies machte sich besonders in Südfrankreich bemerkbar, wo vielerorts der Weinbau die einzige Einnahmequelle war. Viele Weinfelder, die nicht mehr bestellt wurden, gehörten Kleinproduzenten, die sich die amerikanischen Wurzelstöcke nicht leisten konnten. Die finanziell schwächer gestellten Winzer gaben auf. Tausende verließen die ländlichen Gebiete und zogen in die Städte, wo sie sich Arbeit in der expandierenden Industrie suchten.

Der Kampf gegen Mehltau und Reblaus veränderte den Weinbau in einer Weise, dass die Konsumenten gegenüber französischen Weinen misstrauisch wurden, vor allem auf dem wichtigen und zahlungskräftigen englischen Markt. Gerade die alten Rebstöcke, so glaubte man, seien für die Qualität der berühmten Weine verantwortlich gewesen. Sie waren nun verschwunden und durch neue ersetzt worden. Schlimmer noch, die neuen Trauben gediehen auf amerikanischen Wurzelstöcken, und man fürchtete, dass der Geschmack amerikanischer Weine für immer den Charakter der Burgunder- und Bordeauxweine beinträchtigen würde. In England steckte dahinter auch ein gewisser Snobismus: Europäische Edelreben auf amerikanische Wurzelstöcke zu pfropfen, das wurde als ebenso untragbar empfunden wie fünfzig Jahre später die Ehe eines britischen Königs mit einer geschiedenen Amerikanerin. Dies alles und die Furcht, der Wein könnte durch all die Chemikalien gelitten haben, die man zur Eindämmung der Plage eingesetzt hatte, lastete erheblich auf dem französischen Markt. Die Engländer trösteten sich mit schottischem Whisky, die französischen Winzer mussten sich in Geduld üben. Erst nach dem Zweiten Weltkrieg brachen wieder bessere Zeiten für ihre Erzeugnisse an.

Um 1900 hatten es die französischen Weinbauern also mit einer ganzen Reihe schwieriger Probleme zu tun: Überproduktion, niedriges Preisniveau, schwindende Exportmärkte, weit verbreitete Weinpanschereien und Betrug. Nicht nur, dass viele Händler weiterhin Qualitätsweine mit Billigprodukten verschnitten, auch die künstlichen »Weine«, auf die man während der Reblauskrise gesetzt hatte, fanden weiterhin Absatz, obwohl es wieder echten Wein in ausreichender Menge gab. In ganz Frankreich und besonders im Languedoc versuchten die Winzer vergeblich, die Regional- und Landesregierung zu wirksamen Maßnahmen zu bewegen. 1905 unterzeichneten die Einwohner von Argeliers im Departement Aude auf Initiative des Winzers Marcelin Albert eine Petition, in der es hieß: »Die Unterzeichnenden sind entschlossen, ihre gerechte Sache bis zum Ende durchzustehen, keine Steuern mehr zu bezahlen und den Rücktritt der gewählten Vertreter zu verlangen, und sie fordern alle Gemeinden des Südens und Algeriens auf, ihrem Beispiel zu folgen und sich ihrem Ruf ›Lang lebe der echte Wein! Nieder mit den Panschern!‹ anzuschließen.«[32]

Bemerkenswert ist, dass man offenbar gegen Importe aus Algerien (dessen Wein man als französisches Produkt betrachtete) nichts einzuwenden und das Problem der Überproduktion gar nicht erkannt hatte. Die Verantwortung für die Krise schob man allein auf die Hersteller verfälschter Weinsorten. Eine von der Regierung 1907 eingesetzte Kommission stellte zwar fest, dass die Rebfläche Ende des 19. Jahrhunderts abgenommen hatte, sie übersah allerdings die gesteigerten Erträge, die diesen Rückgang mehr als ausglichen.

Enttäuscht von der Unfähigkeit der Regierung, entschiedene Maßnahmen gegen die existenzbedrohende Krise zu ergreifen, entschlossen sich die Winzer im Languedoc zu einer Protestkampagne. Im April, Mai und Juni 1907 hielten sie an aufeinander folgenden Sonntagen Versammlungen ab, an denen sich von Mal zu Mal mehr Menschen beteiligten. Schließlich kam es zu Massenkundgebungen, zu denen am 2. Juni in Nîmes annähernd 300 000 Menschen und eine Woche später in Montpellier sogar 600 000 Menschen strömten. Bei diesen Gelegenheiten wandte sich Marcelin Albert mit Appellen an die Menge, die an das Erbe der Französischen Revolution erinnerten, und verlangte einen »Wohlfahrtsausschuss zur Verteidigung des Weinbaus«. Die Volksbewegung bewirkte, dass Mitte Juni die Hälfte aller Bürgermeister der Region zurückgetreten war.

Abbildung 17
»Sieh Landwirt, was Dich erwartet!« und »Heute bettelarm, morgen aufsässig« –
auf Demonstrationen wie hier am 26. Mai 1907 in Carcassonne protestierten französische
Winzer gegen die Weinbaukrise und die Untätigkeit der Regierung.

Daraufhin erhöhte die Regierung in Paris die Steuer auf Zucker, einen der wichtigsten Rohstoffe für künstlichen Wein, griff ansonsten aber hart gegen die protestierenden Weinerzeuger durch. Man erließ Haftbefehle gegen Albert und weitere führende Köpfe der Bewegung und entsandte Truppen in die aufrührerischen Gebiete. Am 19. Juni 1907 kam es zu Zusammenstößen, bei denen fünf Demonstranten ihr Leben verloren. Als man am nächsten Tag in Perpignan davon erfuhr, brannte man die Präfektur nieder, das Symbol der Pariser Zentralregierung.

Damit endete der Aufstand, denn die Regierung, die sich der Loyalität ihrer aus der Region stammenden Truppen nicht sicher sein konnte, machte eine Reihe von Zugeständnissen. Der wichtigste Punkt war ein am 29. Juni in aller Eile verabschiedetes Gesetz, das die Gemüter der Weinhersteller des Languedoc beruhigen sollte und tatsächlich einige der drängendsten Probleme lindern half. Es bestimmte, dass die Erzeuger jährlich ihre Erntemenge und den Umfang ihrer Weinvorräte (auch der Weine, die sich zur Alterung in Lagerhäusern und Kellern befanden) angeben mussten. Dadurch konnten die Behörden schätzen, welche Menge an Wein jedes Jahr auf den Markt kommen würde. Das Gesetz schritt ebenfalls gegen künstlichen Wein ein, indem es die Verwendung von Zucker beschränkte, und förderte die Qualität durch ein Verkaufsverbot von Substanzen, die verdorbenen Wein verbessern sollten. In den Folgemonaten traten weitere Gesetze zur Regelung des Weinhandels in Kraft. Außerdem richtete man eine Zentralstelle zur Bekämpfung von Betrügereien ein. Im September 1907 wurde gesetzlich definiert, dass nur das Produkt aus »der alkoholischen Vergärung frischer Trauben oder dem Most frischer Trauben« als Wein bezeichnet werden dürfe. Als praktische Maßnahme zur Reduzierung des Überangebots kaufte die Regierung 1908 Wein im Wert von zwei Millionen Francs zur Versorgung der Soldaten.

Die französische Politik ging auf die Sorgen der Erzeuger um die Qualität ein, ohne das ursächliche Problem in Angriff zu nehmen. Die Gesetzesmaßnahmen waren jedoch wichtige Etappen auf dem Weg zur Eindämmung der Überproduktion. Schon zuvor hatten viele Länder einzelne Aspekte der Weinerzeugung gesetzlich reglementiert, doch erst Anfang des 20. Jahrhunderts erließ man systematische und zwingende Vorschriften.

Mehrere Regelungen betrafen die Nennung von Produktionsgebieten. 1905 wurde ein Gesetz gegen Etikettenschwindel erlassen. Es verbot, das Herkunftsgebiet von Lebensmitteln falsch zu deklarieren, um damit seinen Wert zu erhöhen. Seit 1908 legte der französische Staat die Grenzen von Regionen fest, die bestimmte alkoholische Getränke herstellten, beispielsweise Champagner, Cognac, Bordeaux, Banyuls oder Armagnac. Das war der Beginn des Systems der »Appellation d'Origine Contrôlée«, auf das wir weiter unten noch zurückkommen werden. Es galt nicht nur für Wein, sondern auch für andere Lebensmittel wie etwa Käse.

Erwartungsgemäß führte der Versuch, Produktionsgebiete zu definieren, bald zum Unmut jener, die außerhalb der Grenzen lagen. Der größte Streitfall war der Champagner. Die »Appellation d'Origine Contrôlée« sah vor, dass dieser besondere Wein nur aus Trauben ganz bestimmter Bezirke der Departements Marne und Aisne gemacht werden durfte, was die Produzenten aus dem Departement Aube ausschloss. Das war nicht nur ein Affront, war doch Troyes, die Hauptstadt des Departements Aube, zugleich die historische Hauptstadt der Champagne, sondern stand auch im Widerspruch zur Realität: Schon seit Mitte des 19. Jahrhunderts hatten die Winzer aus Aube die Champagnerproduzenten aus Marne mit Weißwein beliefert. Wie einst ihre Kollegen im Languedoc revoltierten sie 1911, worauf die Regierung einlenkte und das Departement zur »zweiten« Champagnerzone erklärte.

Unterdessen zogen die Winzer aus dem Departement Marne, die gegen die ursprüngliche Definition der kontrollierten Herkunftsbezeichnung »Champagner« eigentlich nichts einzuwenden gehabt hatten, gegen Händler zu Felde, die ihrer Ansicht nach beim Verschnitt in betrügerischer Absicht Wein aus anderen Regionen Frankreichs verwendeten. Zwischen Dezember 1910 und April 1911 stürmten sie reihenweise Kellereien, in denen es angeblich zu Manipulationen gekom-

Abbildung 18
Demonstrierende Winzer in Aube, 1911

men war, und zerschlugen die Flaschen in den Rüttelpulten. Hunderttausende Liter Champagner wurden bei diesen Auseinandersetzungen vernichtet. Wieder rief man die Armee zu Hilfe, die diesmal allerdings nicht zum Einsatz kam. Schließlich konnte man die erhitzten Gemüter durch gesetzliche Regelungen beruhigen.

So entwickelte sich zu Beginn des 20. Jahrhunderts in Frankreich ein Regulierungssystem, das die Grundlage für die umfassenden Bestimmungen der Weinproduktion legte, die heute noch gelten. Es entstand unter den Bedingungen, die nach der erfolgreich bekämpften Reblausplage herrschten, und durch das Bemühen der Produzenten, Angebot und Nachfrage ins Gleichgewicht zu bringen. Dabei wurden die neuen Bestimmungen den Winzern nicht einfach von den Politikern in Paris aufgezwungen. Sie selbst übten Druck auf die Regierung aus und brachten diese dazu, gesetzgeberisch aktiv zu werden. Weinpanschereien waren für die Weinerzeuger nicht bloß eine Frage von Qualität, Reputation und Verbraucherschutz, sondern eine unmittelbare Bedrohung ihrer Existenz. Die Reblaus hatte Tausende von Winzern zur Aufgabe gezwungen. Wer übrig geblieben war, zeigte sich entschlossener denn je, durchzuhalten.

Die Ruhe, die in der Champagne nach den Protesten von 1910 und 1911 einkehrte, war nur von kurzer Dauer, denn bald schon sollte der Krieg den Landstrich erschüttern. Der Sommer 1914 war sehr warm gewesen, und man erwartete eine gute Ernte. Die Zehntausende von Weinbergarbeitern und Winzern, die im August einrücken mussten, glaubten, sie würden rechtzeitig zur Lese wieder zurück sein. Doch es kam anders: Die Trauben wurden schließlich von den Frauen, Kindern und alten Männern eingesammelt.

Die Ernte des Jahres 1914 erfüllte die in sie gesetzten Erwartungen und erbrachte eine große Menge Wein – mehr als 60 Millionen Hektoliter, beinahe 50 Prozent mehr als im Jahr zuvor. Im Geiste des Patriotismus und der Absatzförderung spendeten die Weinbauern des Languedoc den Lazaretten 200 000 Hektoliter Wein, um die Moral der Verwundeten zu heben und vermutlich auch ihre Genesung zu beschleunigen. Als der Wein geliefert wurde, war der Optimismus des Sommers angesichts der furchtbaren Schlachten mit ihren ungeheuren Opfern verflogen. An der Westfront tobte ein Zermürbungskrieg mit unabsehbarem Ende.

Die Versorgung von Soldaten mit Wein besaß eine lange Tradition, die im 19. Jahrhundert, als man sich zunehmend um die Folgen des Alkoholkonsums Gedanken machte, infrage gestellt wurde. In den ersten Jahren des neuen Jahrhunderts starteten einige Armeen Experimente, um den Einfluss von Alkohol auf die Kampftüchtigkeit zu überprüfen. In einem deutschen Versuch, in dem Soldaten über einen Zeitraum von sechzehn Tagen 36 000 Geschosse abfeuerten, stellte sich heraus, dass die Trefferrate durch den Alkohol nicht beeinflusst wurde. (Vermutlich hatten die Versuchspersonen eher moderat getrunken.)[33] Die französischen Militärs schienen die Chance, ihre Soldaten vom Trinken abzuhalten, realistischer einzuschätzen. Statt alkoholisierte gegen nüchterne Soldaten antreten zu lassen, verglich man Bier- mit Weintrinkern und fand heraus, dass die negativen Auswirkungen des Weins geringer waren.

Die normale Ration der französischen Soldaten beinhaltete nur eine geringe Menge Wein. Es war ihnen allerdings erlaubt, sich selbst welchen zu kaufen, wenn sich die Gelegenheit dazu bot. Die Spende der Weinproduzenten des Languedoc brachte das Kriegsministerium zu dem Entschluss, den Soldaten mehr Wein zuzugestehen. Die tägliche Ration, die 1914 einen Viertelliter betragen hatte, wurde 1916 auf einen Liter erhöht. 1918 stand es den Offizieren frei, einen zusätzlichen Viertelliter an ihre Männer austeilen zu lassen, einen weiteren konnten die Soldaten zum Sonderpreis selbst erwerben. Sie durften also ganz offiziell einen Liter Wein pro Tag trinken, und zweifellos gab es viele Möglichkeiten, diese Menge auf inoffizielle Weise noch zu erhöhen. (Die Militärbehörden hatten übrigens einige Mühe, den Schmuggel von Spirituosen in das Kampfgebiet zu unterbinden.) Die französischen Streitkräfte verbrauchten 1917 an der Front 12 Millionen Hektoliter Wein, und wäre der Krieg nicht bald zu Ende gewesen, so hätten sie Schätzungen zufolge im Jahr darauf 16 Millionen benötigt. Tausende von Kesselwaggons der Eisenbahn wurden requiriert, um die Versorgung der Truppe mit Wein sicherzustellen.

Weinlese im Rüdesheimer Berg.

Abbildung 19
Zur Weinlese – wie hier am Rüdesheimer Berg – wurden in den Jahren des Ersten Weltkriegs
überwiegend Frauen, Kinder und alte Männer eingesetzt.

Die Preise, die die Regierung für den Wein zahlte, stiegen mit dem spärlicher werdenden Nachschub. Die Schenkung aus dem Jahre 1914 sollte sich als gute Investition erweisen. Die Weinbauern im Languedoc machten mit den Armeelieferungen ein hervorragendes Geschäft, im Unterschied zu ihren Kollegen in Bordeaux und Burgund, die Preise akzeptieren mussten, die erheblich unter ihren Herstellungskosten lagen. Die Regierung zeigte zu dieser Zeit nur wenig Interesse an teuren Spitzenweinen.

In der französischen Armee gab es fast ausschließlich Rotwein. Man hielt ihn für männlicher und dachte, er sei besser geeignet, den Soldaten feuriges Blut zu geben und ihnen Mut einzuflößen. (Die australischen Soldaten wiederum bereicherten die englische Sprache um das Wort »plonk«, das billigen, minderwertigen Wein bezeichnet. Es ist eine Verballhornung des französischen *vin blanc*, was die Australier »van blonk« aussprachen.[34] Sie tranken also offenbar Wein von einer Farbe, die die Franzosen im Kriegsfall für ungeeignet, ja »unmännlich« hielten.)

Nach dem Krieg schrieb eine französische Militärzeitung dem Wein einen Anteil am errungenen Sieg zu: »Ohne Zweifel waren unsere glänzenden Generäle und tapferen Soldaten die unsterblichen Baumeister des Siegs. Aber hätten sie es auch ohne den Wein [*pinard*] geschafft, der ihnen die Kraft zum Durchhalten gab, ihren Geist beflügelte, ihnen Mut, Zähigkeit und Verachtung der Gefahr einflößte und ihnen die unerschütterliche Überzeugung gab: ›Wir werden siegen‹«[35] Dies bot ein unschlagbares Argument gegen die Verächter des Weins. Er hatte nicht nur die Gesellschaft vor dem Alkoholismus und dem sozialen Zerfall gerettet, sondern die Nation vor einer großen Niederlage bewahrt.

Für die französischen Weinerzeuger war es nicht leicht, den Bedarf der Truppen zu decken. Die Lese des Jahres 1914 war zwar hervorragend, 1915 erreichte man mit 20 Millionen Hektolitern jedoch nur ein Drittel der Vorjahresmenge. Die Reben hatten wegen der feuchten Witterung unter einer Reihe von Krankheiten gelitten. Außerdem fehlte es an Arbeitskräften, um sie wirksam zu pflegen. Die für den Transport unentbehrlichen Pferde sowie zahlreiche im Weinberg notwendige Gerätschaften waren immer schwerer aufzutreiben. In den algerischen Weinpflanzungen sah es kaum besser aus. So konnte die französische Nachfrage (die zivile ebenso wie die militärische) nur durch die Einfuhr großer Mengen spanischen und italienischen Weins befriedigt werden. Die Ernten der Jahre 1916 und 1918 fielen höher aus (im Schnitt 40 Millionen Hektoliter), konnten den Bedarf aber trotzdem nicht decken. Die 12 Millionen Hektoliter, die 1917 an der Front verbraucht wurden, waren beinahe ein Drittel der Jahresproduktion von 1916.[36] Mit der Verknappung des Weins stieg natürlich sein Preis: Ein Liter Wein, der 1914 noch 20 Centimes gekostet hatte, musste 1918 mit einem Franc zehn Centimes bezahlt werden.[37]

Der Erste Weltkrieg hatte erhebliche Auswirkungen auf die Weinberge und die Weinernten. Die meisten europäischen Länder versuchten, die Alkoholproduktion zu drosseln und die Arbeitskräfte und die Ressourcen auf kriegswichtige Wirtschaftsbereiche zu konzentrieren. Gleichzeitig wollte man den Alkoholkonsum einschränken, um die Leistung der Arbeiter zu erhöhen. In England wurden die Öffnungszeiten der Wirtshäuser begrenzt und das Bier verdünnt. Ähnliche Maßnahmen trafen alle Krieg führenden Staaten. Die kanadischen Provinzen erließen 1916 und 1917 ein Alkoholverbot. Wie wirksam diese Politik tatsächlich war, ist schwer zu beurteilen. Ein nach dem Krieg erschienenes Buch behauptete, zumindest in England hätte sie zur »nationalen Ertüchtigung« beigetragen und das Land befähigt, länger durchzuhalten als die Deutschen.[38]

Im Unterschied zu früheren kriegerischen Auseinandersetzungen wie dem Dreißigjährigen Krieg, als marodierende Truppen Weinberge und Felder verwüsteten, geriet der Erste Weltkrieg in Nordeuropa zum bewegungslosen Stellungskrieg. Nachdem sich die Front im Dezember 1914 festgefahren hatte, veränderte sie sich kaum noch. Einige der heftigsten Schlachten tobten in der Champagne, wo viele hundert Hektar Rebland zerstört wurden – nicht nur während der Kämpfe, sondern auch noch danach wegen der überall herumliegenden Blindgänger. Trotz allem produzierte die Champagne den ganzen Krieg hindurch den Wein, für den sie berühmt war, wobei die Winzer und Erntehelfer oftmals ihr Leben riskierten. Der erste Kriegsjahrgang gilt als einer der größten des Jahrhunderts, nicht trotz, sondern wegen des Krieges: Die Lese war schlechter organisiert als gewöhnlich, ein Teil der Trauben wurde noch unreif (also mit hohem Säuregehalt), der Rest überreif (also mit ungewöhnlicher Süße) gepflückt.

Wenn auch der Krieg die französische Weinproduktion weniger als erwartet beeinträchtigte, so führte doch der Mangel an Arbeitskräften und die kriegsbedingte Verknappung der Rohstoffe dazu, dass die Weinberge nicht die Pflege erhielten, die sie benötigten. Das galt, freilich in geringerem Maße, ebenfalls für Italien, das 1915 in den Krieg eintrat, während Spanien und Portugal weitgehend unberührt blieben. Portugal exportierte weiterhin Wein nach England und erhielt 1916 das ausschließliche Recht, die Bezeichnungen »Port« und »Madeira« für seine Weine zu verwenden, eine frühe Maßnahme zum Schutz der regionalen Herkunftsbezeichnung. Für die Dauer des Krieges boten Deutschland und Österreich keine Absatzmärkte für die französischen und italienischen Weine. Mit der russischen Oktoberrevolution von 1917, der Absetzung des Zaren und der Vertreibung der Adligen gingen zehn Prozent des Exportmarktes für Champagner verloren. Der Zar, konfrontiert mit den Bolschewiken, die eher Wodka und Bier als importierten Wein tranken, musste auf den Trost durch Champagner verzichten, als ein Schiff mit einer für den Petersburger Hof bestimmten Weinladung 1916 im Golf von Finnland von einem deutschen U-Boot torpediert wurde. Seine Fracht – Heidsieck Jahrgang 1907 – wurde 1998 in gutem Zustand geborgen.

In seinen Auswirkungen auf den Wein war der Erste Weltkrieg wahrhaft global. Selbst im fernen Neuseeland blieb er nicht ohne Folgen. Der dortige Weinbau lag weitgehend in den Händen von Einwanderern aus Dalmatien, das bis 1918 zu Österreich-Ungarn gehörte, mit dem sich Großbritannien im Krieg befand. 1914 verkündete ein Mitglied des neuseeländischen Parlaments, er habe zwar noch nie den »österreichischen Wein« probiert, den die Dalmatiner produzierten, halte ihn aber für den »abscheulichsten Sud, den man sich überhaupt nur vorstellen könne«. Es sei ein »Getränk, das die Menschen krank mache, sie demoralisiere und ihnen den Verstand raube«.[39] Die Regierung verlangte nun von den Weinherstellern eine Lizenz, für deren Erwerb sie nachweisen mussten, dass sie von »gutem Charakter« seien. Diese neuen Bestimmungen und die Internierung vieler Dalmatiner während des Krieges ließen die Zahl der neuseeländischen Weinproduzenten von siebzig im Jahr 1913 auf nur noch fünfunddreißig zwei Jahre später sinken.

Nach dem Krieg versuchte man in allen Weinbauregionen, wieder zur Normalität zurückzukehren. Aber die Welt hatte sich verändert. In Frankreich hatte der Krieg praktisch eine ganze Generation von Männern ausgelöscht, von denen viele im Weinbau tätig gewesen waren. Die langen Namenslisten auf den Kriegerdenkmälern in ganz Frankreich zeugten nicht nur von gefallenen Söhnen, Brüdern und Ehemännern, sondern auch von Arbeitskräften, die nun bei der Pflege der Weinstöcke und der Herstellung des Weins fehlten. Da der Weinbau nach wie vor ein sehr arbeitsintensiver Wirtschaftszweig war, erholte er sich nur langsam.

Der deutsche Weinbau litt gleichfalls unter dem Krieg. Die Rebfläche sank von 120 000 Hektar um die Jahrhundertwende auf 102 000 Hektar im Jahr 1913 sowie auf 70 000 bis 75 000 Hektar zwischen den Weltkriegen. Dieser rapide Rückgang lässt sich teilweise durch den Verlust des Elsass an Frankreich erklären. Doch vor allem die zwanziger Jahre waren eine schwierige Zeit für die deutschen Winzer. Viele der wichtigsten linksrheinisch gelegenen Weingebiete standen nach dem Krieg zehn Jahre lang unter französischer Besatzung, sodass die dortigen Winzer ihre Weine nicht frei vermarkten konnten. Der Konsum von Wein und anderen Gütern war durch die schlechte Wirtschaftslage und die Inflation von 1923, die weite Teile des Mittelstandes ruinierte, erheblich beeinträchtigt. Darüber hinaus verlangte der Versailler Vertrag von Deutschland, jährlich 260 000 Hektoliter französischen Wein steuerfrei zu importieren. Diese Flut billigen Weins verdrängte die deutschen Produkte und zwang viele Winzer zur Aufgabe. Als sich in den dreißiger Jahren die Beschränkungen für die deutschen Weinerzeuger lockerten, kamen die Wirtschaftsdepression und der Aufstieg der Nazis.

Anders als in Deutschland gab es in Frankreich zahlreiche Neuanpflanzungen, vor allem im Umland von Paris, wo der Weinbau Ende des 19. Jahrhunderts zurückgegangen war. Bis 1924 entstanden so 50 000 weitere Hektar Rebland, auf denen hauptsächlich Hybridzüchtungen wuchsen. Den stärksten Zuwachs hatte der Süden zu verzeichnen. Die Winzer des Languedoc steigerten die Anbaufläche von 170 000 Hektar im Jahr 1920 auf 270 000 Hektar im Jahr 1930. Im gleichen Verhältnis stieg die Produktion. Der Rekordjahrgang 1922 ergab 72 Millionen Hektoliter, in den Folgejahren waren es im Durchschnitt respektable 60 Millionen Hektoliter.[40] Außerdem flossen große Mengen algerischen Weins auf den französischen Markt. Trotz des Verlustes so vieler junger Männer in einem Alter, in dem man gern ein Glas Wein trinkt, stieg der jährliche Pro-Kopf-Verbrauch in Frankreich von 103 Litern im Jahr 1904 auf 136 Liter. Die Erfahrung des Weintrinkens ließ Millionen ehemaliger Soldaten, die vor 1914 meist Cidre oder Schnaps getrunken hatten, nun täglich zum Rebensaft greifen.

Trotz des gestiegenen Konsums produzierte Frankreich einen Überschuss. Viele Absatzmärkte der Vorkriegszeit waren geschrumpft oder ganz verschwunden. Der Zusammenbruch Russlands, Österreich-Ungarns und Deutschlands, verbunden mit dem gesellschaftlichen Niedergang und finanziellen Ruin seiner Eliten, brachte die Produzenten von Qualitätsweinen um einen Großteil ihrer Kundschaft. In Belgien erhielt der Weinmarkt durch die Kriegserfahrungen einen kräftigen Schub. Da die Belgier aber grundsätzlich nicht von ihrem Lieblingsgetränk,

Abbildung 20
Neuanlage eines terraassierten Weinbergs mit veredelten Reben. Am linken Bildrand
die so genannten »Vortreiberkisten«.

dem Bier, lassen wollten, blieb die Nachfrage recht klein. Die USA führten 1920
die Prohibition ein. Das Interesse der Briten am Wein sank vor allem während der
Großen Depression, die 1929 einsetzte. Doch schon in den zwanziger Jahren tranken sie, abgeschreckt von den hohen Preisen, wenig Wein, obwohl viele ihrer Soldaten im Krieg auf den Geschmack gekommen waren. Importzölle begünstigten
Waren aus dem britischen Empire. Deshalb wurde England nicht von französischen Tafelweinen, sondern von australischen Dessertweinen überschwemmt. Da
Portugal seit 1916 das ausschließliche Recht zur Verwendung bestimmter Bezeichnungen hatte, verkauften die Australier ihre Produkte als »nach Art von Port«
und »nach Art von Madeira«.

Wegen der Schutzzollpolitik und der Wirtschaftsdepression stagnierten die europäischen Weinexporte zwischen 1920 und 1940, die französischen erreichten sogar nur die Hälfte des Vorkriegsniveaus. In den zwanziger Jahren verkaufte Frankreich im Schnitt pro Jahr 1,6 Millionen Hektoliter Wein ins Ausland, im darauf
folgenden Jahrzehnt nur noch die Hälfte dieser Menge. Das trug nur unerheblich
zum Abbau des Produktionsüberschusses bei, besonders in Jahren von Rekordern-
ten. 1934 und 1935 kamen insgesamt 100 Millionen Hektoliter französischer und
algerischer Wein auf den eigenen Markt. Die Übersättigung durch schwachen Ex-

port und hohe Produktion betraf alle Weinsorten, von der billigsten bis zur teuersten. 1934 gingen nur 4 559 030 Flaschen Champagner ins Ausland, gerade einmal ein Drittel der 13 583 719 Flaschen des Jahres 1919. Im gleichen Zeitraum stieg die Zahl der Flaschen, die in den Kellereien der Champagne eingelagert waren, von 72 auf 147 Millionen.[41]

Die Zwischenkriegszeit erlebte die französische Weinbranche als Fortsetzung der Krise, die mit der Reblausplage begonnen hatte. Im Rückblick gesehen war es vielleicht nicht ganz so schlimm, denn die Weinbauern, die Weinproduzenten und die Regierung ergriffen Maßnahmen, um die gebeutelte Wirtschaft zu schützen und zu stärken. Die in den zwanziger und dreißiger Jahren verfolgte Politik legte die Grundlage dafür, dass sich der französische Weinhandel nach dem Zweiten Weltkrieg erholen konnte.

Seit 1918 verbreitete sich der Genossenschaftsgedanke besonders im Süden Frankreichs. 1920 gab es 92 Genossenschaften, die zusammen über eine Lagerkapazität von 120 000 Hektolitern verfügten. Zwanzig Jahre später waren es 838 mit insgesamt 12 Millionen Hektolitern.[42] Der Staat unterstützte Kleinerzeuger, die sich zusammenschließen wollten, durch juristischen Beistand und bot, was noch wichtiger war, finanzielle Hilfen in Form von Zuschüssen für Gebäude und Ausrüstung. Regierungen aus dem linken Lager förderten die Genossenschaften, weil diese Form des Zusammenschlusses einen Grundgedanken des Sozialismus umsetzte. Aber auch die Konservativen halfen ihnen, weil sich die Kleinproduzenten in der Gemeinschaft besser vor dem Druck des Marktes schützen konnten.

In Regionen, die hauptsächlich Qualitätsweine produzierten, gab es weniger Genossenschaften. Als die kleinen Winzer aus dem burgundischen Vosne-Romanée kurz nach dem Krieg in eine Krise gerieten, weil sie weder ihre Trauben gewinnbringend verkaufen noch ihren eigenen Wein herstellen konnten, gründete der Bürgermeister eine Genossenschaft, die sich als ihre Rettung erwies. Obwohl diese und andere Genossenschaften in Burgund, Bordeaux, der Champagne und dem Beaujolais bald wieder aufgelöst wurden, halfen sie den Eigentümern vieler kleiner Weinberge, die für sie schwierigsten Jahre des Jahrhunderts zu überstehen.

Eine andere wichtige Entwicklung im Frankreich zwischen den beiden Weltkriegen brachte eine Reihe von Gesetzen mit sich, die zur Einführung kontrollierter Herkunftsbezeichnungen (*Appellation d'Origine Contrôlée*, AOC) führte. Schon vor dem Krieg hatte es Gesetze gegeben, die gewissen Regionen die Verwendung besonderer Namen vorbehielten. Seit 1919 baute man diese Bestimmungen konsequent aus. Streitfragen über Herkunftsregionen konnten nun vor Gericht verhandelt werden, und man griff auch auf die Rebsorten als Kriterium zurück, um zusammenhängende Weingebiete und entsprechende Weinsorten zu definieren.

1927 mündeten diese Bestrebungen in ein neues Gesetz für Herkunftsbezeichnungen, das die erlaubten Benennungen für jede Region festlegte.

Noch umfassendere Vorschriften, die auch Bestimmungen über Erträge, Mindestalkoholgehalt sowie einzelne Methoden des Weinbaus und der Weinbereitung enthielten, wurden in einem umfassenden AOC-Gesetz geregelt, das 1935 in Kraft trat. Will ein Wein den AOC-Status erhalten, muss er aus ganz bestimmten Trauben einer exakt begrenzten Region gekeltert sein und weiteren, genau nach Weintyp festgelegten Kriterien entsprechen. Je nach AOC können dies ein maximaler Ernteertrag, ein bestimmter Alkoholgehalt und die Beachtung besonderer Rebzucht- und Keltertechniken sein.

Ein nationales Gremium aus Produzenten, Händlern und Regierungsbeamten setzte sich dafür ein, dass der AOC-Status zum Vorbild für das Institut National des Appellations d'Origine (INAO) wurde, das seit 1947 besteht. In den späten dreißiger Jahren prüfte das Gremium Hunderte von Anträgen für den AOC-Status, daneben auch Beschwerden gegen seine Entscheidungen, bis die Arbeit mit Ausbruch des Zweiten Weltkriegs unterbrochen wurde.

Zu denen, die sich nicht nur mit dem Wetter, den Schädlingen und der wirtschaftlichen Depression herumschlagen, sondern sich auch in der neuen Welt der AOC-Bezeichnungen zurechtfinden mussten, gehörte Monthelie, eine kleine Gemeinde in Burgund, deren Land fast vollständig mit Reben bebaut war. Getreide spielte für Monthelie keine Rolle, sodass dort die Sage ging, ein Huhn könne in der Erntezeit leicht verhungern. Die Aufzeichnungen der Landwirtschaftskammer über die Stadt erlauben uns ungewöhnlich detaillierte Einblicke in die Welt der damaligen Weinproduktion.[43] Bereits 1919 beklagten sich die Winzer von Monthelie, dass ihnen die Herkunftsbezeichnung »Côte de Beaune« versagt werde, und wiesen die Behörden auf die Qualität ihrer Weine hin. Sie starteten eine Kampagne, um nachzuweisen, dass ihre Erzeugnisse erheblichen Anteil an der Wertschätzung hatten, den ihre besser bekannten Nachbarn in Meursault, Volnay und Pommard genossen.

Die Weinbauern von Monthelie, die ihre Rebsorten pflegten, beschwerten sich 1924, die ausschließliche Orientierung an der Region bei den Herkunftsbezeichnungen habe es anderen Produzenten in Beaune erlaubt, Gamay-Reben zu verwenden. Sie legten Widerspruch gegen eine 1925 getroffene Entscheidung des Gerichts von Beaune ein, die auch für Weine aus Gamay-Reben die Bezeichnung »Burgunder« erlaubte. Das sei »gegen die Tradition«. Nachdem 1935 das Gesetz über die AOC-Bezeichnungen verabschiedet worden war, reklamierte Monthelie einen eigenen AOC-Status und legte zu diesem Zweck dem Bewertungsgremium Informationen über die Lage, die Bodenbeschaffenheit und die Topografie seiner Weinberge vor. Die dortigen Winzer verwendeten für Rotwein ausschließlich Pinot-Noir-Reben sowie einige verwandte Sorten, für Weißwein nur Chardonnay und Pinot Blanc. Weiterhin standardisierten sie den Abstand der Rebzeilen, wandten traditionelle Weinbereitungsmethoden an und legten für ihre Erzeugnisse einen Mindestalkoholgehalt von 10,8 Prozent fest. Aber sie weigerten sich, ihr Rebenerziehungssystem zu vereinheitlichen und die Höchsterträge zu begrenzen. Reben sollten je nach Lage gezogen werden, argumentierten die Winzer, und sie würden ohnehin ihren Ertrag nicht zu hoch treiben, da dies die Qualität ungünstig beeinflusse. Trotz all dieser Bemühungen hatte Monthelie bei Ausbruch des Krieges 1939 den AOC-Status noch nicht erlangt.

Die Winzer dieses Ortes spielten mit dem Gedanken, eine Genossenschaft zu gründen. 1921 besichtigten sie eine solche Einrichtung in Vosne-Romanée. Aus ihren Kommentaren geht hervor, dass Genossenschaften keineswegs immer Masse über Klasse stellten. Von einem Zusammenschluss versprachen sie sich hauptsächlich eine Förderung des Absatzes, eine effiziente Bekämpfung von Betrug und die Sicherung eines hohen Qualitätsstandards. Über die Genossenschaft von Nuits-St.-Georges bemerkten sie, »der Wohlstand, der in diesem Bezirk herrscht, und der hervorragende Zustand der Reben« belege, welche Vorzüge eine derartige Organisation für eine Gemeinde haben könnte.

In anderen Teilen Europas kämpften die Weinproduzenten nicht allein mit ökonomischen Problemen, sondern auch mit politischen Umbrüchen. Die Machtergreifung Mussolinis begünstigte 1922 den Weinbau, hatte sich der Diktator doch die wirtschaftliche Autonomie auf die Fahnen geschrieben. Das faschistische Regime setzte es sich zum Ziel, Italiens Weinexporte zu erhöhen. »Die Weinberge werden nun beinahe überall nach streng ökonomischen Gesichtspunkten bewirtschaftet«, meinte der Landwirtschaftsminister, »mit zunehmend standardisierten Produkten, die sich besser für den Auslandsmarkt eignen.« Mit drohendem Unterton fügte er hinzu: »Die Regierung ließ es nicht an Gesetzen gegen unlauteren Wettbewerb fehlen, um die für unser Land typischen Weine zu schützen und ihnen die ausländischen Märkte zu öffnen.«[44] Die Programme zur Urbarmachung von Land und die finanziellen Hilfen für die Landwirte kamen eher den Getreideproduzenten als den Weinbauern zugute. Die Rebfläche sank in den zwanziger und dreißiger Jahren sogar um fünf bis zehn Prozent.

In Deutschland hatte der Wein nach 1933, als die Nationalsozialisten an die Macht kamen, keinen leichten Stand. Hitler selbst war Abstinenzler. Seine politische Laufbahn begann zwar in den Münchner Bierhäusern, doch war er dort nicht wegen des Biers aufgetreten. Die Ideologie der Nazis ächtete den Alkoholrausch, und der Alkoholismus galt als Folge von Degeneration. Betrunkenen Parteimitgliedern drohte der Ausschluss, Alkoholikern konnte die Heiratserlaubnis verweigert werden, und zwischen 20000 und 30000 alkoholkranke Menschen wurden auf der Grundlage der so genannten »Rassenschutzgesetze« zwangssterilisiert.

Die offizielle Politik versuchte, den Alkoholgenuss einzudämmen, allerdings ohne die Industrie direkt zu beeinträchtigen. Vor dem Ausbruch des Krieges sollten die Arbeitsplätze in den Brennereien, Brauereien und im Weinbau erhalten bleiben, und natürlich brauchte der Staat die Steuern, die der Alkohol einbrachte. In geringem Maße erhielten die Winzer sogar staatliche Unterstützung,[45] sodass in den dreißiger Jahren ein konstanter Ertrag erbracht werden konnte. Möglicherweise wirkte es sich günstig aus, dass der Außenminister Joachim von Ribbentrop früher Weinhändler gewesen war. Für den Krieg liegen keine verlässlichen Zahlen vor. In den dreißiger Jahren stieg jedenfalls der Konsum aller Arten von Alkohol, und bei Spirituosen verdoppelte sich der Verbrauch sogar.[46]

Andere europäische Weinregionen hatten weniger Glück. Der Bürgerkrieg in Spanien verwüstete das Rebland in Valencia und Katalonien, anderswo im Land wurde der Weinbau vernachlässigt. Die spanische Weinindustrie sollte sich erst in den fünfziger Jahren wieder erholen. In Portugal kam in den dreißiger Jahren ein faschistisches Regime an die Macht, das ein Genossenschaftsprogramm verfolgte. Auf die Qualität wirkte sich diese Neuorganisation allerdings nicht sehr rasch aus.

Während sich die europäischen Weinproduzenten an die schwierigen Zeiten anzupassen versuchten, sahen sich ihre amerikanischen Kollegen mit einer Krise konfrontiert, die mindestens so fatale Auswirkungen wie einst die Reblausplage hatte. 1920 verabschiedete der Kongress der Vereinigten Staaten den achtzehnten Zusatz zur Verfassung, der die Produktion, den Verkauf und den Transport von »berauschenden Getränken« im ganzen Land verbot. Die Hoffnung, für Bier und Wein könnte eine Ausnahme gemacht werden, erfüllte sich nicht, denn die Vorschrift galt für jedes Getränk, das mehr als ein halbes Prozent Alkohol enthielt. Wein wurde nur in eng begrenztem Rahmen für liturgische und medizinische Zwecke sowie zur Herstellung von Speisen erlaubt. Diese Ausnahmen boten Schlupflöcher – die religiöse und medizinische Verwendung von Wein nahm sprunghaft zu – und einige Kellereien arbeiteten weiter, wenn auch auf reduziertem Niveau. Die meisten Weinbaubetriebe verschwanden jedoch ebenso wie die Brauereien und Brennerein von der Bildfläche. Die amerikanische Weinproduktion sank bis 1925 um 90 Prozent auf weniger als 4 Millionen Gallonen.

Diese Statistiken spiegeln keineswegs das wahre Bild des Weingeschäfts wider, denn tatsächlich stieg der Verbrauch während der Prohibition erheblich an. Der Volstead Act, ein Gesetz zur Ergänzung des achtzehnten Verfassungszusatzes, erlaubte Privatpersonen, »nichtberauschenden« Cidre und Fruchtsäfte für den Eigenverbrauch herzustellen. Obwohl der Weinstrom, der sich bislang aus den kalifornischen Kellereien ergossen hatte, zu einem Rinnsal verkümmerte, wurden in den dortigen Weinbergen nicht nur nach wie vor Trauben gezogen, man weitete den Anbau sogar aus. Sie wurden überall in den Vereinigten Staaten verkauft, teils frisch, teils als Saft, als Konzentrat oder dehydriert und zu Platten gepresst. Den Saft sowie geeignete Aromastoffe (darunter Portwein, Sherry, Claret, Riesling und Tokajer) konnte man in Behältern erwerben, die sich für die Gärung eigneten. In größeren Städten wurden diese sogar ins Haus geliefert. Die getrockneten und gepressten Platten enthielten den »Warnhinweis«, dass der Zusatz von Wasser und Hefe eine Weingärung in Gang setzen würde – genau die Information, die die Leute brauchten, um Wein in ihrer Badewanne herzustellen. Natürlich gaben auch die kommerziellen Weinmacher nicht so ohne weiteres auf. Sie verkauften ihre Waren an Restaurants, Clubs und illegale Bars.

Über den tatsächlichen Einfluss der Prohibition auf den Alkoholkonsum lässt sich nur spekulieren. Da die Produktion nicht mehr in der offenen Wirtschaft stattfand, gab es keine Aufzeichnungen über Transporte, Besteuerung und dergleichen. Bier, Wein und andere alkoholische Getränke wurden illegal in haushaltsüblichen und größeren, für den Verkauf bestimmten Mengen hergestellt. Bier war wohl aus praktischen Gründen weniger gefragt. Bei dem im Verhältnis zum Volumen geringen Alkoholgehalt konnte man Bier schwieriger transportieren und verstecken als Wein oder Spirituosen. So war die Arbeiterklasse, in der hauptsächlich Bier getrunken wurde, stärker von der Prohibition betroffen als die Oberschicht, die Wein und Spirituosen bevorzugte. Die zuverlässigsten Schätzungen des Weinverbrauchs gehen von einem Rückgang unmittelbar nach Inkrafttreten des achtzehnten Verfassungszusatzes aus und von einem erneuten Anstieg, nachdem sich der neue, illegale Markt für Trauben und Traubenprodukte etabliert hatte. Ende der zwanziger Jahre war der Konsum wahrscheinlich doppelt so hoch wie vor dem Krieg.[47]

Nach der Aufhebung der Prohibition ging der Konsum allerdings zurück. Bier, das billigste alkoholische Getränk, profitierte am meisten von der Legalisierung, doch führte die Große Depression dazu, dass der Absatz sämtlicher Alkoholika in den dreißiger Jahren stagnierte. Die französischen Winzer, die gehofft hatten, Amerika würde ihnen nun einen Teil ihrer Überproduktion abnehmen, waren ebenso enttäuscht wie ihre kalifornischen Kollegen.

In manchen Regionen Nordamerikas förderte die Prohibition nicht nur den Weinkonsum, sondern auch die kommerzielle Weinproduktion. Als in Ontario während des Ersten Weltkriegs die Alkoholerzeugung verboten wurde, machte man der örtlichen Winzerlobby ein Zugeständnis und schloss den Wein aus, sofern er aus heimischen Trauben und von lizenzierten Produzenten stammte. 1917 hatte es zehn Kellereien gegeben. Doch der Durst entwickelte sich unter dem Alkoholverbot so stark, dass in den folgenden zehn Jahren siebenundfünfzig weitere Lizenzen ausgestellt werden mussten. Obwohl die Kellereien den Wein nur in eigenen Geschäften auf ihrem Grundstück verkaufen durften und die Mindestabgabemenge ungefähr 20 Liter betrug, war das zweifelhafte Gebräu aus Concord-Trauben, Wasser, Zucker sowie allen möglichen Farb- und Zusatzstoffen sehr gefragt. Der Konsum einheimischen Weins betrug 1921 in Kanada bescheidene 221 985 Gallonen, allein in Ontario lag der Verbrauch jedoch bei über zwei Millionen Gallonen.[48]

Der Ausbruch des Krieges 1939 unterbrach das Geschäft mit dem Wein in Europa erneut. Frankreichs Exporte sanken 1940 um 50 Prozent auf knapp unter eine halbe Million Hektoliter, im weiteren Verlauf des Krieges stabilisierten sie sich bei ungefähr einer Million. Der größte Teil dieses Weines ging nach Deutschland oder in neutrale Länder, von wo aus er, allerdings in sehr geringen Mengen, an die traditionellen Abnehmer wie England vermittelt wurde. Die französische Produktion betrug im Zeitraum von der deutschen Invasion 1940 bis zur Befreiung 1944 im Schnitt 43 Millionen Hektoliter pro Jahr. Das war gegenüber den späten dreißiger Jahren ein Rückgang um mehr als ein Viertel. Ein Grund dafür lag in der Annexion des Elsass durch Deutschland. Auch sonst litten die französischen Winzer wie im Ersten Weltkrieg unter einem großen Mangel an Arbeitskräften, Ausrüstung und Versorgungsgütern aller Art.

Bis 1940 hatten die Weinproduzenten in aller Welt acht Jahrzehnte lang mit allen nur erdenklichen Schwierigkeiten gekämpft, mit Schädlingen, Pflanzenkrankheiten, der Anti-Alkohol-Bewegung, instabilen ökonomischen und politischen Verhältnissen. Der Zweite Weltkrieg versetzte dem Handel erneut einen Schlag und machte viele Produzenten mutlos. Die großen Zeiten von Wachstum und Profit waren nun Geschichte und lagen weit jenseits des Erfahrungshorizonts all derer, die in der Weinbranche arbeiteten. Die Winzer des kleinen Monthelie dokumentierten, wie sich 1940 ein Unglück an das nächste reihte: Frost im Januar, schwere Regenfälle im April, deutsche Besatzung im Juni und bald darauf die Beschlagnahmung ihrer Weinvorräte. Dies, so hieß es in den Aufzeichnungen, »ist die Bilanz eines Katastrophenjahrs«.[49]

Die Weinlager Frankreichs leerten sich während des Krieges, was teilweise auf die Requirierungen der deutschen Besatzungstruppen zurückzuführen war. Die Winzer von Monthelie erhielten für ihren Wein ein so genanntes Besatzungsgeld, das, wie sie richtig einschätzten, ziemlich wertlos war. In Bordeaux und Burgund schaffte man es, Weinvorräte geheim zu halten. Im Château Haut-Brion, das nacheinander als französisches Lazarett und als Erholungsheim der deutschen Luftwaffe diente, tarnte man die Eingänge zu den Weinkellern mit Gerümpel.[50] Im Großen und Ganzen wurde die Weinproduktion jedoch vernachlässigt. Die Vichy-Regierung im nicht besetzten Teil Frankreichs hob viele der Gesetze auf, die vor dem Krieg zur Qualitätssicherung eingeführt worden waren. Ihre Hauptsorge galt dem schwindenden Nachschub, weshalb sie Verschnitt, Senkung des Alkoholgehalts und die Anpflanzung von bislang verbotenen Traubensorten erlaubte. Ein komplexes System von Rationierung und Preisfestlegungen wurde installiert, und größere Produzenten mussten einen Teil ihres Weins an die Brennereien abliefern.[51]

Der Krieg unterbrach den Handel weltweit. Australien exportierte vor dem Krieg jährlich 16 Millionen Liter von zumeist mit Alkohol angereichertem Wein nach Großbritannien. 1940/41 sank diese Menge auf 7,5 Millionen Liter und halbierte sich noch einmal bis 1943. Das lag einerseits an der Begrenzung der Einfuhr von Alkoholika durch Lizenzen und andererseits an den deutschen U-Booten, die den Seetransport zu einem riskanten Unternehmen machten. Dank der in Amerika stationierten australischen Soldaten stieg der Verbrauch dort von 14,5 Millionen Litern im Jahr 1939 auf 37 Millionen Liter im Jahr 1944.[52] Der Überschuss kam auf den australischen Markt.

Der Zweite Weltkrieg bildete den Höhepunkt der Jahrzehnte voller Probleme, mit denen die Weinerzeuger zu kämpfen hatten. Vom Ende des 19. Jahrhunderts bis zur Mitte des 20. hatte der Wein unter Krankheiten, der Prohibition, Zollschranken, der wirtschaftlichen Depression und den Kriegen zu leiden gehabt. Das blieb natürlich nicht ohne Nachwirkungen. In den fünfziger Jahren sollte die Weinindustrie ein günstigeres Klima finden. Sie waren der Beginn einer Periode relativer Prosperität und Stabilität.

Zehn

Eine neue Morgenröte
Fünfzig Jahre Blütezeit, 1950–2000

Begriffe wie »Blütezeit« und »Aufschwung« sind relativ. Aber wer könnte bestreiten, dass die fünfzig Jahre, die seit dem Zweiten Weltkrieg vergangen sind, für Weinproduzenten und Weinkonsumenten gleichermaßen positive Veränderungen gebracht haben? Die letzten Jahre des 20. Jahrhunderts waren für den Wein eine Erfolgsgeschichte. In fast allen Weinländern wurden die Herkunftsbezeichnungen durch strenge gesetzliche Bestimmungen geregelt. Trotz einiger Skandale, die die Öffentlichkeit aufschreckten, konnten die Konsumenten zu Recht das Vertrauen entwickeln, dass die Flasche, die sie kauften, auch das enthielt, was das Etikett versprach. Angesichts eines zunehmend besser informierten und anspruchsvolleren Publikums bemühten sich die Weinmacher in aller Welt um eine stetige Qualitätsverbesserung. Der Verbrauch stieg auch dort, wo Wein bis dahin neben Bier und Branntwein am wenigsten populär war. Seine gesundheitlichen Vorzüge erfuhren nach hundert Jahren ebenfalls eine neue Wertschätzung. Umfragen und Untersuchungen ergaben, dass Wein nicht nur Bestandteil einer gesunden Ernährung ist, sondern sogar bestimmten Krankheiten vorbeugt.

Das Bild von Aufschwung und Optimismus gilt freilich nicht ganz ohne Einschränkungen. Der Erfolg des Weins wurde mit einer schwierigen und langwierigen wirtschaftlichen Neustrukturierung erkauft, die die Hersteller teils aus eigener Initiative und teils unter dem Druck gesetzlicher Verordnungen in Gang setzten. Das grundsätzliche Problem der Überproduktion, das die Weinwirtschaft jahrzehntelang beschäftigte, blieb weiterhin bestehen. Trotz zahlreicher wissenschaftlicher Fortschritte wurden die Rebstöcke nach wie vor von Krankheiten befallen. Auch die Reblausplage war immer noch ein Problem. Und schließlich veränderten sich mit der neuen wirtschaftlichen Lage und der geschmacklichen Neuorientierung wieder einmal die Trinkgewohnheiten. Jetzt spielte die Werbung eine immer entscheidendere Rolle, denn Wein war nicht mehr ein Grundnahrungsmittel, sondern ein Getränk unter vielen. Sein kommerzieller Erfolg sowie die Schaffung einer neuen Weinkultur hatten ihren Grund in der höheren Qualität, aber auch in neuen Marketingstrategien.

Der entscheidende Hintergrund für die Neubewertung des Weins in der westlichen Welt war die positive wirtschaftliche Entwicklung. In den fünfzig Jahren nach dem Zweiten Weltkrieg gab es zwar immer wieder Phasen wirtschaftlicher Rezession, hoher Arbeitslosigkeit und Inflation. Insgesamt jedoch nahm der Wohlstand breiter Bevölkerungsschichten kontinuierlich zu. Obwohl es in Europa und Nordamerika weiterhin Millionen von Armen gab, partizipierte jetzt ein sehr viel größerer Teil der Bevölkerung am Wohlstand als vor dem Zweiten Weltkrieg.[1] Dennoch galt der wachsende Mittelstand, der im Zuge der Einkommensneuverteilung zwischen 1950 und 2000 entstanden war, keineswegs als Garant für den gesteigerten Konsum. Während in einigen Ländern der Weinverbrauch stieg, ging er in anderen zurück oder stagnierte. Gleichzeitig nahm die weltweite Produktion zu, sodass das chronische Problem der Überproduktion ungelöst blieb.

Zu den einschneidendsten Veränderungen der Nachkriegszeit gehörte der Konsumrückgang gerade in den Ländern, die historisch gesehen die größten Weinerzeuger waren, zum Beispiel in Frankreich. Ende der dreißiger Jahre betrug der Pro-Kopf-Verbrauch der Franzosen 170 Liter jährlich – ein Niveau, das im Zweiten Weltkrieg aufgrund der Weinknappheit sank. Ende der vierziger Jahre stieg der Konsum fast auf das Vorkriegsniveau an und betrug um 1950 etwa 150 Liter. Aber statt eines weiteren Anstiegs oder zumindest einer Stabilisierung setzte nun ein kontinuierlicher Rückgang ein. Ende der siebziger Jahre war die jährliche Menge auf 110 Liter gefallen und Mitte der neunziger Jahre noch einmal um knapp die Hälfte auf 60 Liter. Innerhalb von fünfzig Jahren reduzierte sich der Pro-Kopf-Verbrauch um 60 Prozent.

Eine ähnliche, wenngleich weniger dramatische Entwicklung vollzog sich auch in anderen Ländern. Zwischen 1950 und 1990 ging der Weinverbrauch in Italien um 45 Prozent zurück, in Chile sank er um die Hälfte, in Portugal um ein Drittel und in Griechenland um ein Viertel.

Statistiken wie diese beziehen unterschiedslos Männer, Frauen und Kinder ein. Weil in westlichen Gesellschaften erwachsene Männer gewöhnlich mehr Wein (und generell mehr Alkohol) trinken als andere Bevölkerungsgruppen, verändert sich mit dem Altersaufbau einer Gesellschaft auch deren Pro-Kopf-Verbrauch. Obwohl die französischen Männer in den fünfziger und sechziger Jahren genauso viel Wein tranken wie zuvor, sanken die Zahlen im Verhältnis – und zwar aufgrund des größeren Anteils an Kindern in der Bevölkerung infolge des Babybooms. Seit den sechziger Jahren gibt es in Frankreich darüber hinaus eine starke Zuwanderung von Muslimen aus Nordafrika, die mehrheitlich jede Art von Alkohol meiden. Aber auch unter Einbeziehung dieser Variablen sank der Weinkonsum insgesamt. Von Anfang der sechziger bis Mitte der achtziger Jahre ging der Pro-Kopf-Verbrauch bei

Abbildung 21

In der zweiten Hälfte des 20. Jahrhunderts wandelten sich die Trinkgewohnheiten und damit auch das Image des Weins. Besonderheiten wurden immer wichtiger, zum Beispiel dieses Fass aus dem Jahr 1954 zu Ehren Winston Churchills anlässlich seines 80. Geburtstags.

den Franzosen, die älter waren als fünfzehn, um ein Viertel zurück, von 127 auf 97 Liter pro Jahr.[2]

Das hatte verschiedene Gründe. Einerseits bevorzugte man jetzt Qualitätsweine. Die Abkehr von den Tafelweinen (*vins de table*, die unterste Kategorie französischer Weine) vollzog sich rascher als bei den AOC-Weinen.[3] Der höhere Preis der AOC-Weine erklärt dies zum Teil. Frankreich ist außerdem ein Land mit beträchtlichen regionalen Unterschieden. Der Südosten, der Südwesten und Paris waren schon im 19. Jahrhundert die Regionen, in denen besonders die Bauern und die Arbeiter den meisten Wein tranken. Hier gab es nach wie vor einen großen Markt für den *vin de table*.

Zwischen 1950 und 2000 vollzog sich in Frankreich und in anderen europäischen Weinländern wie Italien, Spanien und Portugal ein tiefgreifender sozialer Wandel. Obwohl große Teile der Bevölkerung nach wie vor in Armut lebten, partizipierten immer mehr Menschen am Wohlstand der Nachkriegszeit und an der Konsumwirtschaft. Mit dem Lebensstil veränderte sich der Stellenwert des Weins, der nun kein Grundnahrungsmittel mehr war. Am meisten überrascht es, dass sogar das Weintrinken während des Essens weniger wurde. All jene, für die Mitte des

20. Jahrhunderts der Wein noch ein typisch französisches Getränk war, hätten es gewiss mit Entsetzen zur Kenntnis genommen, dass viele Menschen fünfzig Jahre später lieber Wasser tranken. Seit den fünfziger Jahren verbesserte sich die Versorgung mit Leitungswasser. Auch in Flaschen abgefülltes Trinkwasser war zunehmend gefragt. In den neunziger Jahren bevorzugten drei Viertel der Franzosen zum Essen ein Glas Wasser, während es um 1950 nur ein Drittel gewesen war. So verwunderlich es für viele Weinliebhaber auch sein mochte: Mit steigendem Trinkwasserverbrauch sank der Weinkonsum.

Ein weiterer Grund für den immer häufigeren Verzicht auf den täglichen Wein liegt in der veränderten Einstellung gegenüber dem Alkohol am Arbeitsplatz. Zu jenen Zeiten, in denen der Wein ein wichtiger Nährstoff- und Energielieferant war, war auch sein (mäßiger) Genuss während der Arbeit nicht nur erlaubt, sondern, wie zum Beispiel im Arsenal von Venedig, sogar gewünscht. Bedenken gegenüber der Auswirkung des Alkohols auf die Leistungsfähigkeit kamen im Ersten Weltkrieg auf, als man Beschränkungen einführte, um das hohe Produktivitätsniveau in den Schlüsselindustrien nicht zu gefährden. Im Laufe des 20. Jahrhunderts wurde der Grundsatz von der Unvereinbarkeit der beruflichen Tätigkeit mit dem Alkoholgenuss wörtlich genommen. Seine Befolgung war allerdings nicht für alle Gesellschaftsschichten gleichermaßen verbindlich: Führungskräften gestand man durchaus zu, bei einem Geschäftsessen Wein zu trinken, Arbeitern am Fließband oder Büroangestellten dagegen nicht. Viele Firmen untersagen ihren Mitarbeitern generell den Alkoholkonsum während der Arbeitszeit. Es liegen Welten zwischen dem Alltag der Werftarbeiter von Venedig, die nach Lust und Laune kostenlos Wein trinken konnten, und dem der heutigen Büroangestellten, die allenfalls Trinkwasser aus dem Watercooler gratis erhalten. Die Unterschiede sind nicht nur historisch, sondern auch kulturell bedingt.

Wein gilt heute weder als Alltagsgetränk zu Hause oder am Arbeitsplatz, noch spielt er die klassische Rolle bei geselligen Anlässen. Am eindrucksvollsten zeigt sich diese Entwicklung an dem rapiden Rückgang der französischen Cafés. Touristen verknüpfen mit Frankreich immer noch die Vorstellung von Straßencafés, in denen man sich hinsetzen und ein Glas Wein genießen kann. Solche angenehmen Lokalitäten sind selten geworden in Frankreich. Vor dem Ersten Weltkrieg gab es noch über eine halbe Million Cafés, die eine Lizenz zum Ausschank von Wein besaßen. Auf 80 Einwohner kam jeweils ein Café. In den neunziger Jahren ging ihre Zahl auf 160 000 zurück. Streng genommen müssten sich heute 360 Einwohner je

Abbildung 22 ▷
Mit der Verbesserung der Trinkwasserqualität seit den 50er Jahren bekam der Wein als
Alltagsgetränk Konkurrenz. Szenen wie in diesem Gemälde wurden immer seltener.
»Frau mit Weinglas«, B. Buffet (1955)

ein Café teilen. Wer in den neunziger Jahren dort seinen Wein trank, beließ es bei sehr viel kleineren Mengen, als seine Vorfahren es getan hatten. Insbesondere die jungen Leute gaben nun Likör und Spirituosen den Vorzug.

Andere Entwicklungen beeinflussten den Weinkonsum wiederum positiv. In den späten achtziger und neunziger Jahren des 20. Jahrhunderts rückten die gesundheitlichen Vorzüge des Weins neu in den Blick. Die Medizin untersuchte das »französische Paradox«: die Tatsache nämlich, dass die Franzosen sehr viel seltener an Herzkrankheiten leiden, obwohl sie Nahrungsmittel essen, die das Krankheitsrisiko eigentlich erhöhen. Die Schlüsselrolle, so die Wissenschaftler, spielt der Wein. Diese These wird bis heute kontrovers diskutiert, und nicht selten konzentriert sich die Debatte auf die Frage, welche anderen Arten von Alkohol denselben positiven Effekt aufweisen, oder ob Rot- und Weißwein eine ähnliche Wirkung erzielen. Die Angaben für empfohlene Tagesmengen schwanken zwischen ein und fünf Glas Wein. Übermäßiger Weingenuss gilt heute zwar nach wie vor als gesundheitsschädigend, ebenso unstrittig ist aber in der heutigen Medizin, dass das regelmäßige Trinken in moderaten Mengen das Risiko von Herzkranzgefäßerkrankungen und Herzinfarkt mindert.[4]

Als diese Nachricht 1991 im amerikanischen Fernsehen ausgestrahlt wurde, schossen die Verkaufszahlen für Rotwein angeblich auf das Vierfache in die Höhe. Dann gingen sie wieder auf den Normalwert zurück. Die langfristigen Folgen solcher Erkenntnisse lassen sich unmöglich abschätzen. Sicher scheint nur, dass Berichte über die gesundheitlichen Vorzüge von Wein das Geschäft mit ihm ankurbeln. Gleichzeitig weiß man um die Gefährlichkeit des Alkoholkonsums während der Schwangerschaft, beim Bedienen von Maschinen und beim Autofahren. Kampagnen gegen das Weintrinken während der Schwangerschaft und gegen die Trunkenheit am Steuer wirken sich auf den Weinverbrauch aus. Genauere Prognosen sind hier allerdings schwierig.

Die Statistiken verweisen auf einen tiefgreifenden Wandel der Trinkkultur in der zweiten Hälfte des 20. Jahrhunderts. Die Gepflogenheit französischer (vorwiegend männlicher) Arbeiter in den Städten, sich mit Kollegen und Nachbarn zu ein paar Gläschen Rotwein zusammenzusetzen, ist neuen Verhaltensweisen gewichen.[5] An die Stelle gutnachbarschaftlicher Geselligkeit ist eine Geselligkeit im privaten Kreis getreten. Man lädt heute eher Freunde zu sich nach Hause ein, als sich mit ihnen in Cafés oder Kneipen zu treffen. Die romantische Verklärung der Vergangenheit lässt allerdings leicht in Vergessenheit geraten, welch verheerende persönliche, familiäre und soziale Folgen der allabendliche Kneipenbesuch der Männer hatte. Heute hat sich nicht nur die Menge, sondern auch die Art und Weise des Weinkonsums in den wichtigen europäischen Weinländern radikal geändert.

Richten wir den Blick von Europa in die Vereinigten Staaten. Vor dem Zweiten Weltkrieg wurden dort jährlich knapp zwei Liter Wein pro Kopf getrunken, in den siebziger und achtziger Jahren waren es mehr als acht Liter. Seit 1995 ging der Weinkonsum zurück und stabilisierte sich bei rund sieben Litern pro Kopf und Jahr, nicht zuletzt aufgrund der Anhebung der Verbrauchssteuern, die eine Preiserhöhung zur Folge hatte. Gemessen an europäischen und südamerikanischen Standards ist dies eine geringe Menge. Dennoch hat der Wein seinen Anteil am Gesamtalkoholkonsum der Amerikaner erhöht. Ähnlich stellt sich die Situation in Australien dar, wo der jährliche Verbrauch zwischen 1980 und 1987 von 17 Litern auf 21 Liter anstieg, Anfang der neunziger Jahre dagegen auf 19 Liter sank. In Australien wird damit von allen englischsprachigen Ländern pro Kopf am meisten Wein getrunken.

Die Niederländer stehen mit einem durchschnittlichen Weinkonsum von jährlich 17 Litern weltweit an zwanzigster Stelle. Das sehr viel bevölkerungsreichere Japan trinkt dagegen weniger als einen Liter Wein pro Kopf. Mit dem Rückgang des weltweiten Weinkonsums stieg gleichzeitig die Produktion. 1957 stellten die kalifornischen Winzer 1,23 Millionen Hektoliter Tafelwein her, 1975 waren es stattliche 8,67 Millionen. Die Produktionszahlen stiegen weiterhin rasant an. Einundzwanzig Jahre später entstanden in Kalifornien 13,4 Millionen Hektoliter Tafelwein, 0,4 Millionen Hektoliter Dessertwein und 0,83 Millionen Hektoliter Schaumwein.

Der Grund für diesen Zuwachs lag nicht allein in der Zunahme der Anbauflächen. Die Mechanisierung im Weinbau, die effektivere Schädlingsbekämpfung sowie die verbesserten Rebsorten spielten gleichfalls eine wichtige Rolle. Die Mechanisierung hielt erst relativ spät Einzug in den europäischen Rebanbau. Obwohl bereits in der Zwischenkriegszeit Traktoren auf dem Markt waren, kamen sie erst in den fünfziger und sechziger Jahren zum Einsatz. Die normalen Traktoren sind zu groß, um zwischen den dicht nebeneinander stehenden Zeilen sinnvoll eingesetzt zu werden, besonders im Sommer, wenn die Rebstöcke Blätter getrieben haben. Erst mit der Entwicklung spezieller schmaler und hochrädriger Schlepper (französisch *enjambeurs*), deren Räder auf beiden Seiten der Zeilen entlanglaufen, können solche Maschinen beim Beschneiden und Besprühen helfen. Vor deren Aufkommen arbeiteten die Winzer in den Weinbergen vorwiegend mit Pferden.

Für kleinere Betriebe war die Verwendung von Maschinen meistens unrentabel, da die Investitionskosten durch die Erträge nicht gedeckt wurden. Die Anschaffung eines Traktors ist erst für einen Weinberg ab der Größe von zehn Hektar rentabel.[6] Mitte der fünfziger Jahre waren jedoch 84 Prozent der südfranzösischen Weinberge kleiner als fünf und nur 6 Prozent größer als zehn Hektar.[7] Eine Mechanisierung des Weinbaus war unter diesen Umständen nicht durchführbar. Erst als die kleineren Weinerzeuger aus der Branche verdrängt worden waren und Großfirmen entstanden, fanden Traktoren und andere Maschinen in größerem

Umfang Verwendung. Im Médoc, wo die Weinberge groß genug waren, um den Einsatz von Traktoren zu rechtfertigen, standen die Rebzeilen häufig zu dicht nebeneinander. Im Jahr 1956, als durch Frost zahlreiche Rebstöcke vernichtet wurden, achtete man bei der Neubestockung auf genügend Abstand zwischen den Zeilen. In anderen Teilen Frankreichs und Europas setzte man die Rebstöcke weniger dicht nebeneinander, was den Einsatz von normalen Traktoren ermöglichte, die billiger waren als die hochrädrigen Spezialschlepper.

Die Rationalisierung durch den Einsatz von Maschinen war eine Möglichkeit für die Weinbauern, ihre Erträge zu steigern. Eine andere eröffnete sich dadurch, dass sie nun effektivere Mittel gegen Pilzkrankheiten und Insektenbefall verwenden konnten, die die Rebstöcke besser schützten. Speziell ausgerüstete Traktoren konnten jetzt bis zu 35 000 Rebstöcke pro Tag mit Schwefel, Kalk und Kupfer besprühen. Dazu wäre früher eine ganze Armee von Männern und Frauen erforderlich gewesen, die mit Spritztanks auf dem Rücken die Rebzeilen hätten abschreiten müssen. Wie oft die Stöcke gespritzt werden müssen, hängt vom Wetter und vom Befall ab. Generell werden sie zehn- bis zwanzigmal im Jahr behandelt. In jüngerer Zeit gehen manche Betriebe zum Besprühen mit Schwefel aus der Luft über, eine weniger effiziente Methode, weil die auf diese Weise versprühten Fungizide nicht auf die Unterseite der Blätter gelangen. Schwefel, Kalk und Kupfer werden in Frankreich seit langem im Weinbau verwendet, und selbst auf ökologischen Weingütern sind diese Stoffe erlaubt. Chemisch-synthetische und biochemische Giftstoffe zur Bekämpfung von Krankheiten und Schädlingsbefall waren nach 1950 überall erhältlich und wurden anfangs von den Weinbauern insbesondere in der Neuen Welt eingesetzt. Es besteht aber die Tendenz, zugunsten der drei traditionellen Spritzmittel auf chemische Substanzen zu verzichten.

Die dritte Neuerung, die zu einer Produktionssteigerung im Weinbau führte, war das Klonen der Rebstöcke. Die Selektion von Reben zur Qualitätsverbesserung der Trauben wird schon seit Tausenden von Jahren durchgeführt, aber dank des wissenschaftlichen Fortschritts und der neuesten Technik ist es heute möglich, Rebsorten zu züchten, die gegen Viren und andere Krankheiten resistent sind und aus denen sich Wein von gleichbleibend guter Qualität gewinnen lässt. Bei diesen neuen Sorten stehen die Beeren nicht so dicht auf der Traube, dass die Feuchtigkeit, die zum Pilzbefall führt, zwischen den Beeren bleibt. Der – freilich erwünschte – Nebeneffekt dieser Methode besteht darin, dass die geklonten Sorten höhere Erträge bringen. Die Anwendung verschiedener Rebbautechniken führte in den letzten Jahrzehnten des 20. Jahrhunderts zu einer Steigerung der Ernteerträge, obwohl die Herkunftsregelungen von Ländern wie Frankreich und Italien die Ertragshöchstmengen pro Hektar genau festlegen. Dies sowie die Bestockungsdichte und der sinkende Konsum tragen dazu bei, dass heute weltweit mehr Wein produziert wird, als der Markt verkraften kann.

Aus leicht ersichtlichen Gründen sind Konsumzahlen und Produktionsniveaus für die Hersteller und den Staat von besonderer Bedeutung. Dies gilt vor allem für die fünfziger und sechziger Jahre, als viele Wein produzierende Länder die Rebfläche vergrößerten, die Weinproduktion über den Bedarf hinaus steigerten und große Vorräte anhäuften. Zwischen Ende der vierziger und Mitte der sechziger Jahre stieg die Produktion weltweit um 45 Prozent, von 193 auf 280 Millionen Hektoliter. Allein in Westeuropa stieg das Volumen um 43 Prozent, in Osteuropa um mehr als das Doppelte und in der Neuen Welt um 57 Prozent.

Durch das Produktionswachstum in Europa und den gleichzeitig sinkenden Verbrauch entstand ein Überschuss, der bald zum so genannten »Weinsee« – vergleichbar mit dem »Butterberg« – anschwoll. Gegenmaßnahmen mussten ergriffen werden. Anfang der achtziger Jahre erließ die Europäische Gemeinschaft (die spätere Europäische Union) Vorschriften, die die Winzer zwangen, ihren Überschuss zu Industriealkohol zu destillieren. Damit sank der Spiegel des Weinsees allerdings nur leicht. Ende der achtziger Jahre schuf die EG für die Weinbauern Anreize, ihre Rebstöcke ganz zu vernichten. Innerhalb von nur fünf Jahren wurden auf diese Weise 320 000 Hektar Weinland (knapp zehn Prozent der gesamten Rebfläche Europas) zerstört. Am stärksten betroffen waren Spanien, Südfrankreich und Süditalien. Langfristig gesehen verringerte sich durch diese Weinbaupolitik die Rebfläche um etwa 1,1 Millionen auf 3,4 Millionen Hektar im Jahr 1997. Im selben Zeitraum reduzierte sich die Jahresmenge an Wein von 210 auf 154 Millionen Hektoliter. Damit war der Produktionsüberschuss praktisch verschwunden.

Andere Länder wie Neuseeland, Argentinien und einige Teile Australiens folgten dieser Strategie der Rebstockvernichtung. Die Anbaufläche Argentiniens war zwischen 1963 und 1977 um ein Drittel gewachsen – von 190 000 auf 250 000 Hektar. Mittels staatlicher Anreize gelang es, die Fläche 1989 auf 178 000 Hektar und in den neunziger Jahren auf unter 150 000 Hektar zu bringen. 1985 subventionierte die südaustralische Regierung die Vernichtung von wenig ertragreichen Rebstöcken sowie von Rebsorten, die aus der Mode gekommen und nicht länger marktfähig waren. Zwischen 1980 und 1988 sank die Rebfläche Australiens um ein Sechstel auf 54 000 Hektar. Nach den Erfolgen der australischen Weinexporte in den neunziger Jahren mit einem Zuwachs von 25 Prozent jährlich und einem Gesamtvolumen von 222 Millionen Litern begann ein Programm der Wiederbestockung. In Kalifornien und Südafrika wurden in den sechziger Jahren Höchstertragsmengen für Trauben zur Weinbereitung festgelegt.[8]

Exportvolumen, Pro-Kopf-Verbrauch und Überproduktion sind für das Geschäft mit dem Wein von außerordentlicher Bedeutung. Weintrinker interessieren sich hingegen mehr für den Preis, den sie für die Flasche bezahlen müssen, und für die Qualität ihres Inhalts. Die Statistiken über den steigenden, sinkenden oder konstanten Weinkonsum zeigen deutlich einen Trend zu niveauvolleren Weinen. Der Durchschnittskonsument bevorzugt heute mehr als je zuvor Qualitätswein. Die wohlhabendste Käuferschicht achtete schon im Altertum auf die Qualität, und daran hat sich bis in die Gegenwart nichts geändert. Da sich die Preisspirale für Spitzenweine immer weiter nach oben schraubt, beanspruchen die Reichen dieses Marktsegment fast ganz für sich allein. Nur sehr wenige Genießer können sich einen Premier Cru Bordeaux oder einen ähnlich guten französischen Wein leisten. Eine Flasche 1989er Château Haut-Brion erbrachte Ende der neunziger Jahre auf einer Auktion 423 US-Dollar. Der Einzelhandelspreis liegt weit höher, und in einem Restaurant kostet die Flasche zwei- bis dreimal so viel. Im März 2000 wurden bei Sotheby's zwölf Flaschen Château Pétrus für 24 150 US-Dollar versteigert. Nur wenige nichtfranzösische Weine erreichen dieses Preisniveau, viele Weinregionen haben jedoch einzelne Weine vorzuweisen, die pro Flasche mehr als 100 Dollar erzielen. Dazu gehören mehrere kalifornische Cabernet Sauvignons und australische Shiraz-Weine.

Neben den teuren Spitzenweinen, deren Ruhm manchmal unverhältnismäßig groß erscheint, gibt es heute viele gut ausgebaute Qualitätsweine zu vernünftigen Preisen, die den schlechten Wein immer mehr vom Markt verdrängen. Der Trend zur Qualität setzt sich bei den großen wie den kleinen Produzenten langsam durch, wobei Wettbewerb und Ehrgeiz eine nicht unbedeutende Motivation sind. Doch das Niveau wuchs vor allem unter dem Druck der Konsumenten und eines Weinmarktes, der in den achtziger und neunziger Jahren sehr viel anspruchsvoller war als in den zwei Jahrzehnten zuvor.

Der Wille zur Qualität brachte eine kleine Zahl von Winzern dazu, auf Neuerungen beim Anbau sowie bei den Vinifikations- und Ausbautechniken zu verzichten und »ökologischen« Wein anzubauen, der in Europa bestimmten Richtlinien unterworfen ist. Öko-Wein muss aus Trauben bestehen, die nicht mit chemisch-synthetischen Düngemitteln, Pestiziden und Fungiziden behandelt wurden. Im Bemühen, Landbau im Einklang mit der Natur zu betreiben und Wein ohne chemischen Rückstände herzustellen, verwenden Öko-Winzer wilde Hefen zur Gärung und vermeiden es, ihren Wein zu filtern. Bei einer speziellen Form des ökologischen Weinbaus, dem so genannten biodynamischen Weinbau, lassen sich die Winzer bei der Pflanzung, dem Wachstum und der Weinlese von den Bewegungen des Mondes und der Sterne und anderen Naturereignissen leiten. Zu den wenigen Weinbauern, die nach dieser Methode arbeiten, gehören so bekannte Produzenten wie Chapoutier im nördlichen Rhônegebiet. Mit der wachsenden Skepsis der Kundschaft gegenüber den Chemikalien in der Landwirtschaft und den genetisch veränderten Lebensmitteln wuchs die Nachfrage nach ökologischem Wein. Viele Supermärkte und Einzelhandelsgeschäfte bieten mittlerweile Öko-Weine in eigenen Regalen an.

Die Qualitätssteigerung seit dem Zweiten Weltkrieg war nicht zuletzt eine Folge einzelner gesetzlicher Bestimmungen. In den dreißiger Jahren bauten die Franzosen das System der kontrollierten Herkunftsbezeichnung (AOC) aus, das nach dem Zweiten Weltkrieg noch einmal erweitert wurde, indem jede Region einen eigenen AOC-Status erhielt. Andere europäische Staaten ergriffen bereits vor 1939 ähnliche Maßnahmen, das Weingebiet Douro sogar schon im 18. Jahrhundert.

Anfang der sechziger Jahre führte Italien Bestimmungen zur Herkunftsbezeichnung ein (Denominazione di Origine Controllata, DOC), die auf Überlegungen aus den dreißiger Jahren zurückgingen. Die Statuten definierten – ähnlich wie die französischen AOC-Regeln – nicht nur einzelne Regionen, sondern auch bestimmte Rebsorten und legten Ertragshöchstmengen, Alkohol- und Säuregehalt sowie Weinmengen fest. Seit 1963 ist darüber hinaus das Zertifikat DOCG (Denominazione di Origine Controllata e Garantita) verbindlich, das die Herkunftsbezeichnung kontrolliert *und* garantiert. Dieses befindet sich auf einer Banderole am Flaschenhals.

Nach immer wieder auftauchenden Problemen – es wurden zum Beispiel Durchschnittsweine als DOCG-Weine deklariert – regelte man 1992 das italienische Weingesetz neu. Ganz unten steht der Tafelwein (*vino da tavola*), der keine geografische Herkunftsangabe aufweist. Es folgt der Wein der Klasse IGT (Indicazione Geografica Tipica), der typische Wein einer Region. Für bessere Weine gilt weiterhin die DOC- und DOCG-Bestimmung, die durch den Zusatz der Lage (*vigna*) ergänzt werden kann. Jede Weinkellerei hat die Möglichkeit, sich um die Auszeichnung »Wein, auf den Italien stolz ist« zu bewerben, auch wenn der Wein den DOC- und DOCG-Vorschriften nicht genügt.

Das deutsche Weingesetz basiert auf den Vorschriften von 1930 und wurde seit 1971 immer wieder verbessert. Die Bestimmungen spiegeln die veränderlichen Faktoren wider, die für die deutschen Weine ausschlaggebend sind. Daher setzt das deutsche Gesetz andere Schwerpunkte als Frankreich, Italien, Spanien und Portugal. Die Region ist zwar auch ein Klassifikationskriterium, die Qualität richtet sich aber nach dem Reifegrad der Trauben. Jedes der mehr als 2600 deutschen Weingüter, auch die allerkleinsten, wurde als Einzellage innerhalb von dreizehn größeren Gebieten (unter anderem Mosel-Saar-Ruwer, Pfalz, Rheingau und Baden) eingestuft. Alle Weingüter können Weine jeder Qualitätsstufe herstellen. Die Eingruppierung richtet sich nach dem Mostgewicht und somit nach dem Zuckergehalt der Trauben. Die niedrigsten Qualitätsstufen sind Tafelwein und Landwein, also die Weine, die aus den am wenigsten reifen Trauben gewonnen werden. Diese machen jedoch nur einen verschwindend geringen Anteil an der Gesamtproduktion aus.

Die meisten deutschen Weine tragen die Auszeichnung Qualitätswein und müssen von einer Prüfungskommission verkostet werden, um ein Gütezeichen zu erhalten. Da durch die häufige Einstufung als Qualitätswein die Kategorie mehr oder weniger bedeutungslos ist, gibt es Unterteilungen. Am untersten Ende der Skala steht der QbA-Wein (Qualitätswein bestimmter Anbaugebiete). Unter dieser Bezeichnung geht der größte Teil des deutschen Weins in den Handel. QbA-Wein darf chaptalisiert, also vor der Gärung mit Zucker angereichert werden, um den Alkoholgehalt zu erhöhen. Das gilt nicht für den Wein aus reiferen Trauben mit der Bezeichnung QmP (Qualitätswein mit Prädikat). QmP-Weine unterteilt man wiederum je nach dem Reifegrad der Trauben in Kabinett, Spätlese, Auslese, Beerenauslese, Trockenbeerenauslese und Eiswein. Jedes dieser Gütezeichen muss bestimmten Kriterien genügen. Der Unterschied zwischen Auslese und Beerenauslese besteht darin, dass eine Auslese aus vollreifen, ausgewählten Beeren, eine Beerenauslese aus überwiegend überreifen, ausgewählten Beeren gewonnen wird. Alle QbA- und QmP-Weine unterliegen dem Urteil einer staatlichen Prüfbehörde, die ihnen eine amtliche Prüfungsnummer (A.P.Nr.) verleiht.

Erst seit 1989 gibt es im Klassifikationssystem der deutschen Weine auch Ertragshöchstmengen, die zunächst extrem großzügig bemessen waren. In der Region Mosel-Saar-Ruwer lag die Höchstmenge für Riesling bei 120 Hektolitern pro Hektar – mehr als bei irgendeinem Wein, der dem französischen Weingesetz unterliegt. In den neunziger Jahren erließen die Behörden strengere Bestimmungen. Unter anderem wurde die jährliche Ertragshöchstmenge für QbA-Weine auf den Durchschnittswert der vergangenen zehn Jahre festgelegt. Wenn die Produzenten diese Höchstmenge überschreiten, dürfen sie den Wein nur noch als Tafelwein verkaufen. Zu den weiteren Reformen gehörten exaktere Angaben über die Herkunft der Trauben. Fortan mussten die Kellereien angeben, ob die Trauben aus einem oder aus mehreren Weinbergen stammten.

Das australische Klassifikationssystem LIP (Label Integrity Programme) schrieb ursprünglich vor, dass 80 Prozent des Weins aus der auf dem Etikett genannten Region kommen sollte. 1994 wurde dieser Mindestanteil auf 85 Prozent erhöht. 95 Prozent des Weins müssen aus dem angegebenen Jahrgang stammen. Bei verschnittenen Weinen soll aus der Reihenfolge der Rebsorten auf dem Etikett der jeweilige Anteil ersichtlich sein. Ein als Semillon Chardonnay verkaufter Wein enthält demnach mehr Semillon- als Chardonnay-Trauben. Wie andere Weinanbauländer der Neuen Welt schloss Australien ein Abkommen mit der Europäischen Union, sodass australische Weine heute auch auf dem Gewinn bringenden europäischen Markt im Angebot sind.

Der einzige größere Weinproduzent, der dem Trend immer strengerer Kennzeichnungsgesetze nachhinkt, sind die Vereinigten Staaten. Die amerikanischen Verhältnisse sind ein Spiegelbild der dort grundsätzlich in allen Bereichen weniger strengen Regulierungen. Ende der siebziger Jahre führte das Bureau of Alcohol,

Tobacco, and Firearms die Klassifikation nach American Viticultural Areas (AVAs) ein. Als AVA wird eine Region definiert, die sich durch geografische und klimatische Besonderheiten sowie durch bestimmte Weinbautraditionen von anderen Gebieten unterscheidet. Als erste Region erhielt 1981 das kalifornische Napa Valley diese Bezeichnung. Im Jahr 2000 gab es bereits achtzig verschiedene AVAs. Anders als die strengeren Herkunftsbezeichnungen enthielt die Bezeichnung AVA keine Vorschriften über Rebsorten oder Höchstertragsmengen. Vorgegeben war lediglich, dass 85 Prozent der Trauben aus einer bestimmten Region und bei Weinen mit Rebsortenangabe 75 Prozent der Trauben aus der angegebenen AVA stammen mussten. Die Bezeichnung AVA erscheint nicht auf dem Flaschenetikett.

Diese unzureichenden Bestimmungen rechtfertigt man immer wieder mit dem geringen Alter der amerikanischen Weinwirtschaft. Es sei unsinnig, Anbaugebiete, die sich noch im Stadium des Experimentierens mit Rebsorten befänden und deren optimale Höchstertragsmenge noch nicht feststehe, strengen Gesetzen zu unterwerfen. Die kanadischen Winzer, die sich in einer vergleichbaren Situation befanden, stellten allerdings bereits 1990 eine eigene Herkunftsklassifikation auf, die VQA (Vintners' Quality Alliance). Anfangs eine freiwillige Übereinkunft der Weinbauern von Ontario, die gewährleisten sollte, dass die Flaschenetiketten über die geografische Herkunft, die Rebsorte und den Jahrgang Auskunft gaben, schlossen sich dieser Klassifikation später auch andere Regionen Kanadas an. Für die Europäische Kommission war ein System auf freiwilliger Basis nicht ausreichend. Damit die kanadischen Weine auf dem europäischen Markt verkauft werden konnten, wurden die VQA-Bestimmungen in den neunziger Jahren gesetzlich fixiert.

Das System der kontrollierten Herkunftsbezeichnung, das auf die Weinproduktion weltweit ausgedehnt werden soll, brachte eine Reihe von unvorhersehbaren Konsequenzen mit sich. Zunächst ging es darum, den Verbrauchern die Gewissheit zu geben, dass die Flaschen, die sie kauften, tatsächlich das enthielten, was auf dem Etikett angegeben war. Damit war den Produzenten, wollten sie die Herkunftsbezeichnung ihrer Weine nicht verlieren, die Möglichkeit zur Innovation verwehrt. In den meisten Fällen ist die Angabe der Herkunft eine sinnvolle Bestimmung, da sie dem Wein eine rasch erkennbare Identität und vielfach einen höheren Marktwert verleiht. In dieser Hinsicht sind die europäischen Winzer durch ihre Regelungen stärker eingeschränkt als die australischen und amerikanischen Kollegen.

Eines der gravierendsten Probleme dieses Klassifikationssystems besteht jedoch darin, dass es den Charakter eines Weins, nicht aber seine Qualität auszeichnet. Der Standard ist nur insofern garantiert, als man davon ausgehen kann, dass ein Wein, der aus den Rebsorten eines bestimmten Gebietes besteht und den Appellationsbestimmungen entsprechend an- und ausgebaut ist, eine gute Qualität besitzt. Ein Wein mit einer Herkunftsbezeichnung weist zwar aller Wahrscheinlichkeit nach eine bestimmte Qualität auf, daraus folgt aber nicht zwangsläufig, dass Weine ohne eine solche Bezeichnung schlechter sein müssen. Das System der Herkunftsbezeichnungen hatte einen ähnlichen Effekt wie die Bordeaux-Klassifikation von 1855. Klassifizierte Premier-Cru-Weine mögen insgesamt gesehen qualitätvoller sein als solche, die dieses Gütezeichen nicht besitzen. Viele nicht klassifizierte Weine sind dennoch besser. Der Château Pétrus gilt beispielsweise als einer der dauerhaft großen Weine, und bei Versteigerungen erzielt er sehr viel höhere Preise als andere Bordeauxsorten. In einer Klassifikationsliste taucht er allerdings nicht auf.

Für Produzenten hoch angesehener Appellationsweine wäre es töricht, Rebsorten und Weinbereitungsmethoden einzuführen, die den Regeln der Herkunftsangabe widersprechen. Abgesehen von den Qualitätseinbußen ist das kaufmännische Risiko einfach zu groß, Bezeichnungen wie Gevrey-Chambertin oder Saint-Emilion einfach aufzugeben. Nur wenige Produzenten haben den Mut (oder auch die finanziellen Mittel), sich über die Klassifikationsregeln hinwegzusetzen, auch wenn sie überzeugt sind, diese stünden ihren Möglichkeiten im Wege, besseren Wein zu machen. In den achtziger Jahren durchbrachen einige toskanische Weinbauern die DOC-Regeln und kelterten Wein aus den für die Toskana untypischen Sorten Cabernet Sauvignon, Syrah und Merlot, der bald internationales Lob erntete. Damit folgten sie dem Beispiel des Sassicaia-Weins in den sechziger und siebziger Jahren. Da sich diese Weine, die man im Englischen häufig »Super-Tuscans« nennt, nicht für die DOC-Auszeichnung qualifizieren konnten, kamen sie als gewöhnliche Tafelweine (*vino da tavola*) auf den Markt. Auf diese Weise wurden sie mit minderwertigen Weinen gleichgesetzt, was keinesfalls ihrem wirklichen Niveau entsprach.

Die Einteilungen und Auszeichnungen werden in den einzelnen Ländern sehr unterschiedlich gehandhabt. In Deutschland erfüllen 95 Prozent aller Weine die Anforderungen und Prüfungen, die mit der Einordnung als Qualitätswein bestimmter Anbaugebiete (QbA) verbunden sind. In Frankreich dagegen erhält nur die Hälfte aller Weine die Bezeichnung AOC, obwohl der Anteil in den neunziger Jahren gestiegen ist. Diese Unterschiede sind auf die verschiedenen Anforderungskriterien der jeweiligen Klassifikationssysteme zurückzuführen. Es stiftet Verwirrung, wenn die Herkunftsbezeichnung grundsätzlich mit der Qualität gleichgesetzt wird. All diese Schwächen lassen die Gültigkeit des Systems zweifelhaft erscheinen. Große Unterschiede bestehen gleichfalls zwischen den Herkunftsbezeichnungen der einzelnen Länder. In Frankreich umfassen manche AOC-Weine höchst unterschiedliche klimatische Zonen und weitere Besonderheiten, während andere eng begrenzt sind. Die AOC Côte-du-Rhône gilt zum Beispiel für eine Rebfläche von 40 000 Hektar, darunter eines der kleinsten AOC-Weingüter, das Château Grillet mit knapp vier Hektar Rebfläche.

Immer wieder lenkten Weinskandale die Aufmerksamkeit auf die Tatsache, dass die Zuteilung der AOC-Klassifikation oft nur unzureichend überwacht wird. In den achtziger Jahren fand man in österreichischen Weinen Frostschutzmittel, die ihnen mehr Substanz verleihen sollten. Einige italienische Weine waren mit Methanol versetzt, woran drei Menschen starben. Etwa zur selben Zeit wurde ein bekannter deutscher Weinproduzent gerichtlich verurteilt, weil er seinem Wein widerrechtlich Flüssigzucker beigemischt hatte. In den neunziger Jahren drang an die Öffentlichkeit, dass ein Bordeaux Château Troisième Cru Margaux Trauben einer Appellation Haut-Médoc niedrigeren Rangs enthielt. Man kann unmöglich wissen, ob diese und andere Skandale nur Einzelfälle einer sehr viel weiter verbreiteten Panscherei und Falschetikettierung sind. Es gibt immer wieder Beispiele für Überschreitungen der erlaubten Höchstertragsmengen. Immer wieder taucht quantitativ mehr Wein einer bestimmten Kategorie auf dem Markt auf, als offiziell produziert wurde, und immer wieder werden unerlaubte Zusätze verwendet.[9] Höchstertragsmengen und Herkunftsbezeichnungen waren ursprünglich eingeführt worden, um Panscherei und Fälschungen entgegenzutreten. Es steht außer Frage, dass solche Praktiken heute, am Ende des 20. Jahrhunderts, weit seltener sind als zu dessen Beginn. Die Herkunftsgesetze und die Weinbehörden, die deren Befolgung überwachen, die Abfüllung auf dem Weingut (statt beim Händler) sowie die regelmäßigen chemischen Analysen privater und staatlicher Labors haben dazu beigetragen, die Reinheit des Weins zu verbessern.

In der Neuen Welt führte die Betonung der Qualität zu einer Neuorganisation der Weinwirtschaft. Unmittelbar nach dem Zweiten Weltkrieg lag die Weinproduktion in Kalifornien und Australien meistens in den Händen einiger weniger Großunternehmen. Die größte kalifornische Weinkellerei Gallo besaß ihre Vorrangstellung schon vor dem Zweiten Weltkrieg und baute sie in den fünfziger und sechziger Jahren noch weiter aus. Damals besaß Gallo bereits Lagerungskapazitäten für 100 Millionen Gallonen (400 Millionen Liter) Wein. In Australien beherrschten lange Zeit die Firmen Penfold's, Lindeman's und Hardy's den Markt, während in Neuseeland Corbans und Montana führend waren. Den kleinen Markt von Ontario kontrollierten Bright's und Jordan Valley. In diesen und anderen Anbaugebieten gab es dennoch einige kleinere Betriebe, die Wein in begrenzter Menge und oft (wenn auch nicht immer) in besserer Qualität als die Massenproduzenten herstellten.

Zumeist arbeiteten Klein- und Großbetriebe eher mit- als gegeneinander. Dennoch wurden immer wieder Vorwürfe gegen die Massenproduzenten laut, ihr Wein sei von schlechterer Qualität. In den späten fünfziger Jahren protestierten Gallo und andere große kalifornische Weinkellereien gegen die Kategorie »Premium«- Wein in den Werbebroschüren des Wine Advisory Board, eines Industrieverbandes zur Förderung des Weinverkaufs. Die Bezeichnung mancher Weine als

»Premium«, so der Einwand, impliziere, dass andere Weine weniger wertvoll seien. Man schlug Kompromisse vor, um die Kluft zwischen den großen und kleinen Erzeugern zu schließen. Die inkriminierte Bezeichnung »Premium« ließ man zugunsten der Unterscheidung zwischen »fine« und »popular« fallen. Aber das reichte nicht aus. In den sechziger Jahren wurden in offiziellen Werbekampagnen alle kalifornischen Weine im Wesentlichen gleichwertig behandelt. Das wiederum gefiel den Großfirmen, nicht aber den kleinen Winzern, Für sie war »kalifornischer Wein« gleichbedeutend mit »billiger Wein«.[10]

Mit dem wachsendem Qualitätsbewusstsein vollzogen sich zahlreiche Veränderungen. Die kleineren Betriebe gewannen größere Marktanteile, da man ihre Weine als individueller und handwerklich solider betrachtete als die Weine aus den großen Kellereien. Mit der Zeit wuchsen viele der kleineren Unternehmen selbst zu Großbetrieben heran, ohne ihren Ruf als Hersteller von Qualitätsweinen einzubüßen. Unterdessen hatten die bereits bestehenden großen Unternehmen begonnen, ihrerseits mehr Wert auf die Güte ihrer Erzeugnisse zu legen, ohne die Quantität zu opfern. Sie verbesserten ihre Massenweine und stellten gleichzeitig in relativ kleinen Mengen qualitativ hochwertige Weine her. Vielfach wird dieser unter einem leicht veränderten oder neuen Label verkauft, damit die Verbraucher wissen, dass sie ihr Geld für etwas Besseres ausgeben. In den USA bietet Gallo einen Großteil seines billigeren Weins unter den Namen Carlo Rossi und Livingston Cellars an, Mittelklasseweine dagegen unter dem Namen Turning Leaf und die besten Sorten als Ernest & Julio Gallo beziehungsweise Gallo Sonoma.

In den achtziger und neunziger Jahren entstanden zahlreiche neue Weinkellereien, besonders in der Neuen Welt. Oft waren dies kleine Betriebe, viele davon so genannte »Boutiquen«-Kellereien, die Reben in Gegenden anpflanzten, wo entweder vorher nie Trauben gewachsen oder bisher erfolglos angebaut worden waren. Seit 1960 beherrscht Kalifornien den Weinbau in den Vereinigten Staaten. Daneben existieren kleinere Weinkellereien in den Staaten New York und Oregon. Seit Anfang der achtziger Jahre gibt es anscheinend keinen Ort mehr, an dem nicht Trauben zur Weingewinnung gedeihen können. Im Jahr 2000 besaßen lediglich zwei Staaten (Alaska und North Carolina) keine Weinberge, die für den Markt produzierten. Die Weine waren von sehr unterschiedlicher Qualität. Dennoch durfte sich kein Winzer in Texas, New Mexico und Maine der Illusion hingeben, lange bestehen zu können, wenn er keinen Qualitätswein herstellte. Dazu war die Konkurrenz einfach zu groß.

In Neuseeland wurden die Anbaugebiete gleichfalls ausgeweitet. Der Schwerpunkt des Weinbaus verlagerte sich jetzt auf die Südinsel. Die Entdeckung, dass nicht nur in Auckland, sondern auch dort ausgezeichnete Weine wuchsen, führte zur Anlage der ausgedehnten Weinberge von Marlborough. Auch weiter südlich, in Central Otago, pflanzte man Reben. So wurde diese Region zum südlichsten

Weinbaugebiet der Erde. In Australien entstanden in den alteingesessenen Regionen Hunter, Barossa und Yarra Valley neue Weinkellereien, während sich gleichzeitig weniger bekannte Gebiete einen Namen im Weingeschäft machten. Dazu zählte Margaret River im westlichen Australien abseits der Hauptanbaugebiete im Südosten. Die kanadischen Winzer, die sich bisher auf das Niagara-Gebiet in Ontario konzentriert hatten, erschlossen im Westen, im Okanagan Valley in British Columbia, ein neues Weinbaugebiet. »Boutique«-Kellereien entstanden im Osten, in der Provinz Québec sowie in den Atlantikprovinzen.

Obwohl viele der älteren und erfolgreichen kleinen und mittleren Kellereien von größeren Firmen aufgekauft wurden, konnten sie ihren Namen und die Identität ihrer Weine bewahren. In Australien ist diese Zentralisierung weit fortgeschritten. Die beiden Großunternehmen Southcorp und BRL Hardy kontrollieren heute Dutzende von Weinkellereien; Southcorp unter anderem Penfold's, Lindeman's, Seaview, Seppelt, Hungerford Hill, Rouge Homme, Killawara und Wynns Coonawarra Estate. Die Tendenz zum Aufkauf unabhängiger Kellereien durch Großfirmen beschränkte sich nicht auf die Neue Welt. Eines der größten französischen Unternehmen ist die Gruppe Louis Vuitton Moët-Hennessy (LVMH), die auch Parfum (Dior) und andere Luxusgüter herstellt. Das Konsortium besitzt einige der bekanntesten Champagnerhäuser (Moët & Chandon, Veuve Clicquot und Krug) sowie große Weinunternehmen in anderen Ländern Europas, in Argentinien und Australien. Im Jahr 1999 kaufte LVMH das renommierte Château d'Yquem.

Die Übernahme von Weingütern durch große Firmengruppen ist weder in der Neuen noch in der Alten Welt etwas Neues, ebenso wenig der Kauf berühmter Weinberge aus geschäftlichen Interessen. Obwohl von der Aura des Weihevoll-Religiösen umgeben (für viele Winzer ist ihr Wein nicht nur Ausdruck des *terroir*, sondern ihrer Seele), war die Weinerzeugung historisch gesehen ein Wirtschaftszweig wie jeder andere Agrarsektor. Viele der Châteaux-Cru-Weine der großen Bordeaux-Lagen und der klassifizierten Domainen Burgunds haben in den vergangenen dreihundert Jahren unzählige Male den Besitzer gewechselt – und sich trotzdem ihren guten Ruf bewahrt.

Die Weingüter der Alten Welt mussten sich in den letzten Jahrzehnten nicht allein in ihrer betriebswirtschaftlichen Struktur den neuen Verhältnissen anpassen. Sie mussten sich auch der Herausforderung durch die Konkurrenz aus der Neuen Welt stellen. Jahrhundertelang galt es als unumstößliche Tatsache, dass die europäischen Weine im Allgemeinen und die französischen Weine im Besonderen den Gipfel der Weinkunst darstellten. Diese Überzeugung war so fest verwurzelt, dass sich viele Weine vom amerikanischen Kontinent, aus Australien und aus Südafrika die Namen der europäischen Regionen zulegten, denen sie am meisten ähnelten. Vielfach entsprach der Name eher dem Wunschdenken des Erzeugers als dem einer tatsächlichen Ähnlichkeit. Ein kalifornischer Burgunder oder ein Sherry aus Ontario konnte es jedenfalls nur schwerlich mit seinem jeweiligen europäischen Namensvetter aufnehmen. Die Weine aus Europa waren für die Produzenten der Neuen Welt das, was die Weine des klassischen Altertums für die Weinschriftsteller des 18. und 19. Jahrhunderts gewesen waren: eine unumstößliche Richtschnur, an der sich die Erzeugnisse ihrer Zeit messen lassen mussten.

Allerdings gab es einen entscheidenden Unterschied: Die Weine der Antike hatte man nicht probieren können. Deren geschmackliche und sonstige Eigenschaften waren allenfalls anhand zeitgenössischer, keineswegs vorurteilsfreier Beschreibungen vorstellbar. Die Weine der Neuen Welt ließen sich dagegen mit denen der Alten Welt unmittelbar vergleichen. Das tat man bereits im 19. Jahrhundert, als die Winzer aus den weit entfernten Teilen der Erde einige Flaschen zu Wettbewerben nach Europa schickten, Kolonialminister um finanzielle oder moralische Unterstützung baten oder europäische Weinkenner durch Kostproben von der Qualität ihrer Landesprodukte zu überzeugen versuchten. Auf den Weltausstellungen und später auf den Weinwettbewerben wurden Weine aus Übersee in Europa regelmäßig verkostet. Oft waren die europäischen Juroren herablassend und gönnerhaft, manchmal wollten sie es nicht wahrhaben, wenn sie einen ausgezeichneten Wein aus einem nichteuropäischen Land probierten. Die Bewertung von Weinen aus der Neuen Welt durch europäische Jurys war häufig von dem alten Vorurteil geprägt, guter Wein könne nur aus Europa kommen.

Das änderte sich erst im Laufe des 20. Jahrhunderts, als Großbritannien große Mengen australischen Tafel- und Dessertweins importierte. Auf dem europäischen Festland und insbesondere in Frankreich war der Widerstand weiterhin groß. Die entscheidende Wende brachte eine Weinprobe im Jahr 1976, als anlässlich des zweihundertsten Jahrestages der Amerikanischen Revolution amerikanische und französische Weine im Vergleich verkostet wurden. Die Weintester – die Elite des französischen Weinestablishments, Händler, Restaurateure, Weinschriftsteller und Regierungsbeamte – probierten fünf kalifornische Chardonnays und fünf weiße Burgunder, anschließend fünf kalifornische Cabernet Sauvignons und fünf rote Bordeauxweine. Die Bestürzung war groß, als man das Ergebnis der Blindprobe bekannt gab: Ein kalifornischer Weißwein und ein kalifornischer Rotwein hatten die höchste Punktzahl erhalten. Dieses Ereignis setzte bei den Franzosen zwar nicht die Einsicht durch, wie relativ der Wert von Qualitätskriterien bei französischen *und* kalifornischen Weinen ist. Sie stärkte aber den internationalen Ruf der Weinregionen in Kalifornien.

Mit dem wachsenden Ansehen der Weine aus Übersee in Europa fanden diese allmählich auch in ihren Herkunftsländern größere Beachtung. Kanadische Weintrinker verschmähten lange Zeit den Wein aus Ontario. Sie glaubten, er sei von schlechterer Qualität und aus mangelhaften Hybridzüchtungen oder einheimi-

schen Rebsorten wie Concord gewonnen. Als jedoch immer mehr kleine Kellereien Qualitätswein der Gattung *vitis vinifera* sowie Eiswein aus Riesling und Hybridzüchtungen herstellten, vergrößerte sich der Marktanteil von Weinen aus Ontario in Kanada. Die gleiche Entwicklung vollzog sich mit anderen Weinen in der
Neuen Welt.

Die neuen Tendenzen erschüttern die fest gefügten Strukturen des Weinhandels. Die alte Welt exportiert zwar immer noch sehr viel mehr Wein in die Neue
Welt als umgekehrt, doch die Diskrepanz verringert sich. Die zunehmende Beliebtheit der überseeischen Weine in ihren Herkunftsländern beeinträchtigt die
Exportmöglichkeiten europäischer Weinkellereien. Es kam zu Spannungen in den
Handelsbeziehungen, als mehrere französische Regierungen unter dem Druck der
Weinlobby den Verkauf von Weinen aus der Neuen Welt in Frankreich blockierten. Von den größeren europäischen Weinländern zeigt sich Deutschland für Importe aus Ländern wie den Vereinigten Staaten oder Australien am ehesten aufgeschlossen.

Die Bemühungen, zu verhindern, dass die Winzer aus der Neuen Welt von
dem Ruf profitierten, den sich die europäischen Anbaugebiete im Laufe der Jahrhunderte erworben hatten, waren zumeist erfolgreich. Vertragliche Vereinbarungen
verboten Herkunftsbezeichnungen wie Burgund, Sherry, Port, Bordeaux, Champagner und Rheinwein bei Erzeugnissen, die außerhalb dieser Regionen hergestellt wurden. Manche Winzer prägten völlig neue Namen für ihre Weine. In Kalifornien erfand man 1988 für Rot- und Weißwein aus der für Bordeauxweine
typischen Traubenmischung den Namen »Meritage«. Innerhalb wie außerhalb Europas darf heute niemand mehr die Bezeichnung »Champagner« für Schaumwein
verwenden, der nicht in der Champagne erzeugt wird. Schaumwein aus Spanien
trägt daher den Namen Cava, deutscher Schaumwein heißt Sekt, und die Amerikaner sowie die Australier produzieren Sparkling Wine. Die elsässische Rebsorte,
die man lange Zeit als Tokay bezeichnete, wurde in Tokay Pinot Gris umbenannt,
um den elsässischen vom ungarischen Wein zu unterscheiden.

Die Winzer in der Neuen Welt reagierten auf die Notwendigkeit, neue Namen
für ihre Weine zu finden, indem sie auf die regionale Zuschreibung ganz verzichteten. Sie beschrieben ihre Weine nur noch anhand der Rebsorten, aus denen sie gewonnen wurden. Das ist bis heute die geläufigste Form der Auszeichnung. Im Unterschied zu den europäischen Appellationen, für die nur eine begrenzte Anzahl
von Rebsorten zulässig sind, haben die Weinerzeuger der Neuen Welt in der Wahl
ihrer Rebsorten ausgedehntere Möglichkeiten. Freilich sind bestimmte Regionen
für bestimmte Rebsorten bekannt, die dort besonders gut gedeihen: Oregon für
Pinot Noir, das kalifornische Central Valley für Zinfandel, das australische Hunter
Valley für Shiraz und das neuseeländische Marlborough für Sauvignon Blanc. Es
macht trotzdem keinen Sinn, einen Wein als einen Oregon, einen Central Valley,

einen Hunter River oder einen Marlborough zu beschreiben, weil jede dieser Regionen auch Weine aus anderen Rebsorten herstellt.

Die Benennung des Weins nach Rebsorten steht der europäischen Tradition entgegen, einen Wein entsprechend seiner geografischen Lage zu kennzeichnen. In Europa gab die Lage – der *terroir* – immer den Ausschlag, obschon natürlich einige Gebiete auch für spezielle Rebsorten berühmt sind. Die europäischen Winzer erwarteten, dass der Käufer eines Pétrus wusste, dass dieser fast ausschließlich aus Merlot-Trauben mit einem geringen Zusatz von Cabernet Franc und dass ein Barbaresco aus Nebbiolo-Trauben gewonnen wurde. Sicherlich weisen einige der bekannten europäischen Weine die Rebsorte auf dem Etikett aus. Elsässer Riesling und Elsässer Gewürztraminer sind nur zwei von vielen Beispielen. Die Rebsorte ist dabei jedoch stets der Herkunftsbezeichnung untergeordnet. Mit gleichem Recht, aber aus einer anderen Perspektive betrachtet, könnte man sagen, dass die Europäer ihre Weine sehr wohl nach der Rebsorte kennzeichneten, allerdings eher indirekt durch den Verweis auf die AOC-Regionen, in denen jeweils nur bestimmte Rebsorten zugelassen waren. Wer das Weingesetz kannte, wusste, dass ein Rotwein mit der Bezeichnung AOC Côte de Beaune aus Trauben der Sorte Pinot Noir bestand.

Das entbehrt nicht einer gewissen Ironie. Nach dem Verbot, europäische Herkunftsbezeichnungen zur Beschreibung von Weinen aus der Neuen Welt zu verwenden, begannen diejenigen europäischen Produzenten, die Wein in die Vereinigten Staaten, nach Australien, Kanada und in andere Länder exportierten, ihre Erzeugnisse statt durch die Herkunftsbezeichnung durch die Rebsorte zu kennzeichnen. Auf dem Etikett zahlreicher für den Export bestimmter Burgunderweine war die Rebsorte Pinot Noir in größeren Buchstaben gedruckt als die Herkunftsangabe Burgund. Viele Weine aus Südfrankreich folgten diesem Beispiel. Es ist undenkbar, dass die großen klassifizierten Weine ebenfalls nachziehen, aber der Trend spiegelt die Erfordernisse eines globalen Marktes und den wachsenden Einfluss der Neuen Welt wider.

Der Einfluss der Globalisierung zeigt sich auch in den transnationalen Investments und Joint Ventures, die in den achtziger und neunziger Jahren Weinproduzenten unterschiedlichster Couleur zusammenbrachten. Eines der interessantesten Projekte war die Zusammenarbeit zwischen dem kalifornischen Weinmacher Robert Mondavi und dem Bordeaux-Besitzer Baron Philippe de Rothschild. Gemeinsam gründeten sie ein Weingut und stellten ihren berühmten Opus-One-Wein her. Weitere Beispiele sind der Einstieg von Moët & Chandon in die Schaumweinproduktion Argentiniens und Australiens. Finanzkapital und Kenntnisreichtum flossen auch in die Gegenrichtung. In den neunziger Jahren kaufte BRL Hardy, einer der großen Weinkonzerne Australiens, Weinberge im Chianti und im Languedoc. Mangels Erfolg stellte das Unternehmen seine Aktivität im

Chianti zwar bald wieder ein, aber das Weingut La Baume unweit Béziers floriert bis heute. La Baume produziert jährlich mehrere Millionen Liter Rot- und Weißwein. Die Trauben stammen aus den eigenen Weinbergen sowie aus den Weinbergen der Umgebung, die unter Vertrag genommen wurden. Außerdem übernahm man australische Methoden des Weinbaus (zum Beispiel die Weinlese in der Nacht) sowie des Weinausbaus, die nicht selten den althergebrachten Techniken widersprachen.

Die Weinkellerei Hardy in Frankreich ist ein Beispiel für den großen Einfluss, den Australien in den vergangenen Jahrzehnten in der Welt des Weins gewonnen hat. Aus Australien stammen zwar nur etwa zwei Prozent der weltweiten Weinproduktion. Diese sind allerdings von beeindruckender Qualität. Australische Weine setzen heute für viele Rebsorten neue Maßstäbe, unter anderem für Chardonnay und Shiraz. Die Australier verbesserten die Abdeckungstechniken ebenso wie andere Weinbau- und Weinausbaumethoden. Auch in ihrem Selbstverständnis unterscheiden sie sich von vielen europäischen Kollegen. Australische Weinproduzenten bereisen die Welt des Weins als fachlich hoch qualifizierte Saisonarbeiter, die sich nach dem Saisonende auf ihrem Kontinent auf die nördliche Erdhalbkugel begeben, um während der dann dort beginnenden Saison ihre Kenntnisse zu erweitern. Fachwissen wird heute weltweit ausgetauscht. Auch französische Winzer arbeiten mittlerweile in australischen Weinbergen. Überall in der Welt können sich heute die Weinbauern ein breiteres Spektrum an Wissen und Erkenntnissen zunutze machen als jemals zuvor.

Die politischen Veränderungen, die sich in den achtziger und neunziger Jahren vollzogen, blieben nicht ohne Auswirkungen auf die Welt des Weins. Als sich das kommunistische Regime der Sowjetunion aufzulösen begann, führte die Reformregierung unter Michail Gorbatschow eine Kampagne durch, um die schlimmen Folgen des in der Sowjetunion weit verbreiteten Alkoholismus einzudämmen: Verringerung der Lebenserwartung, sinkende Arbeitsproduktivität sowie vielfältige soziale Probleme. Der Hauptsündenbock war zwar der Wodka, doch die Anti-Alkohol-Kampagne sollte umfassender sein. Brennereien, Brauereien und Weinkellereien, Einzelhandelsgeschäfte, Bars und viele Restaurants mit einer Schanklizenz wurden geschlossen. Weinberge in wichtigen Regionen wie Georgien wurden vernichtet. Der Gesamtanteil der Rebfläche verringerte sich um rund ein Viertel.

Die Folge war eine schlagartige Umkehr. Hatte die Sowjetunion 1940 zwei Millionen Hektoliter Wein produziert, so vervierfachte sich dieses Volumen 1960 auf acht Millionen. 1970 verzeichnete man einen sprunghaften Anstieg auf 27 Millionen und 1980 auf 32 Millionen Hektoliter. Fünf Jahre später war die Produktion auf den Stand von 1970 zurückgefallen. Eine ähnliche Entwicklung vollzog sich bei den anderen alkoholischen Getränken, insbesondere bei den Obst- und Beerenweinen, bei Wodka und bei reinem Alkohol. Dem allgemeinen Trend zuwider lief der Schaumwein, der unter dem Namen »sowjetischer Champagner« verkauft wurde. 1960 gingen nur 37 Millionen Flaschen in den Handel, 1970 waren es schon 87 Millionen, 1980 178 Millionen und 1988 schließlich 258 Millionen Flaschen.[11]

Der Zusammenbruch der Sowjetunion im Jahr 1991 und die Entstehung neuer unabhängiger Staaten nährte die Hoffnung, dass zwei dieser Länder ihrer Weinwirtschaft einen neuen Aufschwung bescheren würden: Georgien, einst das Zentrum des sowjetischen Weinbaus, und die Ukraine mit ihren Rebpflanzungen auf der Krim. Dem Ende des Sowjetreichs ging der Niedergang anderer Regime in Osteuropa voraus. Viele dieser Staaten – Ungarn, Rumänien und Bulgarien – besaßen ausgedehnte Rebflächen, die unter sozialistischer Herrschaft in staatlichem Besitz waren. Dieses Land wurde jetzt zumeist an private Geldgeber verkauft, die in den neunziger Jahren begannen, Weine höherer Qualität für den Exportmarkt zu produzieren.

Das Ende des Apartheidregimes und der internationalen Handelssanktionen öffnete dem südafrikanischen Wein die lange Zeit verschlossenen Weltmärkte. Die Weinwirtschaft in Südafrika produzierte auch während des Embargos, litt aber unter der regionalen Beschränktheit der Absatzmöglichkeiten. Da viele der potenziellen und weltweit wichtigen Märkte den südafrikanischen Winzern verschlossen waren, fehlte ihnen die Konkurrenz ebenso wie der gegenseitige Wissensaustausch. Die Isolation vom Weltmarkt führte dazu, dass die Qualität der südafrikanischen Weine gegenüber den Weinen der Neuen Welt im Rückstand lag – eine Tendenz, die sich in den letzten Jahren allerdings ins Gegenteil kehrt, da immer mehr Weine aus Südafrika angeboten werden und sich zunehmender Beliebtheit erfreuen.

Die Qualitätssteigerung des Weins in der westlichen Welt ist in entscheidendem Maße auf die Entwicklung der Weinkultur zurückzuführen. Alles deutet darauf hin, dass sich seit dem Zweiten Weltkrieg und besonders seit den siebziger Jahren der Kreis der qualitätsbewussten Kenner ständig vergrößert. Die Elite der Wohlhabenden, von denen viele aktiv im Weingeschäft mitmischten, erweiterte sich zu einem größeren Kreis von Angehörigen der Mittelschicht, von denen nur eine Minderheit beruflich mit Wein zu tun hat. All das vollzog sich im Zusammenhang mit einem gesteigerten Interesse an gutem Essen und Trinken, das letztlich der Ausdruck eines allgemeinen Interesses vor allem der Besserverdienenden an einem gehobenen und verfeinerten Lebensstil ist.

Die Zahl der seit den siebziger Jahren erscheinenden Publikationen zum Thema Wein wächst ständig. Richteten sich die Weinzeitschriften und -broschüren bis dahin vorwiegend an die Fachwelt, so wurden in den letzten dreißig Jahren zunehmend die Konsumenten angesprochen. Neue Publikationen kamen auf den Markt. Ein prominentes Beispiel ist der einflussreiche *Wine Spectator*, der seit 1976 erscheint. In der Gegenwart gibt es eine wahre Flut von Weinzeitschriften. Jahr für Jahr erscheinen Hunderte von Büchern, die alle möglichen Aspekte des Weins und des Weinbaus beleuchten.

Eine neue Generation von Weinschriftstellern und Weinjournalisten trat auf den Plan. Sie standen zwar in der Tradition von Autoren wie Cyrus Redding und André Jullien im 19. und André Simon im 20. Jahrhundert, unterschieden sich aber von ihren Vorgängern, was die Größe der Leserschaft betrifft. Sie sind professionelle Autoren, die vom Schreiben über Wein leben können, ohne in der Weinwirtschaft tätig zu sein. Zu den bekanntesten Schriftstellern im englischen Sprachraum gehören Hugh Johnson, Jancis Robinson, Robert Parker und Oz Clark, die neben Enzyklopädien auch Atlanten, allgemeine und regionale Weinführer sowie Untersuchungen zu Regionen, Rebsorten und Weinausbau publizieren. Sie halten Vorträge, führen Degustationen durch und produzieren Fernsehsendungen und CD-ROMs.

Weintrinker können heute neben Büchern ein ganzes Spektrum an Accessoires kaufen: Dekantierkaraffen, Kapselschneider, alle möglichen Arten von Korkenziehern, Thermometer, Karaffen, Weinlagerboxen, Regale und Gestelle, Klima- und Temperierschränke. Für fachgerechte Weinproben gibt es spezielle Probiergläser, Aromen, Aromastoffe in Flaschen und natürlich Anleitungen zum Procedere. Wer selbst Wein bereiten will, kann die entsprechende Ausstattung kaufen, einschließlich Traubensaft, Traubensaftkonzentrat oder frischer Trauben – je nach den jeweiligen Möglichkeiten.

Auch die Gelegenheiten, sich über Wein fachlich zu informieren, sind heute unendlich vielfältig. Es gibt Tausende von Weinseminaren, Degustationen, Kurse für die Ausbildung zum Sommelier, zum Weinbaufachmann und Kellermeister, zum Weinmanager und Weinberater. Mehrere Universitäten haben sich auf Wein spezialisiert, unter anderem die University of California in Davis, das Roseworthy Agricultural College in Australien und die Universität Bordeaux. In den meisten Weinregionen bieten Universitäten und Hochschulen Seminare über Weinbau, Weinausbau und Weinmanagement an. In der französischen Stadt Suze-la-Rousse wurde eine Université du Vin gegründet. In Großbritannien bietet das Institute of Masters of Wine seit 1950 Kurse zur Ausbildung als Master of Wine (MW) an. In der Prüfung werden vertiefte Kenntnisse über Weinbau und Weinbereitung verlangt.

Der Weintourismus hat ebenfalls einen neuen Aufschwung genommen. Es gibt organisierte Weinreisen und Besichtigungen von Weingütern. Winzerverbände veranstalten Weinfeste, um die Urlauber in ihrer Region auch in die Weinkeller zu locken. In den meisten Kellereien sind Besucher willkommen, die hier den Wein direkt beim Hersteller erwerben können. Größere Städte veranstalten regelmäßig

Weinfeste und Weinevents mit kulinarischer Verkostung. Alle diese Aktivitäten tragen dazu bei, das Ansehen des Weins zu heben und die Zahl der Konsumenten zu vergrößern. Wie hoch sein wirtschaftlicher Stellenwert ist, zeigt sich an der Unterstützung, die Weinfeste und Weinproben durch die einzelnen Kellereien, Handelskammern und Regional- und Landesregierungen erhalten. In vielen Gegenden gibt es Weinmuseen, in denen Flaschen und Gerätschaften rund um den Wein ausgestellt sind und die Geschichte des Weins dokumentiert ist. In London, seit langem der Treffpunkt des internationalen Weinhandels, wurde 1999 Vinopolis eröffnet: eine Dauerausstellung und ein Informationszentrum rund um das Thema Wein und Weinkultur.

Im Mittelpunkt unserer heutigen Konsumgesellschaft steht natürlich der Wein selbst. Wein und jeglicher Alkohol sind heute weltweit auf allen Märkten zu haben. Der Grund dafür liegt weniger in der wachsenden Beliebtheit des Weins als vielmehr im Trend zu einer stärkeren Deregulierung, die seit den achtziger Jahren in der Wirtschaft vieler Länder zu beobachten ist. Konnte man noch in den fünfziger und sechziger Jahren Wein ausschließlich in staatlich geführten Spirituosenläden kaufen, steht er heute in den Regalen der Supermärkte. Nichts dokumentiert den Trend zu Weinen höherer Qualität auch auf dem Massenmarkt besser als die Tatsache, dass Supermarktketten wie Tesco und Sainsbury's in Großbritannien viele Weine unter einem eigenen Label anbieten.

Immer wieder gibt es Versuche, den Weinhandel zu regulieren, etwa 1999 durch den Vorstoß im US-Kongress, Mailorder-Verkäufe über die Grenzen der Einzelstaaten hinweg zu verbieten. Dies war nicht nur eine Reaktion auf die Forderungen eines Teils der Öffentlichkeit, den Alkoholkonsum strenger zu kontrollieren, sondern mehr noch der allgemeine Versuch, eine sich entwickelnde positivere Einstellung zum Wein per Gesetz zu unterbinden. In den neunziger Jahren gestattete andererseits das Bureau of Alcohol, Tobacco and Firearms – die bundesstaatliche Behörde in den USA zur Kontrolle des Alkoholhandels – den Produzenten, auf ihren Flaschenetiketten auf den gesundheitlichen Wert von Wein hinzuweisen. Man warb allerdings nicht direkt für diese Vorzüge, sondern lud die Konsumenten lediglich ein, Informationen über die gesundheitsfördernden Auswirkungen des Weins schriftlich anzufordern.

Zu keinem Zeitpunkt in der Geschichte des Weins konnte der Konsument aus einem so breiten Angebot auswählen wie heute. Amerikanische und englische Weintrinker können Wein aus fast allen Teilen der Vereinigten Staaten sowie von Produzenten aus Europa, Lateinamerika, Kanada, dem Nahen Osten, aus Nord- und Südafrika, Australien und Neuseeland kaufen. Der einzige Wein, den die Amerikaner nicht legal erwerben dürfen, ist der kubanische. Denn das Handelsembargo für Erzeugnisse aus Kuba besteht nach wie vor. Die große Auswahl an Weinen, die uns zur Verfügung steht, steigerte das allgemeine Interesse. Ein Regal mit Weinen aus dem türkischen Anatolien, Rutherglen, dem Nordufer des Eriesees, Lubbock und Apulien mutet an wie ein Streifzug durch die Geheimnisse des Geschmacks. Angesichts dieser Vielfalt spürt man die Bedeutung des Begriffs *terroir*, repräsentiert doch jede Flasche die Kultur und die Geschichte ihrer Ursprungsregion.

Kurzum: In der westlichen Welt haben unzählige Männer und Frauen Zeit und Geld investiert und mit Lust die Besonderheiten des Weins studiert. Ihre Kenntnisse bezogen sie aus Büchern, aus dem Fernsehen, aus Reisen und – am effektivsten – aus dem Glas. All das führte zur Entstehung eines stabilen Marktes. Die Weinwirtschaft tritt mit den besten Aussichten ins neue Jahrtausend ein. Der weit gestreute ökonomische Wohlstand der westlichen Nationen trug dazu bei, einen gesunden Markt zu schaffen. Die Winzer und Kellermeister sind heute qualitätsbewusster als je zuvor. Das Interesse am Wein wächst mehr denn je, und sogar seine gesundheitsfördernden Eigenschaften sind heute wieder geschätzt.

Eine ganz bestimmte Weinsorte war wie geschaffen für die Jahrtausendwende: der Champagner, der gleichbedeutend ist mit Festen und feierlichen Anlässen. Zwar gibt es auf dem Markt eine große Auswahl an ausgezeichneten Schaumweinen, aber viele wollten Schlag Mitternacht des 31. Dezember 1999 die Korken des berühmten, echten Champagners knallen lassen und nicht die eines Produzenten von australischem Brut oder spanischem Cava. Kurz vor dem Ende des letzten Jahrtausends verbreitete sich das Gerücht, es gebe nicht genügend Champagner, um den Ansturm zu befriedigen. Manche Konsumenten und Restaurants deckten sich daher frühzeitig ein. Die Champagnerhäuser hatten diesen Boom jedoch vorhergesehen und Vorkehrungen getroffen. In der zweiten Hälfte der neunziger Jahre stellten sie jährlich durchschnittlich 270 Millionen Flaschen Champagner her. Mehr als einhundert Millionen Flaschen Wein zum Mischen lagen auf Reserve. Die Zahl der Champagnerflaschen, die Jahr für Jahr auf den Markt geworfen wurden, stieg kontinuierlich von 200 Millionen in den Rezessionsjahren 1991/92 auf 300 Millionen im Jahr 1999.

Man erwartete, dass die Nachfrage nach Champagner kurz nach der Jahrtausendwende wieder sinken würde. Doch gerade wegen seiner besonderen kulturellen Bedeutung sind die Verkaufszahlen hier sehr viel schlechter vorhersagbar als bei anderen Weinarten.

Paradoxerweise ist die Unbeständigkeit ein konstantes Element in der langen Geschichte des Weins, dessen Geschicke von der Politik und von Kriegen, vom sozialen und wirtschaftlichen Wandel, von Veränderungen des Geschmacks und der Ernährungsgewohnheiten sowie von seiner Bedeutung für Religion und Medizin abhängig waren. Die Geschichte des Weins sollte alle Produzenten, Händler und Konsumenten davon überzeugen, dass der Wein nicht nur eine Quelle unseres Wohlbefindens, sondern ein Ausdruck unserer Kultur ist. Seine Zukunft wird nicht weniger faszinierend sein als seine Vergangenheit.

Elf

Der Weinbau in Deutschland

von Gerd Sollner

Die Deutschen genießen den Ruf, Biertrinker zu sein. Dass dies nicht immer schon so war und dass auch nördlich der Alpen schon seit Jahrtausenden Wein angebaut und kultiviert wird, das zeigt ein Blick in die Geschichte. Die Eigenschaften des Bodens und das Klima sind in den vielen verschiedenen Weinbauregionen ebenso spezifisch, wie der Geschmack der Weines, der dort jeweils erzeugt wird, vielfältig ist. Deutschland zählte die Fachwelt lange Jahre nicht zu den großen Weinbaunationen. Der Gegenbeweis ist nicht schwer zu führen.

Hic Salve! – so begrüßte der Herr des Hauses die geladenen Gäste an der Pforte und bat einzutreten. Sie durchschritten gemeinsam die Vorhalle und gelangten in einen großen Raum, dessen Boden ein Mosaik schmückte, gestaltet aus Steinen aus dem tiefen Süden des Römischen Reiches. Farbenfrohe Szenen zeigten Lyra spielende Musikanten, exotische Tiere, an Amphoren lehnende Satyrn, in ihrer Mitte den Gott des Weines – Bacchus – inmitten von Rebstöcken und Trauben, dem seine Bacchantinnen Schalen mit Wein reichten. Zum Mahle gebeten, reichten Hausdiener Spargel, Rote Beete, Kichererbsen, Salatgurken, Fenchel, mit Minze und Petersilie Gegrilltes, mit Thymian und Rosmarin gewürztes Fleisch von Rind oder Schwein, Taube oder Pfau – je nach Rang der Gäste. Zum Dessert genoss man Esskastanien, Kirschen, Feigen und Pfirsiche aus dem Weinberg. Oft hob man die Trinkschalen mit Wein: Zum Gemüse den leichten von den Ufern der Mosella, zum Gebratenen den schweren aus Kampanien und zum Obst den begehrten süßen aus Chios, von den fernen Gestaden Griechenlands. Der Wein war mit Wasser, dem heiligen Quell allen Lebens, gemischt.

Die Gäste, ausschließlich Männer, prosteten sich zu, tranken auf die Ehre der Götter, des Kaisers und des Hausherrn und priesen sein prachtvolles Anwesen: seine Villa rustica, ein Landgut umgeben vom grün wogenden Meer der Reben.

So oder ähnlich darf man sich wohl die Tafelfreuden der Spätantike vorstellen. Zumindest legen archäologische Funde und literarische Zeugnisse dies nahe. Ein solcherart mediterranes Flair würden wir in Kampanien, Sizilien oder Griechenland vermuten. Aber die hier zitierten historischen Zeugnisse bekunden das Leben nördlich der Alpen, sie stammen von Donau, Mosel und Rhein.

Cäsar unternahm mit seinen Legionen in den Jahren 55-53 v. Chr. zwei Feldzüge über den Rhein, das Römische Reich setzte damit – bildlich gesprochen – den Fuß erstmals über die Alpen nach Norden. Doch erst unter Kaiser Augustus wurden Gebiete nördlich der Alpenkette großflächig besetzt. Augustus hoffte, der Dominanz des orientalischen Teils des Imperiums ein Gegengewicht in dessen Norden entgegensetzen zu können. Seine Feldherren Drusus und Tiberius errichteten bzw. erweiterten die Provinzen Raetia, Germania und Noricum. Raetia, im Raum des heutigen Südtirol gelegen, erstreckte sich nun nördlich der großen Alpenpässe bis zum Südufer der Donau. Germania wurde das linksrheinische Gebiet vom Bodensee bis zur Rheinmündung nach seinen Bewohnern, den Germanen, benannt. Noricum, fast identisch mit dem heutigen Österreich, reichte von Passau bis vor Wien, von südlich der Donau bis an die Karawanken heran. Erst die legendenumwitterte Niederlage des Varus in der Schlacht gegen die Cherusker und benachbarte Stämme im Jahr 9 n. Chr. setzte der Expansion über den Rhein hinaus ein Ende. Das Imperium Romanum richtete sich ein: Militärlager und koloniale Verwaltungen wurden errichtet, sie bewirkten Stadtgründungen und brachten Landgüter zur Versorgung der Legionen und Kohorten hervor. Das geregelte Leben in den Provinzen folgte dem römischen Vorbild, Reich und Provinzen prosperierten. Wo auch immer Bodenverhältnisse und Klima es zuließen, wurden Rebstöcke gepflanzt.

Lange fragte sich die Fachwissenschaft, ob Kelten und Germanen in den nördlicheren Regionen den Weinanbau auch schon in vorrömischer Zeit kannten. Hatten sie vielleicht sogar Wein kultiviert? Diese Frage zielt nicht zuletzt auch auf den Zivilisationsgrad der genannten Kulturen ab. Eines immerhin gilt inzwischen als gesichert: Im keltischen Siedlungsraum nördlich der Alpen gab es durchaus Weinreben, und zwar lange bevor die Römer kamen. Dies belegen Funde einer Wildrebe, *Vitis silvestris* genannt, die Forscher im Raum nördlich der Donau bis Brandenburg, Dänemark und Südschweden fanden und die der Steinzeit (Neolithikum) zuzurechnen sind. *Vitis vinifera*, die kultivierte Weinrebe, tritt nördlich der Alpen gesichert schon in der Eisenzeit (La-Tene-Kultur) auf. Traubenkerne, die man in Sopron (unweit des Neusiedler Sees) im österreichischen Burgenland, am Oberrhein sowie am Neuenburger See in der Schweiz fand, belegen das Vorkommen der Trauben in keltischer Zeit. Belege für eine Züchtung aus *Vitis silvestris* gibt es jedoch nicht. Österreichische Paläohistoriker verweisen auf Handelskontakte von Keltenstämmen mit den Illyrern und Mazedoniern des Balkans. Da bei jüngsten Ausgrabungen in Nord-Mazedonien bei Kastanas Rebholz gefunden wurde, welche durch ein C 14-Datierung auf 2400 v. Chr. belegt ist. So liegt die Schlussfolgerung auf Handelskontakte entlang der Donau sehr nahe. Fortgesetzte archäologische Erschliessungen in Südosteuropa werden das Wissen darum noch erweitern.

Dass Kelten und Germanen die Kunst der Weinerzeugung kannten, ist bis heute nicht nachweisbar. Die große Ausnahme bildet das deutschsprachige Südtirol: In Fassresten am Ritten oberhalb Bozens und auch bei Brixen konnten Weinrückstände festgestellt werden, die dort lebenden Räter müssen Winzer gewesen sein. Das Holzfass – meist aus Weißtanne gebaut – war eine Erfindung der Kelten. Es ersetzte die üblichen Tongefäße. Römer und Griechen hatten ihren Wein bis dahin nur in Amphoren oder Lederschläuchen transportiert.

Das gebräuchlichere Rauschmittel der »Barbaren« war allerdings das Bier, neben Met aus Honig. Dieses Bier hatte noch nicht die Qualität, die wir heute kennen: Mit Wasser gemischt wurde Getreide durch Wärme vergoren, ohne Zusatz von Hopfen und Malz. James N. Davidson hat in seinem berühmten Werk *Kurtisane und Meeresfrüchte* dezidiert ausgeführt, dass für die antiken Griechen galt: »Die Tatsache, dass die Barbaren Bier tranken, war nachgerade ein Kennzeichen ihres Barbarentums. Wein zu trinken wurde für nicht weniger als ein Zeichen griechischer kultureller Identität gehalten.[1]« Dieses Vorurteil der Weingenießer hat sich vielerorts bis heute erhalten. Die Kultur des Rausches ist ein wichtiges Element der Identität vieler Völker: Unsere Altvorderen beriefen sich bei ihrer nationalen Mythenbildung gern auf das Bild vom angeblich ach so trinkfesten germanischen Krieger, das dem römischen Geschichtsschreiber Tacitus zugeschrieben wird.

Wie überall sonst auf der Welt, ist die Verbreitung der Weinkultur getragen von Handel auf der einen und Anbau auf der anderen Seite. Vieles spricht dafür, dass die Kulturrebe das Rhônetal hinauf nach Norden gelangte. Die Frage ist, wie das geschah. Der namhafte Weinbauforscher Friedrich Bassermann-Jordan[2] stützt seine Vermutungen auf antike und französische Schriften sowie auf archäologische Funde, wie etwa Rebmesser oder Münzen. Lange vor der Besitznahme Galliens durch die Römer brachten griechische Gründer der Kolonie Massalia (600 v.Chr.) Rebstöcke mit ins Land. Gallische Kelten erlernten von ihnen die Kulturtechnik des Weinkelterns und sorgten für die Verbreitung des Weines. Sie müssen darin überaus erfolgreich gewesen sein. Südlich von Vienne (heutige Anbauregion Côte du Rhône) fand sich ein Keller mit 250 000 Litern Wein, vermutlich gelagert für den Export. Der Wein konnte auf etwa das Jahr 100 v. Chr. datiert werden. Wie die Kenntnisse um die Weinkultur dann weiter nach Norden zu den Treverern in den Moselraum gelangten, ist nicht ganz eindeutig. Vorstellbar wäre, dass das Wissen über die Trouée de Belfort (Burgundische Pforte) ins Oberelsass und zunächst an den Rhein getragen wurde oder direkt aus dem nördlichen Gallien an die Mosel. Amphorenfunde weisen darauf hin, dass die Verbreitung des Weins im rätischen und germanischen Gebiet überwiegend den Römern zu verdanken war. Noch unter Kaiser Augustus wurde die Besetzung der linksrheinischen Gebiete abgeschlossen (20 n. Chr.). Als wichtiges Datum für den Beginn der Romanisierung jenes Gebietes gilt die Stadtgründung von Colonia Agrippinensis (Köln, 50 n. Chr.), zu dessen ökonomischer Basis neben dem Militärlager vor allem der Weinhandel gehören sollte. Friesen transportierten den begehrten Rebsaft bis nach Britannien, Skandinavien und zu den Germanen des Elbraumes.

Der Weinhandel war für das Römische Reich nachweislich überaus wichtig. Darum bezweifelten Archäologen, dass in der Spätantike Wein an Rhein und Mosel gekeltert wurde. Reliefs, Fresken und Trinkbecher zumindest sind kein ausreichender Beweis dafür, denn es ist bekannt, dass man in der künstlerischen Darstellung die Bildwelten Roms imitierte. Schrifttafeln bezeugen dagegen unmissverständlich, dass römische Kaufmannstüchtigkeit sogar Wein von Tarragona die Mosel abwärts gebracht hat. Ob sich Moselwein in den Fässern des berühmten »Neumagener Schiffes« befand, das werden wir wohl nie erfahren.

Der Wein wurde auch bei der Bevölkerung Germaniens immer beliebter, der Konsum war bald immens. Doch der Transport in den Norden war lang und beschwerlich und somit sehr teuer. Wie lange wohl mag es gedauert haben, bis man den Wein vor Ort anbaute und kelterte?

Im Moseltal allein können acht römische Kelteranlagen und in der Rheinpfalz eine Kelter bei Bad Dürkheim-Ungstein nachgewiesen werden. Die größte Anlage fand sich in Piesport an der Mosel, unweit von Trier. Im so genannten Maischebecken wurde das Lesegut gesammelt und von Sklaven mit Füßen zertreten. Das Maischgut gelangte in einen geflochtenem Presskorb aus Bachweiden und wurde mittels einer Baumkelter im Presskorb ausgedrückt, sodass der Most in ein gemauertes Auffangbecken rann. Archäobotaniker fanden Holunderbeerenkerne, durch deren Beigabe der wenig sonnenverwöhnte Rotwein geschönt wurde, falls er nicht die gewünschte samtene Farbe annahm. Gern versah man den Wein auch mit würzenden Zusätzen wie Myrrhe, Essenzen von Rosenblättern, Veilchen, Wermutkraut oder teurem Pfeffer. Zu besonderen Mahlzeiten und aus medizinischen Gründen schätzte man durchaus auch mit Honig gesüßten Wein.

Es ist ungeklärt, welche Rebsorten im Norden des Imperium Romanum angebaut wurden. Für den erfolgreichen Weinanbau wurden dem rauen Klima gewachsene, robuste Trauben benötigt. In der Spätantike war eindeutig der Rotwein vorherrschend, doch bereits Columella schreibt in seinem Werk über die Landwirtschaft, *De re rustica*, etwa 100 Jahre n. Chr. von *Vitis abuelis*, vergleichbar dem heutigen Elbling. Heute dominiert jener im Großherzogtum Luxemburg und erlebt auch in Deutschland, an der unteren Mosel, wieder eine Blüte.

Columella berichtet in seinen Schriften ausführlich über den Weinbau in der Antike. Er wurde geboren in Gades (Cadiz), in der römischen Provinz Baetica (Andalusien), einem antiken Weinbauzentrum, das auf die Phönizier zurückging. Als freier römischer Bürger stieg Columella vom Offizier zum Weingutbesitzer auf. Er besaß Güter in Ardea, Cersioli und Alba (heute das Zentrum des Barolo im Piemont) in Italien. In seinem Werk kommentierte er die Krisensituation im italischen Landbau um 100 n. Chr. und hielt mit Kritik nicht zurück: die Missstände seien nicht – wie häufig behauptet – auf ausgelaugte und überanspruchte Böden zurückzuführen; vielmehr seien die Fehler bei den Bauern selbst zu suchen. So würden die Latifundien nicht intensiv bewirtschaftet, da die Großgrundbesitzer in Rom zu verweilen beliebten und auf ihren Feldern nur arbeitsunwillige Sklaven einsetzten. So zeigte er zugleich die gesellschaftlichen Verwerfungen innerhalb des Sklavenhaltersystems auf, obwohl er kein Gegner dieses Systems war. Weingärten waren schon in der Antike eine wertvolle Kapitalanlage, Columella rechnete mit 18 Prozent Rendite. Wie diese durch vernünftige Bewirtschaftung zu erreichen sei, führte er sehr anschaulich aus.

Nördlich der Alpen forderten im 1. Jahrhundert n. Chr. 35 000 Legionäre täglich ihren Tischwein. Weinbau vor Ort schien da die einzig vernünftige Lösung des Versorgungsproblems zu sein, denn andernfalls hätte es einer riesigen Transportarmee bedurft. Offizieren und Begüterten standen neben dem sauren Tischwein aus den nördlichen Regionen dank des Fernhandels alle gewünschten Kreszenzen des Imperiums zur Verfügung. Dass der Weinanbau in den römischen Provinzen den Weinexport der römischen Kernlande gefährdete, legt ein Gesetz Kaiser Domitians (91-96) nahe. Er verbot kurzerhand die Neuanlage von Rebgärten in den Provinzen außerhalb Italiens. Das Gesetz forderte die Rückkehr zum Getreideanbau, denn die spürbaren Umsatzeinbußen der italischen Winzer minderten auch die Zolleinnahmen für den Fiskus gravierend. Dieses Gesetz wird als eines der frühesten Schutzgesetze zur Marktregulierung angesehen. Ob es angesichts der Größe des Römischen Imperiums und des kollektiven Wunsches nach Wein wirklich flächendeckend durchzusetzen war, bleibt fraglich.

Erst 200 Jahre später brach der Soldatenkaiser Probus während seiner Amtszeit (276-282) offiziell das italische Monopol. Er gilt als Förderer des Weinbaus nördlich der Alpen, der Weinbau war fortan in allen dafür geeigneten Regionen des Imperiums, also nicht nur in Griechenland und Italien, anerkannter Teil der Agrarproduktion. Kaum hundert Jahre später war der Handel kreuz und quer durch das riesige Reich vortrefflich organisiert: In Kastellen auf Schweizer Gebiet hat man Amphoren aus Palästina gefunden, die aus dem 3. bis 6. Jahrhundert stammen. In der Provinz Judäa hatte man unter Einfluss des heiligen Hilarion (um 300-371) viele Klöster gegründet, die den Weinbau für den Bedarf der sich ausbreitenden christlichen Gemeinden förderten. Diese Weine waren weit über die Grenzen der Region hinaus berühmt.

In der Spätantike wuchsen die Stadtgründungen der Römer, etwa Köln, Mainz, Augsburg oder Xanten, zu mächtigen Städten heran. An Ahr, Rhein und Mosel entstanden nicht zuletzt dank des Weinbaus Kulturlandschaften, die vor den zunehmenden Raubzügen der Germanen geschützt werden mussten. Man sicherte die Reichsgrenze während der Kaiserzeit durch Wehrbauten. Diese Befestigungsanlage, Limes genannt, war eine Mauer aus Holz, teils auch Stein, die durch Kastelle gesichert wurde. Der schließlich beeindruckende 548 Kilometer lange obergermanisch-rätische Limes begann unterhalb von Rheinbrohl am Niederrhein, umschloss das Neuwieder Becken, führte um den Taunus, fasste die Wetterau ein und verlief zunächst durch den Odenwald und dann dem mittleren Main folgend bis an die Donau bei Regensburg. Die Grenze verschob sich noch ein wenig weiter nach Osten. Hinter dem Schutzwall, auf römischem Gebiet, breitete sich neben wogenden Kornfeldern auch der Weinbau aus. Jetzt wurde auch das Neckartal mit Rebstöcken bepflanzt, bis hin nach Friedberg und Bad Vilbel-Dotterweil im Wetteraukreis nördlich von Frankfurt am Main fanden sich Zeugnisse. Eine spätantike Kelteranlage im Frankfurter Ortsteil Praunheim belegt, dass der Weinbau schon zur Römerzeit über den Rhein an den Main vordrang.

Die wirtschaftliche Urbanisierung der Regionen nördlich der Alpen bedurfte der Unterstützung durch dort heimische und verbündete Stämme. Die zahlreichen Militärlager sowie *Villae rusticae,* deren Besitzer meist Veteranen waren, davon viele aus dem Orient, trugen zu einer breiten Romanisierung der keltischen und germanischen Stämme westlich des Limes bei. Man übernahm Tracht und Wohnkultur von den römischen Besatzern. Statt Holz- bzw. Lehmfachwerkbauten dominierten zunehmend Steinbauten mit Ziegelabdeckung. Prunkvolle Stadthäuser und Villen waren mit allen Raffinements römischer Wohnkultur ausgestattet. Säulenhallen, Bäder, Toiletten mit fließendem Wasser, auch Gärten hielten ihren Einzug in Germania. Die Töpferkunst gedieh linksrheinisch zur Blüte. Terra Silligata-Ware aus Rheinzabern (Pfalz) wurde weithin gehandelt, auch donauabwärts, wie Funde bei Budapest beweisen. Körperpflege und Heilkunst wurden jetzt frei von Schamanismus praktiziert. Neue Götter und Kulte (belegt unter anderem durch Mithras-Funde in Frankfurt am Main) gewannen an Bedeutung und mit ihnen neue Feste.

Für Winzer und Weinfreunde – und das waren wohl die meisten – galt es, Bacchus, dem Gott des Weines, vor Beginn der Weinlese zu huldigen. »Nun muss man noch dem Liber [Bacchus] und der Libera [den Weinbergen?] mit größter Frömmigkeit und Keuschheit Opfer darbringen«, ermahnte Columella die Winzer. Ekstase und Selbstvergessenheit, Ausgelassenheit und schwärmerische Entrücktheit schreibt man dem Bacchus in der römischen Literatur zu; er selbst bleibt der ruhende Pol inmitten des wilden, orgiastischen Treibens seines aus Satyrn und Mänaden bestehenden Gefolges.

Kaiser Konstantin erklärte im 4. Jahrhundert das Christentum zur Staatsreligion, Bacchus und Christus näherten sich im Volksglauben aneinander an; die

Symbolik des Weintrinkens fand Eingang in die Liturgie und die christliche Kunst, und die Grenzen zwischen den beiden »Erlösern« vermischten sich allmählich. Bei Flavia solva, südlich von Graz, zeugen noch heute Ausgrabungen eines Bacchus geweihten Tempels von den Verschmelzungen der Kulte innerhalb des deutschsprachigen Raumes. Im antiken Kult erforderte die Erlösung noch die *comissatio* (Trinkgelage) – einsames Trinken war verpönt – nach der *cena* (Abendessen), während der man ebenfalls trank, nur erheblich maßvoller als in den Stunden danach.

Welchen Stellenwert der Wein in der römischen Kultur einnahm, zeigt sich am besten an der kalendarischen Festschreibung. Man kannte drei Weinfeste. Das erste, Vinalia priora, wurde am 23. April begangen und war ursprünglich nur Jupiter (der höchsten römischen Gottheit) geweiht, später auch der Venus. Gleichzeitig diente dieses Datum als Stichtag für den Verkauf des neuen Weines auf den Stadtmärkten. Das zweite Weinfest, Vinalia rustica, fiel auf den 19. August. Man bat Jupiter um Schutz vor klimatischen Unbilden. Das Fest Meditrinalia, am 11. Oktober gefeiert, war der Göttin Meditrina (Göttin der Heilkunst) geweiht. Anlass soll ein Heilzauber gewesen sein, der wohl mit der Verkostung des frischen Mostes und der ihm zugeschriebenen medizinischen Wirkung zusammenhing. Diese Feste wurden natürlich auch nördlich der Alpen begangen.

Schließlich fanden auch die kriegerischen Nachbarn östlich des Limes immer größeren Gefallen am Wein. Im Tausch gegen Wein waren bei den Römern der geräucherte Schinken, die Würste und der Honig der germanischen Nachbarn sehr begehrt. Die Geschichte lehrt uns wiederholt, welche Begehrlichkeiten Mangel erzeugen kann und wie wenig Mauern dagegen ausrichten können. So war auch der Limes für Rom nicht ewig zu halten. Nicht der äußere Druck erschütterte das Weltreich, sondern ständige Revolten der Soldaten gegen zunehmend schwächere Kaiser, die Vernachlässigung der Landwirtschaft und die kulturelle Konfrontation zwischen den alten Göttern und den neuen Religionen, deren wichtigste der Monotheismus der Christen war, welcher großen Anklang bei den Eliten fand. Nur Treverorum, das spätantike Trier, erlebte noch einmal eine regelrechte Blüte. Constantinus Chlorus, der Cäsar des Westens genannt, Vater Konstantins I., machte es zu seiner Residenzstadt, was zu einem beispiellosen Bauboom führte. Trier wuchs auf die für damalige Zeiten gewaltige Bevölkerungszahl von 100 000 Einwohnern an. Kaiserpalast und -aula entstanden, Münzstätte, Villen sowie kaiserliche Domänen im Umland wurden errichtet. Während der letzten Jahre ihrer Glanzzeit wirkte der französische Rhetoriklehrer und Prinzenerzieher Ausonius (um 310–395) in der Stadt. »An meine Vaterstadt Burdigala, an die Liebe zu meiner glanzvollen Heimat erinnert mich hier jeder begeisterte Blick: die Dächer der Villen an steil abfallendem Hang; die weingrünen Hügel, das liebliche Flussbett der mit sanftem Gemurmel vorbeigleitenden Mosella ...«, berichtete er von seiner

Wanderung über den Hunsrück mit Blick auf die Stadt und die Mosel unterhalb. Die Blüte der Stadt ließ den Einheimischen das Gedeihen des Römertums als eigene Sache erscheinen. Und damit auch die Identifikation mit der Kultur des Weins.

Der kaiserliche Hof zog sich 395 endgültig nach Mailand zurück, das Gebiet nördlich der Alpen war durch die zunehmenden Einfälle germanischer Stämme in seiner Existenz bedroht. Für den Erhalt des Imperiums war es zu spät, zu viele partikulare Interessen brachen sich Bahn und die Stämme des Nordens und Ostens befanden sich unwiderruflich im Aufbruch. Ostsee- und Elbgermanen drängten aus verschiedenen Gründen (Historiker vermuten Klimaveränderung, schlechte Ernten, ausgelaugte Böden, Begehrlichkeiten nach Luxusware und so weiter) nach Süden und Westen. Es waren Alemannen, Burgunder und Franken, die rechtsrheinischen Nachbarn, welche als Erste zum Sturm auf das zerfallende spätantike Reich Roms ansetzen sollten. Die beginnende Völkerwanderung (um 400 bis etwa 500 n. Chr.) veränderte die politischen Verhältnisse in Europa nachhaltig. Aus jenen turbulenten Jahren der Weltgeschichte ist leider wenig über den Weinbau bekannt. Eines jedoch ist sicher: Trotz aller überlieferten Verwüstungen blieben die Weinbaulandschaften an Mosel, Rhein, Neckar und Donau als Fundamente großer Kulturlandschaften erhalten. Mit ihnen überlebte der Wein und mit ihm das Wissen um den Wein als Elixier für Geselligkeit, Festlichkeit und Lebensfreude.

Die Epoche der großen Völkerwanderungen ausschließlich als ein Werk der Zerstörung und Verwüstung zu sehen würde zu kurz greifen. Besitzverhältnisse wurden umgewälzt, und auch die zunehmende Christianisierung verleiht dieser Epoche Gewicht. Herausragend ist der Weg der Franken vom Niederrhein ins Zentrum Galliens, ihre Christianisierung und die Bildung der bedeutenden Reiche der Merowinger- und Karolingerdynastien.

Die linksrheinisch angesiedelten Germanen assimilierten sich stark an Römer und Gallo-Romanen und erlernten von ihnen das Handwerk des Weinbaus. Ein Beispiel sind auch die ursprünglich rechts des Rheins lebenden Burgunden: Von Worms aus zogen sie in die Region des heutigen Beaujolais, verbanden sich mit den heimischen Gallo-Romanen und zählten fortan zu den berühmtesten Winzern der Welt. Sie regelten schon um 500 in der Lex Burgundionum gesetzlich den Schutz und die Förderung des Weinbaus. Hier wurden die Besiegten zu den Lehrmeistern der Sieger. Dass auch der Fernhandel mit Wein nicht zum Erliegen kam, wenngleich er nicht mehr in der Dimension des Imperium Romanum stattfand, davon zeugt 630 Bischof Gregor von Tour. Auch er war ein Connaisseur des Vinum Gazetum, des »grand cru« von Gaza, wie Helvetier und Römer Jahrhunderte vor ihm. Der Merowinger Chlodwig I. (Ludwig der Fromme) nahm 482 das Christentum an, unterwarf die Alemannen zwischen Main und Alpen sowie die

Westgoten zwischen Loire und Garonne und schaffte das fränkische Einheitsreich. Hier begann eine neue Ära der Weinkultur in unseren Breiten, die den Wein ganz unter das Zeichen Christi stellte. Kirche und Staat kümmerten sich um Anbau, Verbreitung, Qualitätshebung und Handel des Weins zur Lobpreisung Christi sowie zugunsten des eigenen Genusses wie Geschäftes – was sich bekanntlich nicht ausschließt.

Das Christentum berief sich auf Rebstock und Traube als Symbol des Lebens. Seine Künstler bekamen den Auftrag, Orte des Glaubens damit zu verzieren. Der Rebsaft war fortan geweiht, gleich dem Blute Jesu Christi. Bacchus feierte mit wissendem, zwinkerndem Auge mit.

Venantius Fortunatus, der bedeutendste lateinische Dichter der Merowingerzeit (530 – ca. 600), beschrieb im Jahre 588 auf einer Moselfahrt von Metz nach Andernach in seinem Versepos *De navigio suo* die Ruinen des einst prächtigen Kaiserpalastes von Pfalzel und die wohlgepflegten Rebgärten an den schieferhaltigen Steilhängen der Mosel. Bis heute dominiert an den Steilhängen der Mosel die römische Winzertechnik der Rebpflanzung am einzeln stehenden Stock. Vom Mittelrhein an abwärts finden sich Zeugnisse für einen Weinbau unter fränkischer Dominanz, ab etwa 600 bei Andernach, bei Boppard um 650, bei Bonn erst um 800. Das Kloster Fulda besaß schon 768 einen Weinberg im Rechtsrheinischen bei Kestert und sollte durch weitere Schenkungen zum größten Weinkloster seiner Zeit aufsteigen.

Fränkische Adelige drangen mit ihrem Gefolge rechtsrheinisch in die Täler der Lahn und des Taunus vor und legten dort Weingärten an. Mit Karl dem Großen, König der Franken und römischer Kaiser (768 – 814) begann die große gallo-fränkische Kolonisation rechts des Rheins nach Osten. Nach Unterwerfung der Sachsen, der Bayern und der Awaren war der Weg für eine groß angelegte Kolonisation durch den fränkischen Adel frei, wanderten Christianisierung und Urbanisierung mainaufwärts nach Osten und ebneten den Weg für *vitis vinifera* und die Weinkultur über Würzburg und Bamberg bis zu den Ufern von Saale und Elbe. Von der Kaiserpfalz Aachen ausgehend gedieh selbst das Gebiet zwischen Aachen und der Maas zur Weinlandschaft. Diese Region ist für uns Heutige eines der Kernlande des Bierkonsums schlechthin.

Um das Jahr 900 herum gab es die vermutlich erste gesetzliche Regelung zur Beachtung von Sorgfalt und Reinlichkeit beim Keltern von Wein. Unter anderem war es fortan aus hygienischen Gründen verboten, »Trauben mit Füßen zu treten«. Der Weinbau wurde zu einer der wirtschaftlichen Säulen des fränkischen Reiches – von den Pyrenäen bis zum Fuß der Karpaten.

Während der Adel auf gerodeten Flächen große Landgüter anlegen ließ, wuchs auch die wirtschaftliche Bedeutung der Klöster, die insbesondere durch Schen-

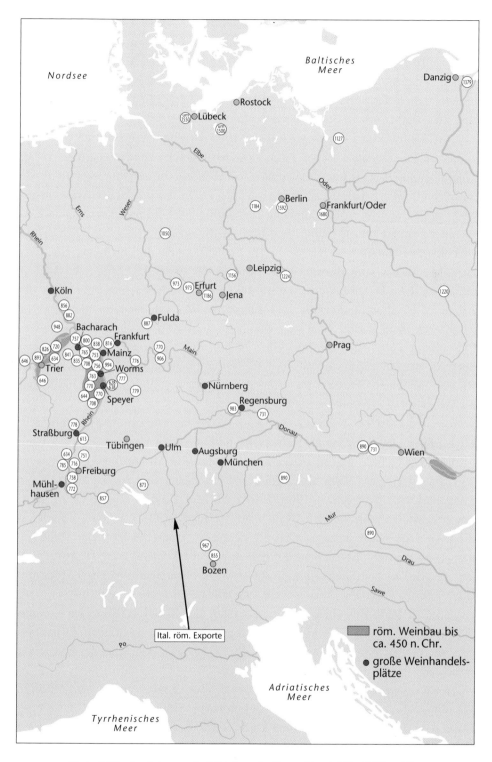

Karte 6: Die Ausdehnung des Weinbaus in Deutschland 600–1500 n. Chr.

kungen in den Besitz auch von Weingärten gelangten. Für die christliche Liturgie war Wein unabdingbar, gleichwohl waren die Klöster anfangs keine Acker- und Weinbau betreibenden Orte, sondern Stätten des Betens, der Askese und der spirituellen Nähe zu Gott. Erst als sich in klerikalen Kreisen zunehmend die benediktinische Schule des »Ora et Labora« (Bete und Arbeite) durchsetzte, traten Krankenpflege und Landwirtschaft neben Seelsorge und Spiritualität. Herausragend in Kolonisation und Urbarmachung war um 1000 das Benediktinerkloster des heiligen Bonifazius in Fulda. Neben Fulda kam den Klöstern Lorsch (gegründet 764), gegenüber von Worms, und Weißenburg (heute Wissembourg) eine zentrale Rolle im frühmittelalterlichen Weinbau und -handel zu. In der nördlichen Schweiz gewann das Kloster St. Gallen ähnliche Bedeutung. Sein frühester nachgewiesener Rebbesitz reichte bereits bis ins Elsass und das Breisgau.

Hildegard von Bingen (1098–1179), Benediktinerin und bis heute eine verehrte Mystikerin, sang als erste Frau vom Lob des Weins. Die fränkische Adelige trat in das Kloster Disiboden, eine iro-keltische Gründung, ein, erlebte dort die Arbeit im Weinberg und erfuhr die Heilkraft des Weins in der Literatur. Heute ist das Kloster eine Ruine, aber sein Weinberg wird vom Weingut Klostermühle, Odernheim a. d. Glan (Weinbaugebiet Nahe), noch immer bewirtschaftet. Von dort aus betrieb Hildegard die Gründung des Frauenklosters St. Ruprecht bei Bingen am Rhein, das zum Zentrum ihrer Lehre der Einheit von Mystik und Heilkunst auf der Grundlage der Diätetik wurde.

Ihr Credo lautete: »Das ganze Leben des Menschen ist ein Gespräch mit dem Heil«. Darin wird der Wein als Naturkraft und Geheimnis beschrieben. »Der Wein ist das Blut der Erde und ist in der Erde wie das Blut im Menschen.« Hildegard von Bingen empfahl Wein als Gegenmittel bei Fieber und Appetitlosigkeit, bei Lungenerkrankungen und als Blutbildner nach dem Aderlass. Ebenso ratsam sei er gegen Zorn, Trübsinn und den »Rauch der Melancolia«. Doch sie wusste auch um die Folgen des Missbrauchs, welcher die »Sinne des Menschen bloßlegt«. Dennoch verurteilte sie eine übertriebene Enthaltsamkeit; die Folge sei eine »Schwerfälligkeit *(gravitas)* an Leib und Geist«. In ihrem Werk *Naturkunde* beschrieb Hildegard »De Vite« wie folgt: »Die Rebe enthält eine feurige Hitze und Feuchtigkeit ..., dass sie dem Saft der Reben einen ganz eigenartigen Geschmack verleiht.« Im Kontrast dazu steht der Hopfen, »De Hoppho«: »Hopfen ist warm und trocken. Er hat keinen besonderen Nutzen, weil er Melancholie bewirkt, den Sinn der Menschen traurig macht und die Eingeweide beschwert.«

Der Wein war den Deutschen nicht nur ein Rauschmittel, er gab auch Anlass zu kosmologisch-anthropologischen Konzeptionen in Philosophie und Theologie. Dafür steht der Theologe und spätere Kardinal Nikolaus von Kues, genannt Cusanus (1401 zu Kues – 1464 zu Todi/Umbrien). Neuzeitliches wissenschaftliches Denken vorwegnehmend, entwickelte er eine Erkenntnistheorie, derzufolge menschliches

Abbildung 23
Bingen am Rhein, mit Blick auf Rüdesheim und den Johannisberg (19. Jh.)

Wissen auf Messen und Vergleichen beruht. Der Gegensatz von *spiritus* versus *corpus* (Geist versus Körper) wird verbunden durch eine »Mixta natura«, das gemeinsame Durchdringen der Erkenntnis mittels Verbindung in der Seele. Zu Mariae Himmelfahrt hielt er 1451 in Deventer (Holland) im Kloster »Zum Haus der Brüder im Gemeinsamen« seine berühmte Rede zur philosophischen Bedeutung des Weins. Ihr philosophischer Hintergrund ist die Einheit und die Teilhabe des Vielheitlichen an ihr. »In unserem Geist empfangen wir den Geist Gottes, wie die Traube in ihrem Geist den Sonnen-Geist; und unter der Einwirkung des Geistes Gottes bringen wir in unserem Geist vielfache göttliche Frucht«. Von »göttlicher Frucht« und Cusanus' sozialem Wirken zeugt heute noch das prächtige St.-Nikolaus-Hospital in Bernkastel-Kues an der Mosel. Er und seine Geschwister legten den Grundstein für das heutige Altenstift mit seiner wertvollen Bibliothek. Es finanziert sich bis heute vom Erlös seiner Weinberge an den Hängen der Mosel. Seine Weine sind vor Ort in der Cusanus-Klause zu verkosten. Später sollte nur noch der Spiritus Rector eine Rolle in der deutschen Philosophie spielen. Womit nicht behauptet ist, Deutschlands Philosophen gingen von nun an trocken durch die Welt. Immanuel Kants stark schwankenden Gang durch das nächtliche Königsberg infolge seiner Liebe zum Roten beschreibt Michel Onfray in seinem Buch *Der Bauch der Philosophen*.

Die herausragendsten Verdienste um den deutschen Weinbau sind ohne Zweifel dem Mönchsorden der Zisterzienser zuzurechnen, einem 1098 im burgundischen Cîteaux gegründeten benediktinischen Reformorden. Er gab sich ein agrarwirtschaftliches Programm: » ... die Mönche unseres Ordens müssen von ihrer Hände Arbeit, Ackerbau und Viehzucht leben. Dafür dürfen wir zum eigenen Gebrauch besitzen: Gewässer, Wälder, Weinberge, Wiesen, Äcker (abseits von den Siedlungen der Weltleute), sowie Tiere ... Zur Bewirtschaftung können wir nahe oder ferne Höfe beim Kloster haben, die von Conversen beaufsichtigt und verwaltet werden.« Dank ihres Tatendrangs und ihrer Fertigkeiten steigerten die Zisterzienser Produktivität und Verbreitung des Weinbaus und machten ganz Deutschland zu einer der großen Weinbauregionen Europas. Vom Kloster Corvey aus wurden der Mindener und Münsteraner Raum dem Wein erschlossen, vom Kloster Lehnin bei Potsdam aus wurden Weingärten an Havel und Oder angelegt. Klöster in Lüneburg und Stralsund brachten den Weinbau an die Ostsee. Die Zisterzienser von Pforta (heute Schulpforta) kultivierten die Hänge an Saale und Elbe. Kloster Grüssau brachte den Wein nach Schlesien. Bei Thorn (Torun) an der Weichsel hatte unter der Ägide des Deutschritter-Ordens der Wein eine Heimat gefunden. Im Rheingau zeugt das bedeutende Kloster Eberbach heute noch als hessische Staatsdomäne – wie Schulpforta als Landesweingut von Sachsen-Anhalt – von der Weinbauzivilisation der Mönche. Für den Weinanbau kann die Arbeit der christlichen Brüder nicht hoch genug eingeschätzt werden, waren sie doch die Hüter und Bewahrer, aber auch die Vermittler önologischen Fachwissens. Sie waren gebildet genug, die antiken Schriften zu studieren und die überlieferten Erkenntnisse über den Weinanbau lebendig zu erhalten. Neuere Forschungen zum Inventar von Klosterbibliotheken brachten vielerorts lateinische Abschriften der Agrarliteraturen der römischen Antike ans Licht, führend hier die Schriften Catos und Plinius des Älteren.

Bald reichte der Wein der Mönche allein nicht mehr aus, den Bedarf zu decken, dazu war er zu begehrt. Ließen sich doch durch ihn hohe Einnahmen für den Erzeuger wie auch für die Mächtigen erzielen. »Der Weinbergbesitz und besonders die Weingefälle der Klöster und der Geistlichkeit haben sich im 15. Jahrhundert ... weiter vermehrt, aber auch zu dieser Zeit übernahmen nur die Klöster gerne das Risiko der eigenen Bewirtschaftung, die Landesherren gaben ihnen ihre eigenen Besitzungen, obgleich sie dieselben umsonst in der Fron bauen lassen konnten, gern in Erbstand oder zu Lehen; dagegen legten sie auf Weinbezüge in natura den größten Wert«, so Bassermann-Jordan. Und die Bezüge waren für den Adel nötig, da in der Zeit des Barocks die Festkultur mächtig anwuchs. Der Autor weiter: »Bei Einzug, Durchreise, Krönung, Jubiläum und dergleichen Festivitäten von Fürstlichkeiten wurden von Städten und Volk immer reichere Geschenke an Wein dargebracht, wo man früher eine ›Flasche‹ überreicht hatte, wurden jetzt ein oder mehrere Fuder übergeben.« Vom Mittelalter bis in die Zeit des Barock war Wein das Getränk der Deutschen. Wie sehr, bezeugt Luther:

»Es muss ein jeglich Land seinen eigenen Teufel haben, Welschland seinen, Frankreich seinen. Unser deutscher Teufel wird ein guter Weinschlauch sein und muss Sauf heissen ... Und wird solch ewiger Durst ... Deutschlands Plage bleiben bis an den Jüngsten Tag ... der Sauf bleibt ein Allmächtiger Abgott bei uns Deutschen« (aus *An den christlichen Adel deutscher Nation*).«

Der Weinbedarf war ein Motor des Handels im Heiligen Römischen Reich Deutscher Nation. Aus den Annalen der damals bedeutenden Handelsstadt Nürnberg wissen wir, welche Dimensionen dieser Handel hatte. Allein die Größe des Weinmarktes (Sebalder Altstadt) mit eigenem Weinstadel im Weinmarktviertel spricht davon. Er war der zentrale Umschlagplatz für Wein von Main, Neckar, Tauber, Rhein und Donau sowie für Gewürze des Orients und die Luxuswaren aus Venedig. Denn Wein war für die städtische Bevölkerung keineswegs nur ein Genussmittel, sondern auch ein Grundnahrungsmittel, da die Trinkwasserqualität unzureichend war. So stellte der Wein das wohl am stärksten obrigkeitlich überwachte Handelsprodukt dar. Neben dem korrekten Geschäftsablauf (an einem Markttag kamen in Nürnberg bis zu 100 Fuder Wein in den Handel) stand vor allem das fiskalische Interesse im Blickpunkt. Zentrale Amtshandlungen waren die Qualitätsprüfung durch den »Weinkieser« und die Mengenfeststellung durch den »Visierer«.

Dabei war Nürnberg nicht einmal der bedeutendste Handelsplatz: Nach dem führenden Bordeaux kam Köln, das Weinhaus der Hanse in Europa. Hier schlugen die Mönche des Klosters Eberbach – nach Abzug des Eigenbedarfs – ihre Überproduktion los. Der Rhein bot sich als ideales Transportmittel an, und so gründeten sie ein »Weinhaus« am Stapelplatz Köln. Dort hatten sie das Recht, neben dem Handel auch Wein »zu verzapfen«, also einen Ausschank zu betreiben. Bereits 1175/76 hatten die Kölner Weinhändler in London ein königliches Privileg erworben, welches ihnen den Absatz ihrer Weine zu den gleichen Bedingungen wie den Franzosen erlaubte. Ihr Hauptaugenmerk galt aber der Kontrolle des flandrischen Marktes mit Brügge, dem Welthandelsplatz nördlich der Alpen. Dort erwarben sie die Konzession, Rheinwein auszuschenken. Unter dem Begriff Rheinwein wurden auch die Weine aus dem Elsass, von Mosel, Neckar und Main verkauft. Als Hansemitglied expandierten sie weiter nach Norden: über Hamburg und Lübeck drangen sie nach Danzig, in die baltischen Städte Riga und Reval (Tallinn), die nordischen Königreiche und bis nach Nowgorod vor. So verbreiteten die Kölner mit ihrem Produkt auch das Verlangen nach Rheinwein in Nordeuropa. Damals scheint die Geburtsstunde des rheinischen Kapitalismus eingeläutet worden zu sein. In Bremen, Hamburg und Lübeck saßen die Spediteure und füllten nebenbei ihre berühmten Ratskeller mit exquisiten Vorräten an. Bremen war dazu noch der

Importeur für französischen Rotwein aus dem Bordelais. Dass auch Spätburgunder vom Rhein nach England kam, dafür sprach die dortige Bezeichnung »Black Hambourg«.

Nicht nur Köln handelte mit Wein. Weitere bedeutende Märkte waren Ulm für den Umschlag von Neckar- und Donauweinen, Frankfurt am Main für den Elsässer Wein und Leipzig für die Belieferung Norddeutschlands. Nicht umsonst bekundet der Volksmund:

> Zu Bacharach am Rhein
> Zu Klingenberg am Main
> Und Würzburg am Stein
> sind die besten Wein.

Bacharacher war lange Zeit in England und Holland ein Synonym für Rheinwein und Bacharach bis ins 17. Jahrhundert hinein nach Köln der wichtigste Weinhandelsplatz am Rhein, nicht zuletzt wegen seiner Lage an den Rheinstromschnellen. Die Weinfässer mussten hier in flachere Schiffe umgeladen werden.

Gerade an Bayern, Sachsen und Thüringen, die heute nicht mehr im Ruf eines Weinlandes stehen, zeigt sich die Intensität des frühen deutschen Weinbaus. Dass große Flüsse Transportadern von Kultur waren, gilt auch für die Donau. Seit dem Wirken des heiligen Emmeran im 8. Jahrhundert wissen wir halbwegs gesichert vom Weinbau an der bayerischen Donau. Um 700 schon hatte das Salzburger Kloster St. Peter Weingärten bei Regensburg. Die Stadt war umgeben von Wein, der Ortsteil »Winzer« spricht heute noch davon. Als Zentrum der Christianisierung der Bajuwaren entwickelte die Stadt mit ihren Klöstern und Kirchen auch große Nachfrage. Die Weingärten reichten westwärts beiderseits der Donau bis Kehlheim. Von Kehlheim kennt man heute nur noch sein berühmtes Weizenbräuhaus mit dem Champagner-Weißbier.

Das südwestlich davon liegende Hügelland der Hallertau um Abensberg war ebenfalls Weinland. Heute ist es das Weltzentrum des Hopfenanbaus. Östlich von Regensburg waren die Hänge um Donaustauf voll mit Rebgärten. Leo von Klenzes Walhalla, der deutsche »Olymp«, wurde in einen aufgelassenen Weinberg hineingebaut. Die Ortschaften Bach und Kruckenberg zeugen heute noch vom Weinbau bis ins Jahr 1062 zurück. Unter der Pergola sitzend bei Elbling und »Obatzt'n«, in Bach bei Hans dem Winzer mit Blick auf den Strom und in die Ebene des reichen Gäubodens, da erahnt man etwas vom Wein in Niederbayern und der Lust der Römer, hier zu siedeln. Dass sich der Weinbau bis nach Passau zog, davon sprechen heute nur noch Ortsnamen, wie »Winzer« bei Vilshofen oder in Passau Flurnamen wie »Weinleithen«. Der bayrische Familienname »Weinzierl« geht auf die Tätigkeit als Winzer zurück.

Die Donauhänge waren nur ein Weinbaugebiet von vielen. Im großen Stil, wie in Burgund, wurde im Hügelland von Landshut bis an den Inn bei Passau angebaut. Die Isarhänge von Landshut bis Landau, das Rottal (heute das bekannte Bäderdreieck) zwischen Isar und Inn, von der Donau bis an die Ufer des Chiemsees – all diese Regionen glichen bis ins 16. Jahrhundert einem grünen Meer aus Reben.

Von der berühmten »Landshuter Hochzeit« im Jahre 1475 geben Kirchenbücher und die Urkunden Zeugnis: Herzog Heinrich der Reiche führte Jadwiga, polnische Königstochter aus Krakau, in Landshut vor den Altar. Anlässlich der Hochzeit wurden 170 Eimer (der Eimer zu 60,4 Liter) heimischen Landshuter Weins in der Stadt und Burg Trausnitz getrunken, ausländischer Wein nicht mitgerechnet. Auch wenn es heute kaum denkbar erscheint: Niederbayern war eine Weinbauprovinz.

Schauen wir in den Norden nach Thüringen: Ein Meer an Reben gab es dort nicht zu sehen, aber im Mittelalter waren 430 Weinbauorte verzeichnet. Erfurt mit circa 30 000 Einwohnern im 16. Jahrhundert hatte innerhalb seiner Gemarkung 2 000 Hektar Rebfläche. Dies war die größte Weinbaufläche in der Nähe einer deutschen Großstadt. Am hellen Strand der Saale reihte sich bis Rudolstadt und Saalfeld tief im Thüringer Wald Weinort an Weinort. Jena war mit einem 700 Hektar großen Weinberg das Zentrum des Weinbaus an der Saale. In der Literatur wird es vom 15. bis 18. Jahrhundert als Weinbauernstadt bezeichnet, da in der Mehrheit Ackerbürger die Besitzer der Weingärten waren. Als 1558 die Universität gegründet wurde, wuchs der Bedarf. Professoren hatten das Schankrecht für Bier und Wein im eigenen Haus und waren (als Einzige!) von der Tranksteuer befreit. Dieser Sonderstatus sorgte für viel böses Blut in Jena. Das Schankrecht für Professoren war in Deutschland allgemein verbreitet. Auf diese Weise versuchte der Magistrat gute Lehrer zu bekommen um den Ruf der Stadt zu verbessern und um die Universität für Studenten attraktiv zu machen.

Sachsen im Osten hat die eigenwilligste Weinbautradition in Deutschland, deren Beginn 1161 in einer Schenkungsurkunde des Markgrafen Otto des Reichen an die Kapelle St. Egidii in Meißen nachgewiesen wird. Vom Bischofssitz Meißen aus wurde der Weinbau entlang der Elbe verbreitet. Im Elbtal waren es überwiegend Klöster, Hochstifte und Pfarrämter, die sich um den Wein sorgten. Als Dresden 1485 zur Residenzstadt wurde, begann die eigentliche Entwicklung. Im Jahr 1548 gab Kurfürst Moritz von Sachsen folgende Dienstanweisung an die Weinmeister: »In guten Jahren, wenn ein glücklich Weinwachs zu vermuthen, die besten und reifesten Beeren sondern und auslesen zu lassen.« Dies ist die erste urkundliche Forderung nach Weinqualität in Deutschland. Bis dahin trank man um des Rausches willen. Kurfürst August ließ um 1560 rheinische Reben an die Winzer zur Qualitätsförderung verteilen, später kamen Rebsorten aus Ungarn und Frankreich dazu. Dresden bekam sieben Zeughauskeller, jeder mit einem Fassungsvermögen von 250 Eimern. Die Stadt Meißen wurde das Weinhandelszentrum Sachsens mit Böhmen und Österreich.

Die sächsische Regierung verfügte auf Klagen ihrer Winzer schon 1670 protektionistische Maßnahmen mit dem »Aussetzen und Trinken von Rhein-, Mosel-, Neckar- und Frankenweinen für alle Bürger und Handwerker«. Dadurch wurde das Elbtal von Torgau bis zum Elbsandsteingebirge ein Weingarten. Für den sächsischen Weinbau war Dresden mit seinem Fürstenhof und die beispiellose kulturelle Blütezeit in der Ära des Dresdner Barocks seit dem 17. Jahrhundert ausschlaggebend. Die Qualitätsmaßnahmen setzten sich mit der Ansiedlung von Winzern aus Schwaben und der Gründung der »Sächsischen Weinbaugesellschaft« am 12. Februar 1800 durch weinkundige Bürger fort.

Wo einst so viel Wein angebaut wurde, da fragt man sich heute: Was ist geschehen? Was waren die Ursachen seines Niedergangs?

Um 1600 erreichte der Weinbau seine größte Flächenausdehnung in Deutschland, von da an ging es bergab. Je luxuröser die Sachsen in Dresden und Leipzig lebten, desto stärker bevorzugten sie süße Tropfen. Wein aus deutschen Landen hatte sehr oft den Ruf eines »Dreimänner-Weins«: Der Trinkende wird von einem Zweiten gehalten, damit er nicht in die Knie geht, ein Dritter füllt den Wein in ihn hinein, damit er nicht wegläuft unter Schüttelkrämpfen. Der gewandelte Geschmack trug – zusammen mit anderen Faktoren – zum Niedergang des deutschen Weinanbaus bei. So wurden edle Reben über Hamburg aus Spanien importiert, um in »Elbflorenz« und Leipzig die noble Gesellschaft zu erfreuen. Nur am Dreimänner-Wein kann es nicht gelegen haben, da nicht jeder Jahrgang in einer Weinregion dem Essig ähnlich war. Sonst gäbe es keine Loblieder und Preisgedichte auf den deutschen Wein, denn was einem nicht mundet, kann man nicht preisen. Dass viele deutsche Landstriche keine idealen Bedingungen hatten, scheint uns heute einsichtig: Im Hamburger Klima Wein anbauen? Verlorene Mühe!

Die älteren Weinautoren legen sich auf zwei Ereignisse fest: Klimaveränderungen und den Dreißigjährigen Krieg (1618–1648). War er die große Zäsur in der Geschichte des deutschen Weinbaus? In seinem Verlauf wurden ganze Landstriche mit entschlossener Brutalität nachhaltig verwüstet und Millionen von Menschen vertrieben oder getötet. Dieser Krieg warf Deutschland in seiner gesellschaftlichen Entwicklung gegenüber seinen Nachbarländern Jahrzehnte zurück. Durch ihn verödeten ganze Regionen, besonders in Nord- und Mitteldeutschland, wie es am Beispiel der Provinz Brandenburg gut dokumentiert ist. Die Zerstörung der Klöster und Vertreibung der Mönche durch protestantische Eiferer oder »Bilderstürmer«, insbesondere in Sachsen und Thüringen, beeinflusste Kenntnis und Weiterentwicklung des Weinbaus.

Nur Altbayern blieb mehr denn je katholisch und verabschiedete sich vom Wein. Bassermann-Jordan zieht ein klares Resümee aus der Geschichte des deutschen Weinbaus: »Weinbau braucht das so wichtige Gefühl der politischen Sicherheit.« Kriege sind die wichtigste Ursache für den Niedergang des deutschen Weinbaus, denn sie bewirkten nicht nur die Verteuerung des edlen Rebsaftes durch Verknappung, sondern auch die Zerstörung bzw. Verwilderung einer komplexen, sehr pflegebedürftigen Agrarkultur. In Weingebieten gilt heute noch die Winzerweisheit: »Wein will täglich seinen Herren seh'n !«[3]

Durch den großen Krieg hatte der Wein in Deutschland seinen Vorsprung gegenüber dem Bier verloren. Als Mönchen etwa in dieser Zeit der entscheidende technologische Sprung zur Haltbarmachung und zur Geschmacksverbesserung des Bieres gelang, war der Aufstieg des Biers als Handelsware vorgezeichnet. Bier war »Stadtnahrung« im deutschen Mittelalter und seine Braustätten blieben erhalten. Aus Köln wissen wir für das 14. Jahrhundert, dass die Bevölkerung hauptsächlich Bier trank – wegen des niedrigen Preises. In den Oberschichten galt nur Wein als akzeptabel. Im 15. und 16. Jahrhundert rühmte sich jede deutsche Stadt ihrer Bierspezialitäten. Vor dem Dreißigjährigen Krieg, gegen Ende des 16. Jahrhunderts, erlebte die Bierproduktion ihre heftigste Krise und der Weinbau blühte. Ursache dieser Entwicklung waren die Brauordnungen der Städte.

Anders in Bayern: Dort war das Braurecht schon 1520 ein Hoheitsrecht. Und das Brauwesen erfuhr eine zentrale Beaufsichtigung und Förderung. Ein Höhepunkt erfolgte mit der Gründung des Münchner Hofbräuhauses im Jahre 1589. Damit wollte das herzogliche Haus von teuren Bierprodukten aus Sachsen und Einbeck unabhängig werden. Und das Bier gewann ein feudales Prestige. Seitdem galt das Zitat eines vornehmen sächsischen Cavaliers: »Nirgends als in diesem Lande trinkt man nunmehr so gut und wohlfeil Bier als dort.« Die schnelle und einfache Produktion des Bieres und folglich seine schnelle Verfügbarkeit nach den schweren Kriegsjahren, verbunden mit dem Verfall der Weinbaukenntnisse, dürften entscheidend für den Rückgang des Weinkonsums in Deutschland gewesen sein. Zusätzlich aber müssen gesellschaftliche und kulturelle Veränderungen von großer Relevanz aufgetreten sein, die dazu führten, dass sich Deutschland fortan als Biernation definierte und den Wein zu einem Schattendasein verdammte.

Nun riss der Weinanbau nach dem Dreißigjährigen Krieg nicht schlagartig ab, aber nach und nach kristallisierten sich jene heutigen 13 Anbaugebiete der Bundesrepublik Deutschland heraus. Altbayern, der rechtsrheinische Norden und Preußen waren für den Weinbau verloren. Damit brach die Mehrheit der Deutschen aus der Traditionslinie der Weinkultur mit ihren romanischen Elementen heraus.

Nach dem Dreißigjährigen Krieg wurden die politischen Grenzen der deutschen Lande neu gezogen, sie waren in unzählige Kleinstaaten zerfallen. Auch für den Weinanbau begann eine neue Ära. Der Handel mit Wein geriet in eine Krise: Auf dem Weg vom Winzer zum Konsumenten wurden gleich mehrfach Zölle erhoben, die durch Preiserhöhungen ausgeglichen werden mussten. Wollte man diese umgehen, konnte man sich lediglich auf kleinere Absatzräume spezialisieren, die zu wenig Gewinn abwarfen, um in Qualitätssteigerungen investieren zu können. Die weniger begüterte Bevölkerung konnte sich schlechterdings keinen Wein mehr leisten. Das Volksgetränk Wein wurde nun zum Privileg der Reichen.

Ein Beispiel mag die Situation anschaulich darstellen: Berlin zählte vor dem Dreißigjährigen Krieg 1523 um die 90 Weingärten, allein um den heutigen Ortsteil Neukölln herum lagen 73. Nach dem großen Krieg gab es keinen mehr.

Justus Georg Schottel beschreibt die Situation in seinem zeitgenössischen Lustspiel *Friedens-Sieg:* »Aber was! Soll dies Land wol das Teutschland seyn? (...) Ich sehe durch und durch traurige Steintrümmer, leutlose Wildnissen hesliche Aschenhauffen; solte wol die ganzze Welt sich wider dis Land auffgemacht und versworen haben. Ich sehe Spanier Ungeren, Crabaten, Franzosen und Welsche, Lappen und Finnen, Sweden und Denen, Polen, Irren, Schott- und Engellender durch und durchziehen. Feinde dieses Landes künnen sie ja nicht seyn, alldieweil ich auch bey jedem Fremden Volke die Treuliebenden Teutschen sehe (...).« Wen wundert es da, dass der Weinanbau vorerst zu den nachrangigen Problemen zählte?

Nach der Parzellierung Deutschlands in einen konfessionellen Flickenteppich fanden sich neue Herren, die sich des ehemals klösterlichen Grundes annahmen und diesen als Stiftungen weitergaben. Die kirchlichen Duodezfürsten mit ihren Hochstiften dominierten schon bald mit dem weltlichen Adel den Weinbau. Trier, Speyer, Worms, Mainz, Würzburg und Bamberg bildeten sich als wieder erstarkende Zentren des kirchenfürstlichen Weinanbaus heraus. Die Kirchenfürsten waren sehr daran interessiert, wieder Wein zu kultivieren. Zum einen brauchten sie ausreichend Messwein für liturgische Zwecke, zum anderen hofften sie, auch den Weinhandel wieder zu seinen alten Höhen zu führen, denn sie benötigten sehr viel Kapital für höchst profane Anliegen. Der Bau bzw. Wiederaufbau ihrer Paläste und Residenzen, auch die Förderung der Künste zur eigenen Repräsentation, verschlang Unsummen. Diese sollten unter anderem durch den Gewinn versprechenden Weinhandel erbracht werden.

Die feudale Oberschicht war bemüht, ihre »Zehntherrschaft« zu restaurieren. Die meist Leibeigenen hatten für das überlassene Land den (ungefähr) zehnten Teil des Bodenertrages an die Obrigkeit abzuführen. Waren sie Winzer, so war ein Weindeputat (Competenz-Wein) abzuliefern. Die Herren forderten ständig, die Qualität des Weines zu erhöhen, da zunehmend Konkurrenz für den Rhein- und Frankenwein ins Land strömte. Die Kirchenfürsten lebten höchst feudal und sie prägten den Geschmack der Gesellschaft. Dem Dreißigjährigen Krieg folgte eine Epoche weltlich-geistlicher Herrlichkeit mit einer neuen höfischen Festkultur und ausschweifenden Feiern: das Barock. Die erschöpfte Gesellschaft, die den ständigen Todesgefahren durch Krieg und Pest entronnen war, überhöhte den Wein zu einem himmlischen, hymnischen Symbol. Diese Tradition wirkt in Deutschland bis in unsere Tage fort. Der Triumph des »beredeten Bacchus« über den »Schwarzen Tod« wurde in zeitgenössischen Kunstwerken gefeiert.

Ein Rausch war leicht durch den Genuss von Bier und Schnaps zu haben, aber die Hymnen des »Wir leben noch« verlangten nach edlem Wein. Fortan war dieser endgültig kein Volksgetränk mehr, sondern stand für das Besondere, Auserwählte. Die Elite verlieh dem Wein einen elitären Status, der wiederum sie selbst erhöhen sollte. Beachtenswert ist, dass Deutschlands heutige Weingebiete fast deckungsgleich mit den Zentren des deutschen Barock sind (außer Altbayern), so etwa im Fall von Dresden, Würzburg, Mainz, Koblenz, Trier, Mannheim und dem Bodenseeraum.

Im Kurfürstentum Mainz entwickelte sich eine der bedeutendsten deutschen Kulturlandschaften: die Landschaft am Mittelrhein mit dem wunderschönen Rheingau. Das dortige Zisterzienserkloster Eberbach entwickelte sich zu einem »monastischen Konzern« mit über 200 Wirtschaftshöfen, Kellereien und Weinumschlagplätzen. In steter Konkurrenz stand das Benediktinerkloster Johannisberg. In Schierstein (heute ein Ortsteil von Wiesbaden), dem eigentlich Tor zum Rheingau, lagen Weingärten des Mainzer Johannisstiftes. Der Großteil des Mainzer Stiftsbesitzes lag in den linksrheinischen Orten der Rheinterrassen wie Bodenheim, Laubenheim oder auch Nackenheim. Die Forschung zählt die Weingärten von St. Victor bei Weisenau, das Domstift St. Martin, das Ritterstift St. Alban, das Nonnenkloster Maria Dalheim bei Zahlbach und viele andere. In Mainzer Besitz befanden sich außerdem mehrere hundert Morgen Weinland rund um Hochheim am Main. Die Weingüter des Nonnenklosters Altmünster gab der Kurfürst in den Universitätsfonds. Vom Ertrag dieser Güter finanzierte sich ab 1781 die wiedergegründete Mainzer Universität. Mainz wuchs zu einem bischöflichen Weinhandelsplatz mit zahlreichen großen Kellergewölben heran, dessen Hauptabsatzgebiet das calvinistische Holland war.

Der Markt verlangte zunehmend nach Qualität statt Quantität. Dies war neu für die Winzer, die bislang eher gewohnt waren, einen riesigen Bedarf durch Massenproduktion zu decken. Die leibeigenen Winzer missachteten die Anordnungen zunächst, da sie den Zehntwein für ihre Fron lieber weiterhin als schlichten Gestreckten abliefern wollten, nicht als aufwändig zu kelternden und qualitativ hochwertigen Wein.

1672 ordnete der Abt von St. Clara zu Mainz, der die Weinberge im Rheingau kontrollierte, an, dass der gesamte gegebene Bestand (vornehmlich Rotweinreben) durch »Rissling-Holz« zu ersetzen sei. Zu dieser Zeit schrieb auch der Bischof von Speyer für seine Weinberge in Deidesheim in der Pfalz Riesling-Reben vor. Die Geburtsstunde der Ära dieser großen Rebsorte war von zahlreichen Konflikten geprägt.

Das bedeutende Benediktinerkloster St. Maximin zu Trier, das bereits im Mittelalter an 74 Stellen entlang der Mosel Wingerte besaß, ließ in diesen Jahren in der Umgebung von Trier Wald roden. 1695 ließ Abt Wittmann auf diesen Flächen über 100 000 Reben, überwiegend Riesling, pflanzen. Fürstabt Constantin von Fulda kaufte 1716 die Überreste des im Dreißigjährigen Krieg zerstörten Benediktinerklosters Johannisberg im Rheingau und errichtete an seiner Stelle ein Schloss. Den zum Rhein abfallenden, großartigen Südhang ließ er über fünf Jahre hinweg mit 200 000 Riesling-Reben pro Jahr bepflanzen und begründete damit ein Weingut von Weltruf. Die Setzlinge stammten aus Flörsheim am Main, also aus der unmittelbaren Nachbarschaft, vom Sitz der Grafen von Katzenelnbogen.

Doch nicht alle setzten so entschieden auf den Riesling: Die Fürstbischöfe von Würzburg hatten sich dem Silvaner verschrieben, der – über die Donau nach Franken und in die Pfalz gekommen – als »Österreicher« geführt wurde. Ins habsburgische Transsylvanien (Siebenbürgen) ausgewanderte Pfälzer brachten die Rebe mit zurück in die alte Heimat an den Rhein.

In Baden engagierte Markgraf Karl Friedrich sich zwar mit dem verordneten Anbau des dort so genannten »Klingelberger« für den Riesling, doch seine besondere Zuneigung gehörte dem Gutedel – im Elsass »Chasselas« genannt. Für den Anbau dieser Sorte führte er Gutedelholz aus Vevey am Genfer See ein und machte damit das Markgräflerland südlich von Freiburg im Breisgau zum Gutedelland. Gutedel ist die älteste heute noch bekannte Rebsorte auf deutschsprachigem Gebiet. Ampelografen konnten ihre über 5 000 Jahre zurückliegende Herkunft aus der Oase El Fajjum, 280 km südwestlich von Kairo in Ägypten, nachweisen. Diese Rebart scheint mit griechischen Händlern über Schmugglerwege durch die libysche Wüste parallel zum Nil nach Europa gebracht worden zu sein. Der »Spiegel« berichtete über die sensationellen Funde deutscher Archäologen: Im ägyptischen Herrschaftsbereich gab es Schleichwege unter griechischer Kontrolle.

War der Gutedel früher weit verbreitet, beschränkt sich sein Anbau heute auf das Gebiet zwischen Basel und Freiburg im Breisgau, die südwestlichste, wärmste Ecke Deutschlands.

Baden wird auch als »Burgunderland« bezeichnet. Neben dem weißen Elbling, noch aus der Spätantike bekannt, ist die Traube des Blauen Spätburgunders als früheste klassifizierte Rebsorte in Deutschland bekannt. Die Zisterzienser brachten sie 1135 nach Kloster Eberbach. Der heute unbekannte Klebrot war der »fränkische« Wein des Karolingerreiches, der den Weinbau im Mittelalter dominierte. Er galt als der »bessere« Wein neben dem »hunnischen oder huntischen« Wein, wie der

Weinforscher Bassermann-Jordan ausführt und er dürfte die Vorrebe des Spätburggunder gewesen sein.[4]

Solange der Weinanbau von feudalistischen Strukturen beherrscht war, wurde der Anbau hochwertiger Sorten per Gesetz und Strafe durchgesetzt. Fürstbischof August von Speyer war besonders erbost, dass bei der Erhebung des Zehnten die guten Sorten, »Ruland, Dromener (Traminer), Rissling«, beseitigt worden waren und ihm der Zehnte aus anderen Weinsorten entrichtet worden war. 1782 ordnete er die Ausrottung von Rebsorten vermeintlich geringerer Qualität unter Androhung von Strafe an: » ... durch Anstellung von Tagelöhnern auf seine Kosten (des Winzers) ausgehauen und derselben noch anbei mit 10 Reichsthaler Strafe angesehen werden.« Diese Verordnung wurde mehrmals erneuert und erweitert.

An Bedeutung gewann eine weitere Burgunderrebe, der Ruländer. Während des Barock breitete er sich rasch in der Pfalz aus. In einem aufgelassenen Weingarten in Speyer fand der Kaufmann Ruland die verwilderte Rebe des Pinot Gris und kümmerte sich um Veredelung und Verbreitung. Als Grauburgunder feiert der Ruländer heute neue Triumphe. Auch der Weißburgunder (Pinot Blanc), der im Südwesten der Republik auch die Namen Klävner oder Clevner trägt, zählt zu dieser Gattung.

Etymologisch ist es höchst interessant, Dialekte hinsichtlich der Einordnung von Rebsorten zu untersuchen. Die Müllerrebe (im Schwäbischen auch Schwarzriesling) ist eine Mutation des Pinot Noir und somit keine Riesling-Traube. Als Kaiser unter den Weinen in Deutschland darf wohl der Riesling gelten, dessen Herkunft bis heute spekulativ ist. 1490 wurden »Russlinge« bei Worms erwähnt. Manche Autoren führen den Namen auch auf das Ried (Weingarten) Ritzling bei Joching in der Wachau zurück. Dass der Riesling (Russling) schon im späten Mittelalter am Rhein angebaut wurde, ist unbestritten.

Damals wurde selten ein Weinberg mit einer einzigen Rebsorte bepflanzt. Man verlangte nicht, so wie wir heute, reine Weine, der »vermischte Satz« an Rebkulturen war die Norm. In den meisten Wingerten wuchsen mehrere Rebsorten, deren Trauben nach der Lese zusammen gekeltert wurden. Erst spät, ab dem ausgehenden 17. Jahrhundert, setzte sich der Rheinriesling als *der* Qualitätswein an Rheingau, Mosel, Saar und Ruwer durch. Von da an war es noch ein langer Weg bis zur Weltgeltung des deutschen Weines.

Gegen Ende des 18. Jahrhunderts sprach Fürstbischof Clemens Wenzeslaus in Trier ein Machtwort. Seinen Untertanen gab er sieben Jahre Zeit, die Rebkulturen an der Mosel zu ändern. Länger sollte seine Herrschaft auch nicht dauern. Die Mönche vom Kloster Eberbach begannen 1761, eine Mauer um die berühmte Lage »Steinberg« zu bauen: zum Schutze der Riesling-Reben vor Diebstahl. Der »Mauerwein« vom Steinberg wurde zum »Lieblingstropfen der Mönche«.

Dem Wettstreit um Qualität zwischen Eberbach und Schloss Johannisberg im

Rheingau ist die erste Klassifizierung für Wein in Deutschland zu verdanken: der
»Kabinett«-Wein. Die Riesling-Traube bewies von Jahr zu Jahr ihre Qualität durch
späte Reife und Widerstandskraft gegen jede Witterung. Durch Auslese der besten
Trauben – gesondert im »Cabinet«-Keller – kam der Wein zu seinem Namen. Der
Kabinett-Wein war geboren, benannt nach dem »Cabinet« als Aufbewahrungsort
besonderer Dinge.

Der Zufall verhalf einem besonderen Wein zum Durchbruch: 1753 wurde in
Steinberg ein Fass allein aus faulen Trauben angesetzt. Das Ergebnis überzeugte:
Dank dem Botrytis-Pilze war ein süßer Riesling Edelfäule herangereift – später
ein edler Tropfen. Dem Niederländer van Leeuwenhoek, einem der Erfinder des
Mikroskops, gelang es 1687 erstmals, den Fungus Botrytis cinerea auf Rheingauer
Trauben nachzuweisen. Dem Rheingau haben wir weitere wichtige Entdeckun-
gen zu verdanken: Hier fand 1775 die erste offizielle Spätlese statt. Ausschlaggebend für diese Entdeckung war typisch deutsche Ordnungsliebe: Da die Erlaubnis
zur Lese stets vom Besitzer gegeben wurde und Schloss Johannisberg im Besitz des
Abtes vom Kloster Fulda lag, sandte der Verwalter Engert dem Abt die Nachricht,
in Anbetracht des Wetters wäre mit Fäulnis zu rechnen. Der Kurier des Abtes
brauchte mit der Antwort so lange, dass der Johannisberg bei seiner Ankunft voller
fauler Trauben hing. Sie wurden dennoch gekeltert und siehe da: Die »Spätlese«
war erfunden, eine weitere Rieslingspezialität.

Die deutschen Fürstenhöfe des 18. Jahrhunderts pflegten Lebensart nach französischem Stil und das aufkommende Bürgertum orientierte sich am Geschmack der
Obrigkeit. Jeder Provinzfürst imitierte den Hof in Versailles. »Très chic« war die
gehobene Konversation in französischer Sprache, Deutsch war die Sprache der lu-
therischen Pfarrer und der Amtsstuben, der Bauer sprach den Dialekt seiner Landschaft.

Geistlicher wie weltlicher deutscher Adel gab sich in der Manier des französischen Rokoko. »Schäferspiele« standen hoch im Kurs; ebenso alles, was Luxus und
Galanterie versprach. Genuss war das Motto der Zeit. Neuartige Waren, möglichst
selten und exotisch, wurden importiert. Kaffee, Tee und Schokolade trafen den
Geschmack der Damen bei Hof, und auch den der Künstler. Die Herren zogen
den Tabak vor, der ihre Kabinette rauchschwängerte. Pikanterien waren zu Tages-
und Nachtzeit gefragt. Der Adel importierte ungeheure Mengen des jüngst erfun-
denen Champagners sowie andere Feinkostartikel aus Frankreich.

Wolfgang Schivelbusch hat in seinem Buch *Das Paradies, der Geschmack und die
Vernunft*[5] versucht, die gesellschaftliche Herausbildung des deutschen Bürgertums
anhand seiner Geschmacksbildung aufzuzeigen. Die Epoche vom späten 18. bis
zur Mitte des 19. Jahrhunderts bezeichnet er kulturhistorisch als »die Elegante«. Es
ist wohl die einzige Epoche in der deutschen Kulturgeschichte, die diese Einord-

nung verdient. In den Jahrzehnten vor der Revolution von 1848 pflegten Schriftsteller und Dichter französische Leichtigkeit.

Zum Glück gab es die Frauen. Und sie verlangten nach einem Getränk, das leicht in den Kopf stieg, beflügelte, ohne betrunken zu machen, und zu einer Leichtigkeit bar jeglicher falschen Moral und Strenge in diesem ach so schweren Lande verführte. Natürlich entging den Männern der Wert des Champagners in Bezug auf eine »amour fou« mitnichten. Das spritzige Getränk, das jener französische Mönch in der Champagne entdeckt hatte, galt manchem fortan als kulturelle Großtat der Menschheit. Der weltweite Siegeszug des Champagners spricht dafür.

Der hohe Preis des Getränks weckte Konkurrenzgelüste auch in deutschen Landen. 1826 wurde bei Georg Kessler in Esslingen am Neckar im Königreich Württemberg ein erster Champagner (so durfte er damals noch heißen) hergestellt. Kessler trat 1807 in die Dienste der französischen Witwe Clicquot zu Reims in der Champagne. Nach dem Tod ihres Mannes übernahm die 27-jährige Nicole-Barbe Clicquot-Ponsardin das bedeutende Champagnerhaus. Ihrer Tatkraft und ihrem Küchentisch ist die geniale Erfindung des Rüttelpultes zu verdanken. Unzufrieden mit den Trübstoffen im Champagner bohrte sie Löcher in ihren Küchentisch und sie hatte die geniale Idee, die Flaschen kopfüber hineinzustecken, sodass sich die Trübstoffe im Flaschenhals sammelten. Beim Öffnen wurden sie durch den Überdruck aus der Flasche herausgepresst. In zeitlichen Abständen nahm sie die Flaschen heraus, rüttelte sie und steckte sie wieder zurück. 1806 war die »Veuve«, wie sie in Reims genannt wurde, mit ihrer »Mèthode remuage« Stadtgespräch. Ihr Kellermeister André Müller experimentierte weiter: Auf ihn geht die Idee zurück, den Flaschenhals in einem 45-Grad-Winkel ins Pult zu stecken.

Bei dieser jungen, tatkräftigen Witwe Clicquot wurde der Schwabe Georg Kessler zunächst mit der Führung der Geschäftsbücher betraut. Nach und nach kam die Verantwortung für den Weinkeller dazu. 1821 überzeugte er Madame, nach Deutschland zu expandieren und das Gut Neuhof bei Heilbronn sowie weitere Anwesen bei Esslingen zu kaufen. Mit der Gründung seines eigenen Sekthauses trennte er sich 1826 von Veuve Clicquot. Erst 1961 entschied der Bundesgerichtshof endgültig, dass 1826 das tatsächliche Geburtsjahr des deutschen Sektes ist und das die Firma G. C. Kessler zu Esslingen sich »Deutschlands älteste Sektkellerei« nennen darf. Die heutigen Besitzer gehören nicht mehr zur Familie Kessler.

Die Komplexität der Sekterzeugung legt nahe, dass diese Änderung der Besitzverhältnisse von langer Hand geplant gewesen sein musste. Die Rüttler und Dégorgeure trainierten heimlich auf Gut Neuhof, während Madame Clicquot in Reims weilte. Einige Monate vor seiner Geschäftseröffnung heiratete Kessler die Tochter eines württembergischen Ministers von Adel. Die Patronage stimmte, das Marketing griff. Die »Württembergische Wein-Verbesserungs-Gesellschaft« schrieb 1829,

»… dass der von Herrn Kessler in Esslingen fabrizierte moussierende Wein (Champagner) die ausländischen Gattungen dieser Art heute ganz verdrängt und dessen Wohlgeschmack die Überzeugung gewährt, dass, wenn Herr Kessler fernerhin sich bemüht, solche Weine aus den edlen vaterländischen Trauben zu bereiten, man des Auslandserzeugnisses wird füglich entbehren können.«[6] Der König von Württemberg heftete dem »Urvater des Cleverle« Medaillen und Orden an die Brust und die württembergische Nation trank fortan Kessler. Wehe dem Patrioten, der zum nicht vaterländischen Sekt oder gar zu Champagner griff.

Kessler war zwar derjenige, der in Deutschland das erste Sekthaus gründete, aber er war nicht der erste Deutsche, der Schaumwein produzierte. Es sollte der Emigrant Florenz-Ludwig Heidsieck aus Westfalen sein, der 1785 das Stammhaus Heidsieck & Co. zu Epernay auf die Beine stellte. Mehrere Deutsche versuchten ihr Glück in Frankreich: Bollinger aus Württemberg, Deutz & Geldermann aus Aachen, Johann-Josef Krug aus Mainz, Jean-Baptiste Lanson, Louis Roederer, Pierre Taittinger, um nur einige der Deutschen zu nennen, die in der Champagne ihr Glück suchten. Edouard Wehrle (heute Werlè), Sohn eines hessischen Posthalters, war der treueste Partner von Veuve Clicquot und zugleich Bürgermeister der Stadt Reims.

Diese klangvollen Namen, die noch heute die Etiketten französischer Champagnerflaschen zieren, muten kurios an. Sie rühren daher, dass deutschstämmige Männer in ein eingeführtes Champagnerhaus in Frankreich einheirateten. Deutsche wurden im 19. Jahrhundert gern dort eingestellt. Bekannt für ihre vermeintliche Sprachbegabung, galten sie als ideale Handelsvertreter für das Ausland. Zweitens betrachtete die französische Aristokratie den Handel als ehrenrühriges Metier und schickte lieber andere (darunter Deutsche) vor, Geschäfte in ihrem Namen zu tätigen. Drittens schätzte man den Geschäftssinn der Deutschen und besonders ihre angeblich besonders leserliche Handschrift, weshalb sie gern mit der Buchhaltung und Büroarbeiten betraut wurden. Bald wussten die »Gastarbeiter« besser Bescheid als die Eigentümer, da konnte es schon mal von großem Interesse sein, ihnen die eigene Tochter zur Ehe zu versprechen. So blieb alles in der Familie, wenn auch unter deutschem Namen. Der Nationalismus war als Idee erst im Entstehen.

Zurück nach Deutschland: 1849 gab es hier bereits 43 Sekt erzeugende Betriebe. Viele verschwanden nach kurzer Zeit wieder. Der Innovativste unter den Gründervätern kam nicht aus dem Westen, sondern aus dem Osten des Reiches: aus Schlesien. Um Grünberg (heute Zielona Góra in Polen), zwischen den Flüssen Bober und Oder, existierte eine Weininsel von immerhin 720 Hektar, bestockt mit Silvaner, Traminer und Burgunder. Ende des 19. Jahrhunderts destillierten dort 14 »Kognakfabriken« zwei Millionen Liter Wein zu Weinbrand. Aus dieser Gegend kam Carl Samuel Häusler, ein typisches Genie der Gründerzeit: Erfinder von Holz-Zement-Flachdächern mit Balkon, Veredler von Obstsorten, Buchhalter,

Sekretär und Tuchmacher. Er begann 1822 mit der Erzeugung von 22 000 Litern Apfelwein, welcher damals nur im Rheinland verbreitet war. 1824 erzeugte er den weltweit ersten Apfelschaumwein, den er frechweg »Champagner« nannte, ohne je in der Champagne gewesen zu sein.

Der Bischofsheimer Kellermeister Jörg Stier hat dem vergessenen C.S. Häusler mit der Namensgebung seines großartigen Apfelschaumweins nach der Méthode champagnoise in unseren Tagen ein würdiges Denkmal gesetzt. Häusler wechselte ins zweite schlesische Weinbaugebiet, nach Hirschberg (Jelenia Góra) im Riesengebirge. Die Region ist noch heute eines der östlichsten Weinbaugebieten in Europa. Dort nahm er neben dem Obstschaumwein auch die Produktion von Sekt auf und gründet eine schlesische Sektkellerei. 1828 erschien sein »Champagner moussé«, ein Verschnitt aus Grünberger und französischen Weinen. Zur gleichen Zeit wurde auch in Preußen und in Württemberg deutscher Sekt angeboten. Infolge der Kleinstaaterei litt der Handel mit Wein immer noch unter Regulierungen und Zollschranken. Erst 1834 wurde der deutsche Zollverein gegründet, der die Zollschranken zwischen den deutschen Ländern aufhob. Danach boomte der Absatz, wobei bis 1986 zur Herstellung »deutschen« Sekts keineswegs deutscher Wein verwendet wurde. Erst ein Bundesgesetz von 1986 erforderte die Herstellung von »deutschem Sekt« auf der Grundlage deutschen Weines. Selbst heute sind gut 85 Prozent der erzeugten Sekte mit ausländischen Billigweinen verschnitten. Die deutschen Sektkellereien wandelten sich ab 1850 zu Industriekellereien. 1872 war das Produktionsvolumen auf vier Millionen Flaschen gestiegen; es verteilte sich auf zwölf große Sekterzeuger. 1870/71 endete der Deutsch-Französische Krieg mit der Niederlage Frankreichs und der deutschen Reichsgründung zu Versailles. Berlin wurde die Hauptstadt des Deutschen Kaiserreiches unter Führung Preußens. Chronisten berichten von Siegesfeiern unter Strömen von vaterländischen Getränken. Wer etwas auf sich hielt, feierte mit Sekt der Hauptstadtmarke »Lutter & Wegener«.

Eine Anekdote berichtet, dass in diesem berühmten Berliner Künstlerlokal durch eine Verwechslung der Begriff »Sekt« für den Schaumwein erfunden wurde. Kolportiert wird, dass der seinerzeit bekannte Schauspieler Ludwig Devrient (ein Freund der Romantiker) eines Abends im Jahre 1825 sein Lieblingslokal »Lutter & Wegener« betrat und dabei Shakespeares *Falstaff* zitierend ausrief: »Bring mir einen Becher *Sack,* Schurke!« Der eilfertige Kellner kannte die Bedeutung des Wortes »Sack« im Englischen für Sherry nicht und reichte ein Glas Champagner.

Die deutschen Schaumweinhersteller fühlten sich immer im Schatten des Champagners und führten französisch anmutende Etiketten ein, um der vermeintlichen Geringschätzung entgegenzuwirken. Seit 1890 muss »deutscher Sekt« per Verordnung immer ein Sekt oder ein Schaumwein sein, die Bezeichnung »Champagner«

verbot sich, da Frankreich die Bezeichnung als Marken- und Gebietsschutz für die Champagne juristisch durchsetzen konnte. Seit der Belle Epoque eine unbezahlbare Marke! Sie genießt einen ganz besonderen Nimbus, welcher in den Separées der besten Restaurants eine besondere Erwartung in den Augen der Gäste glitzern lässt.

Bismarck soll sich als Reichsgründer auf französischem Boden eindeutig über den deutschen Sekt geäußert haben. Anlässlich eines Empfanges bei Kaiser Wilhelm II. nippte Bismarck an einem Glas deutschen »Champagners«, setzte jedoch sein Glas schnell wieder ab. Auf die fragenden Blicke des Kaisers gestand der Kanzler daraufhin, dass er keinen Sekt trinke. Der Kaiser bemerkte spitz, dass er Bismarcks Lieblingschampagner Heidsieck aus ökonomischen und patriotischen Gründen nicht servieren könne, woraufhin Bismarck erwiderte: »Eure Majestät, ich bedaure, aber mein Geschmack geht über meinen Patriotismus«.

Bereits 1902 wurden elf Millionen Flaschen Sekt produziert, sodass der Finanzminister Wilhelms II. das ehrgeizige Flottenprogramm für die imperialen Allüren des Kaisers unter anderem durch eine Sektsteuer zu finanzieren gedachte. Fünfzig Groschen jeder verkauften Flasche flossen für den Bau von Panzerkreuzern in die Kriegskasse. Zur Sektsteuer kamen wenig später die Banderolensteuer, die Staffelsteuer und die Mehrwertsteuer hinzu, sodass 55 Prozent des Preises einer Sektflasche an den Fiskus floss. Lediglich zwischen 1933 und 1939 wurde der Sekt nicht mit einer Steuer belegt, offenbar, um die Deutschen für die absehbar schlechten Zeiten bei Laune zu halten. In den Kriegsjahren des Zweiten Weltkriegs griffen die Nationalsozialisten auf die erprobte Finanzierungsmethode zurück und führten einen Kriegszuschlag auf Champagner ein. Als 1945 alles in Schutt und Asche lag, senkte die junge Republik den Beitrag auf drei Mark und beseitigte mit diesen Mitteln die Trümmer.

Nach Gründung der Bundesrepublik hieß die Sektsteuer wieder Sektsteuer und wurde auf eine Mark pro Flasche gesenkt – die Verkaufszahlen stiegen wieder. Trotz Erhöhung der Steuer 1962 auf 1,50 Mark und 1982 auf 2,00 Mark stieg der Absatz rapide. Das westdeutsche Wirtschaftswunder war nicht aufzuhalten, auch eine Steuererhöhung um weitere 50 Pfennige ließ den Absatz nur kurz einbrechen. Von 1970 bis 1977 stieg der Verkauf von 137 Millionen Flaschen auf 238 Millionen Flaschen.

Die Wiedervereinigung von West und Ost trieb im Jahre 1991 die Sektfreude der Deutschen auf einen vorläufigen Höhepunkt, zu diesem Zeitpunkt wurden bereits 438 Millionen Flaschen abgesetzt. Bereits drei Jahre später wurde die Marke von einer halben Milliarde überschritten. Inzwischen wird an Sekt mehr als das Doppelte des Weltumsatzes an Champagner abgesetzt. Bei all den Zahlen fällt eines auf: Deutscher Sekt wird so gut wie nicht exportiert. Über die Gründe lässt sich nur spekulieren. Der önologische Bewerter des Auktionshauses »Christie's« schreibt beispielsweise:

»Kurzum: Sekt ist ein mäßiges Produkt ohne persönliche Note und deshalb für den kritischen Genießer auf dem internationalen Markt nicht von großem Interesse. Doch es gibt auch Hoffnung: Während die Sektherstellung in den neunziger Jahren von ca. 400 auf 500 Millionen Flaschen wuchs, erhöhte sich im gleichen Zeitraum die Zahl der Sekthersteller von 200 auf 1 300. Dieser Anstieg um 550 Prozent bei den Herstellern im Verhältnis zum 25-prozentigen Zuwachs in der Produktion bedeutet, dass eine neue Generation von Winzern Sekt in kleinen Mengen herstellt. Tatsächlich gibt es 1 164 Hersteller (1998), die weniger als 2 000 Kisten (à 12 Flaschen) pro Jahr erzeugen. Das heißt konkret, dass 90 Prozent aller Sekthersteller weniger als ein Prozent der jährlich verkauften Flaschen produzieren.«

Der Optimismus ist berechtigt, zeigt dieses eine Prozent der Winzersekte doch bereits, was möglich ist. Doch sie sind für den Verbraucher nicht leicht ausfindig zu machen: Das Produktionsvolumen ist gering, und hochwertige Sekte müssen reifen, sie brauchen Zeit, um sich zu entwickeln. Die Nachfrage ist riesig, das Angebot schmal.

Die Zentren der industriellen Sektproduktion liegen in Trier, rund um Koblenz, in der Region um Wiesbaden und bei Freiburg an der Unstrut im Bundesland Sachsen-Anhalt. Dort, in einem der neuen Bundesländer, wurde die größte Erfolgsstory deutschen Sektes geschrieben: die Geschichte vom »Rotkäppchen«. Sie begann anno 1857 mit der Gründung der Freyburger Champagner-Fabrik-Gesellschaft. Als Kellermeister wurde Monsieur Julen Robin von der Mosel herbeigerufen, um die heimischen Weine zu verschäumen. Dieser Sektpionier Mitteldeutschlands scheint ein glühender Nationalist gewesen sein. Seine Gesellschaft hatte in ihren Statuten festgeschrieben, nur heimische Weine in vaterländischer Manier zu moussierenden Produkten, also zu »imitiertem Champagner« umzuwandeln. Trotz guter Startbedingungen war der Konkurs unabwendbar. Zwei der Gesellschafter, Kloss & Foerster, witterten angesichts der bürgerlichen Gründerepoche in Berlin und Sachsen als aufsteigenden Industrieregionen Deutschlands neue Chancen. Am Hochzeitstag des einen, Herrn Kloss, sollten die ersten eigenen Sektkorken knallen. Schon 1885 ahnten sie, dass ein gutes Marketing Gold wert sein würde. Teil ihrer PR-Strategie war die Eröffnung der Gaststätte »Deutsches Sekthaus H. F. Knabe« in der Mauerstraße in Berlin. Dort, im Regierungszentrum des aufstrebenden Reichs, suchten sie ihre Kundschaft. Ihr Pioniergeist riet ihnen, den ersten Sektwaggon Deutschlands in Betrieb zu nehmen. Er war mit Polstern ausgeschlagen, damit die Flaschen heil nach Berlin kamen. Vorab schickten sie ihre Sekte auf mehrere Südpolexpeditionen, um sich bestätigen zu lassen, dass sie Reise und extreme Temperaturen ausgezeichnet überstehen können. Mit solchen Methoden konnte man die Berliner beeindrucken. Der Umsatz florierte, und 1899, am Ende des Jahrhunderts des Eisenbahnbaus, setzte die Firma einen Jubiläumszug mit 78 500 Flaschen Rotkäppchen-Sekt ein. Der erste Sektzug in der Eisenbahngeschichte sorgte für ein großes Echo in der Presse. Für ein Riesenfass von 120 000 Litern (das entspricht dem Inhalt von 60 000 Flaschen) wurde eigens ein Kuppelgewölbe gebaut. Dieses Fass ist heute noch zu besichtigten. Rotkäppchen war in Mitteldeutschland der Sekt für den besonderen Anlass der kleinen Leute. Dank ausgefeilter PR und guter Werbegrafik kannte man ihn lange bevor er dann wirklich legendär wurde. Doch berühmt machte ihn erst deutsch-deutsche Tragik. Rotkäppchen-Sekt war zum Staatssekt der DDR avanciert und heiß begehrt, wenn es bei Staatsfeiern und Familienfesten etwas lockerer hergehen durfte. Leider war die Produktion oft der Planungswillkür unterworfen und nicht der Nachfrage. So kam Rotkäppchen auf abwechselnd zwischen vier und sieben Millionen Flaschen für den Westexport, die Staatsfeiern der Nomenklatura, Begrüßungen und Verabschiedungen von Delegationen, Geburtstagsfeiern von Betriebsdirektoren, LPG-Vorsitzenden und Kaderleitern, der Rest für das Staatsvolk der DDR unter der Ladentheke zu beziehen oder per Westmark im Intershop. Dank sozialistischer PR-Strategien, Bedarf durch Mangelwirtschaft zu wecken, wurde Rotkäppchen mehr und mehr zum Mythos, der Begehrlichkeiten weckte. Für Millionen von Transitreisenden zwischen BRD und Westberlin war Rotkäppchen außerdem ein preisgünstiges Souvenir: Während der Durchreise für fünf Westmark aus dem Autobahn-Intershop zu beziehen. Mit dem Zusammenbruch der DDR war das Märchen nicht zu Ende. Rotkäppchen-Sekt wurde zum Wirtschaftswunderkind des Ostens und entwickelte sich in den nächsten zehn Jahren mit 46,9 Millionen verkauften Flaschen im Jahr 2000 zur größten gesamtdeutschen Sektmarke nach Umsatz. Mit einem Marktanteil von 16,8 Prozent am deutschen Sektmarkt hatte Rotkäppchen die Marktführerschaft übernommen. Kein Krimsekt, kein Champagner spiegelt in vergleichbarer Weise jüngste politische Geschichte.

So wie deutscher Sekt vor deutscher Geschichte nur so sprudelt und damit »flüssige« Erinnerung verkörpert, so ist es auch mit dem Wein. Die Ereignisse der Französischen Revolution brachten Europa in Bewegung, auch der Weinanbau war davon nicht unbeeinflusst. Das Menetekel der Französischen Revolution hielt durch die Säkularisation des kirchlichen Besitzes Einzug auch in deutsche Gaue, die Demokratisierung Deutschlands unter napoleonischem Einfluss schuf die Voraussetzung für die Herausbildung eben jener Bourgeoisie, die als junge, aufstrebende Klasse auch dem Champagner und dem Sekt zum Durchbruch verhalf, wie wir im vorhergehenden Abschnitt gesehen haben. Dieser bürgerliche Aufstieg vollzog sich in überraschenden Sprüngen. Der enteignete Kirchenbesitz wurde an die Länder des Rheinbundes verkauft. Große Weingüter entstanden. Begüterte, vielfach städtisch verwurzelte Weinhändler (etwa in Mainz, Koblenz oder Frankfurt am Main) kauften Land. Die verlangten Sicherheiten für Kapital und Boden wurden durch die Zivilverwaltung gewährt. Die Besitzverhältnisse änderten sich auch unter Mitwirkung des Adels und es entstanden neue Geschäftsbeziehungen zwischen Grundbesitzern und städtischen Kapitaleignern. Das beste Beispiel bot Fürst Metternich, indem er von der Abtei Fulda das Schloss Johannisberg im Rheingau erwarb und sich mit dem Frankfurter Bankhaus Rothschild zusammentat. Nur auf dieser Basis konnte das berühmte Weingut Johannisberg entstehen. Frankfurt wurde zur Drehscheibe des neuen Weinhandels.

Der Bankier Bethmann gründet seine Bank mit dem Kapital des Weinhändlers Adam Jakob. Der geschäftliche Erfolg der Stadt beruhte auf dem Weinhandel, der die Basis mancher Frankfurter Bankhäuser bildete. Der Magistrat der Freien Reichsstadt Frankfurt am Main war sich der Chancen der neuen Zeit bewusst und griff beim Kauf der besten fürstbischöflichen Weinlagen in Hochheim am Main zu. 1803 wurde in dem Dorf ein Weingut gegründet, es sollte das einzige Weingut im Besitz einer deutschen Großstadt bleiben. Seitdem genießt der Wein der Lage Domdechant bürgerlichen Hautgoût und die Frankfurter Gourmets genießen schon zum Auftakt des Menüs »Domdechants Weinbergschnecken«.

Die Winzer an Rhein und Mosel wurden von den Franzosen von Zehnt, Fron und Zöllen befreit und bekamen so die Möglichkeit, Lehen in Besitz umzuwandeln. Auf eigenem Besitz wurde ganz anders gewirtschaftet, ein entscheidender Qualitätssprung gelang nicht nur einzelnen Weingütern in klösterlicher Hand. Für kurze Zeit sollten die Freiheitsbäume der Französischen Revolution im Zentrum rheinischer Volksfeste stehen.

Die Niederlage Frankreichs durch England, Österreich, Preußen und Russland in der »Völkerschlacht« bei Leipzig 1813 brachte die politische Restauration unter Österreichs Führung. Preußen versuchte, die Regionen an Rhein und Mosel zu preußischen Rheinprovinzen umzuformen, verzettelte sich jedoch angesichts der Zähigkeit des Katholizismus. Das berühmte Kloster Eberbach etwa wurde preußische Staatsdomäne und bekam jenen Adler auf dem Etikett verpasst, der Weinkenner bisweilen leicht erschauern lässt.

Berlin regierte für hundert Jahre am Rhein und die Rheinpfalz fiel in bayrische Hand. Ludwig I. errichtete in seiner Münchner Residenz ein überdimensionales Weinlokal zur Absatzerweiterung seiner Pfälzer Winzer. Dieses ist heute noch im Betrieb des Freistaates, wenn auch die Pfalz inzwischen unabhängig ist. Trotz herrschender Restauration nach dem Wiener Kongress lebten die liberalen Ideen in den linksrheinischen Gebieten weiter und wanderten gen Osten über den Rhein. Auch Winzer zogen im deutschen Vormärz 1832 mit »schwarzen Fahnen« zum Freiheitsfest auf Schloss Hambach und schlossen sich den 30 000 Teilnehmern und ihren Forderungen nach Freiheit und Demokratie an. Die bereits erwähnte Gründung des deutschen Zollvereins im Jahr 1834 linderte ihre Absatzschwierigkeiten durch Schwinden der Zollschranken.

Abbildung 24
Die Stadt Frankfurt und die Winzer der Umgebung profitierten gleichermaßen voneinander.
»Das Mainufer mit dem Weinmarkt am Fahrtor«. Gemälde von F. W. Hirt (18. Jh.)

Der junge Trierer Karl Marx beschreibt in einem seiner ersten Artikel (1842) für die *Rheinische Zeitung* das Elend der Winzer in den Moseldörfern. Im Elend kann kein guter Wein entstehen, aber der Mensch will sich Gutes tun. Die politischen Ereignisse führten zur ersten demokratischen Nationalversammlung (1848) in der Frankfurter Paulskirche, zu Barrikaden und Aufständen in Berlin, Dresden, Wien und Frankfurt, vom Bodensee rheinabwärts durchs badische Land in die Rheinpfalz. Im badischen Rastatt, umgeben von den Rebgärten der Ortenau, liess der preußische »Kartätschen«-Prinz das Freiheitsheer zusammenschießen. Nichts kennzeichnet die Situation um 1848 so gut wie das Zitat aus einer Rede in der Paulskirche: »Der Wein braucht die Republik, damit jedermann genießen kann, wie ein König.«

Leider ist die Geschichte des Alltags der Parlamentarier der Paulskirche von 1848 noch nicht geschrieben. Doch eines kann man jetzt schon sagen: Die Ge-

Abbildung 25
Weinschatzkammer im Kloster Eberbach

schichte des deutschen Liberalismus prägte auch den deutschen Weinbau. Einige Abgeordnete waren Weingutbesitzer, wie der berühmte »rote Fitz« aus Bad Dürkheim. Er trug die schwarze Fahne der notleidenden Winzer zum »Hambacher Fest«. Bereits 1850 exportierte er Sekt aus der 1837 gegründeten Sektkellerei. Dieser drittälteste Sekthersteller Deutschlands und der erste der Pfalz existiert heute noch.

Ende des 19. Jahrhunderts führte die Reblaus im deutschen Weinbau zu einer großen Krise. Die erste große Reblausepidemie befiel um 1881 Deutschlands schönsten »Rotweingarten«, die Weinregion an der Ahr. Von dort aus breitete sie sich in allen Regionen aus, bis 1905 entschlossene Gegenmaßnahmen ergriffen wurden. Besonders betroffen waren die Gebiete an Unstrut und Elbe. Allerdings litten alle Weinbauländer Europas gleichermaßen unter der Reblausseuche.

Seitdem reduzierte sich der Weinanbau auf die heute noch existierenden Anbauregionen. Der Historiker H. Tappe bringt die Situation in seiner Studie *Auf dem Weg zur modernen Alkoholkultur*[7], in einer Zwischenüberschrift unter: »Das Getränk der Wenigen: der Wein«. Der Norden erzeugte Bier und Industriebranntwein für die Elendsquartiere der Mietskasernen, die Kleinbürger und die Landarbeiter der großen Güter. »Industriebranntwein« ist natürlich ein Euphemismus, denn diese Flüssigkeit beinhaltet keinen Tropfen Wein. Qualitative Unterschiede liegen nur in der Qualität der Bodenkultur. Im Westen, etwa Westfalen und Niedersachsen, dominiert der Korn, im Osten, wie Brandenburg, Pommern und Schlesien, dagegen der Kartoffel-»Branntwein«.

Für den Süden schreibt der konservative Schriftsteller Moritz Saphir: »Bayern bewegt sich morgens zum Bier und abends vom Bier zurück.« Nur Baden blieb dem Wein treu.

Im Norden und Osten des Kaiserreiches stellte sich jeder Großagrarier eine Schnapsbrennerei auf das Gutsgelände, einerseits um bei Überproduktion dem Preisverfall von Getreide und Kartoffeln entgegenwirken zu können, andererseits um seinen Landarbeitern einen Teil des Lohnes mit Selbstgebranntem auszuzahlen. Als Weinkonsumenten blieben die Kaufmannschaften von Bremen und Hamburg und daneben Großbürgertum und Adel in Berlin und in nordöstlichen Regionen. Wein war überwiegend ein Luxusgut zu besonderen Anlässen. In der Weimarer Republik war der Pro-Kopf-Verbrauch 1920 auf drei Liter im Jahr gesunken. 1925 schloss die erste Republik im Interesse der Expansion der deutschen Elektro- und Schwerindustrie einen Handelsvertrag mit dem Königreich Spanien und öffnete im Gegenzug den Weinmarkt für spanische Verschnittware. Danach ähnelte die deutsche Weinproduktion einer Konkurslandschaft.

Die Winzer hofften auf das nationalsozialistische Regime. Der deutsche Weinbau im »Dritten Reich« ist bislang kaum erforscht, es existieren lediglich vereinzelte Aufsätze über die Rheinpfalz. Die Pfalz ist erwähnenswert, da ihr Gauleiter Bürckel eine gigantische Inszenierung plante, die letztlich am fehlenden Interesse des Nazi-Regimes am Wein scheiterte. Bürckel setzte bei Hitler die Genehmigung zur Errichtung der »Deutschen Weinstraße« durch. Dazu gehörte das »Deutsche Weintor« bei Schwengen (in Blickrichtung der französischen Grenze); es sollte die PR-Inszenierung für den Pfälzer Wein sein und zugleich die nationalsozialistische Ideologisierung einer Provinz fördern. Die letzten freien Wahlen zeigten eine Umschichtung von Wählerstimmen hin zur NSDAP. Viele Winzer erwarteten offenbar durch Bürckels Einfluss in Berlin, dass die Parole »Deutsche, lasst des Weines Strom sich ins ganze Reich ergießen« ihre Absatzprobleme lösen würde. Doch da hatten die Wein-Nationalisten die Rechnung ohne den deutschen Wirt gemacht, denn zum Nationalsozialismus gehörte untrennbar die Kultur des Biertrinkens. Zwar zeigte sich die NS-Elite in Berlin nach 1933 immer etablierter und demonstrierten in der Öffentlichkeit mit dem Weinglas in der Hand Seriosität. Aber die Wirklichkeit der NS-Kultur war von anderer Natur. Bedenkenswert, dass es nur Studien von einem US-Amerikaner und einem Schweizer Wissenschaftler zur »Drunken Society« der Ära zwischen 1933 und 1945 gibt.[7] Wein wurde in Berlin erstmals zur Olympiade 1936 im großen Maßstab ausgeschenkt (durch die Weinhandelsfirma Hahnhof). Damals sollte der Weltöffentlichkeit das Weltmännische des Regimes auch durch deutschen Wein demonstriert werden. Auffallend ist, dass sich die Aristokratie und das industrielle Großbürgertum mit Kenntnissen über edlen Bordeaux und feinen Riesling von der kleinbürgerlichen Nazi-Elite abgrenzte. Erst mit Beginn des Zweiten Weltkriegs profitierte der Weingroßhandel vom System, da das Offizierskorps an der Ost- und Nordfront mit Sonderrationen bei Laune gehalten werden sollte.

Mit der Befreiung 1945 öffneten sich auch dem deutschen Wein neue Wege. »Cheap and sweet« lautete die Devise der Besatzer und auch der geschlagenen Deutschen, besonders die amerikanischen GIs liebten die »Liebfrauenmilch«. Langsam, aber stetig ging es aufwärts, wenn auch der Wein noch nicht richtig am Wirtschaftswunder West partizipierte. Eher wollten die Westdeutschen durch Konsum von Whisky-Verschnitten oder Kognak Napoléon ihre Zugehörigkeit zur westlichen Hemisphäre demonstrieren. Doch einige deutsche Weine waren dennoch präsent.

»Amselfelder«, die deutsche Rotweinmarke mit dem praktischen Schraubverschluss, kannte jeder – vom Tante-Emma-Laden bis zum Supermarkt. Die gymnasiale Jugend versuchte sich schon am Fremden: ochsenblutfarbener, gezuckerter Lambrusco aus der praktischen Zwei-Liter-Flasche brachte Schülerpartys in Stimmung. Die frühen Jahre der Bundesrepublik Deutschland profitierten von einer Weinindustrie, die preiswerte, identifizierbare Stapelware mit hoher Süßreserve für Supermärkte lieferte.

Immer mehr Deutsche reisten zu Urlaubszielen am Mittelmeer, insbesondere nach Italien. Sie lernten die italienische Küche – und die landestypischen Weine – kennen und schätzen. Mit dem Siegeszug von Pasta und Pizza in Deutschland kam auch hierzulande wieder Wein auf den Tisch, man schätzte es wie in Bella Italia: Gelächter und Gesang mit der Chiantiflasche bei Sonnenschein. Die Nachfrage nach Wein stieg zunehmend.

1973 erschütterte ein Skandal die Weingenießer: Österreichische Weinproduzenten hatten Hunderttausende Hektoliter gepanschten Weins über deutsche Händler an die Supermärkte geliefert. Im Wein war Glykol. Ein findiger österreichischer Lebensmittelchemiker fand heraus, dass dieses Frostschutzmittel, das sonst für Autokühler benutzt wurde, ein wunderbar preiswerter Zuckerersatzstoff war. Das hochgiftige Glykol ließ den westdeutschen und österreichischen Weinmarkt völlig zusammenbrechen, sodass auch die ehrlichen Winzer beider Nationen in Existenznot gerieten. Der Siegeszug ausländischer Weine in die deutschen Supermarktregale begann.

Bald folgte der nächste Skandal, diesmal ein hausgemachter. 1983 deckte die Staatsanwaltschaft die gesetzlich verbotenen Manipulationen der Süßreserve von

Prädikatsweinen und Erzeugerabfüllungen mittels Flüssigzucker im großen Stil auf. Selbst der Präsident des deutschen Weinbauverbandes, Werner Tyrell, hatte sich an der jahrelangen Verzuckerung von Prädikatsweinen beteiligt. Das Vertrauen in deutsche Weine war endgültig dahin.

Erst eine neue Generation von Winzern vermochte neue Chancen zu eröffnen. Eine TV-Sendung von Christian Rischert unter dem Titel »Die Weinmacher« informierte eine breite Öffentlichkeit darüber, dass es nicht allein in Italien und Frankreich eine Elite von Winzern gibt, sondern auch im deutschen Weinbau: Junge Winzer hatten einen Generationswechsel von Masse zu Klasse eingeleitet. Daneben hatten einige wenige ältere Herren schon immer Qualität gepflegt und an ihre Stammkundschaft in der Wirtschaft abgesetzt. Rischert porträtierte deutsche Winzer mit einem neuen selbstbewussten Charisma, mit einem geradezu philosophischen Blick für den Wein.

Ein neuer moderner Geist wurde in eleganten, feinsäurigen deutschen Rieslingweinen erkennbar. Eine neue junge Weinmacher-Elite trat innerhalb von zehn Jahren mit Weinen alter Namen wie Riesling, Grauburgunder, Spätburgunder, Gutedel, Trollinger und Lemberger an und führte sie zu einer Qualität, die zuvor niemand vom deutschen Weinbau, außer vielleicht bei Rieslinggewächsen, erwartet hätte. In allen 13 deutschen Weinanbaugebieten finden sich diese jungen Kreativen. Ihre Weine sind auch Ausdruck einer neuen Geisteshaltung in diesem Lande: Vielfalt und Individualität gegen Gruppengeist und Sklavenmentalität. Sie verließen das eigene Anbaugebiet, sahen sich in Europa um, reisten und bildeten sich weiter, reduzierten den Rebanbau und setzten modernste Kellertechniken ein. Auch bei den Konsumenten zeigte sich das Interesse am Wein in einer breiteren Öffentlichkeit: Neue Weinliteratur und Weinmagazine fanden ihre Kunden. Ein junger Engländer publizierte ein Standardwerk über den Riesling.[8] Bemerkenswerterweise haben Engländer mehr Interesse an der Qualität deutschen Weins und seiner Rezeption gezeigt als die Deutschen selbst. In diesem Zusammenhang war das Erscheinen des Gault-Millaut über die deutschen Weine von Bedeutung. Jetzt gab es jährlich eine Beurteilung der interessanten Weine und ihrer Winzer. Man beobachtete sich gegenseitig, was Ehrgeiz und Konkurrenz förderte.

Letztendlich war natürlich der Geschmackswandel ausschlaggebend, der fortan trockene Weine bevorzugte. Was nicht gegen die exzellent ausgebauten Spezialitäten des deutschen Weinbaus mit Süße gerichtet ist. Sie haben absolutes Weltniveau, nur sind sie so rar, dass sie kaum zu bezahlen sind. Es gilt, die qualitativ hervorragenden Weine von Neckar, Main, Rhein und Mosel – zunehmend auch von Elbe und Saale – neu zu entdecken.

Anhang

Historische Weinmaße

Im Laufe der Jahrhunderte wurde Wein in Behältern unterschiedlicher Größe gelagert und verschifft. Ihr Fassungsvermögen schwankte zwischen mehreren hundert Litern und dem drei Viertel Liter einer modernen Weinflasche. Die Größe der Behälter veränderte sich nicht nur mit der Zeit, sondern war auch von Ort zu Ort unterschiedlich. Ein Fass hatte in jeder Region Europas einen anderen Rauminhalt. Bisweilen wurden Versuche unternommen, das Fassungsvermögen zu vereinheitlichen, doch erst im 19. Jahrhundert ermöglichten moderne Herstellungstechniken eine zuverlässige Standardisierung. Die Umrechnung der alten in neue Hohlmaße kann heute nur zu Näherungswerten führen. Die im Text angegebenen Umrechnungen sind so exakt wie möglich, bleiben aber dennoch reine Schätzungen.

Das nachfolgende Verzeichnis enthält die Näherungswerte der im Text erwähnten Behälter.

Amphore

Die meisten Amphoren der Antike hatten ein Fassungsvermögen von 22 bis 30 Liter. Man rechnet mit einem Durchschnittswert von 25 Liter.

Butt

Im 15. Jahrhundert wurde in England das Fassungsvermögen eines Butt oder Fasses auf 573 Liter gesetzlich festgelegt. Moderne Butts zur Lagerung von Sherry haben einen Inhalt von 491 Liter.

Fass

»Fass« ist eher eine allgemeine Bezeichnung für einen Behälter als eine Maßeinheit. Im mittelalterlichen Florenz hatte ein Fass ein Fassungsvermögen von 45,5 Liter, in Pisa dagegen von 68 Liter. Ein englisches Fass konnte im 15. Jahrhundert bis zu 143 Liter Wein enthalten. Das Standardfass von Bordeaux, das heute weithin Verwendung findet, hat einen Inhalt von 225 Liter.

Flasche

Die Größe von Glasflaschen schwankte im Laufe der Zeit beträchtlich, weil jede einzeln geblasen wurde. Die heutige Weinflasche umfasst 0,75 Liter.

Gallone

Die englische Weingallone entsprach im Mittelalter etwa drei Liter, im 18. Jahrhundert 3,8 Liter. Die im Jahr 1824 standardisierte moderne britische Gallone entspricht 4,5 Liter, die amerikanische Gallone rund 3,8 Liter.

Leaguer

Leaguer wird als Hohlmaß für den Kapwein verwendet und entspricht 682 Liter.

Muid

Ein in Frankreich benutztes Hohlmaß, das von Region zu Region unterschiedlich berechnet wird. Ein *muid* waren im 17. und 18. Jahrhundert in Paris 268 Liter, in Montpellier dagegen 730 und in Roussillon 472 Liter.

Pièce

Ein Fass in Burgund, im Rhône- und Loiretal. Es entspricht 225-228 Liter.

Pipe, Pipa

Diese Maßeinheit für Wein von der iberischen Halbinsel schwankte zu Beginn der Neuzeit zwischen 454 und 573 Litern. Die moderne Pipe zur Lagerung von Portwein hat ein Fassungsvermögen von 523 Liter.

Tun

Eine englische Maßeinheit, entsprechend zwei englischen Pipes, also etwa 1 146 Liter.

Ausgewählte Literatur

Diese Bibliografie nennt nur die wichtigsten Bücher zur Geschichte des Weins. Weitere Bücher und Zeitschriftenartikel werden in den Fußnoten zitiert.

Adams, James du Quesnay, *Patterns of Medieval Society* (Englewood Cliffs, NJ: Prentice Hall, 1969).

Allen, H. Warner, *A History of Wine: Great Vintage Wines from the Homeric Age to the Present Day* (London: Faber and Faber, 1961).

Alsace: vignerons et artisans (Paris: Musées nationaux, 1976).

Ambrosi, Hans: *Das Weinkloster Eberbach im Rheingau.* Wiesbaden.

Ders.: *Wo grosse Weine wachsen.* München 1975.

Amerine, Maynard A. und Vernon L. Singleton, *Wine: An Introduction* (Berkeley, CA: University of California Press, 1965, überarbeitete Neuauflage Sydney: Australia and New Zealand Book Company, 1977).

Amouretti, Marie Claire und Jean-Pierre Brun (Hg.), *La production du vin et de l'huile en Méditerranée* (Athen: École française d'Athènes, 1993).

Arntz, Helmut: *Aus der Geschichte des deutschen Weinhandels.* Wiesbaden 1964.

Ders.: *Von Sektmarken, Champagnerfamilien und der Trinkkultur.* Wiesbaden 1995.

Ders.: *Frühgeschichte des Sektes.* Wiesbaden 1987.

Aspler, Tony, *Vintage Canada: A Tasteful Companion to Canadian Wines* (Toronto: McGraw Hill-Ryerson, 1993).

Bächtold, Kurt: *Geschichte des Weinbaus in der Ostschweiz.* Wiesbaden.

Barr, Andrew, *Drink* (London: Bantam Press, 1995).

Barr, Andrew, *Wine Snobbery: An Insider's Guide to the Booze Business* (London: Faber and Faber, 1988).

Barrows, Susanna und Robin Room (Hg.), *Drinking: Behavior and Belief in Modern History* (Berkeley: University of California Press, 1991).

Bassermann-Jordan, Friedrich v.: *Die Geschichte des Weinbaus.* Frankfurt/Main 1923

Beeston, John, *A Concise History of Australian Wine* (2. Auflage, Sydney: Allen and Unwin, 1995).

Benzinger, Immanuel: *Wein und Weinbau bei den Hebräern.* Leipzig 1908.

Bergweiler, P.H.: *Konzentration im Weinhandel, dargestellt an der Struktur des rheinland-pfälzischen Weinhandels.* (Diss.) Trier 1981.

Berman, Constance Hoffman, *Medieval Agriculture, the Southern French Countryside, and the Early Cistercians: A Study of Forty-Three Monasteries* (Philadelphia: American Philosophical Society, 1986).

Bernuth, Jörg: *Der Thüringer Weinbau.* Wiesbaden 1983

Blocker, Jack S. Jr., *American Temperance Movements: Cycles of Reform* (Boston: Twayne, 1989).

Blocker, Jack S. Jr. und Cheryl Krasnick Warsh (Hg.), *The Changing Face of Drink: Substance, Imagery, and Behaviour* (Ottawa: Publications Histoire sociale/Social History, 1999).

Blumröder, G.Ph.: *Vorlesungen zur Esskunst.* Leipzig 1838

Les Boissons: Production et consommation aux XIXe et XXe siècles (Paris: Comité des Travaux Historiques et Scientifiques, 1984).

Bourély, Béatrice, *Vignes et vins de l'Abbaye de Cîteaux en Bourgogne* (Nuits-St-Georges: Éditions du Tastevin, 1998).

Brears, Peter, *Food and Cooking in Seventeenth-Century Britain* (London: English Heritage, 1985).

Brennan, Thomas, *Burgundy to Champagne: The Wine Trade in Early Modern France* (Baltimore: Johns Hopkins University Press, 1997).

Brennan, Thomas, *Public Drinking and Popular Culture in Eighteenth-Century Paris* (Princeton: Princeton University Press, 1988).

Briggs, Asa, *Haut-Brion: An Illustrious Lineage* (London: Faber and Faber, 1994).

Briggs, Asa, *Wine for Sale: Victoria Wine and the Liquor Trade, 1860. – 1984* (Chicago: University of Chicago Press, 1985).

Brooks, Van Hyck, *The Wine of the Puritans: A Study of Present-Day America* (London: Sisley's, 1908, Nachdruck Folcroft, PA: J. Folcroft Library Editions, 1973).

Burford, Alison, *Land and Labor in the Greek World* (Baltimore: Johns Hopkins University Press, 1993).

Burgin, Gottfried: *Weinkultur in der Schweiz.* Bern 1975

Busby, James, *A Manual of Plain Directions for Planting and Cultivating Vineyards* (Sydney: R. Mansfield, 1830).

Busby, James, *A Treatise on the Culture of the Vine and the Art of Making Wine* (Sydney: Government Printer, 1825).

Busby, James, *Journal of a Tour through Some of the Vineyards of Spain and France* (Sydney: Stephens and Stokes, 1833).

Butel, Paul, *Les négociants bordelais: l'Europe et les Iles au XVIIIe siècle* (Paris: Aubier, 1974).

Butler, Frank Hedges, *Wine and the Wine Lands of the World* (London: T. Fisher Unwin, 1926).

Carlowitz, von: *Die Kulturgeschichte des Weinbaus.* 1846.

Cato, Marcus Porcius, *De agri cultura – Vom Landbau*, lateinisch–deutsch, hg. von Otto Schönberger (München: Heimeran Verlag, 1980).

Christoffel, Karl: *Die Kulturgeschichte des Weines.* Trier 1981.

Chrobak, Werner; Emma Mages (Hg.): *Ein Bayer in der Paulskirche.* Regensburg 1988

Coburger, Dieter: *Weinkultur an Saale und Unstrut.* Halle a. S. 1999.

Conroy, David W., *In Public Houses: Drink and the Revolution of Authority in Colonial Massachusetts* (Chapel Hill: University of North Carolina Press, 1995)

Conway, James, *Napa* (New York: Avon, 1990).

Craeybeckx, Jan, *Un grand commerce d'importation: les vins de France aux anciens Pays-Bas* (Paris: SEVPEN, 1958).

Crawford, Anne, *A History of the Vintners' Company* (London: Constable, 1977).

Croissance agricole du Haut Moyen Age: chronologie, modalités, géographie (Auch: Centre culturel de l'Abbaye de Flaran, 1990), S. 103. – 115.

Cushner, Nicholas P., *Lords of the Land: Sugar, Wine, and Jesuit Estates of Coastal Peru, 1600 – 1767* (Albany: State University of New York Press, 1980).

Dallas, Gregor, *The Imperfect Peasant Economy: The Loire Country, 1880 – 1914* (Cambridge: Cambridge University Press, 1982).

Davidson, James N.: *Kurtisanen und Meeresfrüchte.* Berlin 1999.

de Blij, Harm Jan, *Geography of Viticulture* (Miami: Miami Geographical Society, 1981).

de Blij, Harm Jan, *Viticulture in Geographical Perspective* (Miami: Miami Geographical Society, 1992).

de Blij, Harm Jan, *Wine: A Geographic Appreciation* (Totowa, NJ: Rowman and Allanheld, 1983).

de Blij, Harm Jan, *Wine Regions of the Southern Hemisphere* (Totowa, NJ: Rowman and Allanheld, 1985).

de Castella, Hubert, *John Bull's Vineyard* (Australien, 1886).

de Castella, Hubert, *Notes of an Australian Vine Grower* (Melbourne, 1882, Nachdruck Melbourne: Mast Gully Press, 1979).

de Langle, Henry-Melchior, *Le petit monde des cafés et débits parisiens au XIXe siècle* (Paris: Presses Universitaires de France, 1990).

Dickenson, John und Tim Unwin, *Viticulture in Latin America: Essays on Alcohol, the Vine and Wine in Spanish America* (Liverpool: University of Liverpool, Institute of Latin American Studies, Working Paper 13, 1992).

Die Römer an Rhein und Donau. Autorenkollektiv: Böttger, Burkhard ... Unter Leitung von Rigobert Günther und Helga Köpstein. Berlin 1985.

Diefebacher, Michael (Hg.): *Stadtlexikon Nürnberg.* Nürnberg 2000.

Dietz, Alexander: *Frankfurter Handelsgeschichte.* Frankfurt/Main 1921.

Dion, Roger, *Histoire de la vigne et du vin en France des origines au XIXe siècle* (Paris, 1955, Nachdruck Paris: Flammarion, 1977).

Dippel, Horst: *Die grossen Weine der Wachau.* Düsseldorf 1995.

Le Vin (hg. Jean Bart und Elisabeth Wahl), Dix-huitième siècle 29 (Paris: Presses Universitaires de France, 1997).

Druitt, Robert, *Report on the Cheap Wines from France, Germany, Italy, Austria, Greece, Hungary, and Australia: Their Use in Diet and Medicine* (London: Henry Renshaw, 1873).

Duby, Georges, *Économie rurale et la vie des campagnes dans l'occident médiéval* (Paris: Aubier, 1962).

Dunstan, David, *Better than Pommard! A History of Wine in Victoria* (Melbourne: Australian Scholarly Publishing/Museum of Victoria, 1994).

Durand, Georges, *Vin, vigne et vignerons en Lyonnais et Beaujolais (XVIe. – XVIIIe siècles)* (Paris: Mouton, 1979).

Eminger, Erwin: *Weinkultur im Weinviertel.* Wolkersdorf 1984.

Enjalbert, Henri, *Histoire de la vigne et du vin: l'avènement de la qualité* (Paris, 1975).

Fabroni, Adam, *De l'art de faire le vin* (Paris: A.-J. Marchant [1801]).

Faith, Nicholas, *Château Margaux* (London: Mitchell Beazley, 1991).

Fischer, Thomas: *Die Römer in Deutschland.* Stuttgart 1999.

Fournier, Dominique und Salvatore D'Onofrio (Hg.), *Le ferment divin* (Paris: Éditions de la Maison des sciences de l'homme, 1991).

Francis, A.D., *The Wine Trade* (London: A & C Black, 1972).

Franzosen und Deutsche am Rhein. Hrg. P. Hüttenberger, Essen 1989.

Franz, Herbert: *Zur Kulturgeschichte des Weinbaus in der Wachau.* Krems 1971.

Freytag, Rudolf: *Zur Geschichte des Weinbaues an der Donau.* Der Bayerwald, 1935.

Fuller, Robert C., *Religion and Wine: A Cultural History of Wine Drinking in the United States* (Knoxville, TN: University of Tennessee Press, 1996).

Gabler, James M., *Passions: The Wines and Travels of Thomas Jefferson* (Baltimore: Bacchus Press, 1995).

Galtier, Gaston, *Le vignoble du Languedoc méditerranée et du Roussillon* (3 Bde., Montpellier: Causs, Graille, Castelnau, 1960).

Garlan, Yvon, *Vin et amphores de Thasos* (Athen: École française d'Athènes, 1988).

Garrier, Gilbert, *Histoire sociale et culturelle du vin* (Paris: Larousse, 1998).

Garrier, Gilbert (Hg.), *Le vin des historiens* (Suze-la-Rousse: Université du Vin, 1990).

Geraud-Parracha, Guillaume, *Le commerce des vins et de l'eau-de-vie en Langue-doc sous l'ancien régime* (Mende, 1958).

Gerlich, Alois (Hg.): *Weinbau, Weinhandel und Weinkultur.* Stuttgart 1993.

Grace, V. R., *Amphoras and the Ancient Wine Trade* (Princeton: American School of Classical Studies at Athens, 1981).

Gilles, Karl-Josef: *Neuere Forschungen zum römischen Weinbau.* Trier 1995.

Goethe, J. W.: *Dichtung und Wahrheit.* München 1990.

Goldschmidt, Eduard: *Wirtschaftliche Betrachtungen über den deutschen Weinhandel.* (Diss.) Würzburg 1921.

Grewenig, Meinrad Maria (Hg.): *Mysterium Wein. Die Götter, der Wein und die Kunst.* (Ausstellungskatalog) Historisches Museum der Pfalz, Speyer, 1996.

Gruter, Edouard, *La naissance d'un grand vignoble: les seigneuries du Pizay et Tanay en Beaujolais au XVIe et XVIIe siècles* (Lyon, 1977).

Hagen, Ann, *A Handbook of Anglo-Saxon Food* (Pinner, Middlesex: Anglo-Saxon Books, 1992).

Haine, W. Scott, *The World of the Paris Café: Sociability among the French Working Class, 1789. – 1914* (Baltimore: Johns Hopkins University Press, 1996).

Halasz, Z., *Hungarian Wine through the Ages* (Budapest: Corvina, 1962).

Halliday, James und Hugh Johnson, *The Art and Science of Wine* (London: Mitchell Beazley, 1992).

Hambacher Fest 1832-1982. (Katalog), Mainz 1982.

Hartmeyer, Hans: *Der Weinhandel im Gebiet der Hanse im MA.* Jena 1905.

Hans Graf Huyn: *Zur Geschichte des Südtiroler Weinbaus.* Wiesbaden 1985.

Heckmann, Herbert: *Der beredete Bacchus.* Landau/Pfalz 19••.

Ders.: *Wenn der Wein niedersitzt, schwimmen die Worte davon.* Landau/Pfalz 1987.

Heine, Peter, *Weinstudien: Untersuchungen zu Anbau, Produktion und Konsum des Weins im arabisch-islamischen Mittelalter* (Wiesbaden: Otto Harrassowitz, 1982).

Hen, Yitzhak, *Culture and Religion in Merovingian Gaul, AD 481. – 751* (Leiden: Brill, 1995).

Hippocrates. With an English Translation by W. H. S. Jones. Vol. I-VIII. (London: Heinemann, 1967).

Hocquet, Jean-Claude, *Voiliers et commerce en Méditerranée, 1200. – 1650* (Lille: Presses Universitaires de Lille, 1979).

Hoffmann, Kurt M.: *Der Gutedel und die Burgunder.* Wiesbaden 1982.

Hübner, Regina und Manfred: *Der deutsche Durst.* Leipzig 1994.

Hyams, Edward, *Dionysus: A Social History of the Wine Vine* (New York: Macmillan, 1965).

Hyams, Edward, *The Grape Vine in England* (London: Bodley Head, 1949).

James, Margery Kirkbride, *Studies in the Medieval Wine Trade* (Hg. Elspeth M.Veale, Oxford: Clarendon Press, 1971).

Jeffs, Julian, *Sherry* (3. Auflage, London: Faber and Faber, 1982).

Jeiter, Erminia: *Weinbau uund Weinhandel in Bacharach und seinen Tälern zum Ende bis Zum Ende des 18. Jhdts.* (Diss.) Köln 1919.

Johnson, Hugh, *Der große Johnson. Die Enzyklopädie der Weine, Weinbaugebiete und Weinerzeuger der Welt* (13. Auflage, Bern und Stuttgart: Hallwag, 1999).

Johnson, Hugh, *Hugh Johnsons Weingeschichte. Von Dionysos bis Rothschild* (Bern und Stuttgart: Hallwag, 1990).

Johnson, Hugh, *Der große Weinatlas* (19. Auflage, Bern und Stuttgart: Hallwag, 1986).

Johnson Hugh: Stuart Pigott: *Atlas der deutschen Weine.* Stuttgart 1995.

Jones, Frank, *The Save Your Heart Wine Book* (Toronto: Stoddart, 1995).

Jullien, André, *Topographie de tous les vignobles connus* (Paris, 1816).

Jung, Hermann: *Visitenkarten des Weines.* Duisburg 1966.

Kay, Billy und Cailean Maclean, *Knee Deep in Claret: A Celebration of Wine in Scotland* (Edinburgh: Mainstream Publishing, 1983).

Kelly, Alexander, *The Vine in Australia* (Melbourne: Sands, Kellny, 1861).

Kennedy, Philip F., *The Wine Song in Classical Arabic Poetry: Abu Nuwas and the Literary Tradition* (Oxford: Clarendon Press, 1997).

Khayyam, Omar, *The Ruba'iyat of Omar Khayyam* (übersetzt von Peter Avery und John Heath-Stubbs, London: Allen Lane, 1979).

Kiehling, Hartmut: *Hochprozentig – Wein ist gross im Kommen.* SZ Nr. 33/2001.

Kinnier Wilson, J.V., *The Nimrud Wine Lists: A Study of Men and Administration at the Assyrian Capital in the Eighth Century BC* (London: British School of Archaeology in Iraaq, 1972).

Koch, Hans-Jörg: *Bacchus vor Gericht.* Mainz ca. 1971.

Ders.: *Weinrecht.* Frankfurt/Main 1980.

Ders.: *Der Wein und die Macher.* Wiesbaden 1999.

Lachiver, Marcel, *Vin, vigne et vignerons en région parisienne du XVIIe au XIXe siècles* (Pontoise, 1982).

Lachiver, Marcel, *Vins, vignes et vignerons: histoire du vignoble français* (Paris: Fayard, 1988).

Langenbach, Alfred, *The Wines of Germany* (London: Harper, 1951).

Lantschbauer, Rudolf: *Die Weine Burgenlands.* Graz 1993.

Lapsley, James T., *Bottled Poetry: Napa Winemaking from Prohibition to the Modern Era* (Berkeley: University of California Press, 1996).

Laurent, Robert, *Les vignerons de la ›côte d‹ Or‹ au XIXe siècle* (2 Bde., Dijon, 1958).

Lavalle, J., *Histoire et statistique de la vigne et des grands vins de la Côte-d'Or* (Paris: Dusacq, 1855).

Leipoldt, C.L., *Three Hundred Years of Cape Grapes* (Kapstadt: Stewart, 1952).

Lender, Mark Edward und James Kirby Martin, *Drinking in America: A History* (New York: Free Press, 1982).

Lesko, Leonard H., *King Tut's Wine Cellar* (Berkeley: B.C. Scribe Publications, 1978).

Liddell, Alex, *Madeira* (London: Faber and Faber, 1998).

Lissarague, François, *The Aesthetics of the Great Banquet: Images of Wine and Ritual* (Princeton, NJ: Princeton University Press, 1987).

List, Günther (Hg.): *»Deutsche, last des Weines Strom sich ins ganze Reich ergiessen«,* Heidelberg 1985.

Loubère, Leo, *The Red and the White: The History of Wine in France and Italy in the Nineteenth Century* (Albany: State University of New York Press, 1978).

Logue, Alexandra W.: *Die Psychologie des Essens und Trinkens.* Heidelberg 1995.

Loubère, Leo, *The Wine Revolution in France: The Twentieth Century* (Princeton: Princeton University Press, 1990).

Loubère, Leo, Jean Sagnes, Laura Frader und Remy Pech, *The Vine Remembers: French Vignerons Recall their Past* (Albany: State University of New York Press, 1985).

Lucia, Salvatore Pablo, *A History of Wine as Therapy* (Philadelphia: Lippincott 1963).

Lucia, Salvatore Pablo (Hg.), *Alcohol and Civilization* (New York: McGraw Hill, 1963).

Lust und Last des Trinkens in Lübeck. (Katalog), Lübeck 1996.

Machatschke, Roland: *Völkerwanderung. Von der Antike zum Mittelalter.* Wien 1994.

Maguin, Martine, *La vigne et le vin en Lorraine, XIVe. – XVe siècles* (Nancy: Presses Universitaires de Nancy, 1982).

Mahé, Nathalie, *Le Mythe de Bacchus dans la poésie lyrique de 1549 à 1600* (Bern: Peter Lang, 1988).

Malsberg, Raban von der: *150 Jahre pfälzische Weingeschichte.* Neustadt/W. 1978.

Mancall, Peter C., *Deadly Medicine: Indians and Alcohol in Early America* (Ithaca: Cornell University Press, 1995).

Margolin, J.-C. und R. Sauzet (Hg.), *Pratiques et discours alimentaires à la Renaissance* (Paris: G.-P. Maisonneuve et Larose, 1982).

Mathy, Helmut: *Weinkultur in Mainz.* Wiesbaden 1993.

McGovern, P.E., S.J. Fleming und S.H. Katz (Hg.), *The Origins and Ancient History of Wine* (Luxemburg: Gordon and Breach, 1996).

Le Ménagier de Paris (Georgine E. Brereton und Janet M. Ferrier [Hg.], Oxford: Oxford University Press, 1982).

Mendelsohn, Oscar A., *Drinking with Pepys* (London: Macmillan, 1963).

Monumenta Judaica. Köln 1963.

Murray, Oswyn und Manuela Tecusan (Hg.), *In Vino Veritas* (London: British School at Rome, 1995).

Nolleville, Jean, *Le vin d'Ay à l'origine du champagne* (Reims, 1988).

Ohl, Rudolf: *Wein und Wehr.* Wiesbaden 1987.

Olney, Richard, *Romanée-Conti: The World's Most Fabled Wine* (New York: Rizzoli, 1995).

Opperman, D.J., *Spirit of the Vine: Republic of South Africa* (Kapstadt: Human and Rousseau, 1968).

Onfray, Michel: *Der Bauch der Philosophen.* Frankfurt/Main/New York 1990.

Ordish, George, *The Great Wine Blight* (London: Dent, 1972).

Ordish, George, *Vineyards in England and Wales* (London: Faber and Faber, 1977).

Oswald, Josef: *Niederbayern war einst ein Weinland.* Passau 1977.

Palmer, Ruth, *Wine in the Mycenaean Palace Economy* (Liège: Université de Liège, 1994).

Paronetto, Lamberto, *Chianti: The Story of Florence and its Wines* (London: Wine and Spirit Publications, 1970).

Paul, Harry H., *The Science of Vine and Wine in France, 1750. – 1990* (New York: Cambridge University Press, 1996).

Pigott, Stuart: *Die großen deutschen Rieslingweine.* Düsseldorf 1994.

Pinney, Thomas, *A History of Wine in America from the Beginnings to Prohibition* (Berkeley: University of California Press, 1989).

Pioniere – die Zisterzienser im Mittelalter. CH-Meilen 1997.

Plinius der Ältere, *Naturkunde* (lateinisch-deutsch, München: Artemis und Winkler, 1974).

Polany, Karl: *The Great Transformation.* Frankfurt/Main 1972.

Poo, Mu-chou, *Wine and Wine-Offering in the Religion of Ancient Egypt* (London: Kegan Paul International, 1995).

Prestwich, Patricia E., *Drink and the Politics of Social Reform: Antialcoholism in France since 1870* (Palo Alto, CA: Society for the Promotion of Science and Scholarship, 1988).

Price, Pamela Vandyke, *Wines of the Graves* (London: Sotheby's Publications, 1988).

Ray, Cyril, *Lafite* (New York: Stein and Day, 1969).

Raymond, Irving Woodworth, *The Teaching of the Early Church on the Use of Wine and Strong Drink* (New York: Columbia University Press, 1927, Nachdruck New York: AMS Press, 1970).

Redding, Cyrus, *A History and Description of Modern Wines* (3. Auflage, London: Henry G. Bohn, 1850).

Rischert, Christian: *Die Weinmacher.* Taufkirchen 1989.

Roberts, James S., *Drink, Temperance and the Working Class in Nineteenth-Century Germany* (Boston: George Allen and Unwin, 1984).

Robinson, Jancis (Hg.), *The Oxford Companion to Wine* (Oxford: Oxford University Press, 1994, überarbeitete Neuauflage 1997).

Robinson Jancis, *Confessions of a Wine Lover* (London: Viking, 1997).

Robinson Jancis, *Vines, Grapes and Wines: The Wine Drinker's Guide to Grape Varieties* (London: Mitchell Beazley, 1992).

Robinson, J.: *Das Oxford-Weinlexikon.* Bern 1998.

Ders.: *Rebsorten und ihre Weine.* Bern 1996.

Roche, Emile, *Le commerce des vins de Champagne sous l'ancien régime* (Châlons-sur-Marne, 1908).

Die Römerzeit. Hrg. M.M. Gewenig. Speyer 1994.

Rorabaugh, W. J., *The Alcoholic Republic: An American Tradition* (New York: Oxford University Press, 1979).

Sadou, Roland, Giorgio Lolli, Milton Silverman, *Drinking in French Culture* (New Brunswick, NJ: Rutgers Center for Alcohol Studies, 1965).

Sagnes, Jean (Hg.), *La viticulture française au XIXe et XXe siècles* (Béziers: Presses du Languedoc, 1993).

Samuelson, James, *The History of Drink* (London: Trubner and Company, 1878).

Scharfenberg, Horst: *Sekt.* Bern 1993.

Ders.: *Wein aus Deutschland.* Stuttgart.

Scheindlin, Raymond P., *Wine, Women, and Death: Medieval Hebrew Poems on the Good Life* (Philadelphia: Jewish Publication Society, 1986).

Schivelbusch, Wolfgang: *Das Paradies, der Geschmack und die Vernunft.* München 1980.

Schlegel, Walter, *Der Weinbau in der Schweiz* (Wiesbaden: Franz Steiner Verlag, 1973).

Schlumberger, Robert Edler von Goldeck: *Weinhandel und Weinbau im Kaiserstaate 1804-1918.* Wien/Leipzig 1937.

Schmidt, Hans-Christoph: *Der Weinbau in Österreich.* Freiburg i.B. 1965.

Schreiber, Georg: *Deutschen Weingeschichte.* Köln 1980.

Schwarzkogler, Ileane (Hg.): *Weinkultur.* Graz 1990.

Sebestyen, György, *Das Große österreichische Weinlexikon.* Wien 1987.

Sedlaczek, Robert u.a.: *Unser Wein.* Wien 1999.

Seeliger, Hans Reinhard: *Wein, Mönch und Etikett.* Wiesbaden 1991.

Seltman, Charles, *Wine in the Ancient World* (London: Routledge and Kegan Paul, 1957).

Senger, H.G.: *Die Philosophie des Nikolaus Cusanus.* Münster 1971.

Sereni, Emilio, *Storia del paesaggio agrario italiano* (6. Auflage, Rom: Laterza, 1993).

Serlis, Harry G., *Wine in America* (New York: The Newcomen Society in North America, 1972).

Seward, Desmond, *Monks and Wine* (New York: Crown, 1979).

Shiman, Lilian Lewis, *Crusade against Drink in Victorian England* (London: Macmillan, 1988).

Simon, André, *The History of Champagne* (London: Octopus, 1971).

Simon, André, *The History of the Wine Trade in England* (3 Bde., London: Wyman and Sons, 1906).

Snyder, Charles R., *Alcohol and the Jews* (Carbondale, IL: Southern Illinois University Press, 1978).

Sournia, Jean-Charles, *A History of Alcoholism* (Oxford: Basil Blackwell, 1990).

Spode, Hasso: *Alkohol und Zivilisation.* Berlin 1991.

Ders.: »*Bei uns Deutschen – Trunkenheit als Baustein der nationalen Identität*« in Sprendel, Rolf: von Malvasia bis KÖtzschenbroda. Stuttgart 1998.

Staab, Josef: *500 Jahre Rheingauer Klebrot.* Wiesbaden 1987.

Staab, Seeliger, Schleicher, *Schloß Johannisberg – Neue Jahrhunderte Weinkultur am Rhein.* Wiesbaden 2000.

Stanislawski, Dan, *Landscapes of Bacchus: The Vine in Portugal* (Austin: University of Texas Press, 1970).

Stevenson, Tom: *Champagner, Prosecco & Co.,* Köln 1999.

Strabon, *Erdbeschreibung* (Berlin: Nicolai 1833, Nachdruck Hildesheim: Olms, 1988).

Stuller, Jay und Glen Martin, *Through the Grapevine: The Real Story Behind America's $ 8 Billion Wine Industry* (New York: HarperCollins, 1994).

Sturm, Werner: *Weinbau an Altmühl und Donau.* Kelheim 1989.

Sullivan, Charles I., *A Companion to Californian Wine: An Encyclopedia of Wine and Winemaking from the Mission Period to the Present* (Berkeley: University of California Press, 1998).

Sutcliffe, Serena, *Champagne: The History and Character of the World's Most Celebrated Wine* (New York: Simon and Schuster, 1988).

Sydow, Jürgen: *Die Zisterzienser.* Stuttgart 1991.

Tchernia, André, *Le vin de l'Italie romaine: essai d'histoire économique d'après les amphores* (Rom: École française de Rome, 1988).

Thudichum, J. L.W., *A Treatise on Wines* (London: George Bell, 1893).

Todd, W. J., *A Handbook of Wine* (London: Jonathan Cape, 1922).

Tovey, Charles, *Wine and Wine Countries: A Record and Manual for Wine Merchants and Wine Consumers* (London, 1862 und 1877).

Ulin, Robert C., *Vintages and Traditions: An Ethnohistory of Southwest French Wine Cooperatives* (Washington, D.C.: Smithsonian Institution Press, 1996).

Unwin, Tim, *Wine and the Vine: An Historical Geography of Viticulture and the Wine Trade* (London: Routledge, 1991).

Vandermersch, Christian, *Vins et amphores de Grande Grèce et de Sicile, IVe.– IIIe s. avant J.-C.* (Neapel: Centre Jean Bérard, 1994).

Varro, Marcus Terentius, *Gespräche über die Landwirtschaft*, neu herausgegeben, übersetzt und erläutert von Dieter Flach (2 Bde., Darmstadt: Wissenschaftliche Buchgesellschaft 1996 und 1997).

Vizetelly, Henry, *The Wines of the World Characterized and Classed* (London, 1875).

Warner, Charles K., *The Winegrowers of France and the Government since 1875* (New York: Columbia University Press, 1960).

Warsh, Cheryl Krasnick (Hg.), *Drink in Canada: Historical Essays* (Montreal: McGill-Queen's University Press, 1993).

Weinbau und Qualitätsweine in Südtirol. Bozen 1986.

Weinberg, Florence M., *The Wine and the Will: Rabelais's Bacchic Christianity* (Detroit: Wayne State University Press, 1972).

Weinhold, Rudolf, *Vivat Bacchus: A History of the Vine and its Wine* (Watford: Argus Books, 1978).

Wheaton, Barbara Ketcham, *Savoring the Past: The French Kitchen and Table from 1300 to 1789* (Philadelphia: University of Pennsylvania Press, 1983).

White, Stephen, *Russia Goes Dry: Alcohol, State and Society* (Cambridge: Cambridge University Press, 1996).

Wierlacher, Alois (Hg.): *Kulturthema Essen,* Berlin 1993.

Wilkins, John, David Harvey und Mike Dobson (Hg.), *Food in Antiquity* (Exeter: University of Exeter Press, 1995).

Williams, Jane Welch, *Bread, Wine, and Money: The Windows of the Trades at Chartres Cathedral* (Chicago: University of Chicago Press, 1993).

Würmli, Marcus: *Alle Weine Österreichs und der Schweiz.* München 1984.

Tappe, Heinrich: *Auf dem Weg zur modernen Alkoholkultur.* Stuttgart 1994.

Weeber, K.W.: *Die Weinkultur der Römer.* Zürich 1993.

Anmerkungen

Einleitung

1 Etikett auf der Rückseite von Banrock Station Shiraz (Australien), 1998.

1 Auf den Spuren der ersten Weine

1 Die beste Kurzbeschreibung dieser Technik bieten Patrick E. McGovern und Rudolph H. Michel, »The Analytical and Archaeological Challenge of Detecting Ancient Wine: Two Case Studies from the Ancient Near East«, in: Patrick E. McGovern, Stuart J. Fleming und Solomon H. Katz (Hg.), *The Origins and Ancient History of Wine* (Luxemburg: Gordon and Breach, 1995), S. 57-65.

2 Patrick E. McGovern, Ulrich Hartung, Virginia R. Badler, Donald L. Glusker und Lawrence J. Exner, »The Beginnings of Winemaking and Viniculture in the Ancient Near East and Egypt«, *Expedition* 39,1 (1997), S. 5.

3 Virginia R. Badler, »The Archaeological Evidence of Winemaking, Distribution, and Consumption at Proto-Historic Godin Tepe, Iran«, in: McGovern, Fleming und Katz (Hg.), *Origins and Ancient History of Wine*, S. 45-56.

4 McGovern u. a., »Beginnings of Winemaking«, S. 3.

5 Maynard A. Amerine und Vernon L. Singleton, *Wine: An Introduction* (2. Auflage, Brookvale, NSW: Australia and New Zealand Book Company, 1977), S. 9.

6 William Younger, *Gods, Men and Wine* (London: Michael Joseph, 1966), S. 27.

7 R. J. Forbes, *Studies in Ancient Technology*, Bd. III (Leiden: E. J. Brill, 1965), S. 61–63.

8 Vernon L. Singleton, »An Enologist's Commentary on Ancient Wines«, in: McGovern, Fleming und Katz (Hg.), *Origins and Ancient History of Wine*, S. 72.

9 Jane M. Renfrew, »Palaeoethnobotanical Finds of *Vitis* from Greece«, in: McGovern, Fleming und Katz (Hg.), *Origins and Ancient History of Wine*, S. 256, Karte 16.1.

10 McGovern u. a., »Beginnings of Winemaking«, S. 5.

11 Genesis 9,20 f.

12 Walter Pitman und William Ryan, *Sintflut. Ein Rätsel wird entschlüsselt* (Bergisch Gladbach: Gustav Lübbe 1999).

13 Pitman und Ryan, *Sintflut*, S. 279.

14 Ronald L. Gorny, »Viticulture and Ancient Anatolia«, in: McGovern, Fleming und Katz (Hg.), *Origins and Ancient History of Wine*, S. 150.

15 Badler, »Archaeological Evidence«, S. 53.

16 Powell, »Wine and the Vine in Ancient Mesopotamia: The Cuneiform Evidence«, in: McGovern, Fleming und Katz (Hg.), *Origins and Ancient History of Wine*, S. 112-122.

17 Powell, »Wine and the Vine in Ancient Mesopotamia«, S. 105 f.

18 Jean Bottéro, »Le vin dans une civilisation de la bière: la Mésopotamie«, in: Oswyn Murray und Manuela Tecusan (Hg.), *In Vino Veritas* (London: British School at Rome, 1995), S. 30.

19 Bottéro, »Le vin dans une civilisation de la bière«, S. 30.

20 Tim Unwin, *Wine and the Vine: An Historical Geography of Viticulture and the Wine Trade* (London: Routledge, 1991), S. 66 f.

21 Bottéro, »Le vin dans une civilisation de la bière«, S. 29.

22 Unwin, *Wine and the Vine*, S. 66. David Stronach, »The Imagery of the Wine Bowl: Wine in Assyria in the Early First Millenium BC«, in: McGovern, Fleming und Katz (Hg.), *Origins and Ancient History of Wine*, S. 189-191.

23 J. V. Kinnier Wilson, *The Nimrud Wine Lists: A Study of Men and Administration at the Assyrian Capital in the Eighth Century BC* (London: British School of Archaeology in Iraq, 1972), S. 4, 44, 114, 117.

24 Denkbar ist jedoch auch, dass sich der Weinbau in Spanien eigenständig entwickelte. Vgl. A. C. Stevenson, »Studies in the Vegetational History of S. W. Spain. II. Palynological Investigations at Laguna de la Madres, S. W. Spain«, in: *Journal of Biogeography* 12 (1985), S. 293-314.

25 McGovern u. a., »Beginning of Winemaking«, S. 9-12.

26 Mu-chou Poo, *Wine and Wine-Offering in the Religion of Ancient Egypt* (London: Kegan Paul International, 1995), S. 7.

27 Dominic Rathbone, *Economic Rationalism and Rural Society in Third-Century AD Egypt* (Cambridge: Cambridge University Press, 1991), S. 246-250.

28 T. G. H. James, »The Earliest History of Wine and its Importance in Ancient Egypt«, in: McGovern, Fleming und Katz (Hg.), *Origins and Ancient History of Wine*, S. 205-210.

29 Leonard H. Lesko: »Egyptian Wine Production during the New Kingdom«, in: McGovern, Fleming und Katz (Hg.), *Origins and Ancient History of Wine*, S. 217.

30 James, »Earliest History of Wine«, S. 198 f.

31 James, »Earliest History of Wine«, S. 192.

32 Rathbone, *Economic Rationalism*, S. 258 f.

33 Lesko, »Egyptian Wine Production«, S. 222.

34 Leonard H. Lesko, *King Tut's Wine Cellar* (Berkeley: B.C. Scribe Publications, 1978), S. 23.

35 Lesko, *King Tut's Wine Cellar*, S. 40.

36 Unwin, *Wine and the Vine*, S. 73.

37 Poo, *Wine and Wine-Offering*, S. 32.

38 Lesko, »Egyptian Wine Production«, S. 229.

39 Unwin, *Wine and the Vine*, S. 66.

40 Diese Position vertritt Unwin, *Wine and the Vine*, S. 77-94.

41 Unwin, *Wine and the Vine*, S. 60 f.

42 James, »Earliest History of Wine«, S. 203 f.

43 Younger, *Gods, Men and Wine*, S. 31; Patrick E. McGovern, »Wine for Eternity«, in: *Archaeology*, Juli/August 1998, S. 32.

44 Younger, *Gods, Men and Wine*, S. 31.

2 Die Demokratisierung des Weintrinkens

1 Ruth Palmer, *Wine in the Mycenaean Palace Economy* (Lüttich: Universität Lüttich, 1994), S. 14-19.

2 Albert Leonard Jr., »›Canaanite Jars‹ and the Late Bronze Age Aegeo-Levantine Wine Trade«, in: McGovern, Fleming und Katz (Hg.), *Origins and Ancient History of Wine*, S. 233-236.

3 Alison Burford, *Land and Labor in the Greek World* (Baltimore: Johns Hopkins University Press, 1993), S. 135.

4 Simon Hornblower und Anthony Spawforth (Hg.), *Oxford Classical Dictionary* (Oxford: Oxford University Press, 1996), S. 1 622.

5 Christian Vandermersch, *Vins et amphores de Grand Grèce et de Sicile, IVe-IIIe s. avant J.-C.* (Neapel: Centre Jean Bérard, 1994), S. 37.

6 A. Trevor Hodge, *Ancient Greek France* (Philadelphia: University of Pennsylvania Press, 1999), S. 121.

7 A. Trevor Hodge, *Ancient Greek France*, S. 214 f.

8 Peter Jones und Keith Sidwell (Hg.), *The World of Rome: An Introduction to Roman Culture* (Cambridge: Cambridge University Press, 1997), S. 182.

9 T. J. Santon, »Columella's Attitude towards Wine Production«, in: *Journal of Wine Research* 7,1 (1996), S. 55-59.

10 Marcus Porcius Cato, *Vom Landbau*, S. CXXII.

11 N. Purcell, »Wine and Wealth in Ancient Italy«, in: *Journal of Roman Studies* 75 (1985), S. 3.

12 André Tchernia, *Le vin de l'Italie romaine: Essai d'histoire économique d'après les amphores* (Rom: École française de Rome, 1986), S. 88.

13 Keith Nurse, »The Last of the (Roman) Summer Wine«, in: *History Today* 44 (1994), S. 4 f.

14 P. V. Stanley, »KN Uc 160 and Mycenaean Wines«, in: *American Journal of Archaeology* 86 (1982), S. 577 f.

15 Hesiod, *Werke und Tage*, S. 609-615.

16 Marcus Porcius Cato, *Vom Landbau*, S. CXIII.

17 Euripides, *Die Bakchen*, II, S. 420-423.

18 François Lissarague, *The Aesthetics of the Greek Bouquet: Images of Wine and Ritual* (Princeton: Princeton University Press, 1987), S. 81. H. Warner Allen, *A History of Wine: Great Vintage Wines from the Homeric Age to the Present Day* (London: Faber and Faber, 1961), S. 48-58.

19 *World of Athens: An Introduction to Classical Athenian Culture* (Cambridge: Cambridge University Press, 1984), S. 330.

20 *Hugh Johnsons Weingeschichte. Von Dionysos bis Rothschild* (Bern und Stuttgart: Hallwag, 1990), S. 64.

21 Purcell, »Wine and Wealth in Ancient Italy«, S. 1-19.

22 Thomas Braun, »Barley Cakes and Emmer Bread«, in: John Wilkins, David Harvey und Mike Dobson (Hg.), *Food in Antiquity* (Exeter: University of Exeter Press, 1995), S. 34-37.

23 Tchernia, *Vin de l'Italie romaine*, S. 59 f.

24 Tchernia, *Vin de l'Italie romaine*, S. 18 f.

25 Tchernia, *Vin de l'Italie romaine*, S. 16.

26 Hornblower und Spawforth (Hg.), *Oxford Classical Dictionary*, S. 1 622.

27 Marcus Porcius Cato, *Vom Landbau*, CXVIII.

28 Lesko, *King Tut's Wine Cellar*, S. 14.

29 *Digest* XXXIII, 6,11.

30 Tchernia, *Vin de l'Italie romaine*, S. 36.

31 Yvon Garlan, *Vin et amphores de Thasos* (Athen: École française d'Athènes, 1988), S. 5.

32 Strabon, *Erdbeschreibung*, passim.

33 Tchernia, *Vin d'Italie romaine*, S. 36.

34 Plinius der Ältere, *Naturgeschichte*, XIV, S. 20-76.

35 Lesko, *King Tut's Wine Cellar*, S. 14.

36 Wolfgang Rösler, »Wine and Truth in the Greek Symposium«, in: Murray und Tecusan (Hg.), *In Vino Veritas*, S. 109.

37 Lissarague, *Aesthetics of the Greek Banquet*, S. 9.

38 Rösler, »Wine and Truth«, S. 106-112.

39 Burford, *Land and Labor in the Greek World*, S. 214.

40 John Maxwell O'Brien, *Alexander the Great: The Invisible Enemy* (London: Routledge, 1992).

41 Arthur P. McKinlay, »The Classical World« and »Non-Classical Peoples«, in: Raymond McCarthy (Hg.), *Drinking and Intoxication: Selected Readings in Social Attitudes and Control* (Glencoe, IL: Free Press, 1959), S. 51.

42 Douglas E. Gerber, »The Measure of Bacchus«, in: *Mnemosyne* 41 (1988), S. 39-45.

43 Lissarague, *Aesthetics of the Greek Banquet*, S. 10.

44 Jean-Charles Sournia, *A History of Alcoholism* (Oxford: Basil Blackwell, 1990), S 6 f.

45 Elizabeth Belfiore, »Wine and Catharsis of the Emotions in Plato's *Laws*«, in: *Classical Quarterly* 36 (1986), S. 421-437.

46 Jones und Sidwell, *World of Rome*, S. 213.

47 McKinlay, »Classical World«, S. 59.

48 Euripides, *Die Bakchen*, II, S. 420-423.

49 1 Timotheus 5,23.

50 Sournia, *History of Alcoholism*, S. 10.

51 *Hippokrates. With an English Translation by W. H. S. Jones.* Vol. I-VIII. (London: Heinemann, 1967), S. 325-329.

52 Hornblower und Spawforth (Hg.), *Oxford Classical Dictionary*, S. 56.

53 Louis E. Grivetti und Elizabeth A. Applegate, »From Olympia to Atlanta: A Cultural-Historical Perspective on Diet and Athletic Training«, *Journal of Nutrition* 127,5 (1997), S. 863 f.

54 Hornblower und Spawforth (Hg.), *Oxford Classical Dictionary*, S. 229.

55 Genesis 9, 20f.

56 Numeri 13,17-28.

57 Micha 6,15.

58 Joel 1,11 f.

59 Sprichwörter 20,1.

60 Jesaja 28,7.

61 Hosea 4,11.

62 Johannes 2,1-11.

63 Markus 14,25.

64 Markus 14,24.

65 Sournia, *History of Alcoholism*, S. 13.

3 War das »finstere Mittelalter« eine trockene Zeit?

1 Die germanischen »Barbaren« waren Biertrinker, die dem Wein anfänglich skeptisch gegenüberstanden. Cäsar zufolge widersetzten sie sich dem Import von Wein in ihre Territorien aus Angst, dass der Weinkonsum die Männer verweichlichen könnte.

2 Edward Gibbon, *Der Untergang des Römischen Weltreiches* (Berlin, Leipzig, Wien: Paul Aretz Verlag, und Olten: Bernina Verlag, 1934), S. 203 f.

3 Tim Unwin, »Continuity in Early Medieval Viticulture: Secular or Ecclesiastical Influences?«, in: Harm Jan de Blij (Hg.), *Viticulture in Geographical Perspective* (Miami: Miami Geographical Society, 1992), S. 9.

4 Dan Stanislawski, *Landscapes of Bacchus: The Vine in Portugal* (Austin: University of Texas Press, 1970), S. 11.

5 Tim Unwin, »Saxon and Early Norman Viticulture in England«, in: *Journal of Wine Research* 1,1 (1990), S. 63 f.

6 Ann Hagen, *A Handbook of Anglo-Saxon Food* (Pinner, Middlesex: Anglo-Saxon Books, 1992), S. 94.

7 J. M. Wallace-Hadrill, *The Barbarian West, 400-1000* (London: Hutchinson, 1952), S. 153.

8 Georges Duby, *Economie rurale et la vie des campagnes dans l'occident médiéval*, (Paris: Aubier 1962), Bd. 1, S. 108.

9 Vgl. Desmond Seward, *Monks and Wine* (New York: Crown, 1979), S. 25-35.

10 Pamela Vandyke Price, *Wines of the Graves* (London: Sotheby's Publications, 1998), S. 75.

11 Marcel Lachiver, *Vins, vignes et vignerons: histoire du vignoble français* (Paris: Fayard, 1988), S. 45 f.

12 Younger, *Gods, Men and Wine*, S. 233.

13 Lachiver, *Vins, vignes et vignerons*, S. 46.

14 *New Cambridge Economic History of Europe* (Cambridge: Cambridge University Press, 1966), Bd. 1, S. 68 f.

15 Lachiver, *Vins, vignes et vignerons*, S. 46.

16 Seward, *Monks and Wine*, S. 30.

17 Seward, *Monks and Wine*, S. 29.

18 F. W. Carter, »Cracow's Wine Trade (Fourteenth to Eighteenth Centuries)«, in: *Slavonica and East European Review* 65 (1987), S. 538.

19 Dietrich Lohrmann, »La croissance agricole en Allemagne au Haut Moyen Age«, in: *La Croissance agricole du Haut Moyen Age: chronologie, modalités, géographie* (Auch: Centre culturel de l'Abbaye de Flaran, 1990), S. 114.

20 Unwin, *Wine and the Vine*, S. 157.

21 Yitzhak Hen, *Culture and Religion in Merovingian Gaul, AD 481-751* (Leiden: Brill, 1995), S. 236 f.

22 Pierre Riche, *Daily Life in the World of Charlemagne* (Philadelphia: University of Pennsylvania Press, 1978), S. 177.

23 Riche, *World of Charlemagne*, S. 176.

24 Hen, *Merovingian Gaul*, S. 240.

25 John T. McNeill und Helena M. Gamer, *Medieval Handbooks of Penance* (New York: Octagon, 1965), S. 230.

26 McNeill und Gamer, *Handbooks of Penance*, S. 286.

27 Koran, Sure 92 f.

28 Philip F. Kennedy, *The Wine Song in Classical Arabic Poetry: Abu Nuwas and the Literary Tradition* (Oxford: Clarendon Press, 1997), S. 105.

29 Raymond P. Scheindlin, *Wine, Women, and Death: Medieval Hebrew Poems on the Good Life* (Philadelphia: Jewish Publication Society, 1986), S. 28 f.

30 Thomas A. Glick, *Islamic and Christian Spain in the Early Middle Ages* (Princeton: Princeton University Press, 1979), S. 80.

31 Scheindlin, *Wine, Women, and Death*, S. 19-25.

32 Kennedy, *Wine Song*, S. 141.

33 Omar Khayyam, *The Ruba'iyat of Omar Khayyam* (in der englischen Übersetzung von Peter Avery und John Heath-Stubbs, London: Allen Lane), S. 68.

4 Der Wein kommt wieder

1 Thomas Pinney, *A History of Wine in America: From the Beginnings to Prohibition* (Berkeley: University of California Press, 1989), S. 3 f.; Unwin, *Wine and the Vine*, S. 160-161.

2 Pinney, *Wine in America*, S. 3.

3 *New Cambridge Economic History of Europe*, Bd. 1, S. 170 und 297.

4 F. W. Carter, »Cracow's Wine Trade«, S. 548.

5 Emilio Sereni, *History of the Italian Agricultural Landscape* (Princeton, NJ; Princeton University Press, 1997), S. 121.

6 P. W. Hammond, *Food and Feast in Medieval England* (Stroud: Allan Sutton, 1993), S. 13.

7 Die beste Darstellung dieses Themas bietet Margery Kirkbride James, *Studies in the Medieval Wine Trade* (Hg. Elspetz M. Veale, Oxford: Clarendon Press, 1971).

8 James, *Medieval Wine Trade*, S. 32.

9 Billy Kay und Cailean Maclean, *Knee Deep in Claret: A Celebration of Wine and Scotland* (Edinburgh: Mainstream Publishing, 1983), S. 9.

10 James, *Medieval Wine Trade*, S. 55 f.

11 Carter, »Cracow's Wine Trade«, S. 543-551.

12 Siehe Beatrice Bourély, *Vignes et vins de l'Abbaye de Cîteaux en Bourgogne* (Nuits-St-Georges: Editions du Tastevin, 1998).

13 Constance Hoffman Berman, *Medieval Agriculture, the Southern French Countryside, and the Early Cistercians: A Study of Forty-Three Monasteries* (Philadelphia: American Philosophical Society, 1986), S. 93.

14 Bourély, *Abbaye de Cîteaux*, S. 101 f.

15 *New Cambridge Economic History of Europe*, Bd. 1, S. 170.

16 Rosalind Kent Berlow, »The ›Disloyal‹ Grape: The Agrarian Crisis of Late Fourteenth-Century Burgundy«, in: *Agricultural History 56* (1982), S. 426-438.

17 Duby, *Rural Economy*, S. 139.

18 Mack P. Holt, »Wine, Community and Reformation in Sixteenth-Century Burgundy«, *in: Past and Present 138* (1993), S. 73.

19 Roger Dion, *Histoire de la vigne e du vin en France des origines au XIXe siècle* (Paris, 1955, Repr. Paris: Flammarion, 1977), S. 328 f.

20 Emmanuel Le Roy Ladurie, *Montaillou: Cathars and Catholics in a French Village, 1234-1324* (London: Penguin Books, 1980), S. 9 und 15.

21 Martine Maguin, *La vigne et le vin en Lorraine, XIV-XVe siècle* (Nancy: Presses Universitaires de Nancy, 1982), S. 199-215.

22 Hammond, *Food and Feast*, S. 13 f.

23 Patricia Labahn, *Feasting the Fourteenth and Fifteenth Centuries: A Comparison of Manuscript Illumination to Contemporary Written Sources* (Dissertation, St. Louis University, 1975), S. 60.

24 Hammond, *Food and Feast*, S. 72.

25 Duby, *Rural Economy*, S. 65.

26 Hammond, *Food and Feast*, S. 54.

27 Singleton, »An Enologist's Commentary on Ancient Wine«, S. 75.

28 Hammond, *Food and Feast*, S. 54

29 Lamberto Paronetto, *Chianti: The Story of Florence and its Wines* (London: Wine and Spirit Publications, 1970), S. 22.

30 Zitiert nach Sereni, *Italian Agricultural Landscape*, S. 98.

31 Lachiver, *Vins, vignes et vignerons*, S. 102-105.

32 Lachiver, *Vins, vignes et vignerons*, S. 104.

33 Holt, »Wine, Community and Reformation«.

34 Anne Crawford, *A History of Vintners' Company* (London: Constable, 1977), S. 23.

35 Crawford, *Vintners' Company*, S. 27.

36 James, *Medieval Wine Trade*, S. 35.

37 Oxford Dictionary of Byzantium (Oxford: Oxford University Press, 1991), Bd. 3, S. 2 199 f.

38 Jan Craeybeckx, *Un grand commerce d'importation: les vins de France aux anciens Pays-Bas* (Paris: SEVPEN, 1958), S. 8.

39 Geoffrey Chaucer, *Die Canterbury Tales* (Übertragen und hg. von Martin Lehnert, München: Winkler, 1985), S. 366 (Vers 562-566).

40 Hammond, *Food and Feast*, S. 83.

41 Hammond, *Food and Feast*, S. 74.

42 Hammond, *Food and Feast*, S. 83.

43 James du Quesnay Adams, *Patterns of Medieval Society* (Englewood Cliffs, NJ: Prentice Hall, 1969), S. 285 f.

44 Hammond, *Food and Feast*, S. 83.

45 Urban Tigner Holmes Jr., *Daily Living in the Twelfth Century* (Madison: University of Wisconsin Press, 1973), S. 80.

46 Chaucer, *Canterbury Tales*, S. 364 und 366 f. (Vers 483-486 und 573-578).

47 Adams, *Patterns of Medieval Society*, S. 111.

48 Robin Livio, *Tavernes, estaminets, guinguettes et cafés d'antan et de naguère* (Paris: Pont-Royal, 1961), S. 23.

49 Stanley Rubin, *Medieval English Medicine* (Newton Abbott: David and Charles, 1974), S. 121.

50 Marie-Christine Pouchelle-Peter, »Une parole médicale prise dans l'imaginaire: alimentation et digestion chez un maître chirurgien du XIVe siècle«, in: J.-C. Margolin und R. Sauzet (Hg.), *Pratiques et discours alimentaires à la Renaissance* (Paris: G.-P. Maisonneuve et Larose, 1982), S. 184-188.

51 Rubin, *Medieval English Medicine*, S. 197

5 Neue Weine, neue Techniken

1 Unwin, *Wine and the Vine*, S. 223 f.

2 Julian Jeffs, *Sherry* (3. Aufl., London: Faber and Faber, 1982), S. 51.

3 *Heinrich IV,* 2. Teil, 4. Akt, 3. Szene.

4 David E. Vassberg, *Land and Society in Golden Age Castile* (Cambridge: Cambridge University Press, 1984), S. 163 f.

5 Johann Calvin, *Institutes of the Christian Religion* (Hg. J. T. McNeill, London: SCM Press, 1961), Bd. II, S. 1 425.

6 Kay und Maclean, *Knee Deep in Claret*, S. 31.

7 Holt, »Wine, Community and Reformation«, S. 78.

8 Johannes 15,1-5

9 Holt, »Wine, Community and Reformation«, S. 78.

10 Calvin, *Institutes of the Christian Religion,* Bd. II, S. 1264.

11 Johann Calvin, *Theological Treatises* (Hg. J. K. S. Reid, London: SCM Press, 1954), S. 81.

12 Heinz Schilling, *Civic Calvinism in Northwestern Germany and the Netherlands, Sixteenth to Nineteenth Centuries* (Kirksville, Missouri: Sixteenth Century Studies, 1991), S. 47 und 57.

13 Robert Sauzet, »Discours cléricaux sur la nourriture«, in: Margolin und Sauzet (Hg.), *Pratiques et discours alimentaires,* S. 247-256.

14 Fernand Braudel, *Die Geschichte der Zivilisation. 15. bis 18. Jahrhundert* (München: Kindler, 1971), S. 246.

15 Henri Enjalbert, »Comment naissent les grands crus: Bordeaux, Porto, Cognac. Première partie«, in: *Annales: Économies Sociétés Civilisations* 8 (1953), S. 322.

16 Lachiver, *Vins, vignes et vignerons,* S. 295.

17 A. D. Francis, *The Wine Trade* (London: A&C Black, 1972), S. 74.

18 Lachiver, *Vins, vignes et vignerons,* S. 295.

19 Francis, *The Wine Trade,* S. 92.

20 Marie-Noël Denis, »Vignoble et société en Alsace depuis la Guerre de Trente Ans«, in: *Les Boissons: production et consommation aux XIXe et XXe siècles* (Paris: CTHS, 1984), S. 11-12.

21 G. F. Steckley, »The Wine Economy of Tenerife in the Seventeenth Century: Anglo-Spanish Partnership in a Luxury Trade«, in: *Economic History Review,* 2. Folge 33 (1980), S. 344.

22 Braudel, *Die Geschichte der Zivilisation,* S. 248.

23 Daniel Rivière, »Le thème alimentaire dans le discours proverbial de la Renaissance française«, in: Margolin und Sauzet (Hg.), *Pratiques et discours alimentaires,* S. 201-205.

24 Lachiver, *Vins, vignes et vignerons,* S. 310 f.

25 Diese Information verdanke ich Professor Carman Bickerton von der Carleton University.

26 Dieser Abschnitt über die Werft von Venedig stützt sich auf Robert C. Davis, »Venetian Shipbuilders and the Fountain of Wine«, in: *Past and Present* 156 (1997), S. 55-86.

27 Davis, »Venetian Shipbuilders«, S. 71.

28 Davis, »Venetian Shipbuilders«, S. 75.

29 Stephanie Pain, »How to rule the waves«, in: *New Scientist* Nr. 2191, 19. Juni 1999, S. 55.

30 Jancis Robinson (Hg.), *The Oxford Companion to Wine* (Oxford: Oxford University Press, 1994, durchgesehene Auflage 1997), S. 137-39.

31 Eleanor S. Godfrey, *The Development of English Glasmaking, 1560-1640* (Oxford: Clarendon Press, 1975), S. 229-232.

32 Vgl. Seward, *Monks and Wine,* S. 139-143.

33 Chloë Chard, »The Intensification of Italy: Food, Wine and the Foreign in Seventeenth-Century Travel Writing«, in: Gerald Mars and Valerie Mars (Hg.), *Food, Culture and History* (London: London Food Seminar, 1993), Bd. 1, S. 96.

34 *The Diary of John Evelyn* (Hg. E. S. de Beer, 6 Bde., Oxford: Oxford University Press, 1955), insbesondere Bd. 2.

35 Der Absatz über Pepys stützt sich hauptsächlich auf Oscar A. Mendelsohn, *Drinking with Pepys* (London, Macmillan, 1963).

36 Mendelsohn, *Drinking with Pepys,* S. 51.

37 Mendelsohn, *Drinking with Pepys,* S. 75.

38 Mendelsohn, *Drinking with Pepys,* S. 46.

39 Mendelsohn, *Drinking with Pepys,* S. 47.

40 Mendelsohn, *Drinking with Pepys*, S. 94.

41 Godfrey, *English Glassmaking*, S. 218-221.

42 Flandrin, »Médicine et habitudes alimentaires anciennes«, in: Margolin und Sauzet (Hg.), *Pratiques et discours alimentaires*, S. 86.

43 Flandrin, »Médicine et habitudes alimentaires anciennes«, S. 87

44 Piero Camporesi, *The Anatomy of the Senses: National Symbols in Medieval and Early Modern Italy* (Cambridge: Polity Press, 1994), S. 80.

45 Camporesi, *Anatomy of the Senses*, S. 80.

46 Jonathan Edwards, *Letters and Personal Writings* (Hg. George S. Claghorn, New Haven: Yale University Press, 1998), S. 577 f.

47 Flandrin, »Médicine et habitudes alimentaires anciennes«, S. 85.

48 Flandrin, »Médicine et habitudes alimentaires anciennes«, S. 85.

49 Rivière, »Discours proverbial«, S. 203.

50 Jean Dupebe, »La diététique et l'alimentation des pauvres selon Sylvius«, in: Margolin und Sauzet (Hg.), *Pratiques et discours alimentaires*, S. 41-56.

51 Henri de Buttet, »Le vin des Invalides au temps de Louis XIV«, in: *Les Boissons*, S. 39-51.

52 Michel Reulos, »Le premier traité sur le cidre: Julien le Paulmier, De Vino et Pomace, traduit par Jacques de Cahaignes (1589)«, in: Margolin und Sauzet (Hg.), *Pratiques et discours alimentaires*, S. 97-103.

6 Der Wein erobert neue Kontinente

1 Steckley, »Wine Economy of Tenerife«, S. 343.

2 Harm Jan de Blij, *Wine Regions of the Southern Hemisphere* (Totowa, NJ: Rowman and Allanheld, 1985), S. 16.

3 Unwin, *Wine and the Vine*, S. 216.

4 J. H. Parry und Robert Keith (Hg.), *New Iberian World* (New York: Times Books, 1993), Bd. IV, S. 375.

5 Prudence M. Rice, »Peru's Colonial Wine Industry and its European Background«, in: *Antiquity* 70 (1996), S. 790-794.

6 Unwin, *Wine and the Vine*, S. 36 f.

7 *Travels of Pedro de Cieza de Leon, AD 1532-50, Containing the First Part of his Chronicles of Peru* (London: Hakluyt Society, 1864), S. 235.

8 Robert C. Fuller, *Religion and Wine: A Cultural History of Wine Drinking in the United States* (Knoxville, TN: University of Tennessee Press, 1996), S. 24 f.

9 Harm Jan de Blij, *Wine: A Geographic Appreciation* (Totowa, NJ: Rowman and Allanheld, 1983), S. 59.

10 Pinney, *Wine in America*, S. 8. und 11.

11 Pinney, *Wine in America*, S. 11.

12 Pinney, *Wine in America*, S. 218.

13 Pinney, *Wine in America*, S. 17.

14 Fuller, *Religion and Wine*, S. 10.

15 Fuller, *Religion and Wine*, S. 12.

16 Pinney, *Wine in America*, S. 36.

17 David W. Conroy, »Puritans in Taverns: Law and Popular Culture in Colonial Massachusetts, 1630-1720«, in: Susanna Barrows und Robin Room (Hg.), *Drinking: Behavior and Belief in Modern History* (Berkeley: University of California Press, 1991), S. 29-60.

18 Fuller, *Religion and Wine*, S. 76.

19 Pinney, *Wine in America*, S. 80 f.

20 Fuller, *Religion and Wine*, S. 75

21 Johnson, *Story of Wine*, S. 354.

22 C. J. Orffer, »To the Southern Point of Africa«, in: D. J. Oppermann (Hg.), *Spirit of Vine: Republic of South Africa* (Kapstadt: Human and Rousseau, 1968), S. 83.

23 Orffer, »To the Southern Point of Africa«, S. 84

24 Robinson, *Oxford Companion to Wine*, S. 275.

7 Wein, Aufklärung und Revolution

1 Francis, *The Wine Trade*, S. 124–125.

2 *The Diary of John Hervey, First Earl of Bristol. With Extracts from his Book of Expenses, 1688 to 1742* (Wells: Ernest Jackson, 1894), S. 170 f.

3 Lachiver, *Vins, vignes et vignerons*, S. 332.

4 Lachiver, *Vins, vignes et vignerons*, S. 333.

5 Robert Forster, »The Noble Wine Producers of the Bordelais in the Eighteenth Century«, in: *Economic History Review*, 2. Folge, 14 (1961), S. 22.

6 Forster, »Noble Wine Producers«, S. 22.

7 Denis, »Vignoble et société en Alsace«, S. 12 f.

8 Maurice Gresset, »Un document sur le rendement des vignes bisontines dans la seconde moitié du XVIIIe siècle«, in: *Les Boissons*, S. 29.

9 Christiane Constant-le Stum (Hg.), *Journal d'un bourgeois de Begoux: Michel Celaire, 1776-1836* (Paris: Publisud, 1922), S. 106.

10 Gresset, »Rendement des vignes bisontines«, S. 30.

11 Gresset, »Rendement des vignes bisontines«, S. 32.

12 Lachiver, *Vins, vignes et vignerons*, S. 385.

13 Jordan Goodman, »Excitantia, or, How Enlightenment Europe took to Soft Drugs«, in: Jordan Goodman, Paul E. Lovejoy und Andrew Sherrat (Hg.), *Consuming Habits: Drugs in History and Anthropology* (London: Routledge 1995), S. 126.

14 Woodruff D. Smith, »From Coffeehouse to Parlour: The Consumption of Coffee, Tea and Sugar in North-Western Europe in the Seventeenth and Eighteenth Centuries«, in: Goodman, Lovejoy und Sherrat (Hg.), *Consuming Habits*, S. 148-164.

15 Fynes Moryson, *An Itinerary* (London, 1617), Buch III, S. 152.

16 Goodman, »Excitantia«, S. 126.

17 Francis, *The Wine Trade*, S. 320.

18 Roy Porter, *English Society in the Eighteenth Century* (London: Penguin, 1982), S. 33 f.

19 Roy Porter, *English Society in the Eighteenth Century* (London: Penguin, 1982), S. 33 f.

20 *Oxford Today* 11,2 (Hilary Term, 1999), S. 63

21 Enjalbert, »Grands crus. Première partie«, S. 327.

22 Jean Richard, »L'Académie de Dijon et le commerce du vin au XVIIIe siècle à propos d'un memoire présenté aux États de Bourgogne«, in: *Annales de Bourgogne* 47 (1975), S. 222.

23 Enjalbert, »Grands crus. Première partie«, S. 327.

24 Enjalbert, »Grands crus. Première partie«, S. 329.

25 Enjalbert, »Grands crus. Première partie«, S. 469.

26 Robert Forster, *The Nobility of Toulouse in the Eighteenth Century* (Baltimore: Johns Hopkins University Press, 1960), S. 99.

27 *Encyclopédie, ou Dictionnaire raisonné des sciences, des arts et des métiers* (Paris, 1751-1765), Stichwort »Vin«.

28 J. B. Gough, »Winecraft and Chemistry in Eighteenth-Century France: Chaptal and the Invention of Chaptalization«, in: *Technology and Culture 39* (1998), S. 81.

29 Johnson, *Hugh Johnsons Weingeschichte*, S. 290.

30 Gough, »Winecraft and Chemistry«, S. 102 f.

31 Gough, »Winecraft and Chemistry«, S. 96 f.

32 Harry H. Paul, *The Science of Vine and Wine in France, 1750-1990* (New York: Cambridge University Press, 1996), S. 123-130.

33 Gough, »Winecraft and Chemistry«, S. 102 f.

34 Pierre de Saint-Jacob, »Une source de l'histoire du commerce des vins: lettres de voiture«, in: *Annales de Bourgogne* 28 (1956), S. 124-126.

35 Enjalbert, »Grands crus. Deuxième partie«, S. 471.

36 Richard, »L'Académie de Dijon et le commerce du vin«, S. 222.

37 Porter, *English Society in the Eighteenth Century*, S. 34.

38 John Watney, *Mother's Ruin: A History of Gin* (London: Peter Owen, 1976), S. 16-25.

39 Barbara Ketchum Wheaton, *Savoring the Past: The French Kitchen and Table from 1300 to 1789* (Philadelphia: University of Philadelphia Press, 1983), S. 159.

40 Robert Forster, *House of Saulx-Tavanes* (Baltimore: Johns Hopkins University Press, 1971), S. 121 f.

41 Pierre Ponsot, »Les bouteilles du Président: les boissons d'un parlementaire bressan-bourguignon au XVIIIe siècle«, in: Gilbert Carrier (Hg.), *Le Vin des historiens* (Suze-la-Rousse: Université du Vin, 1990), S. 153-160.

42 Forster, *Nobility of Toulouse*, S. 99.

43 Wheaton, *Savoring the Past*, S. 215.

44 Hans Ottokar Reichard, *Guide de la Russie et de Constantinople* (o. O., 1793), N2r, P1r.

45 Thomas Brennan, *Public Drinking and Popular Culture in Eighteenth-Century Paris* (Princeton: Princeton University Press, 1988), S. 279-283.

46 Zitiert nach Lachiver, *Vins, vignes et vignerons*, S. 331.

47 Louis Trenard, »Cabarets et estaminets lillois (1715-1815)«, in: *Les Boissons*, S. 53-72.

48 David Garrioch, *Neighbourhood and Community in Paris, 1740-1790* (Cambridge: Cambridge University Press, 1986), S. 22-26.

49 Trenard, »Cabarets et estaminets«, S. 67.

50 Brennan, *Public Drinking*, S. 146-151; ebenso Daniel Roche, *The People of Paris*, (Berkeley: University of California Press, 1987), S. 254-263.

51 Lachiver, *Vins, vignes et vignerons*, S. 352 f.

52 *Encyclopédie*, Stichwort »Vin«.

53 Trenard, »Cabarets et estaminets«, S. 63.

54 Roderick Phillips, *Family Breakdown in Late Eighteenth-Century France: Divorces in Rouen, 1792-1803* (Oxford: Clarendon Press, 1980), S. 116-118.

55 Gresset, »Le rendement des vignes bisontines«, S. 26.

56 *Cahiers de doléances, région centre: Loire-et-Cher* (Hg. Denis Jeanson, 2 Bde., Tours: Denis Jeanson, 1989), Bd. 1, S. 507 f.

57 *Cahiers de doléances*, Bd. 2, S. 480.

58 Jean Nicolas, »Vin et liberté«, in: Garrier (Hg.), *Le vin des historiens*, S. 163 f.

59 T. J. A. Le Goff u. D. M. G. Sutherland, »The Revolution and the Rural Economy«, in: Alan Forrest und Peter Jones (Hg.), *Reshaping France: Town, Country and Region during the French Revolution* (Manchester: Manchester University Press, 1991), S. 62 f.

60 Peter McPhee, *Revolution and Environment in Southern France*, 1780-1830 (Oxford: Oxford University Press, 1999), S. 177 f.

61 Archives Départementales de la Côte d'Or (im folgenden ADCO genannt), M13 IX a/1, Viticulture.

62 Nicolas, »Vin et liberté«, S. 162 f.

63 Francis, *The Wine Trade*, S. 266 f.

64 ADCO, L1401, Maximum.

65 ADCO, L486, Police des cabarets.

66 Kolleen Guy von der Universität Texas in San Antonio machte mich auf diese Karikatur aufmerksam.

67 Rundschreiben der Commission des Substances et Approvisionnements de la République (19. Germinal des Jahres II/8. April 1794), ADCO, L544.

68 Vgl. beispielsweise M. Maupin, *Art de la vigne, de l'art des vins, et de la seule richesse du peuple* (Paris, 1790).

69 ADCO, L1401, Maximum.

70 Rundschreiben »Prix nationaux d'agriculture' (Rouen, Jahr III/1794/95), ADCO, L574, Agriculture.

71 ADCO, L465, Fête d'Agriculture.

72 ADCO, Q213, Biens nationaux.

73 Richard Olney, *Romanée-Conti: The World's Most Fabled Wine* (New York: Rizzoli, 1995), S. 31.

8 Das Zeitalter der Hoffnungen

1 Francis, *The Wine Trade*, S. 323.

2 Norman R. Bonnett, »The Vignerons of the Douro and the Peninsular War«, in: *Journal of European Economic History* 21,1 (Frühjahr 1992), S. 9 f.

3 Leo Loubère, *The Red and the White: The History of Wine in France and Italy in the Nineteenth Century* (Albany: State University of New York Press, 1978), S. 50.

4 Lachiver, *Vins, vignes et vignerons*, S. 394.

5 Jose Carlos Curto, *Alcohol and Slaves: The Luzo-Brazilian Alcohol Commerce at Mpinda, Luanda, und Benguela during the Atlantic Slave Trade c. 1480-1830 and its Impact on the Societies of West Central Africa* (Diss., Los Angeles: University of California, 1996).

6 Norman R. Bonnett, »Port Wine Merchants: Sandeman in Porto, 1813-1831«, in: *Journal of European Economic History* 24,2 (Herbst 1995), S. 246 f.

7 Adrian Shubert, *A Social History of Modern Spain* (London: Routledge, 1992), S. 13 f.

8 Roger Price, *The Economic Modernization of France, 1730-1880* (London: Croom Helm, 1975), S. 75 f.

9 Peter McPhee, *A Social History of France, 1780-1880* (London: Routledge, 1992), S. 154 f.

10 Gilbert Garrier, *Histoire sociale et culturelle du vin* (Paris: Larousse, 1998), S. 210.

11 Loubère, *Red and the White*, S. 302.

12 Price, *Economic Modernization of France*, S. 76.

13 Robert Druitt, *Report on the Cheap Wines from France, Germany, Italy, Austria, Greece, Hungary, and Australia: Their Use in Diet and Medicine* (London: Henry Renshaw, 1873).

14 Loubère, *The red and the White*, S. 49 f. Viele der nachfolgenden Erörterungen zum italienischen Wein folgen Loubères umfangreichem Werk.

15 Giuliano Biagioli, »Le Baron Bettino Ricasoli et la naissance du chianti classico«, in: Garrier, *Vin des historiens*, S. 174.

16 Biagioli, »Baron Bettino Ricasoli«, S. 177.

17 Alfred Langenbach, *The Wines of Germany* (London: Harper, 1951).

18 Loubère, *The Red and the White*, S. 275.

19 Lavoisier, *Elemente der Chemie*, Paris 1789, Bd. I, S. 150 f.

20 Patricia E. Prestwich, *Drink and the Politics of Social Reform: Antialcoholism in France Since 1870* (Palo Alto, CA: The Society for the Promotion of Science and Scholarship, 1988), S. 20.

21 Honoré de Balzac, *Verlorene Illusionen* (München: Winkler, 1965), S. 128.

22 Edward Barry, *Observations, Historical, Critical, and Medical, on the Wines of the Ancients and the Analogy between them and Modern Wines* (London, 1775).

23 André Jullien, *Topographie de Tous les Vignobles Connus … Suivie d'une Classification Général des Vins* (Paris, 1816).

24 Cyrus Redding, *A History and Description of Modern Wines* (London: Whittaker, Teacher and Arnott, 1833).

25 Cyrus Redding, *A History and Description of Modern Wines* (3. Auflage, London: Henry G. Bohn, 1850), S. 349 f.

26 Robert Joseph, *The Art of the Wine Label* (London: B. Mitchell, 1988), S. 15.

27 Redding, *Modern Wines* (1850), S. 377.

28 *Wine and Spirit Merchant: A Familiar Treatise on the Art of Making Wine* (London: W. R. Loftus, o.J. [1864]), S. 139.

29 Nicholas Faith, *Château Margaux* (London: Mitchell Beazley, 1991), S. 47.

30 Asa Briggs, *Haut-Brion. An Illustrious Lineage* (London: Faber and Faber, 1994), S. 161.

31 Beeston, *History of Australian Wine*, S. 57.

32 Eveline Schumpeter, »Der betörende Reiz von Château Margaux«, in: *Connaissance des arts* (November 1973), S. 101–105, zitiert bei Pierre Bourdieu, *Die feinen Unterschiede. Kritik der gesellschaftlichen Urteilskraft* (Suhrkamp: Frankfurt/Main, 1987), S. 99, Anmerkung 55.

33 Eine ausgezeichnete Darstellung der Trinkgewohnheiten der Pariser Bevölkerung gibt W. Scott Haine, *The World of the Paris Café: Sociability among the French Working Class, 1789-1914* (Baltimore: Johns Hopkins University Press, 1996).

34 Frédéric Le Play, *Les ouvriers européens* (6 Bde., Tours: Alfred Mame et Fils, 1878), Bd. V, S. 393.

35 Le Play, *Ouvriers européens*, Bd. V, S. 449 f.

36 Le Play, *Ouvriers européens*, Bd. VI, S. 473.

37 Le Play, *Ouvriers européens*, Bd. VI, S. 427.

38 Le Play, *Ouvriers européens*, Bd. V, S. 129.

39 Le Play, *Ouvriers européens*, Bd. VI, S. 136.

40 Le Play, *Ouvriers européens*, Bd. VI, S. 21.

41 Haine, *World of the Paris Café*, S. 91.

42 Haine, *World of the Paris Café*, S. 93.

43 Serena Sutcliffe, *Champagne: The History and Character of the World's Most Celebrated Wine* (New York: Simon and Schuster, 1988), S. 24.

44 Weitere vor 1820 gegründete Champagner-Hersteller waren Billecart-Salmon, Gosset, Henriot, Jacquesson und Ruinart.

45 Kolleen Guy, »›Oiling the Wheels of Social Life‹: Myths and Marketing in Champagne during the Belle Epoque«, in: *French Historical Studies* 22,2 (Frühjahr 1999), S. 216, 230-234.

46 Guy, »Myths and Marketing in Champagne«, S. 233 f.

47 Sutcliffe, *Champagne*, S. 121 (Abbildung).

48 Pinney, *Wine in America*, S. 135-139. Die nächsten Seiten folgen im Wesentlichen der ausgezeichneten Darstellung von Pinney, dem Standardwerk zur Geschichte des Weins in den Vereinigten Staaten im frühen 20. Jahrhundert.

49 Pinney, *Wine in America*, S. 117-125.

50 Tony Aspler, *Vintage Canada: A Tasteful Companion to Canadian Wines* (Toronto: McGraw-Hill Ryerson, 1993), S. 11.

51 Aspler, *Vintage Canada*, S. 14 f.

52 Pinney, *Wine in America*, S. 246-248.

53 Pinney, *Wine in America*, S. 251.

54 Pinney, *Wine in America*, S. 257.

55 Pinney, *Wine in America*, S. 269-284.

56 Pinney, *Wine in America*, S. 321-324.

57 Michelle Stacey, *Consumed: Why Americans Love, Hate and Fear Food* (New York: Simon and Schuster, 1994), S. 51.

58 John Dickenson, »Viticulture in Pre-Independence Brazil«, in: John Dickenson und Tim Unwin, *Viticulture in Colonial Latin America: Essays on Alcohol, the Vine and Wine in Spanish America and Brazil* (Liverpool: University of Liverpool Institute of Latin American Studies, Working Paper 13, 1992), S. 53.

59 Cyrus Redding, *Modern Wines*, S. 319 f.

60 *Wine and Spirit Merchant*, S. 122 f.

61 Beeston, *History of Australian Wine*, S. 8. Die folgenden Ausführungen zur Geschichte des australischen Weins orientieren sich in weiten Teilen an diesem Standardwerk zur Geschichte des Weins in Australien.

62 Beeston, *History of Australian Wine*, S. 13 f.

63 James Busby, *Journal of a Tour through Some of the Vineyards of Spain and France* (Sydney: Stephens and Stokes, 1833), S. 2.

64 Beeston, *History of Australian Wine*, S. 40 f.

65 *Katalog der Weltausstellung*, Teil IV, S. 988-990.

66 Beeston, *History of Australian Wine*, S. 67 f.

67 David Dunstan, *Better than Pommard! A History of Wine in Victoria* (Melbourne: Australian Scholarly Publishing/Museum of Victoria, 1994), S. XVI.

68 Beeston, *History of Australian Wine*, S. 110.

69 Beeston, *History of Australian Wine*, S. 64.

70 Beeston, *History of Australian Wine*, S. 23.

71 Jason Mabbett, »The Dalmatian Influence on the New Zealand Wine Industry, 1895-1946«, in: *Journal of Wine Research* 9,1 (April 1998), S. 15-25.

72 Opperman, *Spirit of the Vine*, S. 116.

9 Bewegte Zeiten

1 William Reid (Hg.), *The Temperance Cyclopedia* (Glasgow: Scottish Temperance League, o. J.), S. 140 f.

2 Benjamin Rush, *The Drunkard's Emblem or An Enquiry into the Effect of Ardent Spirits upon the Human Body and Mind* (New Market, VA: Ambrose Henkel, o. J. [um 1810]).

3 C. C. Pearson und J. Edwin Hendricks, *Liquor and Anti-Liquor in Virginia, 1619-1919* (Durham, NC: Duke University Press, 1967), S. 86.

4 Pinney, *Wine in America*, S. 429.

5 Beeston, *History of Australian Wine*, S. 33 und 42.

6 James Samuelson, *The History of Drink* (London: Trubner and Company, 1878), S. 231.

7 Lilian Lewis Shiman, *Crusade against Drink in Victorian England* (London: Macmillan, 1988), S. 68-73.

8 Jack S. Blocker Jr., *American Temperance Movements: Cycles of Reform* (Boston: Twayne, 1989), S. 24 f.

9 Prestwich, *Drink and the Politics of Social Reform*, S. 10-13. In den folgenden Passagen über Frankreich stütze ich mich vor allem auf dieses exzellente Buch.

10 Prestwich, *Drink and the Politics of Social Reform*, S. 37.

11 Prestwich, *Drink and the Politics of Social Reform*, S. 128-131. Vgl. auch Barnaby Conrad III., *Absinthe: History in a Bottle* (San Francisco: Chronicle Books, 1988).

12 Haine, *World of the Paris Café*, S. 95 f.

13 Prestwich, *Drink and the Politics of Social Reform*, S. 62.

14 Salvatore Pablo Lucia, *A History of Wine as Therapy* (Philadelphia: Lippincott, 1963), S. 163-167.

15 Lucia, *History of Wine as Therapy*, S. 171.

16 Prestwich, *Drink and the Politics of Social Reform*, S. 54.

17 Prestwich, *Drink and the Politics of Social Reform*, S. 56.

18 Lucia, *History of Wine as Therapy*, S. 171.

19 Prestwich, *Drink and the Politics of Social Reform*, S. 24.

20 Pinney, *Wine in America*, S. 126.

21 James S. Roberts, *Drink, Temperance and the Working Class in Nineteenth-Century Germany* (Boston: George Allen and Unwin, 1984), S. 27.

22 Für weitere Informationen zur Reblaus siehe George Ordish, *The Great Wine Blight* (London: Dent, 1972).

23 Harry H. Paul, *The Science of Vine and Wine in France, 1750-1990* (New York: Cambridge University Press, 1996), S. 10.

24 Die amerikanischen Rebsorten besitzen einen eigenen Geschmack, den man als »foxy« (»fuchsig«) bezeichnet. Vgl. dazu Pinney, *Wine in America*, S. 443-447.

25 Michael Barke, »»Lo Que ha de Ser no Puede Faltar‹ (›Das Unvermeidliche lässt sich nicht verhindern‹): Phylloxera and the Demise of the Malaga Wine Industry«, in: *Journal of Wine Research* 8:3 (1997), S. 139-158.

26 Ordish, *Great Wine Blight*, S. 172-175.

27 Pinney, *Wine in America*, S. 345.

28 Ordish, *Great Wine Blight*, S. 144-146.

29 Lachiver, *Vins, vignes et vignerons*, S. 496 f.

30 Pinney, *Wine in America*, S. 342.

31 Prestwich, *Drink and the Politics of Social Reform*, S. 9.

32 Zitiert nach Lachiver, *Vins, vignes et vignerons*, S. 466 f.

33 Diese Information verdanke ich Professor Geoffrey Giles von der Universität Florida.

34 Joan Hughes (Hg.), *Australian Words and their Origins* (Melbourne: Oxford University Press, 1989), S. 416.

35 Garrier, *Histoire sociale et culturelle du vin*, S. 366.

36 Lachiver, *Vins, vignes et vignerons*, S. 484 f.

37 J.-J. Becker, *The Great War and the French People* (New York: Berg, 1985), S. 128.

38 Henry Carter, *The Control of the Drink Trade: A Contribution to National Efficiency during the Great War, 1915-1917* (London: Longman, 1919).

39 Jason Mabbett, »The Dalmatian Influence on the New Zealand Wine Industry, 1895-1946«, in: *Journal of Wine Research* 9 (1998), S. 21.

40 B. R. Mitchell, *European Historical Statistics, 1750-1975* (London: Macmillan, 1981), S. 298.

41 André L. Simon, *The History of Champagne* (London: Octopus Books, 1971), S. 123.

42 Leo Loubère, *The Wine Revolution in France: The Twentieth Century* (Princeton: Princeton University Press, 1990), S. 139.

43 Die folgenden Passagen über Monthelie sind den Aufzeichnungen der Zusammenkünfte (1912-1941) des Syndicat Agricole de la Commune de Monthelie entnommen, ADCO, 13 IX d/1, Viticulture.

44 Giacomo Acerbo, »Agriculture under the Fascist Regime«, in: Tomaso Sillani, *What is Fascism and Why?* (London: Ernest Benn, 1931), S. 64.

45 Hermann Fahrenkrug, »Alcohol and the State in Nazi Germany«, in: Barrows und Room (Hg.), *Drinking*, S. 142.

46 Geoffrey J. Giles, »Student Drinking in the Third Reich«, in: Barrows und Room (Hg.), *Drinking*, S. 142.

47 Blocker Jr., *American Temperance Movements*, S. 120.

48 Aspler, *Vintage Canada*, S. 18 f.

49 Syndicat Agricole de la Commune de Monthelie, 12. Januar 1941.

50 Briggs, *Haut-Brion*, S. 179 f.

51 Charles K. Warner, *The Winegrowers of France and the Gouvernment since 1875* (New York: Columbia University Press, 1960), S. 159-162.

52 Beeston, *Concise History of Australian Wine*, S. 181 f.

10 Eine neue Morgenröte

1 Vgl. dazu allgemein Roderick Phillips, *Society, State and Nation in Twentieth-Century Europe* (Upper Saddle River, NJ: Prentice Hall, 1996).

2 Loubère, *Wine Revolution in France*, S. 168.

3 Garrier, *Histoire sociale et culturelle du vin*, S. 397 (Grafiken).

4 Vgl. Scott Haine, *The World of the Paris Café*.

5 Loubère, *Wine Revolution in France*, S. 47.

6 Geneviève Gavignaud-Fontaine, »L'extinction de la ›viticulture pour tous‹ en Languedoc (1945-1984)«, in: *Pôle Sud* 9 (1998), S. 63.

7 Andrew Barr, *Wine Snobbery: An Insider's Guide to the Booze Business* (London: Faber and Faber, 1988), S. 152-155.

8 James T. Lapsley, *Bottled Poetry: Napa Winemaking from Prohibition to the Modern Era* (Berkeley: University of California Press, 1996), S. 155-157.

9 Barr, *Wine Snobbery*, S. 152-159.

10 Lapsley, *Bottled Poetry*, S. 157.

11 Stephen White, *Russia Goes Dry: Alcohol, State and Society* (Cambridge: Cambridge University Press, 1996), S. 103, Tafel 4.1.

11 Der Weinbau in Deutschland

1 James N. Davidson, *Kurtisane und Meeresfrüchte. Berlin* 1999.

2 Friedrich v. Bassermann-Jordan, *Die Geschichte des Weinbaus.* Frankfurt/M. 1923.

3 Friedrich v. Bassermann-Jordan, *Die Geschichte des Weinbaus.* Frankfurt/M. 1923.

4 Friedrich v. Bassermann-Jordan, *Die Geschichte des Weinbaus.* Frankfurt/M. 1923.

5 Wolfgang Schivelbusch, *Das Paradies, der Geschmack und die Vernunft.* München 1980.

6 Helmut Arntz, *Frühgeschichte des Sektes.* Wiesbaden 1987.

7 Heinrich Tappe, *Auf dem Weg zu einer modernen Alkoholkultur.* Stuttgart, 1994. Tappe unter-
   sucht hier als Erster umfassend die Entwicklung der deutschen Alkoholkultur seit Beginn
   des 19. Jahrhunderts.

8 Susanne Barrows und Robin Room (Hg.), *Drinking Behavior and Relief in Modern History*
   (Beverley: University of California Press, 1991).

9 Stuart Pigott, *Die großen Rieslingweine.* Düsseldorf, 1994.

Verzeichnis der Karten

Bildnachweise

Schwarzweiß-Abbildungen

Bibliothèque Cantonale et Universitaire, Lausanne 97
Bruckmann KG Bildarchiv, München 188
Collection Moet & Chandon 228
Collection Viollet, Paris 166, 251, 260, 263, 269, 271
Forschungsanstalt Geisenheim 273, 277, 287
Fototeca Unione, Rom 59
Galerie Maurice Garnier 289
Gruner + Jahr, Hamburg 246
Historisches Museum Frankfurt am Main 340
Wine Institute, San Francisco 238
Woschek Verlag, Mainz 42, 62, 163, 223, 232, 287, 321, 341

Farbtafeln

Bridgeman Art Library, London, Paris, New York XVI
Giraudon IX, III, VIII oben, X, XII, XIV
Hellenic Foreign Trade Board, Athen I
Photo G. Blot, Réunion des Musées Nationaux VIII unten
Rheinisches Landesmuseum, Trier V
Römisch-Germanisches Museum, Köln IV, VI
Woschek Verlag, Mainz II, VII, XI, XIII, XV

Sachregister

Personenregister

Buchtipp

Wer mehr über Wein, seine Verkostung und Herstellung wissen will, kann sich jetzt direkt an der "Quelle" informieren. Immer mehr deutsche Winzer bieten Übernachtungen auf ihren Winzerhöfen an. Mit dabei ist meist nicht nur das stilechte "Vesper" in der Straußwirtschaft, sondern auch Führungen durch die Weinberge, Kellerbesichtigungen - und natürlich Weinproben.

Reizvoll sind solche Genießer-Wochenenden nicht nur im Herbst, sondern auch im Frühjahr und Sommer, wenn die ersten Sonnenstrahlen die Weinberge treffen und der erste Wein der letzten Ernte zur Verkostung angeboten wird.

In dem zahlreich bebilderten Buch "Urlaub beim Winzer" werden die 100 schönsten Winzerhöfe in Deutschland vorgestellt. Die Weinbauern bieten neben Zimmern und Ferienwohnungen/Appartements auch Weinproben in ihren Straußwirtschaften an.

Die Qualität Ihrer Übernachtungsangebote ist geprüft.

"Urlaub beim Winzer" gibt´s für DM 19.90 im Buchhandel (ISBN 3-7690-0587-2) oder beim

**DLG-Urlauberservice
Eschborner Landstr. 122
60489 Frankfurt/M.
Tel.: 0 69/2 47 88-466
dlg-verlag@dlg-frankfurt.de**